U0437958

孙星衍研究

焦桂美 著

上海古籍出版社

本书获

第1批中国博士后科学基金特别资助

第42批中国博士后科学基金面上资助

山东省博士后创新项目专项资金资助

序

焦桂美教授著《孙星衍研究》一书，约我写序，久拖未报。今将由上海古籍出版社出版，因就所知，介绍情况如下。

焦桂美1997年考上山东大学古籍整理研究所研究生，从我学习文献学，至今已二十年。这期间又于2003年从徐传武先生读博士研究生，2007年从王学典先生做博士后，均圆满完成学业。现为山东理工大学文学院教授。

焦桂美是山东高密人，那是郑玄的家乡，也许是这个原因，桂美对中国传统经学、文献考据之学，兴趣浓厚。读研究生阶段，选题是"孙星衍研究"。她把《平津馆丛书》《岱南阁丛书》线装本逐字逐句读一过，花费了很长时间，作了厚厚的笔记几大本，对乾嘉学派的治学内容、治学方法、努力方向和价值尺度，都有了真实而直观的认识，这种"翻书本"的治学方式，对她产生了长期的影响。读博士期间，选题是"南北朝经学史"。考虑到南北朝经学著作丰富，留传下来的却只有皇侃的《论语义疏》，几乎全军覆没，研究这一阶段的经学史，方法上就有独特之处。她把南北朝正史所谓"两史八书"全部细读一遍，摘出关于经学的内容，再上溯先秦两汉魏晋，下探唐五代两宋，旁及《文心雕龙》《颜氏家训》《建康实录》《弘明集》《广弘明集》、严可均辑《全南北朝文》，马国翰、黄奭辑南北朝经注论说之残篇断简，与夫六朝墓志、敦煌遗编，循其轨迹，绎其条理，勒为一书，荣获全国百优博士论文。

《孙星衍研究》一书虽然以硕士论文为基础，但在十数年间，研究的深度和广度已大大提升了。在从事教学工作的同时，她陆续把《续修四库全书》中清代乾嘉学者的经部和相关的集部著作几乎看完了,不再孤立地研究孙星衍一个人的成果,而是作为乾嘉学派的一个代表人物进行考察,通过孙星衍认识乾嘉学派,也通过乾嘉学派认识孙星衍,从而对该项研究的成果水平有了新的提高。我曾集中看过一遍该书的初稿,发现其中引用了大量新鲜材料,对孙星衍的学术交往、学术渊源、清代学者对孙星衍所探讨的问题的看法,以及对孙星衍的评价,都有不少新的论述,努力把握孙星衍的学术与他所处的时代的关系,是本书的重要探索和成绩。可以肯定,该书不再是陈陈相因,而是富有新见解的一部精心之作。

近年,焦桂美应邀为山东大学尼山学堂讲授"中国经学史"这门课,授课效果良好,这是很不容易实现的。要讲好这门特殊的学术史课,没有扎扎实实的读书和思考功夫,是不可能的。中国的儒家经学,有义理、考据和事功三条道路,兼有其长,固千载难得一人,偏擅其一,亦足以自立于学林。桂美教授仍以考据为依归,相信她已经走出了自己的治学之路,是一位合格的教学科研工作者,在今后的学术道路上会一步一个脚印,取得更多的成果。是为序。

杜泽逊,2017 年 11 月 16 日
于山东大学儒学高等研究院校经处

前　言

清代乾嘉时期,是中国学术史上最辉煌的时期之一。近二百年来的传统学问,几乎每个学科,每个方向,都受到乾嘉学派的深刻影响,而且完全可以断言,在未来的传统学术领域中,乾嘉学派的学术成果和治学方法仍然是十分重要的文化财富,会成为一代又一代学者学习和研究的榜样。而对乾嘉学派全面系统的总结研究,应当建立在对每一位学者个案研究的基础之上,由个体研究逐步形成群体研究。因此,选择乾嘉学派中的典型学者进行全面探讨,由个案研究进而总结乾嘉学派的治学精神、治学方法和学术成就,是学术史研究的重要课题。基于这样的思路,我选择了孙星衍进行研究。

乾嘉时期学者为数众多,但大都以专门之业享誉学林,如惠栋之经学,段玉裁、王念孙之小学,王鸣盛、钱大昕、赵翼之史学,赵一清、齐召南之地理,王昶、刘喜海之金石,卢文弨、顾广圻之校勘,黄丕烈之版本,纪昀之目录等即是。其兼通者,如戴震(经学、小学、地理、算学)、阮元(经学、小学、金石、算学、校勘、目录)等,则为数较少,根本原因是专精稍易,博通更难。

孙星衍在乾嘉学者中属于兼通型人才,张之洞《书目答问·国朝著述家姓名考略》中把他同时列入"汉学专门经学家""小学家""校勘之学家""金石学家""骈体文家"诸目中。另外,孙星衍还是著名的藏书家、刻书家、目录学家、版本学家、辑佚学家,在史学尤其是地方志纂修方面也很有建树。在乾嘉学者中,这样的人物颇具典型意义。

目前对孙星衍的研究，较之对戴震、阮元及至钱大昕、段玉裁、王念孙等学者的研究，都薄弱许多，这与孙星衍的学术贡献不符。较早的研究主要见于一些专科著作，仅对孙星衍某一方面的成就作概括介绍，如姚明达的《中国目录学史》、严佐之的《近三百年古籍目录举要》等着重介绍孙星衍的目录版本学成就；梁启超的《中国近三百年学术史》对孙星衍的《尚书》学、辑佚学等方面的成就予以肯定；叶昌炽的《藏书纪事诗》则主要关注孙星衍的藏书特色及成就等。

近年来，孙星衍引起了学界的进一步关注，出现了一些可喜的研究成果，台湾吴国宏先生的《孙星衍〈尚书今古文注疏〉研究》、南京师范大学江庆柏先生的《孙星衍评传》堪称代表。吴国宏对孙星衍的生平行谊、治学态度、学术成就等进行了简要综述，对乾嘉考据学兴盛的原因及孙氏《尚书今古文注疏》成书的学术背景进行了比较宏观的考查，对清代《尚书》学四大家江声、王鸣盛、段玉裁、孙星衍新疏的时代意义做出了比较客观的评价，对孙疏的著作动机、方法及其辑注、疏释的内在体式等进行了总结与探讨。该书是《尚书今古文注疏》研究方面的一部力作。江先生的《孙星衍评传》比较全面地介绍了孙星衍的家世、生平、学行及各方面的成就，是第一部全面研究孙星衍的著作。这两部著作的诞生标志着孙星衍的学术成就已经引起学界的关注与重视。

近年来又有几篇孙星衍研究方面的硕士学位论文，如郑州大学杨凤琴于2006年完成的硕士学位论文《孙星衍诗歌研究》，通过对孙星衍诗歌活动的勾勒、诗学活动的分析，力求揭示乾嘉经学对诗歌的影响，探讨学术与文学的关系，进而剖析清中叶诗歌发展的一些规律性信息。北京大学潘妍艳于2012年完成的硕士学位论文《孙星衍山东幕府研究》，详细考查了孙氏山东幕府成员及其学术活动，逐一考证了孙氏幕府撰述与校刻诸书，较为深入地讨论了孙氏幕府的运作方式。通过对孙星衍山东幕府的个案研究，意欲揭示清代学术幕府在学术活动、学术交往、学术贡献等方面的一些共性。郑州大学孙红艳于2013年完成的硕士学位论文《孙星衍与〈续古文苑〉研究》，则着眼于孙星衍编纂《续古文苑》的背景、原因、《续古文苑》的编排体例、选文内容与选文标准等进行探究。通过对孙星衍个人的骈文创作与《续古文苑》中所选骈文的对比，揭示了其潜藏在《续古文苑》中的文学理论；通过对孙星衍的文学理论与吴鼒《国朝八家四六文钞》、曾燠《国朝骈体正宗》、李兆洛《骈体文钞》中揭示的文学理论的对比，探讨了《续古文苑》在清代骈文理论发展上承上启下的意义。这些专题论文的完成，进一步深化、细化了孙星衍研究。

由于孙星衍本人学术成果的丰富性及学术成就所达到的高度，决定了这一领域还有很大研究空间。全面总结孙星衍的学术成就和治学方法，从个案研究中抽绎出乾嘉学派的一些共性与规律，把个案研究与学术史研究结合起来，是笔者多年的心愿，也是本书的特殊之处。

本书由十一个部分和结语组成。第一部分是"孙星衍的生平、交游与著述"，力求在比较全面地介绍孙星衍生平、著述的基础上，对其重要的学术交游进行重点考索。孙氏一生，交游广泛，此仅择其要者分为师长、友朋、幕僚三个层面，对孙星衍与袁枚、钱大昕、朱筠、朱珪、纪昀、毕沅、王昶、洪亮吉、汪中、阮元、武亿、王念孙、王引之、法式善、唐仲冕、凌廷堪、吴鼒、顾广圻、洪颐煊、严可均、毕以田、臧庸、李贻德、俞正燮等人的交游情况做出简要考查，以诸家与孙氏之关系、诸家之相互影响、诸家交往中发生的具体学术问题以及孙星衍在这些问题上的见解与贡献等为讨论重点。通过对孙星衍交游的考查，旨在彰显乾嘉学派之间同声相应、同气相求、平等讨论、惟是以求的学术风尚，从一个角度昭示孙星衍与乾嘉学派的关系。

第二至十一部分是对孙星衍各领域成就进行的分门别类的专

题论述,涉及孙星衍的《尚书今古文注疏》、小学成就、藏书与刻书、目录与版本、校勘与辑佚、金石、方志、诸子、诗歌、骈文等方面。通过探讨,期望对孙星衍的学术贡献做出比较客观、公正的评价,并希望由这一个案透视乾嘉学派在治学方法上的一些共性。

鉴于以往研究偏重面上的总结而缺少深入、细密探讨的客观实际,本书力求对《尚书今古文注疏》这样的经典个案做出一些细致探究。《尚书今古文注疏》部分在论述了孙星衍的注疏动机、体例、原则、方法的基础上,抽取历代《尚书》诠释中聚讼纷纭的"曰若稽古""璇玑玉衡""象以典刑""俊乂在官""在治忽""思曰睿 睿作圣""《高宗肜日》""《金縢》"等八个问题做了专题研究,期望将《尚书今古文注疏》置于《尚书》学史中,通过对历史上这些存在分歧的问题的细密探讨来具体考察孙星衍的注释特点,体察其贡献与局限,以促进对《尚书今古文注疏》研究的深化与细化。

为将《尚书今古文注疏》的历史影响落到实处,本书选取现代《尚书》诠释、研究方面的集大成之作《尚书校释译论》为比较对象,通过对《尚书校释译论》与《尚书今古文注疏》研究方法的一脉相承、《尚书校释译论》对《尚书今古文注疏》成果的吸收与彰显两个层面的调查,力求将孙氏成果与二百年后的同类优秀成果进行比较,以落实孙星衍的学术贡献与历史影响。

最后以"孙星衍——乾嘉学派的典型"作为全书的结语,期望通过孙星衍这一个案总结乾嘉学派的学术取向、治学方法、治学范围、学术成就、学术精神,力求由个案研究透视时代学术风尚。

限于学识与条件,无论在材料的搜集方面,还是论证方面,都有待进一步充实、提升。希望这一尝试性的初步研究,得到专家前辈的指导与教诲。

目　录

序 …………………………………………………………………… 1
前言 ………………………………………………………………… 1

一、孙星衍的生平、交游及著述 ………………………………… 1
　（一）孙星衍生平述略 ………………………………………… 1
　　　1. 少以诗名，袁枚契赏 …………………………………… 7
　　　2. 难得佳偶，英年早逝 …………………………………… 10
　　　3. 游幕生涯，学识剧增 …………………………………… 14
　　　4. 京都九载，耿直不阿 …………………………………… 15
　　　5. 首任山东，治河审狱 …………………………………… 18
　　　6. 主讲杭州，再出东鲁 …………………………………… 23
　　　7. 引疾归田，著述不辍 …………………………………… 32
　（二）孙星衍主要学术交游 …………………………………… 37
　　　1. 师长 ……………………………………………………… 37
　　　2. 友朋 ……………………………………………………… 59
　　　3. 幕僚 ……………………………………………………… 117
　（三）孙星衍的主要著述 ……………………………………… 157
　　　1. 撰著 ……………………………………………………… 158
　　　2. 辑佚 ……………………………………………………… 177
　　　3. 校勘 ……………………………………………………… 186

二、孙星衍的代表作《尚书今古文注疏》 ……………………… 194
　（一）孙星衍为什么要作《尚书今古文注疏》 ………………… 196

1. 江声、王鸣盛、段玉裁《尚书》诠释之成就与
   不足 ·· 197
2. 孙星衍长期的《尚书》学积累 ····················· 202

(二)《尚书今古文注疏》的诠释体例、原则与方法 ······ 208
1.《尚书今古文注疏》的诠释体例 ··················· 208
2.《尚书今古文注疏》的诠释原则 ··················· 209
3.《尚书今古文注疏》的诠释方法 ··················· 218

(三)《尚书今古文注疏》条析 ···························· 236
1. 曰若稽古 ··· 237
2. 璇玑玉衡 ··· 243
3. 象以典刑 ··· 249
4. 俊乂在官 ··· 259
5. 在治忽 ··· 266
6.《高宗肜日》··· 271
7. 思曰睿　睿作圣 ····································· 276
8.《金縢》·· 290

(四)由"条析"看孙氏注疏之特点与不足 ················ 299
1. 孙氏注疏的主要特点 ······························ 299
2. 孙氏注疏之不足 ···································· 301

(五)从刘起釪《尚书校释译论》看孙星衍《尚书今古文
注疏》的历史影响 ······································ 303
1.《尚书校释译论》与《尚书今古文注疏》研究方
法的一脉相承 ······································· 304
2.《尚书校释译论》对《尚书今古文注疏》成果的
吸收与彰显 ··· 305

三、孙星衍的小学成就 ·· 309
(一)对《说文》九千字形成过程的认识 ··················· 310
(二)对六书的看法 ·· 311

（三）对古音的理解 …………………………………… 315
　　（四）对《说文》的尊崇 ………………………………… 318
　　（五）孙氏小学成果之影响 ……………………………… 323

四、孙星衍的藏书与刻书 ……………………………………… 327
　（一）平津馆里富藏书 ……………………………………… 327
　　1.孙星衍的藏书历程 ……………………………………… 327
　　2.孙星衍的藏书思想 ……………………………………… 329
　　3.孙星衍的藏书特色 ……………………………………… 330
　　4.孙星衍藏书之散亡 ……………………………………… 331
　（二）丛书之善本——《岱南阁丛书》和《平津馆丛书》…… 333
　　1.《岱南阁丛书》《平津馆丛书》的主要版本 …………… 333
　　2.《岱南阁丛书》《平津馆丛书》的主要内容 …………… 335
　　3.《岱南阁丛书》《平津馆丛书》体现的刻书思想
　　　…………………………………………………………… 337
　　4.《岱南阁丛书》《平津馆丛书》的刊刻地点 …………… 342
　　5.孙星衍的其他刻书 ……………………………………… 354

五、孙星衍的目录与版本之学 ………………………………… 363
　（一）简约实用的《孙氏祠堂书目》……………………… 363
　　1.《孙氏祠堂书目》的著录体例 ………………………… 363
　　2.《孙氏祠堂书目》的著录内容 ………………………… 368
　（二）严谨规范的《平津馆鉴藏记书籍》………………… 370
　　1.《平津馆鉴藏记书籍》概况 …………………………… 370
　　2.《平津馆鉴藏记书籍》之特点 ………………………… 371
　　3.《平津馆鉴藏记书籍》之成就 ………………………… 387
　　4.洪颐煊与《平津馆鉴藏记书籍》……………………… 389
　（三）自由随性的《廉石居藏书记》……………………… 404
　　1.《廉石居藏书记》的著录内容 ………………………… 405

2.《廉石居藏书记》的著录特点 ………………… 413
  3.《廉石居藏书记》体现的乾嘉学术风尚 ………… 418
 （四）与书籍著录相通的《平津馆鉴藏书画记》 ……… 422
  1.《平津馆鉴藏书画记》的著录内容 ……………… 422
  2.《平津馆鉴藏书画记》的著录特点 ……………… 432
  3.《平津馆鉴藏书画记》的主要贡献 ……………… 436

六、孙星衍的校勘与辑佚之学 ………………………… 437
 （一）孙星衍的校勘学思想、方法及成就 ……………… 437
  1. 孙星衍的校勘学思想 …………………………… 438
  2. 孙星衍的校勘学方法 …………………………… 440
  3. 孙星衍的校勘学成就及不足 …………………… 448
 （二）孙星衍的辑佚学思想、方法及成就 ……………… 452
  1. 孙星衍的辑佚学思想 …………………………… 453
  2. 孙星衍的辑佚学方法及成就 …………………… 456
  3. 孙星衍辑佚不足之原因 ………………………… 464
  4. 附：孙星衍是如何补辑李鼎祚《周易集解》的
   ……………………………………………………… 465

七、孙星衍的金石学成就 ……………………………… 482
 （一）孙星衍的金石收藏 ………………………………… 483
  1. 孙藏金石之途径 ………………………………… 483
  2. 孙藏金石之价值 ………………………………… 485
 （二）孙星衍金石学著作之特点 ………………………… 491
  1. 存佚并收，力求全备 …………………………… 491
  2. 著录简明，考证精审 …………………………… 493
  3. 延伸时限，拓展内容 …………………………… 502
 （三）孙星衍与《平津馆金石萃编》 …………………… 510
  1.《平津馆金石萃编》之作者 ……………………… 510

2.《平津馆金石萃编》孙跋之价值 …………………… 517
　（四）对孙星衍金石学成就的几点认识 …………………… 520
　　1. 时代学尚促成了孙星衍在金石学领域的造诣 …… 520
　　2. 因地制宜是孙星衍搜访、研究金石的有效做法
　　　 …………………………………………………………… 520
　　3. 多种金石学著作奠定了孙星衍在该领域的学术
　　　地位 …………………………………………………… 521

八、孙星衍的方志学特色及成就 …………………………… 522
　（一）文献丰富，考据精审 …………………………………… 522
　（二）重视地理沿革，注重实地考察 ……………………… 528
　（三）体例有据，适当变通 …………………………………… 531
　（四）经世致用，议论斐然 …………………………………… 534

九、孙星衍的诸子学成就 …………………………………… 538
　（一）认为先秦子书多非自著 ……………………………… 542
　（二）考辨先秦子书之真伪 ………………………………… 544
　　1. 考辨《晏子春秋》 ………………………………… 545
　　2. 考辨《文子》 ……………………………………… 546
　　3. 考辨《六韬》 ……………………………………… 549
　　4. 考辨《燕丹子》 …………………………………… 551
　（三）探究先秦子书的学术渊源 ……………………………… 552
　（四）校辑、刊刻先秦子书 …………………………………… 556

十、孙星衍的诗歌创作 ……………………………………… 561
　（一）《芳茂山人诗录》的版本及编订 ……………………… 561
　（二）《芳茂山人诗录》的风格变化 ………………………… 565
　　1. 前期诗歌之狂放哀艳 ……………………………… 565
　　2. 后期诗作之质实凝重 ……………………………… 568

3. 对孙氏前后期诗歌的评价 …………………………… 569
　（三）《芳茂山人诗录》中的学问诗 ………………………… 572
　　　1. 以何学问入诗 ………………………………………… 573
　　　2. 如何以学问入诗 ……………………………………… 582
　（四）《芳茂山人诗录》的史料价值 ………………………… 588

十一、孙星衍的骈文成就 …………………………………… 596
　（一）孙星衍骈文的主要风格 ………………………………… 597
　　　1. 情感真挚，宕逸生姿 ………………………………… 598
　　　2. 情词斐美，音韵铿锵 ………………………………… 600
　　　3. 结构紧致，气体高华 ………………………………… 602
　　　4. 以学济文，博雅凝重 ………………………………… 604
　（二）对孙星衍骈文的总体评价 ……………………………… 608
　　　1. 孙星衍骈文的内容、风格与其治学方向是一致的
　　　　 ……………………………………………………… 609
　　　2. 孙星衍的骈文主张与其创作实践是一致的 ………… 610
　　　3. 孙星衍骈文的长短与其治学的长短是一致的 ……… 611

结语：孙星衍——乾嘉学派的典型 ………………………… 613
　（一）由诗歌而考据：孙星衍学术取向的典型性 …………… 613
　（二）从游幕到幕主：孙星衍学术经历的典型性 …………… 615
　（三）立足经学，发掘材料，言必有征：孙星衍治学方法
　　　 的典型性 ………………………………………………… 616
　（四）广涉博通，成果卓著：孙星衍治学范围与成就的
　　　 典型性 …………………………………………………… 617
　（五）锲而不舍，经世致用：孙星衍治学精神的典型性
　　　 ……………………………………………………………… 620

附目三种 ……………………………………………………… 628

（一）孙星衍著述目录 …………………………… 628
　　（二）孙星衍刻书目录 …………………………… 638
　　（三）孙星衍批校、题跋本目录 ………………… 644

主要参考文献 …………………………………………… 651

后记 ……………………………………………………… 662

一、孙星衍的生平、交游及著述

清代学术以乾嘉时期最负盛名。乾嘉学派以经学为根基，以治经之法治史，进而扩大到目录、版本、校勘、辑佚、金石、方志诸多领域，并取得了卓越成就。作为乾嘉学派的重要学者，孙星衍广涉诸领域，并在各领域均卓有建树。孙星衍学术成就的取得绝非偶然，而是时代学术风尚的产物。乾嘉时期的学术风尚直接引导了孙星衍的治学范围与治学方法，促成了孙星衍的学术成就；孙星衍又以其突出的学术贡献成为乾嘉学派的重要一员，为乾嘉学术的繁荣兴盛做出了许多建设性贡献。本部分拟对孙星衍的生平、交游及著述略作考查，以便更好地认识孙星衍与乾嘉学派的关系。

（一）孙星衍生平述略

孙星衍据《元和姓纂》《姓氏辨证书》等考证，认为孙氏得姓，出于齐田完五世孙孙书，为齐景公赐姓。因姓氏书俱以吴将孙武出于孙书，孙氏后裔即以孙武为远祖，孙星衍在《孙氏谱记自序》中虽云"自武至星衍为七十五世"，但对其间世系不以为信，以为"疑以传疑"①而已。嘉庆元年(1796)，孙星衍为宦山东，得小铜印一枚，上有"孙武私印"四字，作《家吴将印考》，入《岱南阁集》。嘉庆三年(1798)，孙星衍至苏州，访得孙武冢在巫门外之永昌。嘉

---

① 陈鸿森《孙星衍遗文续补》，《书目季刊》第四十八卷第一期（2014年6月），第64页。按：凡同书皆用同一版本，作者及出版社仅于首次出现时标注。

庆十一年(1806),约同孙子后裔孙原湘、孙尔准、孙良炳、王昶①等醵赀在虎丘建孙子祠堂,作《虎邱新建武将孙子祠堂碑记》。自唐以来,孙武配享武成王庙。明洪武之初,其祀被罢。清乾隆时期,直省多有孙膑庙祀,而乐安、富阳俱无孙武祀典。有鉴于此,孙星衍在立庙吴门之后,又申请有司复春秋致奠之礼,请立奉祀生,以永传祀典,并作《孙子祀典考》。

常州孙氏源于濠州孙兴祖,兴祖以上有姓名可考的为其祖父文虎。孙星衍《孙氏谱记自序》云:"吾家族谱显自濠州忠愍燕山侯兴祖,宋濂《坟记》推侯之祖曰文虎,自此已上缺焉。"②

孙兴祖(1335—1370)为星衍十五世从祖,明开国功臣。本居濠州定远,洪武时以开国之功官骠骑大将军,都督北平,封燕山侯,谥忠愍。嘉庆二年(1797),孙星衍于金陵建祠祀之。③ 兴祖长子恪亦为良将,因涉蓝玉之祸坐死,定远一支因此衰落。兴祖父子事见《明史》及孙星衍撰《江宁忠愍公祠堂记》。

十四世祖孙继达,为嗣祖之子、兴祖从子。继达"元至正时,率宗族义兵归明太祖,积功授管军总督,迁湖广行省都镇抚"④,以守

---

① 按:孙星衍《虎邱新建吴将孙子祠堂碑记》云王昶以外家为姓,为孙武五十七世孙:"翰林院庶吉士孙原湘、孙尔准、山东督粮道孙星衍、高唐州知州孙良炳,皆远祖孙子。予告刑部侍郎王昶为孙子五十七世孙,以外家为姓。"《孙渊如先生全集·平津馆文稿》,上海古籍出版社2002年版,《续修四库全书》第1477册544页。

② 《孙星衍遗文续补》,《书目季刊》第四十八卷第一期(2014年6月),第64页。

③ 孙星衍《青溪卜宅》诗小序云:"予以丁巳岁归南,侨居金陵旧吴王府,有古松五株,因建祠祀明功臣燕山忠愍侯(讳兴祖),侯故祀鸡笼山功臣庙,岁久倾圮,今栗主附祀曹王庙,至是始申明有司,建立专祠。"《芳茂山人诗录》,《丛书集成初编》第2320册103页。

④ 《孙渊如先生全集·嘉谷堂集·江宁忠愍公祠堂记》,《续修四库全书》第1477册502页。

常州及克张士诚功,赐第武进,擢濠梁卫指挥使,终凉州都督同知。这一支系从此世居武进,孙继达为武进孙氏之始祖。

十三世从祖有记载的是孙恭与孙泰。恭为孙兴祖从孙,泰从兄,于元末归明太祖,以军功授广威将军,迁前军都督佥事,授骠骑将军,卒于官。泰为继达子,建文帝朝为北平都指挥使,于靖难之役中力战燕军而死,赠广威侯,墓在常郡。万历三年(1575),敕死节诸臣方孝孺等一百十六人同入金陵全节坊表忠祠,孙泰位次八十二,明末追赠象山伯,谥勇愍。乾隆四十一年(1776),赠通谥烈愍,敕修表忠祠于冶城山南麓。嘉庆十三年(1808),孙星衍立烈愍祠于金陵王府巷。《平津馆文稿》卷下有《明北平指挥使孙公传》,文中记载了孙泰一支子孙继袭概况:"子一:略,袭凉州卫指挥同知,永乐初以奉革除削秩,九年病卒。孙一:昌,十一年奉敕准复职,方九岁,以从祖刚代袭,昌归常州。生一子勋,勋生五子:世贤、世良、世美、世德、世英。世贤生二子:芝、芸,俱无后。世美生一子卿,卿生一子秉,绝。世良生一子相,相生一子东,绝。世德生二子:臣、武,俱绝。世英无子。侯凡传七世绝。"①

孙兴祖、孙继达、孙恭、孙泰墓祠本在江宁,孙星衍于《江宁忠愍公祠堂记》中有记载:"先挥使公讳继达及督佥公讳恭,俱以洪武时谕祭赐葬钟山之阴,当附忠愍公冢。先勇愍公御靖难兵死事,明季追谥,敕建表忠祠于金陵全节坊,三墓一祠,皆在江宁。"②因武进离江宁道远,祭祀不便,孙星衍父子念古人将营宫室宗庙为先之训,假贷摒当得千余金,置祠江宁:"吾家故居定远,自挥使公以守御常州功赐第武进,子孙家焉。武进去江宁道远,不能常举祭扫之事,几致远祖祠墓湮没。家大人及星衍宦游无定所,顷修家乘,

---

① 《孙渊如先生全集·平津馆文稿》,《续修四库全书》第1477册550页。

② 《孙渊如先生全集·嘉谷堂集》,《续修四库全书》第1477册501页。

始考知祠墓故迹。今方伯兄曰秉,盖关外本支,适官江宁,因属访求并置祠焉,以奉忠愍公,配以挥使公及督佥公、勇愍公,广其居以为子孙往来祭扫及应试栖止之地。"①《江宁忠愍公祠堂记》中详细记载了祠堂的位置及设置:

  祠在江宁城中,旧吴王府二条巷内,北通四象桥,南至针巷口,西至府门口,东至洞神宫,址方三亩,东南有阁三间,以奉祖像及木主,西有堂,堂北有楼,楼西南有园,有树石池塘廊槛,有轩亭馆舍,以为子孙藏书、读书之处,园后有楼三间,以藏祭器。从人庐舍门堂庖湢具焉。外近市而内爽垲,因程氏之故居,不侈不陋,不加缘饰。阁曰倚天,思英概也。楼曰铭彝,示子孙也。馆曰芸香,守先烈也。堂曰问字,招益友也。轩曰嘉石,省治行也。亭曰鹤和,念糜禄也。廊曰接叶,联本支也。池曰濯缨,爱清流也。②

  孙星衍十世祖鑾,字朝望,号南野,正德十五年(1520)进士,曾与修《武宗实录》于两浙,授刑部主事,擢郎中,按狱湖广,出为汉中府知府,调云南澂江,未赴,改江西瑞州府,擢云南按察司副使,再擢山西行太仆寺卿。嘉靖二十九年(1550)十二月四日卒,年六十二。祀名宦乡贤,葬于常郡西郊夹港口。孙鑾性耿直,不能屈曲阿上司意。居刑曹时,治大狱活人甚多。侍郎孟氏曾授意治某事,鑾因拒绝而被移治他曹。既而事败,同人皆服鑾有先见之明。孙鑾鞫囚楚中,平反冤滥,百姓感悦,为建生祠。守汉中时修治废堰,溉田成上腴,人称孙公田。平东川妖寇刘烈,仅归罪于酋长,余悉释放,拜白金文绮之赐。至瑞州,独挈二老仆行,郡人呼为三只碗。云南蒙自夷人作难杀官,毁民庐舍,鑾督战平息,边人作《平夷图》颂之。在山西行台时,尽除军苛马政;大举所至,边郡困

---

① 《孙渊如先生全集·嘉谷堂集》,《续修四库全书》第 1477 册 501 页。
② 同上。

乏，皆为革浮弊，立节财法，府库充实；后大军征蛮，赖其储积。明江西布政司参议吴希孟及国子监祭酒张衮为其撰传志生平。①

孙氏一门在明初洪武、建文时以功业著闻，定远一系衰落而武进一支独盛。武进孙氏先以军功起家，以忠节显于常郡。自孙銮及其叔父孙益同榜考中进士后，这一家族开始以科第仕宦，以清节为政。孙銮子孙登上第者二人，入翰林者四人。

孙星衍七世从祖孙慎行（1565—1636），字闻斯，号淇澳，唐顺之外孙，万历二十二年（1594）甲午科举人，二十三年（1595）乙未科一甲三名进士，官至吏部尚书，卒谥文介。《明史》本传云"慎行操行峻洁，为一时搢绅冠"②，又"覃精理学"③，著有《玄晏斋困思钞》《中庸慎独义》等。慎行为明末东林党领袖，以行济学，颇具特色。刘宗周评云："近看孙淇澳书，觉更严密。谓自幼至老，无一事不合于义，方养得浩然之气，苟有不慊则馁矣。是故东林之学，泾阳导其源，景逸始入细，至先生而另辟一见解矣。"④孙慎行官礼部时曾取出己之殿试卷，藏于家，后流散。孙星衍父孙勋（字书屏）辗转购得，藏于家祠。在慎行登第一百九十三年后，孙星衍以乾隆丙午（1786）、丁未（1787）登科，与慎行同在午、未年，倍感荣耀，撰《家文介公殿试卷书后》，收入《平津馆文稿》中。

五世祖孙馀，封翰林院检讨。四世祖自仪，桂阳州同知，封翰林院编修。事迹不详。

武进孙氏自孙继达以来，迄于明末，世为阀阅，人才辈出，"凡

---

① 孙星衍《平津馆鉴藏书画记·十世祖太仆公手书诗卷》，中国大百科全书出版社1997年版，《中国历代书画艺术论著丛编》第343—346页。
② 张廷玉等《明史》，中华书局1997年点校本，第6310页。
③ 《明史》，第6306页。
④ 黄宗羲《明儒学案》卷五十九《文介孙淇澳先生慎行》，上海古籍出版社1987年版，《四库全书》第457册1039页。顾宪成，号泾阳。高攀龙，世称"景逸先生"。

二侯三指挥使,传十余世,与明终始。登庶司者,又百余人"①。

至清初,家风不坠。孙星衍的曾祖孙谋中康熙三十年(1691)辛未科进士,起家县令,官至礼部主客司郎中,以廉著。但至星衍祖父辈,家道中衰。星衍伯从祖不事产业,祖父枝生早卒,在孙氏家族危难、人丁凋零之际,星衍祖母许太夫人为家族延续与振兴做出了重要贡献。

许太夫人为常州宜兴人。其父许建,由举人官粤西义宁县知县,无子有女,尤爱许氏。星衍曾祖生有四子,祖父枝生排行第三。枝生十二岁时,父、母、生母相继去世,与四弟随仲兄凤飞至粤西恩城州尉官署,得许建器重,许配以女,并让枝生入学馆读书。雍正七年(1729),星衍父孙勋出生。雍正九年(1731)四月,枝生因勤学致疾,卒于义宁官舍,许氏年仅二十四岁。

许建虽收养嗣子,但爱枝生英异,本拟以老相托。枝生青年早逝,许建欲以外甥孙勋为嗣。因孙氏一脉几绝,许氏以死相拒,许诺"使孙氏有后,祀许如祀孙"②。不久,许建卒于官。许氏扶父、夫两柩挈孤归里,为经营葬事。葬父宜兴后,又为寡母送终,并为许氏立嗣子。乾隆元年(1735),偕幼子孙勋归武进,勤俭持家,亲自课子,要求甚严。孙勋不负母望,中乾隆丙子科(1756)举人,先后为江苏句容县教谕、山西河曲县知县。许氏后因子勋、孙星衍之官诰封太恭人,赠太夫人。许氏生于康熙四十七年(1708)正月七日,卒于嘉庆十年(1805)六月十九日卒,享年九十八岁。嘉庆十二年(1807),有司以许太夫人守节抚孤之行上闻,奉谕旨建坊,列

---

① 汪中著,王清信、叶纯芳点校《汪中集·大清故国子监生赠句容县儒学教谕孙君墓铭(并序)》,(台湾)"中央"研究院中国文哲研究所筹备处2000年版,第236页。

② 孙星衍撰,骈宇骞点校《岱南阁集》卷二《许太恭人九十生辰事略》,中华书局1996年版,第216页。

祀节孝。十三年(1808),孙星衍为建祠于虎丘东麓铁佛庵故址处,傍远祖孙子祠,以报太夫人七十余年苦节教子孙、延续孙氏宗支之德。孙星衍《岱南阁集》中有《许太恭人九十生辰事略》,《孙氏谱记》中又有《许太夫人节孝专祠碑记》,述之甚详。

家族的功勋、节操,孙星衍引以为豪,其于《孙氏谱记自序》云:

> 濠州既为孙氏发迹之始,袭爵者与明终始。科第则盛于毗陵,凡两朝以来,析圭爵者四人,都督、指挥使五人,三公二人,加公孤者三人,入词馆者四人,内外庶司不可胜数。当宋元明鼎革及靖难之际,守节遂志,无一人身仕两朝者。而直臣、循政卓卓可纪,见于史传,不一而足,非子孙隐恶扬善之曲笔矣。①

他与父亲孙勋皆以敬宗收族为念,不但购得文介公殿试卷及祖先手泽器物藏于家,且为忠臣无后者立忠愍、烈愍诸祠,捐田备祀事。又修理大宗祠,祀祖祢之有功德者,并以古彝器、书籍椟藏,为子孙永保之计。孙星衍奉父命辑旧谱故实及本支世表,为《孙氏谱记》,以显祖先,明世系,志来学。下面分时段对孙星衍生平略述如下:

1. 少以诗名,袁枚契赏

孙星衍(1753—1818),字伯渊、渊如、苑如,号季述、季仇、薇隐、芳茂山人,室名有问字堂、岱南阁、平津馆、嘉谷堂、澄清堂、五松园、廉石居等。乾隆十八年(1753)九月初二日,孙星衍生于常州府城观子巷。出生前夕,祖母许太夫人梦星坠怀,举以授母金夫人,次日早星衍出生。其父孙勋即取《汉书·郊祀志·太一赞》"德星昭衍"及"渊曜光明"之语,为长子取名星衍,字渊如。星衍

---

① 《孙星衍遗文续补》,《书目季刊》第四十八卷第一期(2014年6月),第64页。

出生四个月后,孙勋外出游学。九岁时,才认识游学归来的父亲。孙星衍早年的求学生活是在祖母和母亲的督促下开始的,直到晚年,他对这段少年苦读的生活仍记忆犹新,作《含饴夜课》诗记之。

星衍幼有异秉,读书过目成诵。五岁时跟随从叔父孙晚霞受业读书,与从兄孙履谦为同学。履谦初名玉成,乾隆四十三年(1778)进士。

孙勋于乾隆二十一年(1756)中顺天乡试第十三名举人,此后屡试不第。乾隆三十一年(1766),以大挑二等,候补教谕。回籍候职期间,居家课子,教星衍读《昭明文选》,星衍背诵无误。

乾隆三十三年(1768)冬,孙勋选授句容县教谕。来年二月,举家迁至句容,星衍遂在句容学舍读书。

乾隆三十六年(1769)十二月,孙星衍与王采薇结婚。此后在龙城、钟山书院学习,多居外舅家,也常到句容省亲。

乾隆三十七年(1772),孙星衍与内弟王育琮、王宝云及吴兆新兄弟同学于龙城书院。因成绩优异,在府试中被郡守费淳拔置前茅。该年六月,受知于当时的江苏学政彭元瑞,以第九名入阳湖县学为生员。此时,二十岁的孙星衍以诗才受到蒋和宁、杨伦赏识:"同里蒋侍御和宁知君才,索诗观之,大加赏异。从姊夫杨西禾伦负诗名,迭相唱和,呼为畏友。"①

乾隆三十八年(1773),孙星衍肄业龙城书院。夏游广陵,访杨伦于维扬客馆,与黄景仁同舟对咏,景仁有赠星衍七古诗。孙星衍此时自号"薇隐"②。

---

① 张绍南编,王德福续编《孙渊如先生年谱》,北京图书馆出版社1999年版,《北京图书馆藏珍本年谱丛刊》第119册451页。

② 蒋超伯《南漘楛语》卷四《纪异》三则,其一云:"孙渊如生时,家人梦伯夷入室,长而自号'薇隐'(孙事见《附鲭轩诗》注)。"《续修四库全书》第1161册320页。

乾隆三十九年（1774），孙星衍怀诗谒见当时的诗坛泰斗袁枚。袁枚倒屣相迎，阅其诗，跋其卷，曰："天下清才多，奇才少，读足下之诗，天下之奇才也。"①与订忘年交，且荐之当道。门下弟子陈毅、何士颙、方正澍等争相以诗投赠，星衍诗名更盛。

但孙星衍并没有沿着诗学的路子发展下去，在其诗名最盛之时，却转向了治经与考据，这与他在钟山书院学习时主讲卢文弨与钱大昕的引导密切相关。

乾隆三十九年（1774），孙星衍在钟山书院学习，以通《说文》受到卢文弨器重，卢氏常与考证古学。② 钱大昕与孙星衍讲论经术小学，亦甚相契。孙星衍的学术转向大约是从这时开始。

这一年孙星衍科试下第，"与同里洪君亮吉、黄君景仁、赵君怀玉、杨君伦、吕君星垣，文谦无虚日"③。

自乾隆三十四年（1769）至乾隆五十二年（1787），孙星衍无论

---

① 《孙渊如先生年谱》，《北京图书馆藏珍本年谱丛刊》第119册452页。又袁枚《随园诗话》卷七云："余常谓孙渊如云：'天下清才多，奇才少。君，天下之奇才也。'渊如闻之，窃喜自负。"《续修四库全书》第1701册346页。

② 按：卢文弨长孙星衍三十六岁，孝谨笃厚，潜心汉学，以校勘名。乾隆四十八年（1783），孙星衍曾拜谒卢文弨，请教毕沅所询《墨子》诸疑难。王重民《孙渊如外集》卷四《墨子经说篇跋（毕校本）》云："乾隆癸卯三月，星衍方自秦北征，巡抚公将刻所注《墨子》，札讯星衍，云《经》上下、《经说》上下四篇，有似坚白异同之辩，其文脱误难晓，自鲁胜所称外，书传颇有引之否？星衍过晋，问卢学士，又抵都问翁洗马，俱未获报。"（国立北平图书馆民国二十一年铅印本，第7页）卢文弨去世，孙星衍曾谒其墓，并在《为金云庄比部德舆题李宪吉明经旦华遗影》诗中表达哀恸之情。其《续古文苑·周氏墓志铭》一文利用卢文弨的考证成果；卢文弨收入《群书拾补》中的《晏子春秋》则吸收了孙氏校勘成果。师徒深情及其在学术上的互相推崇、借鉴，由此可窥一斑。

③ 《孙渊如先生年谱》，《北京图书馆藏珍本年谱丛刊》第119册453页。

身在何处,都会定期到父亲任教谕的句容省亲。① 因此,他在句容也形成了自己的朋友圈,此由《孙渊如先生年谱》乾隆四十年载"句容士夫王司马周南、斗南吉士兄弟、骆秀才存友、朱秀才镛、沈上舍绍祖同为胜游雅集"②、《芳茂山人诗录》之《偕句容朱文学(镛)及王公子出游得梁井阑题字作》及为"句容博士老明经"所作之《朱岷源学博》等可知。

2. 难得佳偶,英年早逝

乾隆四十一年(1776)十月,结婚不足五年的发妻王采薇病逝,年仅二十四岁。孙星衍悲痛欲绝,以佳偶难得,誓不再娶。录其遗诗为《长离阁集》,请袁枚作墓志铭,孔广森撰序。采薇所生二女,于乾隆四十三年(1778)先后夭折。

乾隆五十七年(1792),祖母许太夫人以孙星衍四十无嗣,命置侧室,先后娶潘氏、晁氏、金氏、潘氏四人。嘉庆十六年(1811),长男廷镰生,数日后孙星衍从山东督粮道任上引疾归金陵。二子廷鏐、廷镛,在其嘉庆二十三年(1818)病逝时尚幼。

王采薇(1753—1776),字玉瑛,江苏武进人。父光燮(1711—1779),乾隆二年(1737)进士,先后为广东博罗、定安、鸡泽、江西安远、广丰、宜黄,福建莆田、将乐、连江等县知县。所到之处,兴利除弊,深得民心。《清故文林郎赐同进士出身福建连江县知县赠奉直大夫兵部武选司额外主事王艺山先生行状》记其品性云:

先生恬于势利,不肯为容悦邀当世名。每计典,多有称荐,

---

① 《孙渊如先生年谱》记载:乾隆三十三年(1768)冬,孙勋选为句容县教谕。乾隆三十四年,全家随至句容。乾隆五十二(1787)年,孙勋入都赴选,家眷自句容归常州。乾隆五十三年六月,孙勋选山西河曲县知县。因路途遥远,家眷不便同行。已为京官的孙星衍便于乾隆五十四年将全家接到京城,仅由二弟星衡到山西陪侍父亲。

② 《孙渊如先生年谱》,《北京图书馆藏珍本年谱丛刊》第 119 册 453 页。

辄罢。同列及故属吏或治下生多有至大官者,而先生前后为令三十余年,终不得徙官。凡任粤、闽各三,直隶再,历江西者四,三与同考。所至县,去官后,久之犹见思。生平为人,朴介而真,衣服不少饰,行道中辄为乡里所指笑。与人交,忘形骸,不立崖岸。每讌集,时脱帽露顶,虽当道显者未尝少拘礼。然恭让下士,每贫士敝服造谒,迎致密坐,语移日,左右侍者皆疲。急人难,出肝胆周旋曲周。幕某病,辞去,依先生于鸡泽,属死事。寻卒,先生为大小敛以礼,使护其丧归。其缓急可恃,类此。①

王光燮有子六人,长子育琼为乾隆五十四年(1789)进士,兵部武选司额外主事。次宝云,次育璣,俱国子监生。次育琪,早卒。次育瑞,次育琯。有女五人,采薇行四。

王光燮教女一如教子,故姊妹五人俱识字能书。采薇"少以资质端丽,尤为父钟爱"②。她"仪容淑令,好学工诗,博览史传"③,又善填词,好围棋,能吹笛,小楷精绝。十九岁嫁给孙星衍,夫妇情投意合,感情甚笃。孙星衍在《诰赠夫人亡妻王氏事状》中记其遗事,细微之间,挚情毕见:

> 既婚数日,夫人属余填词,并约围棋。余皆未学,颇心愧之,后遂为小词酬夫人,而卒不能对弈。夫人终日持一编书在室,教其幼妹。时时临帖,好虞永兴楷法。或为余录诗,至今有存箧中者。尝言:"唐五代词,率可倚声,被之簫管。"春余夜静,辄取李后主"帘外雨潺潺"词,按笛吹之,令余审听。至"流水落花人去也,天上人间",闻者歔欷。其后写夫人遗影

---

① 《孙渊如先生全集·平津馆文稿》,《续修四库全书》第 1477 册 563 页。按:此文本为王育琼作,托名孙星衍。
② 《孙渊如外集》卷五《诰赠夫人亡妻王氏事状》,第 18 页。
③ 《孙渊如先生年谱》,《北京图书馆藏珍本年谱丛刊》第 119 册 453 页。

为《落花流水图》,以此。

　　夫人好絜,除几席。余每陈书满案而出,比入室,则夫人为整齐之。偶得许氏《说文》,与余约日识数十字。久之,予遂通小学。山斋有桐桂古柏,冬寒月皎,对影萧瑟。或出户闲吟,或焚香开卷,论说史事,俱有神识。不信佛书邪鬼之语,不视稗官小说。①

《孙渊如先生年谱》又云:

　　君每读《史记》两《汉》《晋书》,或以义相质,或赋诗相和,若益友焉。又约习篆书。②

　　由以上记载知,王采薇不仅生活上给了孙星衍无微不至的照顾,更以自己多方面的兴趣爱好,深刻地影响了孙星衍的学术取向。孙星衍以篆书名家,③当出采薇熏染。孙星衍酷爱《说文解

---

①　《孙渊如外集》卷五《诰赠夫人亡妻王氏事状》,第18—19页。
②　《孙渊如先生年谱》,《北京图书馆藏珍本年谱丛刊》第119册453页。
③　孙星衍长于篆书,造诣不凡,文献多有记载,如孙星衍《魏三体石经遗字考叙》曰:"蒙虽不敏,夙究篆籀之学。"凤凰出版社2010年版,《平津馆丛书》第882页。林昌彝《射鹰楼诗话》卷二十"阳湖孙渊如观察星衍"条,云孙星衍"习篆籀古文、音声训故之学"。《续修四库全书》第1706册499页。钱泳《履园丛话》卷十一上历数清代善篆诸家,星衍为其一:"惟孙渊如观察守定旧法,当为善学者,微嫌取则不高,为梦瑛所囿耳。"《续修四库全书》第1139册165页。
时人以得孙星衍篆书题额等为荣。唐仲冕《陶山文录》卷七《连楸轩记》云:"因名其轩曰连楸,孙渊如观察为篆其额。"《续修四库全书》第1478册456页。王昶《湖海诗传》卷四十云:"家秋塍大令(复),以嘉庆元年九月与黄小松(易)、武虚谷(亿)为嵩少伊阙之游,寻碑选胜,作图纪事。其年十二月,求孙渊如(星衍)篆题其首。明年五月,以书抵余华亭官所求诗。"《续修四库全书》第1626册349页。吴仰贤《小匏庵诗话》卷八云:"从祖余山公讳延长,生平酷嗜书画,工鉴别,收藏甚富。尝客游邗上,依吾乡钱恬斋都转,所结交皆老苍,绘有《小梅花庵图》,孙渊如观察以篆书署额,题者甚众,今已付劫灰。"《续修四库全书》第1707册68页。

字》,终生崇儒辟佛,亦与采薇不无关联。此时的孙星衍年轻气盛,恃才傲物,人称"狂孙",采薇规以"千秋不易,来者难欺"①,星衍终身奉为箴言。

王采薇尤长于诗,卒后孙星衍为编《长离阁集》。王采薇短暂的一生作诗二百多首,收入《长离阁集》的只有七十一首诗和一首词,远非她作品的全部。这些诗词就内容来讲并没有超出传统的闺中怀人的主题,但王采薇对生命的深切感悟、对亲人的满腔挚爱,使她的诗意境清幽,哀感顽艳,别具一种超凡脱俗的韵味。洪亮吉评王采薇诗云:"其闺房唱和诗,虽半经兵备裁定,然其幽奇惝恍处,兵备亦不能为。如'青山独归处,花暗一层楼''一院露光团作雨,四山花影下如潮'。此类数十联,皆未经人道语。"②袁枚《随园诗话》曾摘其"户低交叶暗,径小受花深""研墨污罗袖,看鱼落翠钿""虫依香影垂帘网,蛾怯晨光堕帐纱""一院露光团作雨,四山花影下如潮"以及整首《舟过丹徒》作为佳句,认为"皆妙绝也"③。后世诗人也多从王采薇的佳句中受到启发。钱锺书《谈艺录》曾举出龚自珍《梦中作四截句》之"叱起海红帘底月,四厢花影怒于潮"、陈云伯《月底海上观潮》之"归来小卧剧清旷,花影如潮满秋帐"、孙子潇《落花和仲瞿》之"满天红影下如潮,香骨虽销恨未销"、黄公度《樱花歌》之"千金万金营香巢,花光照海影如潮"等句,认为皆本王采薇"一院露光团作雨,四山花影下如潮"。后来者对王采薇诗句的传诵、学习和借鉴由此可窥。

王采薇是不幸的,她以才得名,也因才而遭天嫉,以至年寿不

---

① 杨钟羲《雪桥诗话三集》卷四云:"孙渊如少年气盛,配王夫人,辄以千秋不易,来者难欺为戒,皆可入兰闺宝录。"北京古籍出版社1991年版,第177页。
② 洪亮吉《北江诗话》卷二,《续修四库全书》第1705册13页。
③ 《随园诗话》卷五,《续修四库全书》第1701册321页。

永。但她出生在一个开明进步的家庭里,自幼受到良好的教育;她又嫁了一位深爱着她的丈夫,生前为其扬名,身后编刊遗集,使她的诗得以流传。比起那些湮没于岁月尘埃中的优秀女诗人,王采薇在天之灵应该感到欣慰了。

3. 游幕生涯,学识剧增

文人游幕是乾嘉时期特有的文化现象,是乾嘉文化繁荣兴盛的重要标志。孙星衍与当时许多学子一样,出仕之前,有一段较长时间的游幕生涯。据《孙渊如先生年谱》记载,孙星衍的游幕经历主要有两次:先在安徽学使刘权之幕府,后随毕沅仕宦陕西、河南。前者时间较短,后者则对孙氏一生的治学范围、治学方法、学术历程等产生了重要影响。

乾隆四十二年(1777)至四十三年(1778),洪亮吉偕孙星衍谒安徽学使刘权之,这是孙星衍第一次外出游幕。这次游幕,本出刘权之之邀洪亮吉,亮吉力荐好友孙星衍,得以同行。洪、孙二人以学识受到刘权之器重,在其幕中从事校文工作。校文之暇,二人同登白纻山,同上采石矶太白楼,泛舟过天门山,游黄山白岳,登天都峰,穷极其胜。亮吉有时还随刘权之到所属州县试学,未见有他人在刘氏幕中之记载。就相关资料看,孙星衍居刘权之幕时间较短,同人较少,工作也较单一,收获应该也是有限的。

乾隆四十五年(1780),陕西巡抚毕沅丁母忧家居,闻星衍之名,延之里第,请与钱坫同修《关中胜迹志》。星衍欣然应允,于岁除时抵陕,开始了他一生中最长的一段游幕生涯。乾隆五十年(1785),毕沅调任河南巡抚,孙星衍亦追随至大梁节署,直到乾隆五十二年(1787)考中进士。孙星衍跟随毕沅长达八年。在这八年里,他与同人一起编纂《关中胜迹志》《邠州志》《醴泉县志》,校刻《山海经》及惠栋遗书等,以学识受到毕沅赏识。毕沅在经学、史学、地理、金石、诸子等方面均有造诣,尤好汲引后进,延揽人才。他门下除孙星衍、洪亮吉、钱坫、严长明、吴泰来等人长久居留外,一些重要学者如钱大昕、王昶、邵晋涵、赵翼、程晋芳等亦与毕沅交往颇多,这便使孙星衍有了与他们相交的机会,在学术上也不同程度地受到他们的影响。这一时期孙星衍以才学开始在同人中崭露头角,并得到前辈学者揄扬,为他日后的学术发展奠定了重要基础。

4. 京都九载,耿直不阿

乾隆五十一年(1786),孙星衍乡试中式。五十二年(1787),高中一甲二名进士,授翰林院编修,充三通馆校理。孙星衍初入翰林院,曾奉敕校理文源阁、文澜阁秘书。① 他利用这一便利条件,录出了一些稀见之书。如唐史徵久已不传的《周易口诀义》,就是此时从《永乐大典》中辑出的。② 他还见到了《开元占经》写本一百二十卷,据以撰成《史记天官书补目》等。

乾隆五十四年(1789),散馆,试《厉志赋》。孙星衍引用《史记》"訩訩如畏"语,时任大学士的和珅疑为别字,置于二等,以部曹用。按照惯例,一甲进士可申请改部或奏请留馆。和珅久闻星衍声名,欲藉此令其屈节一见。星衍不往,曰:"吾宁得上所改官,不受要人留馆之惠也。"③ 又因此前有吴文焕例,翰林院编修改官

---

① 孙星衍撰,骈宇骞点校《问字堂集》卷三《天官书考补注》云:"予初入翰林,奉敕校理文源阁秘书,尽见《开元占经》一百二十卷。"中华书局1996年版,第84页。又于《题罗山人(聘)为予写昔梦图十帧》之《蓬岛游仙》小序中云:"予以丁未科及第,入玉堂,校中秘书于西苑之文澜阁,旋以散馆,改官比部,张检讨问陶赠予诗有云:'十二琼楼无定所,神仙何必住蓬莱。'"《芳茂山人诗录》,《丛书集成初编》第2320册99页。

② 孙星衍《周易口诀义序》云:"予以乾隆丁未年入词馆,预校文渊阁秘书,始得《永乐大典》中存本。阅十二年,官于东鲁,乃刊行之。"《丛书集成初编》第390册1页。

③ 《孙渊如先生年谱》,《北京图书馆藏珍本年谱丛刊》第119册462页。

可得员外郎。人谓星衍："君一见和相,即得之。"①星衍不欲干人,曰："主事终擢员外,何汲汲求人为?"②遂就职刑部,为直隶司主事。从此,编修改主事遂为成例。孙星衍不阿权贵,受到时人敬重。凌廷堪作《孙渊如以编修散馆改官刑部却寄》诗赞之："銮坡曾直鹭鹓行,又佩西曹比部章。我道经师慵作赋,谁云才子例为郎。著书未碍寻《公》《穀》,读律何妨合《老》《庄》。赢得词林增掌故,谪官犹许向人狂。"③

孙星衍于乾隆五十四年(1789)补刑部直隶司主事,总办秋审。乾隆五十六年(1791)五月至五十九年(1794)五月,为刑部直隶司员外郎;乾隆五十九年六月至乾隆六十年(1795)五月,为刑部广东司郎中。孙星衍为法宽恕,平反全活甚多。此由《孙渊如先生年谱》于乾隆五十六年(1791)所载四事,可以略窥其治狱之宽仁、持平。

其一:甲窃主财逾贯,诣其友乙,匿其数以告,分金而逸。事发,乙得知情藏匿罪,入减等罪,应流。孙星衍以律称知情则坐。乙不知满贯,应以所知数坐,减问徒。奏上,司寇诘以乙所言无质证,如获甲言实告以逾贯,奈何?孙星衍言此名例所谓通计前罪以充后数。乙卒得从流减徒。

其二:湖广有子护嫁母,伤人至死狱,敕下法司议。或以嫁母期服减于母,则护嫁母不得与母同科。司寇胡季堂嘱孙星衍处理此案。星衍以古者父在为母亦期,屈于所尊。嫁母服期,因宗子主祭,非谓情当杀也。引宋王博文,请封嫁母,又为行服,谓子无绝母

---

① 《孙渊如先生年谱》,《北京图书馆藏珍本年谱丛刊》第119册462页。

② 《孙渊如先生年谱》,《北京图书馆藏珍本年谱丛刊》第119册462页。

③ 凌廷堪《校礼堂诗集》卷六,《续修四库全书》第1480册47页。

礼。又引《宋史·礼志》所载唐八座议,凡父卒母嫁,有心丧三年之制,子无绝道。故也护嫁母、出母俱当与母同,议减斗杀罪。胡大寇是之。

其三:甲有弛车犯乙死者,已当过失杀罪。甲恐以无故驰骤车马获重谴,请托以兼金求免。孙星衍曰:"吾不受暮夜金。君罪止过失杀,无为人所诳也。"①甲惭谢去。

其四:有孝子为父报仇,杀县役,坐死。其父姊控告,云弟杀县役,实为其所逼,请检尸伤。有当道者嘱托孙星衍,星衍曰:"吾岂能枉法杀孝子哉!"②

孙星衍居刑部期间所判案件皆持正、宽恕如上。其做法赢得了阿桂、胡季堂等人的信任与倚重。阿桂鉴于清代律令繁琐,曾请孙星衍适当删减;胡季堂遇到疑难案件,多请星衍依古义平议、裁决。他们曾相约纂修《大清律音义》,终蹉跎未就。③ 孙星衍鉴于自己的司法实践,对律令的重要作用有着深刻的认识与体会,为使切于实用的律令著作广泛流传,他影刻了元本《故唐律疏议》,并将《宋提刑洗冤集录》附后刻出。

孙星衍善交益友,为京官期间,其京师寓所便成为诸名士集会宴饮之处,一时名士如徐大榕、王念孙、赵怀玉、魏成宪、张问陶、阮元等都与孙星衍过从甚密。高丽使臣朴齐家书"问字堂"额赋诗以赠,《问字堂集》之名即由此而来。其间,孙星衍补辑了《古文尚

---

① 《孙渊如先生年谱》,《北京图书馆藏珍本年谱丛刊》第 119 册 466 页。

② 《孙渊如先生年谱》,《北京图书馆藏珍本年谱丛刊》第 119 册 466 页。

③ 孙星衍《重刻故唐律疏议序》云:"夫不读唐律,不能知先秦历代律令因革之宜,不足彰圣朝立法之仁、折衷之当。星衍由翰林改官比部,故公相阿文成曾厌例文繁复,属令删除;故司寇胡庄敏公遇疑难之狱,手授平议,宣布曹司。尝约为《大清律音义》,蹉跎未就。"《丛书集成初编》第 775 册 2 页。

书马郑注》,撰成《问字堂集》。

5. 首任山东,治河审狱

乾隆六十年(1795)五月,孙星衍结束了九年的京官生活,奉旨外放为山东兖沂曹济兵备道,这使他兼济天下的抱负有了更具体的现实内容。孙星衍善治水,懂法律,又能奖掖后学,为政期间山左风气为之大变。

山东曹南、单县一带经常发生洪涝灾害,济水常年得不到治理。孙星衍两次为官山东,多次治河。嘉庆元年(1796)六月十九日的一场大雨,导致黄河漫溢,曹南水漫滩溃,丰县决口,单父河堤亦坏。孙星衍与按察使康基田等率众治水,吏民同心,日夜奋战,从上游筑堤遏御,从此彻底堵塞了决口,为国家省金数百万。十余年后,康基田忆及此事,仍无比骄傲:"吾治河数十年,未见已决口能即时堵闭者。惟曹南之役,吾与君成之,省国家数百万帑金也。"①后来吴文征将孙星衍任职山东期间的重要事件绘成图画十幅,星衍逐一题诗,其中《单父塞河》就是对此事比较翔实的追忆。序云:

乾隆丙辰岁六月,河流漫溢,丰县决口,单父河堤亦坏。予偕康廉使(基田)建议堤塞,筑坝长数里,遏绝大溜,三日夜功成,费银三万两。复立重堤格堤,单邑河患自此不作。自经河决未有遏止者,大府以下游江南溃决,未及上闻(康廉使记其事云:乾隆丙辰六月,山东单县北岸,黑龙潭夜间猝遇大水,漫堤下注,决口二十六丈,外滩低河身三丈余,水奔腾直注,涛声雷轰,闻数里外。时基田与兖沂孙观察星衍,防河决口,水溜不能施工,乃从河滩水浅处,圈筑月堤,长四里余。盛夏旧秸料用完,新秸未登场,乃伐近地柳枝,买民人麦秸,刚柔相间,用土追压,从西首铺进,收至东堤,三昼夜铺竣,河

---

① 《孙渊如先生年谱》,《北京图书馆藏珍本年谱丛刊》第 119 册 474 页。

水不得进,决口断流,转败为功)。①

诗中传神地描绘了当时水流之汹涌及康基田、孙星衍率众以芦灰、薪土止水的壮观场面,抒发了沧海变桑田的欣慰与激动:

> 东南比岁黄流溢,疑有阴权蔽天日。丰工已见大堤开,单父悬流亦遄疾。黎明东望黑雾屯,倏忽破岸同崩沦。青畴已随蛟室没,赤子尽戴鱼头奔。东方廉使王尊似,偕我行河到河汜。直凭身手障狂澜,并少芦灰止淫水。刍荛未积劳输将,负薪担土同奔忙。填淤浅处到深水,拥逼两岸临中央。地轴如山万夫下,虹梁欲叱龟鳖驾。沧海为田只片时,黄金与土真同价。眼看转败还成功,古来趋事须和衷。君不见帑金虚縻七百万,堤塞不就嗟曹工(曹工合龙卒不成。明年,河南决溢,乃得筑堤,时谓打乾口)。②

孙星衍另有《单父塞河诗》三首也描摹了当时的情景。如第二首逼真地描绘了吏民携手、同心抗洪的壮观场面,特别提到了高价购买秸秆遏制河水的有效方法:

> 功成不日听舆讴,红斾巡工下绿畴。
> 晓埕人如春蚁出,夜堤灯似烛龙游。
> 放晴天与经旬便,输秸田仍一倍酬。
> 极目东南风浪恶,江乡谁与绘民流。③

孙星衍曾提出在上流筑堰阻隔洪水以便保护中下游的建议,但相关部门对他的意见相持不下。《单父塞河诗》第三首即表达了其建议不得实施的无奈及治河工作的迫在眉睫:

> 贾策于今未合宜,上流筑堰竟相持。

---

① 《芳茂山人诗录》,《丛书集成初编》第2320册105—106页。按:丙辰是嘉庆元年(1796)。

② 《芳茂山人诗录》,《丛书集成初编》第2320册106页。

③ 《芳茂山人诗录》,《丛书集成初编》第2320册143—144页。

> 黄金与土真同价,沧海为田只片时。
> 比户视民犹按堵,看山容我又支颐。
> 自来河势同兵势,只要争先一著奇。①

济上牛头河虽经前巡抚明兴奏请疏浚,但未及深通,时间一长淤塞严重,一到雨季,济、兖一带积水无处宣泄,就会淹没田地庄稼。嘉庆元年(1796),孙星衍建议康基田重新疏浚牛头河,以泄济上水潦。因遭到当时占种河道居民的反对,未能实施。十二年后,得以施行,保护民田甚多。《孙渊如先生年谱》记载此事云:

> 十二月移咨康方伯,请开济上牛头河。济水故渎经菏泽巨野、郓城、嘉祥、济宁、鱼台之境,又名安兴墓河,又名小黄河,合古灉水及澹台、苜宿诸河入旧运河。前抚部明兴奏浚,未及深通,年久又加淤垫。一遇雨潦,济、兖一带水无宣泄,淹及田禾。君请浚深各河故道,水潦既有所归,汇入微山湖,又资济、运之用。居民之占种河道者皆非之,久之不能行。其后十二年,河帅、抚部等卒以初议入告,开牛头河,济上水潦得以宣泄,保护民田甚多,君发端也。②

嘉庆初年,山东曹工的引河工作分属济东道、登莱道、兖沂曹济道负责,各管二十里,孙星衍负责治理中段。他严格把关,尽力节省费用,工程完成,所治较上下段省费三十余万。当时河工分赔人员或得羡余,谓之扣费,星衍不取,全部用作引河工费。其时曹工尚未堵合,东河总督、山东巡抚亟奏合拢,移星衍任。不久奏称合而复开,以赔款处罚,共罚坝工银计九万两。因星衍中道移任,一半罚款当由后任担负,但司事者全部归在星衍名下。星衍坦然

---

① 《芳茂山人诗录》,《丛书集成初编》第 2320 册 144 页。
② 《孙渊如先生年谱》,《北京图书馆藏珍本年谱丛刊》第 119 册 477—478 页。

接受,曰:"吾无寸椽尺土,然既兼河务,不能不为人受过也。"①《孙渊如先生年谱》将此事系于嘉庆二年至三年下。

前已言及,孙星衍为京官时积累了丰富的断狱经验。乾隆六十年(1795)初到山东,河南巡抚景安即告以河南匿名信案件。因此案牵涉数百人,办理起来极为棘手。孙星衍驰赴河南,与马慧裕会鞠此案。时值隆冬,被拘之囚身荷琅珰铁枪,衣不蔽体。孙星衍认为没有证据即籍没其家,拘系其人,是诬妄,主张放人:"籍其家,无证验,是诬也。宜尽释之。"②自夕达旦,亲定爰书,释放数十人。又根据被诬者生平嫌怨推断,得匿名书者,使其伏罪结案。

嘉庆元年(1796),山东巡抚玉德调任浙江,新任按察使张长庚在军营,不能按时东来,朝廷即命新任山东巡抚伊江阿会同原任玉德推举道员中能胜任者暂时代理,二人共同推举孙星衍。星衍代理按察使七月有余(嘉庆元年七月到任,二年正月卸任),兢兢业业,成绩卓著:"君下车日,以整肃吏治为己任,亲定爰书,不延幕友,矜慎庶狱,多所平反。"③《年谱》记载:

甲与乙有姻亲,共饮。乙醉,坠火炕,因吐烧酒引火,灼烂至死。甲醉卧不知情。鞠狱者坐甲以夺壶斟酒有争斗行迹,拟议斗杀罪论。孙星衍曰:"甲主乙宾,夺壶劝之饮,名夺实让也。"④改甲为过失杀人罪。

有一妇罪名是因奸谋命,下至大狱。实则该妇乃某家之妾,主

---

① 《孙渊如先生年谱》,《北京图书馆藏珍本年谱丛刊》第119册481—482页。
② 《孙渊如先生年谱》,《北京图书馆藏珍本年谱丛刊》第119册470页。
③ 《孙渊如先生年谱》,《北京图书馆藏珍本年谱丛刊》第119册474—475页。
④ 《孙渊如先生年谱》,《北京图书馆藏珍本年谱丛刊》第119册475页。

妇恶之。在丈夫远出之时,一家仆之妇死,主妇因污该妾毒杀,编造的理由是该妾生性淫荡,主妇令仆妇看守,妾恶而杀之。孙星衍重新审问此案,知仆妇是于妾归宁后二日因子殇与夫争吵,不胜愤怒而自尽,与妾无关,当即释放了冤妇。

有一殴人至死、过堂呼冤者,自言本为纤夫,曾于途中看到众人一起殴人,上前劝说无效,只好离开。数月之后,邑令将其拘讯,以酷刑迫使其诬服参与殴人。孙星衍重审此案,问囚殴人者中有无相识之人?答以县令有舅氏某为县役,当时在场,了解情况。孙星衍即秘密拘禁并审问了这名县役,得知此县役因奸杀人,县令欲以此劝架者为之抵罪,承诺尽力为其开脱,设法减轻其罪名。始拟以斗杀伤缓其死刑,因上司驳诘,改拟伤重入实。因知此判必死,拒不承认。经孙氏重审,囚者得以恢复自由。孙星衍以县令失察处分,枉杀人命,郑重告诫:"吾为子救正阴祸也。"①

有以称锤伤人者,拟判远戍。孙星衍说律例规定:沿江滨海匪徒执持凶器秤锤伤人,当判遣戍罪。但凶器秤锤非寻常称锤,常人也不得谓之匪徒。按律减轻了该以称锤伤人者的罪行。

孙星衍为按察使七月之中,"平法数十百条,活死罪诬服者十余狱"②。他重新审理案件,并不怪罪县官,认为县官并非均明刑律,其误皆幕僚所致。孙星衍之前,臬司问囚,如有呼冤者便施以酷刑,使之诬服,一旦定罪便无平反可能。孙星衍到任,"亲问囚,自为爱书,由是囚得尽其词,而承审官始不能属托以成冤狱,山左风气为之一变"③。但好景不长,因潍县有武人犯法,贿赂和珅之

---

① 《孙渊如先生年谱》,《北京图书馆藏珍本年谱丛刊》第 119 册 476 页。

② 《孙渊如先生年谱》,《北京图书馆藏珍本年谱丛刊》第 119 册 476 页。

③ 《孙渊如先生年谱》,《北京图书馆藏珍本年谱丛刊》第 119 册 476—477 页。

门,得以嘱托有关要员。孙星衍秉公查访,逮捕审讯,并将和门来者械于街衢,再次得罪和珅,罢权臬使,回任兖沂曹济兵备道。

孙星衍为官清廉,深受同僚敬重。时任登莱青道的荆道乾称孙星衍为生平未见之清吏。石韫玉曾与孙星衍同时为官山东,对其操守了解颇多,推崇、叹赏尤出肺腑:"予初入翰林,谒毗陵孙渊如先生于京第,当其时泛泛而已。其后在山东同官,始知先生抱慈惠之心,守耿介之操,凡一事之有利于人者,无不为也。凡一事之有蠹于国者,无不革也。百姓爱之若父母,百吏尊之若师保。"①

在首次为官山东的三年里,孙星衍敦劝古学,以策题试十府之士,以观风尚并识拔高才生,士林向慕。所举文登毕以田、济宁王宗敬等皆为知名士,毕中嘉庆十二年(1807)丁卯科举人,王亦以知县用。

这一时期,孙星衍政务之余勤于著述,校辑并刊刻了《孙子十家注》《周易口诀义》《周易集解》《夏小正传》《元和郡县图志》《括地志》等重要古籍。

6. 主讲杭州,再出东鲁

嘉庆三年(1798)六月二十七日,母金夫人卒于兖州官舍。孙星衍九月离任丁忧,归居金陵。自兖登舟时,"兖郡感君德政,送丧者亘数十里。启行之日,惟载万卷书笈,士民咸叹其清节"②。当时河水泛溢,舟过滕县微山湖时,狂风顿作,载书之舟沉没,书画浸湿甚多。孙星衍后来将这批书画弆藏于金陵祠堂,云:"吾书历劫或可久也。"③感慨之中显其达观之心态。

---

① 《芳茂山人诗录》石韫玉《序》,《丛书集成初编》第2319册1页。
② 《孙渊如先生年谱》,《北京图书馆藏珍本年谱丛刊》第119册483页。
③ 《孙渊如先生年谱》,《北京图书馆藏珍本年谱丛刊》第119册483页。

嘉庆三年十月，抵达金陵，侨居于孙星衍秉父命为从祖、明功臣忠愍公孙兴祖所建祠屋中。祠屋有古松五株，孙星衍名为五松园。嘉庆四年（1799），加以修葺，叠石为假山，畜两白鹤，植四时卉木，为祖母游乐之所，孙星衍作《五松居士传》。

嘉庆五年（1800），浙江巡抚阮元先邀孙星衍主蕺山书院，继于杭州创建诂经精舍，邀王昶、孙星衍为主讲。诂经精舍为江南培养了大批人才，据孙星衍《诂经精舍题名碑记》记载，诂经精舍招收的讲学之士有九十二人，①古学识拔之士六十四人，纂述经诂之友六人，盛况空前。其中孙同元、赵坦、严杰、陈鳣、李富孙、李遇孙、朱为弼、周中孚、张鉴、胡缙、严元照、徐养灏、徐养原、汪继培、洪颐煊、洪震轩、臧镛堂（臧庸）、臧礼堂、何元锡等都成为嘉道时期学有专长的重要学者。孙星衍称赞当时盛况云：

> 人材出于经术，通经由于训诂。……阮芸台先生先以阁部督学两浙，试士兼用经古学，识拔高才生，令其分撰《经籍纂诂》一书，以观唐已前经诂之会通。及为大司农来开府，遂于西湖之阳立诂经精舍，祠祀汉儒许叔重、郑康成，廪给诸生于上舍。延王少寇昶及星衍为之主讲，佐中丞授学于经舍焉。其课士，月一番，三人者迭为命题评文之主。问以十三经、三史疑义，旁及小学、天部、地里、算法、词章，各听搜讨书传，条对以观其识，不用扃试糊名之法。暇日聚徒，讲议服物典章，辩难同异，以附古人教学、藏修、息游之旨。简其艺之佳者刊为《诂经精舍文集》，既行于世。不十年间，上舍之士多致位通显，入玉堂，进枢密，出建节而试士，其余登甲科，举成均，牧民有善政及撰述成一家言者不

---

① 按：徐雁平认为当九十三人，孙氏《题名碑记》漏陈鉴。说见《诂经精舍：从阮元到俞樾》，凤凰出版社2007年版，《古典文献研究》（第十辑）第247页。

可胜数,东南人材之盛,莫与为比。①

孙星衍《芳茂山人诗录》中有《阮中丞五月十二日招同程易畴(瑶田)段懋堂(玉裁)第一楼雅集》诗,赞扬了诂经精舍继承汉唐学术传统、广纳两浙青年才俊的胸襟与气魄:"汉唐绝业千秋定,吴越才人四座收。"②但盛极一时的诂经精舍伴随着嘉庆八年(1803)孙星衍再发山东、嘉庆十年(1805)阮元丁父忧、嘉庆十一年(1806)王昶的去世而渐趋衰歇。嘉庆二十一年(1816),孙星衍主讲钟山书院,忆昔抚今,写下《湖楼诂经》一诗,回顾诂经精舍之盛衰,感慨良多:

>第一楼头撰经诂,正对湖山最佳处。中丞开阁思翘材,招我来游浙西路。楼旁许郑新建祠,压倒白苏空赋诗。湖光欲入子云室,山翠自拥江都帷。渊原更溯朱公叔(先是,朱文正提学浙中,多识拔古学之士),海内传衣尽名宿。万闲常芘士欢颜,五色不迷文过目。几时华屋悲山邱,王通(王少寇昶近又下世)示疾还归休。中丞移节(阮中丞旋改京职)我随牒(癸亥年赴补东省),山翠湖光空满楼。寄书碧洛青嵩去(中丞今抚中州),衰病怜予北山住(予近主讲钟山)。堂前问字少人过,自检图书理残蠹。③

嘉庆四年(1799)夏,孙星衍厘正《神农本草经》三卷,交付孙冯翼刊刻。嘉庆六年(1801),在两江总督费淳的支持、襄助下刊刻了《景定建康志》。嘉庆七年(1802),刊出碑刻名著《寰宇访碑录》。嘉庆八年(1803),刊刻《五松园文稿》;接受张祥云邀请,主修《庐州府志》;又与张敦仁一起影刊宋本《尔雅图》。

---

① 《孙渊如先生全集·平津馆文稿·诂经精舍题名碑记》,《续修四库全书》第 1477 册 545 页。
② 《芳茂山人诗录》,《丛书集成初编》第 2319 册 54 页。
③ 《芳茂山人诗录》,《丛书集成初编》第 2320 册 104 页。

孙星衍本薄于仕宦,又因祖母年迈,恐简放远省不能迎养,故丁母忧后不欲出仕。① 好友秦瀛在《孙渊如观察再过城西草堂》诗中曾表达两人淡泊宦途、甘愿乡居的愿望:"十日两相见,频劳过敝庐。本来生理拙,共是宦情疏。山馆连寒郭,苔矶羡老渔。君言此乡好,未得卜邻居。"②但因朝廷追索此前在兖沂曹济兵备道任上所摊分赔款项,孙星衍无力偿还,只得再次走上仕途。

嘉庆八年(1803),孙星衍奉旨再赴东鲁,仍以道员用。十二月,抵济南。此时曹南灾荒,孙星衍奉檄补赈,不顾严寒,风餐露宿,到达濮阳,灾后百姓"鸠形鹄面绕车辙",殷切期盼救济,却因官方库存粮食太少,以致"升斗未遍无余粮"。山东谷贵,用来蓄积粮食以备灾荒的常平仓已经很久没有购进粮食了,用来赈灾的多是便宜折色粮,所需费用远远低于国家拨款,孙星衍"明知多弊核实难",对此很是无奈。他对"频年买谷无长计,仓囷空虚折钱币"的现状深感忧虑,对"可怜满把不充饥,谁省灾黎更憔悴"③的百姓心痛不已。作为一个具有济世情怀的廉正官吏,孙星衍不顾自身安危,以救助百姓疾苦为己任,学习汲长孺、刘思立的做法,发粟济民。他在《题许秋岩太守问耕图》中表达的"三年有积应先问,五谷能分讵不如。稊稗也须知道在,儒书最古是农书"④的思

---

① 孙星衍与朱文翰书云:"若得远地,及在都候补多时,恐亦不能离老亲而受禄,仍归与兄辈论文矣。"陈鸿森《孙星衍遗文再续补·与朱沧湄书》,凤凰古籍出版社2013年版,《中国典籍与文化论丛》第15辑,第266页。《孙渊如先生年谱》亦云:"君以大母时年九十有三,道府无亲老告近例,恐简放远省,不能迎养,有不欲出山之意,以是迟留不赴补。"《北京图书馆藏珍本年谱丛刊》第119册488页。
② 秦瀛《小岘山人诗文集》诗集卷十六,《续修四库全书》第1464册676页。
③ 《芳茂山人诗录·濮阳芰舍》,《丛书集成初编》第2320册108页。
④ 《芳茂山人诗录》,《丛书集成初编》第2319册57页。

想当与这段经历密切相关。

嘉庆九年（1804）二月，补授山东督粮道，至嘉庆十六年（1811）卸任。在这八年里，孙星衍八次运租北上，在艰苦的漂流颠簸中著述不辍，并与诸名流时有宴饮唱和，苦中有乐，心境恬淡。他在《租船咏史集·周驾堂给谏（厚辕）视漕天津兼权鹾使诗以纪事》中写下的"却称东方贫转运，运租船上作吟朋"①，在《次韵答吉漕督（纶）》中写下的"运租尚有清吟客，庾亮楼高竟夕听"②等诗句，都是当时状态的真实写照。

嘉庆十一年（1806），孙星衍请开恩县四女寺支河。《孙渊如先生年谱》记载，卫河是自河南汇合了清、浊漳水之后进入山东境内的，向东北流经临清闸是其必经之路。夏秋之际，一旦上游的漳河涨水，临清闸的水位就会高于汶河，如不关闭闸门，河水就会挟带沙泥淤积河道，运粮船只因此会被阻滞，不得出口，谓之闷口，或称扣口。而德州哨马营及恩县四女寺旧有两条支河可以流入黄河，其路径是从钩盘鬲津故道，经乐陵及直隶吴桥等县至海丰入海。如对其加以疏通，可以宣泄卫水暴涨给临清闸带来的压力。早在明成祖时尚书宋礼曾请求开德州城西北河道，以泄水于旧黄河，使其至海丰大沽河入海。清方观承亦曾请求修浚。但在孙星衍之前任督粮道的葛正华废除了每岁修理淤塞河道的做法，致使闷口之患日益严重。孙星衍在嘉庆初年巡工安德时即向巡抚伊江阿（嘉庆元年六月至四年正月在任）建议重浚恩县四女寺支河，使其泄流入海，既可免除扣口之患，又可使沿岸不致决溢淹没民田。但伊江阿对这一建议不以为然，以致此后连年闷口。嘉庆十一年，山东巡抚长龄（嘉庆十年十一月至十二年五月在任）根据孙星衍的建议上奏。继任的山东巡抚吉纶（嘉庆十二年五月至十三年十

---

① 《芳茂山人诗录》，《丛书集成初编》第2319册67页。
② 《芳茂山人诗录》，《丛书集成初编》第2319册64页。

二月在任),又请筹款修治支河,从此解除了闷口之患。张绍南推孙星衍于山东水利之功,云:"凡东省水利,皆君发端也。"①孙星衍的《安德行河》诗即记此事。序云:

> 汉屯氏河即今卫水,其支流北通王莽河,经德州至海丰盐山入海,岁久淤塞。临清上游,漳流涨发,汶水低弱,辄闭闸以防挟沙淤运,粮艘不得出口,谓之扪口。自予建议重浚恩县四女祠支河,泄流入海,扪口之患遂绝。直省静海一带,堤岸亦不至决溢。时以权藩,巡工安德。

诗云:

> 禹河故迹屯氏存,支流迤东经鬲津。燕齐错壤水利废,近海略见沟通痕。老黄河身今占种,民力难资官屡空。四女祠前旧道湮,临清闸外新沙拥。卫流高处汶流低,浊漳合之五斗泥。挑沙放闸岂长策,粮船不出丁嗟咨。我来议浚申前诏(故大学士刘文正统勋昔奉旨,会直隶东省挑浚支河),泄水先从下游导。万夫合作不经旬,千艘遄行奏成效。前年度地雪盈尺,今年巡工雨沾帻。不辞栉沐至再三,况复旬宣有专责。君不见赵王河,我曾议浚谋孔多。消疏济运究何日,一雨济上积潦伤田禾(济上赵王河久湮,每夏雨潦,淹浸田禾,且恃以济运,屡议浚,不果)。②

顺治十一年(1654),在山东德州设立了满营驻防官兵五百口,一口为一户。雍正二年(1724),增至一千八百余口。嘉庆十一年(1806),增至二千七百三十余口。人口增加了,官兵的额饷却没增加,加之物价不断上涨,驻防官兵的生活极为拮据。孙星衍调查发现,每年满营官兵需俸饷动支德州道仓米七千八百七十余

---

① 《孙渊如先生年谱》,《北京图书馆藏珍本年谱丛刊》第119册495页。

② 《芳茂山人诗录》,《丛书集成初编》第2320册111—112页。

石,其中含有折色米三千余石。以往的做法是将折色米按每石支银一两的价格发放给官兵,而当时粮价昂贵,一石折色米换得的银两实际连半石米都买不到。孙星衍发现,每年德州道仓都有支剩余米两千多石,这些余米虽非国家急需,但仍需按规定运回通州粮仓,枉耗运费。而余米的数量与配给满营驻防官兵折色米的数量基本相等。孙星衍上疏奏请用余米来抵官兵的折色米。这样既可省去余米转运的费用,又可使官兵得到与折色米数量相等的本色米,免去了因物价飞涨、将折色米换成现钱给官兵带来的损失。此议通过并得以施行,满营官兵一户可多得米数石,生活得到了很大改善,无不欢欣感激,赠孙星衍以"体国恤军"之匾。孙星衍为此撰写的《请留余米改放兵糈议》《议请余米改放兵糈覆奏稿》收入《平津馆文稿》中。

嘉庆十二年(1807),孙星衍权山东布政使。恰值侍郎广兴在省,数次索贿,孙星衍坚决拒绝,不肯妄支。后广兴以索贿败,河南、山东两省多以支库获罪,孙星衍不为所累,体现了他清白为官的操守与不畏权贵的勇气。

孙星衍虽不热衷仕宦,但一旦奉命任职,便希望自己能以循政、循吏见称,他的儒吏生活、循政追求、恬淡心态由《德州偕吴学士(鼒)严孝廉(可均)周刺史(履端)放舟卫河小饮次韵》约可想见:

急流东去见层波,残暑初消换薄罗。
屯氏河荒遗迹古,米家船小载书多。
宦情渐比知秋叶,乐岁聊看合颖禾。
六载平津真卧治,愧无循政入舆歌。①

孙星衍以自己的高风亮节赢得了山左吏民的真诚拥戴。嘉庆十六年(1811),孙氏引疾归田,两袖清风,身无长物,吏民馈赠,概不接受。数年之后,山左人士仍思其德,寄当地土产聊表心意。孙星

---

① 《芳茂山人诗录》,《丛书集成初编》第2319册75页。

衍就将曹南牡丹种植后庭,取"廉卉"名其堂,告诫子孙以清白传家。《芳茂山人诗录·冶城絜养集》中有《廉卉堂》诗,题下注云:"唐太守仲冕题额云:辛未之岁,渊如观察归自东省,宦橐萧然,不受属城馈贶。越数年,人思乐易之德,多寄土物,因以曹南牡丹植于后庭,爰取郁林廉石之义,以署其堂,且勉后人无忘清白之传。"①

孙星衍生当乾嘉汉学昌盛之时,两次为宦于孔孟之乡,不仅勤政爱民,而且积极弘扬山左先贤功绩,热衷于发展地方文化事业。

孙星衍曾上疏请复孔子爵号,其于《拟请复孔子封爵表》中述孔子之功:"惟天为大,一以贯之。以道得民,王者往也。逾日月以难焉,贤尧舜而远矣。"②历数孔子在各代受到的尊崇:"昔宣尼疏爵,肇于元始之初。太师加封,发自有唐之代。暨开元诏赠为王,象服衮冕,盖以周家贬号,罢称帝以配天。先圣优封,止亚尊于共主。而元推启圣之恩,明创大成之殿,代所常尊,迄无异议。"③指出明末奸臣张璁变乱旧章,斥孔子封王为僭,黜号谥而称先师,非圣无法,建议"革嘉靖之陋仪,复汉唐之爵号"④,以循名责实,尊孔重儒。

嘉庆元年(1795),孙星衍权山东按察使时鉴于伏生传经之功,首倡立伏博士,并具稿移呈学政。又嘱当时的邹平县令李琼林访求伏氏嫡裔,资助其读书。嘉庆七年(1802),伏博士得立,但同时申请的郑博士之议却未能通过。孙星衍又撰《增立郑氏博士议》,表彰郑玄身通六艺、遍注群经、集两汉经学之大成的丰功伟绩:"汉儒传经之功,惟郑康成尤集其大成,于《易》《书》《诗》《三礼》《论语》《孝经》俱有传注,其《春秋三传》亦有纠何氏休、授服

---

① 《芳茂山人诗录》,《丛书集成初编》第2319册94页。
② 《孙渊如先生全集·平津馆文稿·拟请复孔子封爵表》,《续修四库全书》第1477页512页。
③ 同上。
④ 同上。

氏虔之学,是十二经注康成独综其全,不止身通六艺。"①指出清代诸经注疏多取郑注:"恭绎圣祖仁皇帝暨高宗纯皇帝纂定诸经义疏条例,先引郑注,次及唐宋诸儒说义。"②即使宋儒之学亦不出郑注范围:"又阅濂洛关闽四大儒章句语录,其天人奥旨不出郑注范围,至于服物典章,亦或逊其精密。"③郑玄不但经学渊深,而且立身有节:"不受袁绍辟命,出处以礼,尤合圣人仕止久速之宜。"④孙星衍请求于国家兴废继绝之际,援立伏博士例设郑氏博士。此议虽终未获允,但经其表彰,郑玄注经、传经之功得到进一步颂扬。

这一时期,孙星衍还根据文献记载及实地考察落实先贤遗迹,写出了《咨覆河南布政司伏羲陵稿》《咨覆山西布政司议汤陵稿》《再咨浙江布政司议汤陵稿》《伏羲陵考》《汤陵考》《太甲陵考》《历山虞帝庙碑铭》《曹县成汤陵碑铭》等文,提出了伏羲陵在鱼台,讹在陈州;女娲陵在济宁,讹在潼关;汤陵在曹县,讹在荥河等观点,信实有据。

嘉庆十三年(1808),孙星衍自郯城取道费县访季桓子墓,得羵羊井铭于县署,因嘱县令郭志青访曾点南城葬处及澹台灭明墓,立"季桓子得羵羊之井"碑于井侧。孙星衍官山东兖沂曹济兵备道及山东按察使时,曾据《太平寰宇记》载闵子骞墓在范县东,认为在历城者乃后世流传之误。嘉庆八年(1803)冬,孙星衍再官东鲁,赈灾时曾按行范县,寻其遗迹。因其墓地濒临黄河,已为河溢,不能诣谒。为督粮道时,曾梦见浚井出古丈夫布衣泥涂状,自称闵子,觉而异之,因出资嘱县令谭文谟访视废墓,申禁采樵。后因县

---

① 《孙渊如先生全集·平津馆文稿·增立郑氏博士议》,《续修四库全书》第 1477 页 513 页。
② 同上。
③ 同上。
④ 同上。

令屡更,事未施行。嘉庆十四年(1809),唐晟为县宰,始捐廉以修墓祠,墓旁栽种柏树,孙星衍撰《重修闵子墓》文记之。

在为山东督粮道的八年里,孙星衍学术成果颇丰。他撰写了《平津馆文稿》《孙氏谱记》,影刻了元本《故唐律疏议》及宋小字本《说文解字》,校刊了《王无功集》《琴操》,辑出《汉官旧仪》《汉官仪》,编纂《续古文苑》,嘱王保训集京房《易传》(《孙氏祠堂书目》内编卷一收《京氏易章句灾异》八卷,云"王保训集本"),与俞正燮合撰《古天文说》,与严可均董理家藏金石碑刻,与洪颐煊同校《管子》,与臧庸、管同、洪颐煊诸人撰写其不朽之作《尚书今古文注疏》等。

7. 引疾归田,著述不辍

孙星衍本淡于仕宦,丁忧期间尤其是在山东督粮道任上看到官场积弊日深,对国运衰败充满忧虑,这份心境曾数次诉诸友人。嘉庆四年(1799),与何道生(号兰士)札中言及州县托名亏空、办案贿赂成风等弊端:"今时要事,宜复驿丞旧章,则驿传不惟省仓库米粮之负,管理过驿者,无所挟持需索,州县不能托名亏空矣。烟酒可取重税,以资国用……近日风气,州县成谳,至院司改而从轻,抽换卷宗,非独后患也。其流弊,书吏幕宾借此招摇,则杀人者不死,遂开行贿之门矣!中州、山左近京邑,办案尤多牵掣,曩时有案则实缘要路以乱法。此数省肘腋之地,非得铁中铮铮者为臬司,则民命不可问也。吾兄居得言之时,留心经世之事,宜知之。"① 嘉庆十三年(1808)正月,汪为霖(号春田)补山东兖州府知府。五月,擢山东盐兑督粮道。六月,抵省与前任好友孙星衍交接督运事宜。九月,汪复署兖沂曹济道,孙回任督粮道。嘉庆十四年(1809)春,

---

① 陈鸿森《孙星衍遗文续补·与何兰士书三》,《书目季刊》第四十八卷第一期(2014年6月),第80—81页。按:此信未署年月,陈鸿森先生据札中言及江柜香(凤彝)春闱失利,即己未科会试,断此札盖嘉庆四年夏秋间所撰也。

汪为霖因母病解组去任。因交接事宜,嘉庆十三年孙星衍多次致札汪为霖,所言地方官场腐败尤其值得关注。五月二十六日,孙星衍致札汪为霖,对近十年来地方公务之荒怠、财务亏空之日甚深表无奈:"山左宦途光景,来此半年,较悉情形,公事束手无措,亏累日甚一日,智者莫能为计,与十年前迥不相同。阁下擢任在即,脱离此地亦妙。粮道一席清况更出意料之外,阁下来自知之。"①另札言及近十年地方风气颓败、积贮空虚已为普遍现象:"东省光景大异十年前,而阁下家居又不止十年。弟此番出仕,所见闻大不如前,但非一省如此,问之别省,往往而同,惟广西、贵州差胜耳。云南、广东、福建等亦复不可问,江西近日大坏,河南得马抚台培养之力,楚中亦不可问。总之,当道者忧弥补之无效,弟则忧积贮之已虚,处处无仓谷,并仓敖亦废坏,设有灾荒,与之折色,饥不可食,且转运之费无出,此则近时大患。托国家洪福,常如今岁年成,可无意外之虞耳。"②这些信件为了解嘉庆中叶地方积弊、官场腐败及乾嘉盛世没落之因提供了宝贵资料。孙星衍再次出仕,本不合初心,目睹颓象,退隐之意更为坚定,其与汪为霖札云:"老父在金陵,亦于九月东来,恐弟此行不敢拂老人之意,未能竟赋遂初耳,然亦不便久在官场,阁下知其素志也。"③诗文中亦多次表达归隐之志。如在《次韵答吉漕督》中写道:"雨过销残暑,天空见海暾。樯排疑隔浦,帆转不离村。丰岁看禾穰,欢声过市门。宦情聊复慰,犹是梦田园。"④在乞请归田之际写下的《将归江左作》,最能代表他的心境:

---

① 《孙星衍遗文续补·与汪春田书九》,《书目季刊》第四十八卷第一期(2014年6月),第75页。

② 同上。

③ 《孙星衍遗文续补·与汪春田书九》,《书目季刊》第四十八卷第一期(2014年6月),第74—75页。

④ 《芳茂山人诗录》,《丛书集成初编》第2319册65页。

梦见归期已有期,重看衰鬓惜归迟。官随病去愁才减,鹤共书还喜可知(出山时,寄鹤友人处)。尚厌浮名添俗累,幸无长物扰清思。仙都未抵东南好,花月春江载酒诗。①

嘉庆十六年(1811),孙星衍得肝气痛疾,七月引病归田。病痛之苦,时与友人言及。与吴锡麒札云:"近疮愈,又患臂痛,衰年多疾,悔引退之不早。"②该年夏,致书时任山东布政使的朱锡爵(字吉人)及时任山东按察使的张彤(字虎拜,号鄂楼):"弟肝疾总未除根,又加变症,每至日晡,辍废眠食。且大府新来,又以病躯不能远涉谒见,是以详请开缺,以免误公。祈两兄进谒时转为缓达,并恳早赐委负前来署护,俾得结报脱身,携眷口随回空粮艘南下,感佩无既。"③七月十八日交卸,二十六日登舟南归金陵。

嘉庆十八年(1813),纂修《松江府志》,并与方维甸、继昌校勘《抱朴子内篇》。嘉庆十九年(1814)七月,受扬州盐政阿桂聘请,至扬州参校《全唐文》。嘉庆二十年(1815),完成《尚书今古文注疏》的撰写及《孔子集语》的纂辑。嘉庆二十一至二十二年(1816—1817),主讲钟山书院,命题课士兼策问诗赋以敦劝古学,诸生执经问字者日盈于庭,盛况与当年主讲杭州诂经精舍时相埒。期间与严可均及弟孙星衡一起从事《全上古三代秦汉三国六朝文》的辑佚工作。

自嘉庆十六年(1811)以来,孙星衍肝疾作止不常,深受其苦,此由其与友人书所言可以想见:"仆为肝疾所苦,过数日即吐酸水

---

① 《芳茂山人诗录》,《丛书集成初编》第2320册144页。
② 《孙星衍遗文续补·与吴谷人书》,《书目季刊》第四十八卷第一期(2014年6月),第71页。
③ 《孙星衍遗文再续补·与朱吉仁、张鄂楼书》,《中国典籍与文化论丛》第15辑,第266页。

斗许,服许学士神木丸亦复不效。"①嘉庆二十二年(1817)十一月,与弟星衡至吴门扫墓,归途大寒,行走于风雪中,两足肿胀,肝痛加剧,自知不起。嘉庆二十三年(1818)正月十二日卒,享年六十六岁。对待生死,孙星衍比较达观,他曾写《古诗》一首,表达了"凡物有终始""精神留著作,形质付孙子"的生死观:

> 富贵有不如,贫贱安足耻。向长所未知,死何如生耳。我知倦思睡,所恶扰之起。恬然就衾枕,冥漠如小死。耄期慕休息,大卧同一理。释氏想更生,神仙有蜕委。其于来去间,恋恋不能已。圣人见其大,凡物有终始。精神留著作,形质付孙子。况有庙食人,馨香阅千禩。为我报子长,易义不外此。②

孙星衍以微疾归道山,海内痛惜:"其卒也,海内学者,皆悼慕之。"③卒后悼诗不断:

> 故人已作蓉城主,遗像长留白下门。差胜相思时入梦,披图如坐五松园。④

> 荒草吴宫落日斜,五松池馆长秋花。可怜词客孙苹老,又作仙家蔡少霞。⑤

> 气节文章海内宗,东南人士许登龙。一从鹤梦归华表,无复鸿都论辟雍。物望我思随武子,经神世重郑司农。草堂近

---

① 《孙星衍遗文再续补·与陈十峰书》,《中国典籍与文化论丛》第15辑,第270页。按:该札未署年月,陈鸿森先生据札云"幸老父今年八十有九,康健如常,稚子七龄",断为嘉庆二十二年书。

② 《芳茂山人诗录》,《丛书集成初编》第2320册127页。

③ 佚名撰,王钟翰点校《清史列传》卷六十九《儒林传下二》,中华书局2005年版,第5555页。

④ 沈兆沄《织帘书屋诗钞》卷九《为伍诒庭题孙渊如先生小像》,《续修四库全书》第1492册269页。

⑤ 邓廷桢《双砚斋诗钞》卷五《五松园(孙渊如先生故居在明吴王旧内)》,《续修四库全书》第1499册338页。

在青山下,讲舍犹闻说五松。①

星衍二弟:星衡、星衢。二子:长廷鑛,字小渊,号竹厫,娶举人刘弼女。次廷镛,娶石韫玉女。

孙星衍乐于提携后进,幕府后学洪颐煊、毕以田、李贻德、俞正燮、管同等在其奖掖、教导下成为术业有专攻的学者;李富孙、许桂林、冯念祖、朱元理等或精于经术,或以诗闻名,在其成长过程中都曾得到孙星衍的教导、称赏与激励。② 后学们也以得交孙星衍等前辈硕学为荣。常州后进刘逢禄云"平日师友渊源,于先正则及见大兴朱文正公、阳湖孙渊如、金坛段若膺、高邮王怀祖诸先生"③,平实语中不乏骄傲之情。

综上所述,孙星衍秉性耿直,清正廉洁;为学勤勉,著述不辍;提携后学,倾心尽力。《清史列传》云:"星衍性诚正,无伪言伪行,

---

① 陈文述《颐道堂诗选》卷十六《五松园吊孙渊如先生》,《续修四库全书》第1505册102页。

② 按:李富孙(1764—1843)曾为诂经精舍学生,湛深经术。《清史稿·儒林三》云:"长游四方,就正于卢文弨、钱大昕、王昶、孙星衍,饫闻绪论。"(《清史稿》,中华书局1998年点校本,第13260页)许桂林(1779—1822)为嘉庆二十一年(1816)举人,于诸经皆有发明,尤笃于《穀梁》学,著《春秋穀梁传时日月书法释例》四卷,受到孙星衍推许。《清史稿·儒林三》云:"其书有引《公羊》而互证者,有驳《公羊》而专主者。阳湖孙星衍尝以条理精密、论辨明允许之。"(《清史稿》,第13284页)冯念祖(号补亭),著有《东游草》《补亭诗录》等,其诗为孙星衍、钱大昕所赏。《两浙輶轩续录》卷十六"冯念祖"条云:"《白云俦侣传略》:补亭尝馆于吴中鲍氏,才名噪甚,其诗为前辈孙渊如、钱竹汀所赏。"(《续修四库全书》第1685册405页)朱元理字惕庵,著有《惕庵诗存》一卷,《国朝杭郡诗续辑》载:惕庵少颖悟,年十三即熟精《文选》,及冠沉潜嗜学,虽生长华阀,不殊寒素。工诗及骈体文,同里周松蔼、阳湖孙渊如、秀水沈带湖诸先生皆极赏识。客京师与张船山、吴山尊两先生往还唱和尤多。

③ 刘逢禄《刘礼部集》卷十一《先府君行述》,《续修四库全书》第1501册212页。

立身行事,皆以儒术,尤喜奖借后进。所至之地,士争归附。"①阮元《山东粮道渊如孙君传》云:"君为儒者,亦为文人。以廉为孝,以直为仁。执法在平,布治以循。测学之海,得经之神。人亡书在,千载常新。"②这些评价,对孙星衍是比较客观中允的。

(二)孙星衍主要学术交游

孙星衍生性豪爽,乐于交友。有文献记载,与孙星衍关系较为密切者达百余人。此仅择与其在学术上有重要交往者二十余人,分师长、朋友、幕僚三个方面略作阐述。

1. 师长

孙星衍一生最敬爱的师长有袁枚、钱大昕、朱筠、朱珪、纪昀、毕沅、王昶等数人。

(1)袁枚

袁枚(1716—1797),字子才,号简斋,晚年自号仓山居士、随园主人、随园老人,乾嘉时期著名诗人,与赵翼、蒋士铨合称"乾隆三大家"。

孙星衍早年以诗名,二十二岁时怀诗谒见袁枚,袁枚许以"奇才"之目。孙星衍对袁枚的知遇之恩深为感激:"侍生平知己之感,莫先于阁下。自束发知诗,阁下即许以奇才之目,揄扬于当道之前,一登龙门,得尽交海内傀异之士,何敢一日忘之。"③

孙星衍后来放弃诗文创作,转向考据,袁枚曾致书责难,认为二者难兼,劝其放弃考据:"日前劝足下弃考据者,总为从前奉赠'奇才'二字横据于胸中,近日见足下之诗之文,才竟不奇矣,不得不归咎于考据。盖昼长则夜短,天且不能兼也,而况于人

---

① 《清史列传》卷六十九《儒林传下二》,第5555页。
② 阮元《揅经室集·揅经室二集》,《续修四库全书》第1479册95页。
③ 《问字堂集》卷四《答袁简斋前辈书》,第90页。

乎?"①孙星衍在《答袁简斋前辈书》中阐述了自己对著作与考据关系的看法，表明了从事考据的决心。在其诗《游随园赠袁太史七首》中表达了同样的观点："我愧千秋无第一，避公才笔去研经。"②袁枚无奈，只好与孙星衍相约不言考据："今而后仆乃以二十年前之奇才视足下，足下亦以二十年前之知己待仆可也。如再有一字争考据者，请罚清酒三升，飞递于三千里之外。"③二人仍为忘年交。

孙星衍治学方向的转移，并未削弱他对袁枚的由衷感激。他在《游随园赠袁太史七首》中开篇即感怀袁枚、毕沅对自己的知遇之恩："惟有先生与开府（谓毕中丞），相逢教吐气如虹。"④他期望与提携自己的前辈袁枚能在不同领域中先后辉映，各领风骚："福地淹留先有约，名花开放不同时。"⑤

袁枚去世后，孙星衍为其祠堂篆额，⑥并撰《故江宁县知县前翰林院庶吉士袁君枚传》，对袁枚"未尝为势要牵引"⑦"笃于故旧"⑧"尤喜汲引后进"⑨的秉性、操守及其在诗歌创作上的成就做了高度评价。又在《随园随笔序》中称赞袁枚为学勤勉："然先

---

① 《问字堂集》卷四《答袁简斋前辈书》，第93页。
② 《芳茂山人诗录》，《丛书集成初编》第2320册117页。
③ 《问字堂集》卷四《答袁简斋前辈书》，第93页。
④ 《芳茂山人诗录》，《丛书集成初编》第2320册117页。
⑤ 《芳茂山人诗录·侨居金陵客有比予随园者戏作此诗》，《丛书集成初编》第2320册129页。
⑥ 华长卿《梅庄诗钞》卷八《白门集·早春偕友人游随园瞻简斋先生遗像得七律四章（壬寅）》有句云："黄土一抔埋傲骨（先生墓在园中西南隅），青箱三世（先生子兰村明府、孙又村上舍、曾孙茂才铣、铭二人）守荒祠（祠堂为孙渊如观察篆额）。"《续修四库全书》第1533册629页。
⑦ 钱仪吉《碑传集》，中华书局2008年版，第3068页。
⑧ 同上。
⑨ 同上。

生弃官山居五十年,实未尝一日废书。"①识见超凡:"凡所言皆非寻章摘句之儒所能几及者,岂非旷世之才必有过人之识哉。"②于《侨居金陵客有比予随园者戏作此诗》中,则以时人将其比之随园为荣。

(2) 钱大昕

钱大昕(1728—1804),字晓征,嘉定人,乾嘉时期著名学者。乾隆三十九年(1774),孙星衍就读钟山书院,与主讲钱大昕讲论经术小学甚相契。乾隆四十四年(1779),师弟同登茅山,搜讨碑碣,钱大昕作《游茅山记》记载此事:"予在金陵两载,往来句容道中,屡欲为茅山之游,辄以它阻不果。今冬阳湖孙渊如约予同游,乃以十一月五日晨出通济门,过广惠庙,俗所谓高庙也。"③钱氏酷嗜金石,其登茅山意在访碑,非为游览:

> 予此行本为访碑,故山中名胜,所到不及其半。王象之《舆地碑目》载茅山碑甚多,皆梁唐及五代时物,今唯颜公残碑及景昭法师碑见存。陶隐居《旧馆坛碑》、张从申《玄靖先生碑》,国初前辈犹及见之,今皆无有。徐铉《紫阳观碑》、明李维桢《游茅山记》曾及之,不知何时摧碎,县民骆氏得其一片,只四十许字,盖古刻之难久如此。而予所见宋元石刻,又多志乘所不载,不及今表章之,后人将欲考而无自,故记其所在,以谂后游者。④

这次游历对孙星衍来说刻骨铭心,晚年曾作《地肺寻碑》诗追忆此事。

---

① 《孙渊如先生全集·平津馆文稿》,《续修四库全书》第 1477 册 538 页。
② 《孙渊如先生全集·平津馆文稿》,《续修四库全书》第 1477 册 539 页。
③ 《潜研堂文集》卷二十,《续修四库全书》第 1438 册 625 页。
④ 《潜研堂文集》卷二十,《续修四库全书》第 1438 册 627 页。

乾隆四十五年（1780）二月，孙星衍与方正澍、顾敏恒、储润书在金陵城西古瓦官寺读书，发现唐释玄应之《一切经音义》，极为宝爱，即作书钱大昕，谈该书之价值，表刊行之愿望，明辑佚之成果："释藏中《一切经音义》，系贞观时僧所作，其书引证《字林》、《仓颉篇》之属，甚可观览。若得一人刊行之，当在《释文》、《广韵》之间，胜于《玉篇》多也。星衍昨于中抄出《仓颉》、《三仓》、《字诂》凡数千字。"①通过研读，提出了"似《仓颉篇》体例，与《急就章》同"、"叔重以前小学之书，不过但存古字，未尝字别为义"等观点，并向钱大昕征求意见。

在毕沅幕府期间，孙星衍对钱大昕的关心一如既往："春初曾奉书左右，想蒙览及。前见示献之札，有命驾关中之意，因共中丞时时盼望甚切。比从献之家信中稔阁下体气违和，举动稍有不便，此时想已霍然痊也，念甚念甚。"②在此札中，孙星衍向钱氏汇报了自己校刊《墨子》及研读《神农本草经》的收获："星衍近从中丞校注《墨子》，似尚精细；闰月中刊印当竟，再呈诲定也。顷从事《本草经》之学，亦似有得。此书足以考证《毛诗》、《尔雅》之处不少，如《御览》引经云：'蜈蚣，一名至掌。'《尔雅》有'蛭蝚，至掌'，郭云'未详'，今可详也。《本草经》：'蒬茹主善忘不乐。'按《说文》云：'茅蒐，茹藘，人血所生，可以染绛。'茹藘即蒬茹，而《山海经》'牛首山有鬼草，服之不忧'，又合于经主治不乐之说，则'鬼'即'蒐'矣。凡若此类，必有一得也。"③孙星衍也向钱大昕禀告了纂修咸宁、长安县志之事："星衍今年承修此间咸宁、长安两首县志

---

① 《孙星衍遗文续补·上钱竹汀先生书》，《书目季刊》第四十八卷第一期（2014 年 6 月），第 70 页。

② 《孙星衍遗文再续补·上钱竹汀先生书》，《中国典籍与文化论丛》第 15 辑，第 260 页。

③ 同上。

书。长安系汉唐宫阙所在,又有《长安志》、《雍录》等书在前,当勉成其役,但恨才劣耳,希阁下时教之。"①《孙渊如先生年谱》将此事系于乾隆五十一年下,云该年二月孙星衍由毕沅大梁节署至西安,客咸宁令庄炘署,纂修长安、咸宁县志。四月,仍返大梁,捐纳布政经历职衔。

乾隆五十九年(1794),孙星衍完成《古文尚书马郑注》的辑佚工作后,拟作一部《尚书》新疏代替孔颖达旧疏,并希望有朝一日立于学官。他把这一志向告诉了恩师钱大昕:"星衍近校刊马、郑注《尚书》附以逸文,自为叙表,庶真古文卅四篇复见于世,尚当为作正义,异时或立于学官,得遂负山之志。"②孙星衍还向老师汇报了自己近来在学术上取得的新进展:"又辑《神农本草经》,附以《吴普本草》,师曾见之,亦当续刊。今律令中有李悝《法经》存焉,《唐律》曾言之,惜不能以经义疏证其文,存法家正名之学,俟诸异日。顷阅《五礼通考》,其于郊禘大典颇未厌心,由宋人右王肃而左康成,后人袓宋学而背古义,于诸经多有窒碍,因作《三禘考》、《六天感生帝辨》,似非无益之言,俟再寄正也。"③

嘉庆四年(1799),孙星衍丁母忧,与梁同书、钱大昕、姚鼐颇多过从,此由夏秋间其致何道生札云"江浙前辈,惟山舟、辛楣、姬传三先生存,常相论古"④可知。

孙星衍彰显师说,不遗余力。在其代表作《尚书今古文注疏》所取时近人说中,钱大昕为其一。所校《水经注》亦有直接采用钱说者,如卷三十二郦注"义熙九年,索邈为果州刺史"条,孙星衍

---

① 《孙星衍遗文再续补·上钱竹汀先生书》,《中国典籍与文化论丛》第15辑,第260页。
② 《问字堂集》卷四《答钱少詹师书论上元本星度》,第104页。
③ 《问字堂集》卷四《答钱少詹师书论上元本星度》,第104—105页。
④ 《孙星衍遗文续补·与何兰士书三》,《书目季刊》第四十八卷第一期(2014年6月),第80页。

云:"钱竹汀曰:六朝无果州之名,必是梁州之讹。《通鉴》'是年有索邈为梁州刺史'。'邈'与'退'字形相涉,其为梁州无疑。又检《宋志》,谯纵时,刺史治魏兴,纵灭,刺史还治汉中之苞中县,所谓南城也。索邈为刺史,正在谯纵初平之后,《宋志》有成固,无苞中,然则郦注之成固南城,其即苞中欤?《文集》廿九跋《水经注新校本》。"①

钱大昕也一直关注着孙星衍的成长,对星衍公务之余勤于著述非常赞赏。其《与孙渊如书》云:"去岁两奉手书,慰问周至,足下在西曹繁剧之地,而撰述甚富,性情当于古人中求之。谓一行作吏,此事便废者,即不作吏,亦未必不废也。"②此书写于乾隆六十年(1795),孙星衍任职刑部时。

钱大昕对孙星衍取得的成绩很是欣慰:"足下研精小学,于许叔重之书深造自得,求之今之学者,殆罕其匹。"③对孙星衍提出的"抔"即"捊"之省,"槊"、"槭"本一字,"仿"、"俩"、"膀"、"臂"为古通字的说法,认为"皆极精当"④。孙星衍提出《尔雅》乃周公所著的观点也得到了钱大昕的充分肯定:

> 阳湖孙季仇谓:"周公著《尔雅》一篇,后人分为《释诂》《释言》诸目而以意附益之。陆德明以《释诂》一篇为周公作,盖误会张揖之旨,其实十九篇中,皆有周公正文,《释诂》一篇,非无后儒增入。"斯为笃论矣。⑤

---

① 《水经注》卷三十二,国家图书馆藏清刘履芬跋并临孙星衍注本,第15页。
② 《潜研堂文集》卷三十四,《续修四库全书》第1439册82页。
③ 《潜研堂文集》卷三十三《答孙渊如书》,《续修四库全书》第1439册71页。
④ 同上。
⑤ 《潜研堂文集》卷十"答问七"之"问:毛公说《诗》,训诂皆取《尔雅》,而文字与今本多有异同,何故"条,《续修四库全书》第1438册536页。(转下页)

钱大昕还在自己的著作中吸纳孙说,如他撰写的《经典文字考异》,"间附以孙星衍及其弟大昭之说"①,其《潜研堂文集》"答问"释"言采其莫"之"莫""权舆"等均采孙说。② 其释《杨大眼造像记》之"㦮"字也采用了孙星衍说:"仆前跋《杨大眼造像记》,未详'㦮'字,足下谓'震㦮'即'振旅'之异文,敬闻命矣。顷见江都汪容甫亦如足下之言,即当刊正,以志不忘。"③这些做法既彰显了孙星衍在文字学上的造诣,也体现了钱大昕从善如流、奖掖后学的高尚情怀。

钱大昕不仅对孙星衍揄扬奖借,而且及时把自己的新作寄示星衍。如孙星衍在《答钱少詹师书论上元本星度》中云:"得手书,称扬其撰述之勤,奖借后进,无微不至。并奉到《续刻金石跋》,考

(接上页)按:孙星衍说见《〈释地补注〉又后序》:"星衍序《释地》四篇,以为《释诂》以下皆有周公之说,献之甦之。然自唐以来无有信之论者矣,无有舍陆德明之言而深求张揖之说者矣。"(《孙渊如外集》卷二,第25页)一般认为,《尔雅》为秦汉间学者缀辑春秋战国旧文递相增益而成。孙星衍、钱大昕、钱坫等均信周公所作,代表了乾嘉学者对该问题的认识水平,体现了较为鲜明的复古思想。

① 丁丙《善本书室藏书志》卷五钱大昕撰"《经典文字考异》一卷"条,《续修四库全书》第927册224页。

② 《潜研堂文集》卷六:"问:'言采其莫',陆玑疏以为'酸迷'。《尔雅》无莫草,何也? 曰:予友孙渊如校《本草》,据陶隐居说,羊蹄有一种极相似,而味酸,呼为'酸摸'。'酸摸',即《尔雅》之'蘸芜',亦即《诗》之'莫',陆玑所云'酸迷'也。古人训'莫'为'无',规模字亦作'橅',孙说得之。"《续修四库全书》第1438册492页。又卷十"问:'权舆'训'始',见于《释诂》。或云造衡自权始,造车自舆始,其说然否? 曰:此后儒臆说,不足信。予友孙星衍尝说之,以为'权舆'者,草木之始"云云,肯定孙说。《续修四库全书》第1438册525页。

③ 《潜研堂文集》卷三十三《答孙渊如书》,《续修四库全书》第1439册72页。

证经史字书,中多精意。不审《声类》一书成否？何时刊出？先睹为快。"①

对孙星衍的错误,钱大昕也开诚布公地指出并予以纠正。如钱大昕《答孙渊如观察书》中提到《史记·十二诸侯年表》始于共和元年(前841),终于敬王四十三年(前477),孙星衍因"今刊本有'庚申'及'甲子'字",认为此乃《史记》正文,以古人不用甲子纪年,诋司马迁说。钱大昕认为"庚申""甲子"等为徐广注,非《史记》正文,以此诋毁司马迁"恐有未安"："足下所言将以取信士林,不当留此罅隙,故复陈刍言,以备采择。"②

钱大昕又精于小学,造诣远出孙星衍上,其教导因此具有重要意义。如钱大昕曾对孙星衍认为"同母可谐"而又怀疑"逌"、"仍"、"恖"、"囟"、"存"、"才"之类非谐声而以会意求之的观点详加阐释,指出古文谐声本有二例："同音谓之谐声,同声亦谓之谐声。同声,今人所谓同母也,'存'取'才'声,'恖'取'囟'声,'凤'取'凡'声,皆声之正转。"③"足下既悟同母之可谐,而又疑而不信,仍以会意求之,愚以为声谐而意自不悖,叔重明云谐声,则必无出于非声者。双声叠韵,皆天籁也。"④这些观点不惟对孙星衍大有裨益,而且在音韵学上具有重要价值。

钱大昕生前将身后传志的撰写托付给孙星衍,⑤更可见其对

---

① 《问字堂集》卷四,第104页。
② 《潜研堂文集》卷三十六,《续修四库全书》第1439册95页。
③ 《潜研堂文集》卷三十三《答孙渊如书》,《续修四库全书》第1439册71页。
④ 《潜研堂文集》卷三十三《答孙渊如书》,《续修四库全书》第1439册72页。
⑤ 《平津馆文稿》孙星衍《自序》："钱少詹大昕尝爱予文,以身后传志相属。没前数日,手书再申其意。"《孙渊如先生全集》,《续修四库全书》第1477册508页。

孙星衍的器重与信任。

钱大昕、孙星衍在学术问题上平等探讨、各抒已见的做法,体现了乾嘉时期难能可贵的良好风气。摒弃学术之外的所有因素,本着求真、求是的精神切磋、讨论、研究学术问题,是乾嘉学术兴盛的重要原因。

如果说,孙星衍由诗歌转向考据是受到卢文弨与钱大昕的影响,那么,取得科第、走上仕途,则与朱筠、朱珪兄弟及纪昀、王昶等人的识拔、呵护密不可分。

(3) 朱筠、朱珪

朱筠(1729—1781),字竹君,号笥河;朱珪(1731—1807),字石君,号南厓,顺天大兴人。朱氏兄弟四人:垣、堂、筠、珪。朱堂之外,均为进士。乾隆十三年(1748),年仅十八岁的朱珪考中进士。乾隆十六年(1751),长兄朱垣进士及第。十九年(1754),二十六岁的朱筠亦金榜题名。

走上仕途后,朱筠、朱珪并负时誉,有"二苏"之目。兄弟二人以选拔人才、提携后进为己任,天下绩学之士皆以交朱氏兄弟为荣。朱筠爱士若渴,振拔孤寒,尤为突出。一时青年才俊章学诚、邵晋涵、洪亮吉、黄景仁、汪中、王念孙、任大椿、李威、武亿、吴鼒等皆入其门,"天下士归之如市"①。

孙星衍与当时的青年学子一样,渴望结识朱筠,得其赏识。他请挚友洪亮吉绍介,愿遥执弟子礼,获允。② 乾隆四十六年

---

① 李元度《国朝先正事略》卷三十五云:"生平提唱风雅,振拔单寒后进,天下士归之如市。"《续修四库全书》第539册22页。

② 江藩《国朝汉学师承记》卷四"朱笥河先生"条云:"阳湖孙观察星衍为诸生时,以不见先生为恨,属同邑洪君稚存为绍,愿遥执弟子礼。天下士仰慕丰采、望风景附有如此。"中华书局1998年版,第68页。又《国朝先正事略》卷三十五云:"孙君星衍以未见先生为恨,属洪君为绍,愿遥执弟子礼,先生许之。"《续修四库全书》第539册22页。

（1781），孙星衍在西安毕沅节署，朱筠书楹帖寄赠，表彰其小学及骈文成就："小学刘臻吾辈定，丽词庾信早年成。"①遗憾的是，孙星衍收到楹贴月余，朱筠就病逝了。孙氏《芳茂山人诗录》中有《六哀诗》，怀念六位已故师友，其一题为《朱竹君学士》：

> 翰林学士本天才，不及相逢把酒杯。八百孤寒连夜接，千秋四部一言开。生前题柱心倾寄（学士未识予，即寄联云"小学刘臻吾辈定，丽词庾信早年成"，逾月下世），死后登堂雪涕来（予以癸卯入都，识令子少白，因入椒花吟舫）。他日鸿都闻更奏，好焚邕篆请泉台（学士前奏请刻石经，曾荷温旨，顷弇山中丞亦拟有此奏）。②

由此诗及自注知，朱筠与孙星衍虽有师弟情分，但未及见面，即抱病以没。③朱筠对孙星衍的赏识直接影响了其弟朱珪。正是朱珪的倾心识拔，孙星衍才得以在科考中迈出了改变命运的关键一步。

据《孙渊如先生年谱》记载，乾隆五十一年（1786），孙星衍参加本省乡试，朱珪为主考官，戴心亨为副考。先是，这年春天，朱珪在都，与彭元瑞偶集公署，相约："吾此行至江南，必得汪、孙二人。"④孙星衍的试卷虽引经博赡，却被打入落卷之中，朱珪从落卷中搜得，曰："此必汪中作也。"⑤遂取为第八十七名举人。朱珪之所以欣赏这份落卷，盖因"君时艺虽不佳，吾阅之字里行间皆通人气息也"⑥。这一年汪中没有参加考试。当朱珪得知搜得的是孙

---

① 《孙渊如先生年谱》，《北京图书馆藏珍本年谱丛刊》第 119 册 457 页。
② 《芳茂山人诗录》，《丛书集成初编》第 2320 册 117 页。
③ 《孙渊如外集》卷五《筠河先生行状》云："星衍不识先生而受知文正，与先生子锡庚交最久。"第 18 页。
④ 《孙渊如先生年谱》，《北京图书馆藏珍本年谱丛刊》第 119 册 459 页。
⑤ 同上。
⑥ 同上。

星衍的考卷时,自以为无憾,云:"吾无遗珠也。"①同榜考中的有阮元、汪廷珍、张惠言、马宗琏、韩廷秀、李赓芸等,共一百十四人。这些人后来几乎一半考中了进士,"海内以江南丙午科为名榜"②。

在朱珪长子朱锡经编写的《南厓府君年谱》中对此事有大约相同的记载:

> 六月,奉命主江南乡试,副者编修大庾戴公心亨,得士张肇瑛等百十四人,二十年来成进士者几半。经术通者,阮中丞元、汪太仆廷珍、孙观察星衍、张编修惠言、韩大令廷秀、李太守赓芸、马进士宗琏、石大令渠阁、庄广文隽甲,几二十人。副榜二十二人,吴庶人嵩、鲍侍讲桂星与焉,又同于己未成进士,再出府君门。是年春,与彭文勤偶集公署,文勤曰:"公今年必典江南试,若能得歙方架、江都汪中者,吾辈服矣。"盖方能为清微玄妙之文,不易识。汪则不工为时文,其学通雅精确,为江淮学者冠。府君遍阅卷万二千本,自谓能尽江南之选,而心揣未得两人,浹月不怿。后知两君皆未入场。汪君以明经睥睨公卿,傲视科目,然闻府君求得其卷,感不已。书来愿为弟子。孙君通小学,五伯父闻其名,常与府君言之。其首场三艺皆宗古注,搜落卷得之,曰:"此必孙某也。"后庚戌会试,得洪君亮吉卷亦然。府君与两君皆无一面也。③

由上可见,要想在科考中选拔出具有真才实学的人才并非易事。科考糊名,举子与考官之间多不相识,考官只能凭借自己的识力从众多试卷中遴选。朱珪为得汪中等,遍阅试卷一万二千本,而

---

① 《孙渊如先生年谱》,《北京图书馆藏珍本年谱丛刊》第 119 册 459 页。

② 同上。

③ 《南厓府君年谱》,《北京图书馆藏珍本年谱丛刊》第 106 册 568—570 页。

能从落卷中别出孙星衍,更是难能可贵。如果不是遇到爱才、识才的朱珪,孙星衍科考题名尚不知何年。而朱珪对孙星衍的赏拔基于其兄朱筠的推举,"孙君通小学,五伯父闻其名,常与府君言之"即为明证。不惟孙星衍,朱筠赏契之士,多为弟珪通过主持乡、会试的形式擢拔。孙星衍在为朱筠所作行状中说:"其后文正主持文教,海内名流皆以暗中索拔,多先生所赏契者,故世称据经好古之士为朱派云。"①朱珪之所以有机会将朱筠器重的士子渐次选拔,盖因其官位通显、年寿较长故也。

朱筠卒后,孙星衍与其次子锡庚(1762—1827)交好。由前举《六哀诗·朱竹君学士》注乾隆四十八年(1783)二人相识,孙氏《芳茂山人诗录》中有《六哀诗》,怀念六位已故师友,其一题为《朱竹君学士》"死后登堂雪涕来"句注"予以癸卯入都,识令子少白,因入椒花吟舫",知二人相识于乾隆四十八年。乾隆四十九年(1784)秋,孙星衍把在京都得九枚汉印的消息札告锡庚:"戊申年秋,凡得汉印九于京邸,一曰申徒嘉,二曰廖立,三曰夏侯安世,四曰张最,五曰乐胜私印,六曰程猛,七曰徐□文□,八曰公孙疆印,九曰孙憙。按申徒嘉,汉相使作'屠';廖立,蜀侍中;孙憙,则与仆小名合。正之少白孝廉,星衍。"②乾隆五十二年(1787)三月十八日,孙星衍借锡庚家藏《吴子》及《司马法》,作《司马法集解跋》:"今律以孙子、吴子、司马穰苴《兵法》校武士。俗所传诵《武经》,文字讹谬,注解甚疏,星衍常病之。曾从《道藏》中获见《孙子兵法》,具魏武帝以下十家注,急令书手录出。后至京邸,诣少白寓所,竟见明人刻本,因索借《吴子》及此书归,并录存箧底。二刘注甚疏陋,然犹愈于俗间本。少白,名父之子,能守赐书,校正经史,

---

① 《孙渊如外集》卷五《笥河先生行状》,第17页。
② 《孙星衍遗文再续补·与朱少白书》,《中国典籍与文化论丛》第15辑,第264页。

博览群籍,良可嘉也。"①嘉庆十五年(1810)初夏,孙星衍得见朱锡庚家藏元刊《文选》,作《元椠文选跋》:

> 《文选》善本,行世最少。此为元初知池州路总管府事张伯颜刊板,字画工致,雠校精审,与宋绍熙间尤延之遂初堂原刻无异。较明人翻刻,已不啻霄壤;况汲古阁之脱误,更何足论耶!近胡果泉中丞亦取尤本重刊,然此视之,尚在其前五百年,良可宝贵矣。大兴朱少河家多藏书,因得假观,展玩赏叹,为识其后。②

孙星衍与朱锡庚交往资料留存不多,藉此可知大概。

(4)纪昀

孙星衍在乾隆五十二年的殿试中高中一甲二名,自身才华之外也与纪昀(1724—1805)等的力争密不可分。孙星衍参加礼部会试时主试为王杰,取为第二十三名贡士。四月殿试,读卷官为阿桂、嵇璜、彭元瑞、纪昀,王杰拟以星衍卷入前十本进呈,有人指责卷中用《贰臣传》语非宜,要求撤出孙卷。纪昀曰:"此卷博核,不入十本,吾当引故事单奏。"③彭元瑞亦云:"果尔,吾欲联衔。"阿桂取视其文,曰:"此卷吾亦赏之。"④于是将星衍卷置第二进呈。乾隆阅毕,改为第一。因卷中误书"耕九余三"为"耕三余九",仍以一甲二名赐进士及第,授翰林院编修。⑤ 纪昀晚年回忆一生选拔的优秀人才,颇为自豪地说:"所识者如李南磵,为余庚辰所取士。

---

① 陈鸿森《孙星衍遗文拾补》,《书目季刊》第四十五卷第三期(2011年12月),第81页。
② 同上。
③ 《孙渊如先生年谱》,《北京图书馆藏珍本年谱丛刊》第119册460页。
④ 同上。
⑤ 《孙渊如先生年谱》,《北京图书馆藏珍本年谱丛刊》第119册460—461页。

周书昌、戴东原、余秋室皆以余荐修《四库全书》,入翰林。孙渊如为余读卷所取士,其人并学问、文章具有端绪。"①

纪昀器重孙星衍,还可以从另一件事得到印证。其纂修《四库全书》时将《燕丹子》入了存目,而把抄本交付孙星衍。《燕丹子》自明中叶后亡佚,世无传本,惟存于《永乐大典》中。四库馆臣从《永乐大典》中辑出,始有此抄本。孙星衍得到抄本,如获至宝,先刻入《岱南阁丛书》,又于嘉庆七年(1802)刻入《问经堂丛书》,后又利用章宗源辑本,在洪颐煊帮助下校订讹舛,于嘉庆十一年(1806)刻入《平津馆丛书》,此书始得广泛流传。

(5) 毕沅

毕沅(1730—1797),字纕蘅,江苏镇洋人,乾隆二十五年(1760)一甲一名进士。乾隆四十五年(1780)为陕西巡抚,乾隆五十年(1785)为河南巡抚,乾隆五十九年(1794)为山东巡抚,乾隆六十年(1795)为湖广总督,嘉庆二年(1797)卒。毕沅虽为封疆大吏,然为政并非所长,《清史稿》本传云其"职事修举,然不长于治军,又易为属吏所蔽,功名遂不终"②。毕氏爱才下士,则有口皆碑,《清史稿》云:"沅以文学起,爱才下士。"③

乾隆四十五年岁末,孙星衍受毕沅之邀抵达西安。时西安幕府初开,一时才人名宿踵至,以孙星衍、钱坫、吴泰来、严长明、洪亮吉五人最著:"毕公抚陕时爱才下士,校刊古书。时幕府之士甚众,其尤著者为长洲吴舍人泰来、江宁严侍读长明、嘉定钱州判坫及稚存、渊如。"④

这一时期,毕沅幕府产出的成果多成于诸人之手,后汇入《经

---

① 纪昀《纪文达公遗集》卷九《四百三十二峰草堂诗钞序》,《续修四库全书》第1435册374页。

② 《清史稿·毕沅传》,第10978页。

③ 同上。

④ 毛庆善、季锡畴编《黄仲则先生年谱》,《北京图书馆藏珍本年谱丛刊》第117册382页。

训堂丛书》。孙星衍为毕氏幕府所做贡献,文献多有记载:

王朝梧云:"忆未识阁下时,有南人携示毕制军节署所刊《墨子》《道藏·淮南》及所撰《关中金石》诸书,知出鸿笔订定,以为西河、亭林外有先生也。"①

王昶编《湖海诗传》"孙星衍"条注云:"《蒲褐山房诗话》:毕秋帆抚军在西安刊刻惠征君《易汉学》《九经古义》《禘说》《明堂大道录》《古文尚书考》诸书,皆渊如为之校定。秋帆撰《山海经校正》,亦藉其搜讨之力。故其学壹以汉魏诂训为宗,钩深致远,探赜索奥,孙毂、董悦所弗能逮。"②

法式善《陶庐杂录》云:"毕氏灵岩山馆刻书,《山海经》《夏小正》《老子道德经考异》《墨子》《三辅皇图》《晋书地道记》《太康三年地记》《晋书地理志新补正》《长安志》《关中金石记》《明堂大道录》《易汉学》《说文解字旧音》《经典文字辨正》《书音同义异辨》《乐游联唱集》十六种,其校正多出洪稚存、孙渊如之手。"③

李元度《国朝先正事略》云:"毕公撰《关中胜迹志》《山海经注校正》《晏子春秋》及校刻惠征君诸书,皆先生手定。"④

孙星衍也参与了《续资治通鉴》的纂修工作,《竹汀居士年谱续编》记载该书"先经邵学士晋涵、严侍读长明、孙观察星衍、洪编修亮吉及族祖十兰先生佐毕公分纂成书。阅数年,又属公覆勘,增补考异,未蒇事而毕公卒,以其本归公子"⑤。

---

① 《问字堂集·阅问字堂集赠言》,第 12 页。
② 王昶《湖海诗传》卷四十"孙星衍"条,《续修四库全书》第 1626 册 343 页。
③ 法式善《陶庐杂录》卷四,《续修四库全书》第 1177 册 661 页。
④ 《国朝先正事略》卷三十五,《续修四库全书》第 539 册 29 页。
⑤ 钱庆曾述《竹汀居士年谱续编》,《北京图书馆藏珍本年谱丛刊》第 105 册 535 页。

由上可见,在毕沅幕府的八年,孙星衍已经广泛涉猎了经学、小学、史学、地理、金石、方志、诸子等多个领域。在乾嘉学者中,孙星衍以博通见长,他的博通与这一时期的学术实践密切相关。

在毕沅幕府的学术活动不但奠定了孙星衍的治学范围,同时训练了他的治学方法。如他在《校正山海经序》中讲到毕沅校勘《山海经》的做法:"秋飓先生作《山海经新校正》,其考证地理则本《水经注》,而自九经笺注、史家地志、《元和郡县志》《太平寰宇记》《通典》《通考》《通志》及近世方志,无不征也。"①毕沅不仅重视文献考证,也很注重实地考察:"先生开府陕西,假节甘肃,粤自崤函以西,玉门以外,无不亲历。又尝勤民洒通水利,是以《西山经》四篇、《中次五经》诸篇,疏证水道为独详焉。"②毕沅校勘《山海经》采用的材料、运用的方法对刚刚走上学术之路的孙星衍具有重要的引导作用。他纂修方志、考证古迹、著录碑刻,兼重文献记载与实地调查,与毕沅幕府的学术积累密不可分。

在为毕沅校理古籍的过程中,孙星衍也衍生出一些自己的学术规划,如在校正《山海经》时,"星衍尝欲为《五藏经图》,绘所知山水,标今府县,疑者则阙,顾未暇也"③。孙星衍后来与孙冯翼同辑《神农本草经》并付梓行世,也是受到毕沅的启发:"先生又谓星衍:孔子曰:'多识于鸟兽草木之名。'多莫多于《山海经》。《神农本草》载物性治疾甚详,此书可以证发。遇物能名,儒者宜了。惜未能优游山泽,深体其原,以俟他时按经补疏。世有知者,冀广异闻。"④孙星衍、孙冯翼同辑之《神农本草经》于嘉庆中刊入《问经堂

---

① 《湖海文传》卷二十六《校正山海经序》,《续修四库全书》第 1668 册 624 页。

② 同上。

③ 同上。

④ 《湖海文传》卷二十六《校正山海经序》,《续修四库全书》第 1668 册 625 页。

丛书》。

　　校书之余，幕府同人也常常登高临远，探访古迹。这些活动扩大了孙星衍的眼界，锻炼了其实地考察的能力。孙星衍在乾隆五十年(1785)撰写的《三辅黄图序》中，曾谈到自乾隆四十五年(1780)进入毕氏幕府五年以来的考察经历及这段经历对校勘《三辅黄图》的重要作用："予以乾隆困敦之岁，聿始西征，游寓五载。中丞馆予上舍，此邦当路，欢若平生。延访名山，流连遗址。西观芒竹，东历阳华，北绕甘泉，南瞻子午。千门万户，指掌能图。四塞八川，画沙可述。又撰诸方志，旁求故实，颇悉源流，良亦此书之益。"①

　　毕沅幕府人才济济，又有其他学者时常来访，交流切磋，其乐融融。如孙星衍在《仪郑堂遗文序》中记载乾隆五十年(1785)，孔广森因公事至河南中州节署，与毕沅、严长明、邵晋涵、洪亮吉等相见甚欢："岁乙巳，余客中州节署，值𢄙轩以公事至。时秋颿中丞爱礼贤士，严道甫侍读、邵二云阁校、洪稚存奉常皆在幕府，王方川编修亦出令来豫，极友朋文字之乐。"②又在给王复诗集写的序言中深情追忆："予在关中节署，秋胖来依毕秋帆中丞幕府参理文檄，中丞方开翘材之馆，同舍生以经学词章相矜尚。值姚观察颐、王廉使昶先后入关，又多从游佳士，暇日搜访汉、唐故迹，著书歌咏，以纪其事。"③《乐游联唱集》就是他们游览、宴饮唱和的真实记录。《弇山毕公年谱》于乾隆四十七年(1782)下记载："公著《乐游联唱集》。时在幕府者：长洲吴舍人泰来、江宁严侍读长明、阳湖洪孝

---

　　① 《问字堂集》卷二《三辅黄图新校正序》，第51页。
　　② 《孙渊如外集》卷四《仪郑堂遗文序》，第1页。按：王增，字方川，号芳洲、西霞，浙江会稽人，乾隆三十六年(1771)一甲二名进士，授翰林院编修。乾隆四十五年(1780)，任会试同考官。乾隆五十年(1785)，降职任河南祥符县知县，后改永州府新田县知县，累升怀庆府通判，著有《迟云书屋诗遗》。武亿曾馆其署，见下。
　　③ 《岱南阁集》卷二《王大令复诗集序》，第202页。

廉今翰林院编修亮吉、孙文学今山东兖沂曹道星衍、嘉定钱明经今乾州州判坫,皆吴会知名士。门人伏羌令杨芳灿序之。"①

从乾隆四十七年(1782)十一月十七日至次年二月二日,毕沅与幕府同人为消寒之会,唱和之诗汇为《官阁围炉诗》,其《灵岩山人诗集》中也记载了不少与诸人的唱和之作。毕沅还将方正澍、洪亮吉、黄景仁、王复、徐书受、高文照、杨伦、杨芳灿、顾敏恒、陈燮、孙星衍、王采薇等十二人诗作结集为《吴会英才集》,刊布流传。

在毕沅幕府诸同人中,孙星衍以才华横溢著称。《孙渊如先生年谱》记载了这样一件事情:乾隆四十七年(1782),同人分题赋诗,孙星衍半夕成数十首,毕沅以演剧为赏:"是时节署多诗人,约分题赋诗,各题拟古,共数十首。同人诗成,君未就。与同人赌以半夕成之,但给抄胥一人,约演剧为润笔。既而闭户有顷,抄胥手不给写。至三更,出诗数十首,有东坡生日诗在内,即文不属稿之作也。中丞叹为逸才,亟为演剧。"②

毕沅对孙星衍与洪亮吉格外信任,不但赏识其才华,而且委之以公事。毕沅曾摹刻唐《开成石经》入觐进呈,并拟请孙星衍、洪亮吉、江声三人在西安书写清朝三体石经,写成之后进呈朝廷,此事虽因当权者阻挡而未能实施,③但毕沅对孙星衍、洪亮吉的分外

---

① 史善长编《弇山毕公年谱》,《北京图书馆藏珍本年谱丛刊》第 106 册 178 页。

② 《孙渊如先生年谱》,《北京图书馆藏珍本年谱丛刊》第 119 册 457 页。

③ 《洪北江先生年谱》于乾隆五十年云:"正月,毕公入觐,并摩唐《开成石经》进呈,拟荐先生、孙君及吴县江布衣声书国朝《三体石经》,即在西安刻石以进,为当轴者所阻而止。"《北京图书馆藏珍本年谱丛刊》第 116 册 394—395 页。孙星衍《颍州道中阅邸报读弇山中丞辟雍诗及留漕疏稿喜而有作》诗,末句云:"衡门我正耽经术,莫骤商量荐祢才(时拟请立《三体石经》)。"即言此事。《芳茂山人诗录》,《丛书集成初编》第 2319 册 39 页。

器重则不待赘言。《洪北江先生年谱》于乾隆四十九年(1784)记载:"时西安修浚城隍未竟而西事颇急,毕公属先生及孙君时假出游为名规画其事。"①孙星衍《芳茂山人诗录·济上停云集》中《曹南督送赴楚官兵寄毕制府(沅)》诗,有句云:"作宦未深思入幕(在公幕府八年),谈兵渐惯当论文。萧萧车马辞曹渡,漠漠云山望楚氛。也似西师扫回鹘(番回蠢动,时随公在关中),盼公投笔树功勋。"②这首诗写于乾隆六十年(1785),毕沅由山东巡抚出任湖广总督之时。诗中回忆追随毕沅的八年,时常参与军事活动,以至于谈论兵事与写文章一样成了习惯,恰可为洪亮吉年谱之注脚。

孙星衍性情狂傲,不矜细行,毕沅对他尤为宽容。洪亮吉《北江诗话》记载:"吾友孙君星衍,工六书篆籀之学,其为诗似青莲、昌谷,亦足绝人。然性情甚僻,其客陕西巡抚毕公使署也,尝眷一伶郭芍药者,固留之宿,至夜半,伶忽啼泣求归,时戟辕已锁,孙不得已,接长梯百尺,自高垣度过之,为逻者所获,白于节使,节使询知其故,急命释之,若惟恐孙之知也。"③况周颐《眉庐丛话》之"牛奇章毕灵岩怜才"条也有相类记载:"尚书灵岩毕公抚陕,孙渊如居幕府。渊如好冶游,节署地严,漏三商必下键,公自督视之。渊如则夜逾垣出,翌晨归,以为常。或诇以告公,弗问也。"④

孙星衍目无余子,常与同人议论不合,其《别长安诗》之一云:"洛下东西屋接联,等闲人望若神仙。未妨皇甫轻居易,日日危谈动四筵。"注曰:"予与严道甫、钱献之、洪稚存、王秋塍客节署最

---

① 《洪北江先生年谱》,《北京图书馆藏珍本年谱丛刊》第 116 册 394 页。
② 《芳茂山人诗录》,《丛书集成初编》第 2319 册 51 页。
③ 《北江诗话》卷四,《续修四库全书》第 1705 册 31—32 页。
④ 况周颐撰,郭长保点校《眉庐丛话》,山西古籍出版社 1995 年版,第 3 页。

久,议论时有不合。"①在这首诗中,孙星衍自比性情偏激与人不偕的皇甫湜,狂放之态约可想见。

不仅如此,孙星衍还喜欢嘲讽谩骂他人,同人不堪忍受,欲群殴而攻之。身为幕主的毕沅不仅不以为忤,反而别构一室,单处星衍,馆谷倍丰于前。乾隆五十一年(1786),孙星衍要从大梁节署回籍参加乡试,毕沅馈赠盘缠。幕府同人打算拦截于路,以报平日所受凌辱。毕沅得知,盛张宴席,与幕友痛饮达旦,假托星衍有事,使其天明脱身上道。

正是在毕沅的包容、呵护、提携下,孙星衍得以追随其从西安到中州,直到乾隆五十二年(1787)考中进士,进京赴职。

孙星衍在毕沅幕府的八年,也是毕氏网罗人才最盛、产出成果最多的八年。孙星衍进京以后,毕沅幕府成员各奔四方,著述之事逐渐零落,孙星衍为此深感惋惜。②

在毕沅幕府的经历,对孙星衍产生了重要影响,为他此后的治学方向奠定了重要基础。孙星衍对毕沅始终心怀感激并在诗文中多次表达,如《芳茂山人诗录·澄清堂诗稿》卷上《别长安诗》有句云:"识字时时一座倾,著书往往食前成。傍人漫说狂如故,北海如今荐正平。"③同卷《汝南道中寄别熊存甫太守》云:"怜才节度(谓

---

① 《芳茂山人诗录》,《丛书集成初编》第2319册38页。

② 孙星衍在为严长明之子严观撰写的《湖北金石诗序》中云:"予始与子进尊甫侍读君及张舍人埙、钱刺史坫,依毕中丞于关中节署,访求古刻。中丞手著《关中金石记》,刊行于世。其后移节中州,又成金石书,如在关中时。子进亦省谒尊甫,作入洛之游,一时翘材之馆,风流文物甲于海内。已而予官京师,侍读捐馆舍,诸同人亦多星散。中丞往来节制齐楚,不独旧游不可复预,著述之事亦渐零落。及子进来东,访予于济上巡使署,越十余年,怀人伤逝,益不胜慨焉。"《孙渊如先生全集·五松园文稿》,《续修四库全书》第1477册485页。

③ 《芳茂山人诗录》,《丛书集成初编》第2319册39页。

弇山中丞)风流守,一代梁园大雅存。交到忘年惟北海,饮能十日共平原。"①于《游随园赠袁太史七首》之一云:"五年客梦此山中,重过名园话不穷。惟有先生与开府(谓毕中丞),相逢教吐气如虹。"②

(6) 王昶

王昶(1724—1806),字德甫,号兰泉,晚号述庵,江苏青浦人。乾隆十九年(1754)进士,官至刑部侍郎,后以年老乞罢。昶早负诗名,曾选其交游诗作为《湖海诗传》,又选当代词为《今词宗》。多藏金石碑版,著《金石萃编》一百六十卷,又有《春融堂集》。

孙星衍结识王昶当在陕西毕沅幕府时。据严荣编《述庵先生年谱》记载,王昶于乾隆四十七年(1782)二月初一日奉旨改调西安按察使,四月初四日出都,二十三日抵西安。王昶、毕沅俱嗜金石,为宦西安时,与孙星衍等极力搜访:"四十八年,昶按察西安,与同年巡抚毕公均有金石之好。而赵子魏在幕中,申子兆定、孙子星衍为予门人,与钱子坫、俞子肇修、程子敦极意搜求,共得三十余种。予皆见而抚摩之,拓成两册。而程子好之尤挚,恐其日久散佚,因编考《史》《汉》志传,疏其出处,为《瓦当文字》,刻之临潼书院。"③

乾隆四十九年(1784),孙星衍曾至王昶幕中助其编纂《金石萃编》。《孙渊如先生年谱》记载:"时王少寇昶为臬使,幕中多才俊,纂《金石萃编》,因留下榻旬日。"④

王昶也常与吴泰来、严长明、钱坫、庄炘、徐坚、洪亮吉、孙星衍、王复等以诗词唱和为乐,《述庵先生年谱》云:"时吴企晋

---

① 《芳茂山人诗录》,《丛书集成初编》第2319册39页。
② 《芳茂山人诗录》,《丛书集成初编》第2320册117页。
③ 王昶《金石萃编》卷二十二,《续修四库全书》第887册215页。
④ 《孙渊如先生年谱》,《北京图书馆藏珍本年谱丛刊》第119册458页。

舍人为关中书院院长,严东有侍读、钱献之州判(坫)、庄似撰明府(炘)、徐友竹上舍(坚)、洪稚存孝廉、孙渊如上舍(星衍)及王敦初上舍(复),皆在长安,公务稍闲,辄以诗词倡和为乐。"①王昶《春融堂集》卷十八《西安怀古》、同卷《苏文忠公生日秋帆中丞招企晋、东有、友竹、稚存(亮吉)、渊如、敦初、家半庵(开沃)、程彝斋(敦)集终南仙馆作》等诗,可与《年谱》互证。乾隆五十年(1785)二月,孙星衍自西安至句容省亲,王昶作《送渊如后有寄》诗表达惜别之情。

嘉庆五年(1800),杭州五所著名书院皆由王昶及其门下士执掌:王昶掌敷文书院,冯培掌崇文书院,孙志祖掌紫阳书院,孙星衍掌蕺山书院,孙嘉业掌诸暨书院,"浙人以为美谈"②。

同年,王昶与孙星衍受浙江巡抚阮元邀请,主讲杭州诂经精舍。二人不仅共同为浙江人才的培养做出了贡献,而且朝夕相处,私交更密。

王昶曾为孙星衍校刻的《元和郡县图志》《故唐律疏议》等作跋,并致书赞其《问字堂集》"微言古义,层见叠出","剔隐钩沈,宛如创获","固《说文》《释名》之功臣,亦孔、贾经序之后绝无仅有",云其《岱南阁集》"盖合六经诸子两汉六朝而兼有之"③。嘉庆九年(1804),王昶自济南归,舟中怀人,作诗五十余首,其中《阳湖孙观察渊如》之"集成问字惊凡庸,经谊千秋汉魏宗"④,是对孙星衍治学特点及成就的高度概括与充分肯定。

孙星衍与王昶书信往来,论学析疑,开诚布公。如在《复王少

---

① 严荣编《述庵先生年谱》,《北京图书馆藏珍本年谱丛刊》第 105 册 138—139 页。
② 《述庵先生年谱》,《北京图书馆藏珍本年谱丛刊》第 105 册 184 页。
③ 《孙渊如先生全集·平津馆文稿·自序》,《续修四库全书》第 1477 册 508 页。
④ 王昶《春融堂集·长夏怀人绝句》,《续修四库全书》第 1437 册 63 页。

寇昶书》中,孙星衍把自己研究明堂形制之心得告知正在研究这一问题的老师王昶:"近知于明堂故实搜录百数十条,观其所聚,当有创获。星衍所为《明堂图考正》,拟如今工部作纸样者,出而示世。明堂之有永巷及有宫垣,及灵台即台门,辟雍水在宫垣之外。"①特别说明这些创获"自星衍发之,前人竟未之及也"②。孙星衍还计划于当年秋天游吴郡时,"当与吾师商订明堂样本及访孙子冢耳"。③

清代学者研究金石多录元前碑刻,王昶《金石萃编》也不例外。后来,王昶收集元碑渐丰,为《金石萃编》未录元碑而遗憾。年事已高的王昶便把自己收藏的元碑悉数交付孙星衍,"属为补续"④,足见其对孙星衍的信任、赏识与器重。可惜的是,孙星衍也未能完成王昶的重托,"未成而殁,其碑又不知落谁手也"⑤。

2. 友朋

孙星衍在青年时代、毕沅幕府、为官京都、两任山东、引疾归田的每一个阶段,都有故友新朋相伴,此仅择其要者略作阐述。

孙星衍少以诗名,在他走出常州,外出游幕之前,所交以同里才俊为主。这一时期,孙星衍与洪亮吉、黄景仁、赵怀玉、杨伦、吕

---

① 《孙渊如先生全集·平津馆文稿·复王少寇昶书》,《续修四库全书》第1477册517页。

② 《孙渊如先生全集·平津馆文稿·复王少寇昶书》,《续修四库全书》第1477册517页。

③ 《孙渊如先生全集·平津馆文稿·复王少寇昶书》,《续修四库全书》第1477册517页。

④ 周中孚《郑堂读书记》卷三十四"《金石萃编》一百六十卷"条,《续修四库全书》第924册395页。

⑤ 同上。

星垣、徐书受唱酬无间,号为"里中七子""毗陵七子"。① 洪亮吉、黄景仁、吕星垣、孙星衍又有"常州四才子"之目②(一说"常州四子"为黄景仁、杨芳灿、洪亮吉、孙星衍③)。诸人订交大约在乾隆三十七至三十九年间,此由以下记载可以推知:

《杨蓉裳先生年谱》于乾隆三十七年云:"在澄江与邵星城(辰焕)、储玉琴(润书)、孙渊如(星衍)、吕映薇(星垣)订交。"④于三十八年九月云:"黄仲则(景仁)、洪稚存(亮吉)、赵味辛(怀玉)过访,定交而去。"⑤

---

① 吕培等编《洪北江先生年谱》于乾隆三十九年云:"同里则孙、黄、赵诸君外,复偕杨君伦、吕君星垣、徐君书受唱酬无间,里中号为七子。"《北京图书馆藏珍本年谱丛刊》第 116 册 378 页。

陆继辂《合肥学舍札记》卷三《苏幕遮词》云:"许侍御去官后好奖掖后进,里中洪编修(亮吉)、孙粮储(星衍)、杨荔浦(伦)、赵青州(怀玉)、黄少尹(景仁)、徐太康(书受)、吕赞皇(星垣)皆从游,所称毗陵七子者也。"《续修四库全书》第 1157 册 317 页。

《清史稿·文苑二》于赵翼传后云:"其同里学人后于翼而知名者,有洪亮吉、孙星衍、赵怀玉、黄景仁、杨伦、吕星垣、徐书受,号为'毗陵七子'。"第 13391 页。

② 朱珪《知足斋诗集》卷十四《题黄仲则遗稿》云:"予闻常州有四才子之目,曰洪北江亮吉、黄仲则景仁、吕叔讷星垣、孙季仇星衍,其乡人假借以为伯仲叔季云。四人皆游竹君先兄之门,乙未予初自晋归,先识仲则,爱其诗才葩发……已而识叔讷,丙午典江南乡试得季仇,庚戌主会试得北江。洪、孙皆取高第,姓名达矣。洪诗虚空绿耳,自辟径庭。孙诗絷蘡大方,质章合度。叔讷偏师驰骋,浮沉学官,而仲则惊才绝艳,可泣可歌,倜乎远矣。"《续修四库全书》第 1452 册 121 页。

③ 朱庭珍《筱园诗话》卷二云常州四子为黄仲则、杨蓉裳、洪稚存、孙渊如。《续修四库全书》第 1708 册 30 页。

④ 杨芳灿编,余一鳌续编《杨蓉裳先生年谱》,《北京图书馆藏珍本年谱丛刊》第 120 册 26 页。

⑤ 《杨蓉裳先生年谱》,《北京图书馆藏珍本年谱丛刊》第 120 册 27 页。

《洪北江先生年谱》于乾隆三十九年云:"是岁始与孙君星衍订交。"①

《孙渊如先生年谱》于乾隆三十九年云:"与同里洪君亮吉、黄君景仁、赵君怀玉、杨君伦、吕君星垣文讌无虚日。"②

此时,孙星衍与洪亮吉、顾敏恒、杨芳灿、黄景仁以诗文受到袁枚赏识。袁枚有诗称赞:"常州星象聚文昌,洪顾孙杨各擅场。中有黄滔今李白,看潮七古冠钱唐。"③注云:"稚存、立方、渊如、蓉裳、仲则。"

这一时期,孙星衍还拜访了汪中、汪文锦、江声、王鸣盛,并与方正澍、顾敏恒、储润书一起在金陵瓦官寺读书学习。

孙星衍青年时期结交的这些志趣投合的朋友与他保持了终生友谊。其中,特别值得关注的是孙星衍与洪亮吉、汪中的交往。

(1) 洪亮吉

洪亮吉(1746—1809),原名礼吉,字稚存,号北江,晚号更生,阳湖人。亮吉长星衍七岁,二人年龄差距与唐代元稹、白居易等,而挚情不亚元、白,因以元、白自比。亮吉《读长庆集寄孙大》诗序云:"《长庆集》乐天自序,长微之七年。今亮吉春秋三十四,而季仇年才二十七,与微之小于乐天同。二人之交亦不减元、白,所不逮者,或名位耳,其他尚可企及也。"④孙星衍在《题吴君(文征)为予画江湖负米图六帧》之一《延陵话旧》一诗小序中亦言及此事:"予与同里诸子交,洪编修(亮吉)踪迹尤密,尝以诗赠予云:'偶读

---

① 《洪北江先生年谱》,《北京图书馆藏珍本年谱丛刊》第116册378页。
② 《孙渊如先生年谱》,《北京图书馆藏珍本年谱丛刊》第119册453页。
③ 袁枚《小仓山房诗集》卷二十七,《续修四库全书》第1431册524页。
④ 洪亮吉《卷施阁集》卷一,《续修四库全书》第1467册445页。

开成大傅诗,七年我亦长微之。'"①

年长的洪亮吉对孙星衍关怀备至,无论身在何处,总是以心相系。孙星衍初入陕西毕沅幕府,洪亮吉谆谆劝诫:"长安人海之地,尚望稍节语言,谨慎嗜欲,相见尚远,我劳如何。"②孙星衍为官京师,洪亮吉久不得见,落落寡欢:"自君居京华,令我懒作诗。作诗与谁观,谁为定妍媸。一篇偶赏心,世论不免嗤。一篇牵率成,俗赏反在斯。我虽不敢言,得失我自知。唯我与子心,胶漆难喻之。我工子开颜,我拙子不怡。非惟字句间,兼为审篇题。前寄袁尹章(枚),昨答汪叟词(苍霖)。上皆有墨沈,由君指其疵。或时作一篇,我心如乱丝。置君于我旁,紊者即以治。别君居三年,作诗少千首。以此厚怨君,君能识之否?"③洪亮吉赠孙星衍之"何止与君交一世,此心无昧捴相从"句,最可见其诚挚心声。

洪亮吉对孙星衍学术取向的转变也起到了重要作用。洪亮吉先以诗著,乾隆三十六年(1771)在安徽学政朱筠幕府,受到戴震、邵晋涵、王念孙、汪中、章学诚、吴兰庭等人影响,始立志经史小学。孙星衍《翰林院编修洪君传》云:

> 时大兴朱学士筠督学皖江,延揽名士。君与同里黄秀才景仁、扬州汪上舍端光皆为幕下士,从学使登涉名胜,各为诗歌相矜尚。黄似李白,君学杜甫,一时称洪、黄。时幕府有戴君震、邵君晋涵、王君念孙,皆好古学。君亦穷经籍,尤精熟三史。④

---

① 《芳茂山人诗录》,《丛书集成初编》第2320册103页。
② 曾燠《国朝骈体正宗》卷九《与孙季仇书》,《续修四库全书》第1668册154页。
③ 《卷施阁集》卷八《有入都者偶占五篇寄友·孙比部星衍》,《续修四库全书》第1467册519页。所寄乃孙星衍、邵晋涵、章学诚、管世铭、汪端光五人。
④ 《孙渊如外集》卷五《翰林院编修洪君传》,第10页。

江藩《国朝汉学师承记》卷四"洪亮吉"条载:

> 后谒安徽学使笥河先生,受业为弟子。先生延之校文。时幕下士多通儒,戴编修震、邵学士晋涵、王观察念孙、汪明经中,皆通古义。乃立志穷经。①

《洪北江先生年谱》亦云:

> 是年秋在江宁,与汪明经中、顾进士九苞订交。及入学使署,又与邵进士晋涵、高孝廉文照、王孝廉念孙、章孝廉学诚、吴秀才兰庭交最密,由是识解益进。始从事诸经正义及《说文》《玉篇》,每夕至三鼓方就寝。②

乾隆三十九年(1774),孙、洪订交,专意穷经的洪亮吉,自此与孙星衍以经术相砥砺,人称孙、洪。③ 因此,孙星衍由诗歌转向考据,除老师卢文弨、钱大昕的引导外,挚友洪亮吉的影响亦不容忽视。

洪亮吉、孙星衍在学术成长历程中互相提携,坦诚相待。孙星衍得交朱筠、刘权之均出亮吉力荐。乾隆三十九年(1774),洪亮吉致信朱筠,请其为亡母撰写行状,并郑重举荐孙星衍:"不孝近获一友,曰孙星衍。生有异才,兼勤小学,六书则尤善谐声,九经则稍通训诂,已能校二徐之失,订《释文》之误矣,惜先生尚未见之。"④

---

① 《国朝汉学师承记》,第71页。

② 《洪北江先生年谱》,《北京图书馆藏珍本年谱丛刊》第116册374—375页。

③ 按:孙、洪并称,文献多有记载,如李元度《国朝先正事略》卷三十五《洪稚存先生事略》云:"其后沈研经术,与同里孙星衍季逑论学相长,人又称孙、洪云。"《续修四库全书》第539册33页。江藩《国朝汉学师承记》卷四云洪亮吉"家居与孙君星衍相观摩,学益进,时人又目为孙洪"。第71页。陈康祺《郎潜纪闻》卷二云:"阳湖孙渊如先生星衍、洪稚存先生亮吉,丱角订交,并负才望,世称孙、洪。"《续修四库全书》第1182册181页。

④ 《卷施阁集》文甲集补遗《与朱笥河先生书》,《续修四库全书》第1467册357页。

乾隆四十二年（1777），洪亮吉居家授徒，从学七人中即有星衍之弟星衡。该年十一月，刘权之视学安徽，延洪亮吉入幕，亮吉"并约孙君星衍偕行，刘公相待有加"①。因亮吉赞誉，星衍受到款待并得留用："又因先生誉孙君学行，因并款留以助衡校。自是先生与孙君助学使校文外，共为《三礼》训诂之学，留太平度岁。"②

孙星衍先得陕西巡抚毕沅邀请，入幕之后，同样不忘举荐亮吉："先是，孙君星衍已入关，并札言陕西巡抚毕公沅钦慕之意，先生遂决意游秦。四月十六日，偕崔同年景仪西行……五月望后抵西安，寓开元寺一宿。毕公闻先生来，倒屣以迎，翊日遂延入节署。"③

洪亮吉进入毕沅幕府，不但为毕氏做出了很大贡献，而且致力于研治地理、音韵之学，撰写了《补三国疆域志》《汉魏音》等书。这些成果标志着洪亮吉真正走上了考据之路，成为乾嘉学派的一员。

孙星衍与洪亮吉皆以耿直不阿著闻于时。嘉庆四年（1799），皇帝亲政，令大臣上书言事。亮吉时为翰林，本无奏事之责，感嘉庆广开言路，因陈朝政弊端数千言，指斥福郡王及时相和珅等中外官罔上负国者四十余人，触怒嘉庆，部议论死，后赦其死罪，贬发伊犁。因事发仓促，洪亮吉来不及与妻、子告别，情急之下，以谳案纸尾疾书寄挚友钱维乔（字季木）、孙星衍作别。其《钱大令维乔诗序》记载当时情景云："时余在请室中，缧绁遍身，役车又敦促上道，匆猝未暇念及妻子也，独割谳案纸尾，疾作书，寄季木与孙兵备

---

① 《洪北江先生年谱》，《北京图书馆藏珍本年谱丛刊》第 116 册 382 页。

② 同上。

③ 《洪北江先生年谱》"乾隆四十六年"条，《北京图书馆藏珍本年谱丛刊》第 116 册 387—388 页。

季仇,与之决别。"①

洪亮吉远戍伊犁不足百日,在朱珪周旋下,释还,归后自号"更生居士",不再出仕。孙星衍于洪亮吉救还之后,有诗相赠:"秉烛论心已有期,尊前霜鬓认依稀。我惊驹隙三年速,君自龙沙万里归。折槛风流成盛节,埋轮心事有危机。不知此后方元白,可仗文章定是非(君前诗有'七年我亦长微之'之句,又云江州司马通州倅,料理头衔似昔时)。"②在这首诗中,孙星衍向洪亮吉吐露了自己在山东权臬使任上几为权贵中伤的遭遇,对宦场危机有了比较充分的认识,表达了希望二人当如元稹、白居易一样,依仗文章而非仕宦流芳后世的愿望。

在乾嘉学人中,孙星衍、洪亮吉均以文章经术、气节情操名重士林,陈康祺云:

> 夫际乾嘉全盛之时,卓卓如两先生者,幸捷巍科,犹不能久于馆职,岂天上玉堂,果不许文人厕足与?然而两先生文章经术,衣被士林,其出而服官,一则力避权门,一则昌言主德,清操亮节,体用兼赅,彼拾许、郑唾余,窃班、扬貌似,通儒自命,气节靡然者,岂能望其肩背哉?③

洪亮吉去世后,孙星衍为撰《翰林院编修洪君传》《洪稚存先生传》《清故奉直大夫翰林院编修加三级洪君墓碑铭》三文,彰显亮吉志节学行,缅怀二人三十年倾心之交,真挚感人。

洪亮吉子饴孙(字孟慈)博览群书,勤于著述,深得孙星衍器重。所辑《世本》尤为完善,孙星衍称其能传家学。饴孙《世本》钞

---

① 《更生斋集》文甲集卷一《钱大令维乔诗序》,《续修四库全书》第1468册5页。

② 《芳茂山人诗录·赠洪太史(亮吉)》,《续修四库全书》第2319册55页。

③ 《郎潜纪闻》卷二,《续修四库全书》第1182册181页。

本因孙星衍借观,为人所攘,雕刻行世。陆继辂将此事载入《合肥学舍札记》,为鸣不平:

> 亡友洪孟慈(饴孙)博极群籍,殆过稚存先生。著述繁富,所辑《世本》,搜采尤为完善。孙渊如粮储诗所谓"自爱研经搜《世本》,人传独行肖家声"者是也。后即因粮储借观钞本,遂为何人所攘,雕版行世。时孟慈已殁于官,粮储亦卒,余甚以为愤。既而思之,郭象窃向秀《庄子注》,书传事亦传。何法盛攫郗绍《晋中兴书》,书不传而事反传。作伪心劳日拙,虽表丈卢尚书一并借与,终何益邪? 后必有知之者。①

(2) 汪中

汪中(1744—1794),字容甫,江都人。他与洪亮吉、孙星衍一样经历了由诗文而考据的转型,终以文章、经术并兼。其学术转型也跟在安徽学政朱筠幕府的经历密切相关。《容甫先生年谱》记载:乾隆三十七年(1772),汪中谒朱筠于当涂,"时幕下多通儒,邵先生晋涵、王先生怀祖,洎先君,俱以古经义、小学相切劘"②。由孙星衍、洪亮吉、汪中三人由诗文走向治经与考据的道路,可以看出时代学术风尚在士子学术道路的选择中所起的风向标作用。而一些重要的学者如纪昀、卢文弨、钱大昕、朱筠等则通过主持科考、书院讲学、成立幕府等形式推动着时代学风的形成与发展。

乾隆四十二年(1777),孙星衍乡试下第,至泰州拜谒刺史林光照,归途滞留维扬,与汪中、汪端光、汪文锦、方本及其从子又煇、

---

① 陆继辂《合肥学舍札记》卷二《世本》,《续修四库全书》第1157册310页。按:《孙氏祠堂书目》内编卷三著录"《世本》七卷 洪饴孙集本"。孙星衍撰,焦桂美标点,杜泽逊审定《孙氏祠堂书目》,上海古籍出版社2008年版,第481页。

② 《容甫先生年谱》,《北京图书馆藏珍本年谱丛刊》第111册35页。

万应馨、余鹏年、金兰诸名士为诗会,"扬州传诵君诗句《寓居文选楼》,至今以为嘉话"①。孙星衍与汪中从此成为直谅多闻之益友。乾隆四十五年(1780),汪中在《与赵味辛书》中云:"常州城中三数友,近惟渊如与狎,其他求于里门,若有不能终誉者。"②这一时期,孙星衍游江都,常住汪中家中,关系密切。

汪中曾向孙星衍出示孔广森骈文并"叹为绝手"③,也在师友间称扬孙文。吴鼒《问字堂外集题辞》中有这样一段记载:"容甫称今之人能为汉魏六朝唐人之诗者,武进黄仲则也;能为东汉魏晋宋齐梁陈之文者,曲阜孔㧑轩、阳湖孙渊如也。余故识仲则、㧑轩两君,又习其所艺,惟与渊如无一面耳。容甫乃出示其骈体文,风骨遒上,思至理合,余与存南先生交叹其美,且叹容甫俯视一世,而持论之公,乐善之诚如此,此今之人所难。"④此为乾隆四十四年(1779)事,其时吴鼒尚未结识孙星衍。"存南先生"为吴鼒表兄兼老师王履基。

卢文弨、汪中、孙星衍是清代较早研究《墨子》的三位学者。乾隆五十年(1785),孙星衍将自己帮助毕沅校勘的《墨子》寄赠汪中。汪中撰《墨子后序》,又札致毕沅,略述自己校勘《墨子》之概

---

① 《孙渊如先生年谱》,《北京图书馆珍本年谱丛刊》第 119 册 455 页。
② 《容甫先生年谱》,《北京图书馆珍本年谱丛刊》第 111 册 61 页。
③ 《容甫先生年谱》于乾隆四十五年云:"孙星衍粮储时以诸生游江都,先君馆之于家。粮储序《仪郑堂文》云:'往余在江淮间,友人汪容甫出㧑轩检讨骈体文相示,叹为绝手。'"《北京图书馆藏珍本年谱丛刊》第 111 册 61 页。
④ 吴鼒《吴学士文集》卷四《问字堂外集题辞》,《续修四库全书》第 1487 册 486 页。吴鼒又于《法司成汇装汪江程三君手迹跋》中云汪中曾在汪汝洋、江德量面前推许孙星衍、吴鼒文:"鼒初不识侍御与殿撰,已亥秋赋白下僧舍,猝蒙过访,谓闻诸汪君容甫,今世同辈能为六朝唐初之文者,惟孙季逑与君耳。"《续修四库全书》第 1487 册 477 页。按:此"汪江程三君"指汪殿撰汝洋、江侍御德量、程学士昌期。

况,认为孙星衍提出的墨子之学出于禹说,"其论伟矣":

  《墨子后序》云:"中既治《墨子》,牵于人事,且作且止。越六年,友人阳湖孙季仇星衍以刊本示余,则巡抚毕侍郎、卢学士咸有事焉。出入群籍,以是正文字,博而能精,中不劳日力于是书,尽通其症结。且旧文孤学,得二三好古君子,与我同志,于是有三喜焉。既受而卒业,意有未尽,乃为《后序》,以复于季仇曰:季仇谓墨子之学出于禹,其论伟矣!"①

  《容甫先生年谱》于乾隆五十年云:"《墨子》校本卷一后题云:'五十年正月三日得孙季仇校本录上。'……卷十二后题云:'五十年五月十四日校。'《墨子后序》略云:'某既治《墨子》,牵于人事,且作且止。越六年,友人阳湖孙季仇星衍以刊本示余。既受而卒业,意有未尽,乃为《后序》,以复于季仇。'《与毕侍郎书》云:'某向者于周、秦古籍多所校正,于《墨子》已有成书,谨录序目奉上。'"②

  孙星衍为翰林院编修时,汪中曾致书相规,希望星衍"必思所以自立,学术观其会通,行业归于平实"③。及改官刑部,又以"平心折狱""廉慎自将"④、固穷守节相勉励。此类切直之词,既昭示了汪中的用世情怀,也寄予了他对友朋的期望。肺腑之言,难能

---

① 汪中《述学》,《续修四库全书》第1465册402页。
② 《容甫先生年谱》,《北京图书馆藏珍本年谱丛刊》第111册70—71页。
③ 《容甫先生年谱》载乾隆五十二年汪中《致孙星衍编修书》,《北京图书馆藏珍本年谱丛刊》第111册76页。
④ 《容甫先生年谱》云:"庚戌以后,先君与孙星衍编修书云:平生吟咏编摩,于世何补?不若平心折狱,尚有实政。及人天之所以全足下而大用之者,其道甚巧,并闻廉慎自将,苞苴不入,固穷之节,尤文人才士之所难。"《北京图书馆藏珍本年谱丛刊》第111册84页。庚戌为乾隆五十五年(1790)。

可贵。

汪中笃于友情,对洪亮吉、江德量、孙星衍皆以弟目之。洪亮吉记此事云:"及余登第一月,中致书曰:'足下与量殊、渊如,皆吾弟也,而前后登第,名次悉同。老兄不出,岂欲虚左以相待耶?'量殊者,江侍御德量。渊如者,孙兵备星衍。皆中所素厚。"①

孙星衍则为汪中负才不遇,自己无力举荐而痛心。他在嘉庆二十二年(1817)为萧曼叔所作的《经史管窥序》中表达了这份沉痛的心境:"予尝念平昔气谊相投者,皆次第登贤书,入词馆,独江都汪容甫穷而不遇,沉没于蓬蒿藜藿之间,假著书以写穷愁,每相见,予辄诵陈说岩中令'知祢不荐昔人耻'句以自责。"②

汪中藏有定武本《修禊序》,极为宝爱,亲作铭、跋,前绘己像一副,作长衫戴笠、左手捻须、半身欲乞状。乾隆五十四年(1789),汪中致书孙星衍,请为像赞,并提出具体要求:"赞前有序,后为韵语,须君当家本色,又要切《修禊序》。"③汪中希望孙星衍撰成后于岁内寄至江都,但不知何因,星衍未能完成。汪喜孙于嘉庆二十二年(1817)十月即汪中过世后的第二十三年,才从父亲遗札中了解此事,拟请星衍玉成之。但来年正月星衍骤逝,喜孙掩卷怃然,遗憾无以弥补。

乾隆五十九年(1794)十月,汪中赴杭州校文澜阁《四库全书》,途中作《过白云尖怀旧友孙渊如黄仲则诸先生》诗。这时黄景仁已过世十一年,孙星衍官京师也已八载。以狂傲著称的汪中在其生命的终点(汪中于该年十一月二十日卒)仍心念旧友,其情

---

① 《更生斋集》文甲集卷四《又书三友人遗事》,《续修四库全书》第1468册44页。
② 王欣夫《孙渊如先生文补遗》,上海古籍出版社2010年版,《清代诗文集汇编》第436册423页。
③ 《容甫先生年谱》,《北京图书馆藏珍本年谱丛刊》第111册83页。

可感。

汪、孙论学最相契,①相互新作必先睹为快。因汪说多精审,故为星衍采获不少。汪喜孙在《容甫先生年谱》中对孙星衍用汪中说而不标表示了不满,如于乾隆四十二年(1777)云:

> 卢学士文弨《抱经堂文集·与钱辛楣詹事书》云:《杨大眼造象记》中"㣟"字,江都汪容甫以为即"旅"字,以字形审之,良然。钱少詹事大昕《潜研堂文集·与孙渊如书》云:"仆前跋《杨大眼造像记》,未详'㣟'字。足下谓'震㣟'即'振旅'之异文,敬闻命矣。顷见江都汪容甫亦如足下之言,即当刊正,以志不忘。"案:《抱经堂文集》是篇自注云丁酉。②

> 孙渊如撰江君声传,论丧礼全用先君《居丧释服解义》。先君是篇刊入《述学》,垂十余年,孙君始作江君传。先君殁时,江君尚存故也。③

于乾隆四十四年(1779)云:

> 又按:先君解'我之弗辟',据《说文解字》,治也。孙渊如《书疏》本此。孙书刻于先君殁后,先君生前刊行《述学》即著录《居东证》于后。④

又于乾隆五十六年(1791)云:

> 谨按:先君亦治《尚书》,著《尚书考异》。所著《瞽瞍说》《嫔于虞解》《周公居东证》外,所说《尚书》见《知新记》。"朋

---

① 孙星衍《汪中传》云:"中与予学术最相契合,惟论明堂、石鼓意见不同耳,其长不可及也。"《孙渊如先生全集·五松园文稿》,《续修四库全书》第1477册490页。

② 《容甫先生年谱》,《北京图书馆藏珍本年谱丛刊》第111册52—53页。按:丁酉年为乾隆四十二年(1777)。

③ 《容甫先生年谱》,《北京图书馆藏珍本年谱丛刊》第111册53页。

④ 《容甫先生年谱》,《北京图书馆藏珍本年谱丛刊》第111册58页。

淫于家",据《后汉书·乐成靖王传》作"风",孙渊如《书疏》用此说。孙《疏》刻于先君殁后二十年。①

调查发现,孙星衍引用时贤成果确实存在不加标注的情况,如《尚书今古文注疏》"思曰睿睿作圣"条,即沿用钱大昕、段玉裁等人的成果而未作标注(见下《尚书今古文注疏》条析),虽然其于《凡例》言与时人观点相同者不复标举,但毕竟有掠美之嫌。汪喜孙所举数证一方面反映了当时著作权的相对宽松,另一方面也体现了孙星衍采获时人成果的不够严谨。

(3) 阮元

阮元(1764—1849),字伯元,号芸台,江苏仪征人。乾隆五十一年(1786),与孙星衍同榜中举,皆出朱珪门下,自此交往密切。

乾隆五十四年(1789),阮元考中进士,先后为翰林院庶吉士、翰林院编修、詹事府少詹事、詹事等职,与在京供职的孙星衍时相过从。

乾隆五十八年(1793),阮元为山东学政。五十九年(1794),谒郑玄墓,拟为郑玄修葺祠宇,设奉祀生一人。为修郑祠,阮元致札时为京官的孙星衍,"乞都门通经之士出钱,书名于碑,以志其事"②。乾隆六十年(1795),阮元调任浙江学政。嘉庆元年(1796),孙星衍权山东按察使时提议设立伏生、郑玄博士,并择其后裔授学奉祀。嘉庆七年(1802),伏博士得立,郑博士格于部议。孙星衍又为设立郑博士奔走,并在所择奉祀生郑宪书已故的情况下,请立其弟宪章奉祀。这些举措与阮元一脉相承,对推动山东乃至全国的尊儒重经风气有积极作用。

嘉庆三年(1798)八月,阮元纂成《经籍籑诂》一百零六卷。此书虽成于阮氏,实际创意却远在此前,孙星衍是较早的参与者

---

① 《容甫先生年谱》,《北京图书馆藏珍本年谱丛刊》第 111 册 86 页。
② 《问字堂集》卷四《募修费县书院册书后》,第 108 页。

之一。

戴震纂修《四库全书》时最早提出此说,朱筠为安徽学政时曾有志于此而未果,阮元在馆阁时曾与孙星衍、朱锡庚、马宗琏相约分纂,亦中辍。至阮元视学两浙,才藉臧庸、丁杰等人之力实现夙愿。钱大昕在《经籍籑诂序》中比较详实地追溯了这一过程"往岁休宁戴东原在书局,实创此议;大兴朱竹君督学安徽,有志未果。公在馆阁日,与阳湖孙季逑、大兴朱少白、桐城马鲁陈相约分纂,钞撮群经,未及半而中辍。乃于视学两浙之暇,手定凡例"①,最终完成。王引之《经籍籑诂序》有大约相同的记载:"曩者戴东原庶常、朱筠河学士皆欲纂集传注以示学者,未及成编;吾师云台先生欲与孙渊如编修、朱少河孝廉共成之,亦未果。及先生督学浙江,乃手定体例,逐韵增收,总汇名流,分书类辑。"②

嘉庆五年(1800),阮元在杭州建立诂经精舍,延王昶、孙星衍为主讲。孙星衍享有盛誉的善本书目《平津馆鉴藏记书籍》也是受到阮元进呈四库遗书并纂成《四库未收书提要》的影响而撰成。嘉庆十年(1805),孙星衍为阮元父母合葬撰写了《阮公湘圃暨妻林夫人合葬墓志铭》。嘉庆二十三年(1818),孙星衍去世,阮元哀恸之际,写下了《山东粮道渊如孙君传》,为后人了解孙星衍的生平学行提供了重要资料。

(4) 武亿

武亿(1745—1799),字虚谷,河南偃师人。乾隆四十五年(1780)进士,乾隆五十六年(1791)授山东博山县知县。任职期间,变易风俗,以经术饰吏治,深得民心。和珅手下番役入博山境,骚扰吏民,被武亿拘执并依法痛杖。山东巡抚吉庆担心得罪和珅,

---

① 《潜研堂文集》卷二十四,《续修四库全书》第1438册658页。
② 阮元等撰集《经籍籑诂》,中华书局1982年版,第2页。

引起祸端,厚赠并释放番役,以滥刑平民罪弹劾武亿。武亿莅任七月即被罢官。此后讲学著述,生活困顿,心境悲苦。嘉庆四年(1799)十月去世,年五十五。撰《群经义证》七卷、《经读考异》九卷、《金石三跋》十卷、《金石文字续跋》十四卷、《偃师金石记》四卷、《安阳金石录》十三卷,又有《三礼义证》、《授堂劄记》、《读史金石集目》、诗文集札记等数百卷,并与修鲁山、郏、宝丰、安阳四县县志。

孙星衍在所撰《武亿传》中云:"予与武君交最密,知其事始末甚悉。"①武亿《授堂文钞》续集卷十保存了其致孙星衍的十五封书信。这些信是了解武亿罢官后的生活状态、悲凉心境及与孙星衍交往的重要材料。其中讨论的学术问题尤其值得关注。这些问题涉及武亿对《偃师县志》《中州金石志》《山左金石志》的贡献,其为孙星衍校勘《五经异义》、郑氏遗书及十三经疏的情况等,可补武亿、孙星衍年谱、传记及相关记载之阙如。

Ⅰ. 交游概况

早在武亿与孙星衍书信联系之前,武亿已从友朋赞誉中对孙星衍有所了解:"往者某在京都,余、黄两故友称足下不容口。比文登毕君与某初相识,即道足下淹通绝伦。"②

余指余鹏翀(1755—1783),字少云,鹏飞弟,安庆怀宁人,工诗画。孙星衍于嘉庆元年(1796)为王复所作《王大令诗集序》中曾提及鹏翀。孙星衍在此序中为黄景仁、汪中、余鹏翀、严长明、吴泰来之负才早逝而感伤,为诸人著述零落不传而痛惜:"考唐之诗人,才高者率多不遇,既遇矣亦或牵于人事,淹于岁月,不克手定诗集。

---

① 《孙渊如先生全集·五松园文稿》,《续修四库全书》第 1477 册 488 页。

② 《授堂文钞·致孙伯渊二》,《续修四库全书》第 1466 册 167 页。按:"毕君"指毕以田,见下"幕僚"节。

予因秋塍回忆同人黄少尹景仁、汪明经中、余上舍鹏翀、严侍读长明、吴舍人泰来,当时或预江淮河华梁苑日下之游,今皆负才早逝,述作零落不传,独秋塍之诗裹然成集。古人云'学如牛毛,成如麟角'。"①以上诸人皆为孙星衍相知之友,余鹏翀为其一。

　　黄指黄景仁(1749—1783),与孙星衍同为"里中七子"之一,著名诗人。孙星衍与黄景仁于乾隆三十八年(1773)结交。《芳茂山人诗录》中的《润州舟次偕黄二(景仁)作》《偕杨三(伦)、洪大(礼吉)、黄二(景仁)放舟看荷至平山堂》《黄二(景仁)游黄山归索赠长句》《题黄二(景仁)所藏黄山图》《洪大属题云溪一曲图并有黄大(景仁)影》《答洪大醉后之作兼怀黄仲则》《六哀诗·黄仲则少府》等诗,既有生前与景仁之唱和,也有身后对景仁之追思,深情隆谊,可以推见。

　　乾隆四十八年(1783),黄景仁、余鹏翀英年早逝,黄年三十五,余仅二十九。则黄、余二人于京师在武亿面前称赞孙星衍事当在乾隆四十八年之前。武亿《授堂文钞》卷五有《吊黄仲则文》,序云"方丁酉岁在京师,余始交仲则"②。在《余少云哀词》中云:"乾隆岁丁酉,年始二十有二,自携装游淮阳,历徐豫秦夏,所至必揽其胜,然悉发为咏歌,得诗若干首。入都,谒其师故翰林侍读学士大兴朱公,遂大为所称赏。是岁予方游学士门,初与少云识。"③丁酉为乾隆四十二年(1777)。这一年三人同在京师,初相识,均游朱筠门下,故有机会语及各自友朋之杰出者,余、黄并及星衍自在情理之中。据此,武亿知星衍当在此年。

　　孙星衍与武亿有书信往来,当始于乾隆五十一年(1786)。这一年,偃师县令汤毓倬邀请孙星衍纂修县志。星衍荐武亿同修,武

---

① 《岱南阁集》卷二《王大令复诗集序》,第202页。
② 《授堂文钞》,《续修四库全书》第1466册118页。
③ 《授堂文钞》,《续修四库全书》第1466册119页。

亿修书婉谢(详下)。此即《授堂文钞》中武亿写给孙星衍的第一封信——《与孙渊如一》。此信开篇言"某仰企阁下有年,未尝获一邂近,而屡承推奖"①云云,字里行间充满了对孙星衍的仰慕与感谢。

武亿在乾隆五十一年(1786)岁末给孙星衍的第二封信中就表达了渴望相见畅谈的愿望:"伏惟足下大雅,岂弟兼容泛爱,乃于不肖见知至此,未审何日得望颜色,一消鄙怀也。"②"丛冗不尽鄙怀,然以胸中所欲与足下言者,亦非面诉莫可罄也。"③此后二人曾多次筹划会晤畅谈,却多因身不由己而作罢。

乾隆五十七年(1792),孙星衍书赠武亿楹联,于识语中记其本末:"'为艺亦云亢,许身一何愚。'虚谷大兄以去年冬仲之官博山,属书此联,时匆匆不及应命。今年虚谷罢职来都,始践前诺,时乾隆五十七年太岁在壬子十二月六日,雪晴后篆于琉璃厂问字堂中。是日与少白、春涯、皋云集饮,有瑞卿看题,艳亭捧砚并钤印。"④

乾隆六十年(1795)八月,孙星衍赴任山东兖沂曹济兵备道,在济南受到同僚、友朋玉德、阮元、马履泰、桂馥、武亿等人欢迎。武亿时在临清清源书院,离济南较近,得以与诸同道一起为孙星衍接风,这是孙、武之间为数不多的会面之一。武亿在《致孙伯渊四》中写道:"昨在济南良晤,过从款宴,深荷宠照,比日已莅新任,首政下布,远近耸听,某属在下风,倾闻企羡,愈增怀味。"⑤

---

① 《授堂文钞·与孙渊如一》,《续修四库全书》第1466册167页。
② 《授堂文钞·致孙伯渊二》,《续修四库全书》第1466册167页。
③ 《授堂文钞·致孙伯渊二》,《续修四库全书》第1466册168页。
④ 《孙星衍遗文再续补·书赠武虚谷楹联识语》,《中国典籍与文化论丛》第15辑,第258页。
⑤ 《授堂文钞·致孙伯渊四》,《续修四库全书》第1466册168页。

武亿罢官后,辗转谋生,贫病交加,心情抑郁。良朋切磋与潜研学术成为其排遣内心寂寞不平的重要途径。其与孙星衍的书信是了解武亿心声的珍贵资料。

乾隆五十八年(1793),武亿向孙星衍倾诉馆于东昌启文书院的困顿、寂寥之状:"某自扶将贱累,拮据万状,抵东昌不自聊赖,日日沉睡,深有独学之虑。"①乾隆六十年(1795),武亿赠孙星衍《传信录》并抒写了其难以遏制的悲郁之情:"幸惟留意《郑垒阳传信录》二册,仅奉上。某虽置案头,览之实不终卷,以郁勃于怀,不可自抑故尔。"②

怀才不遇的苦闷难以排解,武亿常常借酒浇愁,但酒后真言往往因传布失实给自己带来新的伤害:"日间贤劳过甚,迨晚夕籍杯中物作消遣,从容轰饮,清兴殊佳,然以酒酣之故,往往纵谈,或涉于嬉笑怒骂,传布失实,为细人所深怨,非防身之道也。某诸事不谙知,独此稍有阅历,辄为妄言之。"③

武亿规劝胸无城府的孙星衍,希望其谨慎言行、明哲保身:"阁下规某胸次多滞,诚中锢病。然私念阁下过无城府,日与深中多数者相接,尚不如拘默为愈也。盛名多忌,况以坦中夷外,不能不为此辈所窥,愿时时周防自足,免其揶揄,此为上策耳。"④这些情真意切的劝告,对率性耿直的孙星衍无疑是苦口良药。

武亿勤政爱民,却没有机会施展抱负,他在孙星衍身上寄托了自己的为政情怀。孙星衍初宦东鲁,武亿便将自己的经验倾囊相授,认为兴学修让、重养老、敦孝悌可移风易俗,教化百姓:

---

① 《授堂文钞·致孙伯渊三》,《续修四库全书》第1466册168页。
② 《授堂文钞·致孙伯渊四》,《续修四库全书》第1466册168页。该书标注写作时间为"乙卯",即乾隆六十年(1795)。
③ 《授堂文钞·致孙伯渊九》,《续修四库全书》第1466册170页。
④ 《授堂文钞·致孙伯渊十》,《续修四库全书》第1466册170页。

伏惟终始致诚,慰此民瘼,俾豪吏窃睨,亦知经生之业有实效也。某废黜无用于世,然仰窥执事伟略,必能与鄙愿相符,辄此狂率以言:数日内兴学修让,种种设置,邹鲁遗风,拭目可待。但有一事尚当踵行,岁晚农隙,尤宜养老,敦率孝弟。昔程明道先官晋城,尝行之。近某官博山,亦勉效一二,遂得过情之誉,至今流闻不息。此皆立法有验,非敢逞迂谈,混扰清听也。①

武亿深知人才培养关系国家兴衰,希望孙星衍利用各种机会,寻访人才,劝诱后进,为国家储备才俊。他在给孙星衍的信中多次表达这一愿望。其《致孙伯渊六》云:"比日为政有暇,诸属县皆邹鲁之遗,阁下观风问俗,定获一二奇才,长养栽成,想多蔚然可观。某属在下风,惟有弛羡。"②于《致孙伯渊十》云:"济上风景自佳,但地僻,学久有人荒之。叹阁下敦率提唱,必有起而应者,尚望乐诱不倦,即千里骨当获一二。邹鲁之野得阁下临莅,所谓此来消息甚大也。"③又于《致孙伯渊十一》云:"比者阁下代试曹南诸士,必有彦俊蒙奇赏,自为万物吐气,何必防筑为荣也。"④

武亿又向孙星衍推荐地方乡贤,以便交游同道,切磋学问。其《致孙伯渊四》云:"过济宁见李铁桥否?此君家贮古刻本最富,又善八分,通医理,黄小松与之往还莫逆,执事想不见遗斯人也。"⑤李东琪,字铁桥,一作铁侨,济宁人,金石学家,著《金石经眼录》《李东琪碑目》等。与桂馥、阮元、黄易、翁方纲、孙星衍等交好。孙星衍《元赵文敏欢乐图卷》云此图乃"乾隆六十年十一月初

---

① 《授堂文钞·致孙伯渊四》,《续修四库全书》第1466册168页。
② 《授堂文钞·致孙伯渊六》,《续修四库全书》第1466册169页。
③ 《授堂文钞·致孙伯渊十》,《续修四库全书》第1466册170页。
④ 《授堂文钞·致孙伯渊十一》,《续修四库全书》第1466册170页。
⑤ 《授堂文钞·致孙伯渊四》,《续修四库全书》第1466册168页。

六日周同年为予购得于济宁"①,又云"时兼署河道在济宁与李铁桥审定"②。孙星衍初至山东便结识了李东琪,或与武亿的举荐不无关系。

武亿在《与孙渊如书八》中向孙星衍推举益都硕学杨峒:"益都杨孝廉书岩,老学宿望,未审阁下采及否? 此君负奇自异,非阁下必不能致此人,故辄以告。"③杨峒,字书岩,乾隆三十九年(1774)举人,嘉庆九年(1804)卒,年五十七。他"幼读书,能强记,尤专力诸经注疏及《史记》《汉书》"④,"淹贯经史,工古文词,韵学尤精"⑤,"其讲论经史,析理辨物,蕲至于精核而已,故博极群书而不骋其辨,参稽众说而不纷其心,一时推为通儒"⑥,"教人学,必先以训诂治注疏。县人先无读《说文》《尔雅》者,有之,自峒始"⑦。著有《诗古音》三卷、《杨书岩先生古文钞》二卷、《师经堂存诗》一卷、《律服考古录》等。

内心的苦痛与生活的困顿使武亿身体每况愈下,过早衰颓。其《致孙伯渊十一》云:"某衰颓侵甚,眉须双皤,惟喜顽健如故,尚可啖生菜,啖斤面,别后善状,独此一节可告阁下耳。"⑧嘉庆元年(1796)七八月间,武亿身体已经很差。其《致孙伯渊十三》云:"某家况琐琐,遂致积愁多感,呕血病目,至今纠缠不已,顷抵鲁山,旧

---

① 《平津馆鉴藏书画记》,第 314 页。
② 同上。
③ 《授堂文钞·与孙渊如书八》,《续修四库全书》第 1466 册 169 页。
④ 《杨书岩先生古文钞》序,山东大学出版社 2009 年版,《山东文献集成》第三辑第 32 册 3 页。
⑤ 张曜、杨士骧等修,孙葆田、法伟堂等纂《山东通志》,上海古籍出版社 1991 年版,第 5040 页。
⑥ 《杨书岩先生古文钞》序,《山东文献集成》第 3 辑 32 册 3 页。
⑦ 同上。
⑧ 《授堂文钞·致孙伯渊十一》,《续修四库全书》第 1466 册 170 页。

恙重发,怀抱益不佳。"①嘉庆二年(1797),《致孙伯渊十四》云:"某穷处如故,而衰病益甚。"②嘉庆四年(1799),武亿在贫病交加中走完了他五十五岁坎坷的人生历程。

武亿与孙星衍书信中重点讨论的是学术问题,涉及一些鲜为人知的细节,略述如下。

Ⅱ. 合纂《偃师县志》

乾隆五十一年(1786),偃师县令汤毓倬邀请孙星衍纂修县志。孙星衍修书汤氏,力荐武亿参加。武亿深知旧志附会讹舛,一经订正,必然引来争议乃至诟骂,况汤氏并不想增加人手,故武亿一方面对孙星衍承担修志重任感到欣慰,对其举荐表示感谢,另一方面婉谢了孙星衍的盛情并坦陈了原因。其《与孙渊如一》云:

> 敝邑志局废弛四十余年,得经阁下操笔,已垂就绪,不获大手终始其事,良深惋叹。比闻阁下忽以书属汤君,俾某续成此举,窃谓阁下爱我厚矣。然与鄙意终相剌谬。又汤君亦不欲多属人,昨某有书已致方川先生为某已其事,俟他日晋谒当尽此中委悉也。戴东原修《汾州志》,辨西河不在其地,亦踵前人旧说,而妄庸阚传,谓戴君扫灭古迹,当获震殛之报。以戴君名震,因发于极情而诅詈至此。某雅无戴君重望,又订正旧志附会传讹者,当甚于西河一事,于此冒昧任之,足为寒心,阁下想亦垂谅也。③

在《致孙伯渊二》中再次表达了大致相同的意见:"县志荒陋,得承足下纂就,此一邑文献所托,况刘太守又已荐人,无容不肖再为溷入,愿接晤汤明府时不必面以不肖为属。"④

---

① 《授堂文钞·致孙伯渊十三》,《续修四库全书》第1466册171页。
② 《授堂文钞·致孙伯渊十四》,《续修四库全书》第1466册171页。
③ 《授堂文钞·与孙渊如一》,《续修四库全书》第1466册167页。
④ 《授堂文钞·致孙伯渊二》,《续修四库全书》第1466册167页。

武亿虽然没有直接参与《偃师县志》的纂修,但鉴于星衍举荐之诚,他把自己多年辛苦搜集的偃师地区的金石碑刻编为金石录,附入县志中,这就是乾隆《偃师县志》卷二十七、二十八的《金石录》部分。武亿又择其案语、跋文厘为四卷,刊刻了单行本,名曰《偃师金石遗文补录》。其于乾隆五十三年(1788)撰写的《原序》中原原本本地记载了此事:

> 偃师与洛壤接,由汉魏以迄隋唐,皆为京辅都会之区。其间宫观寺宇,与夫陵墓所在,多侈于他县。而铭志刻记附以流传至今者,亦颇废败没于榛莽无人之墟。予方童幼时闲过其下,辄知摩拭存之。归即条记某所某刻石,略能道其岁月事迹始末,自是三十余年,癖好益甚。闻乡人有新获自土中者,必属其多方秘获,或竟倍价构觅以归。会修县志,阳湖孙君渊如属稿未就,以书致当事者,必要予续成之。予感孙君之意,为出旧所蓄金石诸文字,别其存佚,校其损脱,具录成帙,附证于史籍传志,以与县之山川、都邑、道里、墟聚凡见于碑刻者,转相推明,盖实于当日废兴沿革割并之迹、古事之存,悉得其据依。而旁及前志凿空皮傅之失,与今志小牵附者,亦时有规焉。既成,上之当事者,已编入志,为《金石录》。于是又择其案跋,厘为四卷,自觅工刊刻,意欲别行于世,更俾后人因予所记以考遗文,因遗文以证方志,其尤取资于征信者必非一端可尽,则予此编之所述,其可不谓之勤且要与?然又不能不跂望于来者益为搜著,以终成予硁硁之志,则庶其无负也与。①

武亿在给王昶的书信中也记载了此事,特别强调录入县志的八十余种偃师金石皆穷搜而得,世所罕见,价值不言而喻:"至偃师金石,刻八十余种,皆穷搜而得,不惟前人著录不能收,近如府县图经

---

① 武亿撰,王复续补《偃师金石遗文补录》,《续修四库全书》第913册138页。

亦不悉载,故愈复矜惜,窃仿叶氏《嵩阳石刻》之例,今采入县志,已备《金石录》二卷,并附呈览。"①《偃师县志·金石录》以案证确凿、论断精核、多发明宋元以来金石书所未及为世所重。

Ⅲ. 交流《中州金石记》《山左金石志》纂修内情

武亿酷嗜金石,足迹所至,拓碑访石,不辞辛劳,所得亦富。乾隆五十一年(1786),毕沅抚河南,纂修《中州金石记》。武亿将多年收藏悉数奉献,但求署名而已。其《致孙伯渊二》言及此事:

> 冯熙墓碑,旧志仅存其名,暇时当如谕搜访也。刘府君、葛太尉石拓外,又得东魏造须弥塔记,石在偃师北十八里古圣寺,系某甲申岁寻出,托寺僧龛置壁间。又辛秘题名一,在登封少林寺灵运禅师碑侧,埋滞土中,去岁某往游,仅摹得一纸,并归之左右。欧阳著《集古录》,凡为他人收存者,例著其名,用为将来劝,某亦望制府书时幸不殁贱名也。②

武亿于此信中也谈到在当时的学术条件下购置金石之不易:

> 又新得孟府君墓志,已托人用数千钱购之,尚未到手。乡中愚夫,骏不晓事,维吾侪一为搜罗,辄居为奇货。若一假之守土之力,以后望风疑畏,遇再有出土之物必椎凿粉碎,似于吾侪存贮微意反为失之。俟此石运出,某即拓出奉呈。③

乾隆五十九年至六十年(1794—1795),阮元为山东学政时曾请武亿入幕,助其编纂、校订《山左金石志》。武亿钩考精博,系以跋语,受到阮元称扬。武亿《致孙伯渊五》道出了这部地方金石学名著在编纂过程中的一段鲜为人知的内幕:

---

① 《授堂文钞》卷七《答王兰泉先生书》,《续修四库全书》第 1466 册 144 页。

② 《授堂文钞·致孙伯渊二》,《续修四库全书》第 1466 册 167 页。按:甲申为乾隆二十九年(1764)。

③ 《授堂文钞·致孙伯渊二》,《续修四库全书》第 1466 册 167—168 页。

某今岁代阮学使编录此方金石,未及终局,遂各散去,中间为谬人更张,冗舛庞杂,虑为他日笑柄。阁下有少便,须以字致学使,书成亦勿遽刻也。①

嘉庆三年(1798),武亿在安阳纂修县志,工余徒步搜访金石,积少成多,怡然自得:"某于《安阳志》事,诸绪填委,未就绪次,惟得齐唐宋元旧刻已二十余种,似金石成录,不无可观,辄力为搜剔,自适其适,甚忘徒步之瘁。古物沉埋至此,为之吐气,亦可喜而不寐矣。"②

Ⅳ. 校理《五经异义》、郑氏遗书

乾隆六十年(1795)十一月,孙星衍初任山东兖沂曹济兵备道时,即请武亿校勘《五经异义》、郑氏遗书,武亿当时未明确表态:"惟校雠《五经异义》诸书,愧某暗浅,恐负阁下表章古人深心尔。"③此后孙星衍应该又与武亿协商,故该年岁末武亿《致孙伯渊七》中已欣然应允:"比日行旌,顿移东昌,未获就谒,怏怅奚似。承命校康成氏遗书,此于素心最乐从事。"④

武亿既已受命,便开始筹划如何获取底本更为便捷。认为如到孙星衍节署取书,需四五天才能抵达;而孙氏公务缠身,未必恰好在署,此非上策:"但阁下贤劳驰驱,恐未遽旋署,某迂道须四五日方到,若到时相左,无以禀承指授,又不能幸接绪论,此行又成虚往矣。"⑤如请孙星衍于来年正月后遣役送书,校完送回,则更便当:"俟明岁正月后遣役送此书到敝县,十日可即校完奉上。"⑥

这年岁末,武亿曾打算助星衍纂修《阙里志》《岱宗旧闻》等

---

① 《授堂文钞·致孙伯渊五》,《续修四库全书》第 1466 册 168 页。
② 《授堂文钞·致孙伯渊十五》,《续修四库全书》第 1466 册 171 页。
③ 《授堂文钞·致孙伯渊五》,《续修四库全书》第 1466 册 168 页。
④ 《授堂文钞·致孙伯渊七》,《续修四库全书》第 1466 册 169 页。
⑤ 同上。
⑥ 同上。

书。这样既可为一方文献做贡献,又有助于解决其生活危机:"秋塍见邀,或有中乖,某仍可薄游此间。或如《阙里志》及纂修《岱宗旧闻》等事,某仍可竭力编摩,决不辱命也。阁下因便谋此,为一方文献起见,并可以此中束脯沾溉寒窘,某所获多矣。"①

孙星衍于乾隆六十年岁末即将《郑志》《五经异义》交付武亿,武亿也践行了其"十日可即校完奉上"之诺,年前即已校完,只等写好校记后复命。其《与孙渊如书八》云:"《郑志》《五经异义》适已校出,惟书写尚需鄙薄面授方妥,明岁正二月必有以报命。"②此信言及复请孙星衍为其《金石文字续跋》撰序事:"近刻《金石文字续跋》,欲望赐以序文。前书已略道及,此复赘及。虑阁下不耐片刻之暇,故敢渎陈如此……便中若草就,即望递中寄示,庶可登刻,以志荣幸。"③《授堂金石文字续跋》于嘉庆元年(1796)刻出,未见星衍序。

武亿校毕《郑志》《五经异义》,孙星衍又委托其校郑氏他书。武亿表示将请王景桓赴兖取底本,校完可籍刻己著《金石文字续跋》之工局明年发刻:"康成书数种,承命欲某校次。昨晤秋塍明府,并属景桓兄赴兖州即带来此书。顺便籍此工局,明岁即发刻。某决当尽心,不致草率负雅意也。"④

《五经异义》应于嘉庆元年(1796)校勘完毕,武亿致书孙星衍,云一旦寻到合适人选即送回校稿。其《致孙伯渊十二》云:"《五经异义》各书,得妥人即专奉,此时尚未得足力也。"⑤

孙星衍曾托武亿补《郑志》,武亿令生徒抄出寄示,其《致孙伯渊十三》云:"承谕补《郑志》,《三礼图》所引一节,今原书已有,阁

---

① 《授堂文钞·致孙伯渊七》,《续修四库全书》第1466册169页。
② 《授堂文钞·与孙渊如书八》,《续修四库全书》第1466册169页。
③ 同上。
④ 《授堂文钞·致孙伯渊十》,《续修四库全书》第1466册170页。
⑤ 《授堂文钞·致孙伯渊十二》,《续修四库全书》第1466册170页。

下未翻及尔。生徒数日来集,即命抄出,用邮筒封寄,决不致卤莽也。"①由末云"近秉皋在济南,想复为沧浪之游,坐中贤豪当为胜集,足令某健羡,匆匆不尽所怀"②,知此为嘉庆元年星衍为权皋使时事。

郑氏遗书的校理、刊刻工作当于嘉庆元年全部完成,以武亿、王复出力最多。嘉庆二年(1797)王复去世,事情受到严重影响:"前属校理郑氏遗书五种,昨已刻竣,惟秋塍既逝,无人整顿,匆匆以板片贮之箱笼,更不能校审一过,又无从多印,谨奉上一册乞定正,有未是处便可铲治也。"③

---

① 《授堂文钞·致孙伯渊十三》,《续修四库全书》第1466册171页。
② 同上。
③ 《授堂文钞·致孙伯渊十四》,《续修四库全书》第1466册171页。按:孙星衍与王复于乾隆四十二年(1777)已经相识,其《王大令复诗集序》云:"往予以丁酉岁薄游江淮,与秋塍明府把臂于维扬金校官兆燕坐上,论诗见烛跋,一时名士,邀吾两人游,极登临谈讌之乐。"(《岱南阁集》卷二,第202页。)乾隆五十年(1785),王复至陕依附毕沅,与星衍同为毕氏幕僚,以吏才受到毕沅赏识:"君初客西安也,毕公方致天下士。士得依其幕者,皆称奇彦。君既为所荐,从左右益习掌故,凡奏疏简牍、会移往来、札致四方诸书问,盈几重叠,悉以委君,君应手立办。又因檄检视各县属,所至登临,历揽终南、太华之秀,属思益敏绝,归以奏记幕府,莫不叹异。"(《授堂文钞》卷八《偃师县知县王君行实辑略》,《续修四库全书》第1466册154页。)乾隆五十年(1785),毕沅调任河南巡抚,孙星衍、王复皆随行至大梁节署。不久,王复擢为河南商丘县令,孙星衍也以进士高第入职翰林、刑部。二人虽各为官一方,仍以书信告近况,忆往昔:"弟趋事西曹,几不能支其繁剧,而人之窘迫又复异常。稚存来都,稍叙契阔。每忆吾辈游幕时友朋文字之乐,如天上矣。"(《孙星衍遗文再续补·与王秋塍书》,《中国典籍与文化论丛》第15辑,第264页。)孙星衍为官刑部时即劝王复急流勇退,远离仕途,其淡泊心志已经显露:"吾兄升转后,略得买山之资,即当勇退,以图他时湖海之游,为得计也。"(《孙星衍遗文再续补·与王秋塍书》,《中国典籍与文化论丛》第15辑,第264页。)在孙星衍为京官期间,王复两次入觐进京,都受到孙星衍的盛(转下页)

孙星衍于嘉庆五年(1800)闰四月撰成《五经异义驳义及郑学四种叙》。其叙整理缘起及始末云:"《五经异义》并《驳义》一卷《补遗》一卷,《箴膏肓》、《起废疾》、《发墨守》各一卷,《郑志》三卷《补遗》一卷,曩在史馆校中秘书所钞存,不知何时人集录。吾友王大令复及武故令亿互加考校,注明所采原书,又加增补,雕板行世,曾属予为之序,久而未成,已而王、武两君相继徂谢,以板存予所,乃为叙其梗概,以报死友云。"①由此《叙》知,诸书乃孙星衍官史馆校中秘书时钞存,由武亿、王复校补、刊刻。

嘉庆五年(1800),这五种书由孙冯翼刊入《问经堂丛书》,每种皆题"秀水王复辑,偃师武亿校"。书板本来存孙星衍处,后由王复后人鬻之。星衍无力购置,无限感慨:"既死,其孤将鬻此板以自给。予贫未能购存之,聊附记两君治行于简端,以告知者云。"②校刊郑氏遗书是武亿为孙星衍做出的最大贡献,洪颐煊后来为撰《补遗》一卷,纠正武本错谬数条。

V. 其他学术交流

从武亿保存的这十五封信中,还可以了解二人学术交往的

(接上页)情款待:"数年中秋塍两以入觐至都,至则招集同人饮予寓邸问字堂中。"(《岱南阁集》卷二《王大令复诗集序》,第202页。)后来孙星衍为官山东,王复为偃师县令,两人音信不断:"又数年,秋塍调任偃师,予出官东鲁,防河曹南,与中州隔一水,时与秋塍邮寄诗什,往返酬酢,不异在幕府授简时。"(《岱南阁集》卷二《王大令复诗集序》,第202页。)嘉庆元年十月,孙星衍署按察使,王复刊成诗集,寄赠星衍并索序文:"自摄廉使,移官历下,日在案牍堆中,得秋塍书,知方刊所为诗如干卷成,索序于予,盖非政成人和不暇及此,喜可知也。"(《岱南阁集》卷二《王大令复诗集序》,第202页)孙星衍欣然领命,序中申述了与王复长久深厚之交谊:"予与秋塍有元白之交,故为略述其同游踪迹如此。"(《岱南阁集》卷二《王大令复诗集序》,第203页。)

① 《孙渊如外集》卷二,第22—23页。
② 《孙渊如外集》卷二,第24页。

一些其他信息。如孙星衍为官刑部时,胡季堂曾约同人撰大清律令,未成。孙星衍通晓刑律,又有长期的司法实践,鉴于律令之重要,在其改官山东后仍未放弃《大清律疏义》的纂修规划。武亿《致孙伯渊》第九书云:"《大清律疏义》若集群士赶办,不过半年即可脱稿,此时未暇留意,容续图之,何如?"①由此书知,孙星衍曾向武亿提出纂修《大清律疏义》事,并得到了武亿的支持,但因武亿当时"未暇留意",希望缓办,结果就此搁置,未能如愿。

武亿《与孙渊如一》中云因见到毕以田读本《尔雅》采用了孙星衍与旧读不同的一些断句,告知星衍自己正在撰写《十二经正读》,《尔雅》条目较少,孙星衍的见解对其有助益作用:"去岁阅毕恬溪《尔雅》本,载有阁下断句与旧读异者,今漫不复记忆。某比来为《十二经正读》一书,《尔雅》仅十余条,半就邢疏采出,恐见闻太狭,不足成书,得阁下助成之。再于他经有类此者,亦恳不惜以手劄示。"②

《致孙伯渊十二》云孙星衍寄示新撰《杂篇》,武亿认为皆"经世之言":"示及《杂篇》诸作,皆经世之言,读之悚佩叹服,未刻他文,想必称是。惟祈时赐,先睹为快。"③武亿则告知星衍自己去年纂修的鲁山、宝丰两县县志已经刻竣,"有便当寄呈"④。

嘉庆元年(1796),孙星衍将《元和郡县图志》刻入《岱南阁丛书》。武亿认为:"《元和郡县志》叙州域沿革不无疏舛,若刻之少缓,某尚可掇拾一二,俾此书完善,但阁下急欲竣事,恐未能

---

① 《授堂文钞·致孙伯渊九》,《续修四库全书》第 1466 册 170 页。
② 《授堂文钞·与孙渊如一》,《续修四库全书》第 1466 册 167 页。
③ 《授堂文钞·致孙伯渊十二》,《续修四库全书》第 1466 册 170 页。
④ 同上。

仓遽了之也。"①武亿此时趁纂《鲁山县志》之便,刻出了己作《金石跋尾》十四卷,寄示星衍并请赐序:"某纂《鲁山县志》,趁便又谋刻得《金石跋尾》十四卷,先呈寄一两册,阁下若赐以大序冠其首,实大幸矣。"②

乾隆五十九年(1794),孙星衍着手撰写《尚书今古文注疏》。乾隆六十年(1795)曾请武亿帮助搜集《尚书》旧注,并提出具体要求,其《致孙伯渊十四》云:"来谕集《尚书》注,所引书定式,苦闻教不早。然此书亦无他书最古者,引此不过诸经疏及《通典》诸书尔,记其出处,已如尊指矣。"③据此知《尚书今古文注疏》或许也凝结了武亿的心血。但因武亿从嘉庆元年至其去世的嘉庆四年,一直忙于讲学、修志,身体日衰,而《尚书今古文注疏》此时尚处草创阶段,武亿的贡献应该不大。

在此信中,武亿还提供了一个极为重要的信息——孙星衍曾经校刊《十三经疏》:"《十三经疏》若得研心细校,重有善本,后学承益,真无涯量,祈速成之。某得预校一二部为幸多矣。"④孙星衍身边僚友均为博学多才之士,承担《十三经疏》的校勘工作当无问题。这个成果不为后人所知,应因刊刻费用不足未能完成。武亿在《致孙伯渊十五》中已经提到孙星衍面临资金不继的困窘,恳切希望孙氏克服困难玉成此事:"刻经之局,谅不忍歇工。然费颇不易,未审有好事者踵继此事否?若无人,阁下须勉为之,至祝至望。"⑤这件事孙氏本人及相关传记均未提及,武亿的这两封信为我们了解此事保存了重要信息。

---

① 《授堂文钞·致孙伯渊十三》,《续修四库全书》第 1466 册 171 页。
② 同上。
③ 《授堂文钞·致孙伯渊十四》,《续修四库全书》第 1466 册 171 页。
④ 同上。
⑤ 《授堂文钞·致孙伯渊十五》,《续修四库全书》第 1466 册 171 页。

(5) 王念孙、王引之

高邮王念孙(1744—1832)王引之(1766—1834)父子是清乾嘉时期著名经学家、小学家、校勘学家,乾嘉学派的代表人物。王念孙父王安国,官至礼部尚书,亦以学著。《清史稿·儒林传》云:"论者谓有清经术独绝千古,高邮王氏一家之学,三世相承,与长洲惠氏相埒云。"①

刘盼遂撰《高邮王氏父子年谱》时曾经慨叹:"王氏父子诗文存者绝少,故其事迹较难考索,又于当世绝寡交游,故同时人集中亦罕见先生之事。"②孙星衍与王氏父子交往长达三十年,情隆谊深。其交游材料虽存者无多,然藉之可对孙、王交往略作梳理,并由此稍窥乾嘉学术风气之一斑。此以孙星衍的活动轨迹为主线,分居京官前后、为山东兖沂曹济兵备道及丁母忧期间、为山东督粮道三个时间段对孙星衍与王氏父子之交游予以考查。

Ⅰ.孙星衍居京官前后与王念孙之交游

早在乾隆五十一年(1786),孙星衍与王念孙已有交往。其致王念孙札,云其将新校刻的《一切经音义》送览王念孙事:

> 唐《一切经音义》送览,中讹舛甚多,缘急急随中丞移官中州,几不能蒇事也。明日需到西苑销签,迟日再趋聆老前辈教训可耳。星衍顿首于纸。送粉坊琉璃街工部王大老爷。③

前已言及,孙星衍在江宁瓦官寺读书时发现唐释玄应的《一切经音义》中保存了很多重要的小学材料。至陕西毕沅幕府后,即嘱当时的咸宁知县庄炘校勘行世。庄炘邀请钱坫、程敦、洪亮吉、孙星衍

---

① 《清史稿·儒林二·王念孙传》,第 13212 页。
② 刘盼遂《高邮王氏父子年谱》,江苏古籍出版社 2000 年版《经传释词》附,第 183 页。
③ 《孙星衍遗文拾补·与王怀祖书》,《书目季刊》第四十五卷第三期(2011 年 12 月),第 84 页。

等同校,于乾隆五十一年(1786)刻出。周中孚论此书之价值、影响云:"自唐以来传注、类书皆未及引,通人硕儒亦未及览。武进庄(炘)官咸宁知县,至大兴善寺,见《转轮释藏》,求其卷帙,善本犹存,乃与嘉定钱献之及阳湖孙渊如师同为校正,刊而行之。于是学者俱争求是书,几与陆氏《经典释文》同科矣。"①因孙星衍有功于该书之发现、校刻,故书刻出后,即送一部给王念孙。信云"中讹舛甚多",主要是由于毕沅该年由陕西巡抚调任河南巡抚,孙星衍等随其迁移,以至于仓促之间几不能蒇事所致。

孙星衍乾隆五十二年(1787)考中进士后,先为翰林院编修,后任职刑部,至乾隆六十年(1795)外任,任京官共计九载,与同官京师的王念孙情投意合,因缘更深。期间,孙星衍曾以自己补辑的《古文尚书马郑注》请教王念孙:"予校订《尚书》马、郑注","又质疑于王侍御念孙。"②

Ⅱ. 孙星衍为山东兖沂曹济兵备道及丁母忧期间与王氏父子之交游

乾隆六十年(1795)五月,孙星衍奉旨简放为山东兖沂曹济兼管黄河兵备道。此前十日坠车折足,医言百日可愈,故八月始奉祖母许太夫人、母金夫人暨两弟星衡、星衢眷属赶往山东德州。

在孙星衍伤足的这段时间里,王念孙的倾心关照使孙星衍深受感动:"客年因足疾卧床,屡承存问,并荷关爱,深情至今感激。"③这年,王引之考中举人,孙星衍从山东道署致信王念孙表示

---

① 周中孚《郑堂读书记》卷六十八子部十三"《一切经音义》二十五卷"条,《续修四库全书》第925册178页。
② 孙星衍《尚书逸文叙》,《丛书集成初编》第3620册4页。
③ 按:《孙渊如外集》卷五收孙星衍写给王念孙的书信两封,分别标为《与王念孙书》、《又》,为明晰起见,此将《又》标为《与王念孙书又》。《孙渊如外集》卷五《与王念孙书又》,第5页。

祝贺："闻令郎高捷,喜而不寐。"①孙星衍一直密切关注着王念孙《广雅疏证》的进展,于此信中殷勤询问,并向王念孙禀告了自己初任山东的所作所为——虽因忙于公务,无暇读书著述,但足迹所至,寻访古迹碑刻,亦时有所获："侄自抵任后即奉檄办案,又以兼司都水,南北履勘浚工,无一日之息,书麓俱未发视。然山左多古迹,所到之处,手执《桑经》、唐宋人地里书,寻求古迹古碑,颇有所获,此可告前辈者。外间凋敝,非清心寡欲,不能稍养地方元气,未免官贫之虑耳。"②孙星衍还向王念孙问候王引之并希望借得《经诂》一册为之刊刻："前借《经诂》一册祈抄寄,当为梓行。"③

嘉庆四年(1799)六月二十九日,王念孙致函孙星衍,为去年孙母辞世未能致唁深表歉意："去年惊闻太夫人辞世,匆匆未及修函敬唁,至今歉然。"④金夫人于嘉庆三年(1798)六月二十七日卒于山东兖州官舍,九月孙星衍举家南归,此时正丁母忧居金陵祠屋。王念孙同样关心着孙星衍的学术进展："《问字堂文集》别后凡增几种？发明汉诂者必多。何时一一读之,以祛茅塞。"⑤

对孙星衍一直关心的《广雅疏证》,王念孙于此信中告知已经完成,并拟派人送呈孙氏："念孙《广雅疏证》近已成书,十年之力,幸不废于半途,容觅便人,寄呈教正。"⑥《广雅疏证》是王念孙的代表作之一。书出,学者比诸郦道元之注《水经》,注优于经,享有盛誉："《疏证》校订甚精,援引甚确,断制甚明,尤善以古音求古义,

---

① 《孙渊如外集》卷五《与王念孙书又》,第5页。
② 同上。
③ 同上。
④ 史树青主编《小莽苍斋藏清代学者书法选集·王念孙致渊如书札》,文物出版社1995年版,第362页。
⑤ 同上。
⑥ 同上。

而旁推交通,辟先儒之阃奥,作后学之津梁,为自来训诂家所未有。"①

王念孙在这封信中言及儿子王引之高中进士事并对自己累于馆课、荒废学业的近况表示忧虑:"小儿引之,今岁受知于朱尚书,殿试名居前列,差可慰先生期望之意。但渠近日有馆课之累,而旧学渐荒矣。"②此"朱尚书"指朱珪。王引之于嘉庆四年以一甲三名进士及第,授翰林院编修。

孙星衍得王念孙书极为欣喜,随即致书王引之以示庆贺:"前闻大魁捷报,喜不自胜。"③与王引之同榜考中进士的有姚文田、吴鼒、张惠言、陈寿祺、胡秉虔、郝懿行等,朱珪为会试主考官,是科得人极盛,有"一时朴学高才搜罗殆尽"④之谓。其中,绩学之士张惠言(字皋闻)也深受孙星衍器重,孙星衍因此特别关照:"新科好学者谅不少,张皋闻定相得也。"⑤

孙星衍于此信中问及念孙《书诂》是否刊出,并希望惠赐新书先睹为快:"尊甫前辈曾有札来,弟关心足下。前示《书诂》一编,未知刊出否?再,尊甫《广雅》注及《古姓名考》均祈惠一册,望之至切。"⑥丁丙《八千卷楼书目》著录《尚书训诂》一卷,云"国朝王引之撰",抄本。刘盼遂在《高邮王氏父子著述考》中提出《尚书训诂》与孙星衍所说《书诂》或系一书,但因未能比观,疑不能定。

---

① 闵尔昌编《王石臞先生年谱》,《北京图书馆藏珍本年谱丛刊》第110册625页。
② 《小莽苍斋藏清代学者书法选集·念孙致渊如书札》,第362页。
③ 按:《孙渊如外集》卷五收《与王引之书》四篇,分别标为《与王引之书》、《又》、《又》、《又》。为明晰起见,此按顺序分别标为《与王引之书》(一)、(二)、(三)、(四)。《孙渊如外集》卷五《与王引之书》(三),第6页。
④ 《清史稿·阮元传》,第11424页。
⑤ 《孙渊如外集》卷五《与王引之书》(三),第6页。
⑥ 同上。

《尚书训诂》今存台湾"国立中央"图书馆。许华峰撰有《王引之〈尚书训诂〉的训诂方法》一文,云:"至于孙星衍(1753—1818)所说的《书诂》是否即为此书,则不得而知。"①。"《广雅》注"即《广雅疏证》,"《古姓名考》"即《周秦名字解诂》。

孙星衍时丁母忧,侨居金陵,没有俸禄收入,生活相对困顿,好在与书为伴,研读不辍,差可告慰。其与引之言及当时状态:"弟伏处南中,薄游负米,近状无足述者。惟不肯尽荒旧业,书笈自随,到处亦有古人捧手之乐可告知己,都门素心人复有几辈?"②

Ⅲ. 孙星衍为山东督粮道期间与王氏父子之交游

嘉庆九年至十四年(1804—1809),孙星衍与王念孙同时为官山东,交往更密。

嘉庆九年,六十一岁的王念孙授山东运河道职,至嘉庆十五(1810)年改任永定河道。孙星衍丁母忧后,于嘉庆九年二月奉旨补授山东督粮道,至嘉庆十六年解职归田。也就是说,自嘉庆九年至十四年的六年里,孙、王同时任职山东,一为督粮道,一署运河道;督粮道官署在德州,运河道官署在济宁,相距不远。期间二人当多会晤、交流,也有书札往复。此仅以罗振玉辑《昭代经师手简》、王重民辑《孙渊如外集》所收孙星衍与王念孙、王引之书信数封,粗略探究一下这段时间孙、王交游概况。

嘉庆十年(1805)前后,王引之曾请孙星衍从《太平御览》中钞寄《埤苍》后半部。孙星衍官署藏书有限,无力办理,故复书致意:"昨奉手书,询及《御览》所引《埤苍》后半部,尚未钞寄。弟处无从检复,连日岁事匆忙,甚以为苦。"③

---

① 蒋秋华主编《乾嘉学者的治经方法》,(台湾)"中央"研究院中国文哲研究所筹备处 2000 年版,第 408 页。
② 《孙渊如外集》卷五《与王引之书》(三),第 6 页。
③ 《孙渊如外集》卷五《与王引之书》(四),第 7 页。

在这封信中,孙星衍言及请马宗琏之子马瑞辰编次章宗源所辑诸书,并问及请王引之编次的汉仪注是否完成事:"章逢之有辑本《琴操》、《物理论》、《先贤行状》等,适有马同年宗琏之生子来此,好学深思,属为编次。前寄尊处之汉仪注等,未知阁下得暇为撰次否?"①

此信未署写作时间,据《平津馆丛书》中《琴操》《物理论》《汉官七种》等书的刊刻时间约可推断。《物理论》刊于嘉庆十年(1805),《琴操》二卷附《补遗》一卷刊于嘉庆十一年(1806)。汉仪注指孙星衍辑校的七种有关汉代官制仪式的著作——《汉礼器制度》《汉官》《汉官解诂》《汉旧仪》《汉官仪》《汉官典职仪式选用》《汉仪》,总称《汉官七种》,亦刊于嘉庆十一年(1806)。下文又云"逢之复有《汉官仪》,检出再寄。此须合聚珍板本阅定,抱经先生曾补其遗,未知备否?"②知此时孙氏尚未检出《汉官仪》寄付王引之,更未经引之补辑。由以上信息推断,此信的写作不会晚于嘉庆十年。

在这封信中,孙星衍告诫王引之,撰成之书当录副保存,不要像自己早年在毕沅幕府一样,虽考证古书甚多,却因未录副本多致散失:"凡撰成成帙以后,必宜录出副本,存友人处以防遗失。弟生平考证古书甚多,在秋帆先生处时精力亦好,惜编次书多已失之,可为前鉴。"③

孙星衍的这一经历不仅有自身的切肤之痛,而且在乾嘉学人中具有普遍性。诸如顾广圻、严可均、洪颐煊、毕以田等,一生大部

---

① 《孙渊如外集》卷五《与王引之书》(四),第7页。按:孙星衍对章宗源所辑诸书极为器重,曾对何元锡感慨:"惜章同年宗源遗稿付托非人,若以见贻,必尽为刊刻矣。"《孙星衍遗文再续补·与何梦华书一》,《中国典籍与文化论丛》第15辑,第265页。
② 《孙渊如外集》卷五《与王引之书》(四),第7页。
③ 同上。

分时间供职于他人幕府,成果的著作权不归己有,如不留副,便难以对自己的成果做出明确界定。那些未能刊刻又未留副的作品,贡献更难为外人知。基于自己的经历,孙星衍拟借录王引之整理的任大椿的《小学钩沉》及王引之所撰《尚书故闻》,如经同意,即让其弟在济宁节署誊录,以免遗失:"阁下所撰、任子田小学如可录本,当属舍弟借录一分,即在济上办理,不虞遗失也……阁下所撰《尚书故闻》又再录,诸经改名亦思抄一副本。"①

孙星衍在做《尚书今古文注疏》的过程中,精研《金縢》,认为"秋大熟"以下为《亳姑》逸文,他将这一发现告知王引之:"顷细绎《金縢》'秋大熟'已下云云,竟是《亳姑》逸文,后儒误入《金縢》篇者,合《尚书大传》《史记》观之甚悉,曾作一考,文多,惜不及录以奉质。"②

约与上书同时而稍后,孙星衍又写给王引之一信,当为引之托检《白孔六帖》所作的回信,以"至委检《白孔六帖》,此书尚未携来,无从奉寄"为告。此书亦未署年月,中有"章逢之《古史考》、《琴操》等俱有辑本,略为编次,未能妥美"③之语,知《古史考》《琴操》已由上书的"属为编次"至"略为编次",但尚未完成。《古史考》一卷,蜀谯周撰,章宗源辑,嘉庆十一年(1806)刊入《平津馆丛书》。

孙星衍在此信中再次提到自己学术研究的新成果,即认为《尚书·金縢》"秋大熟"以下当为《亳姑》逸文,拟将就此写成的专文抄出征求王引之意见:"衍考《尚书大传》及《史记》,知《金縢》'秋大熟'已下实非《金縢》之词,盖《亳姑》逸文,汇抄一册,马孝廉见而题之,细加考核,以为信然。俟抄出,质之大雅。"④此考核之文

---

① 《孙渊如外集》卷五《与王引之书》(四),第7页。
② 同上。
③ 《孙渊如外集》卷五《与王引之书》(一),第6页。
④ 《孙渊如外集》卷五《与王引之书》(一),第5—6页。

当即《平津馆文稿》中的《尚书错简考·亳姑逸文》。由以上信息知该信与上信时间相近。

在这封信中，孙星衍因王引之寄赠《书诘》而引发了对王氏父子的由衷敬佩："接奉手示并寄大著《书诘》，循诵回环，佩服无既。训诂声音之学，至是而大明，后学可为一隅之反。弟所考'爰'字即'曰'，即'于是'，如'土爰稼穑'之亦作'曰'，'思曰赞赞'之即爰思。'夔曰：戛击鸣球'之即'夔爰'，《史记》作'夔于是'，可以类求。"①

孙星衍对时近人据唐僧一行《大衍历》及西法推断三代天文的做法极为不满，认为当求之古书，体现了他比较突出的崇古倾向与维护国粹、反对西学的决绝态度，代表了乾嘉时期一些传统学者对西学的基本看法："弟尝以为读三代之书，当知三代时之训诂。考三代之天文，亦应用先秦已前天文之学《巫咸》《甘》《石》《援神契》《考灵耀》诸书皆宜引证，次则《淮南·天文训》、《史记·天官书》。近世辄据《大衍历》及西法证之，率云古疏而今密，亦不合辙也。阁下以为何如？"②

孙星衍又因王引之提及《大象赋》刊刻过程中出现的意外，抒发了在山东刻书不及金陵方便的感慨："安德孔道，应酬录录，实无余闲。所刊《大象赋》亦因刻字人跑逃，未能速竣，比之南中，一切不便。"③

在孙、王同官山东期间，孙星衍随时把自己的研究心得向王念孙禀告。《孙渊如外集》卷五《与王念孙书》云：

> 三春于役潞河，未及奉札。伏稔老前辈政祉潭禧，与时并茂为颂。卫河督浚，诸仗擘画贤劳，此时水长，似可无虞，叨芘不浅。侍于月初交粮完竣，望后身过东光，计廿前可以抵署，

---

① 《孙渊如外集》卷五《与王引之书》（一），第 5 页。
② 同上。
③ 《孙渊如外集》卷五《与王引之书》（一），第 6 页。

节前后有上省之行,须秋间方到济上谒晤。数月睽违,不胜企恋耳。舟中为《书今古文义疏》,成《皋陶谟》一篇,抄出清本,再为奉政。细绎旧注,始知今文之义俱胜古文,由伏生亲见百篇全书,授学夏侯、欧阳,比之贾逵诸人推究古篆立说者,自为有据。史迁虽右古文说,而用今文甚多。惜江、王、段三君子,皆右郑而忽《大传》《史记》之文,即如十二章之说,似不及《大传》五章之义。今作文一篇,略为证释,附寄老前辈训正,恕未录清本。侍之为疏,则各就今古文疏通之,并不敢折衷,使观者自觉今文之胜,便中乞示教。不一,专此即候升安。伯申大兄来署否?闻新刻成《书诂》,乞赐一册。怀祖前辈阁下。馆后学孙星衍拜启。

张同年宗源已到京,为道候。《尸子》已刻,今宋定之近状何如?稍有定所,当邀其疏《尚书》也。①

此书未署撰写时间。《孙渊如先生年谱》于嘉庆十二年云孙星衍"二月督运北上,舟中著《尚书古今文义疏》,成《皋陶谟》,及同洪君颐煊撰今文《泰誓》两篇。"②又,《平津馆丛书》本《尸子》刊于嘉庆十一年。据此推孙星衍此信当作于嘉庆十二年。王章涛《王念孙·王引之年谱》系于该年四月下。

在这封信中,孙星衍提出了《尚书》"今文之义俱胜古文"的观点,对江声、段玉裁、王鸣盛之右古文说是一个巨大突破。此信所说"史迁虽右古文说而用今文甚多",是对其此前持《史记》多为古文说的反动与超越。需要重视的是,孙星衍这两个重要观点就现存文献来看,最早出现在给王念孙的这封书信中,可见二人关系之

---

① 《孙渊如外集》卷五《与王念孙书》,第4—5页。按:宋保,字定之,一字小城,清江苏高邮人,著《说文谐声补逸》等。

② 《孙渊如先生年谱》,《北京图书馆藏珍本年谱丛刊》第119册498页。

该年五月十三日，孙星衍接到王引之寄赠的《经义述闻》，爱其立言不苟："月之十三日，在历下接手示并寄《经义述闻》。才一披阅，深佩学识过人，立言不苟。中有《书》义，沾溉甚多，当借重大名也。"①

在这封信中，孙星衍说自己近来完成了《皋陶谟》《泰誓》的注疏，也表达了因牵于人事，不能尽快推进注疏的焦急心情，并拟下月到济宁时携带完成部分请教王引之："比为《尚书今古文义疏》，甫成《皋陶谟》一篇，《泰誓》逸篇一帙，牵于人事，时有作辍，不能见功。出月为济上之行，当携以就正大雅。"②

王氏父子小学专精，孙星衍特别就《尚书》中具体文字的阐释、句读与王引之交流并请教："《金縢》'予仁若考能，多才多艺'，尊解极是。若读为'予仁若(顺也)巧能'，则句法更顺。以'能'字下属为句，不如上属，不必援下句'能事鬼神'为例也。弟又疑《尚书》'几'字，俱应训为'事'。据《易》'几事不密则害成'，是'几'亦'事'，则《书》之'万几'，即'万事'。《皋陶谟》之'惟时惟几'，言敕谨天命，惟是思事也。下文有'万事康'、'万事丛脞'之语，知其指事言之，释'几'为'微'，殊不确矣，姑以质高见。"③孙星衍《尚书今古文注疏》采择时贤王鸣盛、江声、段玉裁等人的观点，对王氏父子尤为推崇："又采近代王光禄鸣盛、江征君声、段大令玉裁诸君《书》说，皆有古书证据，而王氏念孙父子尤精训诂。"④此云"王氏念孙父子尤精训诂"，当有感而发。

---

① 《孙渊如外集》卷五《与王引之书》(二)，第6页。
② 同上。
③ 同上。
④ 孙星衍撰，陈抗、盛冬铃点校《尚书今古文注疏·尚书今古文注疏序》，中华书局1998年版，第2—3页。

孙星衍一直重视类书保存文献及古文字之功，但也绝不轻信类书，希望对类书进行校勘后再予利用，因此他在类书的校勘上用力不少。孙星衍于此信中还提到宋本《初学记》及旧抄本《北堂书钞》的价值与不足，希望校刻："宋本《初学记》，多有胜今本者，而讹错转甚。近属友校核明本，以朱书注改简端。"①孙星衍所托之友为顾广圻，此由其与顾氏书云"曾烦校《初学记》，务为留意"②语约可推知。又云："弟处又有旧抄本《北堂书钞》，是陈禹谟未改前之本，亦多讹字，而所载《尚书》'攸'俱作'逌'、'俊民'作'畯民'之属，颇有开元未改文字，惜无人校刻耳。"③孙星衍后来曾约王引之校勘《北堂书钞》而未果。严可均《书北堂书钞原本后》云："嘉庆中，渊如约王伯申略校，伯申约钱既勤同校，仅二十许叶而辍业。"④

孙星衍与王念孙在诸子学的校勘上也颇多交流，共同推进了乾嘉诸子学的校刊与研究。如《管子》一书流传既久，讹误弥甚，校勘起来极为困难。孙星衍、王念孙大约同时从事《管子》的雠校工作。嘉庆元年（1796），王念孙开始校勘《管子》："曩余撰《广雅疏》成，则于家藏赵用贤本《管子》详为稽核，既又博考诸书所引，每条为之订正。"⑤孙星衍曾将自己见到的宋本《管子》与时本不同处录出呈示王念孙，王念孙亦摘出自己校勘的主要条目与孙星衍商定，意见多相符。王念孙《管子杂志序》云："余官山东运河兵备道时，孙氏渊如采宋本与今不同者，录以见示。余乃就曩

---

① 《孙渊如外集》卷五《与王引之书》（二），第 6 页。
② 《孙星衍先生手牍》，国家图书馆出版社 2010 年版，《国家图书馆藏钞稿本乾嘉名人别集丛刊》第 25 册 144 页。
③ 《孙渊如外集》卷五《与王引之书》（二），第 6 页。
④ 严可均《铁桥漫稿》卷八《书北堂书钞原本后》，《续修四库全书》第 1489 册 48 页。
⑤ 王念孙《读书杂志·管子杂志序》，中华书局 1991 年版，第 411 页。

所订诸条,择其要者,商之渊如氏,渊如见而韪之。而又与洪氏筠轩稽合异同,广为考证,诚此书之幸也。"①孙校《管子》,未成专书,其稿嘱之洪颐煊。洪氏采孙、王之说,删其重复,附以己义,于嘉庆十七年(1812)成《管子义证》八卷。王念孙后来续校此书,采孙、洪之说,于嘉庆二十四年(1819)成《读管子杂志》二十四卷。王念孙《晏子春秋杂志》《墨子杂志》也吸纳了孙星衍的成果而后出专精。

综上所述,孙星衍与王念孙父子情深意笃,交流切磋,互勉共进,乾嘉良好的学术风气正是在这些学人有形与无形的推动中走向兴盛。如果说,乾嘉学派以学术著作呈现出的是其显性成果,那么,学者之间直接的交流、沟通形成的则是隐性成果。这些成果有的以文章、书信形式记载了下来,更多的却不为外人所知。这些隐性成果不管是否留下了痕迹,其在当时的学术发展中发挥了重要作用则毋庸置疑。

(6) 法式善

法式善(1753—1813),字开文,蒙古乌尔济氏,隶内务府正黄旗。乾隆四十五年(1780)进士,曾两为侍讲学士。本名运昌,乾隆命改今名,"竭力有为"之意。性好文,以宏奖风流为己任。主盟坛坫三十年,著《清秘述闻》《存素堂诗集》《陶庐杂录》《梧门诗话》等。

孙星衍考中进士后,为京官九年,与法式善时有交往,此由杨伦、吴锡麒、法式善之诗可知大概。杨伦《九柏山房诗》卷十一有《甲寅上元日法时帆宫庶招集吴谷人、罗两峰、冯鱼山、赵亿孙、刘澄斋、汪剑潭、孙渊如、李介夫、言皋云、张船山、何兰士、王铁夫、徐朗斋会饮诗龛分韵得"月"字》,甲寅上元日为乾隆五十九年(1794)正月十五。吴锡麒《还京日记》载乾隆五十九年七月四日,

---

① 《读书杂志·管子杂志序》,第411页。

孙星衍招集法式善等避暑雅集事。序云：四日，孙渊如比部招集樱桃传舍。同会者罗两峰、法时帆、王葑亭、刘澄斋、张船山、田铁舟畿、冯鱼山、魏春松、方茶山体、伊墨卿秉绶、何兰士、张水屋、宋之山、胡黄海。是日炎蒸殊甚，饮难避暑，席不招凉，不能视酿国为无热邱也。法式善《存素堂诗初集录存》卷六有《秋夕寄怀孙渊如（星衍）观察》，云："大厦资梁栋，繁音节钟鼓。俗敝赖整饬，吏骄贵镇抚。使君工文章，胸自有千古。花开欣释襟，松青坐挥尘。岂知偶谈笑，悉中民疾苦。世重读书人，匪直讲训诂。学术溯汉秦，功名念邹鲁。少年品风月，今宜作雷雨。"①卷十六有《怀远诗六十四首》，其一为《孙渊如观察》，云："榜眼为郎自君始，一卧江乡胡不起。少年人已称诗仙，中岁注意周秦笺。白发萧骚春梦杳，索债追逋那堪扰。山莹水洁何容心，买到奇书眸子瞭。"②由这两首诗可以看出，法式善对学有根底、关心民生、刚直不阿的孙星衍是极为赞赏的。

现存孙星衍致法式善书札五通，比较集中地反映了二人交往之大概。马振君已有考释，③此略述书札大义。

《孙渊如先生年谱》载乾隆六十年五月孙星衍"奉旨简放山东兖沂曹济兼管黄河兵备道，先十日坠车折足，医者言百日可愈。七月至热河，奉旨不必请训即行赴任。八月奉大母许太夫人、母金夫人暨两弟眷属由水程往山东至德州，足始能行，先至历下"④。孙星衍给法式善的第一封信当为其抵济南后所书。信中云"秋爽宜

---

① 法式善《存素堂诗初集录存》卷六，《续修四库全书》第 1476 册 507 页。

② 《存素堂诗初集录存》卷十六，《续修四库全书》第 1476 册 589 页。

③ 马振君《孙星衍致法式善书札五通考释》，《古籍整理研究学刊》2014 年第 11 期。

④ 《孙渊如先生年谱》，《北京图书馆藏珍本年谱丛刊》第 119 册 469 页。

人""星衍由水程东行,直至节后抵省"①,此"节后"当指中秋节。由末署"廿九",知此信写于八月二十九日。此时孙星衍"足患渐愈,终不能复元,尚须调养"②。他以李商隐《无题》"嗟余听鼓应官去,走马兰台类转篷"比喻外放做官身不由己,把在繁华京城的"软红尘"里与友人时相过从的优游岁月称为"玉堂天上":"觉听鼓应官,与软红尘中晨夕过从,脱略形骸,光景又大不同,始有玉堂天上之叹。"③信中表达了"惟望老前辈不以外吏薄之,常赐佳篇为荷"④的期望。法式善与孙星衍同岁,但为乾隆四十五年(1780)进士,科名早于孙星衍,故孙称其为"老前辈"。孙星衍还对法式善推荐的仆人未同至山左一事做了说明:"来时承荐尊纪,已属其同到山左,起行时不见其至,想缘见星衍处从人太多(现在抚军尚嘱淘汰从人),未必如意,是以不欲东行。如再来,定当照应,幸勿以为罪。"⑤"尊纪",旧称他人之仆。"抚军"指当时的山东巡抚玉德。

　　第二封信主要为感谢法式善探视足疾及奉送新刊之《古文尚书马郑注》而写:"昨承左顾,展转在床。輶亵之罪,惟知爱原囿。新刊《郑注尚书》已成,奉上一部,祈诲正。"⑥《古文尚书马郑注》刻于乾隆六十年(1795),则此信当写于上信后不久。

　　第三封信主要谈及以下诸事:一是山东曹工合而又开,为孙星衍去任之后事,责任本该半属后任,但孙星衍勇于担当,承担了

---

①　《孙星衍遗文再续补·与法时帆书一》,《中国典籍与文化论丛》第15辑,第263页。
②　同上。
③　同上。
④　同上。
⑤　同上。
⑥　《孙星衍遗文再续补·与法时帆书五》,《中国典籍与文化论丛》第15辑,第264页。按:本文按写作时间排列孙星衍致法式善五书。

全部赔款:"东省堤工决裂,适当晚去任之后。虽可谢责素餐,不忍度外置之。大都以精白乃心,感格神明,方能不负国家。挽回冥漠,自愧未能,亦望当时存此心也。"①二是汇报居兖期间学术进展情况并寄赠《周易口诀义》:"比闲居兖郡,校订各书,先寄所刊《口诀义》奉览,并指示一切,余书再续寄。"②三是举荐杨元锡:"舍甥杨上舍元锡,能诗好学,慕诗龛照耀海内之名,欲谒龙门,老前辈藻鉴人伦,幸进而教之,再试其技可也。"③该信未署写作时间,据文中"盛暑,伏想起居佳胜"④及寄赠《周易口诀义》事,知当作于嘉庆三年(1798)暑间。孙校《周易口诀义》题"嘉庆戊午刊于兖州","戊午"为嘉庆三年。

第四信云将督运北上至都,拟拜谒法式善及在京诸同人:"客年奉到手函,即已上复。春和,伏稔老前辈潭祉台禧,与时并胜为颂。晚于月之下旬又得北运到都,公事完毕,或可趋谒教言,再与同人快晤。"⑤《孙渊如先生年谱》记载嘉庆十二年,"二月督运北上","四月,君自通州回署",知信云"春和""月之下旬"当为该年三月。孙星衍于此信中由辑《续古文苑》,谈及《永乐大典》之价值,希望录出《大典》数部,分存各省,流通古学,并望法式善促成此事:"去年撰成《续古文苑》一书,多取选家、专集缺载之文,似颇可观。因思《永乐大典》中汉魏六朝人文集尚有存者,竟不得一检。此书若录出数部,与《四库书》分存各省,实为流通古学要务,于中唐已前经说史事,足资考证者甚多,中朝诸公其有意于此否?阁下一代文献,又可通章,幸

---

① 《孙星衍遗文再续补·与法时帆书二》,《中国典籍与文化论丛》第15辑,第263页。
② 同上。
③ 同上。
④ 同上。
⑤ 《孙星衍遗文再续补·与法时帆书四》,《中国典籍与文化论丛》第15辑,第263页。

勿以为不急之务。新刻各书小种呈现。"①又推荐孙父为官句容时所知之孔典史:"孔典史向在都趋事内廷三馆,其兄蒙阁下垂青,渠亦瞻拜颜色,兹以苦差北上时呈芜札。该典史尚有文采,亦能书画,惜沉于下僚。晚以家君秉铎句容,与之世谊,故深知之。"②孔典史即孔传荃,字振谷,精汉隶,江苏句容人,曾为山东清平县丞,居官廉洁自持,尽革陋规,五十二岁卒于任。兄传薪(1792—1834),字振杰,乾隆五十四年(1789)拔贡,道光八年(1828)举人。

第五书当作于嘉庆十四年(1809)春节后,此由开头"前奉一械,并寄呈新刊《唐律》,想蒙钧鉴。新春,伏稔老前辈大人升祉潭禧,与时增胜为颂"③大约可推。孙星衍《故唐律疏议序》署"太岁戊辰六月四日,书于安德道署之平津馆"。戊辰为嘉庆十三年(1808),"新春"当指嘉庆十四年(1809)春节。此信重在介绍董国华到法式善处检阅《永乐大典》事:"董琴南太史留心古学,知蒙青睐,兹过安德入都,属至尊处一阅《永乐大典》。"④董国华(1773—1850),字荣若,号琴涵、琴南,一说字琹南,号荣若,江苏吴县人,嘉庆十三(1808)进士,由翰林院编修仕至广东雷琼兵备道,著有《云寿堂诗文集》。[同治]《苏州府志》卷八十四有传。孙星衍托董国华到法式善处检阅《永乐大典》,是基于法氏因参与《全唐文》的纂辑工作,此时正利用《永乐大典》辑唐人佚文。《梧门先生年谱》于嘉庆十三年载"二月侍班,黑夜颠蹶伤足,告假四阅

---

① 《孙星衍遗文再续补·与法时帆书四》,《中国典籍与文化论丛》第15辑,第263页。

② 《孙星衍遗文再续补·与法时帆书四》,《中国典籍与文化论丛》第15辑,第264页。

③ 《孙星衍遗文再续补·与法时帆书三》,《中国典籍与文化论丛》第15辑,第263页。

④ 同上。

月,病中检阅十七省志书。病愈赴馆,阅《永乐大典》六千余卷"①。孙星衍于此信中向法式善阐明了辑佚《补百三名家集》《汉魏六朝诗文全集》之方法:"如将《百家名家》未载之文录出一编,并有未载之人如左贵嫔、庾阐、范泰之类,合之《弘明集》、《广弘明集》、唐人三类书,汇为《补百三名家集》,实为盛事。不独晚可写留一部,国家既辑《全唐文》,似宜再辑《汉魏六朝诗文全集》,亦文章大观也。"②由此可见,孙星衍对唐前诗文的辑佚工作确有发轫之功。

孙星衍对法式善《存素堂文集》的评论虽多只言片语,却是其文学思想的重要体现。孙评或着眼于立论,如《狄仁杰论》曰:"持论极正,虽狄公才力甚大,不必以此说绳之,然足以警夫无狄公之才而托于权变之术以自全者。"③《李东阳论》曰:"论古深透骨里,足以折三百年来轻薄诋諆之口矣。"④《王子文秀才诗序》曰:"矜惜笔墨,乃得古人立言之旨。"⑤《明大学士李文正公畏吾村墓碑文》曰:"读此足以发思古之幽情。"⑥或关注渊源,如上《李东阳论》又云:"先生文多纡余散朗近庐陵,此则驰骤于眉山父子,论体固当如是。"⑦《曹景堂制艺序》曰:"后半乃似荆公。"⑧《朱石君先生七十有二寿序》曰:"意绪自老苏《上欧阳书》及大苏《范文正

---

① 阮元编《梧门先生年谱》,《北京图书馆藏珍本年谱丛刊》第119册443页。
② 《孙星衍遗文再续补·与法时帆书三》,《中国典籍与文化论丛》第15辑,第263页。按:"百家"之"家",陈鸿森先生云"'家'疑'三'字之误"。
③ 《存素堂文集》,《续修四库全书》第1476册671页。
④ 《存素堂文集》,《续修四库全书》第1476册672页。
⑤ 《存素堂文集》,《续修四库全书》第1476册679页。
⑥ 《存素堂文集》,《续修四库全书》第1476册727页。
⑦ 《存素堂文集》,《续修四库全书》第1476册672页。
⑧ 《存素堂文集》,《续修四库全书》第1476册699页。

公集序》来,而风神绵邈则于欧为尤近。"①或致力于文法,如《宋庠包拯欧阳修论》曰:"结处每能放宽一步,得妙远不测之神,而无节外生枝之累,此是得古人三昧处。"②《修李文正公墓祠记》曰:"详明雅饬。"③《重刻己亥同年齿录序》曰:"卓然不朽之言,又得情文相生之妙。"④或关注笔力风神,如《魏孝庄帝论》曰:"笔力轩朗。"⑤《具园记》曰:"体遒而笔纵。"⑥《存素堂诗集序》曰:"质朴中自饶风神。"⑦《新城陈孝廉遗墨跋》曰:"风神溢出。"⑧《诗龛图记》曰:"文质莹净而味醇厚,唐宋人得意可传之作。"⑨《蒋湘帆临西涯诗帖跋》曰:"读此可以见古人所谓文字因缘,类非偶然,笔意亦极清老。"⑩《纪晓岚尚书藏顺治十八年缙绅跋》曰:"此有关掌故之文,笔力明画入古。"⑪由这些简短的评论,大约可知孙星衍持论尚正、议论求深、关注文风渊源、重视风神情感的文学观念。

(7) 唐仲冕

唐仲冕(1753—1827),字云枳,号陶山居士,湖南善化人,乾隆五十八年(1793)进士,历任江苏荆溪、吴江等县知县,官至陕西布政使,代理陕西巡抚。编《岱览》三十二卷,著《陶山文录》十卷、《陶山诗录》二十四卷等。

---

① 《存素堂文集》,《续修四库全书》第 1476 册 704 页。
② 《存素堂文集》,《续修四库全书》第 1476 册 672 页。
③ 《存素堂文集》,《续修四库全书》第 1476 册 731 页。
④ 《存素堂文集》,《续修四库全书》第 1476 册 683 页。
⑤ 《存素堂文集》,《续修四库全书》第 1476 册 671 页。
⑥ 《存素堂文集》,《续修四库全书》第 1476 册 731 页。
⑦ 《存素堂文集》,《续修四库全书》第 1476 册 682 页。
⑧ 《存素堂文集》,《续修四库全书》第 1476 册 711 页。
⑨ 《存素堂文集》,《续修四库全书》第 1476 册 732 页。
⑩ 《存素堂文集》,《续修四库全书》第 1476 册 708 页。
⑪ 《存素堂文集》,《续修四库全书》第 1476 册 710 页。

唐仲冕与孙星衍同岁而长其七日，志趣相投，往来频仍。嘉庆五年（1800）十一月，孙星衍与同人饯别于虎丘一榭园，与会者有蒋业晋、段玉裁、钮树玉、袁廷梼、黄丕烈、顾莼、顾广圻、何元锡、李锐、瞿中溶、夏文焘、陶梁、沈培、徐颋、唐鉴、李福、戴延价等，各自题名于册，吴履为作《山塘话别图》。唐仲冕时为吴县令，未能亲自赴会，派子唐鉴参加。唐仲冕题诗二首，稿本亦佚。嘉庆十四年（1809），孙星衍与吴鼒作追和诗，从德州节署寄至金陵，唐仲冕因病未酬。嘉庆十六年（1811），唐仲冕入都，过平津馆，孙星衍复出此册，嘱和。仲冕因作《叠韵十年前题孙渊如观察虎邱留别图二首（有序）》。序中追忆此事始末云："嘉庆辛酉，渊如宴客虎邱。时余方宰吴，以趋公，未赴命，儿子鉴往从之游。渊如有图，余为题诗二首，稿已佚矣。己巳岁，渊如观察德州，与吴山尊学士（鼒）追和寄金陵，余病未能酬也。今年入都，过平津馆，复出此册，属和，因补叠前韵。"①辛酉为嘉庆六年（1801），己巳为嘉庆十四年（1809）。孙星衍《租船咏史集》有《庚申冬日同人集一榭园，阅十年矣，偶属吴山尊学士鼒题册，有感旧游，率赋二律，即用唐陶山刺史仲冕元韵，并以寄之，时己巳年七月五日》。庚申为嘉庆五年（1800），己巳为嘉庆十四年。《孙渊如先生年谱》亦云此事发生在嘉庆五年十一月，唐仲冕诗序云"嘉庆辛酉"不确。

嘉庆六年（1801），孙星衍促使唐仲冕影刊了宋本《南岳总胜集》，款式悉仍宋本之旧："适孙渊如观察以宋本《南岳总胜集》见示，向无善椠，因急付梓，以广其传。"②

该年仲夏，孙星衍为唐仲冕《仪礼蒙求》作序，将其匹之史徵《周易口诀义》、惠士奇《礼说》："读之，知其贯串《注疏》，文从字

---

① 《陶山诗录》卷十二，《续修四库全书》第1478册132页。
② 唐仲冕《陶山文录》卷四《刻宋南岳总胜集序》，《续修四库全书》第1478册372页。

顺,为小学家不可无之书。远则唐史证之《周易口诀义》,近则惠士奇之《礼说》,皆为学者帐中秘本,此书与之相埒。"①在这篇序文中,孙星衍表明了自己一贯的申汉抑宋主张,认为唐前解经守师法、有依据,宋明说经多出臆见,杂以禅学、语录:"说经之书,至今日而繁芜已甚。两汉三国西晋诸儒解经,守师法,言简不烦;唐时疏释,皆有依据。后世解经,率出于臆见,又参以禅学,杂以语录,故注家多而读经者愈不得其要领,其流至于《大全》讲章,更不足齿于经义。"②对明人之空疏无学尤为不满:"自明以诗文试士,始则仿王安石经义,旋又变式为八股。俗学持兔园册,弋取科第,既以空疏任校文之事,见有引用经传难通之文、不习见之字,即以规避磨勘,抑置不录,绝无从善服义之公心。"③对绍承汉唐、立足注疏、约简便学的《仪礼蒙求》予以表彰:"《仪礼》为礼容之书,学者苦难记诵。郑氏会高堂生今文、孔壁古文文字异同为之注;贾氏兼齐黄庆、隋李悫章疏而释之。今明府约十七卷于一编,辞达而无枝叶,不独劝课学童,其说经硁硁,真无违乎汉唐人训诂之旨者也。"④序中言及唐仲冕《周礼六官表》亦为有功经传之作:"此编一出,人人熟读深思之,因以求三礼本书传注,不至如世之斥不狂为狂,见不怪为怪,甚且訾《尔雅》,议《说文》,则明府辅翼经传之功,乌可少哉!"⑤

---

① 《孙星衍遗文拾补·仪礼蒙求序》,《书目季刊》第四十五卷第三期(2011年12月),第75页。
② 同上。
③ 《孙星衍遗文拾补·仪礼蒙求序》,《书目季刊》第四十五卷第三期(2011年12月),第76页。
④ 《孙星衍遗文拾补·仪礼蒙求序》,《书目季刊》第四十五卷第三期(2011年12月),第75页。
⑤ 《孙星衍遗文拾补·仪礼蒙求序》,《书目季刊》第四十五卷第三期(2011年12月),第76页。

嘉庆八年(1803),因河工案追赔,孙星衍无力承担,父亲与江苏巡抚费淳敦请星衍进京赴补。《孙渊如先生年谱》云:"君父欲君赴补,时费制军署苏抚,亦促君起官,寄与咨文。四月返金陵,五月挈季弟星衢北上。"①《陶山诗录》卷六《平江集》有诸同人为星衍饯别诗:"四月晦日,石湖观竞渡,邀同周约斋礼部(维祺)、冯松恬观察(克巩)、陈桂堂太守、张古余(敦仁)蒋立厓(业晋)两司马、段懋堂(玉裁)胥燕亭田若谷(钧)万廉山四明府、何梦华文学(元锡)、袁绶阶上舍(廷梼)饯孙渊如观察入都补官。以'绿浪东西南北水,红阑三百九十桥'分韵得'桥'字,又得'水'字,时松恬亦将北上"。中有句云:"人生出处有际会,志士慷慨无萧骚。兴公作赋振金石,齐州整俗师官僚。"②劝告好友行藏随遇,无需悲伤。既可以诗赋垂名,亦可以仕宦显身。

孙星衍奉诏补山东督粮道,唐仲冕又有《送孙渊如观察之山东》诗,抒写了孙氏淡泊仕宦、本以养志侍亲为乐却被迫出仕的心境及与友人的惜别、相思之情:"还山每速出山迟,敦迫频闻檄传驰。养志重亲原爱日,轸怀旧部要匡时。会乘徒骇河边筏,犹问之罘海上碑。见说旌麾行已过,何期握手慰相思。"③

唐仲冕、石韫玉曾先后假馆五松园并与孙氏有诗歌唱和。嘉庆十八年(1813),唐仲冕作《借居渊如观察北山草堂月余,仍还憩书楼,诗以谢之四首》。嘉庆十九年(1814)又有《题渊如种花五亩园,叠前年寓五松园韵四首》。该年石韫玉亦作《假馆孙氏五松园和唐陶山太守题壁诗韵三首》。孙星衍《租船咏史集》中有《唐太守仲冕石殿撰韫玉先后假馆五松园有诗赠予次韵答

---

① 《孙渊如先生年谱》,《北京图书馆藏珍本年谱丛刊》第 119 册 489 页。
② 《陶山诗录》卷六,《续修四库全书》第 1478 册 72 页。
③ 《陶山诗录》卷八,《续修四库全书》第 1478 册 89 页。

之》诗。

孙星衍六十寿辰时,唐仲冕作《孙渊如观察六十》诗,不但尊崇其学术文章:"古人道重三不朽,学术文章公独厚。"①且对星衍解官侍亲心存羡慕,对自己尚在宦海感到无奈:"况曾相约早休官,蹇材欲退尚盘桓。"②"只今同度周甲子,公先画锦亲承欢。"③

嘉庆二十二年(1817),孙星衍招集同人盛会,唐仲冕有《孙渊如邀同江左耆英会分韵得'难'字》诗记之。诗中描述了老友相聚之欢愉:"相与序宾偫,相随劝加餐。五百八十岁,八人坐团栾。"④表达了对孙星衍归田闲居生活之艳羡:"家庭多乐事,常觉岁月宽。"⑤再次申述了自己尚在官场之艰辛与无奈:"笑我迫迟暮,尚弗辞粗官。年如蛇赴壑,官如鲇上竿。虽循狄卢例,移文惭北山。"⑥

此后孙星衍与唐仲冕书信往来,劝老友宽恕为政:"别后遗我书,勉以平反政。深佩良友箴,离居难合并。"⑦

嘉庆二十三年(1818),孙星衍以微疾逝,唐仲冕悲痛交加:"岂知成隔世,古欢不可更。今来唁若翁,劝慰感天性。自憾鲜民生,音容杳且忧。"⑧

嘉庆二十五年(1820),唐仲冕为孙星衍《芳茂山人诗录》作序。

道光元年(1821),唐仲冕作《自金陵赴都道中口占四十首》,

---

① 《陶山诗录》卷十三,《续修四库全书》第1478册144页。
② 同上。
③ 同上。
④ 《陶山诗录》卷十七,《续修四库全书》第1478册186页。
⑤ 同上。
⑥ 同上。
⑦ 《陶山诗录》卷十八,《续修四库全书》第1478册189页。
⑧ 同上。

中有追忆孙星衍一首:"到鬲难消恶督邮,旧从孙楚共登楼(甲戌入都,孙渊如粮道招饮署中,遇雨)。故人风雨何堪忆,问渡斜阳卫水头(过德州)。"①甲戌为嘉庆十九年(1814)。

《陶山文录》中又有洪亮吉、孙星衍、法式善等人的点评之语,由孙氏评语可窥其学术思想及经世观念。如对卷二《图书论》一文,孙星衍的评点着眼于读《易》之法:"易简之理,得图书之义通,自能触处洞然,惟变所适。若枝枝节节而求之,虽日吞一爻,无当也。"②同卷《洪范九畴说》,发表的是对《泰誓》真伪的看法:"余尝辑魏晋以前《尚书》说,注《尚书》廿九篇。因《泰誓》一篇有马、郑注,故并录之。陶山本其家学,力辨此篇之不可存,自是正论。"③卷五《晏湘门遗诗叙》,誉其句法超常:"一句一转,愈转愈超。"④同卷《陶荚江先生遗诗叙》,赏其用笔奇崛:"用笔奇崛,亦如泛湘望衡,迥非凡境。"⑤对《胡黄海诗集序》,则赞其"境奇文亦奇"⑥。卷八《金山县知县张君墓志铭》重其描写墓主鞠躬尽瘁之倾情:"写张君尽瘁从公处,不必洋洋洒洒,已有尺幅千里气象,信于此中三折肱者。"⑦卷九《上计谒陶山先祠祝文》赞唐仲冕父之惠政懿德:"石岭先生宰平阴时多惠政,土人至今尸祝之,观于后昆迭起,益征修德之不爽也。"⑧卷九《祭舅氏文》感其挚爱真情:"不必多作悲怆语,已使人不忍卒读。"⑨同卷《祭原任江苏巡抚岳公文》

---

① 《陶山诗录》卷二十一,《续修四库全书》第 1478 册 215 页。
② 《陶山文录》卷二,《续修四库全书》第 1478 册 317 页。
③ 《陶山文录》卷二,《续修四库全书》第 1478 册 321 页。
④ 《陶山文录》卷五,《续修四库全书》第 1478 册 400 页。
⑤ 《陶山文录》卷五,《续修四库全书》第 1478 册 401 页。
⑥ 《陶山文录》卷五,《续修四库全书》第 1478 册 405 页。
⑦ 《陶山文录》卷八,《续修四库全书》第 1478 册 470 页。
⑧ 《陶山文录》卷八,《续修四库全书》第 1478 册 502 页。
⑨ 《陶山文录》卷九,《续修四库全书》第 1478 册 503 页。

云为"凝重之题,简洁之作,再三浣诵,笔研欲焚矣"①。孙星衍尤重经世致用,于卷五《梭山农谱跋》发幽阐微,表彰唐仲冕学政相通:"触处洞然,自有条理。非深于学,深于政,不能有此见解。"②于卷六赞其《覆河海滩地价值科则碍难增估议》有益国计民生:"海滩三议,反覆数百言,国计民生,两有裨益,视以商桑之术富国病民者,何啻霄壤?况民病而国断不能独富。仁人之言,其利溥吏治,端从经术中来也。"③这些评论,既体现了孙星衍对《陶山文录》的基本认识,也是他个人为学、为政、为人原则的另一种表达方式。

（8）凌廷堪

凌廷堪(1755—1809),字次仲,安徽歙县人。六岁而孤,冠后始读书,慕其乡江永、戴震之学。乾隆五十五年(1790)进士,例授知县,自请改为教职,选宁国府学教授,奉母之官,毕力著述者十余年。嘉庆十四年(1809),卒,年五十三。廷堪之学,无所不窥,于六书、历算以迄古今疆域之沿革、职官之异同,靡不条贯。尤专礼学,著《礼经释例》十三卷。又有《元遗山年谱》二卷、《校礼堂文集》三十六卷、《诗集》十四卷。此仅据《校礼堂诗集》《校礼堂文集》所载相关内容,对凌、孙二人交游略作阐述。

孙星衍以乾隆五十四年(1789)散馆,因不阿附和珅,改刑部主事,气骨为凌氏嘉赏。《校礼堂诗集》卷六有《孙渊如以编修散馆改官刑部却寄》诗,前已引及,不复赘述。

《校礼堂文集》卷二十四又有凌廷堪写给孙星衍的两封书信,是后人了解二人交往的重要史料。其一为《与孙渊如观察书》,末

---

① 《陶山文录》卷九,《续修四库全书》第1478册505页。
② 《陶山文录》卷五,《续修四库全书》第1478册409页。
③ 《陶山文录》卷六,《续修四库全书》第1478册426页。

署"己未小除夕"①,知写于嘉庆四年(1799),此时孙星衍丁母忧居金陵。信中云凌廷堪由刚从金陵归宣城的张炯(字季和)处了解到孙星衍"须发强半已白而意气转豪"②,感慨一别六载,未能晤面:"癸秋一别,忽忽逾六载矣。"③"癸秋"为乾隆五十八年(1793),孙星衍任职刑部。凌廷堪于乾隆四十八年(1783)至京师,以学优品洁结交通儒名公,影响日大,居京期间与孙星衍燕游甚欢:"回忆京华燕游旧事,为之惆怅久之。"④乾隆六十年(1795)凌廷堪选为四川宁国府学教授。嘉庆元年(1796),孙星衍外放为山东兖沂曹济兵备道。两人天各一方,相见不易,彼此消息只得依靠友人和书信传递,故信中言及嘉庆二年(1797)孙星衍托朱筠之子锡庚(字少白)赠以《问字堂集》及《岱南阁集》事:"丁巳夏,朱少白同年南来,见贻大著《问字堂集》六卷,又《岱南阁集》一卷"⑤。凌廷堪本欲给孙星衍回信,终被搁置,其中原因主要是"罕遇便邮,既而传闻丁伯母太夫人之艰,僻处山城,未得确耗,以致失于弔赙,五中曷胜耿耿"⑥。由此可知,在这六年里,二人虽互相牵挂,但似未有书信往来。凌廷堪长于礼学,故对《问字堂集》《岱南阁集》中的礼学内容尤为关注,肯定了其成绩:"伏读集中论禘诸篇,以禘为配天之祭,以祖之所自出为感生帝,以大祖为明堂,以经文禘与尝并举皆指时祭,真百世不磨之论,方之他篇尤为醇粹,不徒作郑氏功臣也。"⑦"《五庙二祧辨》,亦精覈不可易,皆廓清宋以

---

① 凌廷堪《校礼堂文集》,《续修四库全书》第1480册272页。
② 《校礼堂文集》,《续修四库全书》第1480册271页。按:嘉庆四年(1799),张炯为孙星衍辑《神农本草经》作序。
③ 《校礼堂文集》,《续修四库全书》第1480册271页。
④ 同上。
⑤ 同上。
⑥ 同上。
⑦ 同上。

后雩圜之文。"①但也指出孙氏言禘仅及天神并不全面,地示、人鬼皆为禘祭:"考《周礼·大司乐》圜邱礼天神、方邱礼地示、宗庙礼人鬼,后郑注此三者皆禘大祭也,是天神、地示、人鬼祭之大者,皆得禘名,故《尔雅》以禘为大祭也。"②对孙星衍与江声往复争论而坚持己见的"以天为无岁差,以地为长方形"的观点,凌廷堪虽不予讨论,但态度鲜明:"此学自有本末,终未能以足下之言为是也。"③凌廷堪于此信中向孙星衍表达了自己近年来奉母读书怡然自得的心境及在学术上取得的成就:撰成《礼经释例》十三卷、《元遗山年谱》二卷并杂文尚多,拟请人录副,他日寄邮。亦请孙氏通过张季和寄示近稿以慰索居。

其二为《复孙渊如观察书》,为"去秋"与"今年"两奉孙星衍手书做出的回复。"去秋"之书未见。"今年"之札当写于嘉庆六年四五月间,④孙星衍于此信中表彰凌廷堪与毕以田好学深思,学与日进:"窥见足下好学深思之志,别后进而不已,惟毕恬溪与足下,古人有见贾生不及之叹,正以此也。"对丁忧期间受到阮元关照深致感谢:"两年负米江淮,赖阮中丞招邀,不致有穷途之厄。"强调自己重视阴阳五行之学旨在考证经传:"弟所为阴阳五行之学,取其考证经传,非古法不究也。"此信的重点是弘扬中法"日月径千里之说",排斥西学"日大于地"之论:"日月径千里之说,自是中

---

① 《校礼堂文集》,《续修四库全书》第1480册272页。
② 《校礼堂文集》,《续修四库全书》第1480册271页。
③ 《校礼堂文集》,《续修四库全书》第1480册272页。
④ 按:陈垣先生有《跋凌次仲藏孙渊如残札》,以《孙渊如先生年谱》为据,认为孙星衍母金太夫人卒于嘉庆三年六月廿七日,嘉庆五年九月除母丧,由丁忧至除丧,凡二十七个月,系当时体制。又由札云"弟服阕后已半载,溽暑苦陆行",推断该札写于嘉庆六年四五月间。其说信实可据。详见《文物》,1962年第6期;又见《陈垣学术论文集》,中华书局1982年版,第418—420页。

法,且《白虎通》言千里畿法此制作;今则反之,谓日大于地数倍。夫日躔所在,《月令》名之曰在营室云云,廿八宿每一宿相距不过几度几十度,一度为二千九百余里,若云日大于地,则日在营室,左掩女虚危,右掩壁奎娄,且不止矣。"认为"此西人之戏言,不过欲乱吾中法",对江永、戴震、江藩、凌廷堪等笃信西学不以为然:"而江慎修、戴东原笃信之,江郑堂及吾兄亦颇助其张目。"①

凌廷堪针对孙星衍的两封来信,抒发己见,问题主要集中在三个方面:一是孙说"近时为汉学者又好攻击康成,甚以为非"②,引起凌氏共鸣:"此言切中今日之弊,夫何间然?"③二是对孙氏所持"康成注礼,分夏殷周鲁礼,则《周官》《礼记》无不合符"④之说,认为正契夙心:"向来鄙见正如此,后儒于《三礼》互异之处,不肯援据郑注,徒滋聚讼,颇以为惑,不谓高识先得我心,何快如之。"⑤三是对孙星衍"力扶汉学,辟西人推步为不可信"⑥的观点发表己见,此为本札重点,也是凌廷堪对孙星衍上札的回应。凌廷堪云"至于所驳西法数条,既不敢违心相从,亦不敢强辞求胜"⑦,因"合志同方"者"寥寥无几",故"不忍以一事岐辙,自启争端"⑧,仅以"学贵虚中,事必求是"⑨的态度阐述自己对西学的看法,认为:"西人言天,皆得诸实测,犹之汉儒注经必本诸目验。若弃实测而举陈言以

---

① 本段引文见《陈垣学术论文集》,第420页;又见《孙星衍遗文拾补》,《书目季刊》第四十五卷第三期(2011年12月),第85页。
② 《校礼堂文集》,《续修四库全书》第1480册272页。
③ 同上。
④ 同上。
⑤ 同上。
⑥ 同上。
⑦ 同上。
⑧ 同上。
⑨ 同上。

驳之,则去乡壁虚造者几希,何以关其口乎?"①指出孙星衍仅因"好古情深,不狥众议",非客观态度,比较切实的做法是"中西之书具在,愿足下降心,一寻绎之也"②。

以上信札,不但为我们了解二人交往提供了凭据,而且显示了凌廷堪在礼学方面的高深造诣及对西学的客观态度,同时也表现了孙星衍博而不精、固守国粹、坚持已见的为学特点。

(9) 吴鼒

吴鼒(1755—1821),字山尊,安徽全椒人,嘉庆四年(1799)进士,官侍讲学士,能书善画,工骈体文,著《吴学士诗文集》等。

乾隆四十六年(1781),二十七岁的吴鼒在扬州汪中处听其品评孙星衍之文,是其知孙氏之始,此于前"汪中"节已概述。乾隆五十二年(1787),吴鼒于金陵结识孙星衍。乾隆六十年(1795)在京师相遇,孙星衍已转向治经:"又六年,识渊如白门。又八年,遇于京师,渊如已壹其志治经,取少作尽弃之。"孙星衍亦爱吴鼒之文:"而独好余所为四六文,以为泽于古而无俗调。"③

吴鼒功名晚成,生活困顿,曾向孙星衍贷金并留下一段佳话。梁章钜《楹联丛话》卷十二记载:"闻吴山尊尝于岁暮向孙渊如先生贷金,先生方自制室内桃符,谓山尊曰:'君能代我成一佳联,便当如所请。'山尊应声曰:'上相教除名士气,至尊亲许读书人。'盖上句乃董文恭公勖渊如之言,对句乃先生出试差复命时所亲承天语也。先生喜其雅切,即如所请金数与之。山尊之善于誉人,皆此类也。"董文恭公为董诰,"至尊"为乾隆皇帝。

嘉庆元年(1796)正月,孙星衍为吴鼒和族妹在兖州使署南楼举办了婚礼。其《南楼却扇》诗序云:"妹贫,随叔父流转至都,几

---

① 《校礼堂文集》,《续修四库全书》第1480册272—273页。
② 《校礼堂文集》,《续修四库全书》第1480册273页。
③ 吴鼒《问字堂外集题辞》,《续修四库全书》第1487册486页。

为贵人簉,予择才士许嫁焉。大母爱其姿质,收养之,如亲出。"①此"才士"即吴鼐。又云:"兖郡南楼,为杜子美趋庭之地。乾隆乙卯岁之官,明年为族妹与吴孝廉(鼐)成昏于使署。"②诗以三国文学家吴质作比,夸赞吴鼐才华:"我知季重殊常伦,早年下笔惊渊云。"③虽然在这年的大考中吴鼐落第,但孙星衍对他充满信心:"记取卢储一日知,杏园春信未嫌迟。争传北阙凌云赋,莫忘南楼却扇时。"④吴鼐不负所望,嘉庆四年(1799)成进士。

吴鼐与孙星衍既为姻亲,情义更笃,来往愈密。嘉庆十三年(1808)五月二十二日是孙父八十寿辰,因其打算南归省视祠墓,故于二月中旬提前祝寿。身为侍讲学士的吴鼐积极地联络孙星衍在京师的友朋世交制屏以祝。

嘉庆十四年(1809)六月,吴鼐自晋东来安德,泛舟卫河,与孙星衍有谈燕之乐,越月南去。孙星衍《租船咏史集》中的《德州偕吴学士(鼐)严孝廉(可均)周刺史(履端)放舟卫河小饮次韵》诗当写于此时:"急流东去见层波,残暑初消换薄罗。屯氏河荒遗迹古,米家船小载书多。宦情渐比知秋叶,乐岁聊看合颖禾。六载平津真卧治,愧无循政入舆歌。"⑤

这一年吴鼐六十岁,孙星衍把自己新得的影元钞本《晏子春秋》(孙星衍、顾广圻、王念孙皆称影钞元刻,王懿荣、傅增湘则以为当系明本⑥)赠予吴鼐作寿礼,吴鼐嘱顾广圻校刻于扬州,次年

---

① 《芳茂山人诗录》,《丛书集成初编》第 2320 册 105 页。
② 同上。
③ 同上。
④ 同上。
⑤ 《芳茂山人诗录》,《丛书集成初编》第 2319 册 75 页。
⑥ 按:孙星衍赠吴山尊之所谓影元抄本《晏子春秋》,王懿荣首先鉴定为明本,经傅增湘进一步核实,定为明正德刻本。傅增湘《藏书群书经眼录》卷四史部二明刊本《晏子春秋》八卷条云:"后有王懿荣跋,录 (转下页)

行世。是本远比孙星衍所用沈启南本精善,但也间有讹脱,虽然孙氏也曾用其校改已刻《晏子春秋》,但追改已非易事。

嘉庆二十一年(1816),孙父再逢乡举盛典,经前安徽巡抚胡克家奏奉恩旨,重赴鹿鸣宴,吴鼒自扬州来,与孙星衍一起陪侍宾筵。

嘉庆二十二年(1817)五月,孙星衍为父预祝九十大寿,吴鼒来金陵,撰文作屏章,举觞称庆。

嘉庆二十三年(1818),孙星衍去世,吴鼒邀顾广圻等整理遗稿。顾广圻在《西园感旧图序》中追忆此事:"戊寅之春,山翁遂见招料理观察遗书残稿,屡移所住,最后即近西园侧之斗母道宫,累数晨夕,明年秋中,事竣而还。"①

3. 幕僚

自乾隆六十年(1795)孙星衍任职山东兖沂曹济兵备道至嘉庆二十三年(1818)去世,在他身边形成了一个以顾广圻、严可均、洪颐煊、毕以田、李贻德为核心的校勘团体,产出了一批优秀的学术成果。此仅就诸人与孙星衍的交往及为孙氏所做贡献略作阐述。

(接上页)后:'此明本,即吴山尊学士仿本所自出,称为元本,吴氏误仞也。伯兮藏、懿荣记。'傅增湘先生按语云:"此《晏子春秋》余得之盛意园昱家,验其字体刻工,当是正德时本。丁氏善本书目有元本,余往江南图书馆视之,其板式行格与此悉同,而细审之实明时活字本也,嗣至虞山观铁琴铜剑楼藏书,闻有絸眇阁本《晏子春秋》,急请观之,则正是此本,前后别无序跋,不知何以定为絸眇阁所刊。颇疑此书别无元本。余此本有孙氏印记数方,则王文敏断为山尊误仞殆非虚语。然此刻板式古雅,流布至稀,虽正德时所刊,要自可珍,正不必号称元刻及絸眇阁刻始足贵也。惟活字本实从此出,而流传更少,微余鉴别之,殆无人道及,则真足异矣。丙辰十月沅叔记。"中华书局1983年版,第352—353页。

① 顾广圻著,王欣夫辑《顾千里集》卷十四《西园感旧图序》,上海古籍出版社 2007 年版,《中国历代书目题跋丛书》(第二辑)第 216 页。

（1）顾广圻

顾广圻（1766—1835），字千里，毕生以校勘为业，所校以精善著称，号为乾嘉校勘第一人。

嘉庆四年（1799），孙、顾已经相识，此由顾广圻《孙武私印为孙渊如作诗三首》标注"己未"可知。此时，顾氏正据宋本为孙氏影刊《魏武帝注孙子》。其于第一首"宫中教战事依然，此印沉埋定几年。天与文孙重管领，猩红钤上十三篇"下注云："时方刊宋本《孙子》。"① 嘉庆五年（1800）十一月，孙星衍将入都，顾广圻参加了在虎丘一榭园举行的宴饮。② 嘉庆六年（1801），顾广圻应阮元之招赴杭州，与何元锡、臧庸等同撰《十三经注疏校勘记》，分校《毛诗》。孙星衍此时为诂经精舍主讲，交往当更多。嘉庆九年（1804）冬，由孙星衍介绍，前往庐州知府张祥云处授徒。

孙星衍补授山东督粮道后，即委托顾广圻为其掌管江南校刊事宜。孙星衍对顾广圻非常信任，事无巨细，全部委其处理。这从国家图书馆收藏的孙星衍致顾广圻的六封书札中大约可见。

嘉庆十年（1805）十一月前后，③孙星衍致书顾广圻，言及请顾氏督办金陵刻书，嘱其校勘《初学记》并拟把在山东任所校勘的

---

① 《顾千里集》，第53页。

② 《孙渊如先生年谱》于嘉庆五年（1800）云："九月，除母丧，归常州省墓，至吴门主吴县唐令仲冕署。十一月，诸名士饯别于虎邱一榭园，坐中蒋丈业晋、段君玉裁、钮君树玉、袁君廷梼、黄孝廉丕烈、顾君莼、顾君广圻、何君元锡、李君锐、瞿君中溶、夏君文焘、陶君梁、沈君培、徐明经颋、唐公子鉴、李君福、戴生延忻，各自题名于册，吴君履写《山塘话别图》。后十余年，顾君莼及徐、陶、唐三子俱入翰林，沈亦举于乡。君与吴学士蕭次唐大令赠别诗题册，时吴郡任太守，许以一榭园为孙子祠，后卒成之。"《北京图书馆藏珍本年谱丛刊》第119册486—487页。

③ 嘉庆十年六月十九日，孙星衍祖母卒于德州官舍。孙星衍乞假三月，处理丧事。八月，命仲弟星衡随父奉祖母灵柩登舟归里，与祖父合葬。适逢孙星衍有至兖济催漕之役，便顺道亲送祖母灵柩至台庄。九月，（转下页）

《琴操》《古史考》等寄至金陵刊刻等事：

> 奉烦足下督办写样复校，古余工调金陵，一切甚便，可与古余熟商之。曾烦校《初学记》，务为留意。弟既不能乞假送柩，一身独居官署，甚无聊。但校《琴操》、《古史考》等各书小种，年外亦寄金陵付刊，并烦校核耳。①

孙星衍在另一札中委托顾广圻在苏州孙子祠堂刻书，请金陵名工刘文模经手，告知拟付顾氏之报酬、拟翻刻宋小字本《说文》及进一步校正《续古文苑》内魏碑讹字并请顾氏筹划为胡克家刊刻《资治通鉴》等事：

> 前有札奉寄，托足下在孙子祠办理刻书之事，每岁与张古余各奉修金百数十两，计可安身。刻工即交刘文楷经手，设局在祠内最便，足下亦可移居读书。札去后未奉复音，甚为悬念。尚有借到额盐政小字《说文》，遇便寄交尊处翻版等事，乞先为留意。
>
> 兹查《续古文苑》内有魏碑，前照《王渔洋集》写出；顷得摹本对校，又多讹字，用朱笔改正，乞依此本上板为要。前托戴竹友办理诸事，俱未奉回音，乞问明。有信交之，县官邮递达最便；胡藩台处屡经说项，亦可托其寄也。明年刻《通鉴》之事亦须办理。狎沤、琴南早晚北上过我，不及别札。肃此，布候文佳，并贺合宅节祉。涧蘋先生仁兄，愚弟孙星衍顿首。二十六日。②

(接上页)返至济宁。十一月，回德州官署。上信大约写于此时。信中云"弟既不能乞假送柩，一身独居官署，甚无聊"，即指不能护送祖母灵柩回乡安葬事。

① 《孙星衍先生手牍》，《国家图书馆藏钞稿本乾嘉名人别集丛刊》第25册144—145页；又见《孙星衍遗文续补·与顾千里书二》，《书目季刊》第四十八卷第一期(2014年6月)，第77—78页。张敦仁，字古余。

② 《孙星衍先生手牍》，《国家图书馆藏钞稿本乾嘉名人别集丛刊》第25册146—150页；又见《孙星衍遗文续补·与顾千里书三》，《书目季刊》第四十八卷第一期(2014年6月)，第78页。

嘉庆十三年（1808），嘱顾广圻筹刻《说文解字》，告知五月乞假南回之打算，再次强调刊刻《资治通鉴》并承诺《唐律疏议》面叶写就即寄诸事宜：

> 廿九日接方伯代递来字，悉宋刻《说文》等收到，即为筹刊，甚慰。家君于廿六日南归，必至吴门，住孙子祠，刻赀带上，并竹友代垫薛祠项亦拟偿之。倘目下有急需，不妨属竹友垫付，即以弟札示之。钱同人写本甚整齐，然觅便祈归，又复迁延时日。吴门如有佳书手，亦不必惜小费，此部留存亦有用也。
>
> 弟于三月初五前北运，约五月间可以乞假南回，晤商一切。孙子祠内象龛有弟小象，觐瞻不便，乞属竹友代作一黄幔施于龛内，仅露吴将之容为妙。方伯许写扁，祈催之。《文选》虽刊，总须刊《通鉴》。惟《通鉴外纪》不得好本，奈何！《唐律》等面叶，书就即寄。东省得雪，津又复得雨水，不至荒歉，亦足慰藉。匆匆布复，并候文佳，不一。愚弟孙星衍顿首。琴南、狎沤俱过去，已有字奉致。①

嘉庆十三年（1808）闰五月初九，②孙星衍札致顾广圻，交代

---

① 《孙星衍先生手牍》，《国家图书馆藏钞稿本乾嘉名人别集丛刊》第25册157—160页；又见《孙星衍遗文续补·与顾千里书五》，《书目季刊》第四十八卷第一期（2014年6月），第79页。由信中所言时间，知此信当写于嘉庆十三年正月。孙星衍又有致钱同人札，云："弟欲重刊宋本《说文》，为之考证于后，引各书所引《说文》之词，订定其是，附载各卷。即求尊书刊版，想好古如足下，必乐成人之美也。写就寄到时，必奉润笔，以酬雅意，千万留意办理。"由札云"至弟夏间遭大母之丧，现拟送柩南归"，知作于嘉庆十年（1805）。《孙星衍遗文续补》，《书目季刊》第四十八卷第一期（2014年6月），第81页。

② 按：此信写于嘉庆十三年（1808）闰五月初九，可据信中所言以下事件推断：一是信首云"闰端阳前一日"。二是孙星衍请假省亲事在嘉庆十三年，《孙渊如先生年谱》云："三月，君督运北上。以前后任秩满及五（转下页）

《续古文苑》《说文解字》《唐律疏议》等书校刊之事；嘱查《宝刻丛编》《世本》善本，以备校雠；提出拟刻《古刻丛钞》，告以校刻《渚宫旧事》及《春秋别典》等事：

  闰端阳前一日回署，后一日接来示，知一切，并悉起居安胜为慰。弟陛见之日，已得请三个月省亲假，面奉俞旨允准，当可交卸回南，商办刻书事宜。胡方伯即日东来，中途或可晤见。竹友处当即札属发银，《续古文苑》《说文》俱为催办。《唐律》俟弟归再筹刷印，大约需用百廿部。成无己《伤寒论》得一部，大妙，感佩搜罗之力。《轩辕黄帝传》先疑即《黄帝东行记》，足下以为非一书，想已考之史志不误也。《说文校字》尚乞暇时核定，附各条于后。足下学识素所佩服，必能折衷至当。

  胡方伯雅人，刻《文选》大妙，惜其不久当擢任，恐《江苏通志》又未能成耳。《宝刻丛编》世本无刻本，未知有善本可校否？《古刻丛钞》有刻本否？如无，拟刻之，而以近代新出碑文完备者附后，且可补《金石萃编》之缺。《金石萃编》书甚好，兰泉先生著述中最佳之书。现在校《渚宫旧事》及《春秋别典》，注明出处，拟亦携归刊刻，俱世无刻本之书。专此布复，并候文佳，不一。涧薲大兄足下，愚弟孙星衍顿首。初九。①

（接上页）运全完，例随漕入觐。五月十五日引见，越二日请训。上知君甲第，及询在部、在东年分毕，面奏以老父在籍，乞假三月省亲迎养，即邀俞允","五月回署","七月至金陵省父"。三是嘉庆十三年胡克家为江南织造，兼署江苏按察使，故云"胡方伯即日东来，中途或可晤见"。四是"胡方伯雅人，刻《文选》大妙，惜其不久当擢任，恐《江苏通志》又未能成耳"，胡刻宋本《文选》，始于嘉庆十三年，成于嘉庆十四年。

① 《孙星衍先生手牍》，《国家图书馆藏钞稿本乾嘉名人别集丛刊》第25册151—156页；又见《孙星衍遗文续补·与顾千里书四》，《书目季刊》第四十八卷第一期(2014年6月)，第78—79页。

嘉庆十四年(1809)正月十八日,孙星衍又致广圻书,询问刻书款项,评价顾撰《古文苑序》,安排在孙子祠堂刊刻《续古文苑》,谈及所需刻资及给顾氏的报酬等:

> 刘卿来,悉一切。前年寄尊处之项,弟处并无账目,实不能记忆,祈属嬾云查出致兄旧札照付。现又有项寄南矣。
>
> 《古文苑序》甚好,即可刊入此书。《续古文苑》现在收拾,即觅便寄稿尊处,可在孙子祠开局刊刻,计需六百金;再以百廿金为兄校勘润笔,已与陶山先生等商量釀分,弟自当陆续垫付也。《小嵒集》可与田明府,《盘洲集》觅便即寄。匆匆布复,并候文祉,不一。愚弟衍顿首。正月廿八。①

另札言及拟售宋本《通鉴纪事本末》之意,并交代刻书事宜:

> 匆匆把别,承远送,未及答拜,歉甚。途中覆思足下所说之《通鉴纪事本末》宋本,价尚不为太昂,朱道台处既不得岳板《左传》,何不将此书售与?因明日即行,今午能来一晤否?钉书匠想为说定,急令其来,付数金同去。刘文谟所刻砖扁,千万属今日付来。弟缘小疾,服大黄丸,体柔不舒,不能候客。专此再布,并候,不一。衍又启。②

上海图书馆藏《清代各家书札》中又有孙星衍致顾广圻札一通,嘱刻《寰宇访碑录》,嘱抄《舆地纪胜》《北堂书钞》《祖庭广记》等:

> 《访碑录》后四卷,曾否发刊?第一卷属付将无年月古碑列《十字碑》之后,如吉日癸巳石鼓之类是也,祈为定之。邢

---

① 《孙星衍先生手牍》,《国家图书馆藏钞稿本乾嘉名人别集丛刊》第25册141—143页;又见《孙星衍遗文续补·与顾千里书一》,《书目季刊》第四十八卷第一期(2014年6月),第77页。

② 《孙星衍先生手牍》,《国家图书馆藏钞稿本乾嘉名人别集丛刊》第25册161—162页;又见《孙星衍遗文续补·与顾千里书六》,《书目季刊》第四十八卷第一期(2014年6月),第79页。

明府属到此商榷妥当,与一复音,并云不足之资,渠为补发,恐不止百金刻价也。今晚弟即行,乞示定夺。

王象之《舆地纪胜》,望抄一簿,不必影写,将黑刻白字钩出方匡,亦不必双钩字迹也。先付银一封,有不足再缴,祈尽五月内抄付为荷。《北堂书》八金,如让弟买得固妙;否则借弟携归,不过二金,即属友人钩出明本,再将原本奉还。《祖庭广记》便亦为抄一部,交弟带去更妙。茂堂《说文》既写定发刻,尊处底本乞借去一阅,即当奉还,未知可否?陈大兄属作《舆地纪胜跋》,此应阅过全书,再为下笔,容再报命。乞言之竹友,为道谢。书单一纸奉存,为觅之,少顷相见,再悉一切。金石家姓氏示知,要事要事。此候文佳,不一。愚弟孙星衍顿首。①

以上数札,较清晰地昭示了孙、顾二人的宾主关系:孙星衍虽因职事在身,难以直接运作江南刻书事宜,但他提供刻书经费,对刻书场所、刻书人、具体事宜等具有决定权;顾广圻为孙氏服务,从孙氏处获得报酬,无论他的工作多么出色,仍然只是孙星衍刻书思想的贯彻执行者。顾广圻不独为孙星衍刻书,也为张敦仁(古余)、唐仲冕(陶山)等服务,故信中有孙与唐、张凑集资金以支付顾氏劳动报酬之语。

顾广圻对孙星衍所托之事,竭尽所能。如孙氏把按时代顺序重编之《古刻丛钞》寄顾氏校刊,②顾氏广搜异本,予以雠校:"爰取家本,并借戈君小莲藏本相勘,旋因专力治《说文》,未遑卒事也。

---

① 《孙星衍遗文再续补·与顾千里书》,《中国典籍与文化论丛》第15辑,第262页。

② 《顾千里集》卷十九"《古刻丛钞》一卷(知不足斋刻本)"条云:"顷孙伯渊观察用时代重编次《古刻丛钞》,寄其稿属以刊行。"第307页。又于"《古刻丛钞》一卷(平津馆刻本)"条云:"此伯渊先生所重编次,以原书随得随钞,时代杂糅,难于观览故也。不远河江,寄以属校。"第308页。

鲍丈渌饮过余枫江僦舍,谈及《读画斋丛书》新刻入诸辛集,即出所印样见付并勘,乃辍数日功重理一过,彼此得互为更正如干字,然可疑者尚往往而有焉。"①"因再四寻勘,其间即有所审正,必取资别本,未尝只字敢凭胸臆。"②

顾广圻与书贾多有交往,知《古刻丛钞》有陶宗仪手写本曾经昆山叶氏、白莲泾王姓收藏,"近始散失",便把这一信息告知孙星衍,希望寻访此本进一步校勘:

> 鼐者,白堤有钱山人听默,实书贾中陈思之流,忆廿年前述此书南村手写者,首叶钤昆山叶文壮藏书图记,曾在白莲泾王姓家,近始散失,不知归何地? 窃计为时未远,宜仍留天地间,因于还鲍丈日,辄附识之尾,且将举告观察,以俟相与物色,庶几得之,尽决其所疑也。③

嘉庆十六年(1811),《古刻丛钞》付梓刊刻。嘉庆十七年(1812),顾广圻得从兄顾之逵小读书堆所藏昆山叶氏转钞本(为顾之逵嘉庆十四年冬至十五年四月从叶氏借钞),虽非完帙,但较优胜,顾广圻据以修板,改正讹谬五十余字:

> 是书刊刻已竟,从兄东京取小读书堆所藏付校,其本后题云:"右南村《古刻丛钞》,非全书也。己巳冬,借昆山叶氏所藏钞本录于荣木轩,至庚午四月十二日完,共五十八叶。钱谷记。"验其笔迹,非叔宝手书,盖出自转钞也。然视前所有各本迥胜,今据以修板改正者凡五十余字。④

《谷朗碑》虽已著录于欧阳修《集古录》、赵明诚《金石录》中,但考释全文则始于翁方纲《两汉金石记》,孙星衍将此碑文选入

---

① 《顾千里集》卷十九《古刻丛钞》一卷(知不足斋刻本),第 307 页。
② 《顾千里集》卷十九《古刻丛钞》一卷(平津馆刻本),第 308 页。
③ 《顾千里集》卷十九《古刻丛钞》一卷(知不足斋刻本),第 307 页。
④ 《顾千里集》卷十九《古刻丛钞》一卷(平津馆刻本),第 308 页。

《续古文苑》。因该碑相传在湖南耒阳县东五里杜公祠中，拓本绝少，故王昶《金石萃编》未收。顾广圻觅得拓本，细读之后发现第十行"戎车"下"娄驾"二字隐约可辨，翁氏缺释，《续古文苑》所释"娄"字得之，"驾"字却误作"起"。此时《续古文苑》已经刊布，《补金石萃编》（即《平津馆金石萃编》）尚未编成，广圻举此以告星衍，希望能够改正讹误。①

由以上两例，可略见顾广圻一贯的精益求精的校勘态度，追求卓越的校勘精神及对孙星衍委托之事的倾心尽力。

顾广圻经济能力有限，无力实现的一些愿望，希望借助孙星衍完成。如他曾见南雍本《礼记正义》，此本原出宋末福建刻附音本，是后来李元阳本、万历监本、毛晋汲古阁本的祖本。顾氏见时人（指阮元）有重刻此书者，虽版式仍旧，但字句多所改易，当否参半，难以征信。北宋单疏本，海内有无传本已不可知。曲阜孔氏另藏有南宋初所刻《礼记正义》八行本，即惠栋手校、戴震传校者，与日本山井鼎所据本合，是流传到当时的难得的宋本，顾广圻希望孙星衍就近借出并为刊行：

> 南雍本，世称十行本，盖原出宋季建附音本，而元、明间所刻，正德以后，递有修补，小异大同耳。李元阳本、万历监本、毛晋本，则以十行为之祖，而又转转相承，今于此三者不更区别，谓之俗注疏而已。近日有重刻十行本者，款式无异，其中字句特多改易，虽当否参半，但难可征信，故置而弗论。其北宋所刻单疏，见于《玉海》卅九卷，有咸平《礼记疏》一条云"二年六月己巳，祭酒邢昺上新印《礼记疏》七十卷"，是为《正义》元书，未知今海内尚有其本否？曲阜孔氏别有宋椠注疏本，每半叶八行，经字每行十六，注及《正义》双行小字，每行廿二，每卷首题《礼记正义》卷第云云，亦七十卷，计必南宋初所刻，

---

① 《顾千里集》卷十五《跋谷朗碑》，第231页。

向藏吴门吴氏，惠定宇所手校，戴东原所传校者，即此也。与日本人山井鼎所据亦为吻合，而彼有缺卷矣，惜今未见，将属孙渊如就近借出，行且更刻之。①

顾广圻于嘉庆十二年(1807)为孙星衍摹刻元本《洗冤集录》，附于元本《唐律疏议》后，旋得无名氏《平冤录》及元东瓯王氏《无冤录》二种，皆旧钞本，乃并取三录合成一编。嘉庆十三年(1808)，顾广圻将此事告知孙星衍，提议别刻三录。因孙星衍请假南下，三录后由吴鼒刻出。顾广圻经办了三书的校刊工作，自信远胜明胡文焕《格致丛书》本，又喜三书自此成一编单行，人尽可得，欣悦之情，与星衍分享："想观察知是举也，必同其快然矣。"②

顾广圻以其多方面的才华为孙星衍做出了重要贡献。嘉庆五年(1800)，为孙氏影刻宋本《魏武帝注孙子》《吴子》《司马法》。嘉庆十二年(1807)，为孙氏重刻元本《故唐律疏议》及《洗冤集录》，校刻壹是堂钞本《广黄帝本行记》《轩辕黄帝传》并作序。嘉庆十四年(1809)，为孙氏重刻宋九卷本《古文苑》并作序，影刊宋小字本《说文解字》。嘉庆十六年(1811)七月，孙星衍引疾归田，力邀顾广圻至金陵校勘古籍。这年冬天，顾广圻前往冶城山馆。嘉庆十七年(1812)，为孙氏校刻《续古文苑》。嘉庆十八年(1813)，为其校刻《抱朴子内篇》。嘉庆十九年(1814)，校刊梅鷟《尚书考异》《华阳国志》。该年七月，孙星衍应盐政阿桂之聘至扬州校刻《全唐文》，请广圻同往。孙星衍分担的《全唐文》任务，多由顾氏完成。嘉庆二十一年(1816)八月，《全唐文》的编校工作告罄。③ 嘉庆二十三年(1818)正月，孙星衍去世，顾广圻应吴鼒之

---

① 《顾千里集》卷八《抚本礼记郑注考异序(代张古余)》，第132页。
② 《顾千里集》卷十《重刻宋元检验三录后序》，第154页。
③ 《顾千里集》卷十二《广复古编序》云："予自辛未冬洎甲戌秋，在孙渊如观察冶城山馆者几及三年，为渊翁校刊《续古文苑》、《华阳国 （转下页）

招,整理孙氏遗稿。完成之后,转徙四方,以谋生计。顾广圻感激孙星衍的知遇之恩,将其与毕沅相提并论:"关中白下两前尘,图画风流见倍新。今日登楼唯一哭,了无人后更依人。"①

孙星衍去世后,顾广圻虽生活无着,辗转图存,仍多次到冶城山馆,问候星衍之子,关注藏品存佚,追怀往昔之情。当他听说孙氏逝后,家藏多为人盗窃、诳借时,深感惋惜。其《跋新刻汉石经残字》云:"嘉庆戊寅春,渊翁化去,闻其家收藏颇有彼时恶客窃去者,厥后又遭何人诳借,失落不少,渊翁之弟相继俱殁,无从审石经亦在此数否耳?"②

道光四年(1824),顾广圻重访冶城山馆,见到孙星衍二子,大的年仅十七岁,询问昔日旧藏,恍若不知。顾广圻感念孙星衍往昔知遇,感叹孙氏旧藏散佚,不由悲从中来,涕泗交横:"于是予既悲知己之难可复作,又叹长物聚散,乃不幸而若是,不自知其涕泗之交横也。"③

顾广圻于《严小秋祠序》中追思孙星衍引疾归田后名流雅集之盛况,满怀深情:

> 予因追思嘉庆辛未洎甲戌之间,阳湖孙伯渊先生解组东省,卜居白门,招予至止,下榻见客,凡一时名流从先生游者,恒辱下交及之。④

> 俄尔戊寅之春,先生骤归道山。予旋多所转徙,迨前

(接上页)志》、《抱朴子内篇》、《古文尚书考异》、《绍熙云间志》等书,兼为鄱阳胡中丞重翻元椠《通鉴注》……嘉庆廿有一年秋八月既望,时为观察分校《唐文》于扬州,事毕将返吴门之次也。"第 180—181 页。

① 《顾千里集》卷三《题张乐谦宾图所画为孙渊翁在毕秋帆幕中事时渊翁没已九年矣》,第 56 页。
② 《顾千里集》卷十五《跋新刻汉石经残字》,第 227—228 页。
③ 《顾千里集》卷十五《跋新刻汉石经残字》,第 228 页。
④ 《顾千里集》卷十四《严小秋词序》,第 208—209 页。

岁甲申，乃重至白下。维时小秋橐砚他出，怅未得见，独由夏徂秋，三过向所居停之冶城山馆，于存问先生郎君之余，徘徊循览，凭吊系之。思欲填长调一阕以致兹怀，而唱予和女，星散雨绝，逡巡中辍。嗟乎！斯人固不可复作，即囊之盛事美谈，往往犹在予与小秋目前意中者，亦皆随先生以去，于是叹天下万类无一足恃，苟经变灭，莫能索陈迹于无何有之乡，其有区区不共大化迁流者，庶几性灵所寄之语言文字而已矣。①

孙、顾二人在长期合作中建立了笃厚情谊，趋同的学术理念是孙、顾合作的基础。顾广圻是一位坚持己见、不屈从于他人的学者，其与段玉裁、刘凤诰（金门）、黄丕烈（荛圃）、李锐（尚之）等始甚相投，终乃绝交；他对钱大昕、臧庸、瞿中溶等所校《唐石经考异》颇多微词；②在整理孙星衍遗稿时，与吴鼒也产

---

① 《顾千里集》卷十四《严小秋词序》，第209页。

② 赵诒琛编《顾千里先生年谱》末附王欣夫跋云："涧薲先生负才傲睨，盛气凌人，与刘金门、段茂堂、黄荛圃、李尚之始甚相投，终乃绝交，人所共知。余藏先生手校书数种，于《经典释文》则斥臧庸堂为不识一字之庸妄人。于《文选李注补正》则斥孙怡谷，一则曰陋而无识，再则曰痴人说梦。又有经韵楼刻《戴东原集》，亦先生批注，于茂堂校语及校勘记大点密义，几无完肤，虽不记年月，知其必绝交后所为也。他若吴山尊、严铁桥亦均不合，时起龃龉。李申耆撰墓志，言词色妪煦，恐非记实也。"（诒琛案：袁绶阶手钞、钱竹汀所校《唐石经考异》，先生于嘉庆辛酉传录一部，书眉有臧庸堂、瞿木夫校语，今已印入《涵芬楼秘笈》。《诗·车攻》章"东有甫草"，"甫"字，钱氏、臧氏均有考，先生批曰："竹汀先生所考是也。今石经具在，可覆而案，何得厚诬古人？"唐石经《月令》，旧阙一百九十四字，臧氏据朱子《仪礼集传集注》补完。先生又批曰："天下之阙而不可复补者，石刻而已矣。洪承相《隶释续》载石经残字，孰能补之耶？如《月令》，不补何损？竹汀先生岂未见朱子书耶？补之何益？徒失其真，亦妄作之一端已。"）《北京图书馆藏珍本年谱丛刊》第130册519—520页。

生过矛盾。①顾广圻与师友之间的纷争,皆因学术见解不同而致。顾广圻与孙星衍在学术理念、学术追求上的一致性,使他的学术思想、学术实践在孙星衍那里得到了比较完全的理解及最大限度的支持。孙星衍任职山东期间,把江南刻书事宜全权交付顾氏处理;在顾广圻与他人意见出现分歧时,孙星衍往往尊重、践行顾氏主张,这一方面显示了孙星衍对顾广圻学术水平的高度认可,另一方面也体现了孙星衍非同寻常的学术眼光。

孙星衍对顾广圻的尊重还表现在尽量彰显其学术成果上。乾嘉时期,学人游幕之风盛行。在当时风气下,幕僚为幕主所做工作多湮没无闻。相比之下,孙星衍非常尊重顾广圻的贡献,凡是顾氏参与的工作,孙星衍不仅在自己的序跋中予以说明,而且多请顾氏以序跋形式阐述学术观点、记载整理始末。虽然一些具体的校勘工作无法全部体现在序跋中,但顾广圻的贡献在孙星衍处得到了比较充分的展示,这在当时是难能可贵的,也应该是顾广圻感激孙星衍的重要原因。

此外,顾广圻一生为他人校书,经济上困顿拮据,在与孙星衍合作的十余年里,不仅心情愉快,而且生活相对安定。顾广圻在为孙星衍承办刻书事宜的同时,也为张敦仁、胡克家等刻书,孙、张、胡等给顾广圻较丰厚的报酬使其维持生计,此由孙信"每岁与张古余各奉修金百数十两,计可安身"②"再以百廿金为兄校勘润笔"等

---

① 顾广圻《西园感旧图序》云:"洎甲戌、丙子际,同孙观察伯渊先生在扬,踪迹弥稔,戊寅之春,山翁遂见招料理观察遗书残稿,屡移所住,最后即近西园侧之斗母道宫,累数晨夕,明年秋中,事竣而还。其间议论不尽合山翁意指,然山翁仍优容礼貌焉,且比其退,未尝不对西园中诸君称道之,其最难得者有一语,曰:'顾千翁从不欺人。'则诸君每述不置者也,言犹在耳,人竟云亡,是可感也已!"《顾千里集》卷十四,第217页。

② 《孙星衍先生手牍》,《国家图书馆藏钞稿本乾嘉名人别集丛刊》第25册146页。

语可以推断。

正是孙星衍的高度信任,给了顾广圻比较充分的施展个人才华、体现自己学术理念的空间,他把与孙星衍合作的每一个成果都努力做到极致,既保证了孙氏成果的质量,也借助孙星衍很大程度地展现了自己的学术水平,受到了时后人的认可与尊重。

孙星衍两度为官山东,很多成果是在山东完成的,但山东刻书水平较低,其成果如在当地刊刻,质量必然受到影响。孙星衍忙于公务,难以分身,又想提高刊刻质量,由专人负责,将成果转到刻书水平发达的金陵刊行无疑是当时形势下的最好选择。那么,金陵负责校刊之人自然就成为孙氏思想的直接体现者、孙氏成果的最后把关者,关系重大。孙星衍慧眼独具,把这一重任交付给了顾广圻;顾氏不负所托,倾心尽力。二人通力合作,成就了一批高水平的学术成果。他们的合作模式,是乾嘉学术幕府的运作态势之一。

（2）洪颐煊

洪颐煊(1765—1837),字旌贤,号筠轩,晚号倦舫老人,浙江临海人。颐煊少苦志力学,与兄坤煊、弟震煊,读书僧寮,夜每借佛灯,围坐,谈经不辍,终以学名。先是坤煊以诸生负文名,朱筠视学时,坤煊以所拟成公绥《啸赋》得其赏异,拔为选士。至都,馆于筠家。坤煊于乾隆五十七年(1792)壬子科得第,不永年而卒。颐煊、震煊"亦为石君师所识拔"[1]。

洪颐煊又见拔于阮元,并在诂经精舍受到孙星衍契赏。洪颐煊为阮元识拔,当在嘉庆二年(1797)阮元任浙江学政时。《阮元年谱》记载,乾隆六十年(1795)八月二十四日,阮元奉旨调任浙江学政,十一月初六日接印。嘉庆二年正月二十二日始修《经籍籑

---

[1] 《孙渊如先生全集·平津馆文稿·洪筠轩文钞序》,《续修四库全书》第1477册539页。洪氏兄弟与朱珪的交往又见洪颐煊《筠轩文钞》卷八《昆季别传》,《续修四库全书》第1489册638页。

诂》,"是日,至者共二十余人"①。颐煊、震煊兄弟忝列其中。二人负责分纂《释名》《小尔雅》,并参与编韵,学识超迈同侪,有"大小洪"之称。洪氏兄弟与臧庸、丁杰等晨夕辨难,臧庸曾经慨叹:"大洪渊博,小洪精锐。两君之卓识,吾不及也。"②

嘉庆五年(1800),阮元于杭州西湖立诂经精舍,选拔两浙青年才俊教授其中。此前参与编纂《经籍籑诂》的士子有三十三人成为诂经精舍弟子,③颐煊、震煊兄弟名列讲学诸人中:"庚申夏,阮公以少司农抚浙,建诂经精舍,复檄调视学时识拔之士肄业其中,余兄弟与焉。"④

阮元、王昶、孙星衍为诂经精舍诸生讲授经史、小学、天部、地理、算法、词章,相处甚欢。颐煊、震煊以才学得孙星衍赏识:"予主讲浙中,与中丞及王兰泉少寇以古学课诂经精舍诸生,见两洪生撰著古书尤多。"⑤孙星衍又在西湖第一楼撰联,称赞洪氏兄弟"专家绝学通中法,二俊才名过古人"。

洪颐煊好学深思,在诂经精舍期间曾与臧庸、孙星衍等讨论关于汉末大儒许慎栗主的结衔问题。嘉庆五年(1800)六月二日,臧庸撰《汉太尉南阁祭酒考》,认为许慎先辟太尉南阁祭酒,后迁洨

---

① 张鉴等撰,黄爱平点校《阮元年谱》,中华书局 1995 年版,第 16 页。徐雁平认为当时参与编辑《经籍籑诂》的不止二十余人,至少有四十二人。详见《诂经精舍:从阮元到俞樾》,《古典文献研究》(第十辑),第 247 页。

② 《筠轩文钞》卷八《昆季别传》,《续修四库全书》第 1489 册 638 页。

③ 徐雁平云:"除去重复,参与《经籍籑诂》编辑刊刻至少有四十二人。将此四十二人与阮元亲手编订的《诂经精舍文集》目录对照,有三十三人见于文集目录。文集目录所示作者,除阮元、王昶、孙星衍因有示范性的'程作'之外,应都是精舍弟子。"《诂经精舍:从阮元到俞樾》,《古典文献研究》(第十辑),第 247 页。

④ 《筠轩文钞》卷八《昆季别传》,《续修四库全书》第 1489 册 638 页。

⑤ 《孙渊如先生全集·平津馆文稿·洪筠轩文钞序》,《续修四库全书》第 1477 册 539 页。

长,以疾笃未行,遂卒于家。许慎之子许冲上书称父为太尉南阁祭酒,是仍故官之谓,比范晔《后汉书》称洨长为得其实,认为南阁祭酒为太尉府曹高第,非素有德行志节者不充是选,而"洨长官卑,不宜以此盖太尉祭酒"①。孙星衍则认为"太尉官属虽贵,由其自辟除,不及洨长之列朝籍"②,"且许冲上书只言其父病,未必病笃不起,或后为洨长,范史则据终后而言,较可从"③。

洪颐煊在认真查核《后汉书》《汉官旧仪》等相关资料的基础上,充分肯定了孙星衍的意见,认为"许君由孝廉辟太尉南阁祭酒,由祭酒迁洨长"④乃当时旧制,"是洨长尊于太尉官属"⑤,栗主仅题洨长即可。其引《后汉书·西南夷·夜郎传》云桓帝时许慎仍存,进一步证明范晔所记、孙星衍所说确当:"《西南夷·夜郎传》云:'桓帝时,郡人尹珍自以生于荒裔,不知礼义,乃从汝南许慎、应奉授经书、图纬。'案:桓帝嗣位,上距安帝建光元年许冲上《说文》时已二十七年,是时许君犹存,足证冲上书言父病,并非病笃不起,范史书'洨长',据终后而言,先生之说为确不可易。"⑥

洪颐煊的观点最终得到了阮元、臧庸的认同与支持。阮元以洪说为是,云其主可如孙氏所议,以洨长为大衔、太尉南阁祭酒为小衔,题为"汉洨长太尉南阁祭酒许公"。

---

① 《孙渊如先生全集·五松园文稿·许叔重本主结衔议》,《续修四库全书》第 1477 册 483—484 页。

② 《孙渊如先生全集·五松园文稿·许叔重本主结衔议》,《续修四库全书》第 1477 册 484 页。

③ 同上。

④ 《筠轩文钞》卷一《呈孙渊如夫子书》,《续修四库全书》第 1489 册 541 页。

⑤ 《孙渊如先生全集·五松园文稿·许叔重本主结衔议》,《续修四库全书》第 1477 册 484 页。

⑥ 《筠轩文钞》卷一《三呈孙渊如夫子书》,《续修四库全书》第 1489 册 543 页。

由《筠轩文钞》卷一保存的洪颐煊于嘉庆五年(1800)闰四月、五月及嘉庆七年(1802)八月写给孙星衍专门讨论该问题的三封书信,知在这段时间里洪颐煊一直努力探究该问题,其执著求索之精神应当也是他受到阮元、孙星衍等特别器重的重要原因。

嘉庆六年(1801),洪颐煊拔贡生,授广东新兴县知县。后授经于藁城,以所刊文钞寄示孙星衍。孙星衍于嘉庆十一年(1806)六月七日为撰序言:"阅其文,多证明经史之作,与世之浮华佻巧学无所得者殊……无一字背先圣之言,无一言为欺世之学,筠轩兄弟其人也。"①

嘉庆十年(1805),洪颐煊进京参加朝考落第,游山东,在德州使署拜谒恩师孙星衍,从此供职于孙氏幕府长达七年。《筠轩文钞》卷八《昆季别传》云:"及余辛酉拔贡,壬戌入都应朝考,报罢,薄游山东,馆孙渊如观察幕中凡七年。"②期间,师弟相处融洽,成果丰硕。

洪颐煊通经学,善校勘,喜金石,是孙星衍幕府中比较固定的骨干成员,其独立校勘的《穆天子传》《竹书纪年》二书,刊入《平津馆丛书》。

在孙星衍的校书、刻书活动中,洪颐煊贡献很大。他帮助孙氏校勘了《王无功集》《琴操》《汉官旧仪》《汉官仪》《管子》等,又为孙校《牟子》《黄帝龙首经》《洗冤集录》等撰写序跋。孙星衍富藏金石碑版,嘱颐煊为之董理,颐煊因成《平津馆读碑记》八卷。孙星衍还曾有与洪颐煊一起撰写《五经异义补证》的打算。③ 孙星衍

---

① 《孙渊如先生全集·平津馆文稿·洪筠轩文钞序》,《续修四库全书》第1477册539—540页。

② 《筠轩文钞》卷八《昆季别传》,《续修四库全书》第1489册639页。

③ 孙星衍于《洪筠轩文钞序》云:"近馆于安德平津馆,与予商撰《尚书今古文义疏》及校订古书,将为《五经异义补证》。"《孙渊如先生全集·平津馆文稿》,《续修四库全书》第1477册539页。

的名著《尚书今古文注疏》也凝聚了洪颐煊的心血,该书《凡例》云:"此书创始于乾隆甲寅年,至嘉庆乙亥年迄功付刊。中间历官中外,牵于人事,虽手不释卷,惧有遗忘,多藉同人之助。台州洪明经颐煊、文登毕孝廉以田、上元管秀才同助其搜讨,同里臧上舍镛堂、从弟星海助其校雠,应行附录。"①在该书助成诸人中,以洪颐煊居首,足见其功。

孙星衍对洪颐煊的分外器重,还可以从另一件事中看出。嘉庆十三年(1808),在与汪为霖交接督粮道时,孙星衍曾作专札推荐颐煊,赞赏之情溢于言表:

  德州书院院长洪筠轩,系石君中堂及门,前托邱方伯荐来,弟在浙时与芸台中丞最为赏识之士。德州书院修脯有限,洪筠轩在弟署办理校订之事,既省供膳,又加资助,是以在此。明岁之局,弟已为定夺,修金亦有借支,似不便更易,恐省城谋馆者多,祈阁下关照。筠轩学问甚好,留在此间,如阁下将来有修志等事,亦为得人,是以奉属。②

但要厘清洪颐煊究竟为孙星衍做了哪些具体工作,因文献阙如,已经很难做出全面考查,从洪颐煊《读书丛录》中大约可以看到其为《平津馆鉴藏记书籍》所做的部分贡献,详见"孙星衍的目录版本学"部分"洪颐煊与《平津馆鉴藏记书籍》"一节。

(3) 严可均

孙星衍与严可均(1762—1843)的合作约始于嘉庆十年(1805),直到嘉庆二十三年(1818)孙氏去世。期间,主客志趣投

---

① 《尚书今古文注疏凡例》,第3页。
② 《孙星衍遗文续补·与汪春田书十四》,《书目季刊》第四十八卷第一期(2014年6月),第77页。

合,严可均有诗云:"年来王粲尚依刘,主客平津气味投。"①严可均为孙星衍所做贡献主要表现在:参与了宋小字本《说文解字》的校勘,补充编次了《孔子集语》并为撰序,与孙星衍及弟星衡一起撰辑《全上古三代秦汉三国六朝文》,与孙星衍同辑《三礼图》《谥法》,为孙星衍所藏金石碑版编撰了《平津馆金石萃编》等。严可均父其焜卒,孙星衍为撰墓志。孙星衍去世后,严可均辑其杂文未刊者编为《冶城山馆遗稿》,毁于火。② 此仅就《说文校议》《说文翼》《全上古三代秦汉三国六朝文》《北堂书钞》的校勘及流向等与孙星衍的关系略作阐述。

《说文校议》三十卷,据群经义疏、诸史、诸子、《文选注》《字林》《玉篇》《韵会》《集韵》《广韵》《汗简》《一切经音义》《六书故》《五音韵谱》《五经文字》《九经字样》《经典释文》《艺文类聚》《太平御览》《初学记》《通典》《事类赋注》《古唐类范》等书所引《说文》,参互考订,欲复许氏之旧。对孙星衍与这部书的关系,严可均在《自叙》与《后叙》中作了特别交代。其于嘉庆十一年(1806)八月二十四日所撰《自叙》中云:

  嘉庆初,姚氏文田与余同治《说文》而勤于予,己未后予

---

① 《铁桥漫稿》卷二《秋怀八首九日通州同继观察作》,《续修四库全书》第 1488 册 647 页。

② 按:《孙渊如先生年谱》于嘉庆二十三年云:"二月,严孝廉辑君杂文之未刊者为《冶城山馆遗稿》。"第 119 册 510 页。王重民《辑孙渊如外集序》云:"严可均《答徐星伯书》(《铁桥漫稿》卷三)称所编有《孙渊如外集》五卷,当即《年谱》所称《冶城山馆遗稿》。朱记荣《国朝未刊遗书志略》有严可均编《渊如外集》五卷,郑文焯《南献遗征》有《渊如文集》五卷,并是一书。朱氏记云:'铁桥先生编辑校定之书,不下数十种,闻前年南浔蒋氏不戒于火,所藏铁桥诸稿本都已被毁,未审外间存有传录本否? 今询之藏书家亦未有见者,恐铁桥所辑先生遗文已为六丁取去,惜哉!"《清代诗文集汇编》第 436 册 359 页。

勤于姚氏,合两人所得,益遍索异同,为《说文长编》,亦谓之《类考》,有天文算术类、地理类、草木鸟兽虫鱼类、《说文》引群书类、群书引《说文》类,积四十五册。又辑钟鼎拓本为《说文翼》十五篇,将校定《说文》,撰为《疏义》。至乙丑秋,属稿未半,孙氏星衍欲先睹为快,乃撮举大略,就毛氏汲古阁初印本别为《校议》三十篇,专正徐铉之失,其诸训诂、形声、名物、象数,旁稽互证,详于《疏义》中,不遍及也。①

嘉庆二十三年(1818),严可均在所撰《后叙》中云:

> 嘉庆丙寅冬,余为《说文校议》成,质之孙氏。孙氏缮写一本,复择其尤要者,为余手写一本,加以商订。阅二年,又取余底稿,手写一本,亟欲为余付梓。余以底稿未定,应补改者尚多,且意见不能全合,故力阻之。②

由以上两叙知,这部肆力十年(嘉庆初至嘉庆十一年)完成的《说文校议》包含了姚文田、严可均二人的成果。严氏的做法是先为长编,因按类编排,又称"类考"。嘉庆十年(1805)秋,长编工作尚未完成一半,孙星衍欲先睹为快,严氏撮举大要,别为《校议》三十篇,专门纠正徐铉本的错误三千四百四十条,于嘉庆十一年(1806)完成,质之星衍。星衍手写一本,择其要者加以商订,又于两年之后取严氏底稿拟为付梓。严可均以底稿未定,更因二人意见不能尽合而力阻此事。因此,这部书孙星衍生前看到并曾经提出一些具体意见是毋庸置疑的,③但孙氏应该没有从事具体工作,故嘉庆二十三年(1818)正月孙星衍去世,六月严可均撰此《后

---

① 桂文灿《经学博采录》卷十,《续修四库全书》第179册83页。
② 《经学博采录》卷十,《续修四库全书》第179册83页。
③ 《铁桥漫稿》卷三《答徐星伯同年书》中有:"《说文校议》三十卷,可均撰。先是为《说文》长编以撰《疏义》,草创未半,孙氏星衍劝先作提纲,遂为《校议》三十篇,半年而竣,姚氏文田之说亦在其中,而《疏义》至今未成。"《续修四库全书》第1488册660页。

叙》,如实记载了事情始末,特别强调"皆纪实也"①。

孙星衍应该参与了《说文翼》的校定工作。《历代钟鼎彝器款识法帖》二十卷中有孙氏手跋,曰:"曾与严孝廉约为《说文翼》一书,依许氏字例,采集钟鼎、古篆,条举件系,而说其六义,以明先秦三代绝学。"②此虽仅为筹划,然体例、范围已趋成熟,终成之书即依此而撰。《孙渊如先生年谱》于嘉庆十四年(1809)云星衍"又采钟鼎文字为《说文翼》,至是手为校定"③。

《续修四库全书总目提要》于《孙渊如年谱》二卷条也提到《说文翼》著作权的归属问题——因提要作者确在南海盛氏家见到孙氏稿本,故据《年谱》所言执该书成于孙星衍说:

> 所撰辑书甚多,晚年颇得顾广圻、严可均之助,《谱》俱明著之。据《谱》,尝采钟鼎文字为《说文翼》,至五十七岁始校定,无与严可均事。而《式训堂丛书》目有《说文翼》一种,题严可均撰,但书未刊成,学者颇惑。余十余年前,曾于南海盛氏见《说文翼》稿本,确题孙星衍撰,乃知《谱》不误也。④

雷梦水云曾见《说文解字翼》原稿本一部,题"孙星衍撰",又见清稿本一部,为严可均撰,推断该书或为孙、严两家同撰。其《古书经眼录》中有《说文解字翼》十五卷,云:

> 清阳湖孙星衍撰。原稿本。黑格版心刊单鱼尾,下刊《说文翼》三字。每卷第一页第二行题:"赐进士及第授通奉大夫。山东督粮道署布政使加四级孙星衍"等二十五字;首有《说文翼》初稿二册,叙目一册等十一字;隶书题签;每卷末尾

---

① 《经学博采录》卷十,《续修四库全书》第179册83页。
② 缪荃孙《艺风藏书记》卷五"《历代钟鼎彝器款识法帖》二十卷"条,上海古籍出版社2007年版《中国历代书目题跋丛书》(第二辑),第98页。
③ 《孙渊如先生年谱》,《北京图书馆藏珍本年谱丛刊》第119册503页。
④ 《续修四库全书总目提要(稿本)》,第14册481页。

有"嘉庆戊辰年某月某日校阅于某河舟次"等朱笔题字。……卷十四末尾题:"戊辰岁四月十一日舟泊河西务校完,次此书增入说文重文与所载同者,次嘉庆戊辰年三月十一日阅于东光舟次,微雨新霁,天时复寒。"①

雷氏按语云:

《书目答问》载为清乌程严可均撰。姚氏咫进斋刊本未竣工。曩时曾见此书清稿一部,为严氏撰,原装二册,书签上端钤有"铁桥"二字朱印一方。此书于严氏一字不题,该书或为孙、严二家同撰者。②

国家图书馆藏《说文解字翼》仅存一至七卷,封面题"说文翼初稿本上册",卷一题"说文解字翼弟一　大清举人严可均记",卷二至卷七题"大清举人严可均记赐进士及第授通奉大夫山东督粮道署布政使加四级孙星衍校定",内封面"说文解字翼十四篇叙目篇"下有"严可均印""铁桥"二印。

对比《古书经眼录》著录本与国图藏本,可以发现:《古书经眼录》著录本题款为"赐进士及第授通奉大夫山东督粮道署布政使加四级孙星衍",并未注明著述性质;卷末识语均云"校",而非撰。国图本则于每卷首皆标"大清举人严可均记",自卷二以下于"大清举人严可均记"后云"赐进士及第授通奉大夫山东督粮道署布政使加四级孙星衍校定",明确指出孙星衍所做工作的性质是"校定"。

严可均一生为谋生计,辗转为他人幕客,学术成果难以获得著作权,这种处境使他格外珍视自己的独立著述。他在与友人的书信及相关序跋中往往对自己与他人的成果界定明确,既不去抹杀他人贡献,也不愿湮没自己的心血,如他在《答徐星伯同年书》中

---

① 雷梦水《古书经眼录》,齐鲁书社1984年版,第22—23页。
② 《古书经眼录》,第23页。

逐一记录了自己的学术成果,对与孙星衍合作的成果有明确说明；①他在《说文校议叙》中对利用了姚文田的成果也坦然交代,而在《说文声类》后叙中彰显张惠言在通转之例上对自己的启发之功:"而余书通转之例,实由张氏一语发之,存余书所以存张氏也。"②《说文声类》完成时,张氏已卒,严可均并未因此湮没张氏贡献,体现了他不掠人之美的一贯风格。由此可见,严可均在学术成果的界定上是比较严谨求是的。因此,笔者认为由国图所藏之《说文解字翼》看,该书由严氏完成、孙星衍参与校定似较合事实。

嘉庆时孙星衍、严可均、彭兆荪、李兆洛均从事过《全上古三代秦汉三国六朝文》的纂辑工作,最终成于严氏之手。

《孙渊如先生年谱》于嘉庆二十一年(1816)记载:"二月,与严孝廉及弟星衡撰辑《全上古三代秦汉三国六朝文》。"③俞正燮《癸巳存稿》卷十二《全三古至隋文目录不全本识语》云:"此嘉庆乙亥以前《全三古周秦八代文目录》也,实阳湖孙渊如观察之力,时歙鲍氏欲为刊于扬州而不果。"④"鲍氏"为鲍崇城,嘉庆年间于扬州所刻《太平御览》,名扬后世。

彭兆荪辑《全上古三代文》八卷《先秦文》一卷《南北朝文钞》

---

① 按:严可均《铁桥漫稿》卷三《答徐星伯同年书》中记载了自己的独立成果及与孙星衍合作之成果:《三礼图》三卷,孙星衍与严可均同辑。《谥法》三卷,孙星衍与严可均同辑。《孔子集语》十七卷,孙星衍与严可均同撰。《孙渊如外集》五卷,可均编。《平津馆金石萃编》二十四卷《续编》四卷《二续》二卷《三续》一卷,可均撰,并云"《三续》皆新收拓本,未编定"。《续修四库全书》第1488册659—661页。

② 严可均《说文声类》后叙,凤凰出版社2005年版《清经解·清经解续编》第10册1951页。

③ 《孙渊如先生年谱》,《北京图书馆藏珍本年谱丛刊》第119册508—509页。

④ 俞正燮《癸巳存稿》卷十二《全三古至隋文目录不全本识语》,《续修四库全书》第1160册136页。

二卷,体例与严可均不同。叶景葵《卷庵书跋·全上古三代秦汉三国六朝文》云:

> 思简楼文氏遗书,有独山莫氏旧藏钞本《全上古三代文》八卷,附《先秦文》一卷,封面有彭甘亭印,初以为传钞严本,阅其凡例,与严不同。携归细读,知非严辑。又检对甘亭字迹,知系彭氏手稿。目录凡例,与辑文之大部分,皆甘亭手书眉端,校注亦同。盖辑成后陆续增入者,校语引阮刻《钟鼎款识》,孙刻《续古文苑》,新刻《韩非子》等书,吴山尊本《韩子》刻于嘉庆廿三年。是此稿在仁宗末年,尚锲而不舍,至宣宗改元即逝世。甘亭曾辑《南北朝文钞》,吴江徐山民刻之。《先秦文》以后或尚有《汉晋文》之辑。其作始当在《全唐文》开馆之初,动机与严相同。惟严辑盛行于数十年之后,而彭辑湮没无闻。绎其凡例,取材亦主谨严,而与严稍有歧异。如严不采屈原而彭以《楚辞》为王逸所集,与专家不同,故与宋玉并取之。其博稽群籍,订正异同,不如严之精密。一因考讹捃逸,严有专长,二因严之成书致力二十七年之久,而彭则未经写定,遽弃人间,诚有幸有不幸矣。①

蒋彤《清李申耆先生兆洛年谱》云鲍崇城曾请李兆洛辑《八代全文》,拟续成孙、严未竟之业:

> (道光)二年壬午先生年五十有四,在扬州,馆鲍氏,颇有园亭之胜,为搜集八代全文,上自汉魏,下迄于隋。当嘉庆甲戌、乙亥间,扬州盐政阿公校刊《全唐文》,孙观察星衍预其事。观察旋与弟星衡、严孝廉可均撰集是书而未竟业。鲍氏

---

① 叶景葵《卷庵书跋》,上海古籍出版社2006年版,《中国历代书目题跋丛书》(第二辑),第175—176页。

意欲缮完进呈,故以属诸先生。①

对诸人之间的承继关系,杜师泽逊先生曾予详考,认为:严可均辑《全上古三代秦汉三国六朝文》,始于嘉庆十三年《全唐文》开馆时,意欲以所辑与《全唐文》相接。先与孙星衍、孙星衡有过合作,"孙、严曾屡有合作。因严氏地位低,往往是孙氏谋划,而严氏操作。此《全上古三代秦汉三国六朝文》亦当如是"②。嘉庆十九年《全唐文》完成,二十年刊刻略毕,鲍氏欲以淮盐余力刊刻《全上古三代秦汉三国六朝文》而未果,杜师分析:"余谓原因在于当时参与其事者系若干人,而严氏出力最多,以严氏之地位,恐列名不能居前,各方未能达成妥协,因而作罢。"③

嘉庆二十年(1815),严氏所辑仅汉至隋文。彭兆荪受孙星衍之托辑《全上古三代文》八卷附《先秦文》一卷。因欲刊未果,彭、严稿本各自携归。严氏又肆力十八年,最终完成。正是此书纂辑过程复杂,严可均故在《全上古三代秦汉三国六朝文总叙》中特别强调:"是编创始于嘉庆十三年,时初开《全唐文》馆。馆臣以唐碑或有王侍郎昶《金石萃编》所未载者,属为广辑。既录本呈馆,遂并录唐已前文。逾七八年,积稿等身者再,省并复重,得厚寸许者百余册。一手校雠,不假众力。无因袭,无重出。各篇之末注明见某书某卷,或再见、数十见,亦皆注明,以待覆检。"④此云"一手校雠,不假众力,无因袭,无重出",当因担忧著作权出现纷争而做出的特别强调。

杜师认为:

---

① 蒋彤编《清李申耆先生兆洛年谱》,台湾商务印书馆1981年版,《新编中国名人年谱集成》第十五辑第83—84页。
② 杜师泽逊先生《文献学概要》,中华书局2011年版,第297—298页。
③ 《文献学概要》,第298页。
④ 《铁桥漫稿》,《续修四库全书》第1489册21页。

李兆洛和彭甘亭的成果,严氏应当未有利用。孙星衍与严氏虽有过合作,但孙氏实际操作工夫必然不大,他们的合作仍以严氏为主要操作者,因为俞正燮从李兆洛处所见目录出自严氏之手。但如果说孙星衍与这部书无关,恐怕难以交待。《癸巳存稿》、《李申耆年谱》、《孙渊如先生年谱》的记录不应出于向壁虚造。不过就纂辑过程来看,全书基本出于严可均一人之手应当是无疑问的。俞正燮说"实阳湖孙渊如观察之力",与事实亦不符,应是夸大了孙星衍的作用。①

前已言及,严可均在自己与他人学术成果的界定上是比较严格、客观的,他对倾注了二十余年心力的《全上古三代秦汉三国六朝文》的记载应该是可信的,杜师的推断符合实际。

严可均还参与了孙星衍组织的《北堂书钞》的校勘工作,并为追踪下落不明的孙氏校本做出了贡献。

《北堂书钞》一百六十卷,自宋代已珍秘之。《四库全书》所收为明陈禹谟刻本,陈本妄自增删,讹谬尤甚。嘉庆六年(1801)四月,孙星衍以重金购得元末明初陶宗仪影宋抄本《北堂书钞》,视为镇库之宝:"四库书未收得此本,但存陈禹谟本。此本讹舛,俟手校一过,抄存佳本,汇以进呈。或募好事刊刻,务须宝之。"

鉴于陈禹谟本破坏了原书面貌,孙星衍约同王引之、严可均、顾广圻、王石华、洪颐煊、钱东垣等先后雠校,以期刊行。诸人校勘时间,可据识语判定:

卷八末云:"嘉庆辛酉年端阳日,以陈禹谟本校于金陵寓舍。陈本于不能明处即加删落,知其所据本不通如是。古人引经书文字与今本不同,未可依其本改正,恐古本自殊非讹错也。今更正灼然讹舛之字,疑者旁注,余则存疑,不能尽用陈本。五松居士书。"辛酉为嘉庆六年。

---

① 《文献学概要》,第298页。

卷十六末云:"端阳日校。"

卷二十四末云:"辛酉年五月六日校。"

卷三十六末云:"五月初十日校在金陵五松书屋。"

卷三十八末云:"嘉庆六年五月十二日读在金陵五松书屋。古人操行如此,愧不能及,庶益勉之,读至此勿以为类书獭祭也。星衍书。"

卷四十四末云:"嘉庆六年五月十四日校于金陵。"

卷首云:"嘉庆七年正二月,又属王石华兄手校一过。春分后一日星衍记于五松书屋。"

据以上识语知,孙星衍等校勘《北堂书钞》始于嘉庆六年(1801)五月初五,止于嘉庆七年(1802)正二月间,历时十月左右。期间诸人分工合作,有初校,有复校,力求精善。

《北堂书钞》自宋绝无善本,严可均称为"世间难校之书,此为第一",当时诸人立志校勘,但苦于资金不继未竟其业:"仅二十许页而辍业。胡砚农助刻赀二百金,云将续寄四百金,渊如属余校刻。余竭八九月之力,校刻卷百三十二起至卷百六十止。砚农刻赀杳不续寄,余遂辍业。"①

---

① 《铁桥漫稿》卷八《书北堂书钞原本后》,《续修四库全书》第1489册48页。按:胡砚农即胡稷,庐江人。叶德辉《书林清话》卷八"唐宋人类书刻本"对清代《北堂书钞》的刊刻历程有简略梳理:"孙星衍又得明陶九成钞本,属严铁桥孝廉可均校勘,仅刻陈本窜改太甚者,凡卷一至卷二十六,又卷一百二十二至卷一百六十,共五十五卷。盖《书钞》首尾诸卷,其残缺为尤甚也。然孙虽属严校勘,终其剞劂之资,出之庐江胡氏,故每卷末有督理江西通省盐法道兼管瑞袁临等处地方庐江胡稷以影宋本校刊字一行,又有乌程严可均分校一行。(张文襄《书目答问》,有校明初写本《北堂书钞》五十五卷,云严可均校四录堂本,罕见。德辉按:张目以此本属之严氏四录堂,似未知此书为胡氏校刻,严只在校人之列也。)大约功未及完,版亦涣散。光绪己丑,归安姚觐元以活字排印七十余卷,印未竣而姚亦殁。盖此六十年间,两刻而两未成矣。今陶钞原本,为南海孔广陶所藏。孔于光绪戊子付刊,但校者非专门,以校语夹杂注(转下页)

《北堂书钞》集体校勘中辍后,孙星衍深感遗憾,于嘉庆十一年(1806)六到八月、嘉庆十四年(1809)六月末又尽一己之力比较集中地校阅过此书。①

　　严可均也曾努力校阅,卷一百三十九末云:"嘉庆二十年十一月初六日校此卷起,至十七日校讫。每日黎明即起,至二鼓或三鼓就睡,穷十二日之力,始得清本一卷。呜呼,难矣! 乌程严可均记。"

　　孙星衍组织众人校勘此书时,广集异本,"是时汉魏晋佚书辑本及章凤枝佚书辑本,汇聚渊如所者,不下七八百种"②,已经具备了比较充分的校勘条件,仅因资金不继而中辍,令人惋惜。严可均直到晚年仍然慨叹:"假余两年之力,庶可蒇事,而限于赀斧,未获竣功。今余老且病,诸辑本皆不在手,难复为力。虽得竹庵藏本,徒庋高阁饱蠹鱼耳。沉思往事,为之太息。"③

　　更加遗憾的是,诸人校勘稿本下落不明。道光五年(1825),钱塘朱世杰(竹庵)以重价购得明初写本《北堂书钞》。九年(1829),赠严可均。可均以与朱氏素无厚交,偿以原值。朱世杰所赠严氏本中卷七录有严跋一条,可均深感困惑,其校语本在孙星衍校本中,不知朱世杰本如何得见? 因孙星衍去世后藏书散出,严可均揣测孙本《北堂书钞》当流入钱塘,本欲询问朱世杰,但想到

(接上页)中,阅之令人目炫,是则不过存其书而已。"叶德辉《书林清话》附《书林余话》,岳麓书社1999年版,第179—180页。

①　此由以下识语可知：孙星衍于卷四十四末云"丙寅六月晦",卷七十八末云"丙寅八月阅",卷五十二末云"丙寅八月晦",卷五十七、卷一百五十五末云"丙寅八月晦日",卷一百二十六、一百六十末云"丙寅八月晦日阅",又于卷十七末云"己巳年六月朔日又阅",卷十九末云"己巳年六月朔日",卷二十四末云"己巳年六月朔日校",卷三十六、卷四十四末均云"己巳年六月朔日阅"。

②　《铁桥漫稿》卷八《书北堂书钞原本后》,《续修四库全书》第1489册48页。

③　同上。

孙星衍"物聚必散,得古书画不过加收藏名印耳"①等达观之语而作罢。此本目录前有"宋湘""芷湾"名号两印,卷一百六十末又有"宋湘印芷湾",知曾经宋湘收藏。宋湘(1756—1826),字焕襄,号芷湾,广东嘉应人,嘉庆四年(1799)进士,《清史列传》有传。嘉庆八年(1803)春,宋湘曾与严可均相遇于广州。可均云其"不知何处何时得此本而复失之"②。该本辗转至常熟,落入书贾顾荣昌手。顾荣昌复售于朱世杰,朱世杰转赠严可均。严氏感慨:"二三十年间三易主矣。"③

道光九年(1829)九月,严可均在睦州,又从书贾处见一《北堂书钞》写本,卷七亦采其校语。问书贾,支吾不肯言。又过五年,复寓广润寺,书估始吐其实。原来孙星衍校本为何元锡所得,元锡弃世后,其子贫困,于道光十三年(1833)冬售于秀水令陈征芝,征芝为福建人,罢官后入闽,书亦随入闽境。书贾手中写本亦为何元锡家所钞。

严可均在《书北堂书钞原本后》将《北堂书钞》的版本流传、孙星衍等人的校勘经过、孙校本的流向等交代得很清楚,从中可以得知孙星衍、严可均等为这部书所做的贡献。

孙校本后为周星诒重金购得,周颜其藏书处曰"书钞阁"。光绪中,南海孔广陶辗转借得,影写一部,复与林国赓等续校。光绪十四年(1888)付梓刊行。该本今藏国家图书馆,云"明抄本20册,12行18字,蓝格,蓝口,四周双边。孙星衍、严可均、周星诒校并跋,王石华、洪颐煊、王引之、钱东垣、顾广圻、谭仪校,傅以礼跋,

---

① 《铁桥漫稿》卷八《书北堂书钞原本后》,《续修四库全书》第1489册48页。

② 《铁桥漫稿》卷八《书北堂书钞原本后》,《续修四库全书》第1489册49页。

③ 同上。

戴望、谭仪、叶昌炽、邓邦述题款"。以上所录识语等未标出处者即出此本。

至此，由孙星衍肇其端，至孔广陶总其成，历经半个多世纪的努力，凝聚了十几位专家心血的《北堂书钞》才有了一个接近于原貌的传本。

(4) 毕以田

毕以田(1757—1836)，一作以珣、以恬，后改名亨，字恬溪。因爱即墨崂山九水幽胜，号九水先生。毕以田知孙星衍当较早。武亿在写给孙星衍的书信中说毕以田曾在他面前称扬孙星衍："比文登毕君与某初相识，即道足下淹通绝伦。"①毕以田与武亿相识时间虽难确考，但不会晚于武亿写此信的乾隆五十一年(1786)。前举武亿《与孙渊如一》云"去岁阅毕恬溪《尔雅》本，载有阁下断句与旧读异者，今漫不复记忆"②，据此知，毕以田至少在乾隆五十年(1785)已经采纳了孙星衍成果。

嘉庆元年(1796)，孙星衍权山东按察使，以敦劝古学为己任，常亲自出题课试诸生，"以观风尚，识拔高才生，士林向慕"③。以才学著名当地的文登秀才毕以田、济宁秀才王宗敬等皆为识拔。孙星衍尤其欣赏毕以田，延入幕府，助其校辑群书，至嘉庆二十三年(1818)去世。其间，毕以田受到孙星衍奖掖的同时，也为孙氏诸书的校刻、辑佚、注释等做出了很大贡献。

嘉庆元年(1796)，毕以田参与了《元和郡县图志》的校刊，孙《序》云："嘉庆元年正月朔校刊此书，至五月五日毕工，与校者毕

---

① 《授堂文钞·致孙伯渊二》，《续修四库全书》第 1466 册 167 页。
② 《授堂文钞·与孙渊如一》，《续修四库全书》第 1466 册 167 页。
③ 《孙渊如先生年谱》，《北京图书馆藏珍本年谱丛刊》第 119 册 477 页。

孝廉以田、钱文学镛也。"①

嘉庆二年(1797),孙星衍与吴人骥同校《孙子十家注》,毕以田为作《孙子叙录》一卷,刊入《岱南阁丛书》。

嘉庆三年(1798),孙星衍完成《周易集解》。该书的纂辑得益于毕以田、周俊、牛钧及其子廉夫的帮助,以毕氏出力最多:"此书之成,左右采获,东海毕征君以田之力为多。"②

乾嘉时期,《韩非子》一书讹舛殊甚,孙星衍曾于京师得见宋本,并嘱毕以田校出一部。嘉庆五年(1800),孙星衍向顾广圻语及此事,顾氏曾拟借观校勘。③

嘉庆六年(1801),初彭龄任安徽巡抚,孙星衍致书建议其重纂《安徽通志》,并增补、完善顾炎武未竟之《天下郡国利病书》,特别举荐毕以田董理方志纂修事宜:"《安徽通志》年久未修,原本亦未为典要。得名儒驻节,政成多暇,或可商榷兴修。招集毕恬溪诸人董理其事,亦为盛举。"④

嘉庆十二年(1807),久困场屋的毕以田再次参加山东乡试,所作对策深得主考姚文田赏识,中举。孙星衍欣喜异常,作《宾兴得士》诗专记此事。诗前小序云:"丁卯科乡试得士有文登毕君(以田),经学无双。毕故与予旧交,负重名,久困场屋,姚殿撰(文田)以

---

① 孙星衍《元和郡县图志序》,《丛书集成初编》第3084册2页。
② 孙星衍《周易集解·周易集解序并注》,成都古籍书店1988年影印商务印书馆排印《国学基本丛书》本,第15页。
③ 顾广圻著,黄明标点《思适斋书跋》卷三"《韩非子》二十卷"云:"《韩子》讹舛殊甚,宋本弗得一见……庚申九月,闻孙渊如观察云曾见宋本于京师,属毕君以恬校出一部,拟从借观焉。"上海古籍出版社2007年版《中国历代书目题跋丛书》第二辑,第54页。
④ 《孙渊如先生全集·平津馆文稿·呈安徽初抚部书》,《续修四库全书》第1477册518页。

对策赏拔之。予时权藩,主鹿鸣之宴,以为佳话。"①

毕以田会试屡不第,道光六年(1826)才以大挑授江西安义县知县。因此,嘉庆十二年之后,毕以田仍助孙星衍校刊古籍,撰述《尚书今古文注疏》。

嘉庆十五年(1810),毕以田自东昌来为孙父祝寿,见到了时在孙氏幕府的臧庸、管同,性情相契,"为平津馆一时佳话"②。

毕以田以经学著,尤长于《书》,见解多精审,孙星衍《尚书今古文注疏》的完成多得其力:"台州洪明经颐煊、文登毕孝廉以田、上元管秀才同助其搜讨"③,"庄进士述祖、毕孝廉以田,解经又多有心得"④。

杨以增《九水山房文存·叙》云毕以田为孙氏所做贡献:

  阳湖孙渊如观察以巍科涖东土,叠摄藩臬事,擅博雅名,为先生举主,然折节下交,久而益敬。观察每有所疑,必质之先生。先生就其手稿涂抹,或至不可辨。及观察汇梓所纂丛书,凡先生所乙改,悉仍之,不易一字。说者谓观察《易》《书》二经疏义精当处,多本先生说,匪直《孙子叙录》一卷为先生所撰也。⑤

毕以田《九水山房文存》中有《送孙渊如观察南归序》一篇,写于嘉庆三年(1798)九月孙星衍丁母忧离鲁南归之时。《序》中记载自己追随孙星衍三年的所见所闻,表彰孙氏学行,以矫传闻失实,真诚质朴,信实可据。此当为关于孙星衍最早的传记材料。

---

 ① 《芳茂山人诗录》,《丛书集成初编》第 2320 册 112 页。
 ② 《孙渊如先生年谱》,《北京图书馆藏珍本年谱丛刊》第 119 册 506 页。
 ③ 《尚书今古文注疏凡例》,第 3 页。
 ④ 《尚书今古文注疏序》,第 3 页。
 ⑤ 毕以田《九水山房文存》杨以增叙,《山东文献集成》第四辑第 29 册 450 页。

（5）臧庸

臧庸（1767—1811）为清初大儒臧琳玄孙，本名镛堂，字在东。与弟礼堂俱事钱塘卢文弨。臧庸沉默朴厚，学术精审。续其高祖将绝之学，拟《经义杂记》为《拜经日记》八卷，为高邮王念孙称誉。又著《拜经文集》四卷、《月令杂说》一卷、《乐记》二十三篇《注》一卷、《孝经考异》一卷、《子夏易传》一卷、《诗考异》四卷、《韩诗遗说》二卷《订讹》一卷，校郑康成《易注》二卷。臧庸由刘台拱引荐，获交阮元，得其赏识，其后多馆于阮氏节署，助其纂辑《经籍籑诂》《十三经校勘记》等。嘉庆十六年（1811），卒，年四十五。

嘉庆五年（1800），孙星衍主讲诂经精舍，对臧庸的学识才干当极为欣赏。十一月，委托臧庸采集相关人物的事状、墓志铭、家传等，以备《经学渊源录》之采择。臧庸《拜经堂文集》中为庄存与所写《小传》及为卢文弨所撰《行状》当为《经学渊源录》而作。他在庄存与《小传》中简述了撰写起因、过程及目的："近者孙伯渊观察撰辑《经学渊源录》，属庸堂征采事状，因从公子孙索志铭、家传等勿得，得其家《行述》，于是撰掇其学行大略，著《小传》，以俟观察裁录焉。"①就我们今天看到的孙星衍著述，未见有《经学渊源录》成书。但据此条记载知早在江藩《国朝汉学师承记》、桂文灿《经学博采录》之前，孙星衍已经着手采集、梳理、撰述一部关于清代经学传衍及经学家事迹、撰述的著作了。

此后，臧庸大部分时间追随阮元，也为孙星衍做过一些校勘工作。比如嘉庆十五年（1810）五月，臧庸参加顺天乡试路过山东，拟拜谒孙星衍。因孙氏四月督运北上，五月望前回署，臧庸在德州节署等候、逗留月余，与校《管子》。臧庸对《管子》的雠校很是用心，期盼入都应考能够如愿，回来继续从事《管子》的校勘工作。

---

① 臧庸《拜经堂文集》卷五《礼部侍郎少宗伯庄公小传》，《续修四库全书》第1491册600页。

其《拜经堂文集》卷三有《与孙渊如观察论校管子书》:"《管子》多三代遗文,然错误难读,仅成绝学。怀祖先生所校,颇析窔奥,深中窾要,悦服之至。余校亦多善者。庸久欲为此未果,今既在此伫候旌节,因取手校原书,句栉字比……庸不召不敢至,暑气渐逼,入都之念颇切,盼望荣旋后即起身,而犹缕缕于《管子》者,庸虽处困阨不敢废业耳。"①此信写于嘉庆十五年(庚午)仲夏,当为臧庸在孙氏节署等其督运归来而书。孙星衍回署后与洪颐煊、臧庸等同校《管子》,拟刊行流布。② 孙星衍还以所撰《皋陶谟义疏》嘱臧庸校订。庸跋其后云:"此篇以《史记》参定古今文,诠'夔曰'为'夔于是',及引《说文》颛即领颔之类,说极精,宜早成全书,以惠来学。"③孙星衍疑《皋陶谟》"挞以记之"以下,至"敢不敬应"七十四字,《史记》不载,马、郑逸注亦不见有此七十四字注语,因断此非《尚书》本文,疑出伪孔所增。臧庸撰《皋陶谟增句疏证》,证成其说,条举件系,自信不诬。惟阮元、陈寿祺来书咸辨其非。④ 孙星衍又托臧庸覆勘自己撰辑的《史记天官书考证》,臧庸作了一些补续工作。臧庸则嘱孙星衍为弟礼堂《爱日庐遗文》作序。臧庸与星衍族弟星海还为《尚书今古文注疏》做了校勘工作,孙氏《凡例》因云:"同里臧上舍镛堂、从弟星海助其校雠,应行附录。"⑤

---

① 《拜经堂文集》卷三《与孙渊如观察论校管子书》,《续修四库全书》第1491册561页。

② 《孙渊如先生年谱》云:"四月督运北上","五月望前回署,适同里臧文学庸应顺天试,过安德谒君,下榻逾月,与君及洪君同校《管子》。此书多古文古义,世鲜通者,将刊以传之"。《北京图书馆藏珍本年谱丛刊》第119册505页。

③ 《孙渊如先生年谱》,《北京图书馆藏珍本年谱丛刊》第119册505—506页。

④ 陈鸿森《臧庸年谱》,广西师范大学出版社2007年版,《中国经学》第二辑,第302页。

⑤ 《尚书今古文注疏凡例》,第3页。

该年六月,臧庸又有《与孙渊如观察书》,寄其父厚庵《墓志》及家传,似为备《经学渊源录》采择所用。该月又作《纂十三经集解凡例》,篇题下云"庚午季夏代",陈鸿森先生云:"疑为孙星衍代撰。时孙氏拟纂《十三经佚注》,臧君代拟条例,《集解》盖别其名。"①

由以上记载,大约可以考见臧庸与孙星衍的关系及为孙氏所做贡献。

(6) 李贻德

李贻德(1783—1832),字次白,嘉兴人。贻德拜谒孙星衍的时间,文献记载不一。《清史列传》云:"年二十六,谒星衍于江宁,事以师礼。"②贻德二十六岁为嘉庆十三年(1808)。刘毓崧《李次白先生春秋左氏传贾服注辑述后序》则云:"甲戌、乙亥间谒孙渊如通奉于江宁,事以师礼。"③甲戌、乙亥为嘉庆十九(1814)、二十年(1815)。刘毓崧的判断依据有二:一为李贻德《揽青阁诗钞》卷下有《孙渊如夫子五亩园落成恭赋》,云:"多感师门怜立雪,入园先许醉颜酡。"贻德自注:"甲戌腊月二十七日,师招陶山、曼迦诸君子宴集园亭,德亦与焉,时园未落成。"④此为嘉庆十九年事,此前未见有与孙星衍交往之记载。二为《揽青阁诗钞》卷下又有《腊月十九日为苏文忠公生日同人集五亩园作会即用集中游蒋山韵题渊如师〈山馆乐神图〉后序》,此为嘉庆二十年事。《孙渊如先生年谱》于嘉庆二十年云:"十二月十九日,集金陵诗人于五亩园,为东坡生日悬画象致祭。君为诗以纪其事,即用东坡登蒋山韵。与会者二十一人,皆有诗。"⑤知贻德为与会二十一人之一。据此知刘

---

① 《臧庸年谱》,《中国经学》第二辑,第 303 页。
② 《清史列传》,第 5556 页。
③ 刘毓崧《通义堂文集》卷四,《续修四库全书》第 1546 册 340 页。
④ 同上。
⑤ 《孙渊如先生年谱》,《北京图书馆藏珍本年谱丛刊》第 119 册 508 页。

毓崧的记载比较可信,即孙、李结识于嘉庆十九年李贻德三十二岁时。此时孙星衍侨居金陵,贻德投诗百韵,得星衍赞赏,与言上下古今,穷昼夜不息,盖贻德邃于经史,尤善小学,故与星衍相得甚欢。

贻德博闻强识,"尝征事云出某书第几卷第几叶,覆视之不少爽"①,故为孙星衍倚重。星衍晚年体衰多病,所著书多贻德为助。孙氏拟辑汉魏之说经者为《十三经佚注》,命同志诸人分任其事,贻德为撰《周礼剩义》。其采录《左传》贾、服注亦始于此,终成《春秋左传贾服注辑述》二十卷。该书援引广博,字比句栉,于义有未安者,加以驳难,较马宗琏辑本详核,是研究《左传》贾逵、服虔注最重要的辑本。《春秋左传贾服注辑述》引孙说称为"孙先生",引洪说称为"洪氏",盖有受业、不受业之别。

嘉庆二十三年(1818),李贻德参加乡试,对策为浙士之冠,深受主考官王引之器重,考中举人,可惜孙星衍已于该年正月去世,未能听到贻德科场折桂之佳音。

道光十二年(1832),贻德卒于京师,享年五十岁。《雪桥诗话》云贻德丰颐便腹,"学无不综,若易家飞伏消息及谶纬遁甲诸五行杂占,皆洞彻。著有左传贾服注辑述,较马鲁陈辑本为详。其十七史考异及姓氏诸书未刊。"②贻德自著另有《望春庐词》《诗考异》《诗经名物考》等,身后遗稿尽失,今惟存《揽青阁诗钞》二卷。

(7)俞正燮

俞正燮(1775—1840),字理初,黟县人,道光元年(1821)举

---

① 《雪桥诗话三集》卷十云李贻德"尝馆硖川蒋氏。蒋富藏书,尽发其箧读之。继又馆金陵王氏。时孙季逑亦侨寓金陵,天彝投以诗百韵,亟延入,与上下古今。佐渊如成周礼剩义、左传集解。尝征事,云出某书第几卷第几叶,覆视之不少爽。"第445—446页。

② 《雪桥诗话三集》卷十,第446页。

人。正燮博闻强识,过目不忘,尝置巨册数十,分题疏记,日积月累,排比为文,断以己意。王藻为刻十五卷,名曰《癸巳类稿》,又有《癸巳存稿》十五卷、《癸巳剩稿》一卷。

俞正燮与孙星衍相交约始于嘉庆九年(1804)。此时正燮风华正茂,负才学至兖州拜谒孙星衍。当时孙星衍申请设立伏博士的奏请已于嘉庆七年(1802)通过,而立郑博士却格于部议,孙星衍为此继续努力,并访求左氏后裔。这一想法得到山东学政刘凤诰(嘉庆六年至嘉庆九年在任)支持。刘凤诰希望上奏朝廷,将左丘明与伏、郑一起置立博士。① 俞正燮抵兖,受孙星衍委托爬梳文献,为左氏立学提供证据。他撰写了《左丘明子孙姓氏论》《左山考》《左墓考》《申襟难篇》等,考证了左丘明姓氏、里籍、墓地、后裔等,孙星衍多采其文,以折众论。正燮因此声名鹊起。②

俞正燮在孙星衍幕府的最大贡献是撰写了《古天文说》二十卷,虽未刊行,但有多处文献记载。《孙渊如先生年谱》云嘉庆十一年"十一月,同俞君正燮撰《古天文说》,成。"③ 严可均《铁桥漫稿》卷三《上提学陈硕士同年书》云:"理初于书无所不览,尝在孙

---

① 钱泳《履园丛话》"渊如观察"条云:"又以先儒伏生、郑康成有功圣学,直在唐宋诸儒之上,请立博士,俾膺承袭,上之抚部。其后刘学使凤诰,又以邱氏为左邱明后,与伏、郑并置博士,俱奉部驳,未得行。"《续修四库全书》第1139册94页。

② 《清史稿·文苑三》记载此事云:"年二十余,北走兖州谒孙星衍。时星衍为伏生建立博士,复访求左氏后裔。正燮因作《邱明子孙姓氏论》、《左山考》,星衍多据以折衷群议,由是名大起。"第13422—13423页。张穆《癸巳存稿序》记载更详:"理初方年二十余,负其所业,北谒孙渊如观察于兖州。时观察既为伏生建立博士,复求左氏后裔。理初因作《左丘明子孙姓氏论》《左山考》《左墓考》《申襟难篇》,观察多采其文,以折众论。"《续修四库全书》第1159册608页。

③ 《孙渊如先生年谱》,《北京图书馆藏珍本年谱丛刊》第119册497页。

渊翁德州司漕署为《古天文说》廿卷。"①叶名澧《桥西杂记·癸巳存稿》云:"理初丈昔为孙渊如粮储星衍撰《古天文说》二十卷,又为问经堂孙氏辑纬书,皆未刊行。"②由《铁桥漫稿》《桥西杂志》的记载知《古天文说》的完成实出俞氏之手。

俞正燮在孙星衍幕府的时间应该不长,嘉庆十六年(1811)孙星衍解甲归田后已不见有俞氏参与其学术活动的记录。孙星衍对俞正燮的器重远不及顾广圻、洪颐煊、毕以田、李贻德等,《俞理初先生年谱》云:"孙渊如矜赏先生之学,不能如程春海、祁春甫两公,故《书伏墓考证后》称为贵官。"③孙、俞关系不够亲近的主要原因当是学术观念的差异,张穆所谓"故其议论学术与观察恒相出入也"④,这一点在校勘学上表现得尤为突出。孙星衍认同顾广圻存真、存古的做法,俞正燮则对顾氏颇有微词,俞氏因此失去了此后与孙星衍合作的机会:"后辛未孙氏解组,卜居白门冶城山馆,招顾千里氏校刻各书(见《思适斋集》卷十二《严小秋词序》),门无先生辙迹。而顾氏校勘之业,先生亦有微词:'近人刻书,喜仿旧本,存其误字,而后载校勘语以为古雅,而旧本不误之字,仿本多转写致误,是未能仿旧而反诬旧本也。自汉至唐,校书者盖不如是,难与迂拘而嚚讼者道也。'(《存稿》卷十二《校文选李注识语》)又《类稿》卷七《引书字说》'何焯校《文选》,删'庶士有揭'。胡克家刻《文选》,疑王府有,则以此悟注书当有法,校书当深思也。'则尤明

---

① 《铁桥漫稿》卷三《上提学陈硕士同年书》,《续修四库全书》第1488册658页。

② 叶名沣《桥西杂记》,《续修四库全书》第1181册55页。按:问经堂孙氏指孙冯翼。

③ 王立中编,蔡元培补订《俞理初先生年谱》,《北京图书馆藏珍本年谱丛刊》第134册592页。

④ 张穆《癸巳存稿序》,《续修四库全书》第1159册608页。

白规正顾氏矣。"①

俞正燮在孙星衍幕府的时间虽然不长,却极大地提升了他的学术声誉,进一步坚定了他陈古刺今的学术志向,使他最终成为嘉道时期的重要学者。

除以上人员外,邵秉华、牛钧及其子廉夫、管同、钱镛等也都曾供职于孙氏幕府。

邵秉华是邵晋涵之子。嘉庆十二年(1807)冬,来到孙星衍安德使署,孙示以甫成之《平津馆文稿》,邵秉华为作《平津馆文稿书后》,称"皆考正经义之文,确有依据,不为凿空之谈"②。邵秉华还参与了《渚宫旧事》的校注、补遗工作。孙星衍《校补渚宫旧事序》述其始末云:

> 乾隆五十年,纪相国昀等奉敕校定,为《补遗》一卷于后,录入《四库全书》,外间不得尽睹其本。嘉庆庚午岁,余官山东督粮道。暇日细绎是书,病其未载出典,因倩邵君秉华遍检子书史传,逐条校注明悉,尚有数条不知所出,又增纪相国《补遗》未备之条存之筐中,俟阅五年矣。顷归金陵,出此书以质邱南屏太守树棠及唐陶山太守仲冕,两君皆楚人,好古敦素,所至有善政,既不为操切之治,得有燕闲,流览古书,谓此书足备乡郡故实,亟宜付梓。因分俸逾镒,属校订写刊。复与两君是正讹舛,又不啻数十处,仍其篇次,略可观览。③

牛钧为滋阳学者牛运震之子。孙星衍曾得牛运震《金石图》,思慕其人,而牛氏已于乾隆二十三年(1758)捐馆。嘉庆元年

---

① 《俞理初先生年谱》,《北京图书馆藏珍本年谱丛刊》第 134 册 592—593 页。

② 《孙渊如先生全集》,《续修四库全书》第 1477 册第 509 页。

③ 孙星衍《校补渚宫旧事序》,《平津馆丛书》第 3143—3144 页。

(1796),牛钧以诸生礼拜谒孙星衍,请为父运震撰写墓表。时任山东布政使的荆道乾因曾受业于牛运震也一同恳请,孙星衍因撰《清故赐进士出身荐举博学宏词平番县知县牛君墓表》。此后牛钧及其长子廉夫为孙氏校辑群书,尤以对《周易口诀义》的校勘及《周易集解》的辑佚贡献最大。孙星衍《周易口诀义序》云:"东海毕孝廉以田、瑕邱牛征君钧皆好学之士,助予校勘,遂以成书。"①在《周易集解序》中也明确说明该书是在毕以田、周俊、牛钧及其子廉夫的帮助下完成的,以毕氏之功最巨。嘉庆十三年(1808)正月,汪为霖简放兖州知府,孙星衍曾致札请其礼遇牛钧:"兖州牛空山先生名运震,文章政事皆可敬。其子名钧,闭户课子,弟曾欲保其孝廉方正,未就,历任太尊皆知其人。如谒见,当蒙青目。"②

管同是姚鼐高足,善属文,有经世志。道光五年(1825),乡试式,著《因寄轩集》,年四十七卒。管同校勘《龙经》,苦无善本,最终利用明万历四十年(1612)吴位中刊本和孙星衍家藏宋本实现了夙愿:"予访求二十年,获见明万历壬子婺源吴位中刊本,又于孙渊如督粮家假得所藏宋刻本,详校一过,始复其旧。"③

管同也是《尚书今古文注疏》的重要参与者。《孙渊如先生年谱》记载,嘉庆十五年(1810),孙星衍"又偕管君同采辑周秦两汉旧义为《尚书义疏稿》"④。《尚书今古文注疏凡例》云:"台州洪明

---

① 孙星衍《周易口诀义序》,《丛书集成初编》第 390 册 1 页。
② 《孙星衍遗文续补·与汪春田书一》,《书目季刊》第四十八卷第一期(2014 年 6 月),第 72 页。
③ 管同《因寄轩文二集》卷二《龙经序》,《续修四库全书》第 1504 册 471 页。
④ 《孙渊如先生年谱》,《北京图书馆藏珍本年谱丛刊》第 119 册 506 页。

经颐煊、文登毕孝廉以田、上元管秀才同助其搜讨。"①

嘉庆二十年(1815),孙星衍把业已完成的《尚书今古文注疏》寄示管同,管同给予高度评价:"承惠书并《尚书注疏》,数月始读毕。其大要在备列古义,而于其说之不安者,复辨正而无曲徇之谬,斯固旧疏所无而亦惠、王诸君之所莫及已。至其发明,实多人意所不到,读之跃喜。"②

管同认为孙星衍以《金縢》"秋大熟"下为《亳姑》逸文,"此真卓见"③。他对《洪范》"惟辟作福"至"民用僭忒"与上文不协提出质疑:"《洪范》三德之章,自'一曰正直'至'高明柔克',其义止矣,而其下忽缀以'惟辟作福'至'民用僭忒'之辞,于'三德'何相关涉?"④认为《洪范》"'惟辟作福'至'民用僭忒'"乃上"皇极"章文旧本,在"无偏无颇"之上,是编书者因错乱而入了"三德"章。⑤ 其说可备一家之言。

以上所述仅为孙星衍一生所交师友之最要者。他如赵翼、严长明、吴骞、翁方纲、秦瀛、黄易、钱坫、吴锡麒、庄述祖、孔广森、杨芳灿、王芑孙、石韫玉、邢澍、钮树玉、孙冯翼、黄丕烈、张问陶、彭兆荪、马瑞辰等,也与孙星衍交往密切。从孙星衍与诸家的学术交往及他们对具体问题的探讨中,可以透视乾嘉时期的学术风尚以及乾嘉学派的关注热点、研究方法、治学态度。

(三)孙星衍的主要著述

孙星衍一生勤奋不辍,著述宏富。他的著作广涉著、编、辑、

---

① 《尚书今古文注疏凡例》,第3页。
② 《因寄轩文初集》卷六《答孙渊如观察书》,《续修四库全书》第1504册436页。
③ 同上。
④ 同上。
⑤ 同上。

校、补各种体式,涵盖经史子集四部内容,几乎囊括了乾嘉学派涉足的各个领域,且在多个领域都产出了一些标志性成果。孙星衍以其广博的研究范围、典型的乾嘉学派的研究方法、卓著的代表当时水平的研究成果,奠定了其在乾嘉时期的学术地位,成为乾嘉学派的中坚人物。此分撰著、辑佚、校勘三类对其主要著述略作介绍,以已刊者为主,兼及未刊、未成之作。对相关章节有专题论述的《孙氏祠堂书目》《平津馆鉴藏记书籍》《廉石居藏书记》《平津馆鉴藏书画记》及孙修诸方志,此不赘述。对所撰《尚书今古文注疏》《京畿金石考》《泰山石刻记》《寰宇访碑录》及所辑《周易集解》等,此仅作简要概述,详细内容见后文相关部分。

1. 撰著

(1)《尚书今古文注疏》三十卷,孙星衍撰。

首为孙星衍《尚书今古文注疏序》,次为《尚书今古文注疏凡例》,次为正文注疏二十九卷,末第三十卷为书序。

孙氏《凡例》云该书创作始末:"此书创始于乾隆甲寅年,至嘉庆乙亥年迄功付刊。"①甲寅为乾隆五十九年(1794),乙亥为嘉庆二十年(1815),历时二十年完成。

孙云注疏之因:"《书》有孔氏颖达《正义》,复又作疏者,以孔氏用梅赜书杂于廿九篇,析乱《书序》,以冠各篇之首,又作《伪传》而舍古说。钦奉高宗纯皇帝鉴定四库书,采梅赜、阎若璩之议,以梅氏书为非真古文,则《书》疏之不能已于复作也。"②知为剔除伪古文、摒弃伪孔传、还原《书序》原貌而作。

该书兼疏今古文,注取五家三科之说,疏取唐前故训及时人之说,不采宋人之论,以博稽慎择、不逞私臆著称,被认为是清中叶《尚书》学的集大成之作。详见"孙星衍的代表作《尚书今古文注

---

① 《尚书今古文注疏凡例》,第3页。
② 《尚书今古文注疏序》,第1页。

疏》"部分。

（2）《春秋集证》二十九册,孙星衍撰。

《清代毗陵书目》云:"稿本在武昌徐恕处,此书未刊,邑人无知之者。"①今藏湖北省图书馆,笔者尚未寓目。《春秋集证》一名《春秋长编》,孙星衍在与友朋书札及所作序跋中曾多次提及。如与梁玉绳札言:"《古今人表》一加考证,尤足嘉惠来学。弟见辑《春秋长编》一书,资于此书不少也。"②嘉庆二十一年（1816）十二月初一日,孙星衍作《顾秀野纪恩册跋》,表达了进呈《春秋长编》《孔子集语》等书的愿望:"星衍曾撰《春秋长编》并《孔子集语》等数种,拟呈乙览,屡未果行。异时恭缮成帙,或值圣驾南巡,负谒道旁,得蒙睿赏,亦微臣仰报知遇之一端,庶比之前辈,自解虚生之愧耳。"③嘉庆二十二年（1817）在给陈十峰的信中说自己为肝疾所苦,恐不久留人世,牵挂《春秋长编》等未刊之书:"尚有未刻之书,如《春秋长编》、《古天文说》、《天官书考证》、《续金石萃编》,留俟后之知音者代为筹刊矣。"④

由刘毓崧《春秋集证跋》知,该书乃网罗诸子百家所载三《传》所阙之春秋事迹编纂而成,其做法是仅采事迹而不录议论,认为事迹彰显则褒贬自明。李贻德《春秋左传贾服注辑述》卷六僖四年传"昔召康公"条及卷十六昭九年传"辰在子卯"条,并引"孙先生疏证"云云,此"疏证"当即《春秋集证》。知贻德不惟目见此书,且曾引孙说。

---

① 张惟骧纂《清代毗陵书目》卷一,常州旅沪同乡会1944年版,第22页。
② 《孙星衍遗文再续补·与梁曜北书》,《中国典籍与文化论丛》第15辑,第262页。梁玉绳有《古今人表考》九卷。
③ 《孙星衍遗文再续补》,《中国典籍与文化论丛》第15辑,第260页。
④ 《孙星衍遗文再续补·与陈十峰书》,《中国典籍与文化论丛》第15辑,第268页。

该书孙星衍生前未及刊刻,稿本外流。咸丰十年(1860)闰三月,刘毓崧寓居东台,见书贾携此书求售。书未署撰人姓名,自隐公至庄公共抄本四册,书贾云自闵公以下尚有二十五册。毓崧虽因价昂未购,但亲翻检其书,定为星衍稿本。

又据毓崧所检,该书前四册末皆书"辛未五月某日邵子峰初校"①。辛未为嘉庆十六年(1811)。该年七月孙星衍自德州引疾归金陵,知前四册当成于山东督粮道任上。自五册以下究竟写定于辛未以前还是以后、其他二十五册内是否另有出自星衍之手的确证及末册是否有星衍旧跋,毓崧云未见稿本,难以臆测。②

(3)《魏三体石经遗字考》一卷,孙星衍撰。

今存魏三体石经遗字,为宋仁宗皇祐五年(1053)苏望摹刻故相王文康家拓本,得古文三百七十,篆文二百十七,隶书二百九十五,凡八百十九字,中有一字而三体不具者。苏望以为都是《左传》遗字,题《石经遗字》。洪适载入《隶续》,名《魏三体石经左传遗字》。

孙星衍研究《隶续》,发现苏望、洪适所存的三体石经八百十九字,包含《尚书》《春秋》及《左传》文字,错乱无序,遂逐一厘正,分别归置到《尚书》的《大诰》《吕刑》《文侯之命》,《春秋》的桓、庄、宣、襄经及桓公传中。得《大诰》一百十五字,《吕刑》七十七字,《文侯之命》一百零四字,《左传》桓公经一百二十六字、传三十四字,庄公经五字,宣公经一百八十五字,襄公经一百七十三字。

孙星衍采取先分经再分篇的做法,将经传文遗字按序排列,并为排好的遗字逐条标出所在之句。如《尚书大诰》"翼以于"三字

---

① 《通义堂文集》卷四《春秋集证跋》,《续修四库全书》第 1546 册 339 页。

② 按:刘毓崧论《春秋集证》事参其《通义堂文集》卷四《春秋集证跋》《李次白先生春秋左氏传贾服注辑述后序》,《续修四库全书》第 1546 册 339—341 页。

连排,云出"予翼以于"①句。同篇"天"字单排,云出"天降割于我家不少"②句。

对错入他经的文字予以调整并注明,如于《尚书大诰》"粤"下云:"此字错入左氏庄公经。"③于同篇"予"下先纠错乱,复标所出之句:"此字错入左氏庄公经'予惟往求朕攸济'。"④对个别难以确定出处者则云"未详此字"。

孙星衍又以许慎《说文解字》、郭忠恕《汗简》、夏竦《古文四声韵》为主要参照,研究《隶续》所载三体石经文字,对于以上诸书字形不同者予以标注,如"受命"二字,云出"敷前人受命"句,又引《汗简》字形,以示差异。

孙星衍也指出了其他字书的一些错误,如《尚书大诰》"克绥",云出"克绥受兹命"句,复引《隶续》之"克",认为错误,"今订正";又标举了《汗简》两个"克"字之异形。⑤

《魏三体石经遗字考》是第一部对魏三体石经遗字进行董理、考释的著作,在文字、金石学史上功不可没。后来冯登府的《魏石经考异》一卷《拾遗》一卷,旨在存与孙书未尽合者,⑥其后来居上者可补孙书之阙误。

(4)《建立伏博士始末》二卷,孙星衍撰。

卷上为请立伏博士诸公牍,包含请寻伏生嫡裔、请为修葺祠

---

① 《魏三体石经遗字考》,《平津馆丛书》第 887 页。
② 同上。
③ 同上。
④ 《魏三体石经遗字考》,《平津馆丛书》第 886 页。
⑤ 《魏三体石经遗字考》,《平津馆丛书》第 890—891 页。
⑥ 按:冯登府《魏石经考异》分"《尚书》"、"《左传》"、"《汗简》所收魏石经遗字"三部分,其云著述之旨:"孙渊如前辈分别《尚书》《春秋》文各厘而正之,究其未尽合者,故仍照原文,謺为校证以存之。"《清经解·清经解续编》第 8 册 10975 页。

墓、设奉祀生、立五经博士等内容,旨在表彰、弘扬伏生传经之功。卷下为祠墓、世系、艺文、《汉书·儒林》本传、伏氏世系谱序、伏生墓考证、伏氏世袭博士记等,旨在搜讨、详考伏生远事。

嘉庆十一年(1806),孙星衍撰《建立伏博士始末序》,明其倡导始末及伏、郑传经之功云:

>伏博士之建立,发端于星衍而成于抚部和宁公、吴方伯俊、刘学使凤诰者也。星衍以嘉庆元年权臬使在历下,欲奏请建立伏博士,或言故相某擅权,方废两司,专达旧章,言之事必不成,乃具稿移呈学政,而属邹平故李令琼林,访求伏氏嫡裔,资给之,使读书。越七年,竟得入告,奉俞旨,准以伏生六十五代孙敬祖世袭五经博士。夫孔子微言大义,七十子得其传,有汉诸儒授其学。伏生传书二十九篇,其功尤在绝续之际,壁藏其文而口授其义,使五帝三王之训典不坠于地,自非后世诸儒说经立行、列身两庑者可比。……时为郑康成并请建立博士,奉部驳,以毛氏诗、戴氏礼等不便一体建立为词,不知郑氏于《易》《书》《诗》、三礼、三传皆有注义,独集经学之大成,跻之身通六艺之儒,过无不及。顷又具稿会议,邱方伯庭滕再请大府上闻。星衍将以明春亲访邹平伏征君墓,会商当道,修理祠庙,刻石书事,以垂永久。①

(5)《京畿金石考》二卷,孙星衍撰。

孙星衍为官京师时,以"京畿为四方之枢极,访古之所必至,而方志俱无金石一门。于奕正以宛平人作《天下金石志》,所载北直一省,犹多漏略"②,故于公务之余,寻求古迹,最终据家藏直隶石刻及宋人金石诸书编成《京畿金石考》上下两卷。

---

① 孙星衍《建立伏博士始末序》,《平津馆丛书》第1297—1299页。
② 《京畿金石考序》,《续修四库全书》第906册187页。

卷上为顺天府,分大兴、宛平、良乡、固安、永清、东安、香河、通州、三河、武清、宝坻、宁河、昌平州、顺义、密云、怀柔、涿州、房山、霸州、文安、大城、保定、蓟州、平谷等二十四州县;卷下为正定府,分正定、获鹿、井陉、阜平、栾城、行唐、灵寿、平山、元氏、赞皇、晋州、无极、藁城、新乐等十四州县。每县按石刻年代排列,收录范围自汉迄元。

该书搜辑丰富,超越前贤。潘景郑《著砚楼书跋》云:"孙渊如先生《京畿金石考》一书,出于耳目所及,故搜罗至为丰富,京畿石墨渊薮,经先生爬罗剔抉,创获益新。"①

(6)《泰山石刻记》一卷,孙星衍编。

卷首有孙氏自记,卷内按时代编排,记历朝石刻自秦《始皇二世颂德文》起,至清乾隆二十八年(1763)《重建泰山书院记》止,著录秦刻二种、汉刻一种、北齐二种、唐刻十八种、后梁二种、后唐一种、后晋五种、宋刻四十七种、金刻十二种、元刻三十六种、明刻三百七十二种、清刻一百二十一种,合计六百二十九种。后附所考遗迹五十九处。该书对历代帝王封禅、摩崖纪功、文人学士游览题记等存佚并收,是研究泰山及山东金石文献的重要资料。稿本存南京图书馆,2000年收入北京图书馆出版社所编《历代石刻史料汇编》中。

(14)《寰宇访碑录》十二卷,孙星衍、邢澍撰。

该书著录自周至元全国各地碑刻瓦当八千余种,按时代编排,卷一周,卷二前秦,卷三卷四唐,卷五后梁,卷六北宋,卷七卷八北宋,卷九南宋,卷十辽,卷十一、十二元。每卷内部按碑刻年代排列,每碑著录碑名、撰者、书体、立石时间、藏地等,以宏富著称。陆心源云"集天下之碑而为书","至国朝王述庵《金石粹编》而益

---

① 潘景郑《著砚楼书跋·旧钞本京畿金石考》,上海古籍出版社2006年版,《中国历代书目题跋丛书》(第二辑),第150页。

富";"集天下之碑而为目","至孙渊如《寰宇访碑录》而益富"①。

(7)《史记天官书考证》十卷,孙星衍撰辑,臧庸续辑。

乾隆五十二年(1787),孙星衍考中进士后供职翰林院,奉敕校理文源阁秘书,得见唐宋以来罕传写本《开元占经》一百二十卷。该书引黄帝诸家之占,孙星衍疏记其足以证发史迁者,为《天官书考》二卷。录黄帝、巫咸、甘石三家星名为史迁所缺载、足征晋隋二《志》所本者为《天官书补》一卷,合为三卷。《孙渊如先生年谱》于嘉庆十五年(1810)云《天官考证》本星衍手自撰辑,前岁由臧庸续成,该年嘱其覆勘。《清代毗陵书目》注云:"是书孙星衍撰辑,臧庸续成之,原稿旧藏吴襄勤处。"②《江苏艺文志·常州卷》"孙星衍"条著录《史记天官书考证》十卷,云孙星衍辑,臧庸续辑。

(8)《天官书补目》一卷,孙星衍撰。

《天官书补目》当即《天官书补》,是清代补史志中较好的一种。孙星衍鉴于黄帝、巫咸、甘石所载恒星名数多出天官书、天文志之外,而其书皆在先秦,《晋书》《隋书》二书之《天文志》所载星名多于《史记》《汉书》,而三家星无复区别,故于退食之暇,游心观象,"慨中法之不行,念掌故之久缺,因为《天官书补目》一卷,纪其增多《史记》《汉书》星名,大凡二百余坐,分注黄帝及三家所有星名星数,三家星止分中官、外官,旧书位次不可考,天官书则分五官,即以三家星依五官连属之星分为五部,后之志天文

---

① 陆心源《仪顾堂集》卷五《二铭书屋碑目序》云:"集天下之碑而为书,始于晋陈缌之《杂碑》,而梁元帝《碑英》、宋次道《宝刻丛章》、王顺伯《复斋碑录》、洪景庐《隶释》《隶续》继之,至国朝王述庵《金石粹编》而益富。集天下之碑而为目,始于赵明诚《诸道石刻目录》,而郑夹漈《金石略》、陈思《宝刻丛编》、王象之《舆地碑目》继之,至孙渊如《寰宇访碑录》而益富。"《续修四库全书》第1560册421页。

② 《清代毗陵书目》卷二,第1页。

者,庶有择焉"①。

(9)《钞本汉魏六朝帝王灾异考》无卷数,孙星衍撰。

国家图书馆藏本,无钞者及抄写时间,题"帝王灾异考　阳湖孙星衍著"。按类编排,分"天雨血""日斗""日中黑子""六月黑子""六月陨霜""儿在腹有声""牛作人言""日夜出""天雨木水""天雨冰""枉矢""桑生忽长""山鸣""天雨肉"等若干类。每类抄撮正史帝王本纪及《五行志》《通志》《通鉴纂要》《汲冢纪年》《广博物志》《搜神记》《集异记》《尚书中候》《洪范传》《白孔六帖》等而成,旨在以灾异言政事,仅示一例。如"无云而雷"条云:

   汉成帝元延元年夏四月丁酉,无云而雷,有声震动(《汉书》本纪)。后汉献帝初平三年夏五月丙申,无云雷振(《后汉·五行志》)。隋文帝开皇二十年春二月丁丑,无云而雷(《隋》本纪)。晋惠帝太安二年八月庚午,云全无雷声大震(《晋纪》)。晋孝武帝太元十五年三月己酉朔,东北有雷声如鼓。按:刘向说以为雷当托于云,犹君托于臣。无云而雷,此君不恤下、民将畔之象也。及帝崩而天下渐乱,孙恩桓玄交陵京邑(《宋志》)。

由此条可见,孙星衍集自汉至隋诸史关于"无云而雷"之记载,意欲阐明"无云而雷,此君不恤下、民将畔之象"的道理,是以天象附会人事,预测吉凶,是天人感应说的延续。

(10)《问字堂集》六卷、《岱南阁集》二卷、《嘉谷堂集》一卷、《五松园文稿》一卷、《平津馆文稿》二卷、《芳茂山人诗录》九卷,孙星衍撰。

以上六种为孙星衍不同时期自撰诗文集,汇为《孙渊如先生全集》。《平津馆文稿·自序》对诸集撰写时间有大体说明:

   始官比部时,在都集十余年前旧作,刊为《问字堂稿》。

---

① 《史记天官书补目》孙星衍《序》,《丛书集成初编》第1309册2页。

及监司东鲁、权臬历下，又汇诸作为《岱南阁稿》。负米江浙时侨居金陵，园有古松，因命其文为《五松书屋稿》。再官东省，复整新旧诸文，续刊为《平津馆稿》，其已刊石及附刊各书序跋，世人多见之，不复录入。①

孙氏文集以考据、序跋、书札、传记为主。其中大量的考据文，体现了乾嘉学派的治学方法。如《太阴考》《月太岁旬中太岁考》《毕原毕陌考》《昭陵陪葬名位考书醴泉县志后》《帝尧皋陶稽古论》《伏羲陵考》《汤陵考》《太甲陵考》《祥禫不同月辨》《尚书错简考》《天文辨惑论》《斗建中星论》《容作圣论》《伏生不肯口授尚书论》《虞书五服五章今文论》《礼器龙衮玄衣解》《唐虞象刑论》《周书罪不相及论》《分淮注江论》《俊乂在官解》《武王从谏还师论》《用国考》《孔子题吴季子墓字考》《夏正加时考》《公羊以春王为文王解》《周公不诛管蔡论》《践奄异说》等，考证精审，足以传信后学。

诸书序跋如《校定神农本草经序》《晏子春秋序》《墨子后序》《孙子略解序》《文子序》《邠州志序》《元和郡县图志序》《李子法经序》《仓颉篇集本序》《太白阴经跋》《乾象通鉴跋》《淳化阁帖跋》等以缕述原委、精详博衍、考据详洽著。

师友书札如《答袁简斋前辈书》《与段太令（若膺）书》《答江处士（声）书论中星古今不异》《答钱少詹师书论上元本星度》《再答钱少詹书》等，借之可窥时人论学风尚。

人物传记有《杨光先传》《武亿传》《汪中传》《章宗源传》《书阿文成公遗事》《江南道监察御史孙君志祖传》《江孝廉声传》《济南府知府补员外郎徐君大榕传》等二十多篇，乃孙星衍为其推崇的学者和循吏而作，详述其事迹，褒扬其品学，情感真挚，资料可靠。

---

① 《孙渊如先生全集·平津馆文稿》，《续修四库全书》第 1477 册 508 页。

《芳茂山人诗录》九卷含《澄清堂稿》上下、《澄清堂续稿》一卷、《济上停云集》一卷、《租船咏史集》一卷、《冶城絜养集》上下、《冶城遗集》一卷、《冶城集补遗》一卷，收录孙星衍各时期诗作六百余首。这些诗歌不仅呈现了孙星衍前后诗风的变化，而且如实记载了孙星衍的生活、思想、交游情况，具有重要的史料价值。

(11)《孙渊如外集》五卷附骈文一卷，孙星衍撰，王重民辑。

《孙渊如外集》五卷收文九十篇，王重民《辑孙渊如外集序》对其收集原因、来源述之颇详：

余爱先生考据文字，而群书序跋，穷源竟委，尤为特嗜。见有为集内所遗者，辄别纸录之。岁月浸久，所得渐多。嗣闻清华大学购杭县杨氏书，有孙渊如杂文四册。……内有文十三篇，均刊本所无，为可宝也。又从《昭代经师手简》录得书六篇，《说文谐声补逸》录得书二篇，《醴泉县志》录得书一篇，《宋元旧本书经眼录》《艺风堂藏书记》《寒瘦山房鬻存善本书目录》得序跋四篇，朱笥河、赵瓯北、洪北江全集录得铭状四篇，《续历城县志》录得跋文一篇，《韩城县志》录得颂一篇，此外序跋各从原书辑录，共九十一篇，仍厘为五卷。①

卷一为考据文七篇：《孔子诛少正卯论》《论祥禫》《康诰父兄罚无赦议》《汤都考》《文王受命称王考》《竹书纪年考》《济上三陵考(并序)》。

卷二、三、四为孙星衍所写序跋六十四篇，中有刻入《岱南阁丛书》《平津馆丛书》的序跋四十篇，如《周易集解序》《周易口诀义序》《尚书逸文序》《古文尚书马郑注序》《重刊春秋释例序》《夏小正序》《重刊宋本说文序》《古史考序》《素女方序》《制大黄丸方序》等，也有孙星衍为两部丛书之外的其他刻书撰写的序

---

① 王重民《辑孙渊如外集序》，《清代诗文集汇编》第 436 册 359—360 页。按：王重民先生所辑实为九十篇。

跋,如《重刻景定建康志序》《重刊景定建康志后序》《重刊云间志序》《平津馆鉴藏记序》《燕丹子序》等,《春秋分记序》则是为平津馆钞本《春秋分记》所作序言。另有孙星衍为自己及他人撰、校之书撰写的序跋,如《五经异义驳义及郑学四种序》《释地补注后序》《又后序》《说文正字序》《汉魏音序》《重集世本序》《山海经新校正序》《校正太白阴经序》《仪郑堂遗文序》《乾象通鉴跋》《历代钟鼎彝器款识法贴跋》《墨子经说篇跋》《明钞本北堂书钞跋》《天文释义跋》《张乖崖集跋》《钱坫篆书庾开府行两山吹台山望美人山三铭跋》《题严忍公先生手书诫子卷后》《问经草堂图序》等。

卷五为孙星衍写给毕沅、王念孙、王引之、宋保等人的书信十封,给洪亮吉、赵翼、朱筠、王采薇写的传记五篇,又有《凫山谒太昊陵记》《曹南嘉谷记》《单父塞河碑铭》《韩城县厅事颂(并序)》四篇。这些文章,既体现了孙星衍的治学方法、研究水平,亦彰显了他的学术倾向、思想见解。相关内容散入正文。

孙星衍骈文精丽,见重于时,王重民辑得一卷,含《上孔子集语表》《仓颉篇初辑本序》《补三国疆域志后序》《关中金石记跋》《平津馆丛书序》《大清防护昭陵之碑》《国子监生洪先生暨妻蒋氏合葬圹志》《祭钱大令文》《国子监生赵君妻金氏诔》《洪节母诔》十篇。其内容、风格见"十一、孙星衍的骈文成就"部分。

(12)《孙渊如先生文补遗》一卷,孙星衍撰,王欣夫辑。

王欣夫跋《孙渊如文补遗》云孙星衍"著述甚多,随时付刊,有《问字堂》《岱南阁》《五松园》《嘉谷堂》《平津馆》诸集,然据《平津馆文稿自序》'其已刊石及附刊各书序跋,世人多见之,不复录入'云云,则是未入集者尚多,本非出于删弃,故严铁桥有《外集》之编,惜已不传。"[①]王欣夫深嗜孙文,每见集外佚篇,辄手录之,积久

---

① 《孙渊如先生文补遗》,《清代诗文集汇编》第436册429页。

成帙，取王重民辑本未录者二十二篇为《补遗》一卷，以序跋为主，篇目如下：《谢文节公琴铭通韵辨》《尚书隶古定释文序》《泰山志序》《南岳总胜集序》《颜鲁公文集序》《经史管窥序》《周坛山石刻跋》《汉石经残字跋》《汉朱伯灵碑跋》《宋刻本颜氏家训跋》《宋刻残本刘子新论跋》《梁高僧传跋》《开元占经跋》《景宋钞本三历撮要跋》《文子跋》《太上黄庭内景玉经外景玉经内景五脏六腑图说跋》《明刻本黄庭内外景经注解跋》《松崖笔记九曜斋笔记跋》《宋苏文忠公诗帖跋》《汉长乐未央瓦砚铭》《太保文华殿大学士前两江总督尹文端公传》《太子太傅东阁大学士前江苏巡抚陈文恭公传》。

（13）《孙星衍遗文拾补》二卷，孙星衍撰，陈鸿森辑，《书目季刊》第四十五卷第三期，2011年12月。

此为陈鸿森先生披览群籍所得，采孙氏别集及《孙渊如外集》《孙渊如先生文补遗》之外遗文六十五篇，厘为上下两卷。卷上收文三十七篇，卷下二十八篇。卷下皆录自陈宗彝辑《平津馆鉴藏书画记》中云"据删余稿补入"者，因《平津馆鉴藏书画记》下有专文探讨，故此仅简介卷上内容。

卷上所收三十七文中，有记三篇：《重修东海孝妇庙记》《重修桃花庵碑记》《修治浙江学院庑舍并设木石几坐记》；序跋二十三篇：《尚书考辨序》《仪礼蒙求序》《孔子集语识语》《嘉树山房文集序》《永报堂诗集序》《心止居诗集序》《六书正讹跋》《元和郡县图志跋》《茅山志跋》《司马法集解跋》《事类赋注跋》《元椠文选跋》《六莹堂集跋》《比干墓铜盘铭跋》《泰山刻石残字跋》《之罘刻石跋》《唐李玄靖碑跋》《古器款识跋》《佛龛治痰方跋》《宋嘉定封灵泽侯墨敕跋》《明杨忠烈公像轴跋》《题文待诏临摩诘辋川图卷》《题明左良玉揭帖册》；书札九通：《与王怀祖书》《与凌次仲书》《与曾宾谷书》《与鲍崇城书》《与吴思亭书一》《与吴思亭书二》《与许秋岩书》《与杨蓉裳书》《与友人书》。

碑传两篇:《范县重修闵子墓碑》《阮公湘圃暨妻林夫人合葬墓志铭》。

孙星衍在《尚书考辨序》中将近世治经家之失归结为二:"一则千虑一失,疑误后学也","一则词费而言不雅驯也",认为宋鉴无此二弊,其《尚书考辨》理简而有据,辞达而不蔓,就此提出了论贵有据、文宜简核的观点,并对宋明臆断之论予以批评:"治经如治狱然,广证据,拘对簿也;穷摉袭,发赃籍也。善治狱者,爰书成,不增减狱辞一字;不善治狱者,加之锻炼周内焉。宋明臆断之论,则'莫须有'三字狱也。"①

《永报堂诗集序》写李斗的诗风、为人及与自己的交往,表达了对其不邀时誉、安贫乐道品格的崇尚:"读其诗,五古得《选》诗、陶谢风韵,七古、律诗词意雅正,擅唐人体格之长,绝无俳谐佻巧之作。盖诗如其人,艾塘固以质直不合时宜,以至穷老。"②认为李斗虽贫无所之,"而闻见愈扩,交道益广"③,其诗文"皆极一时文物声名之盛"④,广为士人传颂,亦足以自慰。

《心止居诗集序》为杨梦符诗集而作。杨氏与星衍同为乾隆五十二年(1787)进士,又同供职刑部,后以勤能随部使者按章盛京、直隶、安徽、江西、浙江等处,乾隆五十八年(1793)十一月因积劳成疾卒于京邸,年仅四十四岁。孙星衍评其诗文:"君工骈体文,有六朝风格;诗亦峭隽拔俗,不肯规模唐宋人形迹。"⑤该序写于嘉

---

① 《孙星衍遗文拾补》,《书目季刊》第四十五卷第三期(2011年12月),第74—75页。
② 《孙星衍遗文拾补》,《书目季刊》第四十五卷第三期(2011年12月),第78页。
③ 同上。
④ 同上。
⑤ 《孙星衍遗文拾补》,《书目季刊》第四十五卷第三期(2011年12月),第79页。

庆三年(1798),由所忆京师交游可窥当时学尚:

> 吾友杨比部,以名进士自提牢荐擢郎官,累任按章出使之事,所至吟咏故迹,今阅其诗,十不存五矣。当君在部时,先后值阮少寇葵生、王少寇昶主持风雅;阿文成、胡庄敏爱才好士,俱倚重君。论政之际,必以经义、史事傅会刑律,予与马太常履泰及君皆得预闻之。时都门同志之士,若秦侍读瀛、赵舍人怀玉、朱舍人文翰、洪编修亮吉、张检讨问陶、徐民部大榕,同部魏君成宪、言君朝标、伊君秉绶、王孝廉苣生诸人,皆排日燕集,每集必分韵为诗,或写图以志其事。外吏则黄郡丞易、王大令复,秩满来都,亦极壶觞酬唱之乐。今与君同列诸公,或位跻槐棘,或出持节钺,如金大寇光悌、胡少寇克家、吴督部璥、许漕督兆椿、祖抚部之望、章抚部煦、钱抚部楷、韩抚部崶,俱以名流有投赠之雅,名见诗集中。而君年逾四十,竟先下世;读所为诗,旧游历历,尤可伤已。①

《与曾宾谷书》抒写了孙星衍引疾归田之后的淡泊心境:"侍从辛未年南归,侨居白下。老父八十有六,稚子四龄,再无用世之志。"②札中所言江南经济凋敝则是反映嘉庆中叶以后由盛而衰的社会现实的珍贵资料:"惟东南光景又不比往时,饥驱亦甚不易。"③

《拾补》所辑诸文已散入文中者,此不赘述。

(14)《孙星衍遗文续补》,孙星衍撰,陈鸿森辑,《书目季刊》第四十八卷第一期,2014 年 6 月。

---

① 《孙星衍遗文拾补》,《书目季刊》第四十五卷第三期(2011 年 12 月),第 79 页。按:"王孝廉苣生诸人",陈鸿森先生云"苣生"当作"苣孙"。

② 《孙星衍遗文拾补》,《书目季刊》第四十五卷第三期(2011 年 12 月),第 85 页。

③ 同上。

此由陈鸿森先生复从群籍、墨迹等采获及四方良友写录惠寄而得,共五十四文。其中,序跋十六篇,分别是:《孙氏谱记自序》《铁山园诗集序》《秋水亭诗续集题辞》《湘浦诗钞题辞》《续通鉴长编跋》《谥法通考跋》《宋刻柳先生集跋》《玉琴斋词跋》《袁氏清芬世守册跋》《张蒿庵自叙墓志跋》《华山庙碑顺德本跋》《吴葛祚碑跋》《唐摹兰亭序黄绢本跋》《赵松雪酒德颂跋一》《赵松雪酒德颂跋二》《赵松雪酒德颂跋三》。书札三十四通:《上钱竹汀先生书》《与吴谷人书》《与邢佺山书》《与钱梅溪书》《与汪春田书》(十四通)《与顾千里书》(六通)《与何兰士书》(三通)《与钱同人书》《与颜运生书》《与周东木书》《与司马达甫书》《与友人书》(三通)。另有《孙子祀典考》《大宗祠礼考》《吴将齐将孙子象记》《许太夫人节孝专祠碑记》四篇。

《铁山园诗集序》《秋水亭诗续集题辞》《湘浦诗钞题辞》三篇是孙星衍为孔庆镕、王祖昌、李廷芳诗集作的序,藉之可略窥其文学观念。嘉庆十一年(1806)正月十五日,孙星衍为王士禛从曾孙王祖昌作《秋水亭诗续集题辞》,云:"近作诗笔豪宕,文境开扩,具真性情,有大魄力,不愧渊原渔洋,擅场历下。"[1]同年三月,为李廷芳作《湘浦诗钞题辞》,认为其诗绍承中晚唐刘长卿、马戴、韩偓、曹唐等而能融为一家:"风神则刘随州、马博士,绵丽则韩冬郎、曹尧宾,殆合中晚唐而为一家矣。"[2]嘉庆十九年(1814),为孔庆镕作《铁山园诗集序》,批评明人偏于模拟,不能抒写性灵,以诗言志:"明之诗人必欲仿汉魏为古乐府,列于卷端;又分唐为三,别宋为二,一一模拟格调。虽裒然成集,而性灵不居,后之论诗者

---

[1] 《孙星衍遗文续补》,《书目季刊》第四十八卷第一期(2014年6月),第65—66页。

[2] 《孙星衍遗文续补》,《书目季刊》第四十八卷第一期(2014年6月),第66页。

或非议之。"①认为孔庆镕诗堪与杜甫、白居易、皮日休、陆龟蒙相匹,情感真挚,神清气爽:"今观冶山上公之集,其性情醇挚如杜陵,其风调潇洒如香山,其咏古赋物,工雅如皮、陆。笔意所到,若秋水生波,春云出岫,又若皓月行空,泉源泻地。刘勰所谓'珪璋挺其惠心,英华秀其清气'者,当于斯集见之。"②因无专文阐述文学思想,此类序跋及为唐仲冕、法式善等人诗文集所作的点评,便成为孙星衍表达文学诉求的重要途径,而情感、渊源、意境、文笔大约是其评价文学作品的基本着眼点。

由《张嵩庵自叙墓志跋》及《与周东木书》可知孙星衍与周永年子震甲(字东木,号朗谷)交往概况。嘉庆十五年(1810)十月下旬,周震甲出示《张嵩庵自叙墓志》,孙星衍作跋彰显张尔岐的经义与操守:"嵩庵闭户著书,虽所撰经义卓然可传,同时鲜有能为引重者,宜记述先世,表明心迹。国朝史传采隐逸一流,故无愧色。"③周永年家富藏书,孙星衍致札周震甲,希望助其流传,为之刊布:"尊府藏书万卷,如有副本,可以付弟处流传,祈开目见示;需用之书即当缴价奉取。晏公《类要》,阁本内有残缺,未知尊处据何写录?乞录一分,或可寄来一观。如此外有宋本书,系宋元人撰述,不必收藏者,可以出售,亦酌示。"④

《续补》所收有关金石者数跋,是了解孙星衍拓访、刊刻金石的重要资料。如吴葛祚碑在句容城西门外五里梅家边,土人呼其地为石碑冈。石为孙星衍与朱镛(又名筠谷)搜访而得,经二千年

---

① 《孙星衍遗文续补》,《书目季刊》第四十八卷第一期(2014年6月),第65页。

② 同上。

③ 《孙星衍遗文续补·张嵩庵自叙墓志跋》,《书目季刊》第四十八卷第一期(2014年6月),第68页。

④ 《孙星衍遗文续补·与周东木书》,《书目季刊》第四十八卷第一期(2014年6月),第82页。

始见于世,不但为"前金石诸家俱未及载"①,且以楷书书碑"亦始于此,良足宝也"②,孙星衍为作《吴葛祚碑跋》。嘉庆六年(1801),孙星衍将赵孟頫《酒德颂》二本分别刻石于历下与济上。其《赵松雪书酒德颂跋》中有明确记载:"嘉庆六年,以此本及明人跋摹勒上石。"③"予官山左,既以此勒石历下、济上,凡二本。"④嘉庆十三年(1808),复将唐摹《兰亭序》刻石:"嘉庆戊辰岁,在历下见钱学史樾所藏唐模兰亭墨迹,因刊于石。"⑤虽然孙星衍酷爱收藏,但因生活困窘,有时不得不忍痛割爱,出售藏品。如孙藏《酒德颂》拓本曾为人窃去,售之济南,孙星衍以十金赎归,更加宝爱。嘉庆十六年(1811)被迫出售,以解困境:"此卷随行箧几及十年,去秋失而复得,愈珍惜之。每经江湖,辄引之陆行。今岁乙未,余读礼家居,屡有绝炊之困,适桂堂前辈过金陵,属携至他处售之,殊惘惘也。"⑥限于资金,孙星衍收藏书画,主要为学术研究计,这与专事收藏者显然不同。嘉庆五年(1800)正月四日,他在为赵孟頫书《酒德颂》所作跋语中已经表达了这一理念:"星衍生平好书画,不以嗜好自累,古书取其校正讹缺,古画窥古人笔法及服物制度;所得书宋元版,以别本校存异字辄售去,以易他书。"⑦

---

① 《孙星衍遗文续补·吴葛祚碑跋》,《书目季刊》第四十八卷第一期(2014年6月),第69页。

② 同上。

③ 《孙星衍遗文续补·赵松雪书酒德颂跋一》,《书目季刊》第四十八卷第一期(2014年6月),第69页。

④ 同上。

⑤ 《孙星衍遗文续补·唐摹兰亭序黄娟本跋》,《书目季刊》第四十八卷第一期(2014年6月),第69页。

⑥ 《孙星衍遗文续补·赵松雪书酒德颂跋一》,《书目季刊》第四十八卷第一期(2014年6月),第69页。

⑦ 《孙星衍遗文续补·赵松雪书酒德颂跋三》,《书目季刊》第四十八卷第一期,第70页。

他如《孙氏谱记自序》《孙子祀典考》《大宗祠礼考》《吴将齐将孙子象记》《许太夫人节孝专祠碑记》五文及书札中的重要内容已散入相关章节，不赘述。

（15）《孙星衍遗文再续补》，孙星衍撰，陈鸿森辑，凤凰出版社2013年版《中国典籍与文化论丛》第15辑。

此为陈鸿森先生于《拾补》《续补》之外又采遗文六十七篇，其中序跋二十二篇，分别为：《校补元和姓纂辑本序》《刊古今姓氏书辨证序》《长沟王氏支谱序》《周小亭印录序》《东皋诗存序》《岳云诗钞序》《百花吟序》《影宋钞北堂书钞识语》《自春堂诗识语》《书赠武虚谷楹联识语》《立厓诗钞题辞》《万绿草堂诗集题辞》《碧梧红豆草堂诗题辞》《题祝枝山书饮中八仙歌卷》《题黄小松嵩洛访碑图册》《题黄小松岱麓访碑图册》《岱庙阙形方柱碑题名》《白虎通德论跋》《蔡中郎集跋》《篁墩程先生文集跋》《国朝名人词翰跋》《顾秀野纪恩册跋》。诗评一篇：《两当轩诗评》。书札三十八通：《上钱竹汀先生书》《与袁简斋书》《与江艮庭书》《与阮云台书》《与顾千里书》《与梁曜北书》《与法时帆书》（五通）《与朱少白书》《与唐陶山书》《与王秋塍书》《与颜运生书》《与何梦华书》（二通）《与许秋岩书》《与江柜香书》《与朱吉人张鄂楼书》《与朱沧湄书》《与赵季由书》《与毛容门书》《与蒋琴伍书》《与陈十峰书》《与友人书》（十三通）。碑传六篇：《张育翁九旬寿序》《陈征君传》《可庵杨诗南传》《北魏故龙骧将军营州刺史高使君懿侯碑铭》《范县古义士左伯桃表墓碑》《归母陈太孺人墓碣铭》。

前已言及，孙星衍论诗注重渊源、特色、贡献等，这些共性在《再续补》所辑诗集序跋中也有鲜明体现。如为朱福田所作《岳云诗钞序》云："其诗亦抑扬爽朗，拔俗千丈，自欲学李青莲，而饶有马戴、刘长卿风格；少加以学，当不减唐时方外名流撰著流传矣。"[1]为蒋业晋

---

[1] 《孙星衍遗文再续补》，《中国典籍与文化论丛》第15辑，第257页。

所作《立厓诗钞题辞》云:"气成风云,声出金石。七古七律,开阖顿挫,直到古人。昌黎之笔,少陵之格,东坡之才,兼而有之。主持风雅,非公谁属!"①为李廷芳所作《碧梧红豆草堂诗题辞》云:"以刘长卿、马戴之风神,擅韩冬郎、罗隐之好句,由其秀骨天成,不独脍炙人口。"②

《题黄小松嵩洛访碑图册》《题黄小松岱麓访碑图册》《岱庙阙形方柱碑题名》等既是孙星衍学术生活的真实呈现,借之亦可了解其交游情况。《题黄小松岱麓访碑图册》云:"嘉庆二年,秋盦司马挈戚友为登岱之游。适予祈雪泰山,会合岱麓,因与访古石经谷、王母池诸胜迹,留题而返。秋盦并纪所历为廿四图,多予按部时所至,意境独造,非亲涉者不能知其神似。"③《岱庙阙形方柱碑题名》云:"嘉庆二年二月癸酉,署按察使孙星衍来谒岱庙。泰安府知府金棨、运河同知黄易、阳湖杨元锡、钱唐江凤彝同至。次日,宿登封台,观日出始去。"④《题黄小松嵩洛访碑图册》云:"嘉庆二年三月晦日,偕莲湖刺史、葰庭都水放舟济上,直至苇西□畔。秋盦司马出此图相示,恍忆嵩洛旧游,为题卷端;惜行舟播漾,不能施腕力也。"⑤

孙星衍在为明程敏政所作《篁墩程先生文集跋》中既指出了其版本学价值:"壬申岁三月购得于白下,纸板精妙。"⑥又表明了其坚定不移的抑宋思想:"粗阅一过,经学承宋人语录之习,与古义不合;古文差胜,碑版或有掌故可征。论议亦不能考

---

① 《孙星衍遗文再续补》,《中国典籍与文化论丛》第15辑,第258页。
② 同上。
③ 《孙星衍遗文再续补》,《中国典籍与文化论丛》第15辑,第259页。
④ 同上。
⑤ 同上。按:莲湖,谢葆澍;葰庭,顾礼琥。
⑥ 《孙星衍遗文再续补》,《中国典籍与文化论丛》第15辑,第259页。按:壬申为嘉庆十七年(1812)。

正,孔庙祀典一疏,请祀郑康成于乡,尤为纰缪;幸后仍入庙从祀,足报注经之功。"①对友人所赠苏辙《颖滨诗传》,亦云:"适为弟所未有,书虽无益经义,亦北宋人之书,不可少也,感谢之至。"②由孙星衍对宋明人著述的处处贬抑,可见其伸汉抑宋的思想根深蒂固。

他如《校补元和姓纂辑本序》《刊古今姓氏书辨证序》及与友人诸札之重要内容已散入相关章节。

2. 辑佚

(1)《周易集解》十卷,孙星衍辑。

《周易》作为重要的儒家经典,汉魏为之作注者多。随着唐代纂修的《周易正义》独尊王弼、韩康伯注,其他汉魏旧注逐渐亡佚。王弼、韩康伯注只是众多汉魏旧注中的一家,无论地位多高,影响多大,都无法反映汉魏《周易》注解之全貌。为了保存汉魏旧说,唐李鼎祚辑出包括王弼、韩康伯及自己的案语在内的四十一家旧注,成《周易集解》一书。该书吸取了旧注精华,保存文献,居功甚伟。但李鼎祚对旧注的网罗并不完备,未能纳入《集解》的旧注日渐散亡。如果不将这些旧注辑出,就无法了解李氏《集解》之外的汉魏旧说。而考查《周易》旧说,光靠李鼎祚不全面的成果显然不够。《周易》旧注的补辑工作由宋王应麟肇其端,经清惠栋、余萧客努力,辑佚范围不断扩大,方法不断完善,对古注的发掘日渐增多,至孙星衍而集其大成。

为使"商瞿所传,汉人师说,不坠于地,俾学者观其所聚,循览

---

① 《孙星衍遗文再续补》,《中国典籍与文化论丛》第15辑,第259—260页。

② 《孙星衍遗文再续补·与友人书九》,《中国典籍与文化论丛》第15辑,第269页。

易明"①,孙星衍广搜群书,补辑了李鼎祚《周易集解》之外唐前旧说五十余家,以马融、郑玄为主,辑得佚文五百余条,按时代先后排列,不做主观评价,也不加以阐释,践行了其"信而好古,网罗天下放失旧闻"②的辑佚宗旨。孙星衍于王应麟、惠栋、余萧客诸家之后从事这一工作,具有拾遗补阙的重要意义。

孙书本亦名《周易集解》,并存王弼注、李鼎祚《集解》及自己的补辑成果,以便对照观览,嘉庆三年(1798)刻入《岱南阁丛书》巾箱本中。伍崇曜因王氏注、李氏《集解》有通行本,故仅存孙氏补辑内容,名为《孙氏周易集解》,刊入《粤雅堂丛书》,认为"先生于千余年后复缉是书,其搜罗之备,抉择之精,即不必相辅而行,已觉难能可贵"③。关于孙辑《周易集解》之特色、方法及成绩详下"孙星衍的校勘与辑佚之学"附录部分。

(2)《古文尚书马郑注》十卷,汉马融、郑玄注,宋王应麟撰集,孙星衍补集;《逸文》二卷,江声辑,孙星衍补订。

《尚书》郑注久佚,宋王应麟最早辑出古文《尚书》郑氏注本。发轫之作,难以完备。清王鸣盛所做增补,博采群籍,连缀成文,非但体例不完,且省改文字。鉴于二王辑本之不足,孙星衍予以补集。他广泛采纳王应麟、阎若璩、惠栋、王鸣盛、江声、王念孙、张燮、章宗源诸家意见,运用全载经文、别择体例的方法,使所补自为一书,出二王之上。孙氏辑本迄今仍为《尚书》马、郑注之最完备者。

孙星衍复按江声体例对江集《尚书》逸文予以增补,④方法是:

---

① 孙星衍《周易集解序并注》,第12页。
② 孙星衍《周易集解序并注》,第15页。
③ 伍崇耀《孙氏周易集解跋》,《续修四库全书》第25册224页。
④ 《尚书逸文叙》云:"吾友江处士声创例于前,搜辑之功十得八九。"《丛书集成初编》第3620册3页。

"今录《尚书》逸文,兼用各书注义,厘为上下卷,附于廿九篇书之后。其有篇名可按,列于前;无篇名而称虞书若夏商周书者,次之;但称《尚书》者,又次之;不称《尚书》而注义疑为逸《书》与文似《尚书》者附焉。"①孙星衍不但补辑了逸文,而且纠正了江声的一些错误,使所集逸文更加完备、准确。

鉴于《尚书》今古文在流传过程中篇目分合纷繁复杂,为正本清源,孙星衍又作《尚书篇目表》附后,旨在"使览者知马、郑篇第之合于古,而伪孔书五十八篇,固非《艺文志》所为五十七篇也"②。

(3)《仓颉篇》三卷,孙星衍辑。

《仓颉篇》是秦汉时期幼学循诵的重要教材,久佚。乾隆四十五年(1780),孙星衍与方正澍、顾敏恒、储润书在金陵城西瓦官寺读书,翻阅《释藏》,发现唐释玄应的《一切经音义》和唐释慧苑的《华严经音义》多引《仓颉》《三仓》,便随手辑出,成《仓颉篇》,乾隆四十六年(1781)刊于西安毕沅节署。此后不断补充逸文,乾隆五十年(1785)再次付梓,刻入《岱南阁丛书》。

孙氏鉴于后人所引汉扬雄《仓颉训纂》、杜林《仓颉训诂》及魏张揖《三仓训诂》、晋郭璞《三仓解诂》之间已很难分辨,便于每卷卷首列"训纂解诂",表明不再把它们一一分开。每卷内部按许慎《说文》五百四十部编排,同一部首之下,《仓颉》之后附列《三仓》。

孙星衍搜辑佚文,主要着眼于《一切经音义》《华严经音义》《说文》《玉篇》《颜氏家训》《经典释文》《春秋左传正义》《史记索隐》《汉书》应劭注、《后汉书注》《三国志》裴松之注、《文选注》《北堂书钞》《艺文类聚》《初学记》《太平御览》等。于每条之下注明出处,标异正讹。如卷中艸部"苗,禾之未秀者也",云:"《一切经音义》。一作'禾之未秀者曰苗也'。"卷下马部"驻,住也",云:

---

① 《尚书逸文叙》,《丛书集成初编》第3620册3页。
② 《尚书逸文叙》,《丛书集成初编》第3620册4页。

"《文选注》。今作'主也',字误。"

孙星衍较早提出《仓颉篇》"以首句题篇"的观点:"《仓颉》始作,其例与《急就》同。名之仓颉者,亦如急就,以首句题篇,《凡将》《飞龙》等皆是。"①其说与王国维的推断一致,为居延汉简证实。②

孙星衍是清代最早辑佚《仓颉篇》的学者,他的辑本与稍后任大椿及道光时马国翰辑本是光绪以前公认最好的三家《仓颉》辑本。其后梁章钜有《仓颉篇校证》,体例源于孙氏,而精审该洽,后出转精。

(4)《括地志》八卷,唐李泰撰,孙星衍辑。

《括地志》是唐太宗第四子魏王李泰于唐初主编的一部大型地理书,原有五百五十卷,《序略》五卷。该书以贞观十三年(639)大簿为蓝本,全面叙述了唐代全盛时期政区的建制沿革、山岳形胜、河流沟渠、风俗物产、往古遗迹、人物故实等,是了解唐初地理最重要的资料,其地位和价值是反映中唐建制的《元和郡县图志》及晚唐区划的《唐书·地理志》所不能代替的。

该书南宋时已经亡佚,孙星衍以"其书称述经传山川城冢皆本古说,载六朝时地里书甚多,以此长于《元和郡县图志》而在其先"③,用七年时间,据《史记正义》《通典》《太平御览》《太平寰宇记》《路史》《玉海》《通鉴地理通释》等辑为八卷,与《元和郡县图志》相辅刊行。

---

① 《仓颉篇序》,《丛书集成初编》第 1051 册 1—2 页。
② 王国维《苍颉篇残简跋》云:"他简(《流沙坠简》卷二第八简)有'苍颉作'三字,乃汉人随笔涂抹者,余以为即《苍颉篇》首句,其全句当云'苍颉作书',实用《世本》语,故此书名《仓颉篇》。"《王国维遗书》第一册《观堂集林》卷五,上海书店出版社 2011 年版,第 296 页。按:1930 年发现的居延汉简《仓颉篇》首章作:"苍颉作书,以教后嗣。幼子承诏,谨慎敬戒。"
③ 孙星衍《括地志序》,《丛书集成初编》第 3096 册 1 页。

孙星衍的辑本是《括地志》"最初也是唯一的辑本"①,"后来黄奭《汉学堂丛书》、朱记荣《槐庐丛书》等,都把孙辑八卷《括地志》重刻在内"②,价值不言而喻。

(5)《汉官七种》,孙星衍辑。

《汉官七种》含《汉官解诂》一卷、《汉旧仪》二卷《补遗》二卷、《汉礼器制度》一卷、《汉官》一卷、《汉官仪》二卷、《汉官典职仪式选用》一卷、《汉仪》一卷。今中华书局本删去仅辑得九条的《汉礼器制度》,将其他六书合称《汉官六种》,云诸书"是汉代官制仪式最原始、最丰富的系统记述,具有很高的史料价值,与班表、彪志一样,是研究秦汉官制仪式不可或缺的宝贵资料"③。

孙星衍之外,《汉官》辑本尚有元陶宗仪辑应劭《汉官仪》、纪昀等辑卫宏《汉旧仪》、黄奭辑《汉官六种》、王仁俊辑卫宏《汉旧仪》及应劭《汉官仪》。诸辑本中以孙本最称详备。

---

① 李泰撰,贺次君辑校《括地志辑校·前言》,中华书局2005年版,第2页。
② 同上。
③ 孙星衍等辑,周天游点校《汉官六种·点校说明》,中华书局2008年版,第4页。按:中华书局本《点校说明》对各书内容有简要介绍,云《汉官六种》,是东汉时期陆续产生的六部关于汉代官制仪式著作的总称。《汉官》,作者不详,成书年代亦不详,汉末应劭曾为之作注。其佚文仅见于《续汉百官志》注和《郡国志注》,内容侧重于公卿员吏的人数和品秩,并附记诸郡郡治距京师洛阳的里程。《汉官解诂》计三篇,建武中新汲令王隆撰。其书"略道公卿内外之职,旁及四夷,博物条畅,多所发明",胡广注。《汉旧仪》,汉卫宏撰。以载西汉之制为限,不仅叙及官制,而且有很大的篇幅叙及诸礼仪之制,如藉田、宗庙、春蚕、酎、祭天等。因其内容丰富,长期以来深受重视。《汉官仪》,应劭撰。时汉献帝迁都于许,"旧章湮没,书记罕存",劭缀集所闻,而作此书。于六种《汉官》之作中,《汉官仪》最为系统而翔实,史注及唐宋类书征引亦最多。《汉官典职仪式选用》,蔡质撰,"杂记官制及上书谒见礼式"。《汉仪》,丁孚撰,较他书简略,流传不广。

（6）《孔子集语》十七卷，孙星衍辑。

孔子言行，六经而外，散见者多。孙星衍之前，已有将孔子言行钩稽成书者。其中梁武帝《孔子正言》二十卷、王勃《次论语》十卷，皆已不存。存下来的有宋杨简《先圣大训》十卷、薛据《孔子集语》二卷、潘士达《论语外篇》二十卷。三书之中，薛书最显，却不免挂漏。清人曹廷栋又为《孔子逸语》十卷，援稽失实，亦不足论。

孙星衍晚年引疾归田后，以孔子言行"六经而外，传记百家所载微言大义，足以羽仪经业、导扬儒风者，往往而有"①，即与族弟星海、侄婿龚庆一起"博搜群籍，综核异同"②，至"增多薛书六七倍"③。其搜辑原则是常见典籍不录："其纂辑大例，《易十翼》《礼小戴记》《春秋左氏传》《孝经》《论语》《孟子》，举世诵习，不载。《家语》《孔丛子》，有成书专行，不载。《史记》孔子世家、弟子传，易检，亦不载。"④于此之外遍搜相关典籍八十三种，只言片语，采撷无遗，且注明出处："其余群经传注、秘纬、诸史、诸子以及唐宋人类书，巨篇只句毕登，无所去取，皆明言出处篇卷。"⑤对疑文脱句，酌加按语说明，对一事而彼此互见且五六见者，一并保存，以见其得失短长，共辑得孔子言行八百十三条。稿成之后，又嘱严可均编辑、校补："略仿《说苑》体裁，理而董之。覆检群书，是正讹字，更移次第，增益阙遗。"⑥该书以取材广泛、佚文丰富、编排合理、校勘精细著称。

（7）《尸子》二卷，周尸佼撰，孙星衍辑。

《尸子》原书二十篇，《汉书·艺文志》列入杂家，班固自注：

---

① 严可均《孙氏孔子集语序》，《平津馆丛书》第3389页。
② 同上。
③ 严可均《孙氏孔子集语序》，《平津馆丛书》第3389页。
④ 严可均《孙氏孔子集语序》，《平津馆丛书》第3389—3390页。
⑤ 严可均《孙氏孔子集语序》，《平津馆丛书》第3390页。
⑥ 同上。

"名佼,鲁人,秦相商君师之。鞅死,佼逃入蜀。"后亡九篇,曹魏黄初中续之,南宋时全书散佚。章宗源刺取书传,辑佚成书,寄孙星衍,孙氏补订为二卷,并在叙中言其价值:"《尸子》虽杂家之学,既与经传相发明,好古者何得不见其书? 比之郑康成用纬注经,为其多古说,且不背先王之法言,不犹愈于诵佛书、编稗官者乎!"①

嘉庆二年(1797),孙星衍将所辑《尸子》刊入《问经堂丛书》。数年后友人庄述祖赠以惠栋辑本,许宗彦又于日本购得魏徵《群书治要》,中多引《尸子》,即将《劝学》等十三篇寄给孙星衍,加之孙氏阅读书传复得先前遗漏之条目,因嘱洪颐煊重编为二卷,再刊入《平津馆丛书》。复经补辑的《尸子》一书以详备著称后世。

(8)《神农本草经》三卷,魏吴普等述,孙星衍、孙冯翼辑。

《神农本草经》约成于东汉,是秦汉时期众多医学家集体智慧的结晶,是对我国中药学理论和配伍原则的第一次系统总结,书中提出的"七情和合"原则在此后的用药实践中发挥了巨大作用,该书被视为中医药药物学理论发展的源头。全书共三卷,分上、中、下三品,卷一上经"上药一百二十种,为君,主养命以应天,无毒,多服、久服不伤人,欲轻身益气、不老延年者,本上经"②。卷二中经"中药一百二十种,为臣,主养性以应人,无毒、有毒斟酌其宜,欲遏病补羸者,本中经"③。卷三下经"下药一百二十五种为左使,主治病以应地,多毒,不可久服,欲除寒热邪气、破积聚、愈疾者,本下经。"④

《神农本草经》原本久佚,孙星衍之前有明万历卢复辑本,之后有道光二十四年(1844)顾观光、光绪年间王闿运、姜国伊等辑

---

① 《尸子集本叙》,《平津馆丛书》第250—251页。
② 《神农本草经》,《丛书集成初编》第1428册1页。
③ 《神农本草经》,《丛书集成初编》第1428册57页。
④ 《神农本草经》,《丛书集成初编》第1429册95页。

本。孙星衍、孙冯翼(字凤卿)所辑以考证精审、引证广博、资料丰富成为诸辑本中较好的一种。孙辑"因《大观本草》黑白字书,厘正《神农本经》三卷"①。黑白字书,指神农本经以朱字,名医增补墨字以别:"按嘉祐补注序云:'所谓《神农本经》者,以朱字。《名医》因神农旧条而有增补者,以墨字间于朱字。'"。孙星衍认为宋代以来流传的黑白字书,实出陶弘景:"开宝重定序云:'旧经三卷,世所流传。《名医别录》,互为编纂。至梁贞白先生陶弘景,乃以《别录》参其本经,朱墨杂书,时谓明白。'据此则宋所传黑白字书,实陶弘景手书之本。"②

孙辑以《大观本草》所引为正文,正文之后引曹魏吴普注、《毛诗》《尔雅》《说文》《广雅》《方言》《淮南子》《抱朴子》等。吴普最早为《神农本草经》作注,其书宋时已佚,其文惟见掌禹锡所引《艺文类聚》《初学记》《后汉书》注、《事类赋》诸书,以《太平御览》援据尤多。邵晋涵赞吴普注本不惟最古,且援引宏富,信实有据:"释《本草》者,以吴普本为最古,散见于诸书征引者,缀集之以补《大观》本所未备。"③"今观普所释《本草》,则神农、黄帝、岐伯、雷公、桐君、医和、扁鹊以及后代名医之说,靡不赅载,则其多所全济,由于稽考之勤、比验之密,而非必别有其奇文异数。信乎非读三世书者,不可服其药也。"④孙星衍、张炯皆赞其征引广博。孙星衍云:"其辨析物类,引据诸书,本之《毛诗》《尔雅》《说文》《方言》《广雅》、诸子杂家,则凤卿增补之力俱多云。"⑤张炯云:"于吴普《名医》外,益以《说文》《尔雅》《广雅》《淮南子》《抱朴子》诸书,不列

---

① 邵晋涵《神农本草经序》,《丛书集成初编》第1428册1页。
② 孙星衍《校定神农本草经序》,《丛书集成初编》第1428册1页。
③ 邵晋涵《神农本草经序》,《丛书集成初编》第1428册1页。
④ 邵晋涵《神农本草经序》,《丛书集成初编》第1428册2页。
⑤ 孙星衍《校定神农本草经序》,《丛书集成初编》第1428册3页。

古方,不论脉证,而古圣殷殷治世之意,灿然如列眉。"①

(9)《续古文苑》二十卷,孙星衍辑。

唐人有《古文苑》,录诗赋杂文二百六十余首,自东周迄于南齐,皆史传文选所不载。孙星衍踵之而作《续古文苑》,所采"皆选家所不载,别集所未传"者。从《春秋繁露》《汉旧仪》《琴操》《渚宫旧事》《东观汉纪》《华阳国志》《博物志》《抱朴子》《世说新语》《水经注》《洛阳伽蓝记》《广弘明集》《西京杂记》《艺文类聚》《北堂书钞》《初学记》《酉阳杂俎》《唐大诏令集》《淳化阁帖》《开元占经》《太平御览》《金薤琳琅》《玉海》《法书要录》《梦溪笔谈》《墨池编》《隶释》《十国春秋》《文馆词林》《辍耕录》《永乐大典》及金石拓本中录文五百余首,分钟鼎文、赋、诗、诏、册、敕、赐书、令、表、疏、奏、对策、启、笺、状、议、书、奏记、檄、七、对、论、说、记、序、颂、赞、箴、铭、碑志、诔、吊文、哀词、祭文、杂文等类。该书编纂始于嘉庆十二年(1807),成于嘉庆十七年(1812),洪颐煊、顾广圻佐其成。

《续修四库全书总目提要》叙其收文起止、编纂方法、价值贡献云:

> 文起于周秦,止于宋元。门类悉遵《文苑》,参以《文选》。引书务注出处,尤重善本。金石务求精拓,更注年月。其有文馆词林,则来自海外。道、释两《藏》,则世鲜完本。或属未见,或属繁籍,均约略甄采,撷取精要。至于隐奥词句,则为之疏通证明;舛误篇什,则为之考订参校。实事求是,期于完善而后已,是亦难能而可贵者。②

《续古文苑》不仅是孙星衍的辑佚成果,他以此书接续《古文苑》《文选》,更有复兴汉魏六朝骈文传统的当代文坛意义,倪惠颖

---

① 张炯《神农本草经序》,《丛书集成初编》第1428册1页。
② 《续修四库全书总目提要(稿本)》,第29册77页。

指出：

> 乾嘉时期，文坛上骈散消长之势加剧，孙星衍以汉学家兼骈文家的立场，并吸纳当时《文选》学的力量，在《续古文苑》收文体例中蕴含了个人化的骈散视野，尤其是大量入选汉唐碑碣，具有突破唐宋古文之习的用心。作为清代常州派骈文的领军人物之一，孙星衍对桐城派古文传衍之盛有所反思和忧虑，较早提出对以时文为古文的批评。《续古文苑》的撰辑与刊行，对常州派骈文风尚及当时文坛孕育新方向，有着发萌启豁的意义。①

3. 校勘

（1）《周易口诀义》六卷，孙星衍校。

唐史徵的《周易口诀义》久已不传，四库馆臣从《永乐大典》中辑出，入《四库全书》。乾隆五十二年（1787），孙星衍为翰林院编修，预校文渊阁秘书，得《永乐大典》存本，后由毕以田、周俊、牛钧及其子廉夫助其雠校，刊刻行世。首有孙星衍序，次为史徵原序，次即《口诀义》正文，末附《四库全书总目提要》。

该书以王弼注为宗，孔颖达疏为理，征引前人《易》说计子夏、马融、郑众、郑玄、虞翻、荀爽、陆绩、荀九家、宋衷、伏曼容、周弘正、褚仲都、何妥、侯果、褚氏、庄氏、李氏、周氏、张氏、先儒、师说等二十余家。其取先儒之说，或"多出孔颖达疏及李鼎祚《集解》之外"②，或"虽属《集解》所有，而其文互异"③，或"《集解》删削过略，此所载独详"④。孙星衍以其"能引汉魏诸家

---

① 倪惠颖《孙星衍撰辑〈续古文苑〉的文坛意义》，《南京大学学报》2009 年第 5 期。
② 《四库全书总目》卷一"《周易口诀义》六卷"条，中华书局 2008 年版，第 4 页。
③ 《四库全书总目》卷一"《周易口诀义》六卷"条，第 4 页。
④ 同上。

之义,微言赖以不绝"①,又因前此惠栋作《九经古义》、余萧客辑《古经解钩沉》皆未及此书,《四库全书》本外间流传不广,故校刊以传。

(2)《急就章》,史游撰,孙星衍校。

西汉史游撰《急就章》,为汉代唯一完整保存至今的蒙学识字课本,以七言为主,杂以三言、四言的韵文写成。因首句为"急就奇觚与众异",故取"急就"二字名篇。此书盛行于魏晋六朝,衍于唐宋。吴皇象、魏钟繇、晋卫夫人和王羲之等人都有写本,后经唐颜师古整理,宋王应麟补释。今惟颜、王二家注本存世。

孙星衍因汉时小学书《仓颉》《爰历》《凡将》《劝学》诸篇皆亡,惟《急就》尚有完本,"又可仿佛史游笔法,中多古字古音,皆《仓颉》中正字,先于许氏《说文》,其罗列名姓、诸物、五官者,姓不与名连属,名取嘉名,诸物五官举其大略,备世行用,不独初学于此究心,亦通人所宜实事求是,故郑康成、孔颖达注经,李贤注史,皆引此书"②,但"颜注本既不依古本分章,《玉海》所称碑本异字核之今帖,尚有遗漏"③,因以《玉海》碑本为主,参以梁国治等本,予以校勘,复古本三十一章之旧,字从碑本,撰为《考异》。光绪六年(1880),王祖源撰《急就篇序》,云孙本"略存章草遗意,诚为尽善"④。

(3)《元和郡县图志》四十卷,唐李吉甫撰,孙星衍校。阙卷逸文一卷,孙星衍辑。

《元和郡县图志》不但是魏晋以来的地理总志中保存下来的最古的一部,而且体例较为完善。志载州郡都城,山川冢墓,皆本古书,合于经证,孙星衍赞云:"无不根之说,诚一代之巨制。古今

---

① 孙星衍《周易口诀义序》,《丛书集成初编》第 390 册 1 页。
② 孙星衍《急就章考异序并注》,《丛书集成初编》第 1053 册 6 页。
③ 孙星衍《急就章考异序并注》,《丛书集成初编》第 1053 册 5 页。
④ 王祖源《急就篇序》,《丛书集成初编》第 1052 册 1 页。

地里书,赖有此以笺经注史,此其所以长也。"①虽然该书不载书传名目,又间有异说及疏漏之条,"然其大体详赡,可以证今方志乡壁虚造之说,无此书而地里之学几绝矣"②。基于该书之价值,孙星衍校刊以传。

（4）《文子》十二卷,清抄本,孙星衍校并跋。《篇目考》一卷,孙星衍撰。

稿本四册,存国家图书馆。前有孙星衍铭文:"黄帝之言,存乎此书。范蠡得之,以越覆吴。文景是用,垂衣有余。谁其嗣音,汉庭诸儒。"次为孙星衍所撰《文子序》,考文子其人,辨《文子》与《淮南子》的因袭关系,收入《问字堂集》。又次为《文子篇目考》,从《汉书·艺文志》《隋书·经籍志》《旧唐书·经籍志》《新唐书·艺文志》《宋史·艺文志》《玉海》《直斋书录解题》《道藏目录》等历代著录中梳理《文子》篇卷,考查作者、注者,申述《文子》思想。次即正文,题"周辛计然撰,星衍据范子题"。全书校勘多参《淮南子》,兼及杜道坚本及《老子》《吕氏春秋》《说文解字》《太平御览》等。据卷中识语,知孙星衍校此书主要在乾隆四十九年(1784)。③

（5）《水经注》四十卷,孙星衍校。

稿本存国家图书馆,不外借。国图又藏有清刘履芬跋并临孙星衍注本,以清乾隆十八年(1753)黄晟槐荫草堂刻同治二年(1863)长沙余氏明辨斋修本为底本。刘履芬过录本,于卷一、二、三、五、八、十、十一、十四、十五、十六、二十、二十四、二十九、三十二、三十六、四十均有识语,多在卷末,个别在卷首或卷中。单就识

---

① 孙星衍《元和郡县图志序》,《丛书集成初编》第3084册1页。
② 同上。
③ 按:卷六末云:"甲辰十二月六日又校楼观杜道坚《文子赞义》。""丁未十二月阮元借观。"卷十二末有"甲辰腊八日以楼观《道藏·文子赞义》本校,多各有长短,今取其长"云云。甲辰为乾隆四十九年,丁未为乾隆五十二年。

语看,孙星衍校勘《水经注》始于乾隆四十一年(1776),终于嘉庆二十年(1815),历时三十九年,以乾隆四十一至四十六年较集中。期间,无论身在何处、处境如何,均未懈怠对《水经注》的校勘。①

---

① 孙星衍于卷一首页下云"丙申八月二十卯日午"。丙申为乾隆四十一年(1776),这一年孙星衍二十四岁。此为全书出现的时间最早的一条识语。

乾隆四十三年(1778),孙星衍在安徽学政刘权之幕府,继续校阅《水经注》,有两条识语为证:卷五末云"戊戌六月廿八日避热澹香堂阅",卷一末云"戊戌中元后一日,又读于安庆学院中。是日昼寝,起校释文半卷"。中元是七月十五。卷八"又东北过寿张县西界,安民亭南,汶水从东北来注之"条,孙氏眉批云:"戊戌之秋,客安徽提学幕,有灈山周生新年十三,能背诵《十三经》本文,刘洗马因属点此二叶试之。略默记,皆能背诵。惜周生独学,俗师又节《仪礼》而授之,不能成其才也。"所记周生新事发生在"戊戌之秋,客安徽提学幕时",与上两条识语时间接近,为此时孙星衍在刘权之幕确证。挚友洪亮吉应是最早了解孙星衍校释《水经注》并最早看到孙氏校注本的学者,此由卷一孙氏于"戊戌中元后一日"识语后云"又后十日,稚存借季仇本阅一过"语可知。

乾隆四十四年己亥(1779),孙星衍亦有校勘记录,卷十一末云:"己亥九月廿五日校。"

乾隆四十五年庚子(1780),孙星衍在奔波中仍从事《水经注》的校阅工作。卷十一末云:"庚子二月十日自弹子冈过涂州城,经清流关宿岱铺,计程百里。""是日思亲念友,几至成疾,山村浊醪,讵能成醉,仆娄催卧也。"涂州在安徽境内,清流关在安徽滁州城西。知此时孙星衍身处异乡,舟车劳顿,仍不废校阅《水经注》,并以之排遣思亲念友之情怀。

《孙渊如先生年谱》记载,乾隆四十五年(庚子)陕西巡抚毕沅丁母忧家居,闻星衍名延之里第,邀与钱坫同修《关中胜迹图志》。其冬,毕公奉命复抚陕,欲邀偕往。君以远游必告,乃返句容。至岁除,行抵西安节署。孙星衍于卷四十末云:"庚子十二月一日醉。"卷二十四末云:"庚子十二月六日,读在浦口郝氏寓舍。"浦口在今南京浦口区东北,知十二月六日孙星衍尚未赴陕。卷四十末又云:"十二月十二日,自定远至寿州道中读,宿姚冈。"卷十六末云:"庚子小除日浴丽山汤,起又读此卷,时漏三下。"定远在今安徽滁州,寿州在今安徽六安市内。知十二月十二日孙星衍已至安徽,除夕前一日抵(转下页)

孙星衍用旁注、眉批、正文中直接勾画、于正文相关条目下出注等多种方式校勘黄晟刻本，不仅力求恢复经注旧观，而且对相关内容做出了诠释与评价。其多引《山海经》《汉书·地理志》《史记正义》《史记索隐》《文选注》《艺文类聚》《初学记》《元和郡县图志》《魏书·地形志》《华阳国志》《括地志》《太平寰宇记》等对《水经注》所涉地名做出阐释，在征引文献考查古地的同时，也注重考

（接上页）达西安。

乾隆四十六年(1781)，孙星衍在陕西巡抚毕沅幕府，自正月至六月校勘不辍，所记识语最多，以正月、三月用力最勤，此按时间顺序排列如下。卷十一末云："辛丑正月九日又温。"卷十四末云："辛丑正月十一日温'瀁'。"卷十六末云："辛丑上元前三日又温，在西安抚署。"卷三十六末云："辛丑上元前一日。"卷三末云："辛丑正月在陕西抚署，是月廿九日又读，扇下三刻。"卷十一末云："二月二日又读。"卷三十二末云："辛丑三月二日。"卷二末云："辛丑三月十八日日中又校。"卷五末云："辛丑三月二十日校'河水'完，雨窗烛下。"卷十"又东迳宋子县故城北，又谓之宋子河"条眉批："辛丑三月廿日校至此，精力倦矣，因寝。"卷十一末云："辛丑三月廿三烛下。"卷十四末云："三月廿五日雨阴又校。"卷十五"伊水又东北流注于洛水"条注："辛丑三月廿六日校，神思惫极。"卷二十末云："三月晦日又校在烛下，时有怪风从西来着窗。西安抚署环香堂。"卷二十九末云："辛丑三月卅日。"卷三十六末云："四月四日，天气甚晴艳。"卷二十四末云："辛丑六月一日，校在西安抚署。"

乾隆四十九年甲辰(1784)，孙星衍仍于西安节署校释《水经注》，卷四十末云："甲辰七月廿九写上班固《地里志》。"

最晚的一条识语在卷三末，为嘉庆二十年乙亥(1815)记："乙亥九月五日读，在朱十书屋"。

单就识语看，孙星衍校释《水经注》始于乾隆四十一年(1776)，终于嘉庆二十年(1815)，这些识语为我们了解孙校《水经注》提供了重要信息，但非全部。孙星衍从事《水经注》研究应终生未辍，乾隆五十四年(1789)至乾隆六十年(1795)孙星衍官刑部时仍随身携带《水经注》，同僚魏成宪有诗云："郦元注里春行部（君按部以《水经注》自随，时有考证），仓颉图中昨问奇（君属两峰山人绘《仓颉制字图》）。"晚年对《水经注》钟爱不减，此由顾千里跋"伯渊观察于此书用功最深，晚年对客，犹能称引澜翻，不须持本也"之说可以想见。

索今地,王先谦云:"其引证今地极便考览。"①

但孙星衍主要是一位文献学家而非地理学家,这就决定了所校《水经注》以经注校勘的精确、文字训释的突破、文献钩稽的丰富见长,却短于地理考证,杨守敬云"孙伯渊词章之士,于地理学甚疏","而地望多疏,不值与赵、戴作舆台",这一评价虽显苛刻,却也道出了孙校《水经注》存在的不足。

孙校本生前未及整理、刊刻,原稿流落汪均之家。同治时莫友芝得孙校稿本于皖城,萧穆于同治五、六年间(1866—1867)曾于莫氏处得见,以孙书未刊,拟照录一部,以广流传,而苦于原稿丛杂,理董为艰,一时无从下手。后莫友芝携孙氏稿本客游苏州书局,刘履芬竭竟岁之功,将此稿本清理一过,又取所引各书逐条校对,用黄晟刊本誊一清本。刘氏过录本末有跋云:"同治戊辰闰四月录始,至六月竣工,朱墨一依原本,初十日江山刘履芬记于吴中书局。"知刘氏董理在同治七年(1868)。时薛福成在苏州书局,与刘履芬同事,即假履芬所录清本照录一部。同治十三年(1874),萧穆访刘、薛于苏州书局,假薛福成所录本携归上海广方言馆,照录一部,所引各书小注则请秀水沈子旬代录。光绪十九年(1893)前后,王先谦撰《合校水经注》,萧穆以所录孙本相饷,王采部分内容,不作评价。杨守敬、熊会贞《水经注疏》所采孙说似源于王本而条目更少,其对孙说多有评判,总体来看,是少非多。

孙星衍还有未及完成的一些著作,如早在乾隆五十年(1785)前后,曾仿《仓颉篇》体例,著《九经正俗字考》,未成。② 又

---

① 郦道元著,王先谦校《合校水经注·例略》,中华书局2011年版,第46页。

② 毕沅《孙氏仓颉篇序》云:"明经所著,复有《九经正俗字考》,亦仿此例,其书未成。"《丛书集成初编》第1051册2页。

有《商周彝器录》,不知完成否。① 曾打算搜集马昭、孙叔然难王申郑说为一编而未竟。② 又惜郑玄《六艺论》不传,"欲辑十七史志议礼之文及天文、地理异同之说,合之汉魏六朝人文之足证佐经学者为一集,题曰《六艺通论》,未及成书"③。曾著《尔雅正字》(或即《尔雅正俗字考》),并注《尔雅·释诂》以下诸篇,似未成。④ 又欲为《尚书翼传》⑤《五藏经图》⑥,均未能如愿。嘉庆五年(1800),孙星衍主讲诂经精舍时拟撰辑《经学渊源录》,曾委托臧庸采集相关人物之事状、墓志、家传等,未成,此已在交游"臧庸"部分略述。孙星衍又拟集合同志纂辑《十三经佚注》,宏愿未成,书稿不知所终,惟由李贻德《周礼剩义》《春秋左传贾服注辑述》略可窥其体制。孙星衍曾为从弟星海所撰《广复古编》发凡起例,二人

---

① 严观《江宁金石记》卷二《造象记》云:"至祠中法物二十余品,已详先生所著《商周彝器录》,兹未更载。"《续修四库全书》第 910 册 258 页。

② 《孙渊如先生全集·平津馆文稿·清故江南道监察御史孙君志祖传》,《续修四库全书》第 1477 册 552 页。

③ 《孙渊如先生全集·平津馆文稿·洪筠轩文钞序》,《续修四库全书》第 1477 册 539 页。

④ 孙星衍于《一切经音义》卷四《金光明经》第四卷"荜龙华"校语中云:"予尝著《尔雅正字》。"释玄应撰,庄炘、钱坫、孙星衍校《一切经音义》,《丛书集成初编》第 739 册 208 页。又《孙渊如外集》卷二《释地补注后序》云:"今世注《尔雅》者,有君家詹事君、邵编修二云、江布衣叔沄,星衍亦尝为《尔雅正俗字考》。又注《释诂》以下诸篇,依叔言及舍人之例,字以本义为释,然君所独到,不能掩也。"第 25 页。

⑤ 孙星衍《古史考序》云:"余尝惜《绎史》《尚史》搜罗古事之不精不备,欲为《尚书翼传》,以纪唐虞三代之事,载明出典,未有暇日。因检故友章孝廉所辑《古史考》一册,略为整理,付之剞劂,俾考古者有所资焉。"《平津馆丛书》第 1269 页。

⑥ 孙星衍于《校正山海经序》中说:"星衍尝欲为《五藏经图》,绘所知山水,标今府县,疑者则阙,顾未暇也。"《湖海文传》卷二十六,《续修四库全书》第 1668 册 624 页。

又合撰《拟篆字石经稿》若干卷,"与是编互相发明"①,今未见其书。

孙星衍一生撰写、校勘、辑佚之作达百余种,门类广博,成果卓著,享誉当时,影响后世,此仅略述其要者,其著述、校勘、辑佚概况参见文后"附目三种"。

---

① 《顾千里集》卷十二《广复古编序》云:"时渊翁从弟星海邃堂方讲求《说文》正俗字,案头草稿盈两三尺,无暇取而细读也。又二年,及今丙子之夏,书成,渊翁署名曰《广复古编》,发凡起例,邃堂自序详之矣……邃堂又有与观察合撰《拟篆字石经稿》若干卷,与是编互相发明,皆世间不可少之书。"第180—181页。

二、孙星衍的代表作《尚书今古文注疏》

经学是中国封建社会的核心学问,清代是中国经学史的高峰。清儒在经书文字的阐释、名物制度的考证、经义的阐发等方面,集前人之大成,取得了许多重要成果。其尤重者,乃为《十三经》做了新疏。

孙星衍的《尚书今古文注疏》作为"十三经清人注疏"之一,以博稽慎择、不逞私臆著称。王懿荣称赞:"搜辑前汉今、古文及各家古注之仅存者,编次成书,类复其旧。又遍采前人传记之涉《书》义者,备疏其下,不逞私臆,最称矜慎。"①皮锡瑞论清代《尚书》注疏各家优劣,对孙书评价尤高:"孙星衍《尚书今古文注疏》,于今古说搜罗略备,分析亦明"②,"优于江、王,故王懿荣请以立学"③。《续修四库全书总目提要》持论与前人同:"星衍此书出较晚,成于嘉庆二十年。意在网罗放失旧说,博稽慎择,大致完美,实远胜江、王、段三家之书,故光绪中王懿荣请以立学,世重其书可知矣。"④今中华书局点校本认为孙氏此书:"博稽慎择,在许多方面超越了前人,是

---

① 光绪十年(1884)二月初八日王懿荣上奏"请复古本《尚书》附入《十三经注疏》与今本《尚书》并行疏"。王懿荣《王文敏公遗集》卷二,《续修四库全书》第 1565 册 141 页。

② 皮锡瑞《经学通论·论治〈尚书〉当先看孙星衍〈尚书今古文注疏〉陈乔枞〈今文尚书经说考〉》,中华书局 2008 年版,第 103 页。

③ 同上。

④ 中国科学院图书馆整理《续修四库全书总目提要》经部《尚书今古文注疏》,中华书局 1993 年版,第 238 页。

代表乾嘉时期《尚书》学研究水平的总结性著作。"①

对《尚书今古文注疏》这样一部具有经典意义的诠释著作进行研究,是学术史尤其是经学史研究的重要一环。但这方面的研究长期以来极为薄弱,大陆方面尚未见有专题探讨,台湾学者吴国宏的《孙星衍〈尚书今古文注疏〉研究》是近年来对其进行讨论的最好成果,其成就于《缘起》中有简要说明。

本书拟在吴国宏研究的基础上,对孙星衍为什么要作《尚书今古文注疏》,《尚书今古文注疏》采取了怎样的注疏体例、原则、方法等予以阐述,尤其希望通过对一些历史上存在分歧的、各个层面聚讼纷纭的问题的探讨来具体观察孙星衍的注释特点,体察其贡献,以促进《尚书今古文注疏》研究的深化与细化。

另需特别说明的是,传统学术研究的推进离不开前贤时彦的已有成果。发掘、梳理、吸收、利用已有成果,是开展新研究的前提与基础。历史上《书》经注解无数,对主要观点进行梳理的时间也已经很长。唐宋以来的《尚书》研究者,不仅对《尚书》经文进行注解,而且还要引用前人旧说并予疏释,对旧说的搜集因此日渐丰富。加上清代的辑佚成就,积累的旧说越来越多。至清江声、王鸣盛、皮锡瑞、王先谦等,对故训的梳理已十得其九。晚清以来,王国维、陈梦家、于省吾等利用出土文献研究《尚书》,取得了一些新的进展。可以说,出土文献为《尚书》研究开辟了新方法,提供了新思路。但出土文献数量有限,能够利用出土文献解决的问题更加有限,何况有些问题即使利用新材料也未必能够得出新结论。因此,出土文献的发掘,在大部分问题上尚不能代替旧说。出土文献之外,近代有些学者(如吴其昌)利用新方法从事《尚书》研究,同样取得了一些新进展。在广泛搜罗旧说并充分吸纳近现代人研究成果的基础上,形成了顾颉刚、刘起釪的《尚书校释译论》这个本

---

① 《尚书今古文注疏·点校说明》,第2页。

子。这个本子为我们今天研究《尚书》提供了更多线索,其中某些线索可以帮助我们更客观地认识孙氏成果,界定其成就与局限。在笔者研读孙氏《尚书今古文注疏》和撰写本书的过程中,这个本子与江声《尚书集注音疏》、王鸣盛《尚书后案》、段玉裁《古文尚书撰异》、皮锡瑞《今文尚书考证》、王先谦《尚书孔传参正》、蒋善国《尚书综述》是最重要的参照本,特作简要说明。

(一) 孙星衍为什么要作《尚书今古文注疏》

经清初学者姚际恒、阎若璩、宋鉴等人努力,坐实了宋朱熹、元吴棫、明梅鷟等对东晋梅赜所上伪古文《尚书》的怀疑,使古文《尚书》及孔传之伪昭著天下,海内学者,家喻户晓。诸儒之中,以阎氏之功最巨,影响尤大。当时已有言官学臣提议废除伪古文的官学地位,将今文二十八篇立于学官,①赖庄存与力争,古文得以不废。② 乾

---

① 伏生所传二十八篇《尚书》,包含《尧典》《皋陶谟》《禹贡》《甘誓》《汤誓》《盘庚》《高宗肜日》《西伯戡黎》《微子》《牧誓》《洪范》《金縢》《大诰》《康诰》《酒诰》《梓材》《召诰》《洛诰》《多士》《无逸》《君奭》《多方》《立政》《顾命》《吕刑》《文侯之命》《费誓》《秦誓》。下文又有称二十九篇者,是在二十八篇基础上增加汉人所献之《泰誓》。称三十三篇者,是二十八篇中分《尧典》下半为《舜典》,分《皋陶谟》下半为《益稷》,分《顾命》下半为《康王之诰》,分《盘庚》为三篇。这些篇目都是用汉代通行的隶书书写的,故称今文《尚书》。东晋梅赜所献伪古文二十五篇为《大禹谟》《五子之歌》《胤征》《仲虺之诰》《汤诰》《伊训》《太甲上》《太甲中》《太甲下》《咸有一德》《说命上》《说命中》《说命下》《泰誓上》《泰誓中》《泰誓下》《武成》《吕敖》《微子之命》《蔡仲之命》《周官》《君陈》《毕命》《君牙》《冏命》。这二十五篇与今文三十三篇合为五十八篇,加上书前大序,凡五十九篇。

② 龚自珍《龚定庵全集》文集卷上《资政大夫礼部侍郎武进庄公神道碑铭》云:"幼诵《六经》,尤长于《书》……阎氏所廓清,已信于海内江左,束发子弟皆知助阎氏;言官学臣,则议上言于朝,重写二十八篇于学官,颁赐天下,考官命题,学僮讽书,伪书毋得与。将上矣,公以翰林学士,直上书房为师傅,闻之,忽然起……自语曰:'辨古籍真伪,为术浅且近者也;且天下学 (转下页)

隆五十二年（1787），纪昀校上《四库全书》时，明确表明了对梅鷟《尚书考异》的支持，其说得到以乾隆为代表的官方的认可，孔传真伪之辩"始有定论，而海内穷经之士若披云雾睹天日矣"。①

经清初学者努力，《尚书》真伪问题已经厘清，剔除伪古文、重新注疏今文《尚书》的历史使命摆在了乾嘉学者面前。江声的《尚书集注音疏》、王鸣盛的《尚书后案》、段玉裁的《古文尚书撰异》、孙星衍的《尚书今古文注疏》应运而生。这四部书代表了乾嘉《尚书》研究的主要成就，被称为乾嘉《书》学四大家。江、王、段书皆早于孙氏，既然三家成书在前，孙星衍为什么还要另做新疏呢？笔者认为主要基于两个原因：一是江、王、段书尚存不足；二是孙星衍对《尚书》的浓厚兴趣与长期积累。

1. 江声、王鸣盛、段玉裁《尚书》诠释之成就与不足

《尚书集注音疏》《尚书后案》《古文尚书撰异》是孙星衍之前乾嘉学派《尚书》学研究方面的三部代表性著作，此仅就其成就与不足略作阐述。

（1）江、王、段书之成就

江声（1721—1799），江苏元和人。四十一岁始治《尚书》。当他读了惠栋《古文尚书考》及阎若璩《古文尚书疏证》后，"病唐贞观时为诸经正义，自《诗》《礼》《公羊》外，皆取晋人后出之注，而汉

（接上页）僅尽明之矣，魁硕当弗复言。古籍坠湮什之八，颇藉伪书存者什之二。帝胄天孙，不能旁览杂氏，惟赖幼习《五经》之简，长以通于治天下……'公乃计其委曲，思自晦其学，欲以借援古今之事势，退直上书房，日著书，曰《尚书既见》如干卷。数数称《禹谟》《胤诰》《伊训》，而晋代剿拾百一之罪，功罪且互见。公是书颇为承学者诟病，而古文竟获仍学官不废。"《续修四库全书》第1520册13—14页。

① 梁启超《中国近三百年学术史》"十三清代学者整理旧学之总成绩（一）"，上海三联书店2006年版，第168页。

儒专家师说反不传"①，决定搜集汉儒之说。他摒弃了伪古文，重新注疏今文《尚书》，并将《书序》辑为一篇附于书后。乾隆三十八年（1773），完成《尚书集注音疏》十卷、百篇《书序》一卷、佚文一卷。

江书所取汉注以马融、郑玄为主，不备者旁考他书，精研故训。所采之书主要是《尚书大传》《说文》《论衡》等所涉《书》义者，对王肃注及东晋晚出之孔传，江声并未完全摒弃，而是慎择其中不悖于经者采入。

注疏体例上，江声借鉴唐玄宗《道德经注疏》、惠栋《周易述》的做法，开辟了以自注自疏方式阐释《尚书》的先例。其于《尚书集注音疏后述》中言自注自疏体例沿革云：

故自南北朝以至唐初，谊疏迭出，而传注又赖以证明矣。凡此皆后人疏前人之书，未有已注之而即已疏之出于一人手者。有之，自唐明皇帝之《道德经注疏》始。吾师惠松崖先生《周易述》，融会汉儒之说以为注，而复为之疏，其体例固有自来矣。②

如果说阎若璩的贡献主要是破除了千余年来对伪古文的迷信，那么江声的成就则在于建立了对今文《尚书》的重新认知。但江书经文以篆书写成，不便流播。③ 江声又对经字作了一些修改，"又采《说文》、经、子所引《书》古文本字，更正秦人隶书及唐开元改易古字之谬"④，其做法未能得到学界认同。

王鸣盛（1722—1797），江苏嘉定人。其《尚书后案》三十卷，

---

① 《孙渊如先生全集·平津馆文稿·江声传》，《续修四库全书》第1477册553页。
② 《尚书集注音疏》，《清经解·清经解续编》第3册3156页。
③ 段玉裁《古文尚书撰异序》云："好尚新奇之辈，自唐至今有集古篆缮写之《尚书》。"所讥即为江声。《续修四库全书》第46册1页。
④ 《孙渊如先生全集·平津馆文稿·江声传》，《续修四库全书》第1477册553页。

起草于乾隆十年(1745),完成于乾隆四十四年(1779)。草创时王鸣盛年仅二十四岁,完成时已经五十八岁,历时三十四年,可谓倾尽毕生心血。正如其《序》所言:"寝食此中,将三纪矣"①,"予于郑氏一家之学,可谓尽心焉耳"②。在乾嘉《尚书》四大家中,王氏发起最早而成书稍后于江。江、王虽曾在一些问题上交换过意见,③但总体应该是各著其书,互不相谋。

王鸣盛精研汉学,于汉儒中尤其推崇郑玄。其《序》开篇即言著作目的:"《尚书后案》何为作也?所以发挥郑氏康成一家之学也。"④为搜罗已经亡佚的郑注,王鸣盛遍观群书。因郑注残缺不全,又采马融、王肃、孔传、孔疏予以补益。王鸣盛认为孔传虽伪,然其训诂传授有自,并非完全向壁虚造。遇有诸家与郑注相异者,条析诸家之非,以求折中于郑氏。杭世骏在《尚书后案序》中把王鸣盛著述之旨归为"以四家证郑,而郑益明",深中肯綮:

> 马融,郑所师也。马之言,郑不尽从也。存马之说,知郑之不墨守家法也。王肃,难郑者也。六天、丧服,难礼者叠出,于《书》未数数然也。参王之说,存郑之诤友也。孔传后出,疑在魏晋之间。孔尝窃郑,非郑袭孔也。疏之与传,若祢之继祖,而亦间出郑注,则孔颖达亦郑之功臣也。为郑学当尊郑氏,尊郑氏则此四家者皆当退而处后,准诸鲁兼四等附庸之例,别黑白而定一尊,此西庄论撰之微意也。其曰《后案》,何

---

① 王鸣盛《尚书后案序》,《续修四库全书》第45册1页。
② 《尚书后案序》,《续修四库全书》第45册1页。
③ 孙星衍云王鸣盛曾"延声至家,商订疑义,始以行世焉"。(《孙渊如先生全集·平津馆文稿·江声传》,《续修四库全书》第1477册553页)王鸣盛《尚书后案序》云:"又就正于有道江声,乃克成此编。"(《续修四库全书》第45册第1页)
④ 《尚书后案序》,《续修四库全书》第45册第1页。

也？以经证经而经明，以四家证郑，而郑益明。①

王鸣盛又因东晋梅赜所献《太誓》为伪书，而唐人排斥的今文《太誓》实则不伪，故附今文《太誓》一篇于后。存古之功，不减惠栋《周易述》。

段玉裁（1735—1815），江苏金坛人。其《古文尚书撰异》三十二卷，始于乾隆五十三年（1788），成于乾隆五十六年（1791）。与江声、王鸣盛一样，段玉裁亦舍伪《书》不释，专释伏生今文，析《盘庚》为三，加上《书序》，篇各为卷。又因《太誓》唐后已亡，故仅列篇名于目录，未辑释佚文，此乃段与江、王不同之处。

段玉裁著此书重在辨析文字，正本清源："今广搜补阙，因篇为卷。略于义说，文字是详。正晋唐之妄改，存周汉之驳文。取贾逵传语，名曰《古文尚书撰异》。"②吴国宏云段氏之功："其书多说文字，鲜解经义，故不是标准的疏体，然而由于段氏深湛的小学功力，在校订今古文字异同、分辨句读的同时，亦解决了不少训诂问题。故此书颇能代表乾嘉时期皖派学者的《尚书》研究成果。"③

（2）江、王、段书之不足

孙星衍认为江、王、段书各有优长，也各有弊端，尚不能代替孔颖达《尚书正义》："但王光禄用郑注，兼存伪传，不载《史记》、《大传》异说。江氏篆写经文，又依《说文》改字，所注《禹贡》，仅有古地名，不便学者循诵。段氏《撰异》一书，亦仅分别今古文字。"④

孙星衍对江、段、王书的认识比较客观，此后论及三书不足者，持论基本不出孙氏所言。皮锡瑞云：

---

① 杭世骏《道古堂文集》卷四《尚书后案序》，《续修四库全书》第1426册228—229页。
② 《古文尚书撰异序》，《续修四库全书》第46册第2页。
③ 吴国宏《孙星衍〈尚书今古文注疏〉研究》，花木兰文化出版社2006年版《古典文献研究辑刊》（三编），第14册33页。
④ 孙星衍《尚书今古文注疏序》，第3页。

江声《尚书集注音疏》，疏解全经，在国朝为最先，有荜路蓝缕之功，惟今文搜辑未全，立说亦有未定（如解"曰若稽古"两歧，孙星衍已辨之）；又承东吴惠氏之学，好以古字改经，颇信宋人所传之古《尚书》，此其未尽善者。王鸣盛《尚书后案》，主郑氏一家之学，是为专门之书，专主郑，故不甚采今文，且间驳伏生（如解司徒、司马、司空之类），亦未尽善。段玉裁《古文尚书撰异》于今古文分别具晰，惟多说文字，尟解经义，且意在袒古文，而不信伏生之今文（如《金縢》诋今文说之类），亦未尽善。①

王欣夫云："善化皮鹿门论清代《尚书》学者云：百诗专攻《伪孔》，不及今文。西庄独阿郑君，无关伏义。艮庭兼疏伏、郑，多以郑学为宗。茂堂辨析古今，每据古文为是。"②

梁启超云："四家中除段著专分别今古文字，罕及义训外。……江氏裁断之识较薄，其书用篆体写经文，依《说文》改原字，其他缺点甚多。王氏用郑注而兼存伪传，又不载《史记》及《大传》异说，是其所短。"③他认为"三部书里头江艮庭的比较最坏。艮庭是惠定宇嫡派，一味的好古，没有什么别择剪裁。王西庄搜罗极博，但于今古文学说分不清楚，好为调和，转成矛盾，是其短处"④。

《续修四库全书总目提要》云："当乾隆时治《尚书》者甚众，若江声，若王鸣盛，若段玉裁，各有专书。然江则篆写经文，辄依《说文》改字，所注《禹贡》仅有古地名。王则主用郑注兼存伪孔传，不

---

① 《经学通论·论治〈尚书〉当先看孙星衍〈尚书今古文注疏〉陈乔枞〈今文尚书经说考〉》，第103页。
② 王欣夫《蛾术轩箧存善本书录·癸卯稿》卷一"《尚书今古文注疏》三十卷"条，上海古籍出版社2002年版，第706页。
③ 《中国近三百年学术史》"十三　清代学者整理旧学之总成绩（一）"，第180页。
④ 《中国近三百年学术史》"十三　清代学者整理旧学之总成绩（一）"，第168—169页。

载《史记》《大传》异说。段则仅分别今古文,且偏重古文。"①

可以看出,以上诸家分析江声、王鸣盛、段玉裁三书不足,持论与孙氏大约一致。正是基于江、王、段三书各自不同的著述之旨及客观存在的不足,孙星衍认为三书尚不足以代替孔颖达《尚书正义》,这种清醒的认识激发他立志重新做一部《尚书》新疏。

2. 孙星衍长期的《尚书》学积累

受时代学术风尚的影响与推动,孙星衍也积极投身到今文《尚书》的整理、传播与研究中,并为此倾尽了半生心血。据《孙渊如先生年谱》记载,乾隆四十五年(1780),年仅二十八岁的孙星衍拜访《尚书》学专家王鸣盛、江声,"与谈郑学"②。又曾与江声探讨《尚书》中星等问题:

> 尝以岁差绳《尚书》中星,予寓书言:"君绳经字以《说文》,既太古,释天文以西法,又近今,恐致凿枘。不如以《淮南·天文训》《史记·天官书》及《尚书考灵耀》《孝经援神契》诸书注经之为得也。"反复辨论,声不非之。③

孙星衍后来与江声、王鸣盛保持着长期友谊。乾隆五十九年(1794),孙星衍《问字堂集》完成,请江声、王鸣盛作序。江声卒后,孙星衍作传,对其一生学行进行了总结与表彰,尤其突出了其在《尚书》研究方面的贡献,称其《尚书集注音疏》"凡四易稿,积十余年,虽有小疵而大醇不可掩矣"④。

---

① 《续修四库全书总目提要》经部"《尚书今古文注疏》三十卷"条,第238页。
② 《孙渊如先生年谱》,《北京图书馆藏珍本年谱丛刊》第119册456页。
③ 《孙渊如先生全集·平津馆文稿·江声传》,《续修四库全书》第1477册554页。
④ 《孙渊如先生全集·平津馆文稿·江声传》,《续修四库全书》第1477册553页。

孙星衍对《尚书》持久不衰的兴趣,成为他此后三十余年致力于《尚书》研究的重要基础。《尚书今古文注疏》之外,孙星衍在《尚书》的整理、研究、流布、倡导方面另有三大贡献:

(1) 补辑《古文尚书马郑注》

孙星衍在王应麟、王鸣盛基础上补辑的《古文尚书马郑注》于"孙星衍的主要著述"中已作介绍,不复赘述。

(2) 刊刻梅鷟《尚书考异》

明梅鷟《尚书考异》是较早系统考辨《尚书》孔传之伪的一部重要著作,孙星衍鉴于梅鷟《尚书考异》虽有《四库全书》本,但藏在秘阁,传写不易,便与顾广圻、钮树玉悉心雠校,于嘉庆十九年(1814)刻入《平津馆丛书》,流布梅书的同时,"且以宣国家表章经学之旨"①。

孙星衍重视梅书,主要基于梅鷟在《尚书》辨伪史上的突出贡献。其于《尚书考异序》中指出梅鷟采取逐句考辨伪古文来源的做法,为前人的质疑提供了证据上的支撑,为后来者开辟了缜密的、可资借鉴的有效方法:

> 梅氏伪书,矫诬五帝三王,疑误后学,实经学之一厄。至宋,吴氏棫及朱晦庵始觉其非真。朱氏疑古文易读,言书传是

---

① 顾广圻在《校定尚书考异序》中充分肯定了孙星衍刊刻《尚书考异》之意义:"但其书不甚显于世,故著录家有五卷、四卷、一卷之不同,而书名或称《考异》,或称《谱》,文字亦彼此多寡,分合互异。近孙伯渊先生搜访善本,详加校正,将以刊布,固其宜哉。或者曰:'阎氏若璩《疏证》,言《尚书谱》读之殊武断,当创辟弋获时,亦足以惊作伪者之魄,采其若干条散各卷中,然则《疏证》殆可无此书已。'予曰:'否,《疏证》第三卷言《大禹谟》《泰誓》《武成》句句有本,言袭用《论语》《孝经》《易》《书》《诗》《周礼》《礼记》《左》《国》《尔雅》《孟》《荀》《老》《文》《列》《庄》,其中采鷟语必多,今全卷有录无书,然则鷟书之存,正可补《疏证》之缺,而乌可废耶?'"《丛书集成初编》第3614册2页。

魏晋间人作,托安国为名,似与《孔丛子》同出一手,尚不能探索证据,折服人心也。明梅氏鷟创为《考异》,就伪书本文,究其据摭错误之处,条举件系,加总论于前,存旧文于后。①清阎若璩、惠栋、宋鉴等正是运用梅鷟的方法,最终坐实了孔传之伪:"于是阎氏若璩推广为《疏证》,惠氏栋、宋氏鉴皆相继辩驳,世儒方信廿五篇孔传之不可杂于二十九篇矣。"②一向轻视宋明之学的孙星衍对梅鷟则充满敬意,目以"名儒":"明人性灵为举业所汩,一代通经之士甚少,惟以词章传世。如梅氏之守经据古,有功圣学,足称一代名儒。"③

(3)倡立伏、郑博士,考课注重《尚书》

孙星衍不仅致力于辑佚《尚书》马、郑注,校勘梅鷟《尚书考异》,而且以地方官员的身份努力倡设伏、郑博士,力求通过博士的设置进一步在全社会范围内扩大汉儒之影响,起到尊师重儒、伸张汉学之作用,这与乾嘉学尚是一致的。

嘉庆元年(1796),时署山东按察使分巡兖沂曹济兼管驿传水利黄河兵备道的孙星衍给当时的山东学政曹城写了一篇《咨请会奏置立伏郑博士稿》的咨文,强调了汉儒在经学绝续之际所起的接续道统之作用,表彰了伏生、郑玄的历史功绩,表达了希望上奏朝廷,请立伏、郑博士的强烈愿望。

孙星衍开篇对国家隆儒重学、为自周公至宋儒均置博士的做法表示赞赏:"至我朝修明祀典,自孔门十哲,上溯周公,旁及关裔,下至宋儒,皆为置立五经博士,至周至备。"④但他也对朝廷不为汉儒立博士表示不满。孙星衍指出,汉儒亲得孔门七十子之传,在秦

---

① 孙星衍《尚书考异序》,《丛书集成初编》第3614册1页。
② 同上。
③ 孙星衍《尚书考异序》,《丛书集成初编》第3614册2页。
④ 《岱南阁集》卷一《咨请会奏置立伏郑博士稿》,第161页。

始皇焚书坑儒之后、经学续绝之际承担传经重任,功不容没。汉代诸儒中尤以伏生、郑玄贡献最大,功绩远在唐宋诸儒之上:"惟汉代诸儒,承秦绝学之后,传授经文经义,去古不远,皆亲得七十子之传。若伏生、郑康成,其功在经学绝续之际,较七十子为难,又迥在唐、宋诸儒之上。"①

孙星衍分别叙述伏、郑传经之功,云伏生不但传今文二十八篇,即使孔壁古文,无伏生今文对照也难以读通:

> 考《尚书》出于伏生壁藏,又口授其义,始有今文二十八篇显于世。及孔壁得古文书,孔安国以今文读之,其无今文可证者凡十六篇,竟不能读,又无能注者,谓之逸书,存于故府。今之孔传,梅赜所上,非孔壁古文,朱文公疑之。是汉无伏生则《尚书》不传,传而无伏生亦不明其义。即古文《书》后出孔壁,无伏生之今文亦不能识读,则伏生一人为唐、虞、三代微言道统之所寄。②

孙星衍认为伏生不仅传播了《尚书》,更重要的是传承了道统:"则伏生一人为唐、虞、三代微言道统之所寄","或以前代置五经博士,重在道统,不知道存乎经,统本于尧、舜、禹、汤、文、武,伏生不传《尚书》,则道何所存?统何所述?"③

郑玄遍注群经,集汉儒之大成:"郑康成为东州大儒,于《易》、《书》、《诗》、《礼》、《论语》、《孝经》皆有传注,钦定诸经义疏多引

---

① 《岱南阁集》卷一《咨请会奏置立伏郑博士稿》,第161页。伏、郑之外,孙星衍推崇的汉儒尚有许慎。在《与段太令(若膺)书》中云:"生平好《说文》,以为微许叔重,则世人习见秦时徒隶之书,不睹唐虞三代周公孔子之字,窃谓其功不在禹下。"《问字堂集》卷四,第97页。同书又云:"仆尝言许叔重以字解经,郑康成以经解经,孔门之外,身通六艺,古今惟此二人。"《问字堂集》卷四,第99页。

② 《岱南阁集》卷一《咨请会奏置立伏郑博士稿》,第161页。

③ 《岱南阁集》卷一《咨请会奏置立伏郑博士稿》,第162页。

郑注,唐儒正义,推阐其说,宋儒章句,沿袭其词。至乎三代礼仪、服物、典章,周、程、张、朱注解不出郑注范围,亦或逊其精密,故范史以'孔书遂明'称之,核其行事,见于史传,亦无可议。"①郑玄在经学史上具有承前启后之意义:"东晋板荡,经师失传,诸经之义,岂能臆说？赖郑康成集汉儒之大成,经义无康成则渊源中绝,唐、宋诸儒何由复知道统？"②

孙星衍认为唐宋诸儒承继的道统是由伏生、郑玄续接的,希望朝廷建立伏、郑博士以彰其功,并追立伏生六十五世孙敬祖为五经博士。

孙星衍之所以写这篇咨文,是出于自己为官伏、郑之乡的自觉的责任感。他也深知此类事属于文化建设,当为学政所职,"本司不便专政",所以呈请学政,并表达了如若上奏,愿一并联名的愿望。

该文写于嘉庆元年(1796)十二月初九日,至嘉庆七年(1802)四月,立伏博士议得行。孙星衍《乙亥岁正月十日病中撰〈尚书今古文注疏〉成因题元戴淳〈伏生授经图〉》诗专记此事,中有句云:

伏生自有子,而使女授经。经简出壁藏,口授其义明。光光廿九篇,在世如日星。我官圣人乡,访古近伏城(《元和郡县志》"阳谷县,故伏城,在县东南二里,伏生所居,因以名之")。邹平墓空在,立后志竟成(宋明已来设立五经博士,惟汉儒未有立,后予权臬东省,访得伏氏嫡裔,属邹平令抚教之,因咨会学使疏题请立伏博士,遂蒙俞允)③。

孙星衍既为自己实现了建立伏博士的愿望而欣慰,也为设置

---

① 《岱南阁集》卷一《咨请会奏置立伏郑博士稿》,第161页。
② 《岱南阁集》卷一《咨请会奏置立伏郑博士稿》,第162页。
③ 《芳茂山人诗录》,《丛书集成初编》第2319册89页。

郑玄博士格于部议而遗憾。其《冶城絜养集》之《邹平立祀》诗,即抒发了这份情感。《序》云:"《水经注》载伏生墓在东朝阳,即今邹平之冢。予权臬东省,以伏生传书在秦汉绝续之际,议为建立博士,访其后裔宗谱申上之,竟荷俞旨。有汉一代之儒,始有列于世家者。惜为郑康成请立,竟格于部议云。"①诗云:"濂洛关闽博士多,汉儒未食传经报。我来权臬始发端,抚教后裔属长官。竟申政府荷俞旨,得有世禄传渊原。"②又云:"砺阜吹沙渐欲平,遥瞻高密不胜情。礼官不问有培柳(东省近自有子博士,其谱载有培柳、有培梅,为汉时有氏后裔,并无出典,容台竟未驳斥),外台谁奏郑康成。"③

孙星衍不仅以地方官的身份积极倡导设立伏、郑博士,而且非常重视在书院学子中讨论《尚书》中的聚讼问题,并通过考课等方式激励学子们学习、研究《尚书》,这对清中期《尚书》研究的普及与推进是有助益的。孙氏现存考课文以《尚书》为主,他经很少涉及,如《嘉谷堂集》中有"《尚书》错简考",包括"《亳姑》逸文"和"《成王征》疑义"两文,《平津馆文稿》卷上有"策问《书》义""又《书》义""伏生不肯口授《尚书》论""'容作圣'论""唐虞五服五章今文论""唐虞象刑论""分淮注江论""'俊乂在官'解""武王从谏还师论",卷下有"周公不诛管蔡论""践奄异说",《问字堂集》中有"帝尧皋陶稽古论"等。孙星衍对这些问题曾进行过深入研究,并多富创见。

基于江、王、段三家存在的不足及自己在《尚书》研究方面多年的积累,做一部剔除伪古文的新的《尚书》注疏,以取代孔颖达《尚书正义》,是孙星衍的心愿。他在给钱大昕的信中曾

---

① 《芳茂山人诗录》,《丛书集成初编》第2320册107页。
② 《芳茂山人诗录》,《丛书集成初编》第2320册108页。
③ 同上。

明确表达这一志向:"尚当为作正义,异时或立于学官,得遂负山之志。"①

乾隆五十九年(1794),孙星衍开始致力于《尚书今古文注疏》的撰写。在洪颐煊、臧庸、毕以田、管同等人帮助下,至嘉庆二十年(1815)完成,历时二十二年。

综上所述,孙星衍注疏《尚书》并非孤立行为,一方面是受到时代学尚之影响,投入到当时的显学《尚书》研究中。另一方面则是出于孙星衍对《尚书》长期的学术情怀与学术实践。二者缺一不可。江、王、段已经取得的成就为孙星衍做新疏提供了可资凭藉的丰厚成果,其尚存的不足则为孙氏注疏留下了空间。有条件利用诸家成果,才有可能后出转精,后来居上。没有江、王、段氏之贡献,孙星衍难以在很高的起点上集众人之大成;没有自身深厚的积累与卓越的识见,即使在成熟的学术环境下,也并非一般的学者就能达到孙星衍的水平。因此,《尚书今古文注疏》的撰写、所取得的成就不是偶然的,而是当时比较成熟的学术条件与孙星衍长期的学术积累共同作用的结果。

(二)《尚书今古文注疏》的诠释体例、原则与方法

《尚书今古文注疏》不仅是孙星衍的代表作,也是乾嘉学派的代表作,因为这部书典型地体现了乾嘉学派的治学倾向、治学精神、治学方法,代表了乾嘉学派《尚书》学研究的最高水平。本部分拟对《尚书今古文注疏》的诠释体例、原则、方法等略加论述,并由此总结乾嘉学派的学术特点及学术取向。

1.《尚书今古文注疏》的诠释体例

在注疏体例上,孙星衍采用了江声、王鸣盛自注自疏的做法。之所以采取这种方法,与《尚书》自身的特殊性密切相关。《尚书

---

① 《问字堂集》卷四《答钱少詹师书论上元本星度》,第104页。

今古文注疏》是标准的疏体,疏体的基本原则是随注作疏、疏不破注。孙星衍要重新注疏《尚书》,情况不同于他经。唐代以来流行的东晋梅赜所献《尚书》已被证明是伪古文,孔安国传也是假的,不能拿来作注;而汉代伏生、马融、郑玄等人所作之注早已亡佚。在这种情况下,要想重新疏解《尚书》,就需要先做辑注的工作,否则疏便失去了依托。因此,孙星衍沿用江声、王鸣盛自注自疏的诠释体例,是基于《尚书》古注亡佚的基本事实做出的必然选择。为《尚书》做新疏,既是对注释能力的考验,也是对旧说网罗、选择、重组水平的挑战。

2.《尚书今古文注疏》的诠释原则

孙星衍的注疏原则主要有三:一是兼疏今古文,二是注取五家三科之说,摒弃伪孔传;三是疏以唐前故训及时人之说为主,不取宋人之论。

(1)兼疏今古文

孙星衍对《尚书》今古文的看法立足于文字之异与经说之异两个层面。其于《尚书今古文注疏序》中指出:"文有今古之分者,孔壁《书》科斗文字,安国以今文读之。盖秦已来改篆为隶,或以今文写《书》,安国据以读古文,其字则异,其辞不异也。司马氏用安国故,夏侯、欧阳用伏生说,马、郑用卫、贾说,其说与文字虽异,而经文不异也。"①鉴于今古文文字不同、经说有异,孙星衍仿效孔颖达疏解《诗经》兼取毛传郑笺的做法,对今古文经说分别疏释:"兼疏今古文者,放《诗》疏之例,毛、郑异义,各如其说以疏之。"②他认为两汉《尚书》注家学出多师,观点不同,应各遵其说而非折衷合一:"史迁所说则孔安国故,《书大传》则夏侯、欧阳说,马、郑注则本卫宏、贾逵孔壁古文说,皆有师法,不可遗也。今古文

---

① 《尚书今古文注疏序》,第2页。
② 《尚书今古文注疏序》,第1页。

说之不能合一,犹三家《诗》及三《传》难以折衷。"①既然今古文不能合一,那么,厘清今古文、各还其是、分别疏释就成了孙星衍的任务。

(2) 注取五家三科

孙星衍主要通过对两汉注家的划分来分别今古文。他将两汉《尚书》主要注家厘为五家三科:"三科"指的是古文说、今文说、孔壁古文说,"五家"指的是司马迁、欧阳氏、大小夏侯氏、马融、郑玄。"五家三科"即孔安国、司马迁的古文说,伏生、欧阳及大小夏侯的今文说,卫宏、贾逵、马融、郑玄的孔壁古文说。

孙星衍在今古文的划分上做出了前所未有的贡献,但也存在偏颇,主要表现在对司马迁说的认识上。孙星衍鉴于《汉书·儒林传》云"安国为谏大夫,授都尉朝,而司马迁亦从安国问故。迁书载《尧典》《禹贡》《洪范》《微子》《金縢》诸篇,多古文说"的记载,遂将《史记》所传《书》义皆看作古文说。关于司马迁说究竟为今文还是古文,学界的基本看法是《史记》所载《尧典》《禹贡》《洪范》《微子》《金縢》诸篇,多古文说,其他则多今文说,即司马迁兼用今古文,而以今文为主。孙星衍将司马迁说认定为古文,显然是不合适的。

孙星衍于注文中多标史迁曰、《大传》说、马融曰、郑康成曰、欧阳、夏侯说等,只要明其五家三科之旨,了解了《史记》多为今文说,则今古文说界限自明。孙星衍通过五家三科将汉代今古文予以厘分,虽然在《史记》的认识上尚存误区,在今古文的别择上也还不够完善,但他在这一领域做出的开拓性贡献在《尚书》学史上具有重要意义。

孙星衍立足于五家三科辑注,较江声、王鸣盛取得了巨大突破。前已言及,江声取注以马融、郑玄为主,不备者补以《尚

---

① 《尚书今古文注疏序》,第1页。

书大传》《说文》《论衡》等所涉《书》义者,兼采王肃及伪孔传;王鸣盛独尊郑学,益以马融、王肃、孔传、孔疏。就注的取材范围来看,江、王皆以东汉古文家说为主,对西汉今文说尚未充分关注。

段玉裁的《古文尚书撰异》是最早专门关注《尚书》今古文文字之异的著作,因要厘清今古文,故其对汉代今古文诸家分析较明:

> 约而论之,汉诸帝、伏生、欧阳氏、夏侯氏、司马迁、董仲舒、王褒、刘向、谷永、孔光、王舜、李寻、杨雄、班固、梁统、杨赐、蔡邕、赵岐、何休、王充、刘珍皆治欧阳、夏侯《尚书》者,孔安国、刘歆、杜林、卫宏、贾逵、徐巡、马融、郑康成、许慎、应邵、徐幹、韦昭、王粲、虞翻皆治《古文尚书》者,皆可参伍钩考而得之。①

段氏此书虽"略于义说,文字是详"②,但他为辨析今古文字,将研究范围拓展到了今文诸家,其视野对孙星衍或有启发。孙星衍诂经精舍弟子周中孚曾云:"自有此书而今文古文之异同,昭昭然白黑分矣,故孙渊如师撰《今古文注疏》,于字之异同,一本是书,不假他求也。"③仅就此言推断,孙星衍在文字辨析上很大程度地借鉴了段玉裁的成果。也就是说,段玉裁在文字上分别今古文,孙星衍于文字之外进一步拓展到文义的疏释,其兼疏今古文说的思想与段氏辨析今古文字的做法是一致的。但二氏也有不尽一致处:段玉裁辨析文字,多以古文为是,孙星衍解说《尚书》多右今文之说;段玉裁认为司马迁、班固全用欧阳、夏侯字句,为今文说,司马

---

① 《古文尚书撰异序》,《续修四库全书》第46册第2页。
② 同上。
③ 《郑堂读书记》卷九《古文尚书撰异》三十二卷,《续修四库全书》第924册110—111页。

迁偶有古文说而已，①孙星衍对司马迁说的认识则经历了由主古文说向多今文说的转变；段玉裁兼采伪孔，孙星衍完全摒弃。因此，段玉裁对孙星衍的影响应该主要表现在取材范围及部分文字的辨析上，孙星衍并没有全盘接受段玉裁的观点。

由上可见，孙星衍对江声、王鸣盛、段玉裁的突破主要表现在：由三家皆以古文为主转向兼疏今古文，由仅辨析今古文文字之异转向兼疏今古文经说之别。

孙星衍辑注的范围在当时具有重要的开拓意义，吴国宏已有论述：

> 《孙疏》是于其所辑的《古文尚书马郑注》的基础上，复辑史迁、《大传》、欧阳、夏侯等今文《书》说而成的。其时整个学术界皆竞研东汉的许、郑之学，远祧西汉的今文经学则尚未兴起。《史记》所载《书》说，以其多以训诂字解经，不同于注释之体，而未受到重视；甫奏上朝廷的《四库提要》则评《大传》云："此《传》乃张生、欧阳生所述，特源出于胜尔，非胜自撰也。……其文或说《尚书》，或不说《尚书》，大抵如《诗外传》、《春秋繁露》，与经义在离合之间，而古训旧典，往往而在，所谓六艺之支流也。"颇有轻蔑之意。孙星衍却能慧眼独具，认为《史记》、《大传》中许多说解《尚书》的文句，具有解说经义的价值，而加以剪裁，援引入《注》，又旁辑欧阳、夏侯遗说。如此一来，汉代的今文《书》说即搜罗略备，再加上完善的马、郑辑《注》，《孙疏》堪称辑汉儒《书》注之善本。②

---

① 《古文尚书撰异序》："马、班之书全用欧阳、夏侯字句，马氏偶有古文说而已。"（《汉书·儒林传》曰："司马迁亦从安国问故，迁书载《尧典》《禹贡》《洪范》《微子》《金縢》诸篇多古文说。"按：此谓诸篇有古文说耳，非谓其文字多用古文也。)《续修四库全书》第46册第2页。

② 《孙星衍〈尚书今古文注疏〉研究》，第63页。

孙星衍注取五家三科之说的做法为后来者直接继承,具有导夫先路之意义:

  《孙疏》以汉儒"五家三科"说为辑佚对象,可说确立了清代《尚书》经说的辑佚范围,孙氏之后疏解《尚书》全经者如简朝亮《尚书集注述疏》、王先谦《尚书孔传参正》、皮锡瑞《今文尚书考证》、杨筠如《尚书覈诂》等,所采体例及所辑汉《注》,皆大致同于《孙疏》,影响可谓十分深远。陈乔枞、马国翰、黄奭等人之辑欧阳、大小夏侯遗说,亦可谓是渊如开其先声。①

  值得注意的是,孙星衍对司马迁说的认识前后是有变化的。他在嘉庆十二年(1807)给王念孙的信中曾明确提出:"史迁虽右古文说,而用今文甚多。"②又说:"细绎旧注,始知今文之义俱胜古文。"③在《唐虞象刑论》中表达了同样的感受:"吾因为《书》义疏,而知伏生见先秦之书胜于古文家言,故论之。"④这一观点,与《尚书今古文注疏凡例》云"司马氏迁从孔氏安国问故,是古文说"显然不同,体现了他对马迁说认识的转变。

  孙星衍基于自己的注疏实践,反复强调今文胜于古文这样一个看似不甚为人关注的意见,对清中叶的经学走向实际关系重大:相对于此前江、王、段之右古文说,孙星衍较早肯定了今文说;相比于孙星衍早期主张司马迁为古文说,后来他认识到马迁多今文说。一句话:孙星衍对《尚书》的认识越来越向今文经倾斜。孙星衍这一认识倾向的逐渐形成与日益坚定,除主要源于他长期的注疏实践外,也与当时常州今文经学的兴起不无关系。

---

  ① 古国顺《清儒辑佚尚书之成绩》(二),《孔孟月刊》第十九卷第七期,第26—28页。转引自吴国宏《孙星衍〈尚书今古文注疏〉研究》,第63页。
  ② 《孙渊如外集》卷五《与王念孙书》,第5页。
  ③ 同上。
  ④ 《孙渊如先生全集·平津馆文稿·唐虞象刑论》,《续修四库全书》第1477册526页。

孙星衍对《尚书》今文学的重视与常州学派一致："盖自常州学派以西汉今文为宗主,《尚书》一经,亦主今文。"①清代今文经学导源于常州学派的庄存与、庄述祖、庄绶甲、刘逢禄等。孙星衍是常州人,与庄述祖是好友,其《尚书今古文注疏》所引时近人说中,述祖为其一。庄述祖著《尚书今古文考证》,兼治今古文而尤重西汉之今文。孙星衍在与庄述祖的交流中受到常州学派的影响自是情理中事。蒋善国认为孙星衍是在今文学始兴之际,受其影响而偏重今文的,这一观点应该合乎事实:"又孙氏虽较持平今、古文,可是他说伏生今文书《大传》说胜于马、郑古文。以前段玉裁作《古文尚书撰异》,意在袒护古文说,不信今文说。到了孙氏,赶上今文学派初兴,遂改变了态度,发生偏重今文的趋向。"②无论出于学术客观还是主观故意,孙星衍对《尚书》今文学的态度毫无疑问是走在了时代的前列。

(3) 疏取汉魏故训与时近人说,不取伪孔及宋儒说

孙星衍在注取五家三科说的原则下,效仿孔颖达《尚书正义》的做法,广采众家,不专出己意。他对疏的取材范围做出了明确规定,主要包括:

Ⅰ. 疏取先秦诸子、汉魏隋唐诸儒说之涉《书》义者。孙星衍将五家三科之说确立为注文,将此外的先秦诸子之说、汉唐故训涉及《尚书》的作为疏文,用以释注。他在《尚书今古文注疏凡例》中对此有明确阐释:"其先秦诸子所引古《书》说,及纬书、《白虎通》等汉魏诸儒今文说,许氏《说文》所载孔壁古文,注中存其异文异

---

① 《经学通论》,第 104 页。
② 蒋善国《尚书综述》,上海古籍出版社 1988 年版,第 299 页。王欣夫云曹元弼(晚号复礼老人)也曾指出孙氏兼疏今古文、倾向今文的特点:"复礼师尝谓渊如兼疏今古文,而微有归重今文之意,以古文本赖今文以通也。"《蛾术轩箧存善本书录·癸卯稿》卷一"《尚书今古文注疏》三十卷"条,第 707 页。

字,其说则附疏中。《大传》于章句之外,别撰大义,故择取其文,不能全录。"①又在《序》中说:"孔氏之为《书正义》,《序》云据蔡大宝、巢猗、费甝、顾彪、刘焯、刘炫等。又云:'览古人之传记,质近代之异同,存其是而去其非,削其烦而增其简。'是孔氏之疏不专出于己。今依其例,遍采古人传记之涉《书》义者,自汉魏迄于隋唐。"②

经孙星衍网罗,汉魏故训之精华在该书中得到了基本体现,皮锡瑞所谓"于今古说搜罗略备"③,《续修四库全书总目提要》认为孙书"意在网罗放失旧说,博稽慎择,大致完美"④。

Ⅱ. 不取伪孔传及宋儒之说。孙星衍之前的江声、王鸣盛虽以疏通马、郑为主,但都没有彻底摒弃伪孔传,尤其是王鸣盛。王氏认为孔传虽伪,但所取故训不可全废,故择善采之。

孙星衍重新注疏《尚书》,旨在彻底刨除伪古文及伪孔传,因此不取伪孔传是他的基本原则,表现了他与伪孔传彻底决裂的决绝态度。偶有涉及伪孔传者,也仅作为批判的靶子,而非正面吸纳。如于《汤誓》解题指出伪孔篇目分合之误:"《汤誓》者,告民伐桀之词。百篇之《书》,《汤誓》前有《帝告》、《厘沃》、《汤征》、《汝鸠汝方》、《夏社》、《疑至》、《臣扈》等共七篇。《伪传》误以《汝鸠汝方》一篇为二,失之。"⑤于《书序》"伊尹作《咸有一德》"指出:"《尧典疏》云:'孔以《咸有一德》次《太甲》后,第四十。郑以为在《汤诰》后,第三十二。'案:《殷本纪》亦在《汤诰》后,《伪传》系之太甲时,误也。"⑥

---

① 《尚书今古文注疏凡例》,第 1 页。
② 《尚书今古文注疏序》,第 2 页。
③ 《经学通论》,第 103 页。
④ 《续修四库全书总目提要》经部,第 238 页。
⑤ 《尚书今古文注疏》,第 215 页。
⑥ 《尚书今古文注疏》,第 571 页。

孙星衍重视唐前故训,不取宋儒之说,表现了比较鲜明的伸汉抑宋倾向。他认为汉魏故训皆得孔门七十子之传,学有渊源,守师法、家法,六朝唐人疏义继承了汉魏传统,守之不失,可资诵法。① 他将儒家圣道的传承梳理为:"今儒家欲知圣道,上则考之周公、孔子作述之书,次则汉儒传经之学,又次则为唐人疏释,最下则宋人语录及后世应举之文。"② 他对朱熹以孔孟之后道统既绝,至程颐、程颢始绍承之的观点极为不满,斥其"涉于标榜,且置汉唐名儒于何地?"③

在《尚书今古文注疏序》中,孙星衍表明了摒弃宋人说的原因:"不取宋已来诸人注者,以其时文籍散亡,较今代无异闻,又无师传,恐滋臆说也。"④ 在《孙氏祠堂书目·序》《廉石居藏书记》

---

① 孙星衍多次表达这一理念,如《建立伏博士始末序》云:"夫孔子微言大义,七十子得其传,有汉诸儒授其学。"(《平津馆丛书》第 1297 页。)《天文辨惑论》云:"汉儒之学出于七十子,故其言有本,足以传信。"(《孙渊如先生全集·嘉谷堂集》,《续修四库全书》第 1477 册 501 页。)《孙氏祠堂书目》孙星衍《序》云:"汉魏人说经,出于七十子,谓之师传,亦曰家法。六朝唐人疏义,守之不失。以及近代仿王氏应麟辑录古注,皆遗经佚说之仅存者。学有渊原,可资诵法。"(《孙氏祠堂书目》,第 236 页。)《孙渊如外集》卷二《五经异义驳义及郑学四种叙》云:"汉儒经学,授受有本,其传出于七十子,即孔子微言大义之所存,故其说可信,非好古之过也。"(第 23 页)《孙渊如外集》卷四《问经草堂图叙》云:"自汉以上,学有师法,汉儒说经,其传本于七十子。《郑志》答牛亨、张逸、冷刚诸人之问,语必征经,无意说之学。后汉鲁恭所云说经者传先师之言,非从己出。徐防则疾太学博士弟子皆以意说,不修家法。自宋已来渐蹈其习,故注经者多而寡要。家出一书,义无师授,甚至疑《周官》,删《孝经》,易《诗序》,而经学放失焉。"(第 11 页)
② 《问字堂集》卷二《三教论》,中华书局 1996 年版,第 57 页。
③ 孙星衍撰,陈宗彝编,沙莎标点,杜泽逊审定《廉石居藏书记·五朝名臣言行录前集十卷后集十四卷续集八卷别集二十六卷道学名臣言行录外集十七卷》,第 200 页。
④ 《尚书今古文注疏序》,第 2 页。

"《春秋比事》四卷"条中更具体地将自己轻视宋明经说的原因归结为其"各参臆见"、"不合训诂"、无据疑经、"不求声音、训古、师传之学":"至宋明近代说经之书,各参臆见。词有枝叶,不合训诂。或有疑经,非议周汉先儒,疑误后学。宜别存之以供取舍。"①"自科举之学兴,明以来通人名士所谓经学,皆不求声音、训古、师传之学。"②孙星衍伸汉抑宋的治学态度并非个人行为,而是乾嘉学派一般倾向的具体体现。

孙星衍对宋儒说的偏见使他在全盘否定宋人成果的同时连同其中的正确见解也一并抛弃。比如宋人提出《高宗肜日》乃祖庚肜祭武丁说,较汉人高宗武丁肜祭成汤说合理(见下"条析"),但孙星衍偏执门户,在这些具体问题上,未能在吸纳宋人成果的基础上向前推进,而是退回到对唐前故训的梳理、疏通、证明中。故训本身的局限性决定了孙星衍的疏释很难解决前人遗留的问题。

Ⅲ. 取时近人说。孙星衍仿效孔颖达的做法,本着"质近代之异同"的原则,对时人之作择善而从,多所采撷:"又采近代王光禄鸣盛、江征君声、段大令玉裁诸君《书》说,皆有古书证据,而王氏念孙父子尤精训诂。"③"及惠氏栋、宋氏鉴、唐氏焕,俱能辨证《伪传》。庄进士述祖、毕孝廉以田,解经又多有心得。合其所长,亦孔氏云'质近代之异同,存其是而削烦增简'者也。"④由上论知,孙星衍选择时人之说非常谨慎,绝不凭一己好恶主观臆断,"有古书证据""尤精训诂""能辨证《伪传》""解经多有心得"构成了他取舍时人之说的主要标准。就孙星衍所引汉魏故训与时人说的比例来

---

① 《孙氏祠堂书目》孙星衍《序》,第236页。
② 《廉石居藏书记》"《春秋比事》四卷"条,第229页。
③ 《尚书今古文注疏序》,第2—3页。
④ 《尚书今古文注疏序》,第3页。

看,以前者为主,其于《凡例》明言:"此书之作,意在网罗放失旧闻,故录汉魏人佚说为多。"①

3.《尚书今古文注疏》的诠释方法

清代是经学的集大成时期,皮锡瑞称之为"经学复兴时代"。那么,清代经学到底凭借什么达到了这一高度? 研究发现,清儒的经学成就并非一味依靠创立新说,突破能力固然是清代经学新水平的体现,但创新只是清儒努力的方向之一。清儒解经的特点主要有四:网罗旧说、选择旧说、突破旧说、重组旧说。经其网罗、选择、突破、重组,故训较孔颖达的疏解更为简明。但对故训进行网罗、选择、重组,使内在的逻辑关系更为明显,一般人无法做到,乾嘉学者基于其深厚的经学、小学修养,在这一点上超越了前人。此仅以孙星衍《尚书今古文注疏》为例,通过对其诠释方法的探讨,力求对乾嘉学派的治经方法做些总结。

(1)网罗旧说

《尚书》古注散亡殆尽,网罗旧说是开展新疏的前提与基础,网罗旧说的能力因此成为决定新疏水平高下的重要因素。

对《尚书》来说,网罗旧说依靠辑佚,即对相关材料的全面钩稽。孙星衍在网罗材料上用功甚勤,视野开阔,他将搜辑故训的范围扩大到乾嘉之前的学者较少涉足的石经(如汉《熹平石经》魏《正始石经》唐《开成石经》)、类书(如《北堂书钞》《艺文类聚》《初学记》《太平御览》《册府元龟》)、古注(如《史记》三家注、《续汉书》刘昭注、郦道元《水经注》《文选》李善注)、小学类书(如《尔雅》《经典释文》及包含丰富小学材料的《一切经音义》《华严经音义》)等领域,并非常注重宋元版书的开发与利用。

对旧说的全面网罗及对异本的广泛搜集,使孙星衍有条件对经文及注疏进行校勘,并获得了一些新的突破。如《尧典》"帝曰:

---

① 《尚书今古文注疏凡例》,第1页。

'格汝舜,询事考言乃言厎可绩,三载'",孙星衍以《史记》《北堂书钞》所引进行校勘,认为"乃言"二字古本无,或为重出之衍文:"'言'字疑衍文。古文'丂'似'乃',故重出。'乃言'二字,《史记》文无之。宋本《北堂书钞·叹美部》引'询事考言,乃厎可绩',则古本无'乃言'二字。"①

孙星衍重视校勘经文的同时,也不忽视对注文的校勘,如《尧典》"金曰:'伯禹作司空。'"孙氏注引夏侯、欧阳之今文说,作"天子三公,一曰司徒,二曰司马,三曰司空。九卿,二十七大夫,八十一元士,凡百二十,在天为山川"。其中"在天为山川",《北堂书钞》五十引《五经异义》作"在天为星辰,在地为山川",孙星衍指出欧阳、夏侯注作"在天为山川"有脱文。②

孙星衍也直接吸收了江声、段玉裁等人的一些校勘成果,如《禹贡》"齿、革、羽、毛、惟木",引江声说,认为"惟木"二字为衍文:"《史记·夏本纪》及《汉志》全引此经,俱无'惟木'二字,江氏声曰:'衍文。'"③又如《多士》"王曰,又曰:'时予乃或言,尔攸居!'"同时引江声、段玉裁说,江氏指出"'王曰'下有脱文",段氏认为"《唐石经》'或言'之间多一字,谛视是'诲'字"④。

校勘的广泛应用,辑佚范围的极大拓展,给孙星衍带来了观点、认识上的新创获。比如《洪范》"九,五福:一曰寿,二曰富"之经文,前人无异议,至孙星衍才发现《说苑·建本》引作"以富为始",与通行的《洪范》"以寿为始"异,便在注中标举异文:"史迁无'九'字。'一曰寿'一作'一曰富'。"⑤在疏文中举《说苑·建本》

---

① 《尚书今古文注疏》,第34页。
② 《尚书今古文注疏》,第61—62页。
③ 《尚书今古文注疏》,第161页。
④ 《尚书今古文注疏》,第432页。
⑤ 《尚书今古文注疏》,第319页。

引河间献王语证《尚书》古本确实"以富为始":"河间献王曰:'夫谷者,国家所以昌炽,士女所以姣好,礼义所以行,而人心所以安也。《尚书》五福,以富为始。'"①孙星衍据《说苑》推断"据此则今文《尚书》为'一曰富'也。'一曰富',则当云'二曰寿'矣。"②他特别强调这是自己的发明:"江、王、段三君均未及指出。"③皮锡瑞《今文尚书考证》、刘起釪《尚书校释译论》皆采孙说。而孙星衍取得突破的根本原因得益于《说苑》这条新材料的发掘。又如《酒诰》"兹亦惟天若元德,永不忘在王家"条,其中"天若元德"之"元",自伪孔传以来皆释为"大",江声《尚书集注音疏》始据《易·文言》"元者,善之长也",释"元"为"善",这在当时仅为一家之言。孙星衍进一步发掘了《国语·晋语》韦昭注亦释为"善"例:"元者,韦昭注《晋语》云:'善之长也。'"孙释句意为"此亦惟天顺善德"④。此后,"元"为"善"说得到了杨筠如、曾运乾、刘起釪等认同。孙星衍凭借对旧说的网罗能力,与江声一起对"元"字做出了超越前人的合理阐释。

孙星衍虽然很重视全面搜集故训,但他辑佚极为谨慎,其于《凡例》中规定:"《尚书》佚文,见于先秦经传诸子及汉人所引,有篇名可考者,各附《书序》,并存原注。其仅称'《书》曰'、'《书》云'者,或不必尽是《尚书》,或是《逸周书》及《周书六弢》,不便采入。惟《孟子》所引,似是《舜典》,赵注不为注明,亦不敢据增。"⑤孙星衍将这一原则严格贯穿于《尚书今古文注疏》的诠释实践中。如《书序》"虞舜侧微,尧闻之聪明,将使嗣位,历试诸难,作

---

① 《尚书今古文注疏》,第319页。
② 同上。
③ 同上。
④ 《尚书今古文注疏》,第378页。
⑤ 《尚书今古文注疏凡例》,第1—2页。

《舜典》"条,孙星衍在疏文中说赵岐注《孟子·万章篇》云"孟子诸所言舜事,皆《舜典》及逸《书》所载"①,但他并没有根据赵岐的说法,将《孟子》所载舜事未注明出自《舜典》者采入《书序》,而是仅以各书所引佚文有篇名者,附于《序》后。② 由此可见孙星衍采集旧说的谨慎态度。

需要说明的是,伪孔传的《书序》本散入经中,分列各篇之首,孙星衍改从旧本,合为一卷,置于全书之末,并将散见在先秦经传诸子及为汉人征引而有篇名可考的《尚书》佚文,分别附于相应各篇的《书序》之下,注明出处,保存原注。如《泰誓序》下补辑的《泰誓》佚文十四条,三百余字,分别采自《左传》《国语》《墨子》《孟子》《荀子》《礼记》《汉书》《说苑》《诗笺》《周礼疏》等,由于不知连属何文,故未附本篇,而是置于《泰誓序》中。这些佚文尽管只是些残章零句,但对我们了解《尚书》的原始面貌,仍是极有价值的资料。正是孙星衍这种严谨的辑佚态度,才使该书以"取材矜慎,树例谨严"③赢得了后人的肯定与赞誉。

我们还要看到,将辑佚应用于经典诠释,不是孙星衍个人的独创,而是乾嘉学派普遍使用的方法。前已言及,经学诠释经汉唐宋人努力,推陈出新的空间已经非常有限。如果取材仍在前人视野之内,要想取得突破性进展,几乎是不可能的。

乾嘉学派努力的方向之一就是转向对新材料的发掘。通过发

---

① 《尚书今古文注疏》,第558页。

② 《尚书今古文注疏·书序》孙星衍疏:"赵岐注《孟子·万章篇》云:'孟子时《尚书》凡百二十篇,逸《书》有《舜典》之序,亡失其文。孟子诸所言舜事,皆《舜典》及逸《书》所载。'案:赵氏虽有此言,而《孟子》所载诸舜事,不称《舜典》,未敢据增。今以各书所引佚文有篇名者,附于《序》后。"第558页。

③ 《中国近三百年学术史》"十三 清代学者整理旧学之总成绩(一)",第180页。

掘故训,在经书文字、经义发明等方面取得了一些新突破,形成了一些新认识。而这些新认识往往不是仅仅依靠某一位经学家的研究一蹴而就,而是经过多人努力,不断发现、补充新材料才形成了定说。比如《盘庚》"今予其敷心腹肾肠"句,伪孔传释为:"布心腹,言输诚于百官,以告志。"孔颖达《尚书正义》及宋元以来的学者与伪孔传意见一致。因此,伪孔传的盛行使"心腹肾肠"之异文在清代以前几乎没有得到讨论。清代学者王鸣盛、段玉裁、臧庸等利用《文选》注、《三国志》注、汉碑等材料发掘了"心腹肾肠"之异文:

  《文选·左太冲魏都赋》曰:"优贤著于扬历。"张载注云:"《尚书·盘庚》曰:'优贤扬历。'历,试也。"

  《魏志·管宁传》陶丘一等荐宁曰:"优贤扬历。"裴氏注曰:"今文《尚书》曰'优贤扬历',谓扬其所历试。"

以上所举"优贤扬历"即《盘庚》"心腹肾肠"之异文。"优贤扬历",《隶释》所载《汉咸阳令唐扶颂》作"优贤飏历"。则"优贤扬历"、"优贤飏历"皆为今文《尚书》说。①

  以上材料,孙星衍都呈现在了自己的新疏中,得出的结论因而也不出时人范围。其注云:"夏侯等《书》说'心腹肾肠'为'优贤扬历'。"②疏云:"案:心腹二字似优,贤字似肾,肠字似扬,历字上属,则下'告百姓于朕志'为句。《汉咸阳令唐扶颂》'优贤飏历',《国三老袁良碑》'优贤之宠',皆用今文《尚书》。"③

  由此例可见,王鸣盛、段玉裁、臧庸等对"心腹肾肠"异文的发现、创获,依靠的是对故训的广泛搜集,孙星衍则吸纳了时人成果而集其大成。可见,依靠辑佚发掘新材料对创新具有重要意义。

---

① 《尚书今古文注疏》,第239页。
② 同上。
③ 同上。

这是孙星衍的治经方法,也是乾嘉学派共同的路子。

(2) 选择旧说

孙星衍不仅全面网罗旧说(伪孔传与宋儒说除外,前已论及),而且对旧说进行了极为审慎的选择。不是所有学者都有能力对故训慎取别择,选择本身体现了作者的学术倾向,隐含了作者的学术态度,显示了作者的学术观点。因此,选择能力体现了学者的识见与水平,也决定着著作的走向与质量。用这样的标准来衡量,我们说,孙疏不是大全式的结集,而是慎取别择的结晶。此对孙星衍选择汉魏故训及时近人说运用的方法略加论述。

《尚书今古文注疏》向以网罗全、别择精、客观呈现、不逞私意著称,因此,孙星衍选择旧说的方法具有重要的借鉴意义。通观《尚书今古文注疏》,其对故训的处理主要采用了以下方法:

Ⅰ. 比较全面地呈现汉魏旧说。比如对《尧典》"璇玑玉衡"的诠释,孙星衍在广泛网罗汉魏旧说的基础上,条分缕析,将汉人观点归结为二:以伏生、司马迁等为代表的星象说及以孔安国、马融、郑玄、蔡邕等为代表的天文仪器说。这两种说法汉代均已出现,此后历代研究未出其窠臼。因此,观孙氏一家之说可明历代诸家之论。

Ⅱ. 刨除自己不认同的汉魏故训。孙星衍对自己不认同的汉魏故训主要通过不呈现的方式表明态度,比如历代对《尧典》"象以典刑"的阐释,主要有两种意见:画象示辱、五种常刑。经过慎择,孙星衍筛掉了马融、郑玄主张的五种常刑说,仅保留了伏生的画象示辱说,并予疏释,以此体现自己对该问题的认识。

Ⅲ. 虽然全面呈现,但疏解时有主观倾向。孙星衍对故训力求客观展现,一般不掺杂主观意见。但也有些条目,孙星衍在比较全面地列举了前人观点的同时也表明了自己的主观倾向。如前面提到的"璇玑玉衡",虽然孙星衍将星象说和天文仪器说均予梳理、注疏,但他同时也表明了自己对天象说的认同与肯定,并为之发掘材料,补充证据,使这一观点更加令人信服。

Ⅳ. 择善而从,驳难误说。孙星衍对汉魏故训中的错误说法不迷信,不盲从,本着求是、择善的原则指出并纠正。比如《尧典》下"五刑有服,五服三就",其中"三就",马融注:"谓大罪陈诸原野,次罪于市朝,同族适甸师氏。"①郑玄注:"原野也、市朝也、甸师氏也。"②马、郑皆以"市朝"为一,孙星衍认为韦昭将"三就"释为"野、朝、市",以市、朝为二的观点较马、郑合理:"案:马、郑注'三就',皆用此文,而以市朝为一,增出甸师氏,盖以周法言之,不如韦注之当也。"③

《汤誓》"契始封在商",郑玄注:"契始封商,遂以商为天下之号。商国在太华之阳。"孙星衍据《史记正义》所引《括地志》说,认为"契始封在今陕西商州",指出《左传》襄公九年传"相土因之,故商主大火",服虔注"相土居商丘,故汤以为天下号"所指商丘"在今河南归德府",与郑所称"商国在太华之阳"者相去甚远,故云"服说失之"④。

《尧典》"金作赎刑",马融释"金"为黄金,孙星衍认为当为铜:"金以赎罪,古用铜,赤金也。"⑤又云:"马注见《史记集解》。云'黄金'者,本汉法说经也。《书》疏引郑氏《驳异义》云:'赎死罪千锾,锾六两大半两,为四百一十六斤十两大半两铜,与今赎死罪金三斤为价相依附。'是古赎罪皆用铜也。"⑥

由以上三例可以看出,孙星衍凭借着求是的精神,深厚的功力,精心的别择,在一些历代有争议的问题上做出了正确的判断,

---

① 《尚书今古文注疏》,第 65 页。
② 同上。
③ 同上。
④ 《尚书今古文注疏》,第 215 页。
⑤ 《尚书今古文注疏》,第 54 页。
⑥ 《尚书今古文注疏》,第 55 页。

其说多为后人认同并沿用。

前已言及,《尚书今古文注疏》以网罗汉魏放失旧闻为主,兼取时近人说。调查发现,孙星衍对时近人提出的新说较之汉魏故训更加审慎,并非见新即收,而是经深入研究后慎取别择。与故训相比,时近人说占的比重很小,不少新成果在孙氏注疏中因此没有得到呈现。其对时近人成果的选择主要采取了以下方法:

Ⅰ.明确标注时人之说,或择善而从,或标明己见。如《洛诰》"周公拜手稽首曰:'王命予来,承保乃文祖受命民,越乃光烈考武王,弘朕恭。'"孙疏引庄述祖"'朕',当作'训'"说,指出:"庄氏说是也。"①又如同篇"王曰:'公,予小子其退,即辟于周,命公后。四方迪乱,未定于宗礼,亦未克敉公功。'"孙疏同时引用王引之与毕以田说,引王说之断句:"王氏引之云:当以'四方迪乱未定'为句,'于宗礼亦未克敉'为句,'公功迪将其后'为句。"②引毕说释"迪"字:"毕氏以田云:二'迪'字当为乃,《说文》有遒字,读如攸,义与乃同。上言四方乃治,尚未定于宗礼,亦未克敉安也。公功乃助其后,以监官而保民也。"③但孙星衍对王引之的断句并不认同,他肯定了《说文解字》以"亦未克敉公功"为句的做法,云:"今从之。"④

Ⅱ.不呈现时近人说。清代学者精研《尚书》,在一些具体问题上提出了一些新见解,但孙星衍以故训为主的指导思想,限制了他对时近人新说的广泛吸纳,致使一些代表当时最高水平的观点没有能够及时反映到《尚书今古文注疏》中。如《洛诰》"公无困哉",段玉裁认为作"公无困我"者乃今文说,作"公无困我哉"者乃

---

① 《尚书今古文注疏》,第414页。
② 《尚书今古文注疏》,第412页。
③ 同上。
④ 同上。

古文说,指出无"我"字语义不完。孙星衍于此条继承了江声、王鸣盛的观点,主张作"公无困我",认为作"公无困哉"者误。实际上,段玉裁补足了经文,且厘清了今古文,代表了当时研究的新水平,孙星衍却没有吸纳。

当然,孙星衍对时近人说的审慎态度,也使他摒弃了新说中一些主观武断的错误意见。比如《皋陶谟》"在治忽",段玉裁认为"七始咏"当为"七始训"。此说建立在《隋书·律历志》孤证之上,后来被认为是错误的,孙星衍没有选择段说,可见其慎思精择及对段说的清醒认识。

Ⅲ. 作为批驳对象呈现。孙星衍在《尚书今古文注疏》中也明确指出了一些时近人的错误观点,如《皋陶谟》"天秩有礼,自我五礼有庸哉",孙星衍注引郑玄说:"五礼,天子也,诸侯也,卿大夫也,士也,庶民也。"①由此郑注知,五礼指自天子至庶人五等,但因郑注未举证据,江声怀疑郑说无本。孙星衍在疏文中为郑注补充《曲礼》《王制》三证:《曲礼》有"天子穆穆,诸侯皇皇,大夫济济,士跄跄,庶人僬僬",又有"天子之妃曰后,诸侯曰夫人,大夫曰孺人,士曰妇人,庶人曰妻",《王制》云殡葬庙祭之礼"皆自天子达于庶人"。孙星衍举出这些证据,意在说明《皋陶谟》郑注所释五礼与《曲礼》《王制》同,均指天子、诸侯、大夫、士、庶人五等,郑注非无本,江声的怀疑是错误的:"江氏声以礼不下庶人,疑郑说之无本,非也。"②孙星衍很敬重江声,但对学术问题,即使是师友的错误意见,也不姑息迁就,体现了乾嘉学派学术面前人人平等,惟是以求的可贵精神。

Ⅳ. 吸纳时近人说而不标注。孙星衍在《凡例》中明确规定,对时近人说予以标注,不加标注者,"或因引据《书》传,为习见之

---

① 《尚书今古文注疏》,第 85 页。
② 同上。

文,或与拙撰旧稿暗合,是以略之,非敢掠美"①。但孙疏确有一些与时人观点相同而未作标注的条目,比如《洪范》"思曰睿""睿作圣",钱大昕最早对该问题进行了研究,认为"睿"当作"容"。段玉裁提出"古文《尚书》'思曰睿',今文《尚书》作'思心曰容'"②,又云"古文'睿'字,毕竟胜于今文"③。段氏虽不同意钱氏结论,但为"容作圣"说补充了不少证据。王念孙是钱非段,说见《读书杂志》"《汉书》第五"中"五曰思 思曰睿 睿作圣 思虑官为土为信为思"文。孙星衍观点同钱,但无论在注疏还是在《容作圣论》一文中,均未提及钱、段、王之成果。可能是其与钱说意见一致,只是钱说早出,故未标注,但更可能的原因是孙星衍援用诸家之说而不标。不管出于什么原因,孙星衍采用时近人的一些观点却不作标注的做法,较之钱大昕"间与前人暗合者,削而去之;或得于同学启示,亦必标其姓名"④的严谨不苟,显然是有差距的,他也因此受到汪喜孙的诟病。

综上所述,孙星衍抱着审慎的态度对故训及时近人说进行了选择,虽然难免疏误,但经他一番功夫,才产出了《尚书今古文注疏》这样一部以"博稽慎择"著称的《尚书》诠释方面的名著。

(3) 突破旧说

《尚书》虽经历代阐释,创新与突破的空间已经很小,但孙星衍在全面网罗故训的基础上,通过对旧说及时近人说的慎取别择,通过对经注的精心校勘,对版本的搜罗、比对与判断,凭借其在小

---

① 《尚书今古文注疏凡例》云:"同时诸君之说,有已刻行世之书,亦有未经授梓者,有杂载经义札记者,故须采附经本以谂来学,俱载明姓氏。其不载者,或因引据《书》传,为习见之文,或与拙撰旧稿暗合,是以略之,非敢掠美。"第2页。
② 《古文尚书撰异》,《续修四库全书》第46册172页。
③ 《古文尚书撰异》,《续修四库全书》第46册174页。
④ 《廿二史考异》钱大昕序,《续修四库全书》第454册1页。

学方面的学养,《尚书今古文注疏》在经义的发明、地理的阐释、文字的判断、今古文的别择等方面,都取得了一些新的突破。此略举数例以明孙星衍创新之成绩。

例1.《召诰》"越翼日戊午,乃社于新邑,牛一,羊一,豕一",该句讲的是社日祭祀土神的礼仪。历代诠释者在阐释此条时皆社稷并释兼及社稷祭、配之神,但在祭、配之神究竟为何人、享用何等规格的问题上意见不同,主要形成了两派:伪孔传、王肃认为社稷祭祀的是社稷之神句龙与后稷,享用的规格是"社稷共牢",即社稷合为一牢。郑玄则认为句龙、后稷非以神祀,而是以人鬼配食社稷,社稷享用的规格是各为一牢,非社稷共牢。

面对歧说,孙星衍认为郑玄的说法与《左传》昭公二十九年传的记载相合,认为句龙是共工氏的儿子,生为后土,死则配食于社,是以人鬼配。昭公二十九年传云"共工氏有子曰句龙,为后土,后土为社",孙星衍云:"谓句龙生为后土之官,死则配食于社,故郑注《周礼》云'共工氏之子曰句龙,食于社'是也。"[①]经不言稷,乃举社以该之。稷由后稷配,同样是以人鬼配神。孙星衍对郑注的理解与认同是正确的。此后皮锡瑞《今文尚书考证》、王先谦《尚书孔传参正》等均与孙说一致。皮锡瑞进一步指出:"王肃好与郑异,乃以社稷为勾龙、柱、弃,而《圣证论》马昭已驳之。伪孔传同肃义,此伪孔传出于肃之一证。"[②]王先谦直接引用了皮说。

例2. 前人对《禹贡》"雷夏既泽,灉、沮会同"的认识主要基于《汉书·地理志》《水经注》《尔雅》《元丰九域志》等文献记载,比较简约。据以上文献,知雷夏泽旧在济阴郡城阳县西北,乾嘉时期属濮州雷泽县西北。雷夏陂东西二十里,南北十五里。至于灉、沮

---

① 《尚书今古文注疏》,第394页。
② 皮锡瑞撰,盛冬铃、陈抗点校《今文尚书考证》,中华书局1998年版,第337页。

二水,文献记载较少。伪孔传认为灉、沮二水皆当自濮州入雷夏,而《尔雅》乃以灉为出于河而复入于河,二水不同源。此外再无对二水进行探讨者。宋代傅寅《禹贡说断》因云:"二水所出所迳,载籍别无所详,虽颖达、东坡亦阙而不言。"①又云:"林氏曰:灉、沮二水,先儒并不著其水本末。"②

孙星衍曾两次在山东做官,考古访碑,足迹踏遍鲁西南,故于此条中注引郑玄和《汉书·地理志》说,疏则追根溯源、条分缕析,说明雷泽就是《史记·五帝本纪》记载的舜渔猎处,其地在兖州,即当时的济阴县西北,东西二十余里,南北十五里。可以看出,孙星衍进一步研究后对雷泽位置的认定与前人相同。

孙星衍对此条的贡献是进一步发掘了对灉、沮二水的文献记载:"《尔雅·释水》云:'水自河出为灉。'许氏《说文》云:'河灉水在宋。'濮州南则宋地也。《史记正义》引《括地志》云:'雷夏泽在濮州雷泽县郭外西北,灉、沮二水在雷泽西北平地也。'"又对二水所经故道及后来的演变情况做出了实地考察,认为二水"故道在今山东濮州",因黄河河漫已变为平陆。③ 孙氏对灉、沮二水源头、位置、沿革等情况的调查、研究,条理清晰,资料翔实,超越前人。刘起釪《尚书校释译论》在全采孙说的基础上,又引用当今著名历史地理学家史念海先生的研究成果进一步印证了孙说之确:"史念海氏指出,两周时期,黄河流域多湖泊,主要集中在下游,曹濮一带原为沮洳地,容易形成泽薮。"④

例3.《尚书》中的一些历史人物因时代渺远,行迹已很难查

---

① 傅寅《禹贡说断》,上海古籍出版社1987年版《四库全书》,第57册23页。

② 《禹贡说断》,《四库全书》第57册23页。

③ "雷夏既泽,灉、沮会同"条孙星衍注疏见《尚书今古文注疏》,第147—148页。

④ 顾颉刚、刘起釪《尚书校释译论》,中华书局2005年版,第555页。

考，为注释经书带来了困难。孙星衍广搜文献，努力弥补此前之阙，他的阐释有不少为后人继承。如《君奭》"亦惟有若虢叔，有若闳夭，有若散宜生，有若泰颠，有若南宫括"，孙星衍利用《左传》僖公五年传、《国语·晋语》《汉书·地理志》等文献记载，对虢叔的出身、职位、地位、封地及其消亡等进行疏释："虢叔者，《春秋》左氏僖五年传云：'虢仲、虢叔，王季之穆也。为文王卿士，勋在王室。'《晋语》云：'文王在傅弗勤，处师弗烦，敬友二虢。其即位也，咨于二虢，度于闳夭，谋于南宫。'考《地理志》，右扶风有虢县。此西虢也，是虢叔所封。'河南荥阳县'注：'应劭曰：故虢国，今虢亭是。'此东虢也，是虢仲所封。此经虢叔为西虢，其后为晋献公所灭者也。"①刘起釪《尚书校释译论》释虢叔全用孙说。

孙星衍在篇目的分合上也有自己的独到见解，比如江声、王鸣盛、段玉裁、皮锡瑞、朱骏声等皆沿马、郑之旧将《康王之诰》单列为篇，孙星衍则将其并入《顾命》，刘起釪指出："这是孙优于诸家之处。"②

孙星衍以五家三科说为原则，在今古文的区别与辨析上做出了很多努力，力求各还其是。如《皋陶谟》"帝曰：'来，禹，女亦昌言。'禹拜曰：'都，帝，予何言！予思日孜孜'"，段玉裁《古文尚书撰异》于此条仅指出异文，没有划分今古文："'孜孜'，《夏本纪》作'孳孳'"③。孙星衍最早从今古文的角度对异文做出了阐释。其于注中标注异文："史迁'都'作'于'，'孜孜'作'孳孳'"④，疏中指出作"孜孜"者是古文，作"孳孳"者是今文。其说直接为皮锡瑞继承。

---

① 《尚书今古文注疏》，第452页。
② 《尚书校释译论》，第1870页。
③ 《古文尚书撰异》，《续修四库全书》第46册71页。
④ 《尚书今古文注疏》，第89页。

但孙星衍的辨析、疏解也偶有讹误,如其于《皋陶谟》云:"'孜孜',古文;'孳孳',今文也。"①而于《泰誓》"孳孳无怠"疏中则曰:"《史记》作'孳孳'者,古文","作'孜孜'者,今文也。"②前后两歧而以《泰誓》不当。

(4) 重组旧说

旧说经孙星衍网罗、筛选、疏通之后,需要重组。经过重组,使内在的逻辑关系更加明朗,这是清儒解经方法上的进步。梁启超曾经对江声、王鸣盛、孙星衍三书进行比较,认为江书别择剪裁之功最差,王书不能辨析今古文次之,孙书最优:"孙渊如算是三家之冠了。他的体例,是'自为注而自疏之'。注文简括明显,疏文才加详,疏出注文来历,加以引申,就组织上论,已经壁垒森严。他又注意今古文学说之不同,虽他的别择比不上后来陈朴园的精审,但已知两派不可强同,各还其是,不勉强牵合,留待读者判断从违。这是渊如极精慎的地方,所以优于两家。"③由此可见,梁启超表彰孙书主要因其注文简明、疏文翔实;内部组织壁垒森严;今文、古文各还其是。其中,内部组织壁垒森严说的正是孙星衍重组旧说的杰出能力。

孙星衍注疏《尚书》的一般做法是:先注后疏。注取五家三科之说,标注异文或今古文之别,疏文逐条释注,先出注文之来历,再通过相关材料对注文加以疏释、引申,以客观注疏为主,兼下己意。下以《尧典》"克明俊德"为例看一下孙氏注疏的内部组织:

> 克明俊德,【注】史迁"克"作"能","俊"作"驯"。郑康成曰:"俊德,贤才兼人者。""俊"一作"峻"。【疏】史公说见《五

---

① 《尚书今古文注疏》,第89页。
② 《尚书今古文注疏》,第279页。
③ 《中国近三百年学术史》"十三 清代学者整理旧学之总成绩(一)",第169页。

帝本纪》。"克"为"能"者,《释诂》文。"俊"为"驯"者,《集解》引徐广曰:"'驯',古'训'字。"言尧自明其德,以训九族。《周礼·土训》注,郑司农读训为驯,释以告道,引《尔雅》"训,道也"。是古文说也。《汉书·儒林传》云:"司马迁尝从安国问故。迁书所载《尧典》、《禹贡》、《洪范》、《微子》、《金縢》诸篇,多古文说。"故以其文释经也。郑注见《书》疏。以俊德为贤才兼人者,《春秋繁露·爵国篇》云:"万人曰英,千人曰俊,百人曰杰,十人曰豪。"《说文》云:"俊,才千人也。"故以俊为兼人也。郑意以明为明扬,俊德为贤才,盖言九族中之贤才,如《论语》所云"泛爱众,而亲仁"也。《大学篇》引《帝典》"俊"作"峻",释为"皆自明"者,峻与俊通,皆古文自明之义,言自明其德,则同史公也。①

由上例可见,孙星衍注中标举司马迁说"克"、"俊"之异文及郑注,又有"俊"作"峻"者由下疏文知引《大学》所引《帝典》,不在五家三科之内,故仅标异文,未注何家。疏文先出史迁异文之出处,云见《史记·五帝本纪》。然后对史迁异文逐一疏释,为其寻求证据。"克"作"能",出《尔雅·释诂》;"俊"为"驯",见《史记集解》所引徐广说及《周礼》郑众注。孙星衍据《汉书·儒林传》说明司马迁标举的异文为古文说。至此,完成了对司马迁注的疏解。接下来疏释郑玄注以"俊德"为"贤才兼人"之意,引《春秋繁露·爵国》、《说文解字》说明"俊"乃才过千人者,故郑注为"贤才兼人",又引《论语》"泛爱众而亲仁"之意释郑注。最后,疏释注文"'俊'一作'峻'"之出处,言其意为"皆自明",在"自明其德"这个意义上与史迁同。至此完成了对该句的注疏。可以看出,孙氏注文较简明,疏文材料较翔实,逻辑较严密,疏解较透彻,皮锡瑞因云"论治《尚书》当先看孙星衍《尚书今古文注疏》,陈乔枞《今文尚书

---

① 《尚书今古文注疏》,第6—7页。

经说考〉"①。

对汉魏故训及时近人说进行网罗、筛选、综括、总结、重构,实际是对作者学识、眼界、方法的挑战。《尚书今古文注疏》采用注疏体式,以总结前人成果为主,很少直接呈现孙星衍的个人观点,但这并不是说孙星衍对问题没有自己的认识,他通过对故训及时近人说的重组,采取或全面呈现历代观点、或对历代观点做出选择、或批驳误说等方式,展现自己的态度,隐含自己的见解,或阐明自己的观点。上例选择的是孙星衍重组旧说、不作主观判断的做法,下面以《尧典》"帝曰我其试哉"为例看一下孙星衍在分析今古文、诠释经义上的得失。

帝曰:"我其试哉。"【注】史迁"帝曰"作"尧曰","我"作"吾"。马融、郑康成无"帝曰",郑曰:"试以为臣之事。"【疏】《书》疏云:"马、郑说此经皆无'帝曰'。"史公有"尧曰:吾其试哉"。则有者,孔安国古文也。郑注见《书》疏。云"试以为臣之事",指谓"慎徽五典"等事,可见古本不分出《舜典》也。《论衡·正说篇》云:"尧曰:'我其试哉。'说《尚书》曰:'试,用也。我其用之为天子也。'"则郑义本古说也。《伪传》云:"试舜行迹。"非。②

随着清人对《尚书》文本校勘的日趋细密,对今古文的辨析也日逐渐深入,一些此前遗留下来的疑难问题,经清代学者努力,得到了比较彻底的清理与解决,《尧典》"帝曰我其试哉"条即属于这方面的代表,孙星衍在这一过程中做出了自己的贡献。

"帝曰我其试哉"句,主要存在两个问题:一是异文。马融、郑玄、王肃本都没有"帝曰"二字,伪孔传有,孔颖达《正义》承之。孔颖达云:"马、郑、王本说此经皆无'帝曰',当时庸生

---

① 《经学通论》,第103页。
② 《尚书今古文注疏》,第30—31页。

之徒漏之也。"①《史记·五帝本纪》、王充《论衡·正说篇》均作"尧曰"。另有"我其试哉"之"我"作"吾"者。这些异文是怎样产生的？应该如何阐释？

二是该句的释义，郑玄注为"试以为臣之事"，王肃注为"试之以官"，王充《论衡》云"试之于职"，这几个意思基本一致。但《论衡》又引西汉今文家说，云"试用为天子"，意思则与以上观点完全相反。孰是孰非？

以上两个问题，直到清代才被重新关注、研究。江声《尚书集注音疏》于此条表明了两个观点：一是文字上，他认为有"帝曰"者是，又据《尚书正义》，认为无者乃"当时庸生之徒漏之也"。二是释义上，他认同郑注"试以为臣之事"，认为此乃尧试舜，所试之事即下文"慎徽五典"所列诸事。王肃注"试之以官"，王充《论衡·正说篇》云"试之于职"，释义与郑玄是一致的。②

王鸣盛同样认为郑注"试以为臣之事"指的是下文"慎徽五典"所列诸事，王肃释为"试之以官"与郑义同，此与江声一致。他又指出孔传"言欲试舜，观其行迹"与孔疏"妻以女观其治家，是试舜观其行迹也"之说，③皆非其本义。

段玉裁指出"《正义》曰：马、郑、王本说此经皆无'帝曰'，当时庸王之徒漏之也"④，则古文系统无"帝曰"，认为《史记·五帝本纪》、《论衡·正说篇》有"尧曰"二字，是因为《史记》与《论衡》都是今文系统，则汉时今文《尚书》有"帝曰"可知。伪孔传于此条采用了今文《尚书》，故亦增"帝曰"二字。关于此

---

① 《尚书正义》，中华书局 1980 年版《十三经注疏》附《校勘记》，第123页。
② 《尚书集注音疏》，《清经解·清经解续编》第3册2983页。
③ 《尚书后案》，《续修四库全书》第45册12页。
④ 《古文尚书撰异》，《续修四库全书》第46册28页。

句句意,段玉裁认为"郑注'试以为臣之事'正驳今文家'我其用之为天子之说'"①,肯定古文家的阐释是正确的。

可见,在孙星衍之前,该条经文之异及句意之歧已经引起了江声、王鸣盛、段玉裁等人的关注,并得到了初步解决。孙星衍的注疏实际是对时近人说的概括与总结。其于注中标举异文及郑注,一目了然:"史迁'帝曰'作'尧曰','我'作'吾'。马融、郑康成无'帝曰'。郑曰:'试以为臣之事。'"②

孙氏疏文虽然简短,但观点明确,他提出:一、《史记》有"尧曰"乃孔安国古文;二、由郑注所释"试以为臣之事"指"慎徽五典"以下诸事,知伪孔传本分"慎徽"以下为《舜典》是错误的;三、《论衡》释该句为"我其用之为天子也",与郑注不同,指出郑注本于古本,有据可依,王充所释错误,伪传释为"试舜行迹",亦误。

我们看到,孙氏疏释比较全面地总结了时近人的观点,反映了当时学术发展的前沿水平。他据郑注批评伪孔传对"慎徽五典"以下妄自釐为《舜典》的错误,有利于强化对该问题已经达成的共识。但孙疏也存在一些问题,主要有两点:

一是认为司马迁《史记》有"帝曰",本自孔安国古文,将《史记》认作古文是不确的。从经学发展的实际来看,西汉流传的都是今文《尚书》,《史记》《论衡》所引有"帝曰",说明今文本有此二字。马、郑、王本无,说明东汉古文本无"尧曰"二字。这两个字的有无,正反映了今古文文本的差异。孙星衍后来虽然意识到《史记》今文说甚多,但在《尚书今古文注疏》中却如《凡例》所言,把《史记》全部认定为古文说,未做更改。

二是孙星衍将《论衡》所引该句释为"我其用之为天子也",属于断章取义。王充本意释为"试之于职",引"说《尚书》曰:'试者

---

① 《古文尚书撰异》,《续修四库全书》第46册28页。
② 《尚书今古文注疏》,第30页。

用也,我其用之为天子也'",以指其非。推究孙氏误解了王充之说源于他没有全面引用、理解王说。王说云:

> 尧老求禅,四岳举舜,尧曰:"我其试哉!"说《尚书》曰:"试者用也,我其用之为天子也。"……尧闻舜贤,四岳举之,心知其奇而未必知其能,故言"我其试哉",试之于职,妻以二女,观其夫妇之法,职治修而不废,夫道正而不僻。复令入庶之野,而观其圣,逢烈风疾雨,终不迷惑。尧乃知其圣,授以天下。①

综上所述,《尚书今古文注疏》历时二十二年而成,是孙星衍的倾心之作。他采取自注自疏的方式,兼疏今古文,注取五家三科之说,疏取先秦诸子唐前旧说之涉《书》义者及时近人说,通过网罗旧说、选择旧说、突破旧说、重组旧说的方法,以严谨求实的态度,凭藉多年的积累与研究,成就了一部《尚书》诠释方面里程碑式的著作,实现了该书与孔氏《正义》并传的愿望,奠定了其在乾嘉经学史乃至整个中国经学史上的地位。

作为乾嘉学派的典范之作,《尚书今古文注疏》典型地体现了乾嘉学派的治学精神、治学倾向、治学方法。从治学精神上看,该书无征不信,谨慎求实;自治学倾向言,该书伸汉抑宋,态度鲜明;就治学方法论,该书重视故训的搜辑、选择、校勘、疏释、重组,在集大成的基础上带来了一些新的创获。无论治学精神、治学倾向还是治学方法,孙星衍都不是独具特色,而是体现了乾嘉学派的共性,这部著作在乾嘉经学史、乾嘉学术史上因此具有不可替代的地位。

(三)《尚书今古文注疏》条析

《尚书》最古,来源不一,文义艰深,在流传过程中历经磨难,

---

① 王充《论衡》,上海人民出版社1974年版,第430—431页。

以致问题丛杂。对这些重要问题，历代阐释者都想发表自己的意见，寻求解决方案，力求涣然冰释。各家观点不一，复成聚讼。在现有的研究条件下，这些自古聚讼的问题仍难取得突破性进展。既然没有定论来考量，如何评价或者说拿什么标准来衡量历代重要的《尚书》注释者的贡献就成了一个问题。本文以孙星衍为例，抽取八条，意欲将孙氏成果置于《尚书》学史中进行探讨。通过分析哪些是无根之谈，哪些是有据之论，力图利用已有成果对孙氏注疏的特点、贡献、不足做出比较客观的评判。

1. 曰若稽古

《尚书·尧典》"曰若稽古"一句自汉代以来为经学家们格外关注，秦恭解说四字竟至三万言，①其说惜未传下。东汉以来的注疏者对该句的理解主要持三种意见：一、贾逵、马融、王肃的"顺考古道"说；二、郑玄的"稽古同天"说；三、程颐、朱熹、蔡沈等人的史官追述说。

《尧典》、《皋陶谟》皆以"曰若稽古"开篇，若如郑注以"稽古"为"同天"说，则圣人可同天，人臣不得同天，是同天之义可释尧，却无以处皋陶，故难以将两文篇首句在同一语境下疏通。郑玄通过不同的断句处置这一问题，他采用了《尧典》六字为句，读为"曰若稽古帝尧"，《皋陶谟》则四字为句，以"皋陶"下属的方式，欲弥缝二说，但郑氏的做法似乎不能从根本上解决问题。

为解决这一问题，江声、王鸣盛各寻办法。江疏《尧典》用郑说，疏《皋陶谟》（江作《咎陶谟》）则用马说："斯则解为'顺考古道'可也，不必泥于同天之谊，说经固不可执一也。"②王氏则追随

---

① 桓谭云："秦近君能说《尧典》篇目，两字之说，至十余万言。但说'曰若稽古'，三万言。"《桓子新论》，中华书局、中国书店 1989 年版，《四部备要》第 54 册 10 页。

② 《尚书集注音疏》卷二，《清经解·清经解续编》第 3 册 2995 页。

郑玄，仍着眼于断句："郑以'皋陶'下属为句者，郑于前篇解'稽古'为'同天'，尧德则然；皋陶人臣，不可以同天言之，则此经'稽古'不得与'皋陶'连读也。"①是王氏无所发明，江氏前后岐说。二氏未能解决的问题留给了稍后的孙星衍。

　　孙星衍鉴于江声"曰若稽古帝尧"与"曰若稽古皋陶"两说歧义，作《帝尧皋陶稽古论》。② 在这篇文章中，孙氏对以朱熹、蔡沈为代表的释此句为"史官追述之体，发论之词"的观点予以否定，云："至蔡沈之解稽古，直曰在昔，既与马、郑殊，如其言，则夏之史臣不宜称皋陶为古。其书虽行，似此臆说甚多，更不足辨。"③可以看出，孙氏否定蔡沈根据有二：一为其说与马、郑殊，二为虞夏史臣与皋陶同时，不得称皋陶为古，故以皋陶为"在昔"说不通。前者表明的是孙氏治经之倾向，而非直接证据。后者展示的观点，宋人已经提出，非孙氏创获。孙氏以此类皆为臆说，明确表达了其反对、否定宋元学说的基本态度。

　　至于如何疏通前后两说，解决郑玄、江声遗留的问题，孙氏在《帝尧皋陶稽古论》中提出了自己的见解。细揣其说，观点有四：

　　（1）认为郑玄"同天"是解"帝尧"之"帝"字，非解"稽古"："郑意盖以尧称帝为同天。"④孙氏引纬书为证："故司马贞、郑注《中候敕省图》云：'德合五帝坐星者称帝。'《白虎通》引《礼记·谥法》云：'德象天地称帝。'《初学记》引《易纬》曰：'帝者，天号也。德配天地，不私公位，曰帝。'《尚书纬》曰：'帝者，天号。天有

---

① 《尚书后案》卷二，《续修四库全书》第 45 册 28 页。
② 孙星衍云："吾见友人江叔沄注《尚书》，以尧稽古为同天，以皋陶稽古为顺考古道，不必泥于同天之谊，前后岐说，故作此文以寄之。江君著《尚书》五十余年，体大思精，他无可议。"《问字堂集》卷三《帝尧皋陶稽古论》，第 87 页。
③ 《问字堂集》卷三《帝尧皋陶稽古论》，第 87 页。
④ 《问字堂集》卷三《帝尧皋陶稽古论》，第 85 页。

五帝以立名。'"①以上诸说以"德合五帝""德象天地""德配天地"等解"帝"字,意谓帝有同天之功。孙星衍认为郑玄解为"同天"是针对"帝"字,非释"稽古":"是郑云同天,因帝而生义。"②认为《尚书正义》郑注释"稽"为"同"、释"古"为"天",乃误引。若依孙说,将"同天"理解为释"帝尧"之"帝"字,似确可疏通郑注"曰若稽古帝尧"与"曰若稽古皋陶"之间的矛盾:同天乃帝者专有,皋陶人臣,故不云同天。

（2）"古"为"天"说,非故训。郑玄释"古"为"天",孙氏从"古"为"天"非故训的角度提出质疑:"天为古之说,虽见于《周书》,未必唐时即有此义"③,"许叔重《说文》,必征文义,惟云:'古,故也。从十口。识前言者也。'"④孙氏之所以否定此说,是因为如释"古"为"天",尧可称天,皋陶不可,原有矛盾仍难以解决:"且因尧则天为大,始解稽古为同天,何以处皋陶稽古之说。"⑤他进一步举例证明"古"不为"天"之训:"《周书·寤儆解》云'奉若稽古,惟王又武',《穆解》云'粤若稽古,昭天之道,熙帝之载'。若古即训天,则下文不必称天道帝载。《鬼谷子·捭阖篇》云:'粤若稽古,圣人之在天地间也。'亦不可称为同天。"⑥

实际上,孔颖达《尚书正义》已经对郑玄训"稽"为"同"、训"古"为"天"提出质疑,且明言"古之为天,经无此训":

> 郑玄信纬,训"稽"为"同",训"古"为"天",言能顺天而行之,与之同功。《论语》称"惟尧则天",《诗》美文王"顺帝之则",然则圣人之道莫不同天合德,岂待同天之语,然后得同

---

① 《问字堂集》卷三《帝尧皋陶稽古论》,第85页。
② 同上。
③ 《问字堂集》卷三《帝尧皋陶稽古论》,第85—86页。
④ 《问字堂集》卷三《帝尧皋陶稽古论》,第86页。
⑤ 同上。
⑥ 同上。

之哉？《书》为世教，当因之人事，以人系天，于义无取，且"古"之为天，经无此训。①

《四库全书总目》持论同："《书》之'曰若稽古'用郑康成之义，实则训'古'为'天'，经典更无佐证。"②孙星衍提出以上两说，或受孔疏、《总目》之启发。孙氏以"同天"释"帝"，又不以"古"训"天"，既认同了郑说，又借此将帝、臣区分，其义仍在弥缝郑注，力求在同一语境下融通尧与皋陶皆"稽古"之说。如按孙氏之释，歧说似确可得到解决。从这一点看，他做出的贡献在江声、王鸣盛之上。

（3）马融"顺考古道"与郑玄"稽古同天"之义并无二致。孙氏既以"同天"训"帝"，为尧专有，与皋陶无涉，便打通了"曰若稽古帝尧"与"曰若稽古皋陶"之间的障碍，在此基础上，又进一步融通了马融"顺考古道"与郑玄"稽古同天"说，认为二家观点一致，只是阐释的着眼点不同：贾逵、马融、王肃皆不兼"帝"字生义，故解为"顺考古道"；郑玄兼释"帝"字，故云"稽古同天"，究其实质马、郑无异："王逸《鲁灵光殿赋》云'粤若稽古帝'，汉张载注：'若，顺也。稽，考也。言能顺天地，考行古之道者，帝也。'此张载用《礼记·谥法》'德象天地'之义，天统地，故郑可言同天也。然则《魏志》引贾、马及肃皆以为顺考古道者，但不兼帝字生义，究与郑说不异也。"③

（4）释"稽古"为"法天"。孙氏提出不仅圣人法天，皋陶辅尧、舜，亦法天行政：

> 政莫大乎稽古，稽古即法天也。古之圣人制作，无所本则求之于仰观俯察。……皋陶辅舜制作，故亦有稽古之称。《白

---

① 《尚书正义》，第119页。
② 《四库全书总目》卷三十三"《九经古义》十六卷"条，第277页。
③ 《问字堂集》卷三《帝尧皋陶稽古论》，第86页。

虎通·圣人篇》云何以言咎繇圣人？以目篇曰"若稽古咎繇"是也。《皋陶谟》称天工、天叙、天秩、天命、天讨、天聪明、天明威，是尧、舜之同天称帝，皆皋陶辅翼成之，故与尧同蒙稽古之号。而先儒不以同天解之者，皋陶非帝，郑注以"皋陶"下属为句，古不训天。①

以上是孙氏为疏通郑注《尧典》与《皋陶谟》开篇同一句式不同阐释的矛盾而提出的看法。若依孙说，稽古为法天，则圣贤如尧、皋陶皆当法之；同天为言帝，则可专释尧，皋陶非帝，故不以同天训之；马融不兼"帝"义，郑玄着眼于"帝"，马之"顺考古道"与郑之"稽古同天"说实则一致。是孙氏此说，融通前后，申郑玄而附马融、王肃。简朝亮《尚书集注述疏》已明孙说之旨："此孙氏申郑附王，以通《皋陶谟》也。"②黄式三《尚书启蒙》则认为："孙氏渊如说'帝谓同天，稽古为法古'，别一义。"③

孙氏在《尧典》及《皋陶谟》开篇"曰若稽古"注疏中也申述了以上观点，但没有《帝尧皋陶稽古论》表达得翔实、明确。④

皮锡瑞《今文尚书考证》坚执"稽古"为"考古"说，否定了郑玄

---

① 《问字堂集》卷三《帝尧皋陶稽古论》，第86—87页。
② 简朝亮《尚书集注述疏》卷一，《续修四库全书》第52册31页。
③ 黄式三《尚书启蒙》卷一，《续修四库全书》第48册680页。
④ 孙星衍于"曰若稽古帝尧,曰放勋"句下并列马、郑说，于疏文中先申述"圣人为政，必先稽古"之观点，指出"尧称帝，故谓之同天"，是"同天"释"帝"，非释"稽古"。既然"同天"释"帝"字，则孔疏引郑云"稽"为"同"、"古"为"天"说不确，认为"稽古"之"古"不得兼天生义。说见《尚书今古文注疏》第2—4页。其于《皋陶谟》"曰若稽古"下疏有"稽古者，《泰誓》云：'正稽古立功立事。'本经云：'予欲观古人之象。'非稽古不称圣人。尧之同天，以帝号称之。皋陶圣臣，稽古不必同天。《召诰》言：'稽我古人之德。'下云'稽谋自天'"云云，观点与《帝尧皋陶稽古论》同。见《尚书今古文注疏》第77页。

以"稽古"为"同天"的说法:"稽古之义,今文家皆以为考古。"①认为孙氏"同天"为解帝尧之"帝"字、非解"稽古"之说"近是":"孙星衍以郑君同天之解为解帝尧'帝'字,非解稽古,其说近是。或《正义》误引郑注欤?"②

然孙氏之说,皮氏之外,更无嗣响,是孙说似未能引起时后人关注并得到普遍认可。

究其因,孙氏囿于马、郑,苦心疏通,而马、郑之说是以圣贤稽古为前提,故无论顺考古道还是稽古同天,可释古昔圣贤,而不可通释于古昔他人,孙氏固然疏通了尧与皋陶,却无法用马、郑说疏通"曰若稽古蚩尤"之类,明王樵《尚书日记》已经发现了马融囿于圣贤顺考古道说之不合理并提出异议:"自汉以来《书序》篇名与经文连读之,故说者因误以'曰'为史氏之言,'若稽古'为顺考古道。若然,则'若'、'古'有训。'蚩尤惟始作乱',岂蚩尤亦能顺考古道而行之者邪?"③相比之下,宋人提出的史官追述说打破了圣贤稽古之限制,似更合理。"曰若稽古某某",相当于今之"考古之某某"云云,乃史官叙事之体,本无需将简单的问题复杂化,但乾嘉伸汉抑宋的学术风尚及孙星衍本人的治经倾向决定了他在阐释这一问题时,视野、态度上受到了制约。

"网罗放失旧闻"④是孙氏注疏的基本原则,但他有明确的取材范围,以择取汉魏及时人说为主,不取宋以后说。这就决定了他不仅对宋人的观点持反对、否定态度,对同时代执宋说的学者的观点亦不予采纳。孙氏对宋人说的全盘否定使他也同时摒弃了其中的

---

① 《今文尚书考证》卷一,第3页。
② 《今文尚书考证》卷一,第4—5页。
③ 《尚书日记》卷一,《四库全书》第64册225页。
④ 孙星衍云:"此书之作,意在网罗放失旧闻,故录汉魏人佚说为多。"《尚书今古文注疏凡例》,第1页。

进步成分,这一点在该条中有明显体现。相对于马、郑注,宋之史官追述说似更合理,但孙星衍的学术倾向不允许他接受宋学中即使相对合理的成分,博采、疏通汉魏故训才是孙氏注疏的核心任务。

孙氏注疏是在比较全面地综括汉魏主要观点的基础上完成的,对待旧说中的自相矛盾或不够合理之处,他力图通过自己的思考予以疏通,使之趋于合理。就此条来看,孙星衍为疏通马、郑,做了很多努力,他提出的"同天"释"帝"、"稽古"为"法天"之义、马融郑玄说义同等观点应该说超越了同时持同类意见的其他学者,有一定的合理性。如果将孙氏的努力放在乾嘉学术背景下,联系乾嘉学术倾向,单从疏通马、郑注的角度来看待,其做出的思考、提出的观点应该是有一定启发意义的。皮锡瑞指出江声《尚书集注音疏》立说有未定处,特出"曰若稽古"前后两歧之例,并明孙氏辨析之功:"如解'曰若稽古'两歧,孙星衍已辨之。"①

2. 璇玑玉衡

历代阐释者对《尧典》"璇玑(又作旋机、旋玑、琁玑)玉衡"意见不一,争论达两千年之久,直到今天天文、考古工作者仍在对其继续探究。本文仅对历代阐释"璇玑玉衡"的主要观点略作梳理,并对孙星衍的贡献稍作评价。

(1)历代对"璇玑玉衡"的主要阐释

综括以往研究,主要有两种观点:璇玑玉衡究竟是星象还是天文仪器?

Ⅰ.星象说。主星象说者源于汉代伏生。其于《尚书大传》中指琁机为北极:"旋者,还也。机者,几也,微也。其变几微,而所动者大,谓之旋机。是故旋机谓之北极。"②司马迁认为旋玑玉衡为

---

① 《经学通论·论治〈尚书〉当先看孙星衍〈尚书今古文注疏〉陈乔枞〈今文尚书经说考〉》,第103页。
② 陈寿祺《尚书大传辑校》一,《清经解·清经解续编》第10册1851页。

北斗七星:"北斗七星,所谓旋、玑、玉衡以齐七政。"①刘昭注《续汉天文志》引《星经》则认为:"璇玑,谓北极星也。玉衡,谓斗九星也。"②《说苑·辨物》引此经说之云:"璇玑谓北辰勾陈枢星也,以其魁杓之所指二十八宿,为吉凶祸福,天文列舍盈缩之占,各以类为验。"③

由上可见,主星象说者意见也不完全一致:《尚书大传》《星经》《说苑·辨物》认为璇玑是北极、北辰,《史记·天官书》则认为是北斗七星。北斗由天枢、天璇、天玑、天权、玉衡、开阳、摇光七星组成。古人把这七星联系起来想象成古代舀酒的斗形,天枢、天璇、天玑、天权组成斗身,古曰魁;玉衡、开阳、摇光组成斗柄,古曰杓。北辰即北极星,古人称之为"勾陈一"。在星座图形上,它处于小熊的尾巴尖端。从天璇通过天枢向外延伸一条直线,大约延长五倍多些,即可见到一颗和北斗七星差不多亮的星星,这就是北极星。可见,北斗七星与北极星位置不同,更非同一颗星,古人认识模糊,故作出不同解释。阐释虽异,旨归一致:皆认为璇玑玉衡为星象。

Ⅱ.仪器说。主仪器说者以孔安国、马融、蔡邕、郑玄为代表,诸家皆认为璇玑玉衡是一种可以旋转的、用来观察天文的浑天仪,舜时已经开始使用。孔安国云:"在,察也。璇,美玉。玑衡,玉者正天文之器,可运转者。"马融曰:"浑天仪可旋转,故曰玑衡。"蔡邕云:"玉衡长八尺,孔径一寸,下端望之以视星辰。盖悬玑以象天而衡望之,转玑窥衡以知星宿。"④郑玄则把璇玑玉衡直接释为浑

---

① 《史记》卷二十七《天官书》,中华书局1975年版,第1291页。
② 《尚书今古文注疏》卷一引,第36页。
③ 刘向撰,赵善诒疏证《说苑疏证》卷十八,华东师范大学出版社1985年版,第524页。
④ 本段引文皆出《尚书正义》卷三,第126页。

天仪。《宋史》卷四十八《志》第一《仪象》中将璇玑玉衡这一测天仪器的发明时代进一步上推，并引吴王蕃之论言其形制、作用：

> 历象以授四时，玑衡以齐七政，二者本相因而成。故玑衡之设，史谓起于帝喾，或谓作于宓牺。又云璇玑玉衡乃羲、和旧器，非舜创为也。汉马融有云："上天之体不可得知，测天之事见于经者，惟有玑衡一事。玑衡者，即今之浑仪也。"吴王蕃之论亦云："浑仪之制，置天梁、地平以定天体，为四游仪以缀赤道者，此谓玑也；置望筩横箫于游仪中，以窥七曜之行，而知其躔离之次者，此谓衡也。"①

宋元明人多持浑仪说，唯宋朱熹、元黄镇成、明马明衡在主浑仪说的同时，尚不废星象说。黄镇成《尚书通考》主浑仪与北斗并存："朱子曰：璇玑所以象天体之转运，玉衡所以窥玑而齐七政之运行，犹今之浑天仪也。历家又以北斗魁四星为玑，杓三星为衡。"②马明衡《尚书疑义》持论同："玑衡之说，注家甚详。但历家以斗魁为玑，斗杓为衡，其说恐亦不可弃。"③

至清，仍有持浑仪说者。如王鸣盛《尚书后案》："圣人为璇玑以象之，玉衡以窥之。"④戴震《尚书义考》虽持此说，但他认为唐虞之机衡与汉时不同，以汉人制作解说唐虞不符合历史真实：

> 璇玑玉衡，先儒徒据汉以后之浑天仪为说，皆失之。扬雄《法言》或人问浑天于雄，雄曰："洛下闳营之，鲜于妄人度之，耿中丞象之，几几乎，莫之违也。"浑天之器，创于此三人，遂以其转旋，名之曰璇玑；以其中之窥管，名之曰玉衡。虽袭取古

---

① 脱脱等《宋史》卷四十八《志》第一《天文一》"仪象"，中华书局1985年点校本，第951页。
② 黄镇成《尚书通考》卷三，《四库全书》第62册57页。
③ 《尚书疑义》，《四库全书》第64册113页。
④ 《尚书后案》，《续修四库全书》第45册14页。

名,非唐虞时所谓机衡也。……惜乎!汉以来为浑天仪,未能深考机衡本象,使古者测天之器不传,释《尧典》者因汉制附会,故似同而异,似是而非。①

(2) 江声、孙星衍对星象说的发覆

江声《尚书集注音疏》是清人中较早重拾星象说者。他采取自注自疏的形式,注列《尚书大传》《春秋纬》之《运斗枢》《文耀钩》及《史记·天官书》说,在综合诸说的基础上,认为"北极与斗魁皆为旋机,斗炳为玉衡也","则斗魁为恒星右旋之机,故北极斗魁皆为旋机也"②。

唐宋以来释"璇玑玉衡"以主浑仪说者居多。江氏《尚书集注音疏》于此条舍马、郑而从《史记》《大传》,虽然他对璇玑玉衡的认识尚不明晰,但他将其视为星象较唐宋多沿浑仪说者更趋科学,引导了时后人对该问题的进一步探究。

孙星衍注解此条时将前人主要观点进行了比较全面的综括,把史迁璇玑玉衡为北斗七星、《尚书大传》"琁机谓之北极"及马融、郑玄"浑仪"说并列注中,对诸家之说一一疏释。孙氏虽星象、浑仪并举,《史记》《尚书大传》、马、郑并疏,但于行文中似能感觉到其主观倾向。孙氏在列举了《魏志》魏王上书、《蜀志·先主传》议郎阳泉侯刘豹等上言、《魏志·管宁传》王基荐宁言等材料后,云:"是汉魏人多不以璇玑为浑仪也。"③孙星衍不仅发掘汉魏文献证明当时人"多不以璇玑为浑仪"的观点,而且为马融、郑玄执浑仪说溯源,认为皆出纬书:马注"以璇为美玉、玑为浑天仪、衡为横箫者,'箫',《书》疏引作'萧',说本《书纬》"④,郑注"以璇玑玉衡

---

① 《尚书义考》,《续修四库全书》第 45 册 396—397 页。
② 《尚书集注音疏》,《清经解·清经解续编》第 3 册 2985 页。
③ 《尚书今古文注疏》,第 37 页。
④ 《尚书今古文注疏》,第 38 页。

为浑天仪,亦本《纬书》"①,字里行间隐含了其对纬书材料的不信任及对马、郑浑仪说的不认同。

较之江声,孙星衍运用的材料更加丰富,其于《史记·天官书》例中补充了萧吉《五行大义》引《尚书》"琁瑰,斗魁四星。玉衡,拘横三星"之说,指出此同史公之论;又补充了《汉书·律历志》、刘昭注《续汉天文志》引《星经》《说苑·辨物》对此经文的解说,以证诸书所云璇玑玉衡皆为星象,不为浑仪;复补充了《魏志》载魏王上书、《蜀志·先主传》载议郎阳泉侯上言及《魏志·管宁传》王基荐宁语等,意在证明"是汉魏人多不以璇玑为浑仪也"。又于《尚书大传》疏解下补充《公羊疏》引孙炎说、《史记索隐》引《春秋合诚图》对北极、北辰的阐释,观点更加明了。通过这些材料的补充,璇玑玉衡为星象说证据更加充实,也更富有说服力。

（3）皮锡瑞、魏源对江、孙说的弘扬

皮锡瑞《今文尚书考证》一方面继承了江声、孙星衍的观点,指出:"不知古无测天仪器,故《大传》、《史记》不以机衡为浑仪;古无测五星法,故《大传》、《史记》不以七政为七纬。"②另一方面也指出了孙星衍在今、古文判别上存在的不足:"孙氏以《大传》云旋机为北极为今文说,《史记》云北斗为玉衡为古文说,非是。"③孙星衍将《史记》所引《尚书》说皆作古文看待,皮锡瑞予以辩驳:"但误执《史记》皆古文,致今古文家法大乱。"④

就研究方法来看,皮锡瑞直接继承了孙星衍的做法,通过补充证据进一步证成璇玑玉衡为星象而非浑仪的说法。其在征引了孙

---

① 《尚书今古文注疏》,第38页。
② 《今文尚书考证》,第47页。
③ 《今文尚书考证》,第46页。
④ 《经学通论·论治〈尚书〉当先看孙星衍〈尚书今古文注疏〉陈乔枞〈今文尚书经说考〉》,第103页。

星衍引用过的《尚书大传》《说苑》《续汉志》,《史记》之《律书》《天官书》及《索隐》所引《春秋·运斗枢》《文耀钩》等材料后,力图调和伏生北极说与史公北斗说,认为伏生、史公之说皆为今文:"疑伏生专就北极言之,史公专就北斗言之,旋机玉衡各举其一,古书简略,多不分析,非《大传》为今文,《史记》为古文也。"①皮氏复补充《春秋·感精符》、扬雄《太玄摛》《甘泉赋》《长杨赋》、刘歆《遂初赋》等材料,意在印证其"考两汉人所引经义,皆以机衡为星"②之结论。皮氏指出以上材料皆于马、郑说未出之前执璇玑玉衡为星象说,故从文献记载来看,星象说在前,浑仪说后起。

王先谦《尚书孔传参正》于此条无论在观点上还是材料上都没有跳出孙、皮之外。

魏源《书古微》同样主璇玑玉衡为星象说,认为上古观天文齐人事"凭天象不凭仪器,天文以此正,地理以此分,人事以此齐,四时以此定,故曰以齐七政"③。魏源同样取证于文献记载:"自唐虞三代西汉历法皆如此。自《周髀算经》《甘石星经》《淮南子·天文训》《史记·天官书》《律书》《说苑》《书大传》说皆如此。"④魏源在孙星衍的基础上进一步追溯浑仪说的起源,云马融、郑玄是受西汉哀、平时期纬书的影响发明了璇玑玉衡为浑仪说:"及东汉马、郑沿哀、平纬书羲和立浑仪之说,遂以汉武时洛下闳所创铜仪解唐虞之机衡,易天象之自然,为人事之机巧。"⑤魏源指出"东汉以前初无此说"⑥,进一步证成了星象说之可信。

综上所述,对"璇玑玉衡"的阐释,自马融、郑玄至宋元明迄清

---

① 《今文尚书考证》,第47页。
② 同上。
③ 魏源《书古微》卷二,《续修四库全书》第48册490页。
④ 同上。
⑤ 同上。
⑥ 《书古微》卷二,《续修四库全书》第48册489页。

初学者多执浑仪说,影响很大,以致相对合理的星象说久被湮没。孙星衍继江声之后,发扬星象说,为之发掘材料,补充证据,不仅表明了自己的主观倾向,而且探究了马、郑浑仪说之来源。由其伸张,复经皮锡瑞、王先谦、魏源诸人努力,该说发扬光大,迄今已居主流。刘起釪在《尚书校释译论》中从旧说、天文、考古等多个角度对"璇玑玉衡"进行了精密细致的探讨,最终指出:"旋机玉衡只能解释为北斗七星。"①则孙氏于此振起发覆之功不可埋没。

3. 象以典刑

刑法与现实政治密切相关,经学家对《尧典》"象以典刑"的诠释往往也超出了纯粹学术研究的范畴,在基本的文字训诂之外,或多或少地掺入了一些个人见解,比较典型地体现了经学为政治服务的作用。历代对"象以典刑"的诠释,主要有画象示辱和常刑说两种观点。这两种观点先秦汉魏时已经出现,孙星衍力主前者,不取后者;他最早从今古文说的角度提出了画象示辱为今文家言、常刑说乃古文家言的观点;他于此条中发掘类书、古注证明己说,在材料的拓展上做出了很大贡献。此对历代诠释"象以典刑"的主要观点予以梳理,将孙氏之主张、贡献置于《尚书》学史中略作讨论。

(1) 历代对"象以典刑"的主要阐释

Ⅰ. 画象示辱说。此说起源于先秦诸子家言,其义甚古。执此论者认为唐尧虞舜时尚无肉刑,对不法者以画衣冠异章服的形式予以惩罚,使知耻悔过,得以自新,说见《墨子》《慎子》《荀子》等:

> 李善《文选注》引《墨子》曰:"画衣冠,异章服,而民不犯。"

> 《太平御览·刑法部》引《慎子》云:"断其肢体,凿其肌肤,谓之刑。画衣冠,异章服,谓之戮。上世用戮而民不犯,中

---

① 《尚书校释译论》,第118页。

世用刑而民不从。"

《荀子·正论》云:"治古无肉刑而有象刑。"

Ⅱ. 常刑说。常刑之论较早见于马融、郑玄说。马融注"流宥五刑"将五刑释为"墨、劓、剕、宫、大辟"五种常刑,郑玄注《周礼·秋官·司刑》于五种常刑之外又加流宥、鞭、扑、赎刑,谓之九刑。无论马之五刑,还是郑之九刑,均执常刑说。这与《史记·五帝本纪》集解引马融说"言咎繇制五常之刑,无犯之者,但有其象,无其人也"及《周礼·秋官·司圜》郑注云"弗使冠饰者著墨幪,若古之象刑与"皆主象刑为画象说不同,黄以周认为马、郑说解不同盖因其兼采今古文而致(详下)。

以上常刑说为宋元人广泛接受,但对常刑的阐释也有与马、郑注不同者,如宋王应麟《困学纪闻》引范蜀公《正书》曰:"舜之五刑:流也,官也,教也,赎也,贼也。'流宥五刑'者,舜制五流,以宥三苗之劓、刵、剕、宫、大辟也。"①是认为"劓、刵、剕、宫、大辟"为三苗之刑,"流、官、教、赎、贼"为舜之五刑,该说对后世产生了一定影响。朱彝尊《曝书亭集》即本此说,惠栋又直接征引朱氏之说。

清毛奇龄以《国语》五刑立论,认为五刑为"大刑用甲兵,次刑斧钺,中刑刀锯,其次钻笮,薄则鞭扑",名虽与《尧典》五刑有异,然皆为肉刑,认为伪孔传常刑之说即源于此:"吾尝读《国语》而稍悟其说,《国语》与《左传》同出策书,而《国语》论五刑则直为《虞书》作解,有曰:'刑五而已,大刑用甲兵,次刑斧钺,中刑刀锯,其次钻笮,薄则鞭扑,故大者陈之原野,小者致之市朝,谓之三次。'则是前古五刑并及肤肉,名虽小变而刺杀并同,故三就之名更为三次,孔氏即取其说以作传,然且劓、墨未形而反多刀锯、钻笮之具,一似苗民之造椓黥,商君之增凿颠与抽胁者。然则五刑三就,其不

---

① 王应麟著,翁元圻等注,栾保群、田松青、吕宗力校点《困学纪闻》卷二,上海古籍出版社2008年版,第163页。

能离肉刑以为说,有如是也。"①吴汝沦引《汉书·刑法志》,说同毛氏:"典刑谓五刑也。《汉书·刑法志》'圣人因天讨而作五刑。大刑用甲兵,其次用斧钺,中刑用刀锯,其次用钻笮,薄刑用鞭扑'。此鞭扑在下文,故不言五。"②

(2)孙星衍的主要观点

画象示辱与常刑说两种主要观点在先秦汉魏时已经出现,孙星衍力主前者,不取后者,于别择中显示了其对该问题的理解与态度。孙氏在《尚书今古文注疏》"象以典刑""方施象刑"二条及《唐虞象刑论》一文中阐发了以下观点:

Ⅰ.主张唐虞画象而无肉刑。孙星衍于"象以典刑""方施象刑"注疏中明确表达了这一观点:

"象以典刑"条,注:"马融曰:'言咎繇制五常之刑,无犯之者,但有其象,无其人也。'"疏:"象者,画象。典者,《释诂》云:'常也。'《汉书·武帝纪》元光元年诏曰:'昔在唐虞,画象而民不犯。'《周礼·司圜》疏引《孝纬》云:'三皇无文,五帝画象,三王肉刑。画象者,上罪墨蒙赭衣杂屦,中罪赭衣杂屦,下罪杂屦而已。'《荀子·正论篇》云:'古无肉刑,而有象刑。'《汉书·刑法志》云:'禹承尧舜之后,自以德衰而制肉刑,汤武顺而行之者,以俗薄于唐虞故也。'是明唐虞无肉刑。郑注《周礼·司圜》云:'弗使冠饰者,著墨幪,若古之象刑与?'知郑氏亦信象刑之说也。"③

"方施象刑"条,注中有:"《大传》说:'唐虞象刑,而民不敢犯。苗民用刑,而民兴犯渐。唐虞之象刑,上刑赭衣不纯,中刑杂屦,下刑墨幪,以居州里,而民耻之,而反于礼。'""惟

---

① 毛奇龄《尚书广听录》,《四库全书》第66册639页。
② 吴汝伦《尚书故》,《续修四库全书》第50册534页。
③ 《尚书今古文注疏》,第52—53页。

明"条疏中有:"《汉书·本纪》元光元年诏曰:'昔在唐虞,画象而民不犯。'杨子《先知篇》云:'唐虞象刑,惟明。夏后肉刑三千。'俱以象刑为画象也。"①

Ⅱ. 认为肉刑起于夏禹苗民之时。肉刑究竟起于何时,历代阐释者众说纷纭,或云始于尧舜以前,或云始于尧舜时,或云始于苗民,或云始于夏禹,或云始于商周等。孙星衍对这一问题也极为关注,在《唐虞象刑论》中进行了专门探讨。其据《新序》《孝经纬》《吕刑》《尚书大传》等文献,认为肉刑始于夏,夏禹时因袭苗民之制而作:

《新序·节士篇》引《书》"旁施象刑,惟明"下云"及禹不能",是言肉刑始于夏也。三王肉刑之说,出于《孝经纬》,盖自禹作之,因有苗之制,其在《吕刑》曰:"苗民弗用灵,制以刑,惟作五虐之刑曰法。杀戮无辜,爰始淫为劓、刵、椓、黥。"《书正义》引郑注本作膑宫劓割头庶剠,"庶"疑"墨"字。是五刑大辟兴自苗民。②

复据《尚书大传》《吕刑》《左传》昭公十四年叔向所引《夏书》等指出肉刑乃夏禹时皋陶所制:

《大传》云:"苗民用刑而兴犯渐。"禹因不能废而制其中。《吕刑》又云:"士制百姓于刑之中。"盖使皋陶制之也。《春秋左氏》昭十四年叔向引《夏书》曰:"昏墨贼杀,皋陶之刑也。"③

又据《尚书大传》指出禹时之肉刑、死刑为膑、宫、劓、墨、死:

《汉纪》鲁褒云:"皋陶不为盗制死刑,杀人者死,盗则抵

---

① 《尚书今古文注疏》,第121页。
② 《孙渊如先生全集·平津馆文稿·唐虞象刑论》,《续修四库全书》第1477册525页。
③ 同上。

罪。"然明禹时有肉刑、死刑也,其目见《尚书大传》,云:"夏刑三千条,决关梁,逾城郭而略盗者,其刑膑。男女不以义交者,其刑宫。触易君命、革舆服制度、奸轨、盗攘伤人者,其刑劓。非事而事之、出入不以道义而诵不详之辞者,其刑墨。降畔寇贼、劫略夺攘挢虔者,其刑死。"①

最后征引《汉武梁祠堂画象》、班固《咏史诗》《东观汉纪》等材料进一步分析皋陶于尧舜时不制肉刑而制于夏禹之因,认为"盖时变使然":

> 皋陶制肉刑、大辟,不于唐虞之世,而于禹之时,盖时变使然。《汉武梁祠堂画象》云:"夏禹退为肉刑。"班固《咏史诗》云:"三王德弥薄,惟后用肉刑。"《北堂书抄·刑法部》引《东观记》梁统上书云:"五帝有流殛放杀之诛,三王有大辟死肌之刑。"所言殛,谓殛之远方至死不反。杀同槃,与蔡同义。今本《东观记》"杀"作"窜",明非大辟之杀也。②

《唐虞象刑论》外,孙星衍在"象以典刑"条疏中引《汉书·刑法志》云:"禹承尧舜之后,自以德衰而制肉刑,汤武顺而行之者,以俗薄于唐虞故也。"③于"流宥五刑"条疏云:"五刑者,少昊时九黎之君苗民所作。"④于"惟明"条引扬雄《法言·先知篇》云:"唐虞象刑,惟明。夏后肉刑三千。"⑤皆表达了五刑始于苗民、肉刑夏禹制作之主张。

Ⅲ. 主张胜残去杀,废除肉刑。孙星衍明刑律,为京官及地方官时皆曾参与司法实践,以执法持平宽恕见称。基于对国家法令

---

① 《孙渊如先生全集·平津馆文稿·唐虞象刑论》,《续修四库全书》第 1477 册 525 页。
② 同上。
③ 《尚书今古文注疏》,第 53 页。
④ 同上。
⑤ 《尚书今古文注疏》,第 121 页。

之熟稔,对执法实践之感触,孙星衍撰《唐虞象刑论》不仅表达自己对《书经》"象以典刑"的见解,更寓有通经致用、以经学饰吏治之目的。故于此文中,孙星衍联系历史与现实,斥荀学之不纯,指荀学之流弊;引孔子之言,主胜残去杀:

> 荀子之学不纯,故为性恶之说。吾验之于当今之政,盗之死刑不分首从,国家自立原情遣戍之条,而盗狱翻减于曩时,触罪而轻其刑,安见犯者之滋多也。孔子云:"道之以德,齐之以礼,有耻且格。"又云:"善人为邦百年,可以胜残去杀。"唐虞崇晏晏之化,致无为之治,二圣相继,不止百年。孔子既有胜残去杀之文,是象刑可用,不必辟以止辟也。且鸟兽神灵者犹知食自死之肉,不履生草,是天道有不伤生之证,圣人法之,古有其事,亦何疑焉。上古豢龙教扰猛兽之事,皆非后世所能行,不得谓书传虚辞也。荀子之学传于李斯,一为苛刻之论,弟子奉行其说,流弊至于坑儒,士族诽谤,身被五刑,甚矣,君子之当慎言择术也。①

对于汉魏以来几次肉刑复废之争,孙星衍反对恢复肉刑,认为减死刑入肉刑名轻实重:

> 汉魏名臣俱欲复肉刑者,汉文废肉刑,后世多以肉刑之条入于死刑,是名轻而实重也。然吾以为卒不必复,何也?复之之始则减死刑以入于肉刑,久则重视死刑而轻肉刑。苛刻者又将增肉刑之条,孔子惧始作俑者。五刑始于画象,其后遂有五杀之刑。有苗既作五刑,虽神禹不能废,行之未久,流弊至于剖心炮烙。今废五刑而又复之,其流何所底止?故古者三千之刑,数应礼经,历世不敢加增,废肉刑而效唐虞之治,又何不可?梁唐曾一废死刑,有司或毙犯者于杖下。此无善人为

---

① 《孙渊如先生全集·平津馆文稿·唐虞象刑论》,《续修四库全书》第 1477 册 525—526 页。

邦而妄行其政,非法之弊也。①

孙星衍的这番感慨,既有历史之鉴,又有现实感触。他借诠释经文,议复肉刑之弊,鲜明地表达了自己崇尚平恕的司法主张与执法实践,体现了通经致用之精神。

(3) 孙星衍的主要贡献

Ⅰ.划分今古文说,认为主象刑为画象示辱者为今文家说,为常刑者乃古文家言。古文家说采荀子之论,司马迁兼用之,班固于《白虎通》《汉书·刑法志》中两歧:《白虎通》主象刑说,为今文;《汉书·刑法志》主刑法说,为古文:

> 司马迁兼用古文之学,故说"方施象刑惟明"云:"令民皆则禹,有不如言,刑从之。"班固之为《白虎通》亦引纬书及书传象刑之说,而《汉书·刑法志》云"圣人因天讨而作五刑。大刑用甲兵,其次用斧钺,中刑用刀锯,其次用钻凿"者,兼用古文之义也。古文之义颇采荀子之言,《荀子·正义篇》非象刑之说云:"以治耶,则人固莫触罪,以为人或触罪而直轻其刑,然则是杀人者不死、伤人者不刑也,罪至重而刑至轻,庸人不知恶也,乱莫大焉。"②

孙星衍在分辨此条今古文说上有开创之功。他的分辨大致正确,为其后皮锡瑞、黄以周等继承。皮锡瑞于"象以典刑"条云:"今文说以为画象。"③黄以周综括伏生与《荀子》说云:"伏《传》为今文家之祖,《荀子》乃古文家之宗也。"④认为马、郑注既有古文说,也用今文义,指出《周礼·秋官·司刑》中的郑玄注"正刑五,

---

① 《孙渊如先生全集·平津馆文稿·唐虞象刑论》,《续修四库全书》第1477册526页。

② 《孙渊如先生全集·平津馆文稿·唐虞象刑论》,《续修四库全书》第1477册525页。

③ 《今文尚书考证》,第66页。

④ 黄以周《礼书通故》,中华书局2007年版,第1825—1826页。

加之流宥、鞭、朴、赎,此之谓九刑",为古文说;①而郑注《周礼·秋官·司圜》"掌收教罢民凡害人者,弗使冠饰而加明刑"云"弗施冠饰,著墨幪,若古之象刑",则参用今文家言。② 马融注"象以典刑"据伏《传》象刑之说,云"但有其象,无其刑",为今文说;③注"流宥五刑"云"五刑,墨、劓、剕、宫、大辟",则主常刑说,是兼用古文说。④ 至于班固《汉书·刑法志》引《书》"天讨有罪"云"因天讨而作五刑,大刑用甲兵,其次用斧钺,中刑用刀锯,其次用钻凿,薄刑用鞭朴"⑤,亦为古文家说。可见,黄以周对今古文的辨析更加细致、明确,是对孙星衍做法的继承与发展。

Ⅱ. 发掘、利用了一些新材料。乾嘉学者通过发掘前人未及使用的新材料,或为前人结论增加证据,或补充前人之说,或驳正前人之论,取得了一些新创获。孙星衍凭借自己在经史、小学、目录、版本、校勘等领域的造诣,在网罗旧说、发掘新材料上独步一时。仅由此条可见,孙氏在取材范围上远迈前贤时彦,其于前人常用的先秦子书如《慎子》《荀子》《墨子》及汉唐文献如《汉书·武帝纪》元光元年诏、《汉书·刑法志》《白虎通》《孝经纬》《尚书大传》《尚书正义》之外,进一步发掘了以下文献:

《春秋左氏》昭十四年叔向引《夏书》曰:"昏墨贼杀,皋陶之刑也。"

《汉纪》鲁褒云:"皋陶不为盗制死刑,杀人者死,盗则抵罪。"

《汉武梁祠堂画象》云:"夏禹退为肉刑。"

---

① 《礼书通故》,第 1826 页。
② 同上。
③ 同上。
④ 同上。
⑤ 同上。

班固《咏史诗》云:"三王德弥薄,惟后用肉刑。"

《北堂书抄·刑法部》引《东观记》梁统上书云:"五帝有流殛放杀之诛,三王有大辟死肌之刑。"

《新序·节士篇》引《书》:"'旁施象刑惟明',下云'及禹不能'。"

这些前人未曾引及而出自秦汉人记载的文献为肉刑始于夏禹乃皋陶所制的观点增加了有力证据。

类书保存了大量已经亡佚的材料,对存世文献也有比勘价值。孙星衍因此非常重视发掘类书材料,并将其引入到经学诠释中,这是研究视野与方法的拓展。如《慎子》一书,至清已亡,《荀子》杨倞注中有征引。就"象刑"而论,杨倞注引《慎子》曰:"有虞氏之诛,以画跪当黥,以草屦当劓,以履緷当刖,以艾毕当宫。"①而《太平御览·刑法部》引《慎子》:"有虞氏之诛,以蒙巾当墨,以草屦当劓,以菲履当刖,以艾鞸当宫,布衣无领当大辟,此有虞之诛也。斩人肢体,凿其肌肤,谓之刑。画衣冠,异章服,谓之戮。上世用戮,而民不犯也。中世用刑,而民不从。"②相比之下,杨倞注引用的《慎子》材料不全,《太平御览》保存的更接近于全貌,也就更便于比较全面地认识《慎子》一书对"象刑"的看法。由此可见,从类书中发掘已经亡佚的材料或寻求较存世文献更完整的材料,有利于在研究视野得以拓展的基础上得出更客观、全面的结论。

类书之外,古注也引起了孙星衍的充分重视。其于"流宥五刑"条采《太平御览》所引《慎子》后云:"《慎子》及《文选·汉武贤良策》注引《墨子》亦言之。"③于"象以典刑"条注引马融说:"言咎

---

① 《尚书今古文注疏》,第121页。
② 《尚书今古文注疏》,第121—122页。
③ 《尚书今古文注疏》,第53页。

緣制五常之刑，无犯之者，但有其象，无其人也。"①孙星衍疏云："马注见《史记集解》。"②认为皋陶制五常之刑应是夏禹时事，不当出现于此："以典为常，故云'皋陶制五常之刑'。实则此时皋陶未制刑也，疑是《皋陶谟》'方施象刑'之注，裴氏误附于此。"③此说堪称孙氏一家之言。以上数条，姑且不论观点是否正确，单就文献的使用来看，李善《文选注》、裴骃《史记集解》这样的优秀古注之所以受到关注与利用，是因为它们保存了对儒经诠释极为有用的大量旧说。他如李鼎祚的《周易集解》《续汉书》刘昭注、郦道元《水经注》等在《尚书今古文注疏》中均被特别看重，广泛征引，同样基于其保存旧说之功。

孙星衍之前的江声、王鸣盛于此条在材料上没有做出新的拓展。江声亦主唐虞象刑说，所引马融说、《孝经纬》《尚书大传》等乃前人常用材料，疏解简明但不够翔实，于材料发掘更无开拓。王鸣盛执郑玄象刑乃墨、劓、宫、刖、杀五种常刑加流宥、鞭、扑、赎统称九刑说，引《周礼·秋官·司刑疏》郑注为证，又从坚执郑注的立场出发否定《尚书大传》及《史记·五帝本纪》集解引马融象刑为画象说，从取材上看，同样不出前人范畴。相比之下，孙星衍对此条类书、古注的发掘是有贡献的。

晚清皮锡瑞《今文尚书考证》于"象以典刑"条亦主画象说，为证明这一观点，皮氏在孙星衍之外又增加了《公羊》襄二十九年传及徐彦疏、扬雄《廷尉箴》《论衡·儒增篇》《风俗通》等数条证据。通过扩充材料补充证据，就方法上来说仍是对孙星衍的继承。

王先谦《尚书孔传参正》在诸家之后释"象以典刑"之"象"为画象，用《尚书大传》《孝经纬》《公羊》襄公二十九年传、《白虎

---

① 《尚书今古文注疏》，第52页。
② 《尚书今古文注疏》，第53页。
③ 同上。

通·五刑篇》《史记·孝文本纪》《论衡·儒增篇》《风俗通》《周礼·司寰注》《三国志》魏明帝诏、《荀子》《墨子》《慎子》《尚书大传》《史记集解》引马融说等疏解唐虞画象说,材料一依孙星衍、皮锡瑞,已经很难做出新的开拓了。

由此条可见,经学注疏不仅观点上创新不易,即使是材料的拓展也非轻而易举,这跟作者的视野、识见及当时的研究条件密切关联。清末民国以来的学者在《尚书》诠释中取得的新进展,也主要得益于新材料尤其是出土文献与敦煌文献的发掘与利用。虽然研究条件不同,可利用的新材料也不一样,但就方法而言,一脉相承。

4. 俊乂在官

《皋陶谟》云:"翕受敷施,九德咸事,俊乂在官。""俊乂"何义?历来说法不一,孙星衍深思精研,提出己见,其说对后世产生了一定影响。此仅对历代"俊乂"之解略加梳理,并对孙说得失略作检讨。

(1) 乾嘉之前关于"俊乂在官"的主要观点

对"俊乂"一词做出具体阐释且影响较大的以马融、郑玄、孔安国、孔颖达为代表。马融、郑玄说基本相同。《经典释文》引马云:"千人曰俊,百人曰乂。"[①]《尚书正义》曰马、王、郑皆云"才德过千人为俊,百人为乂"[②]。就二书所引来看,对"俊""乂"在人数上的认识是一致的,而《正义》较《释文》在"千人为俊"前多出"才德过"三字,以此强调"俊"乃才德超越常人者。

孔安国并未对"俊乂"一词做出单独阐释,其释此句云:"翕,和也,能合受三六之德而用之以布施政教,使九德之人皆用事,谓

---

① 陆德明撰,黄焯汇校《经典释文汇校》,中华书局2011年版,第86页。

② 《尚书正义》,第139页。

天子如此,则俊德治能之士并在官。"①知孔传是以"俊德治能之士"训"俊乂"。

孔颖达在申说孔传的同时,保存了马、郑注:"故言九德皆用事,谓用为大夫,用为诸侯,使之治民事也。大夫诸侯当身自行之,故言'日宣'、'日严'。天子当任人使行之,故言'合受而用之'。其实天子亦备九德,故能任用三德、六德也,则俊德治能之士并在官矣。'乂'训为'治',故云'治能'。马、王、郑皆云'才德过千人为俊,百人为乂'。"②孔疏以申述孔传为宗旨,为使孔传更加明了,孔颖达进一步明确了"乂"字之义,云"乂"训为"治","治能"之义,则"俊"训为"俊德"可推而得。

后人或一尊马、郑,或拘守孔传,或兼用马、郑注及孔传。

随着清代文字、音韵、训诂学的发达及研究方法的细密,江声、王鸣盛、段玉裁、孙星衍、皮锡瑞等对这一问题做了进一步探讨,逐步推进了对该问题研究的细化与深化。

(2) 江声、王鸣盛、段玉裁的看法

江声据《辨名记》"倍人曰茂,十人曰选,倍选曰俊,千人曰英,倍英曰贤,万人曰杰,倍杰曰圣"之说,指出此文所言"俊非千人,千人乃英也",与郑注不同。但江声并未据此否定郑注,而是为郑注追溯渊源,指出郑注本《淮南子·泰族训》及《说文解字》,非无根之谈:"郑云'千人为俊'者,盖本诸《淮南子·泰族训》,云:'千人者谓之俊。'《说文》亦云:'俊,材过千人也。'"江声经进一步研究,未能为郑说"百人为乂"找到出处。《辨名记》不载,《泰族训》云"百人者谓之豪",与郑说不同。此前对"乂"字的理解或沿袭马、郑,或笼统解说,尚未有人指出郑注之无据。江声通过发掘文献,为郑注追根溯源,虽然未能对"乂"字做出更多阐释,但他破除

---

① 《尚书正义》,第139页。
② 同上。

了对郑注的迷信,发现了郑注存在的问题,这本身就是对学术的推进。鉴于文献记载不一,难以取舍,江声还提出了"盖此等名称原无一定,各以意说,故有异也"①的比较宏通的看法。他的探讨较前人翔实、细密、客观。

王鸣盛《尚书后案》云郑注"才德过千人为俊"说与《说文》《史记·贾谊传》索隐引《尹文子》同,是王氏又为郑注"俊"字乃有据之说增加了《尹文子》一证。但对郑注"百人为乂"说,仍然无法探知出处,故云"未详也"②。

段玉裁《古文尚书撰异》较早关注到该句所涉异文问题,云:"《文选·曹植责躬诗》李注云:'《尚书》曰:俊乂在官。'《汉书·谷永传》永待诏公车,对曰:'经曰九德咸事,俊艾在官。'乂从艸。"③段氏看到了"乂"有作"艾"者,将对该问题的认识又向前推进了一步,但段氏仅仅标注了异文,未能取得更大进展。

由上所述,江声、王鸣盛为郑注"俊"义找到了根据,"乂"则不知郑注所出。段玉裁注意到《汉书·谷永传》作"艾",却没有给出合理阐释。因此,在"俊乂"的疏解尤其是"乂"字的研究上孙星衍之前还存有空缺。这个问题不可避免地摆在孙星衍面前。面对这个看似可以忽略的小问题,孙星衍没有采取规避或沿袭的做法,而是努力探讨,期望得出更合理、确切的阐释。

(3) 孙星衍的贡献

孙星衍于《尚书今古文注疏》"俊乂在官"条外,专做《"俊乂在官"解》一文,收入《平津馆文稿》。二者运用的材料、表述的观点一致。综合二处诠释,孙星衍主要提出了以下观点:

---

① 本段引文皆见《尚书集注音疏》,《清经解·清经解续编》第 3 册 2996 页。
② 《尚书后案》,《续修四库全书》第 45 册 29 页。
③ 《古文尚书撰异》,《续修四库全书》第 46 册 69 页。

Ⅰ．指出郑注"俊乂"望文增训。孙星衍针对郑注"才德过千人为俊,百人为乂"之说,在遍考书传的基础上提出了两点意见:一是认为"无百人为乂之文",此与江声、王鸣盛意见一致;二是指出"俊"为"才过千人"者,马、郑释为"才德过千人",是望文而增"德"字。孙星衍举《春秋繁露》《说文解字》皆无"德"字为证,认为"才过千人,郑氏望文增为才德"①。

通过前面的梳理可以看出,《经典释文》所引马融说亦无"德"字,则孙星衍据《春秋繁露》《说文解字》提出的郑注增字为训的意见是可取的。孔传云"俊德治能之士并在官"②,亦释"俊"为"俊德",其与郑注或有关联。郑注增字为训此前无人关注,且长期以来释"俊"为"才过千人"与"才德过千人"者并存,无人提出异议。孙星衍不但提出了质疑,而且在江声、王鸣盛的基础上为"才过千人为俊"说又发掘了《春秋繁露》一证,标志着对该问题研究的进一步细化。

Ⅱ．列举文献释"俊"之歧义。较之江声、王鸣盛,孙星衍在为"俊"义寻求故训上做出了更多努力,取得了更大成绩。他在《说文》之外,发掘出《春秋繁露·爵国》《吕氏春秋》高诱注、《文子》《尹文子》等对"俊"字的阐释,意见不一:《春秋繁露》《说文》与马、郑"千人曰俊"同,高诱注《淮南子》《文子》《尹文子》则云"万人为俊":

《春秋繁露·爵国篇》云:"万人曰英,千人曰俊,百人曰杰,十人曰豪。"《说文》云:"俊,才过千人也。杰,材过万人也。"高诱注《吕览》云:"千人为杰,万人为俊。"又见《文子》

---

① 《孙渊如先生全集·平津馆文稿·俊乂在官解》,《续修四库全书》第1477册531页。《尚书今古文注疏》云:"马、郑以才为才德者,望文生义也。"第83页。

② 《尚书正义》,第139页。

《尹文子》。①

Ⅲ．力求为"俊乂"及其异文寻求合理阐释。孙星衍提出了以下观点："俊"与"骏"同,意为"大";"乂"与"艾"为异文,"艾"为"长""历"义,即年长更历之人;西汉释"俊"为大臣,"乂"为"耆艾",在马融、郑玄前:

[注]马融、郑康成曰:"才德过千人为俊,百人为乂。""乂"一作"艾"。[疏]俊与骏同。《释诂》云:"大也。"乂,《汉书·谷永传》引作"艾",《释诂》云:"艾,长也,历也。"郭注云:"艾,长者多更历。"俊乂,言大臣耆老也。《汉书·孔光传》诏曰:"诬罔大臣,令俊艾者久失其位。"又云:"今年耆有疾,俊艾大臣,惟国之重。"是俊为大,艾为老也。《周语》:"耆、艾修之。"韦昭注云:"师、傅也。"②

考《尔雅·释诂》:"骏,大也。俊同骏。"《释诂》又云:"艾,长也,历也。"郭注云:"长者多更历。"《汉书》引此经作"艾",知"乂"实年长更历之人也。《周语》邵公曰:"瞽史教诲,耆艾修之。"韦昭注云:"耆艾,师、傅也。"《汉书·孔光传》云:"诬罔大臣,令俊艾者久失其位。"又云:"今年耆有疾,俊艾大臣,惟国之重,其犹不可以阙焉。"是西汉人释此经"俊"为大臣,"乂"为"耆艾"之证,在马、郑前也。③

在《"俊乂在官"解》中孙星衍还引《康诰》《召诰》《君奭》《文侯之命》《秦誓》《微子》等说明"古之大臣必用'耆艾'",此做法汉魏仍沿用:

---

① 《孙渊如先生全集·平津馆文稿·俊乂在官解》,《续修四库全书》第1477册531页。
② 《尚书今古文注疏》,第83页。
③ 《孙渊如先生全集·平津馆文稿·俊乂在官解》,《续修四库全书》第1477册531页。

> 古之大臣必用"耆艾",俾百僚得所师法,故经文下云"百僚师师"。若不有耆艾在官,恐所为师师者,不几如微子云'卿士师师非度'邪?《书·康诰》曰:"汝丕远惟商耇成人,宅心知训。"《召诰》曰:"则无遗寿耇。"《君奭》曰:"耇造德不降,我则鸣鸟不闻。"《文侯之命》曰:"既我御事,罔或耆寿,俊在厥服。"《秦誓》曰:"尚犹询兹黄发。"《微子》曰:"咈其耇长,唐虞三代皆重老成人,置为大僚,谆切告戒。"见于书传不一而足。汉魏已来,虽依礼文七十致仕,犹设三老五更以附询兹黄发之义,或优其禄秩,存问政事,不用老成,即所谓才过千人者,亦如《左传》说郧舒氏有三俊才,恐为少不更事、变乱旧章之人,将贻数世之患矣。此实郑注千虑之一失。①

孙星衍并指郑玄将《礼记·曲礼》"五十曰艾"阐释为"老也"不当,认为《盐铁论·轻重》"五十以上,血脉刚溢,曰艾"比较符合《曲礼》之义。孙星衍还为郑注探求了来源,认为源于《洛书准谶哲》"仲父年艾"一句,但彼注云"七十曰艾",非"五十",孙星衍认为"七十曰艾"正可释"俊乂"为"年老更历"之义:

> 至《曲礼》"五十曰艾",郑注云:"老也。"案:《礼》"七十称老",此注亦误。《盐铁论·轻重篇》曰:"五十以上,血脉刚溢,曰艾。"以此说《曲礼》正合。郑氏说"艾"为"老",自本《洛书准谶哲》,云"仲父年艾",但彼注云"七十曰艾",以释《书》之"俊乂"则合,以注《礼》"五十曰艾",殊不合也。②

就此条来看,孙星衍没有沿袭长期以来占主流地位的郑注,而是做出了一些新的探讨,他的认识以古说为据,非凭空臆断,亦非

---

① 《孙渊如先生全集·平津馆文稿·俊乂在官解》,《续修四库全书》第1477册531页。

② 同上。

有意立异:"吾之不从郑注,必有古说在前,取其长者,不敢妄加臆断,以立异云。"①

(4) 孙说之影响

孙星衍的阐释引起了此后《尚书》诠释者的重视。简朝亮《尚书集注述疏》直接继承了孙说:"乂,《汉书·谷永传》引作'艾',孙氏谓《释诂》云'艾,长也',言耆德也,《周语》云:'耆艾修之。'"②

皮锡瑞进一步从今古文的角度对诸文献用"乂""艾"之异作出了辨析,认为"俊乂在官"与"俊艾在官"皆为今文家说,作"乂"者为欧阳《尚书》:"《史记》、《盐铁论》、《论衡》、《后汉书·杨震杨赐传》皆作'俊乂在官',盖欧阳《尚书》作'乂',史公、王仲任、杨氏父子皆习欧阳《尚书》者也。"皮氏做出的这一贡献,为此前孙星衍等人所不及。孙星衍着力证明的"乂"一作"艾"说,也得到了皮锡瑞的认同,皮氏《今文尚书考证》先征孙星衍说,又为孙说补充了材料并最终得出作"艾"乃用夏侯《尚书》之结论:"《今文尚书》'乂'多作'艾',汉碑亦多作'艾',《樊敏碑》:'《书》载俊艾。'《李孟初碑》刘俊字叔艾。王褒《圣主得贤臣颂》云:'俊艾将自至。'是'俊艾'字作'艾'之明证。《汉书》作'艾',盖用夏侯《尚书》。"③

至于孙说"俊"为大臣,"艾"为"耆老",皮锡瑞并未完全认同,其据谷永说,以"俊"训"贤",以"艾"训"治":

谷子云言"未有贤布于官而不治者",似以俊训贤,艾训

---

① 《孙渊如先生全集·平津馆文稿·俊乂在官解》,《续修四库全书》第1477册531页。
② 《尚书集注述疏》,《续修四库全书》第52册103页。
③ 《今文尚书考证》,第98页。

治,与孙说不同,不必从孙。①

由上所述,就此条论,皮锡瑞在文献的发掘上、在文字的辨析上都取得了新的进步。

王先谦《尚书孔传参正》疏解此条取舍孙、皮,折中而成。其分辨"乂""艾",采皮说;训释"俊乂",用孙义。又引孙氏"马、郑以才为才德者,望文生义也。'百人为乂'之文,未见出典"②说。王先谦对孙说之认同昭示了孙说之影响。

由"俊乂在官"在清代引起的讨论,可以得出两点启示:

(1) 文字训诂的发达促进了清人对经文的理解及对故训的检讨,从而使此类问题受到关注并得到推进。

(2) 学术是在继承的基础上不断发展的,对传统学问而言尤其如此。如把清代学者对"俊乂"一词的探究置于一个链条中考查,可以看出,江、王、段、孙、皮构成的是一条逐渐递进的锁链,在推进的过程中,他们分别做出了自己的贡献。这个过程是缓慢的,经过几代学人的努力,才得出了比较合理的认识,由此可见经典诠释推进的艰辛与不易。

5. 在治忽

《皋陶谟》"在治忽",汉代以来已经出现异文,主要有"来始滑""采政忽""七始咏""七始华"等,历代注疏家各随文而训。

(1)"在治忽"的主要异文

《史记·夏本纪》作"来始滑":"予欲闻六律五声八音,来始滑,以出入五言,女听。"裴骃《史记集解》指出"滑"本当作"曶",音"忽",引郑注解为:"曶者,臣见君所秉,书思对命者也,君亦有

---

① 《今文尚书考证》,第98页。
② 《尚书孔传参正》,第171页。

焉,以出内政教于五官。"①

司马贞《史记索隐》作"采政忽":"《古文尚书》作'在治忽',今文作'采政忽',先儒各随字解之。"指出作"来始滑"于义不通,乃"采政忽"之误,并为分析致误之由:"盖来采字相近,滑忽声相乱,始又与治相似,因误为'来始滑',今依今文音'采政忽'三字。刘伯庄云'听诸侯能为政及怠忽者'是也。"②

《汉书·律历志》作"七始咏":"《书》曰'予欲闻六律、五声、八音、七始咏,以出内五言,女听。'"③

汉高祖唐山夫人《安世房中歌》作"七始华"。《汉书·礼乐志》:"《安世房中歌》十七章,其诗曰:'……七始华始,肃倡和声。'"云云。孟康注曰:"七始,天地四时人之始。华始,万物英华之始也。"④

宋元学者多作"在治忽",随文而解。

(2) 江声、王鸣盛、段玉裁的探讨

清代小学的发展激发了学者对该条异文的进一步探究。孙星衍之前,江声、段玉裁的关注值得注意。江声据《尚书大传》既有"六律五声八音七始之文",推断"七始咏"乃当时博士所传,出伏生今文,信实可据,认为"七始咏"精于"在治忽",故"择善而从"。对《史记索隐》以"采政忽"为今文、"在治忽"为古文、此"七始咏"亦为今文的情况,江氏解释为:"盖当时今文家有三,其本容有互

---

① 司马迁《史记》卷二《夏本纪》,中华书局1975年点校本,第80页。
② 《史记》卷二《夏本纪》司马贞《索隐》引,第80页。按:刘伯庄,彭城人,唐初学者,贞观中累官至弘文馆学士,迁国子博士,与许敬宗等论撰甚多,终崇贤馆学士。自所著书百余篇,其中有《续尔雅》《史记音义》《史记地名》《汉书音义》等。《新唐书》卷一百九十八《儒林上》有传。
③ 班固《汉书》卷二十一《律历志》,中华书局1987年点校本,第972页。
④ 《汉书》卷二十二《礼乐志》,第1046页。

异",认为"采政忽乃误字也"①。江声于此强调了其对今文"七始咏"的认同并做出了自己的选择。

王鸣盛《尚书后案》疏郑为主,于此条重点分析郑注"昬者,笏也"之义,末列《汉书·律历志》作"七始咏"、《礼乐志》作"文始舞"、《安世房中歌》作"七始华"诸异文,但未作判断与评价。

段玉裁较早、较全面地列举了"在治忽"的多种异文,诸如"来始滑""采政忽""七始华""七始咏"等,云《尚书》言七政、七始,《传》言七事、七音、七律,实为一物,他详细分析了诸说致误之由:盖"七"与"桼"通假,"桼"或误作"来",或误作"采",皆形近而误等。段氏又见《隋书·律历志》引《汉志》作"七始训",于是从训诂、用韵角度进行分析,认为今本《汉书》作"咏"误:"顺以歌咏五常之言",是"以'顺'释'训',非以歌咏释'咏'也,且'训'与'忽'于音韵同类,文物相为平入,若作'咏'则无关涉矣"②。又因《艺文志考》《困学纪闻》皆引作"七始咏",段氏认为"是宋时《汉书》已无善本矣"③。可以看出,段氏新说建立在《隋书·律历志》孤证基础之上,或《隋书》误写,亦未可知。其后陈乔枞《今文尚书经说考》、崔适《史记探源》、俞樾《群经平议》、王先谦《尚书孔传参正》等皆从段氏"七始训"说。

(3)孙星衍的贡献与局限

孙星衍在江声、段玉裁研究的基础上,将"在治忽"的异文综括为"来始滑"、"采政忽"、"七始咏"及"'忽'一作'昬'"说。但他不取段玉裁"七始训"说,表现了其对段说建立在《隋书·律历志》孤证基础上的不信任,显示了他对时人之说慎思精择的严谨态度。

魏源《书古微》"予欲闻六律五声八音七始咏,以出内五言,女

---

① 《尚书集注音疏》卷二,《清经解·清经解续编》第3册3000页。
② 《古文尚书撰异》,《续修四库全书》第46册78页。
③ 《古文尚书撰异》,《续修四库全书》第46册80页。

听"条继承了孙氏成果,其基本观点、研究方法、所用材料均在孙氏范畴之内。魏源对"七始训"说予以否定:"或又谓《律历志》作'七始训'而释为'顺以出内五言',恐非是。"①蒋善国《尚书综述》、刘起釪《尚书校释译论》均不取段氏"七始训"说。② 从后人的进一步研究中可见孙星衍在这个问题的取舍上是谨严而有识见的。

孙星衍在此条中对"忽"字提出了新的阐释,认为"忽"当为"㵲",值得关注。为比较完整地呈现孙氏观点,此将相关引文列下:

"在治忽","忽"当为"㵲",《说文》:"水流也,从川曰声。"《广雅·释诂》注:"飚疾。"故汩通忽。㵲音近滑,在近采,治近始,故《史记》作"来始滑"。始与政义又相近,滑忽音相近。③ 古字在作才,与七形相近,㵲咏形又相近,故今文为"七始咏"。㵲智形声又相近,故郑注为"智"也。一作"来始滑"者,当为"采治滑",犹言采治乱也。《尧典》:"蛮夷猾夏",郑注云:"猾,乱也。"《潜夫论》引作"滑"。"滑"与㵲、汩俱通。《华严音义》下引《书大传》云:"汩,乱也。"《乐记》云:"治世之音安以乐,其政和;乱世之音怨以怒,其政乖;亡国之音哀以思,其民困。声音之道,与政通矣。"史公作"来始滑"者,"来始"盖"采治"之误,故《索隐》云:"'来始滑',义无所通。依今文为'采政忽'三字。"政、治义相通也。史公之意亦

---

① 魏源《书古微》,《续修四库全书》第 48 册 506 页。
② 蒋善国列"七始华"、"七始咏"、"在治忽"、"来始滑"、"采政忽"(郑玄注本作㖫)五种异文,见《尚书综述》第 392 页。刘起釪在以上五种外增"汉《熹平石经》残字则作'七始滑',《隋书·律历志》转引作'七始训'"。其分析"七始"之义,认为当以《汉书·律历志》作"七始咏"为确。《尚书校释译论》,第 450—451 页。
③ 按:中华书局本《尚书今古文注疏》有注云:"此句之下疑脱'故今文为采政忽'一句。"第 104 页。

以为"采治乱"。《索隐》引刘伯庄云:"听诸侯能为政及忽怠者。"意亦似是,其以忽为忽怠,非也。一作"七始咏"者,见《汉书·律历志》引此文作"七始咏",云:"予者,舜也。言以律和五声,施之八音,合之成乐。"①

细揣孙说,似迂曲无据。"㽄"仅有水流义,且在这个意义上与"汨"通假。而汨、忽均有疾义,亦通。"汨"、"㸰"又为"乱也","㸰"即"滑"。孙星衍在认定㽄与汨、汨与滑通假的前提下,推出"滑"与㽄、汨俱通,又因"滑忽音相近","㽄䛬形声又相近",因此提出"忽"当为"㽄"、郑注为"䛬"说,这就似乎阐明了忽、滑、䛬异文产生的原因。问题在于,"汨"、"㽄"仅在水流义上相通,在其他意义上并不相通。"㽄"无"治"、"乱"义,孙氏欲在此义上将"忽"解为同"㽄",显然是没有立足点的。从语音上看,说"㽄"与"忽"相通,也是比较勉强的。

孙星衍之所以找出"㽄"字,最根本的原因是想藉之疏释"七始咏"的"咏"与"忽""滑""䛬"之间的关系。在孙氏所列诸异文中,唯独"咏"之所来,前人和同时代的人都没有进行探究。为了解决这一问题,孙星衍找出一个在篆字字形上相近的"㽄",希望通过"㽄咏形又相近",证明忽、滑、䛬、咏相通,进而阐明诸异文产生及发展变化的原因。但实际上,"永"与"巛"字形并不相近,孙星衍的做法同样难以立足。

从此例看,孙星衍本着"疏不破注"的原则,为了疏通注中所列异文,煞费苦心。他找一"㽄"字,辗转解说,力图证明"忽""滑""䛬""咏"相通,却最终陷入凭空联络、无据臆说之境地,尤其是在该条异文本已聚讼纷纭的情况下继续妄增己见,显示了他也有做得不够严谨、客观之处。

本条中孙氏释"忽""滑"为"乱",与王引之说相近。王氏《经

---

① 《尚书今古文注疏》,第104页。

义述闻》云:"'忽'读为'滑',《周语》'滑夫二川之神',《淮南·精神篇》'趣舍滑心',韦昭、高诱注并曰:'滑,乱也。'在治滑,谓察治乱也。《乐记》曰:'治世之音安以乐,其政和;乱世之音怨以怒,其政乖。'又曰'宫乱则荒,其君骄;商乱则陂,其官坏;角乱则忧,其民怨;徵乱则哀,其事勤;羽乱则危,其财匮。'盖以此察之也。'滑'、'忽'古同声,故字亦相通,《史记·夏本纪》正作'滑'。"①可以看出,王引之在"滑"、"忽"相通、为"乱"义上,与孙星衍观点一致。孙星衍在释"忽"为"乱"的前提下,指出了唐刘伯庄释"忽"为"忽怠"的错误,在这个点上将对该问题的认识又向前推进了一步。

孙星衍于此条不取段氏"七始训"说,显示了他的严谨与识见。但他提出"忽"当为"㫚"的意见,为此条增加了新的异文却无助于经义的理解,说解显得迂曲繁复。努力求新,勇于创获,促进了乾嘉学术的发展与进步,也导致了武断之弊,此乃乾嘉学派之通病,这一点在段玉裁身上体现尤为明显。研读段氏著述,虽新见迭出,亦难免武断,比起王念孙、王引之父子之严谨求是逊色不少。孙星衍在乾嘉学派中属于比较严谨的一位,但从此条来看,也难以避免时代学者之通病。

6.《高宗肜日》

《高宗肜日》篇的关键是何为"肜祭"?"肜祭"是针对何人的祭祀?搞不清这一问题,就无法对前人疏解作出判断。

关于《高宗肜日》之本事,汉代说法主要有三:

(1)《尚书大传》云:"武丁祭成汤,有飞雉升鼎耳而雊。武丁问诸祖己,祖己曰:'雉者,野鸟也,不当升鼎。今升鼎者,欲为用也。远方将有来朝者乎!'故武丁内反诸己,以思先王之道。三年,

---

① 王引之《经义述闻》三《尚书》上,《续修四库全书》第174册326页。

编发重译来朝者六国。"①此云武丁祭成汤,"雊飞升鼎耳而雏",祖己为武丁言此为吉兆,预言将有远方来朝之盛事。

（2）《史记·殷本纪》云:"帝武丁祭成汤,明日,有飞雉登鼎耳而呴,武丁惧。祖己曰:'王勿忧,先修政事。'……武丁修政行德,天下咸欢,殷道复兴。帝武丁崩,子帝祖庚立。祖己嘉武丁之以祥雉为德,立其庙为高宗,遂作《高宗肜日》及《训》。"②知《史记》亦载为武丁祭成汤,但视飞雉升鼎为凶兆,认为《高宗肜日》《高宗之训》乃武丁崩后祖庚时祖己追作。

（3）《书序》云:"高宗祭成汤,有飞雉升鼎耳而雏,祖己训诸王,作《高宗肜日》、《高宗之训》。"③《书序》不称"武丁",直云"高宗"祭成汤,祖己作《高宗肜日》《高宗之训》。

综括以上三说,可以看出,《大传》《史记》《书序》皆主高宗武丁祭成汤说,但称谓不同:《大传》《史记》称"武丁",《书序》云"高宗"。本事亦有异:《大传》以飞雉升鼎示吉,祖己训王之言与《高宗肜日》完全不同;《史记》以飞雉升鼎示凶,祖己训王之言与《高宗肜日》全同。

汉人的说法是否合理？高宗肜日是否如汉人所言乃高宗武丁肜祭成汤？判断这一问题的关键是要理解何为"肜祭"。

"肜祭"指祭之明日又祭,周称绎,殷称肜。④ 但对《高宗肜日》

---

① 陈寿祺《尚书大传辑校》一,《清经解·清经解续编》第 10 册 1856 页。

② 《史记》卷三《殷本纪》,第 104—105 页。

③ 《尚书今古文注疏》,第 582 页。

④ 《尔雅·释天》云:"绎,又祭也。周曰绎,商曰肜。"孙炎曰:"祭之明日寻绎复祭也。"肜者,相寻不绝之意。《春秋》宣八年六月"辛巳,有事于太庙","壬午,犹绎"。《穀梁传》曰:"绎者,祭之旦日之享宾也。"是肜者,"祭之明日又祭"也。孔传:"祭之明日又祭。殷曰肜,周曰绎。"诸说皆见《尚书正义》第 176 页。

之祭主,意见不同。除占据主流的高宗武丁祭成汤说外,也有于"典祀无丰于昵"句做出其他阐释者。如《尔雅·释诂》释"昵"为"近",孔传承之。马融释为"考",认为是祢庙,王肃沿袭。① 蔡沈《书经集传》亦认为是祭祢庙,并否定了汤庙说:"盖祭祢庙也,《序》言汤庙者非是。"②但蔡沈并未提出所祭乃何人之祢庙。宋末金履祥在认定"高宗,庙号也""昵,近庙也"的基础上,推断可能是祖庚肜祭高宗武丁之庙。其《尚书表注》云:"高宗,庙号也,似谓高宗之庙。昵,近庙也,似是祖庚绎于高宗之庙。"③明朱睦㮮则完全肯定为祖庚祭高宗,其于《五经稽疑》云:"高宗肜日,此史臣追叙其事,不应逆书庙号,因篇首高宗二字而曲为之说耳。尝考祖庚肜祭高宗之庙,而祖已谏之,故有丰昵之戒,辞旨浅直,亦告少主之语耳。肜祭高宗而曰高宗肜日者,谓高宗之庙肜祭之日也。"④祖庚肜祭高宗之庙切合《高宗肜日》之题,这一观点得到了甲骨卜辞的证实。

孙星衍注取五家三科之说、疏用汉魏诸儒旧说及时近人成果、不取宋人说的注疏原则,决定了他在此条中也不可能考虑宋元人的意见,因此他没有沿着金履祥、朱睦㮮的方向继续探索,而是回到汉魏旧解中寻求答案。

孙星衍对汉魏旧说虽穷搜尽索,但他并非把网罗到的材料都不加别择地全部呈现。调查发现,在有些条目中,孙星衍滤去了他

---

① 《尔雅·释诂》云:"即,尼也。"孙炎曰:"即犹今也,尼者近也。"郭璞引《尸子》曰"悦尼而来远",是"尼"为近也。"尼"与"昵"音义同。孔传云:"昵,近也。"马融云:"昵,考也,谓祢庙也。"王肃云:"高宗丰于祢,故有雊雉升远祖成汤庙鼎之异。"马融说见《经典释文汇校》第 98 页。其他皆见《尚书正义》第 176 页。
② 蔡沈《书经集传》卷三,《四库全书》第 58 册 63 页。
③ 金履祥《尚书表注》卷上,《四库全书》第 60 册 450 页。
④ 朱睦㮮《五经稽疑》卷二,《四库全书》第 184 册 703 页。

认为不合理或不正确的汉魏之注,只呈现能够体现自己观点的前人说法。该条即属此类。对汉人三说,孙星衍仅取《史记·殷本纪》,不取《大传》与《书序》,当非疏漏所致,应为其慎取别择的结果。其注云:"史迁说:'帝武丁崩,子帝祖庚立。祖己嘉武丁之以祥雉为德,立其庙为高宗,遂作《高宗肜日》及《训》。'"①针对司马迁说,孙星衍进一步分析,认为:"史公说此为祖庚时祖己作,古文义也。""既称高宗,则是立庙后追记其事。"②孙星衍通过对注文的疏解肯定了该篇作者及写作时间:高宗卒后,祖庚为立庙,祖己作《高宗肜日》及《高宗之训》。孙氏于此条中仅选择、疏释史公说,也就等于否定了《大传》及《书序》说。通过慎择显示态度,是孙星衍注解《尚书》的方法之一。

孙星衍认为肜祭指的是武丁祭成汤,但不知为何时之祭:"此是祭成汤,其何时之祭,无文可知。"③可见,孙星衍对该问题的认识又回到了汉人的水平上,没有取得新的进展。孙星衍之后,学者对"肜祭"者究竟为谁的探讨仍在继续,赵佑、魏源、简朝亮、俞正燮等对"昵"为"祢"、近庙,肜祭乃祖己祭武丁说均不予认同,仍与孙星衍一样执祭成汤说。④

---

① 《尚书今古文注疏》,第 242 页。
② 同上。
③ 同上。
④ 赵佑云:"典祀无丰于昵,敬鬼神而远之也。""孔传言近庙,盖失之,然未以昵为祢。其言祢庙者乃出马氏、王氏,而蔡《传》宗之,并谓《序》祭成汤之非。""然而裴氏《集解》之引孔传,于'近'下本无'庙'字,已与唐《正义》本不同(《集解》每载孔安国曰与今书传异同甚多)。夫传文且难读,殆无怪经文之丛误也欤。"《尚书质疑》卷上《典祀无丰于昵解》,以上引文分别见《续修四库全书》第 45 册 503、504、504 页。
魏源云:"金氏履祥误会《史记》之说,遂以此书为绎祭高宗之庙,斥《书序》为不足信,岂《史记》《书大传》及西汉今古文家之言祭成汤者皆不足信乎!燕说郢书,说经通弊,何怪焉。"《书古微》卷六《高宗肜日发微 （转下页）

直至殷墟卜辞出土后,这一问题才得到解决,以王国维的贡献最突出。其《高宗肜日说》根据对甲骨卜辞的研究,肯定了金履祥说,得出"则高宗肜日为祖庚祭高宗之庙,而非高宗祭成汤无疑"①之结论。刘起釪称王国维的研究:"完全驳倒了武丁祭成汤这一汉代以来说法,而标出了殷代'高宗肜日'一词的意义。"②

综上所述,从孙星衍对《高宗肜日》释题的分析中大约可以得到三点启示:

(1)研究条件对学术研究具有重要作用。清代学者已经极为重视利用出土文献尤其是石刻证经考史,但甲骨卜辞的发现是光绪二十六年(1900)以后的事情,孙星衍及同时代的学者们还没有条件利用新材料对久已阙疑的问题做出进一步回答,我们今天也不能以后来取得的进步否定前人所做的贡献,将学者的贡献置于其所处的时代背景下进行考察是实事求是的做法。

(2)门户之见对学术研究有弊无利。孙星衍恪守汉魏学说,不取宋元,这种门户之见使其不能客观分析并吸纳宋元学说中的合理、进步成分,从而使某些方面的研究未能取得持续性进展。

(3)孙星衍对汉魏学说进行了选择与过滤,以体现自己的学术主张,故其对《尚书》的注疏不是大全式的、不加选择的全面网

(接上页)中》,《续修四库全书》第 48 册 572 页。

简朝亮云:"《高宗肜日》非肜于高宗之日,犹所谓高宗谅阴也。金氏履祥疑祖庚肜于高宗者,非也。"《尚书集注述疏》卷七,《续修四库全书》第 52 册 260 页。

俞正燮云:"《书序》《史记》俱言祭成汤,而马融以昵为考,谓祭近庙。《左传》以妻为昵,古者严父,岂得以父为昵,今枚、孔用马说,与安国故训适相反。"《癸巳存稿》卷一,《续修四库全书》第 1159 册 616 页。

① 王国维《王国维遗书》第一册《观堂集林》卷一《高宗肜日说》,第 68 页。

② 《尚书校释译论》,第 1025 页。

罗,而是经过慎取别择,体现了自己的学术倾向,隐含了自己的学术态度,显示了自己的学术观点,这不是一般经学家能够做到的。就此条来说,蒋善国认为仅就《大传》《史记》《书序》三说来看,《书序》最荒谬,高宗是武丁的庙号,死后追称,如是武丁时候的作品一定不称高宗;《大传》只片面地说到故事的前半段,相比之下,《史记》的记载比较全面。① 这些认识与孙星衍的选择显然是一致的。孙星衍滤去《大传》与《书序》说,显示了在当时的历史条件和学术氛围下他所作选择的相对合理性。

7. 思曰睿　睿作圣

利用坚实、深厚的小学功夫解决文字纠纷,是清代尤其是乾嘉经学的突出特点,也是清人经解取得突破、超迈前贤的重要途径。此以《洪范》"思曰睿""睿作圣"为例,略述乾嘉经学在探求经文本来面目、为经文寻求合理阐释方面做出的贡献,并在时代经学发展的链条中对孙星衍的成就略作考查。

(1) 清代之前的三派意见

《尚书·洪范》云:"五事:一曰貌,二曰言,三曰视,四曰听,五曰思。貌曰恭,言曰从,视曰明,听曰聪,思曰睿。恭作肃,从作乂,明作哲,聪作谋,睿作圣。"从清代之前的《尚书》文本及诸家注疏来看,主要有三派意见:或作"思曰睿""睿作圣";或作"思曰容""容作圣";或作"思曰容""容作圣"。下面稍加梳理。

Ⅰ. 作"睿","通"义。马融、王肃注及伪孔传皆作"睿",训为"通"。马融曰:"通也。"②王肃曰:"睿,通也。思虑苦其不深,故必深思使通于微也。"③伪孔传释"思曰睿"云:"必通于微。"释"睿

---

① 《尚书综述》,第 209 页。
② 《尚书正义》,第 188 页。
③ 《尚书正义》,第 189 页。

作圣"云:"于事无不通,谓之圣。"①

Ⅱ.作"睿","通"义。《汉书·五行志》引《洪范五行传》作"思曰睿""睿作圣",应劭注曰:"睿,通也,古文作睿。"②张晏曰:"睿通达以至于圣。"③

Ⅲ.作"容","宽"义。董仲舒《春秋繁露·五行五事第六十四》云:"思曰容,容者,言无不容。"④"容作圣,圣者,设也,王者心宽大无不容,则圣能施设,事各得其宜也。"⑤许慎《说文解字》云:"思,容也。"《洪范五行传》曰:"次五事曰思心,思心之不容是谓不圣。"

(2) 钱大昕的主要贡献

较早对该问题进行实质性探讨并取得了重要成果的是钱大昕。其于《潜研堂文集》及《十驾斋养新录》中针对郑注作"思曰睿""睿作圣",伏生"睿"作"容",撰专文探讨,认为"伏、郑所传有古、今文之别,要未必郑是而伏非也"⑥,"'容'字义长"⑦。为证明己说,钱大昕主要做了以下工作:

Ⅰ.发掘西汉及先秦故训。既然东汉以后作"睿"之古文说盛行,钱大昕即由东汉上溯,寻求西汉今文学家及先秦相关记载,得《洪范五行传》《春秋繁露》《尚书》《论语》《老子》《孟子》《荀子》等皆作"容"之证。⑧

Ⅱ.分析上下文义。钱大昕联系上文"视主明,听主聪",认为

---

① 《尚书正义》,第188页。
② 《汉书·五行志》,第1351页。
③ 同上。
④ 董仲舒《春秋繁露》,《四部备要》第54册81页。
⑤ 《春秋繁露》,《四部备要》第54册82页。
⑥ 《潜研堂文集》卷五,《续修四库全书》第1438册488页。
⑦ 《古文尚书撰异》,《续修四库全书》第46册174页。
⑧ 《潜研堂文集》卷五:"伏生《五行传》云:'思心之不容', (转下页)

"聪"与"睿"同义,既然听主聪,不当思主睿,否则文义重复。

Ⅲ. 着眼于用韵特点。钱大昕认为"《洪范》一篇多韵语,'貌曰恭,言曰从,视曰明,听曰聪,思曰容',五句皆韵"①,若作"睿",与"恭""从""明""聪"不谐。②

Ⅳ. 剖析致误之由。在发掘先秦西汉文献的基础上,钱大昕认为西汉前作"容",渊源有自,作"睿"者始于东汉郑玄,因伪古文沿之而盛行。

钱大昕之后,对该问题继续探讨并取得了新进展的是段玉裁、王念孙。

(3) 段玉裁的主要意见

段玉裁探讨该问题是受到钱大昕的直接启发。乾隆四十六年(1781),段玉裁引疾归田,途经钟山书院,往谒钱大昕。钱氏为言"思曰容",认为作"容"义长,建议将此说补入段著《六书音韵表》

(接上页)是谓不圣,厥咎霿,厥罚恒风,厥极曰短折。'说者曰:'思心者,心思虑也;容,宽也。孔子曰:"居上不宽,吾何以观之哉!"言上不宽大包容臣下,则不能居圣位也。'董生《春秋繁露》述五行五事,亦云:'思曰容,容者,言无不容。''容作圣,圣者,设也,王者心宽大无不容,则圣能施设,事各得其宜也。'西京经师说《洪范》,以'容'为思之德,其义昭著如此。许叔重《说文解字》云:'思,容也。'亦用伏生义也。古之言心者,贵其能容,不贵其能察。《秦誓》云:'其心休休焉,其如有容。'《论语》云:'君子尊贤而容众。我之大贤与,于人何所不容?'《老子》曰:'容乃公,公乃王,王乃天,天乃道,道乃久。'《荀子》曰:'君子贤而能容众,知而能容愚,博而能容浅,粹而能容杂。'《孟子》以仁为人心。仁者必能容物,故视主明,听主聪,而思独主容。若睿哲之义,已于聪中该之矣。圣人与天地参,以天下为一家,中国为一人,由其心之无不容也,故曰'有容德乃大'。"《续修四库全书》第 1438 册 488 页。

① 钱大昕《十驾斋养新录》卷一"思曰容",《清经解·清经解续编》第 3 册 3640 页。

② 按:"明",段玉裁作第十部阳部,他皆第九部东部。《六书音韵表》明言"第九部独用,第十部独用",知不押韵,钱说似不确。

中。当时段玉裁尚未关注这一问题。后居家数年,潜研《尚书》,对钱大昕提出的问题做了深入研究,形成了以下认识:

Ⅰ.在钱大昕基础上更加清晰地划分了今、古文断限。段玉裁认为作"容"、作"睿"与今、古文的兴衰密切相关。汉代今文经盛行,故皆依伏生作"容";汉末以来古文经兴起,又从郑注作"睿":"汉人所征引《尚书》见于《史记》《前》《后汉书》者,皆系伏生今文,以功令所重,博士所习也,而汉末魏吴古文之学始盛,若《洪范五行传》出于伏生,则'思心曰容''容作圣'为今文《尚书》无疑。刘向《说苑》引'容作圣'证'容众'之说,尤为显白。"①"汉末魏吴之时,古文《尚书》盛行,于是从郑注'容'当为'睿'之说。"②

Ⅱ.为今、古文说分别举证。段玉裁为证明"古文《尚书》'思曰睿',今文《尚书》作'思心曰容'"③,在《古文尚书撰异》中为今文举证七条,为古文举证四条。

段玉裁所举今文为《洪范五行传》《春秋繁露》《说苑·君道》《汉书·五行志》及应劭《汉书注》、高诱《战国策注》、司马彪《续汉书》以及《晋书》《隋书》之《五行志》所引《洪范五行传》。其中《洪范五行传》《春秋繁露》《汉书·五行志》三证钱大昕已经举出。

段玉裁认为《汉书·五行志》《洪范五行传》"经传皆作'容'而以'宽'训之,一气衔接,傥易为他字,则不相贯串"④,从而否定了作"睿"说。其列《说苑·君道》齐宣王与尹文之对话,指出刘向引《书》"容作圣"乃今文《尚书》,作"容"与上文意义相谐,"若作

---

① 《古文尚书撰异》,《续修四库全书》第46册174页。
② 同上。
③ 《古文尚书撰异》,《续修四库全书》第46册172页。
④ 《古文尚书撰异》,《续修四库全书》第46册173页。

'睿'字,则与上文不属,今本妄改作'睿',非也"①,又否定了作"睿"说。

段玉裁认为"容"、"睿"形音义皆异,不可训为同字:

> 至于"容"与"睿"二字形异音异义异:小篆"容",古文作"㝐"(《说文》引"㝐畎浍");小篆"叡",古文作"睿",此形异也。"容",私闰切;"睿",以芮切,此音异也。《毛诗故训传》曰:"㝐,深也。"马注《尚书》、郑注《大传》、许造《说文》皆曰:"睿,通也。"此义异也。②

段玉裁为古文《尚书》作"思曰睿"、"睿作圣"补充了以下四例:

> 《诗·小雅·小旻》郑笺云:"《书》曰'睿作圣,明作哲,聪作谋,恭作肃,从作艾',诗人之意,欲王敬用五事,以明天道。"玉裁按:此郑引古文《尚书》也,故"睿"不作"容","敬"不作"羞",其不依《尚书》原文者,依《诗经》文为序也。

> 《诗·凯风》传曰:"圣,叡也。"笺云:"叡作圣。"《正义》引郑《尚书》注:"叡,通于政事。"

> 《楚语》"谓之睿圣武公",韦注:"睿,明也。《书》曰'睿作圣'。"按:韦用古文《尚书》也。

> 《周书·谥法解》曰:"叡,圣也。"《毛诗故训传》曰:"圣,睿也。"然则"圣"、"睿"二字为转注,许君于"叡"、"圣"皆云:"通也。"此正二字互训之证。盖浑言则不别,析言则圣深于睿。郑注《尚书》"君思睿则臣贤智也",以睿、圣分属君臣。③

四例之外,段玉裁又指出司马彪《续汉书》以及《晋书》《隋书》之《五行志》所引《洪范五行传》皆作"思心不容,是谓不圣","惟沈

---

① 《古文尚书撰异》,《续修四库全书》第46册172页。
② 《古文尚书撰异》,《续修四库全书》第46册173页。
③ 同上。

约《宋书》作'思心不叡',岂从郑《大传》注与?①知《宋书》亦作"叡"字,用古文《尚书》。

可以看出,段玉裁所举古文《尚书》之例皆出郑玄注《毛诗》、《周礼》与韦昭注《国语》,作"睿"、"叡",均为汉末古文《尚书》流行以后的产物。

段玉裁虽然为今文作"容"发掘了新的佐证,做出了一些富有见解的分析,但他并没有认同钱大昕"'容'字义长"的观点,这是因为他一贯主张古文胜于今文,这一主观倾向影响了他对该条的判断与选择,他坚守郑注作"睿"之说,认为今文作"容"乃所用本误:

> 詹事言"容"字义长,窃有未安。古文"睿"字,毕竟胜于今文,是以郑用古文正《大传》也,但今文《尚书》并非伏生有误,是伏生所受本如是耳。观《说苑》尹文对齐宣王引《尚书》"容作圣",则作"容"非始伏生也。又如"秦始"昉于唐山,"甫刑"见于《礼记》,"諓諓靖言"早录于《公羊》,可证非一。庚戌七月识。②

按段玉裁的说法,伏生作"容",并非伏氏之误,而是他依据的版本作"容"。问题是作"容"并非始于伏生,刘向《说苑》尹文引《书》已作"容"。段玉裁对同是西汉著作的伏生《尚书》与刘向《说苑》所引均作"容"字,无法释通,只好阐释为他们当时所据的版本就是这样,即作"容"乃版本之误。但如果换一个角度理解,是否正因伏生之前先秦文献所引即为"容"字,才更有理由推断古本或本作"容",而非如段说乃版本之误?段玉裁不同意钱说却没有客观依据,只是强调"古文'睿'字,毕竟胜于今文"的主观倾向,不具有足够的说服力。

---

① 《古文尚书撰异》,《续修四库全书》第46册173页。
② 《古文尚书撰异》,《续修四库全书》第46册174页。

综上所述,段玉裁虽然得出的结论与钱大昕不同,但他为"思曰容""容作圣"发掘的材料、做出的分析,显然为钱说增加了更充分的论据,后来发明钱说诸家如王念孙、孙星衍、皮锡瑞、王先谦等在立论依据与研究方法上都借鉴了段玉裁的做法。

（4）王念孙的主要见解

王念孙是较早认同钱说的代表人物。他充分肯定了钱大昕提出的"思曰容"、"容作圣"说,明确指出"钱说是也"①。为伸张钱说,王念孙在其《读书杂志》"《汉书》第五"之"五曰思　思曰容　睿作圣　思虑宫为土为信为思"条重点解决了两个问题:

Ⅰ.进一步证明"思曰容"、"容作圣",当为"容",非"睿"、"叡"。

王念孙与段玉裁对"睿"、"叡"二字的认识、理解不同。段玉裁据《说文解字》认为"容"在"谷"部,意为"深通川也"。"叡"在"叔"部,意为"通也"。"容"、"叡"截然二字,不可通。颜师古注《汉书》觅与"容"形近之"睿"字,改"容"为"睿",强令"睿"、"叡"为古今字,以傅合古文《尚书》作"睿"之需,完全是主观作为。王念孙则认为"睿"、"叡"声义并同,可互训,但二者与"容"音义不同,不能通,故应劭特别指出"古文作'睿'"。改"容"为"睿",王念孙认为"乃后人所改",段玉裁直云颜师古所为。王说审慎,段说武断。

Ⅱ.认为"思曰容"本当作"思心曰容",后人或改或删,致失本貌。为证明此说,王念孙补充了《汉书》之《五行志》《艺文志》《律历志》《天文志》,《汉纪》之《孝景纪》《孝武纪》等,指出今本无"心"字,为后人或于正文内删之,或改注文以迎合被删改的正文,此类做法皆因"后人见古文而不见今文,故以其所知改其所

---

① 《读书杂志》,第239页。

不知也"①。

综上所述,王念孙通过进一步发掘材料、分析音义支持了钱大昕作"容作圣"说,同时以丰富的论据提出"思曰容"当为"思心曰容",将钱说又向前推进了一步。

(5) 孙星衍的诠释及其启示

孙星衍对该问题的研究就是在上述背景下进行的。前已言及,孙氏著《尚书今古文注疏》网罗材料范围明确,主要采集汉魏隋唐以前佚说及时人王鸣盛、江声、钱大昕、王念孙、王引之、惠栋、宋鉴、唐焕、庄述祖诸家研究成果。但从以上对"象以典刑"、"在治忽"等条目的分析来看,孙星衍对时近人提出的新说极为审慎,并非见新即收,而是经深入研究后慎取别择,因此,有些新成果在孙氏注疏中没有得到呈现。孙星衍对钱大昕提出的"思曰容"、"容作圣"说则做出了积极回应。注疏之外,其《平津馆文稿》之《容作圣论》及向德州书院生员提出讨论的《策问》中集中体现了孙星衍的见解。

在《尚书今古文注疏》中,孙星衍按照"注取五家三科之说"、兼疏今古文的原则,取马融、郑玄、伏生三家说为注,马、郑为古文,伏生为今文。疏引高诱注《战国策》、董仲舒《春秋繁露·五行五事》、刘向《说苑·君道》、班固《汉书·五行志》及所引《洪范五行传》等相关文献,意在证明"先秦古书俱如今文说也",指出今本《汉书·五行志》"容"误作"睿"。而对郑注《诗经·小旻》《尚书大传》皆作"睿",孙星衍认为"此郑引古文《尚书》,不从今文说也"。在此条疏解中,孙星衍并举今古文,各为阐释,主观倾向似不特别突出。

于《容作圣论》中,孙星衍在列举诸家之说的基础上,对今古文辨析明确,认为马融、郑玄、应劭、张晏、韦昭俱用古文《尚书》,

---

① 《读书杂志》,第 240 页。

伏生、董仲舒、班固、许慎皆用今文：

> 《洪范》"思曰睿"、"睿作圣"，马、郑俱训"睿"为"通"，《五行志》引经作"睿"。应劭曰："睿，通也，古文作容。"张晏曰："容，通达以至于圣。"韦昭注《楚语》"叡，明也"引此文。是马、郑、应氏、张氏、韦氏俱用古文《尚书》说也。《五行志》又引《传》曰："思心之不容，是谓不圣。厥咎霿，厥罚恒风，厥极凶短折。"思心者，心思虑也。容（今本作睿，误），宽也。孔子曰："居上不宽，吾何以观之哉！"言上不宽大包容臣下，则不能居圣位。《春秋繁露·五行五事篇》云："思曰容，容者，言无不容。""容作圣，圣者，设也，王者心宽大无不容，则圣能施设，事各得其宜也。"又曰："心不能容，则稼穑不成，而秋多雷。"《说文》云："思，容也。"是伏生今文作"容"，董子、班氏、许叔重俱用其说为宽容也。①

段玉裁、王念孙皆认为应劭、张晏的《汉书·五行志》注本作"容"，被人改易为"睿"。至于何人改易，段玉裁明确指为颜师古，王念孙仅称"后人"。孙星衍对此未加辨析，仅以今本为依据将应、张二家归为古文，其说虽不如段、王细密，但似更通达。

孙星衍又从五行相配的观点出发，据《五行传》听属水、思属土立论，指出听既为聪，聪、睿同义，如"思"亦为"睿"，则语义重复。他认为思既属土，土谓"宫"，"宫"义"含""容"，故当作"容"：

> 案：《五行传》"次五事曰思。思属土，土音属宫，义当为容。"《白虎通·五行篇》云："五行之性，土者最大。苞含物，将生者出，将归者入，不嫌清浊，为万物（脱'母'字）。"《礼乐篇》又云："土谓宫，宫者含也，容也，含容四时者也。"《五行传》既以听属水，听曰聪，与睿同义，不应思又为睿。《中庸》篇"聪明睿智，

---

① 《孙渊如先生全集·平津馆文稿·容作圣论》，《续修四库全书》第1477册521页。

足以有临也;宽裕温柔,足以有容也",自为二事。①

孙氏上说是运用段玉裁的方法弘扬钱大昕的观点。段玉裁、孙星衍皆从五事、五行相配的观点出发对该问题予以探究,皆认同五事之"思"与五行之"土"相配。但段氏认为"土"属"智","智"为"睿","睿"之籀文写作"壡",从土,则"思"为"睿"无疑,其结论是以"土"属"智"为前提得出的,但他并没有为"土属智"提供明确的文献依据,仅以"汉人"之说笼统代过。孙星衍根据《洪范五行传》《白虎通·五行篇》《礼乐篇》等认为"思属土","土谓宫",宫为含容之义,故当为"容"。相比之下,段氏勇创新说,而孙说有据可依。

在析分了今古文并从五事五行相配中找到了作"容"的依据后,孙星衍又征引《秦誓》《论语》《老子》《荀子》《孟子》等先秦古籍,力图从早期文献文本的角度证明作"容"为是,所取材料并未超出钱大昕之外:

《秦誓》:"其心休休焉,其如有容焉。"《论语》:"君子尊贤而容众。"《老子》云:"容乃公,公乃王,王乃天,天乃道,道乃久。"《荀子》云:"君子贤而容众,知而能容愚,博而能容浅,粹而能容杂。"《孟子》云:"大而化之之谓圣。"称曰:"作圣,非容不足以当之。"②

孙星衍还吸纳了钱大昕从用韵角度进行的分析,明确认同"古书有韵,'恭''从''明''聪''容'协音,'睿'则不协也"的观点。

"睿"是否当作"容",这一问题经钱大昕提出后,在当时引起了广泛讨论,段玉裁、王念孙、孙星衍都是积极参与者。孙星衍不但自己专门研究,而且在书院生员中展开讨论。其《平津馆文稿》卷上之《策问》,就是他在山东督粮道任上利用公务之暇课问德州

---

① 《孙渊如先生全集·平津馆文稿·容作圣论》,《续修四库全书》第1477册521页。

② 同上。

书院生员时提出的问题。其中针对"思曰睿""睿作圣"句,孙星衍提出了以下问题:

Ⅰ. 针对今、古文的析分,提出"《洪范》'思曰睿''睿作圣',马、郑皆训'睿'为'通',班固《五行志》、董仲舒《春秋繁露》俱作'思曰容',以为宽容则圣。孰为古文孰为今文?能分别言之,折衷其是欤?"①

Ⅱ. 联系上下文,提出释"思"为"睿"与经文重复的问题:"视明听聪"已该"睿哲"之义,思又曰睿,不与经文重袭欤?

Ⅲ. 针对思、容与五行之关系,提出"思主心,心主土,土数五,为皇极生万物而王四季,非容不足以当之。《白虎通》云:'土谓宫,宫者容也,含也,含容四时者也。'能言其义欤?"②

综合以上孙星衍对"思曰容""容作圣"的阐释,可以得到以下启示:

(1) 孙星衍提出了"《尚书》今文说俱胜古文"的观点,具有重要意义。孙星衍在江声、王鸣盛、段玉裁等伸张马、郑注的时代风尚下独树一帜,较早认识到今文《尚书》的价值,开拓了《尚书》诠释兼重今古文的做法,促进了此后陈乔枞、皮锡瑞对今文《尚书》的研究,在《尚书》学史上具有承前启后的重要作用。孙星衍于《容作圣论》中态度鲜明地表达了这一意见,并阐述了原因:"《尚书》今文说俱胜古文,盖伏生曾见先秦百篇之书,亲授西汉诸儒,虽以今字名今文,实古义也。'思'作'容'之胜作'睿',其一隅矣。"③

----

① 《孙渊如先生全集·平津馆文稿·策问》,《续修四库全书》第1477册519页。

② 同上。

③ 《孙渊如先生全集·平津馆文稿·容作圣论》,《续修四库全书》第1477册521页。

孙星衍"《尚书》今文说俱胜于古文"的认识源于其对《尚书》经文及历代阐释的深入思考，基于其对相关文献的发掘、钩稽、排比、考索，绝非主观臆断。前面所举《尧典》"璇玑玉衡"条，孙星衍研究所得，认为伏生星象说更接近历史真实，因此摒弃了孔安国、马融、郑玄、蔡邕等人所主的测天仪器说，这一研究同样显示了今文家说的可信度。正是基于此类对具体经文及汉魏故训的全面研究，孙星衍才得出"'思'作'容'之胜作'睿'，其一隅矣"、"《尚书》今文说俱胜古文"之结论。

（2）网罗旧说、别择故训与吸纳新解、发扬新说都是《尚书》诠释创新的方向。孙星衍对"思曰容"、"容作圣"的认识实际是对钱大昕观点的继承与发扬，无论取材范围还是研究方法都直接吸纳了钱说而没有取得突破性进展。纵观《尚书今古文注疏》，对故训的梳理、筛选与重构，对新说的别择、继承与吸纳占据了极大比重。毋庸置疑，创新是学者的共同追求，孙星衍同样为此而努力。但创新并不仅仅表现为阐释上的新解、观点上的创获，网罗旧说、别择故训与吸纳新解、发扬新说都是创新的方向。此条力主"思曰容""容作圣"既是对今文说的发覆，又是对汉魏以来占据主流的古文说的反动，同时也体现了对时人成果的吸纳，这一做法同样体现了创新的因素。所以，对经典阐释之"创新"应该有特定的、合理的理解。

孙星衍阐释"思曰容""容作圣"的贡献在于其努力推广钱说，不但自己撰专文阐扬，而且在书院生员中广泛探讨。经王念孙、孙星衍支持、发扬，加上段玉裁为今文说发掘的材料、做出的分析，钱大昕的说法在此后影响很大，"思曰容""容作圣"说得到了学界的普遍认可，取代了千年来流行的"思曰睿""睿作圣"说。比如许瀚从音韵学的角度肯定了今文作"容"说，其于"貌曰恭，言曰从，视曰明，听曰聪，思曰容"下注云："东部容，伏本，《春秋繁露》《汉书·五行志》解作容，班氏引《论语·八佾篇》孔子之言'宽'以解此经,则作'容'信矣。郑氏注《大传》云:'容当为睿',是作'睿'者郑本也。今案:依韵当从伏本。"①皮锡瑞《今文尚书考证》、王先谦《尚书孔传参正》等皆用钱说。

(3)从史的角度考量学者的贡献与局限才能得出比较实事求是的结论。仅就此条来看,孙星衍吸纳了钱说却未加标注,这与段玉裁、王念孙的做法不同。这一方面可以理解为当时对著作权看得相对淡薄,但更合理的解释可能是孙星衍与钱大昕对该问题的认识意见一致,只是钱说早出而已。孙星衍在《尚书今古文注疏序》中明言与时人意见一致的不加标注:"同时诸君之说,有已刻行世之书,亦有未经授梓者,有杂载经义札记者,故须采附经本以谂来学,俱载明姓氏。其不载者,或因引据书传,为习见之文,或与拙撰旧稿暗合,是以略之,非敢掠美。"②即便如此,钱大昕、段玉裁、王念孙的成果毕竟出现在孙星衍之前,孙星衍的意见可能更多地被认定为吸纳、认同钱、王,而非出于个人创获。

如果不从史的角度进行梳理,仅仅孤立地看待孙星衍的阐释,在孙星衍对时人成果不作标注的情况下,很容易将其贡献放大,导致评价上出现偏颇。同样,有些孙星衍别具创见的部分如无前后成果比照,也难以给予客观评价。因此,从历史的角度考查学者的成就与局限,着眼于对具体问题的细致探讨来界定学者的贡献与不足,不仅是研究孙星衍《尚书今古文注疏》的科学方法,也是研究传统学术中值得推广的有效途径。

孙星衍在该问题上没有取得进一步推进,同样需要置于历史链环中看待。众所周知,乾嘉学派重视实证,无征不信是其治学的基本原则。新学说必须以新材料为支撑。这一原则在此条中得到

---

① 许瀚《攀古小庐杂著》卷四《小学说》,《续修四库全书》第1160册687页。
② 《尚书今古文注疏凡例》,第2页。

了充分体现。就材料的发掘来看,钱、段、王作为乾嘉时期的一流学者,对该问题的研究已经达到了极为深入、细致的程度。材料经其发掘,基本网罗殆尽。从前面的分析可以看出,钱大昕作为最早对该问题进行探讨的学者,已经把发掘材料的眼光转向西汉《洪范五行传》《春秋繁露》及先秦《尚书》《论语》《老子》《孟子》《荀子》等,因而得出"'容'字义长"之结论。他的做法,为此后的探讨引导了方向,奠定了基础。段玉裁在进一步发掘西汉今文材料的基础上,得出前后汉皆用今文、汉末魏吴古文始盛的结论,比较准确地划分了今、古文流行的时段。王念孙不仅进一步证明"思曰容",同时力证当为"思心曰容",将这一钱、段已经引出但未专门探究的问题正式提出论证。可以看出,钱、段、王在解决该问题的过程中各有创见,伴随着他们对材料的钩稽、发覆、分析、利用,创见的空间也越来越有限,至孙星衍则几乎没有余地了。所以,自孙星衍至皮锡瑞、王先谦在材料上均没有新的突破,而发掘、补充新材料一直是王先谦尤其是皮锡瑞的优长。由此可见,并非孙星衍发掘材料的能力有限或研究问题的方法不够先进,而是受到研究条件的制约难以做出进一步努力。甚至可以断言,如无新材料的发现,对该问题的研究后人也只能就此止步。因此,评价学者的贡献与局限必须回归到当时的历史背景、学术风尚、研究条件下进行,否则很难做到客观、公正。

(4) 深厚的小学功力是该问题得以重新研究并取得突破性进展的关键。众所周知,唐代孔颖达是一位了不起的经学家,其梳理故训的能力并不差,所以长期以来孔疏一直是习经者必须依赖的文本。但孔颖达受到时代的制约,其于声音、训诂方面的工作相对较少,这一不足被清人弥补。清代小学达到了前所未有的高度,顾炎武、钱大昕、戴震、段玉裁、王念孙、王引之等人的成就尤为突出。以声音、训诂带来的新解数量虽然不算很大,但意义深刻,在一定程度上弥补、纠正了前人的不足或误说,取得了一些新突破,钱大昕、段玉裁、王念孙对"睿"、"睿"、"容"的辨析即属显例。

8.《金縢》

《金縢》是一篇疑窦丛生、争论较大的文字。自汉代以来即对其作者、写作缘由、著作时代及其在《尚书》中的顺序等存有争议。孙星衍是如何认识《金縢》篇的？有无新的见解？其见解是否有价值？影响如何？此就这些问题做简单讨论。

（1）生前信谗与身后葬疑说

《金縢》全文由三部分组成。自篇首至"王翼日乃瘳"为第一部分，写武王克商二年身患重病，周公祷以身代，武王病愈。自"武王既丧"至"王亦未敢诮公"为第二部分，写武王崩，成王即位，管、蔡流言，周公居东二年，罪人斯得。自"秋大熟"以下为第三部分，写风雷示变，成王启金縢之书，见周公祷疾记录，返周公。

《尚书大传》云周公临终请葬成周以示臣于成王，成王欲葬成周，风雷示变，成王得金縢书，葬之于毕，示不敢臣，以彰其功：

> 周公疾，曰："吾死必葬于成周，示天下臣于成王也。"周公死，天乃雷雨以风，禾尽偃，大木斯拔。国恐，王与大夫开金縢之书，执书以泣曰："周公勤劳王家，予幼人弗及知。"乃不葬于成周而葬之于毕，示天下不敢臣。①

《金縢》是将风雷示变事与周公为武王祷疾、遭谗、居东、平叛管、蔡相连，《尚书大传》云周公薨后，成王因狐疑于用臣礼还是君礼葬周公而发。二者的共同点是都有风雷示变、开金縢之书的记载。但一云周公生前、一云卒后，各执一词。这一争论在王充《论衡·感类篇》中已经提出：

> 《金縢》曰："秋大熟，未获。天大雷电以风，禾尽偃，大木斯拔，邦人大恐。"当此之时，周公死，儒者说之，以为成王狐疑于"葬"周公：欲以天子礼葬公。公，人臣也；欲以人臣礼葬

---

① 《汉书》卷六十七《梅福传》颜师古注引，第2926页。

> 公，公有王功。狐疑于葬周公之间，天大雷雨，动怒示变，以彰圣功。古文家以武王崩，周公居摄，管、蔡流言，王意狐疑周公，周公奔楚，故天雷雨以悟成王。夫一雷一雨之变，或以为葬疑，或以为信谗，二家未可审。①

由《论衡》知汉代今、古文两家的说法已截然不同。其以"儒者说之"与"古文家"对言，知此"儒者"指今文家。王充将今文家说概括为"葬疑"，将古文家说归纳为"信谗"。

与《金縢》所记信谗说相类的另有《史记·蒙恬传》与《鲁周公世家》后文。②《史记·蒙恬传》云：

> 昔周成王初立，未离襁褓，周公旦负王以朝，卒定天下。及成王有病甚殆，公旦自揃其爪以沉于河，曰："王未有识，是旦执事。有罪殃，旦受其不祥。"乃书而藏之记府，可谓信矣。及王能治国，有贼臣言："周公旦欲为乱久矣，王若不备，必有大事。"王乃大怒，周公旦走而奔于楚。成王观于记府，得周公旦沈书，乃流涕曰："孰谓周公旦欲为乱乎！"杀言之者而反周公旦。③

《史记·鲁周公世家》后文云：

> 初，成王少时，病，周公乃自揃其蚤沉之河，以祝于神曰："王少未有识，奸神命者乃旦也。"亦藏其策于府。成王病有瘳。及成王用事，人或谮周公，周公奔楚。成王发府，见周公

---

① 《论衡》卷十八，第283—284页。

② 按：《史记》卷三十三《鲁周公世家》前文云武王克商二年，周公为祷疾。武王崩，成王幼，周公不避管、蔡流言，卒相成王，并兴师东伐，平定叛乱。后文记周公为年幼的成王祷疾，后遭谗，奔楚。后文将风雷示变置于周公卒后，成王狐疑于以君礼还是臣礼葬周公之时。即《鲁周公世家》并载周公为武王、成王祷疾事。

③ 《史记》卷八十八《蒙恬传》，第2569页。

祷书,乃泣,反周公。①
以上皆记周公遭馋奔楚,成王发书,见祷书而返周公。但这两条中周公为之祷病的为成王,非武王;周公奔楚,非居东。此盖谯周所言"秦既燔书,时人欲言金縢之事,失其本末"②,故传闻各异。

（2）段玉裁对葬疑说的否定

段玉裁在其《古文尚书撰异》"王出郊,天乃雨,反风,禾则尽起,二公命邦人,凡大木所偃尽起而筑之,岁则大孰"条中录《史记·鲁周公世家》并记周公祷武王、成王事,在相关部分以小注形式列举《史记》之《周本纪》《蒙恬传》及《易林》等古文家说,复列《尚书大传》《汉书》之《杜邺传》及《儒林传》谷永上疏、《后汉书》之《周举传》与《张奂传》《春秋公羊传》僖公三十一年传及何休注、《白虎通·丧服》《论衡·感类》《中论·智行》等今文说,认为今文家葬疑之说,"最为荒谬",其根据是《尚书》记事按年编排,"前云'既克商二年',云'武王既丧',云'居东二年',何等分明"③,而从周公"'为诗诒王'之后、'秋大孰'之前,间隔若干年若干大事不书"④,突书周公薨及其薨后之事,不合史官记事之体,"令人读罢不知其颠末者"⑤。段玉裁虽然否定了"秋大熟"以下为周公薨后之葬疑,但没有提出更合理的看法。

（3）孙星衍提出"秋大熟"以下为《亳姑》逸文说

孙星衍于此条除补充《琴操》一例外,⑥其他材料都在段氏视

---

① 《史记》卷三十三《鲁周公世家》,第1520页。
② 《史记》卷三十三《鲁周公世家》注引,第1520页。
③ 《古文尚书撰异》,《续修四库全书》第46册200页。
④ 同上。
⑤ 同上。
⑥ 按:《琴操》中的相关资料,此前的研究者似未及发掘。《琴操》云周公囚诛管、蔡后受谤,成王欲囚之,周公奔鲁而死。成王欲以公礼葬周公,天风雷示变,成王发金縢书,见周公为武王祷疾事,诛馋者,天乃反风、（转下页）

野之内。通过对史料的排比,不仅以《尚书大传》《鲁周公世家》后文为代表的"葬疑"说及以《鲁周公世家》前文、《蒙恬传》为代表的信馋说均得到呈现,而且诸说之同异亦不言自明:《鲁周公世家》前文、《金縢》言祷武王疾与《鲁周公世家》后文、《蒙恬传》《易林》言祷成王疾不同;《金縢》居东与《鲁周公世家》《蒙恬传》奔楚相异。面对史料歧说,孙氏采取了各遵所闻、并存异说的做法。

相比于段玉裁较早、较全面地发掘、梳理了相关材料,并对今文家说提出了批评,孙星衍的贡献主要是在《金縢》题解、"秋大熟"句疏解及《尚书错简考》之《亳姑逸文》中提出了《金縢》"秋大熟"以下为《亳姑》逸文的观点。主要依据有二:

Ⅰ.《史记·鲁周公世家》的记载。《史记·鲁周公世家》于"王亦未敢训周公"①下述营洛邑还政之事及作《多士》《毋逸》《周官》《立政》诸篇,其后乃称周公在丰及卒后暴风雷雨之事,孙星衍据此认为《金縢》一篇所记之事跨度如此之大是不应牵合在一起的:"事隔武王、成王及周公生死,中隔《大诰》《微子之命》《归禾》《嘉禾》《康诰》《酒诰》《梓材》《召诰》《洛诰》《多士》《无逸》《君奭》《成王征》《将薄姑》《多方》《周官》《立政》《贿息慎之命》凡十八篇,何得合而为一?"②由此推断"明经文'秋大熟'已下非《金

────────

(接上页)禾则尽起,这一记载显然是糅合了信馋与葬疑说。《琴操》的记载与其他文献多有不同:云周公遭馋在囚诛管、蔡后,周公受馋奔鲁而死非奔楚或居东。对这些相异之处,孙氏疏文以极其简约的文字指明异处,不作评判:"此言周公被潜奔鲁,在诛管、蔡之后,与《史记》同而不言为成王祷疾。"说见《尚书今古文注疏》,第336页。

① 《史记·鲁周公世家》作"王亦未敢训周公",《尚书·金縢》作"王亦未敢诮公",各随其文。

② 《孙渊如先生全集·嘉谷堂集》之《尚书错简考·亳姑逸文》,《续修四库全书》第1477册497页。

滕》本文矣"①。

Ⅱ.《书序》的记载。《书序》言《亳姑》所叙乃葬毕告周公事，与《尚书大传》前文及《史记》合，故推断"秋大熟"以下可能是《亳姑》逸文："《序》称《亳姑》为葬毕告周公之事，正与《大传》前文及《史记》合，是知告周公即告以悔悟尊礼之事也。"②又据《书序》云《金縢》乃周公所作，《亳姑》乃成王所作，风雷示变乃周公卒后事，周公不应自言之，认为"秋大熟"下乃《亳姑》逸文："孔子见百篇之《书》，而《序》称周公作《金縢》，周公不应自言死后之事，此篇经文当止于'王翼日乃瘳'。或史臣附记其事，亦止于'王亦未敢诮公'也。其'秋大熟'已下，考之《书序》有成王告周公作《薄姑》，则是其逸文。"③"又载周公卒后，乃有暴风雷雨，命鲁郊祭之事。是经文'秋大熟'已下，必非《金縢》之文。"④

孙星衍分析错简的产生，是因为"后人见其词有'以启金縢之书'，乃以属于《金縢》耳"⑤，认为汉时伏生、司马迁等已见错简，后人不察而已："伏生见全书所传今文，知有周公死天乃雷雨之事，司马迁从孔安国问故，言亦如之，是古文与今文本相符合，特汉时错简已在《金縢》，后人不察耳。"⑥错简得以流传，原因在于："但马、郑曾见孔壁古文，不为别白者，马、郑所守卫宏、贾逵古文说，又与史公之问故孔氏安国者不同。经文传之既久，不可改易。"孙星衍

---

① 《孙渊如先生全集·嘉谷堂集》之《尚书错简考·亳姑逸文》，《续修四库全书》第 1477 册 497 页。
② 《孙渊如先生全集·嘉谷堂集·尚书错简考》，《续修四库全书》第 1477 册 497 页。
③ 《尚书今古文注疏》，第 323 页。
④ 同上。
⑤ 同上。
⑥ 《孙渊如先生全集·嘉谷堂集·尚书错简考》，《续修四库全书》第 1477 册第 497 页。

认为该段虽系错简,但流传已久,"仍为一篇,分行以别之"①。

孙氏既认为"秋大熟"下乃《亳姑》逸文,为周公卒后事,以往释"惟朕小子其新迎,我国家礼亦宜之"之"新迎"为"亲迎周公"、"改过自新遣使者迎之"②就说不通了。又,下文"王出郊,天乃雨,反风,禾则尽起"之"出郊",今、古文说皆释为郊祭,宋林之奇云"则郊劳而亲逆之"③亦无法疏通。孙星衍于此吸纳了毕以田的观点,解"迎"为"迎尸","郊"即"郊祭周公",非出郊迎周公。释"我国家礼亦宜之"之"礼"为"祭",以此疏通"秋大熟"后乃《亳姑》逸文之说,而这一观点与旧解成王郊迎周公不同:

> 毕以田按:《尚书》"王出郊,天乃雨,反风"。出郊者,谓祭天于郊,以周公配之也。《书序》所云成王葬周公于毕,告周公,作《亳姑》,即其事。此经上文云:"今天动威以彰周公之德,惟予小子其亲迎。"言亲迎而祭之。迎,迎尸也,惟郊是郊祭周公之事,故言"我国家礼亦宜之"。礼者,谓祭也,《尚书大传》曰:"乃不葬周公成周而葬于毕,尊以王礼,申命鲁郊。"据此而言则鲁之郊禘,由风雷之变始也。旧解不察此篇为《亳姑》逸文之错简,乃以郊为郊天,亲迎为生迎周公,不特"我国家礼亦宜之"句不可通,且周公居东,远在千里之外,岂能迎于一日之内以致反风之应乎,厥谊疏矣!④

毕以田深受孙星衍赏识,长期供职于孙氏幕府,尤精《尚书》,于孙氏《尚书今古文注疏》出力甚多。但以田之功,惟在孙氏《尚

---

① 《尚书今古文注疏》,第 323 页。
② 《诗经·东山序》郑玄笺云:"成王既得金縢之书,亲迎周公。"(《毛诗正义》,中华书局 1980 年版《十三经注疏》附《校勘记》,第 395 页。)《尚书正义》云"亲迎者"为"改过自新遣使者迎之"。(第 197 页。)
③ 林之奇《尚书详解》,《四库全书》第 55 册 514 页。
④ 《孙渊如先生全集·嘉谷堂集·尚书错简考》,《续修四库全书》第 1477 册 497—498 页。

书错简考》之《亳姑逸文》《成王征疑义》等文中有明确标识,其他贡献难以确考,由此条可窥其说之一斑。

孙星衍在注疏中于"秋,大熟,未获"下疏《书序》"周公在丰,将没,欲葬成周。公薨,成王葬于毕,告周公,作《亳姑》"之"告周公",云"盖以天变祝告改葬之"①事告,接下来说"则所云'惟朕小子,其迎我国家礼,亦宜之',谓惟我小子,其逆于国家应有之礼,亦宜有此天变也。"②又于"惟朕小子其新迎,我国家礼亦宜之"条末云:"言遭天变有逆礼之处,逆非迎周公也。"③其意皆为成王先以臣礼葬周公于成周,逆于国家应有之礼,因天示变而改葬之。这些意思与其说"秋大熟"以下乃周公薨后事、是《亳姑》逸文的观点相一致。

孙氏数数申述《金縢》"王亦未敢诮公"以下乃《亳姑》逸文,题解之外,于该句下重申:"'其秋大熟'已下,今文以为周公死后之事,《史记》亦云:'周公卒后,秋大熟。'考是《亳姑》逸文,故别行以别之。"④其《与王引之书》持论同:"衍考《尚书大传》及《史记》,知《金縢》'秋大熟'已下,实非《金縢》之词,盖《亳姑》逸文。"⑤

孙星衍的观点此后产生了一定影响。皮锡瑞《今文尚书考证》、王先谦《尚书孔传参正》承其说。皮氏《考证》释题云:"《大传·金縢》列《大诰》之后。叶梦得曰:'伏生以《金縢》作于周公殁后,故次《大诰》之下。'"⑥皮氏从编排顺序上认同了孙氏《金縢》风雷示变乃《亳姑》逸文的观点:"《大传》以雷雨开金縢在周公薨后,则当次于《立政》、《周官》之下,乃仅列《大诰》后,岂当时已合

---

① 《尚书今古文注疏》,第335页。
② 同上。
③ 《尚书今古文注疏》,第338页。
④ 《尚书今古文注疏》,第334页。
⑤ 《孙渊如外集》卷五《与王引之书》(一),第5—6页。
⑥ 《今文尚书考证》,第290页。

《亳姑》于《金縢》乎?"①又于"秋,大熟"句后引孙说,云"孙说近是"②。王先谦《尚书孔传参正》直接引用孙、皮之说。

魏源《书古微》中有《金縢发微》上中下三篇,其下篇论此事,充分关注了孙星衍的观点。魏源所引材料与孙氏全同,其中包含了孙星衍补充的《琴操》条。其对"秋大熟"下是否为《亳姑》逸文持狐疑态度,一方面据《书序》《大传》,认为"秋大熟"下或为《亳姑》逸文:"伏生所得二十九篇内《太誓》《金縢》皆残缺不全,而《书序》言'周公在丰,将没,欲葬成周。公薨,成王葬于毕,告周公,作《亳姑》。'则《大传》《史记》所述'周公卒后,秋大孰,未获'以下或是《亳姑》篇之佚文,合于《金縢》篇内,未可知也。"③另一方面认为如将"秋大熟"理解为《亳姑》逸文,则《金縢》有首无尾,《亳姑》有尾无首,皆为残缺,难以断定:"惟是《亳姑》篇既不存,而突以周公卒葬之文承于'王亦未敢训公'之下,则上篇无尾,下篇无首,横决不属,且成王启金縢与周公纳策金縢事比词属,亦无以决其必为《亳姑》篇之文"④。魏源最终没有提出更好的解决方案,在《亳姑》亡佚、没有更多证据的情况下,他选择了从马、郑说以息争斗的做法:"窃疑'未敢训公'之下必有缺文,合之两美,离之两伤,故后半篇不如从马、郑说,以定经义而息斗诤"。⑤

今天的《尚书》研究者仍有继承孙说认为《金縢》原文应止于"王翼日乃瘳"者。赵光贤《说〈尚书·金縢〉篇》云:"孙氏说此经原文应止于'王翼日乃瘳',我以为甚确,其见解实高出一般经学家",但他认为孙氏以"秋大熟"以下为《薄姑》逸文,证据不足:"至

---

① 《今文尚书考证》,第 290 页。
② 《今文尚书考证》,第 299 页。
③ 魏源《书古微》,《续修四库全书》第 48 册 636 页。
④ 同上。
⑤ 同上。

于说'秋大熟'以下是《薄姑》篇逸文,则嫌证据不足,只可备一说而已。"①

现代《尚书》研究者也有不认同孙说者。蒋善国认为《金縢》不存在错简问题,之所以被后人怀疑是由于《书序》将《金縢》作者误定为周公及今文家用《亳姑》葬疑说解《金縢》,因而得出《金縢》"秋大熟"以下既为周公卒后事,周公不能自言身后事,故为错简的说法。他分析了孙星衍执错简说的原因:"孙星衍把'秋大熟'以下当作《亳姑》错简,也是受今文家误混《亳姑》的影响"②,认为"今文家用《亳姑》本事误解《金縢》;孙星衍又误割《金縢》加于《亳姑》"③。他进一步认为"今《金縢》经文确系信馋,足证古文家说《金縢》是信馋,实属可信。纵使《金縢》下半篇风雷示变与《亳姑》类似,而信馋与葬疑,生死有分,绝不相同,一事两载,是由于传闻异词,正如《金縢》上篇记周公请以身代武王,与蒙恬所说周公请以身代成王事相混一样。"④刘起釪《尚书校释译论》亦持信馋说。

由此条可见,面对《金縢》文献记载不一的情况,段玉裁、孙星衍之前的学者随文而释,未及深入探讨。段玉裁较早对相关文献进行了比较全面的发掘,并否定了今文家所持的葬疑说,实际是认同了古文家之信馋说。孙星衍进一步对材料进行了梳理、补充、分析、思考,试图做出更合理的阐释。他据《书序》《史记》等提出了《金縢》"秋大熟"以下是《亳姑》逸文的观点,至于其合理程度,因《亳姑》早亡,在当前的研究条件下仍难下定论,但孙星衍的观点

---

① 赵光贤《说〈尚书·金縢〉篇》,《中华文史论丛》1980年第三辑,第1页。
② 《尚书综述》,第236页。
③ 同上。
④ 同上。

是以《书序》《史记》的记载为凭依，并非无据之谈，其说可备一家之言。

（四）由"条析"看孙氏注疏之特点与不足

本文抽取八条历代《尚书》中的聚讼问题，从史的角度对主要观点进行了简要梳理，将孙星衍《尚书今古文注疏》作为其中的一个链环予以考量。通过具体分析，可以看出孙氏注疏的部分特点与不足。

1. 孙氏注疏的主要特点

孙氏《尚书今古文注疏》的特点主要表现为以下三点：

（1）综括众说，不取宋元

这是孙氏《尚书今古文注疏》的突出特点。孙氏效法孔颖达"览古人之传记，质近代之异同，存其是而去其非，削其繁而增其简"的做法，广采汉魏隋唐及时人之说，不取宋元人注，这些原则在其注疏中得到了较好的贯彻，此由以上八条可窥一斑。

"在治忽""璇玑玉衡"之异文歧说汉魏已出，此后无新发展，孙氏全面网罗，逐一疏释；"曰若稽古""高宗肜日"等，宋元以来又出现了一些新观点，孙星衍一概不取。随着研究的深入及出土文献的发掘，回头审视宋元学说，有些近乎正确，如宋元说"曰若"乃史官追述之体，解"肜祭"为祖庚祭武丁均趋合理，但孙星衍的汉学倾向不允许他接受宋元学说哪怕是其中的进步成分，在他把重点退回到发掘、梳理、分析汉魏故训的过程中，一些汉魏时比较合理的说法在被宋元湮没了很长时间之后，得以发扬光大。如"璇玑玉衡"条，宋元人多秉马、郑"浑仪说"，不取《大传》等星象说，孙星衍继承江声将此说重新提起，补充证据，阐述倾向，使之由衰歇而嗣兴，至今仍居主导地位。发覆之功，不可埋没。

（2）全面发掘，慎取别择

孙氏注疏旁征博引，资料宏富，务求信而有征。由对以上八条的分析大约可以看出其发掘、利用材料的方法与态度。

孙氏在全面搜罗材料的基础上,并非将所有材料不加选择地全部呈现,而是慎取别择,通过不同的方式展示材料,并通过材料彰显自己的思想。孙氏以网罗放失旧闻为原则,对汉魏故训多众说并存,但于并存间或不加评判或表明自己的选择及态度。如"璇玑玉衡"条,孙氏即在全面梳理前人观点的基础上表明了自己的倾向。

有的条目,孙氏并没有将前人观点全面呈现,而是仅显示了其中一种或几种说法。这一现象我们不能理解为是因其材料搜集不备而致,应该是孙星衍对自己认为不合理的说法进行了过滤,滤去了一些说法,从而显示自己的倾向。如"在治忽"条,孙氏即没有呈现段玉裁以"七始训"为是的说法。在《尚书今古文注疏》中孙氏数引段说,对段氏《撰异》必精心研读,此处未采意味着其对段说的不信任,而他的取舍得到了后人如魏源、蒋善国、刘起釪等的认同。"高宗肜日"条孙氏仅取《史记》说,蒋善国认为汉人三说中《史记》说最全面、完善。

应该说,不是一般的经学家都有能力对前人的观点进行甄别,更不是一般的经学家就能够从前人观点中滤出相对合理的说法,因此经学家的选择尤其是选择的合理程度是衡量其识见的重要标志。就以上八条来看,如将孙氏发掘、别择、识见之功置于时代背景下考查,其贡献不言而喻。

(3) 精研深思,力求创获

学术的发展与进步以创新与突破为标志,乾嘉学派凭着自己深厚的经学根柢,空前的小学功力,融贯经史的治学方法以及对目录、版本、校勘学的重视与实践,在经学研究领域提出了很多新观点,取得了不少新突破。这些观点未必都正确,但精研深思,力求创获成为乾嘉学派的共同追求。孙星衍也不例外。

孙星衍的《尚书今古文注疏》虽以综括前贤时人之说为主,

但在经义的发明、文字的判断、今古文的别择方面屡有创获。仅就以上八条来看,这一特点也比较突出。如其鉴于郑注"曰若稽古"解说帝尧与皋陶难以融通、江声仍然前后两歧的现象,提出了郑注"稽,同;古,天"之说乃释"帝尧"之"帝"字,而非释"稽古"并进一步否定了释"古"为"天"的说法。通过他的阐释,不仅融通了郑玄前后歧说,而且打通了马、郑之释,认为二说实质无异,着眼点不同而已。其于《金縢》,提出了"秋大熟"以下乃"《亳姑》逸文""秋大熟"以上两段出自史臣载笔而非如《书序》云周公所作的观点。这一观点虽因《亳姑》早亡,迄今尚无出土文献可以佐证而难下定论,但孙星衍的推断是以《史记》《书序》为据,并非无根之谈,这是毫无疑问的。类似探讨既显示了其研究《尚书》所做的思考及达到的水平,也为后来的研究者提供了有益的启发与借鉴。

但是,创见与臆断往往一步之遥。严谨求是是制约学者避免因过求创见而陷入主观臆说的重要尺度。乾嘉学者在经史研究中一方面创获良多,备受赞扬;另一方面,也因有失严谨,招致诟病。孙星衍属于比较严谨的学者,但就以上八条看,也有不够谨慎处。如其释"在治忽",徒增"忽"当为"曶"之说,将二者凭空联络,设法疏通,殊不知因前提无据,疏通亦陷妄说。

本文力求将经学家的贡献还原到其身处的历史条件下,放在经学发展的链条中进行具体考查,期望做出比较合乎历史真实的客观评价。本着这样的原则,从对以上八条的分析中,我们说《尚书今古文注疏》是当时条件下产生的一部《尚书》诠释方面的集大成之作,应该不是溢美之论。

2. 孙氏注疏之不足

《尚书今古文注疏》亦有不足,主要表现为:

(1) 排斥孔传过甚

乾嘉时期孔传之伪已成共识,学者多弃其说,尤以孙星衍最为决绝。江声《尚书集注音疏》并不完全排斥孔传:"其王肃注与晚出之孔传,本欲勿用,不得已始谨择其不谬于经者,间亦取焉"①,"王肃注及伪孔传多乱经之说,然亦间有是者,马、郑注不能备,不得不择用其一二。"②王鸣盛《尚书后案》虽坚守郑注,也保留了部分马融、王肃、孔传、孔疏之说:"予遍观群书,搜罗郑注,惜已残阙,聊取马、王、传、疏益之,又作案以释郑义。马、王、传、疏与郑异者,条晰其非,折中于郑氏。"③相比于江声、王鸣盛,孙星衍对伪孔传绝对排斥,完全不考虑其价值,则走向了另一个极端。稍后的焦循比较公允地评价了伪孔传,认为其为魏晋人作,保存了该时期诂训,价值当与何晏、杜预、郭璞、范宁注同,不应因其非汉注而摒弃:"东晋晚出《尚书》孔传,至今日稍能读书者皆知其伪。虽然其增多之二十五篇伪也,其《尧典》以下至《秦誓》二十八篇固不伪也,则试置其伪作之二十五篇而专论其不伪之二十八篇,且置其为假托之孔安国而论其为魏晋间人之传,则未尝不与何晏、杜预、郭璞、范宁等先后同时;晏、预、璞、宁之传注可存而论,则此传亦何不可存而论?"④焦循不但称誉孔传之善,而且对"孙渊如观察屏孔传而掇辑马、郑"⑤的做法提出了批评。谭献甚至认为孙星衍"乃至有意与伪孔立异"⑥。至清末王先谦撰《尚书孔传参正》并取今文、古文、孔传,兼下己意,做法更为平允、客观。

(2) 列异说而不断

孙星衍在钩稽、排比、编纂材料上,表现出常人难以达到的广度与厚度,但也呈现出列异说而不断的总体特点。孙星衍疏

---

① 《尚书集注音疏》,《清经解·清经解续编》第 3 册 3155 页。
② 同上。
③ 《尚书集注音疏》,《清经解·清经解续编》第 3 册 3163 页。
④ 焦循《尚书补疏叙》,《清经解·清经解续编》第 7 册 8739 页。
⑤ 同上。
⑥ 范旭仑、牟晓朋整理《谭献日记》,中华书局 2014 年版,第 189 页。

文,往往把各种不同的解释糅合在一起,材料丰富但似乎未能体现出较强的融贯能力。章太炎曾指其蔽并析其因:"至孙星衍作《尚书今古文注疏》,古文采马郑本,今文采两《汉书》所引,虽优于王之墨守,然其所疏释,于本文未能联贯,(一段用马郑,一段用史公,一段用今文,段段不通。不知离则双美,合则两伤也。)盖孙氏学力有余,而识见不足,故有此病。今人以为孙书完备,此亦短中取长耳。"①

(3) 对今、古文说的划分尚不分明

孙星衍对司马迁的说法究竟是古文还是今文分辨不清,这是因为他是清代第一个对《尚书》今、古文说进行分别的学者,在没有可资借鉴的前人成果的情况下从事这一富有开辟意义的工作,难以做到尽善尽美。后来的陈寿祺、皮锡瑞在孙星衍的基础上对今文说搜集较全,分析更确,是学术发展的必然。

(五) 从刘起釪《尚书校释译论》看孙星衍《尚书今古文注疏》的历史影响

2005 年 4 月,中华书局出版了刘起釪的巨著《尚书校释译论》。这部一百五十余万言的皇皇巨著是新时期《尚书》诠释、研究方面的集大成之作,代表了 20 世纪尤其是建国以来《尚书》研究达到的最高水平。该书与孙星衍《尚书今古文注疏》一样,都是体现时代水平的里程碑式的著作,是此后的《尚书》诠释、研究者无法绕过的重要基石。因此,刘起釪的《尚书校释译论》对孙星衍的《尚书今古文注疏》继承了什么、发展了什么,应该如何看待孙星衍对刘起釪的历史影响等问题也是本课题要加以讨论的。

---

① 章太炎讲、诸祖耿整理《太炎先生尚书说·尚书略说》,中华书局 2013 年版,第 21 页。

1.《尚书校释译论》与《尚书今古文注疏》研究方法的一脉相承

作为《尚书》研究方面的标志性成果,《尚书校释译论》与《尚书今古文注疏》虽然产生时代不同,诠释体例不同,但在研究方法上却大同小异。

《尚书校释译论》每篇分为校释、今译、讨论三部分。校释以段为单位,对每段中的重要字句先校后释;今译是将全篇内容译成现代汉语;讨论部分"旨在弄明白各篇存在的问题。首先是该篇本身的问题,其次为篇中内容所存在的问题,特别是争论多的问题。本身的问题,指该篇写成年代、该篇作者及讲话对象与对该篇长期存在的纷歧看法等等,还有些关于该篇的特殊问题。内容的问题,往往在'校释'中揭出,集中到'讨论'中较详地加以讨论"①。

校释、讨论两部分在研究方法上与孙星衍基本相同,可以说刘起釪走的仍然是网罗旧说、选择旧说、重组旧说、兼下己意的路子。他的进步主要表现在网罗旧说的范围上:他摒弃了门户之见,汉宋兼采;又处王国维、陈梦家、于省吾等人之后,吸收了诸家利用新材料(如甲骨文、敦煌文献、考古发现等)、新方法得出的新结论;同时将近现代地理、天文等学科解决的一些前人难以弄懂的问题充分吸收,这就使得《尚书校释译论》资料翔实丰富,观点比较客观,结论也更趋科学。由此可见,该书的成就不是体现在研究方法的创获上,而应归功于治学倾向上的更加开明与进步。如《高宗肜日》采用了祖庚肜祭武丁说,这是刘起釪吸收了宋人学说中的合理因素,并利用了王国维甲骨卜辞的研究成果而做出的正确选择。对《尧典》中涉及的星象鸟、火、虚、昴则利用李约瑟《中国科学技术史》、竺可桢《论以岁差定尚书尧典四仲中星之年代》、郑文光《中国天文学源流》等新成果,做出了更严谨、准确的阐释。

---

① 《尚书校释译论凡例》,第3页。

因此,刘起釪《尚书校释译论》在研究方法上与孙星衍是一致的,通过网罗旧说、重组旧说表明自己的观点是他的主要贡献。如果刨除对故训、新解的继承,单看刘起釪的个人创见,数量是有限的。相比于对故训的吸纳,孙星衍的创见同样比重不大。不仅孙、刘如此,历代经学阐释都是以继承为主,由于汉唐以来对故训已经做了大量工作,后人的推进因此极为不易,进程缓慢、数量不丰才符合历史真实。

2.《尚书校释译论》对《尚书今古文注疏》成果的吸收与彰显

孙星衍对刘起釪的影响不仅表现在治学方法上,而且体现在对其成果的吸收、利用与选择上。前已言及,经过历代努力,后人想在经说上求新,余地已经很小,沿用故训为主,努力寻求突破,不仅是孙星衍、刘起釪的做法,也是所有研究者通用的方法。此单就孙氏个人有创获的部分,看一下其对刘起釪的影响。

刘起釪在《尚书校释译论》中多处吸纳了孙星衍的研究成果。有些条目,刘起釪经过比较,认为孙星衍的说法最简明、合理,就摒弃了他说,仅采孙氏一家之言。如《酒诰》"我其可不大监抚于时!"刘起釪直接采用孙疏校释:"抚者,郑注《曲礼》云'犹据也'。时者,《释诂》云'是也'。……告以今惟殷陨丧其大命,我其可不据此以大为监戒乎!"①

有些条目,孙星衍具有拨乱反正之功,较早摒弃了前人误说,提出了正确看法,他的看法得到了后世普遍认同,刘起釪亦采其说并扬其功。如前举《酒诰》"兹亦惟天若元德,永不忘在王家"条,其中"天若元德"之"元",前人释为"大",不确,江声、孙星衍释为较合文义的"善",刘起釪简要梳理,凸显了江、孙的创获:"'元',自伪《孔传》以下直至清代皆释'大',至江声《音疏》始据《易·文言》说:'元者,善之长也。'孙星衍亦同此训。近代杨筠如《覈诂》、

---

① 《尚书校释译论》,第1410页。

曾运乾《正读》皆从之,今亦释为'善'。"①

有些问题在孙星衍之后仍被广泛关注,但如将孙星衍的成果放在《尚书》学史中考虑、评价,后人的研究反而没有孙氏观点合理、科学。此类刘起釪往往通过对历代学说(包括现代)的梳理、比较、评价,力求在《尚书》学史的链条中选择并凸显孙说。如《酒诰》"文王诰教小子"中的"小子",刘起釪梳理了历代注疏家的主要阐释,有民之子孙(《孔传》)、血气未定之少子(《蔡传》)、公侯卿大夫或庶邦诸臣之子(金履祥《书经注》、简朝亮《述疏》)、年少之庶人在官者(牟庭《同文尚书》)、《太玄》注谓百姓(杨筠如《覈诂》)、同姓小宗(曾运乾《正读》)等,认为皆不确,惟有孙星衍解为"康叔"是正确的:"此处'文王诰教小子',是指周文王泛对其晚辈进行教导。下文两'小子',当如孙星衍说,指康叔(《孙疏》),是周公称呼康叔而对他讲话。"②王先谦《尚书孔传参正》已明确标举孙说:"孙云:'小子,谓康叔。'先谦案:孙说是也。承上文文王'诰毖庶邦',复举康叔当日亲闻诰教者为言,以深戒之。"③刘起釪的选择体现了他对该问题的认识。

《多方》"厥图帝之命,不克开于民之丽"之"丽"字,历代分歧很大,刘起釪在罗列了苏轼、蔡沈、朱骏声、章炳麟、于省吾、吴闿生、曾运乾诸家之说的基础上,认为孙星衍"丽者,丽于狱也"的阐释最为有据,杨筠如进一步发挥了孙说,刘起釪因而明确表示"故今取孙、杨二氏说"④。

---

① 《尚书校释译论》,第1400页。
② 《尚书校释译论》,第1388—1389页。
③ 《尚书孔传参正》,第675页。
④ 《尚书校释译论》云:"杨筠如《覈诂》进而论证之云:'丽,《吕刑》郑注:'施也。'按本书言'丽',或为法典,或为刑律,皆不作'施'义。《吕刑》'越兹丽刑并制',又曰'苗民匪察于狱之丽',与本篇下文'慎厥丽乃劝',丽,皆谓刑律也。其义与刑大同小别。《顾命》'奠丽陈教',与此文'不(转下页)

《洛诰》"笃叙乃正父,罔不若予,不敢废乃命"之"正父",伪孔传未释,孔疏、蔡传等谓"武王",孙星衍以"父"为"长",其说经王国维进一步研究得到刘起釪的完全赞同:

伪孔云:"厚次序汝正父之道而行之,无不顺我所为,则天下不敢弃汝命。"未释明"正父"。《孔疏》:"正父谓武王。言其德正,故称正父。"《蔡传》亦云:"正父,武王也。犹今称'先正'云。……言笃叙武王之道无不如我,则人不敢废汝之命矣。"皆以"正父"为武王,无据。当如孙星衍《注疏》所释:"笃者,《释诂》云:'厚也。'叙者,《释诂》云:'顺,叙也。'叙亦为顺。正者,政人。父者,《说文》云:'家长率教者。'是父为长也。《诗》传云:'天子谓同姓诸侯,诸侯谓同姓大夫,皆曰"父"。伪孔(当云《孔疏》)以正父为武王,不通古义。此戒成王以厚顺乃正长无不如我正长之官,则诸臣亦不敢废弃汝教令。"王国维《洛诰解》亦云:"正、父,皆官之长也。《酒诰》云'庶士有正',又曰'有正有事',又曰'矧惟若畴圻父、薄违农父、若保宏父,定辟'。"以《尚书》早期篇章之资料阐明正、父为官之长,足为孙氏说佐证。①

由以上数例可以看出,孙星衍提出的不少观点以其合理的选择与阐释、以其对前人的突破与超越,对刘起釪产生了重要影响。刘起釪通过选择孙说,在全面展现历代主要观点的基础上选择,肯定孙说及将孙说作为一家之言等多种方式对其合理成分予以吸纳

(接上页)克开于民之丽',丽,皆谓法则也。《汉书·东方朔传》:'孝文皇帝之时,以道德为丽,以仁义为准。'丽与准对文,亦取法则之意。以声类求之,疑即后世之律令。丽之得转为律,犹骊之得转为黎也。古律、黎同部,《广雅·释草》:'䔞,藜也。'是其证。此文'民之丽',犹言民之则。《诗·烝民》:'天生烝民,有物有则。'是其义也。其言是。故今取孙、杨二氏说。"第1619页。

① 《尚书校释译论》,第1482—1483页。

彰显,也不讳言孙说之错误与不足,可谓孙氏之诤友。

　　如果能对二氏成果全面比较一番,约可厘清从孙星衍到刘起釪两百年间《尚书》研究究竟取得了多少发展与进步,并可根究到底是什么促进了研究的发展与进步,这一工作有待于进一步努力。

三、孙星衍的小学成就

孙星衍早年即致力于小学，此由乾隆四十四年(1779)其致江声札云"星衍数年来曾于小学极深研几"①可知。该札还就《说文》"戊,中宫也,象六甲五龙相拘绞也"句中"六甲五龙"之意向江声请教。声援师说详细解答："声闻之师云:'龙,辰也,辰有五干,故云五龙;天六地五,故云六甲。五龙戊为中宫,五六天地之中,故云六甲五龙相拘绞。'《系传》亦不得其解。声案《易》曰'天五地六',玄云'天六地五'者,天谓甲乙等,以配十二辰,各有其六;地谓子丑,以配十日,各有五也。"②这一年孙星衍二十四岁,已开始精研《说文》。

在陕西毕沅幕府时,孙星衍亦以小学著闻。乾隆五十年(1785),毕沅在《孙氏仓颉篇序》中将其与钱大昕、王念孙、江声、段玉裁、钱坫相提并论："今世之小学家有钱少詹事辛楣、王水部怀祖、江处士叔沄、段大令若膺及钱判官、孙明经,皆予所素稔。"③孙星衍此时三十四岁。庄炘在乾隆五十一年(1786)撰写的《唐一切

---

① 《孙星衍遗文再续补·与江艮庭书》,《中国典籍与文化论丛》第15辑,第261页。此札又云星衍早年志向："欲尽考九经之文,通之于篆,以为后来石经之稿。闻足下此书成而遽为阁笔,知斯世之有先觉也,然足下此书不可不令星衍一见。"《孙星衍遗文再续补·与江艮庭书》,《中国典籍与文化论丛》第15辑,第261页。

② 《孙星衍遗文再续补·与江艮庭书》,《中国典籍与文化论丛》第15辑,第261页。

③ 毕沅《孙氏仓颉篇序》,《丛书集成初编》第1051册2—3页。

经音义序》中亦云孙星衍深通六书："吾师镇洋毕公抚陕右时,幕府多魁闳宽通之士。若嘉定钱君坫、歙县程君敦、同里洪君亮吉、孙君星衍俱深通六书,与予同志。"①

张之洞《书目答问》将孙氏列入"小学家"中。孙星衍影刻了宋小字本《说文解字》,辑佚了《仓颉篇》,校勘了《急就章》并撰写《考异》,已散入相关部分,不复赘述。此仅对孙星衍在小学领域提出的一些见解略作评述。

(一) 对《说文》九千字形成过程的认识

孙星衍对《说文》九千字的形成认识比较模糊。他据许慎《说文解字叙》"尉律,学僮十七以上始试,讽籀书九千字"之说,认为《说文解字》中的九千三百五十三字就是籀书(大篆)九千字,并就此与严可均商讨。

严可均认为籀书必无九千字,指出汉代闾里书师合《仓颉》《爰历》《博学》三篇为《仓颉篇》,断六十字为一章,凡五十五章,连同复字不过三千三百字。汉代史游的《急就篇》即以《仓颉篇》为基础,去其重复而成。孙、严见到的《急就篇》三十二章,每章六十三字,凡二千十六字。王应麟《玉海》多末二章,合计亦仅二千一百四十二字。严可均认为《仓颉篇》含有复字的三千三百字与《急就篇》去掉复字的二千一百四十二字大约就是《史籀篇》的字数。史载,平帝元始中(1—5)征天下通小学者以百数,各令记字于庭中。扬雄取其有用者,作《训纂篇》,顺续《仓颉》,又易《仓颉》中重复之字,凡八十九章,五千三百四十字。班固复续扬雄,又作十三章,合计一百二章,无复字,共计六千一百二十字,云六艺群书略备矣。许慎在此基础上增为九千字。可见这九千字有一个长期增续的过程,并非《史籀篇》就已固定下来。严可均的认识基本符合历

---

① 庄炘《唐一切经音义序》,《丛书集成初编》第 739 册 3 页。

史真实。

孙星衍认为籀书(大篆)有九千字,是误读了许慎《说文解字叙》"尉律,学僮十七已上始试,讽籀书九千字,乃得为吏"之意,认为"讽籀书九千字"即讽诵史籀大篆九千字,段玉裁指出此处当"讽籀"连读,意为讽诵:"讽籀连文,谓讽诵而抽绎之。"①王国维认为《史籀篇》有九千字之说,源于唐张怀瓘《书断》,孙星衍沿之:"张怀瓘谓籀文凡九千字,《说文》字数与此适合,先民谓即取此而释之。近世孙氏星衍序所刊《说文解字》,犹用其说。"②王国维分析致误之由,沿用了段玉裁、严可均的观点:"此盖误读《说文叙》也。《说文叙》引'汉尉律讽籀书九千字',讽籀即讽读,《汉书·艺文志》所引无'籀'字可证。且《仓颉》三篇仅三千五百字,加以扬雄《训纂》,亦仅五千三百四十字,不应《史籀篇》反有九千字。"③

(二) 对六书的看法

孙星衍在《重刊宋本说文序》中提出了对文、字与六书构成关系的看法:"《仓颉》之始作,先有文,而后有字。六书,象形、指事多为文;会意、谐声多为字;转注、假借,文、字兼之。"④孙星衍认为独立两字的会合为会意,如皿虫、止戈,为会意。而如反正为乏等,则为指事。

严可均不同意孙星衍的看法,指出:"依类象形谓之文,形声相益谓之字。文者,象物之本;字者,孳乳而生,故惟象形为文,其指

---

① 《说文解字注》,第 190 页。
② 《王国维遗书》第一册《观堂集林》卷五《史籀篇证序》,第 294 页。
③ 同上。
④ 孙星衍《孙氏重刊宋本说文序》,中华书局 2014 年版《说文解字》,第 1 页。

事、会意、谐声、转注、假借皆字也。"①他以上、下为例,认为指事为字而非文:"指事,上下是也。上从一、丶其上,下从一、丶其下,从一为据形,丶其上下,为相益其字也,而属之文,显与《说文》背违。"②两相比较,孙星衍的说法似更符合文、字的含义及指事、会意的造字原则。

孙星衍对谐声的理解基本正确:"谐声即象声,亦曰形声,居《说文》十之七八,有形兼事又兼声,有省声、转声,'社'从'土'声、'杏'从'可'省声之属,皆转声也。"③但孙氏以"社""杏"为转声之例,似不妥。严可均指出"社"本为"土"声,非转声而得,孙星衍释为转声,盖受其乡音影响而误读:"社祭土,小徐从土声,即君所谓形兼事又兼声也。举世读社近土,惟毗陵人读若柴,上声,君为乡音所误耳,不必转也。"④严氏对孙星衍"'杏'从'可'省声"之说亦不苟同,认为"'可'非声,转亦不近","不佞亦不敢谓'可'之转声,必不近'杏',惟嫌孤出"。他比较倾向于张惠言提出的"'杏'从'向'省"、"'可'疑是'向'之烂文"的观点,认为孙星衍的错误在于"君好古而不治古音,无以知之","君未治古音,不能知也"⑤。孙星衍在"社"字非转声及《说文》九千三百五十三字非史籀大篆九千字的问题上最终认同了严可均的意见,但其说已刊入《重刊宋本说文序》,以不及追改为恨。⑥

---

① 《说文解字诂林·对孙氏问》,中华书局1988年版,第239页。
② 《说文解字诂林·对孙氏问》,第239页。
③ 同上。
④ 同上。
⑤ 同上。
⑥ 《说文解字诂林·对孙氏问》云:"孙氏默然久之,语余曰:'吾子言然。余昔以社从土为转声,及《说文》九千三百五十三字即史籀大篆九千字,此说不确,近为仿宋本《说文序》,仍用此说,散布四方,无从追改,凡脱稿径付梓者,后必悔之,愿与吾子交相警也。'"第239页。

转注之说,解者纷纭。许慎《说文解字序》云:"转注者,建类一首,同意相受,考老是也。"就许慎所举"考""老"之例,知"建类一首"指同部之字,"同意相受"谓意思相同者可以互训。清人对此提出了一些新的看法。江声对许慎"建类一首,同意相受"的阐释是:"谓建类一首,即始一终亥五百四十部之首,同意相受,即凡某之属皆从某也。"①即认为转注适用于《说文》五百四十部,五百四十部中部首相同之字皆同意相受,均可视为转注,如"以为《尔雅》肇、祖、元、胎之属,始也。始亦建类一首,肇、祖、元、胎皆为始,亦同意相受"②。其说受到孙星衍推崇。

戴震与江声意见不同,认为转注即"转相为注,互相为训",云《说文》举"考,老也","老,考也",转相训释为转注,《尔雅》"初、哉、首、基之皆为始,卬、吾、台、予之皆为我",数字共用一义,义同转相为注亦为转注。③

段玉裁弘扬师说,云:"转注犹言互训也。"④其对"建类一首"的阐释与江声指五百四十部首不同,认为"建类一首"当指《尔雅》每组同义字之统领者:"建类一首,谓分立其义之类而一其首,如《尔雅·释诂》第一条说'始'是也。"⑤"同意相受"谓这些义同或义近的字可彼此互训:"同意相受,谓无虑诸字意旨略同,义可互

---

① 《清史稿·儒林二·江声传》,第 13232 页。
② 同上。
③ 戴震《答江慎修先生论小学书》云:"转注之云,古人以其语言立为名类,通以今人语言,犹曰'互训'云尔。转相为注,互相为训,古今语也。《说文》于'考'字训之曰'老也',于'老'字训之曰'考也',是以《序》中论转注举之。《尔雅·释诂》有多至四十字共一义,其'六书'转注之法欤?……数字共一用者,如初、哉、首、基之皆为始,卬、吾、台、予之皆为我,其义转相为注曰转注。"《戴东原集》卷四,《续修四库全书》第 1434 册 461—462 页。
④ 《说文解字注》,第 755 页。
⑤ 同上。

受,相灌注而归于一首,如初、哉、首、基、肇、祖、元、胎、俶、落、权舆,其于义或近或远,皆可互相训释,而同谓之'始'是也。"①

比较可见,江声侧重字形,以"建类一首"为同在一部之字,是正确的,而谓同部之字皆从部首得义为转注,就不对了。戴震、段玉裁侧重字义,强调字义可互训者为转注,是正确的,至认为统领一组意义相同或相近字的那个字(如上例"始"字)为"建类一首",就不合许氏原意了。

孙星衍在转注问题的认识上融合了江声与戴、段的观点:

> 转注最广,建类一首如祯、祥、祉、福、祐,同在示部也;同意相受如"祯,祥也","祥"、"祉"、"福也","福,祐也",同义转注以明之。推广之,如《尔雅·释诂》"肇、祖、元、胎,始也",始为建类一首;"肇、祖、元、胎"为同意相受。后人泥"考"、"老"二字,有"左回右注"之说,是不求之注义而求其字形,谬矣。②

由上可见,孙星衍努力兼顾许慎"建类一首"与"同意相受"并存的原则,糅合江、戴、段说,依违其间:同在一部为建类一首,同义转注为同意相受是江声的观点;以"始"统肇、祖、元、胎为建类一首,以肇、祖、元、胎同义为同意相受是段玉裁的观点。孙星衍捏合二说,导致其对转注的解说标准不一,规范过宽,没有形成自己的见解。孙星衍举"示"部五字,明转注当为部首相同且义可互训者,体现了他对许慎原则的理解。但他因《说文》训"祯"为"祥","祥""祉"均为"福"义,故推断"祯"亦"福"义,此辗转为训显然没

---

① 《说文解字注》,第755—756页。
② 《说文解字·孙氏重刊宋本说文序》,第1页。按:孙星衍在《六书正讹跋》中也申述了对转注的看法:"转注者,建类一首,即某之属俱从某,如考老俱从毛,建首也;同意相受,考即老也,老即考也,推之,此类甚广。"《孙星衍遗文拾补》,《书目季刊》第四十五卷第三期(2011年12月),第80页。

有许慎所举"考"、"老"一例直接、确当,有过宽之嫌。

(三)对古音的理解

孙星衍在为洪亮吉《汉魏音》所作的《序》中,比较集中地体现了他的古音观念。

孙星衍指出"韵书有三弊",第一个弊端"在不本六书之谐声,而取经籍之韵语也"①,认为韵书当以《说文解字》中的谐声字为本,这些谐声字见于诗骚汉魏词赋等韵文中的只有十之二三,先秦儒、墨、道子书之属亦为韵语,其中的语音资料却未被关注,后世韵书仅取材于韵文的做法是不足取的。

许慎作《说文解字》时释音用读若法,魏晋以降,反切盛行,孙炎、郭璞、吕忱、顾野王等均采反切,读若法逐渐式微,孙星衍认为后世韵书的第二个弊端是"在用反语已行之字,不用汉魏读若之音"②。

孙星衍重视字之本音,把后世韵书"或专用字之转音而忘其本,或不知字之本音而用其转"③的做法归为第三个弊端。

孙星衍又提出了"音有方俗之异,无古今之分"④的观点,只承认语音差别与地域相关,否定古今语音是发展变化的:"后世之人以为今音与古音殊者,吾知其必不然矣。"⑤这一观点体现了孙星衍对语音发展认识的局限。早在明末,陈第已在《毛诗古音考自序》中从时、地两个层面深刻总结了语音变迁的原因:"盖时有古今,地有南北,字有更革,音有转移,亦势所必至。"⑥与孙星衍同时

---

① 《孙渊如外集》卷二《汉魏音序》,第 31 页。
② 《孙渊如外集》卷二《汉魏音序》,第 32 页。
③ 同上。
④ 同上。
⑤ 同上。
⑥ 陈第《毛诗古音考》,《四库全书》第 239 册 407 页。

的钱大昕等对此也有明确认识。钱氏云"声音与时变易"①,又云:"文字者终古不易,而音声有时而变。五方之民,言语不通,近而一乡一聚,犹各操土音,彼我相嗤,矧在数千之久乎!谓古音必无异于今音,此夏虫之不知冰也。"②相较之下,孙星衍在这个问题上的识见较之前贤时彦显然是太低了。

由上可见,孙星衍于《汉魏音序》中提出的后世韵书不本六书之谐声、不用汉魏读若之音、不用字之本音等弊端,都是以《说文》为标准对后来者提出的批评。这些批评与他一贯的伸张汉学、尊崇许郑的思想完全一致。但韵书是特定时段语音的反映,孙星衍对后世韵书一以《说文》绳之,则表现出鲜明的复古倾向,这一倾向导致他无法对语音的发展变化形成通透的看法。

孙星衍推崇古音,在唐释玄应《一切经音义》校语中曾表达这一看法:"尝怪唐人著韵,仅采六朝相沿俗音。至于许君谐声及读若之字及《三礼》先后郑、杜子春等音,《汉书》如淳、苏林、晋灼及《淮南》《吕氏春秋》高诱等音,皆略而不用,使后世冥杳莫知其原,则韵书之陋而不足信也。今世人有为铭诔古词赋,用谐声之义及汉人之音,则反以为出韵,异哉!"③这是清人典型的复古思想的体现。清人推崇古音,认为今不如古,力图恢复古音的思想是比较顽固的。这一思想自清初顾炎武至清末章太炎都有体现,洪亮吉作《汉魏音》"以《说文》字部为次,不用韵书,盖不欲以今韵律古音也"④,章太

---

① 钱大昕《十驾斋养新余录》卷四"古今音异"条,《清经解·清经解续编》第 3 册 3667 页。
② 《潜研堂文集》卷二十四《诗经韵谱序》,《续修四库全书》第 1438 册 654 页。
③ 《一切经音义》之《妙法莲华经》第二卷"推排"条,《丛书集成初编》第 740 册 271—272 页。
④ 《孙渊如外集》卷二《汉魏音序》,第 31 页。

炎"当知今之殊言,不违姬、汉"①,即认为当今各地方言都是由周汉时期的古汉语繁衍转化而成的。这些观点均与孙星衍的倾向一致。

孙星衍在《汉魏音序》中指出古音在汉晋人古注中尚有保存:"古人之音见于书传者如杜子春、郑众、郑玄之注经,苏林、如淳、徐广之注史,高诱、张湛之注子,皆可援引。"②自孙炎等创反切以后,古音逐渐不行,至唐孙愐《唐韵》则十不存一:"而今之韵书独本《字林》、《玉篇》,上承孙炎、郭璞反语已行之字,若稚存《汉魏音》所载,《广韵》固十不一见也。"③实际情况是随着时代的推移,语音也在发生变化,上古音难以反映中古时期的语音变化,这是导致其逐渐退出历史舞台的根本原因。孙星衍无视语音的发展变迁,仅从尊古的角度提倡古音的做法是不符合语音学自身发展规律的。

孙星衍一味尊古的语音观念,使他难以接受宋代徐铉、徐锴兄弟以唐代孙缅的《唐韵》为标准而改《说文》"读若"为反切的做法。他在给段玉裁的信中表达了希望校订重刊、恢复《说文》原貌的愿望:"惜原书为徐铉兄弟增加音切,又颇省改。尝欲校订重刊行之,削去新附字与孙缅音、二徐谬说,怀此有年。"④在《重刊宋本说文序》中也提及二徐对《说文》的篡改,对大徐批评尤厉,认为徐锴的《说文系传》,虽世无善本,但其中保存的谐声、读若之字则多于徐铉本。徐铉因不知转声而加删落,又增'新附'及新修十九文,用俗字作篆,更非《说文》原貌。

从语音发展变化的角度看,二徐采用反切只是顺应当时通行

---

① 上海人民出版社编,蒋礼鸿、殷孟伦、殷焕先点校《章太炎全集·新方言·新方言序》,上海人民出版社2014年版,第5页。
② 《孙渊如外集》卷二《汉魏音序》,第32页。
③ 同上。
④ 《问字堂集》卷四《与段太令(若膺)书》,第97页。

的方法给《说文》注音以便阅读,孙星衍一依《说文》为准,否定后世一切韵书,则又走向了另一个极端。他的复古一方面制约了他用历史的眼光审视音韵的发展变迁,另一方面也导致他不能客观地评价后世韵书的价值。因此,他在音韵学上的成绩是极为有限的。

(四)对《说文》的尊崇

孙星衍生平好《说文》,对许慎评价甚高:"以为微许叔重,则世人习见秦时徒隶之书,不睹唐虞三代周公孔子之字,窃谓其功不在禹下。"①认为孔子之后通晓六艺的惟有许慎与郑玄二人:"仆尝言许叔重以字解经,郑康成以经解经,孔门之外,身通六艺,古今惟此二人。"②

乾隆皇帝重视《说文》,提倡实学,孙星衍积极响应,认为《说文》是通经的基础,明文字然后才能通经义:"今上稽古同天,观文成化。恭读圣谕,《说文》非僻书,训天下以崇尚实学,弗使空疏。幸获科名,窃谓学人求通经,必审训诂;欲通训诂,必究文字、声音。而求文字、声音之准,必知篆、籀变易之原。有正字则人皆能读《说文》,读《说文》则通经诂,通经诂则知圣人著经之旨,故小学者,入圣之本,非徒信而好古也。"③

唐宋以来习《说文》者渐少,乾嘉时期通行的汲古阁刻本讹谬百出,学者研读《说文》,没有好的版本可以凭依。有鉴于此,孙星衍于嘉庆十四年(1809)刊刻了影宋小字本《说文解字》,成为迄今为止最通行的读本。在《孙氏重刊宋本说文序》中,孙星衍申述了《说文》的重要作用:

---

① 《问字堂集》卷四《与段太令(若膺)书》,第97页。
② 《问字堂集》卷四《与段太令(若膺)书》,第99页。
③ 《孙渊如外集》卷二《说文正字序》,第31页。

唐虞三代五经文字,毁于暴秦而存于《说文》。《说文》不作,几于不知六义。六义不通,唐虞三代古文不可复识,五经不得其本解。《说文》未作已前,西汉诸儒得壁中古文书不能读,谓之逸十六篇,《礼记》七十子之徒所作,其释孔悝鼎铭"兴旧耆欲"及"对扬以辟之勤大命",或多不词,此其证也。①

　　孙星衍不但刊刻了宋小字本《说文解字》,而且把《说文》作为判断韵书的标准。至因过尊《说文》,导致对后出韵书一概否定,前已述及。他判断字书的价值,同样以《说文》为据,如其评《仓颉篇》云:"《仓颉》者许君所据,特成于众手,又随章句成义,多非六书本训",举例明《仓颉》"有异于《说文》者"、"有谬于《说文》者"、"有长于《说文》者",然"观其会通,要是古书,不可不览"②。

　　孙星衍校释宋代洪适《隶续》所载魏《正始石经》遗字,亦着眼于其篆法对《说文》及经传之书的补充作用,通过《隶续》所载字"又可知古文假借之义,或合于《说文》所载古文重文,或足补《说文》未备,寻绎字画,实为小学圭臬"③。

　　孙星衍常以《说文》为据校勘文字,对驳难《说文》者予以辨证、维护,甚至提出了"九经之字不见《说文》类皆俗写"、"若校九经目当取诸篆体,其有出者乃秦汉人传写乱之,非先圣本字"④、"九经之字,具在《说文》。其未载者,皆后人传写以隶变篆之

---

① 《说文解字·孙氏重刊宋本说文序》,第1页。
② 孙星衍《仓颉篇序》,《丛书集成初编》第1051册4—5页。
③ 孙星衍《魏三体石经遗字考叙》,《平津馆丛书》第882页。
④ 孙星衍于唐释玄应《一切经音义》卷四《金光明经》第四卷"荜龙华"条云:"因悟九经之字不见《说文》类皆俗写。近有友移书,谓字不必尽从《说文》。予谓《说文》所取三代之书,若校九经目当取诸篆体,其有出者乃秦汉人传写乱之,非先圣本字,至秦汉隶书既行,如《方言》等多异《说文》,则无怪矣。"《丛书集成初编》第739册208页。

讹"①等观点。这些观点在其参与校勘的释玄应的《一切经音义》中有鲜明体现。

《说文解字》是孙星衍评判《一切经音义》阐释字形、字音、字义正误最重要的标准。孙星衍往往根据《说文》有无该字判断是否本字、古字、讹字,又以《说文》为准评价后世其他字书的诠释是否合理、准确,对《一切经音义》援引《说文》不够准确处予以纠正。此举数例:

1. 据《说文》判断本字,如卷一《大方广佛华严》第四卷"焕明:《字书》亦奂字,同。呼换反。焕,亦明也,谓光明炳焕也。星衍曰:《说文》无'焕'字,作'奂'是也。"②

2. 据《说文》判断讹字,如卷一《法炬陀罗尼经》第一卷"箷吹:或作葭,同。古遐反。乐中有箷,卷葭叶吹之,因以为名也。星衍曰:《说文》无'箷'字,盖汉时只作'葭',卷葭叶。'葭'字,旧讹为'箷'也。"③

3. 据《说文》判断古字,如卷一《大方等大集经》第四卷"良祐:力张反。良,善也,亦贤也。下古文闬、佑二形同,于救反。《周易》'自天祐之',《字林》'祐者,助也,天之所助也'。星衍曰:《玉篇》云闬,古祐字,此类皆出晋魏以后字书,《说文》所无,实非古字也,俗少见,遂名为古字耳。"④

4. 据《说文》纠正阐释之误,如卷一《大集月藏分经》第二卷"胆佞:……下奴定反,谄媚也,字从女从仁。《论语》'恶夫佞者',此即从女之义。《左传》云'寡人不佞,不能事父兄',此即从仁之义。星衍曰:此说'佞'字非也,《说文》云'佞,从女信省'。

---

① 《问字堂集》卷四《与段太令(若膺)书》,第98页。
② 《一切经音义》,《丛书集成初编》第739册14页。
③ 《一切经音义》,《丛书集成初编》第739册54页。
④ 《一切经音义》,《丛书集成初编》第739册27页。

徐铉曰：'女子之信，近于佞也。'"①

5. 对援引《说文》之误者予以纠正，如卷十三《佛大僧大经》"谧比：神至反。《说文》云'行之迹也，从言，益声'。又《白虎通》曰：'谧之言列之也。'又《释名》云：'谧，申也，物在后为申，言名之于人也。'星衍曰：《说文》'谧，行之迹也，从言，兮皿阙'。徐锴曰：'兮，声也。'此引云'益'声，'益'与'兮'不同部，误也。"②又如卷二《大般涅槃经》第二十三卷"餕飤：经文今作食，同。冈恋反，《声类》'飤，哺也'。《说文》'飤，粮也，从人仰食也'。谓以食供设与人也，故字从食从人意也。经文作'饲'，俗字。星衍曰：《说文》但云'从人食'，此说字意不知何人所增，书中往往有之。"③

6. 据《说文》评价后世阐释之优劣，如卷二《大般涅槃经》第四卷"夭寿：于矫反，《说文》'夭，屈也'。《广雅》'夭，拔也'。夭，折也，字从大，丿形不申也，又不尽天年谓之夭，取其义也。星衍曰：此说'夭'字，亦可补《说文》未及。"④卷四《大灌顶经》第十卷"老叟：……《广雅》叟，父也，南楚名也，字从灾从又，又音手，手灾者衰恶也，言脉之大候在于寸口，老人寸口脉衰，故从又从灾也。星衍曰：此说字支离，非《说文》义也。"⑤

孙星衍在与段玉裁、钱大昕、江声、郝懿行等人的书信来往中也多处论及《说文》，虽然是些零散的单篇文献，却在一定程度上能够体现孙星衍研究《说文解字》达到的水平。

其《与段太令（若膺）书》中针对顾炎武《日知录》对《说文》的

---

① 《一切经音义》，《丛书集成初编》第739册43页。
② 《一切经音义》，《丛书集成初编》第742册604—605页。
③ 《一切经音义》，《丛书集成初编》第739册99—100页。
④ 《一切经音义》，《丛书集成初编》第739册73—74页。
⑤ 《一切经音义》，《丛书集成初编》第739册181—182页。

驳难进行辨析，认为顾氏所驳非许氏之误，而是限于自身闻见不博。如顾氏驳许慎《说文》对"郭"字的阐释："齐之郭氏善善不能进，恶恶不能退，是以亡国"，云"不几于剿说而失其本指乎？"①孙星衍指出许慎之说本于刘向《新序》，云"郭"为国名，因述其国之事，并非无稽之谈。顾氏难《说文》"'吊'为人持弓会殴禽"、"'奭'为束缚捽抴"等释，认为许慎说不仅陷于穿凿而且背离了情理："不几于穿凿而远于理情乎！"②孙星衍指出许说"吊"字据《吴越春秋》："又驳《说文》'吊'字云：'人持弓，会殴禽。'此出《吴越春秋》陈音之言，皆非许叔重臆说，顾氏未能远考。"③又云《说文》以"奭"字为"束缚捽抴"之义，实即《汉书》"瘐死狱中"之"瘐"本字，本无足异。

针对顾炎武诋《说文》参为商星，不合天文；亳为京兆杜陵亭，不合地理之说，孙星衍认为这是顾氏疏陋所致。他的分析是：《说文》以"参商"为句，下云"星也"，盖言参、商俱星名，非如顾氏所说以参为商星。又举《说文》同类之例予以证明，如"偓佺仙人也"，应理解为"偓、佺"俱为仙人，而不能读"偓"断句，以"佺仙人"解之。亳为京兆杜陵亭，本出《史记·秦本纪》："宁公二年，遣兵伐荡社。三年，与亳战。"皇甫谧云："亳王号汤，西夷之国。"《括地志》云其国在三原、始平之界，故许慎在《说文》中指出此"亳"非《尚书》"亳殷"之"亳"，彼"亳"古作"薄"字，在河南偃师，惟杜陵之"亳"以亭名而字从高省，此则许慎《说文》字必用本义之苦心。顾炎武只知偃师亳殷之亳，不省杜陵亳王之亳，以之驳《说文》，孙

---

① 顾炎武著，黄汝成集释，栾保群、吕宗力校点《日知录集释》，上海古籍出版社 2015 年版，第 1203 页。
② 《日知录集释》，第 1204 页。
③ 《问字堂集》卷四《与段太令(若膺)书》，第 97 页。

星衍云其"可谓不善读书,以不狂为狂矣"①。

对《说文》所无之字,孙星衍认为借助《玉篇》《集韵》等可得其义:"《玉篇》、《集韵》校《说文》大有佳处,他时合诸书引《说文》之语,校正今本,汇录奉览。或足下深造自得,造车合轨,当助足下张目也。"②

由以上与段玉裁的讨论中可以看出,孙星衍在研究六书的过程中是看出了一些问题并找到了解决途径的,可以说他对六书的认识除转注外应该是很深的,已经达到了娴熟运用、发现问题并有己见的程度。孙星衍解决问题的方法除借助《玉篇》《集韵》等韵书外,更多的是运用校勘,这是他的长项。将校勘运用于经学、小学、辑佚等多个领域,是孙星衍及其同时代人的普遍做法,孙星衍是其中比较高明的一位。

综上所述,孙星衍笃信《说文》,虽然利用《说文》校勘文字、阐释字义得出了一些正确结论,但总体来看,孙氏走入了一个一切以《说文》为本,非《说文》所有或与《说文》相左者则否定之的误区。此为清人通病,孙氏或尤甚欤?

(五)孙氏小学成果之影响

孙星衍在小学领域的努力为乾嘉时期小学的发展、传播做出了贡献。时人以孙辑《仓颉篇》与邵晋涵注《尔雅》、王念孙注《广雅》、任大椿辑《字林》相提并论,他们的举动直接促成了后来者陈鳣对《埤仓》的编校。陈鳣《埤仓拾存自叙》言之甚明:

> 比来京师,幸得亲炙于当世贤豪,有若邵二云编修之于《尔雅》,王怀祖侍御之于《广雅》,孙渊如编修之于《仓颉篇》,任子田礼部之于《字林》,具有成书。小学之兴,于今为盛。

---

① 《问字堂集》卷四《与段太令(若膺)书》,第98页。
② 《问字堂集》卷四《与段太令(若膺)书》,第99页。

鳣于是编而外,更采集《声类》、《通俗文》等书,因编校《埤仓》。既竣,而述其大略如此,以质之数君子焉。①

自孙星衍、任大椿从释玄应《一切经音义》、释慧苑《华严经音义》中辑出《仓颉篇》、《字林》后,两部佛经的价值引起了学者的重视。庄炘校刊了《一切经音义》,臧庸、陈宗彝校刊了《华严经音义》,二书得以广泛传播。

孙星衍对文字的阐释,精严合理者亦复不少。如陆继辂云孙解"郑康成高足弟子",认为"高足"乃"高疋"之误,"一经道破,乃觉精不可言"②。

牟庭《雪泥书屋杂志》卷三"昭公二十四年《左传》曰阳不克莫,将积聚也"中有"《论语》又曰:无适也,无莫也",直接采用了孙星衍《一切经音义》的校语:"《一切经音义》曰:《三仓》古文,適、這二形同,之尺反。孙渊如曰:'《三仓》古文,這即適也,商与言形近,故写从言,今俗借這为者字,甚不经。'"③

陈玉树《毛诗异文笺》释鸱鸮,引孙星衍说:"鹗者,枭之假音,枭与鸮实二鸟,鹗与枭、鵰皆声相近,故假鷽鸠字为之",认为"此说甚为分析"④。

桂馥《札朴》卷七《匡谬》"蘆蓲"条引孙说,云:"深服观察之说有征。"⑤

郝懿行《尔雅义疏》、段玉裁《说文解字注》、桂馥《说文解字义

---

① 陈鳣《简庄文钞》卷二,《续修四库全书》第 1487 册 250 页。
② 陆继辂《合肥学舍札记》卷一"阮孙二公小学"条,《续修四库全书》第 1157 册 294 页。
③ 牟庭《雪泥书屋杂志》卷三,《续修四库全书》第 1156 册 503—504 页。
④ 陈玉树《毛诗异文笺》卷五"有鹗萃止 翩彼飞鹗 为枭为鸱"条,《续修四库全书》第 74 册 230 页。
⑤ 桂馥《札朴》卷七,《续修四库全书》第 1156 册 133 页。

证》、王筠《说文解字句读》、戴钧衡《书传补商》等均有征引孙说训释文字者。

孙星衍校勘过的小学类书籍一直为后人宝爱,如他手校的唐张参《五经文字》及唐玄度《九经字样》曾藏郑珍处,莫友芝据钞并略记始末:"卷端莫友芝题字云:'道光丁酉,独山莫氏据遵义郑氏巢经巢藏孙季逑校祁门马氏本写藏影山草堂。'后有郑珍跋语云:'此《五经文字》、《九经字样》锓本,孙渊如先生手为细校,密书上方,于张、唐之阙失补正殆尽。乙未春得之京师,适友人莫紫湘得西安石本,就取对校,然后知马氏此刻有脱有误。'"①

无需讳言,孙星衍在小学领域的造诣无法与段玉裁、王念孙父子相比,音韵学水平尤低,严可均曾毫不客气地指其"未治古音"②、"好古而不治古音"③,这就导致孙星衍对音义的训释难免错误,此由文廷式《纯常子枝语》卷十五所纠孙氏《晏子春秋音义》误释者数条可窥一斑,如:

《内篇谏下》"冻水洗我,若之何!太上靡散我,若之何!"孙渊如曰:"太上尊辞。散,《艺文类聚》作弊,是洗、弊为韵。"余按:"洗、弊不得为韵,此文当作'太上散我,若之何!''靡'字涉下文'太上之靡散'而衍,'太上散'犹老子言朴散也,洗、散古韵互叶。"④

《内篇杂上》"已哉已哉!寡人不能说也,尔何来为?"孙渊如曰:"已、说、来为韵。"按:当以"哉"、"来"为韵,孙说误

---

① 《藏园群书经眼录》卷二"《五经文字》三卷唐张参撰《九经字样》一卷唐唐玄度撰"条,第134页。
② 《说文解字诂林·对孙氏问》,第239页。
③ 同上。
④ 《纯常子枝语》卷十五,《续修四库全书》第1165册208页。

(渊如于韵学甚疏,兹不悉正之也)①。

"隐而显,近而结","结"当为"远"字之误也,"显"、"远"为韵,"近而远",言虽近而不暱。孙渊如云"亲近而结于君",失之。②

综上所述,作为一位积极与时代学尚保持一致的学者,孙星衍在当时兴盛的小学领域付出了自己的努力。其成就主要表现在刊刻字书(如影刻宋小字本《说文解字》)、辑佚字书(如辑《仓颉篇》)、校勘字书(如校勘《急就章》《一切经音义》)上,他在这些方面的贡献在当时具有开创风气之先的重要意义,所达到的水平也一直为时后人赞誉。但就小学本身的研究来讲,孙星衍的水平是无法与戴震、段玉裁、钱大昕、王念孙父子相提并论的,此由他对转注的看法、对《说文》的过于笃信、对古音的认识等略可推见。正因孙星衍对自己的优长与不足有着深刻的了解,故能扬长避短,在自己虽然努力但并不专精的小学领域同样取得了足以骄人的成就,其经验也有值得借鉴的一面。

---

① 《纯常子枝语》卷十五,《续修四库全书》第1165册209页。
② 《纯常子枝语》卷十五,《续修四库全书》第1165册210页。

四、孙星衍的藏书与刻书

孙星衍是乾嘉时期负有盛名的藏书家和刻书家,此仅就其藏书历程、藏书思想、藏书特色、藏书的散佚情况及其刻书思想、刻书原则、《岱南阁丛书》与《平津馆丛书》的版本流传、刊刻地点等问题略作论述。

(一)平津馆里富藏书

孙星衍性喜藏书,一生拥有藏书三千余种,颇多善本,藏书印有"孙星衍""孙星衍印""星衍私印""臣星衍印""孙氏星衍""孙印星衍""孙星衍伯㴊氏""孙氏渊如""孙氏伯渊""渊如""伯渊""伯㴊宋元秘籍""五松书屋""丁未一甲进士""宋元秘笈""方伯监司之官""东鲁观察使者""东方督漕使者臣印星衍""孙忠愍祠堂藏书印""孙忠愍侯祠堂藏书记""伯渊审定真迹""瞻阙廷拜林庙登五岳历九边经沧海拥百城""紫玉支庶名宦后人精甲之家诗书永保"等。

1. 孙星衍的藏书历程

孙星衍喜爱书籍是受其父孙勋影响。他在《孙氏祠堂书目·序》中说:"家大人少孤贫,好聚书,易衣物购之,积数柜。"①父亲的藏书虽然不多,却激起了少年孙星衍对古书的浓厚兴趣。后来孙星衍进入毕沅幕府,毕氏藏书之富,令其眼界大开,但那时的他尚无力聚书。

---

① 《孙氏祠堂书目》孙星衍《序》,第235页。

乾隆五十二年(1787),孙星衍考中进士,走上仕途,开始了他艰苦的聚书生涯。孙星衍喜欢结交朋友,这为他聚书提供了方便:"所交士大夫皆当代好学名儒。海内奇文秘籍,或写或购,尽在予处。"①他"又浏览释、道两《藏》,有子书古本及字书、医学、阴阳术数家言,取其足证儒书者,写存书麓"②。

乾隆六十年(1795),孙星衍结束了九年的京官生活,奉旨外放为山东兖沂曹济兵备道。俸禄虽然更加优厚,但远离京城,聚书相对困难。他只能靠抄录或朋友代购来扩大自己的藏书规模,他的许多珍秘藏书就是通过这两条途径获得的。这在《廉石居藏书记》中有具体记载,详见"孙星衍的目录与版本之学"相关部分。

久而久之,孙星衍的收入几乎都用在了买书上。王芑孙《孙渊如万卷归装图赞》(并序)中对其为宦山东生活俭约而聚书独多大加赞扬:

> 吾友孙君渊如观察东鲁,权陈臬事,其归也,行李无加于旧,独聚书益多,好事者为作是图,一时士大夫题咏甚盛。后四年,将复出山,乃以示余于扬州。为之赞曰:在官写书,古以为过。我思其人,天下几个。谢公作郡,昌黎在县。还读我书,官亦可愿。君继其风,典训是服。以我书归,抵彼留犊。归拥百城,坐逌万镒。福此苍生,携书再出。作图纪事,申咏连篇。我为之赞,以谂后贤。③

孙星衍在《得赵文敏所书曝书二字以署书楼口占二绝句》中曾自嘲:"薄宦廿年徒立壁,买书钱是卖文钱。"④

---

① 《孙氏祠堂书目》孙星衍《序》,第235页。
② 同上。
③ 王芑孙《渊雅堂全集·惕甫未定稿》,《续修四库全书》第1481册212页。
④ 《芳茂山人诗录》,《丛书集成初编》第2319册79页。

经过几十年苦心经营,孙星衍藏书日丰,到嘉庆二十三年(1818)去世,已经是负有盛誉的藏书家了。

2. 孙星衍的藏书思想

在孙星衍聚书的过程中,有件事情直接影响了他的藏书思想。嘉庆三年(1798),孙星衍丁母忧,载书万卷归居金陵。船行至山东滕县微山湖时忽遇大风,不少书籍被水浸湿。孙星衍在他的《万卷归装》诗里描写了当时情景。诗前小序云:

> 嘉庆丁巳岁,予丁母艰,归自济上,但携故书数十簏。时值湖河合流,渺漫数百里,大风一日夜,从舟相失。予翼母柩在舟,舟人惶急,祷祝。予怒曰:"人以重赏获济,我乃以书遭神忌,不畏请于帝耶?"应时风止。而书在他舟者,竟沉湿。或云聚书易散,且致火患,此可压胜矣。①

由"行李萧然归泛济,数十簏书而已矣""归来检点空嗟吁,卷帙散乱文模糊"②等句可以想见孙书蒙受的损失。在这批遇难的书中,元本《颜氏家训》已经两遭水厄。该书原为何焯旧藏,在何家时已遭遇过一次水患,孙星衍为此感慨不已。这件事使孙星衍对书籍的聚散无常有了深刻体触,他的藏书思想因此更趋开明。他曾借李斯的泰山石刻表达自己的收藏理念:"人身不及纸,完好无百年。"③"题名倘留世,何必归子孙。"④先是,孙星衍遵父命建孙氏祠堂,纪念十五世从祖、明功臣忠愍公孙兴祖,孙氏书籍也藏于祠堂中。

嘉庆五年(1800),孙星衍为《孙氏祠堂书目》作《序》。在这篇

---

① 《芳茂山人诗录》,《丛书集成初编》第 2320 册 101 页。
② 同上。
③ 《芳茂山人诗录·澄清堂稿·李斯泰山石刻题后》,《丛书集成初编》第 2319 册 8 页。
④ 同上。

《序》里,他追溯了自己自幼对书籍的嗜好及来之不易的万卷藏书惨遭损失的境遇,总结了历代私人藏书散亡及自己书归祠堂的原因。他说:"昔之聚书者,或赠知音,或遭兵燹,或以破家散失,或为子孙售卖。高明所在,鬼神瞰之。予故置之家祠,不为己有。"①孙星衍虽然仍把图书的保存寄希望于神灵的呵护,还带有旧藏书家的迷信色彩,但他"置之家祠,不为己有"及"题名倘留世,何必归子孙"的藏书思想,相对于当时坚守秘而不宣、子孙永保观念的藏书家已开明进步了许多。

孙星衍还把自己的藏书用作教课宗族子弟的教材,使他们不致沉睡祠堂、徒填蠹腹。他又把有裨于实用的宋元旧本《孙子》《吴子》《司马法》《唐律疏议》等影刻出来以广流传。这种藏而致用的思想在当时也是很难得的。

因此,在藏书史上,孙星衍的思想处于新旧交替中:他的身上虽带有旧藏书家的某些痕迹,但更明显的是已经初步具备了化私为公的进步倾向,预示了藏书事业发展的必然趋势。

3. 孙星衍的藏书特色

姚鼐在《孙渊如观察(星衍)万卷归装图》中这样描写孙氏藏书精于校雠、既多又善之盛况:

> 自兴雕板易钞胥,市册虽多乱鲁鱼。
> 君自石渠翻七略,复依官阁惜三余。
> 世推列架皆精本,我愿连墙借读书。
> 政恐衡山承召起,牙签三万又随车。②

在孙氏藏书几乎散亡殆尽的今天,我们只能借助书目略窥其收藏特色。《孙氏祠堂书目》反映了孙氏家祠的藏书概况,著录了两千二百二十七种书两千六百十三个版本,其中清人撰集校编之

---

① 《孙氏祠堂书目》孙星衍《序》,第 238 页。
② 姚鼐《惜抱轩诗集》卷十,《续修四库全书》第 1453 册 301 页。

作约八百二十种,占三分之一多。也有不少象明吴勉学刊本、明毛晋刊本、清通志堂刊本这样的通行本。《平津馆鉴藏记书籍》收录的三百三十八种书则为孙氏藏书之精品,《廉石居藏书记》中的一百三十五篇解题也是孙星衍为其善本书而写。

由三部书目的著录可以看出,孙星衍与专嗜宋元旧本的藏书家黄丕烈、吴骞不同,他的藏书中既有大量通行本,也有不少宋元秘籍;他的收藏既重视前人著述,也关注时人成果,比较典型地体现了兼容并蓄、古今并重的藏书特色。

4. 孙星衍藏书之散亡

与大多私人藏书家一样,孙星衍的藏书也难以摆脱散亡的命运。嘉庆二十三年(1818)孙星衍去世时,长子廷鑅年仅七岁,不能守业,孙氏藏书迅速散佚。

最早记载孙氏藏书散亡情况的是孙星衍的好友、著名校勘学家顾广圻。他在《欧阳行周集》跋中写道:"前孙渊翁家钞本携在中正街寓内时,匆匆未录其副也。后闻其弟受某甲之诳,尽付所有唐人文集并他种书若干,托其寄借与孙古云,而从中乾没去矣。旋贩至常熟,卖于张姓,张亦不能守,未详今流转何所?首尾仅一周星耳。"① 由这段记载知,孙星衍去世不到一年,其藏书便开始散出。这些散出的孙氏旧藏曾在张金吾(月霄)家逗留,张金吾的藏书于道光七年(1827)为其族侄豪夺而去,孙氏藏书可能也随之散亡。陈宗彝在《平津馆鉴藏记书籍》跋中说孙氏藏书在其身后悉为狡狯之徒多方赚去,即指这段经历。又陈宗彝《廉石居藏书记·序》言,孙星衍去世后,其书由廷鑅兄弟"分藏虎邱一榭园、金陵五松祠,间有散佚"②。太平天国时期,两处藏书进一步散佚。徐康《前尘梦影录》记载了一榭园藏书散亡的惨状:

---

① 《顾千里集》卷二十二,第 359 页。
② 《廉石居藏书记》,第 161 页。

庚申四月吴城陷,后越二年,余至虎邱,寓于普济善堂侧屋。偶至山寺,见一室乱书堆积,搜之颇有善本。余择取二十余本,内有最惬心者如《范文正事迹》,只二十余叶,字悉吴兴体,末有孙渊翁题跋,黄荛翁三跋。渊翁云:"此等元大德、延祐本,直欲驾于宋刻寻常本之上。"纸坚白而极薄,墨色如漆。又小蓬莱阁藏碑刻手书底本一册。寺中仅余一僧,目不识丁。余以贱价购之,颠沛流离中乐境也。书之首叶皆有印记,知为一榭园中所度,今则池馆楼台,鞠为茂草,非佛家所云坏劫欤!①

叶德辉《郋园读书志》卷六《武经总要》条云:"咸同之交,孙祠书散出,多为吾县人袁漱六太守芳瑛所获。"②知祠堂藏书的命运同样可悲。

总之,经过太平天国战乱,孙氏藏书散亡殆尽,昔日扬名一时的孙氏祠堂终为废墟。幸存下来的孙氏藏书除袁氏卧雪庐外,还零零散散地被多家收存。瞿镛的铁琴铜剑楼、丁丙的善本书室、陆心源的皕宋楼、缪荃孙的艺风堂、李盛铎的木犀轩及上海涵芬楼等都收存了少量孙氏旧藏。傅增湘的《藏园群书经眼录》收孙氏旧藏十四种。《中国古籍善本书目》著录孙氏校辑、编著、批注、刊印的书籍七十多种,散见于全国各地图书馆。另据《"国立中央"图书馆善本书目》的著录,台湾尚存孙氏经手之书十四种。这些数字比起孙氏当年藏书已是凤毛麟角。在孙氏去世近二百年的今天,追忆往昔,感慨良多,私人藏书惨遭覆亡的命运屡见不鲜,孙氏只不过是其中之一罢了。

---

① 徐康《前尘梦影录》,《续修四库全书》第1186册742页。
② 叶德辉撰,杨洪升点校《郋园读书志》,上海古籍出版社2010年《中国历代书目题跋丛书》(第三辑),第281页。

（二）丛书之善本——《岱南阁丛书》和《平津馆丛书》

乾嘉时期，文化发达，私人藏书之风兴盛。读书利己、刻书泽人的观念深入人心。孙星衍一生刻书七十余种五百余卷（见《附目三种》之《孙星衍刻书目录》），以精善著称，所刻《岱南阁丛书》与《平津馆丛书》成就了其在清代刻书史上的地位。

1.《岱南阁丛书》《平津馆丛书》的主要版本

《岱南阁丛书》主要有两个刊本：一个是乾隆嘉庆间兰陵孙氏刊大字本，此本 1924 年为上海博古斋影印，共十九种一百七十二卷（见附目）。《中国丛书综录》只著录了十六种一百五十五卷，《盐铁论》十卷附《考证》一卷、《辑古算经细草》三卷、《求一算术》三卷，共三种十七卷，失收。

《岱南阁丛书》的另一个刊本是嘉庆三年（1798）兰陵孙氏兖州刻巾箱本，共五种二十四卷：《周易集解》十卷，孙星衍辑；《周易口诀义》六卷，孙星衍校；《急就章考异》一卷，孙星衍校；《夏小正传》二卷，孙星衍校；《王无功集》三卷《补遗》二卷，孙星衍校。

《平津馆丛书》也有两个版本：一为嘉庆间兰陵孙氏原刻本。孙氏《自序》云："自甲到癸，终始十集。"该序作于嘉庆十七年（1812），从诸集刊刻时间来看，此时已经刻出的最多只有前三集，可见十集刊本是孙星衍的计划。据光绪十一年（1885）陈其荣《重刻平津馆丛书十集序》"第是编初印者六集，嗣及八集，而十集全备者少焉"，知《平津馆丛书》非一时刻成。今所见有刘履芬收藏之六集本（日本京都大学藏），以甲乙丙丁戊己计，共三十八种二百一十二卷。又见有海源阁杨氏收藏之十集本，自甲至癸共四十一种二百五十四卷，每集扉页印有"平津馆丛书某集""兰陵孙氏藏版"字样。据此可推，其八集本当亦以甲乙分次，在六集本基础上续刻而成，惜笔者未见。今山东大学图书馆藏八集本以金石丝竹八音分,缺《芳茂山人诗录》和《长离阁集》,以非《平津馆丛书》本的《马郑尚书注》和《孙氏祠堂书目》补入,且孙氏《平津馆丛书序》中"自甲到癸,终始十集"一句改为"自金至木,终始八集",其中"金""木""八"三字后人挖改痕迹明显,知非孙氏原刻八集本之旧。《中国丛书综录》著录的《平津馆丛书》不分集,《丛书综录补正》认为原刊本分甲至辛八集,若果真如此,原刻八集本当已与十集本内容完全相同,只是篇卷分合不同而已,这个问题有待进一步查考。

《平津馆丛书》的另一个刊本是光绪十一年(1885)吴县朱记荣槐庐家塾重刻本,此本后收入朱氏《上海校经山房丛书》中。重刻本为十集,较原刻略有增补。如《抱朴子》在原刻内、外编之外附陈其荣《校勘记》二卷、《佚文》二卷及《道藏》本《朴书》四种共十卷;《寰宇访碑录》后附罗振玉《刊谬》一卷及朱记荣识语;《芳茂山人诗集》原刻九卷,重刻将《冶城集补遗》一卷增补为二卷,成为十卷本。编排顺序上,除原刻附在《千金宝要》后面的《秘授清宁丸方》重刻时别为一种,总量上便有四十一种与四十二种之异外,其他完全相同。这样,《平津馆丛书》在"中更兵燹,原板已无遗烬"①的情况下,朱氏按原刻顺序重新刊刻,基本恢复了原刻旧观,并增入了一些新的成果,应该说是《平津馆丛书》的功臣。但重刻本目录中未著录新增的内容,若只看目录会以为只是原刻本的翻刻,体例有失严谨。至于《丛书综录补正》认为朱氏重刻将原编次打乱,变为甲—癸十集,似不妥。

前面已经提到,孙星衍的藏书大都毁于太平天国。大约也是在这场战乱中,他家藏的《平津馆丛书》的书版一并被毁。闵萃祥《重刻平津馆丛书序》云:"乃自粤匪之乱,故家典籍被毁无遗,是

---

① 朱记荣《重刻平津馆丛书自序》,清光绪十一年(1885)吴县朱氏槐庐家塾刊《平津馆丛书》本。

书旧板遂不可复问，书亦尠有传者。"① 为使这部丛书不致泯灭于天地之间，光绪年间朱记荣予以重刻。

《岱南阁丛书》书版的流传情况无明确记载，估计当与《平津馆丛书》一样毁灭于炮火之中。1924 年上海博古斋影印本，流传较广。

2.《岱南阁丛书》《平津馆丛书》的主要内容

两部丛书是孙星衍一生学术成果的集中反映，主要包含影刻、校勘、辑佚、注释及个人著述几类内容：

（1）影刻旧本六种，均由顾广圻手摹上版。包含《岱南阁丛书》中的影宋刻《古文苑》九卷、影元刻《故唐律疏议》三十卷及《平津馆丛书》中的影宋刻四种——《魏武帝注孙子》三卷、《吴子》二卷、《司马法》三卷、《说文解字》十五卷。

（2）校勘之书二十四种，包含《岱南阁丛书》大字本四种、巾箱本四种，《平津馆丛书》十六种。《岱南阁丛书》大字本中有庄述祖、孙星衍校勘的《春秋释例》十五卷，孙星衍、吴人骥同校的《孙子十家注》十三卷，孙星衍、顾广圻校勘的《元和郡县图志》四十卷及《宋提刑洗冤集录》五卷。巾箱本之《周易口诀义》六卷、《急就章考异》一卷、《夏小正传》二卷、《王无功集》三卷《补遗》二卷，均由孙星衍校勘。《平津馆丛书》中有孙星衍校勘的《六韬》六卷附《逸文》一卷（孙同元辑《逸文》）、《燕丹子》三卷、《牟子》一卷、《黄帝龙首经》二卷、《黄帝金匮玉衡经》一卷、《黄帝授三子玄女经》一卷、《广黄帝本行记》一卷、《轩辕黄帝传》一卷、《华氏中藏经》三卷、《千金宝要》六卷附《青宁丸方》一卷、《琴操》二卷附《补遗》一卷（孙星衍辑《补遗》）、《渚宫旧事》五卷《补遗》一卷（孙星衍辑《补遗》），又有孙星衍与庄逵吉（庄炘之子）同校的《三辅黄图》一

---

① 闵萃祥《重刻平津馆丛书序》，清光绪十一年（1885）吴县朱氏槐庐家塾刊《平津馆丛书》本。

卷,孙星衍、顾广圻所校《洗冤集录》,孙星衍、方维甸、顾广圻校《抱朴子内篇》二十卷《外篇》五十卷。

(3) 辑佚之作十六种,其中《岱南阁丛书》五种、《平津馆丛书》十一种。包括《岱南阁丛书》巾箱本中的《周易集解》十卷一种及大字本四种,分别是孙星衍辑《仓颉篇》三卷、《燕丹子》三卷、《括地志》八卷及孙星衍在宋王应麟基础上补辑的《古文尚书马郑注》十卷《逸文》二卷(《逸文》江声辑、孙星衍补订)。《平津馆丛书》中的《尸子》二卷、《汉礼器制度》一卷、《汉官》一卷、《汉官解诂》一卷、《汉旧仪》二卷附《补遗》二卷(孙星衍校并辑《补遗》)、《汉官仪》二卷、《汉官典职仪式选用》一卷、《汉仪》一卷、《物理论》一卷、《孔子集语》十七卷、《续古文苑》二十卷。

(4) 注释之作一种,即《平津馆丛书》中的《尚书今古文注疏》三十卷。

(5) 重新编次一种,即《平津馆丛书》中孙星衍重新编次的《古刻丛钞》一卷。

(6) 孙星衍个人著作十种,其中《岱南阁丛书》收入六种,为《问字堂集》六卷、《岱南阁集》二卷、《平津馆文稿》二卷、《五松园文稿》一卷、《嘉谷堂文稿》一卷、《济上停云集》一卷。《平津馆丛书》收入四种,为《寰宇访碑录》十二卷(孙星衍、刑澍合撰)、《魏三体石经遗字考》一卷、《建立伏博士始末》二卷、《芳茂山人诗录》十卷附王采薇《长离阁集》一卷。

(7) 两丛书收张敦仁、顾广圻、洪颐煊、章宗源成果七种,为张敦仁校《盐铁论》十卷附《考证》一卷(张敦仁撰《考证》)、《缉古细草算经》三卷及《求一算术》三卷,顾广圻校《尚书考异》六卷,章宗源辑《古史考》一卷,洪颐煊校《穆天子传》六卷《附录》一卷、《竹书纪年》二卷。前三种入《岱南阁丛书》,后四种入《平津馆丛书》。

《岱南阁丛书》与《平津馆丛书》共收书六十五种(皆以家刻本记),其中四十多种被张之洞《书目答问》著录为善本,这个数字是对两部丛书质量的最好说明。

3.《岱南阁丛书》《平津馆丛书》体现的刻书思想

孙星衍刻书有明确的精品意识,他不惜重赀,延聘通人,甄择秘籍,详校精雕,终使两部集中了其学术成果、承载了其学术思想、体现了其刻书精神的丛书享誉学林,经久不衰。两部丛书体现的刻书思想主要表现为以下四点:

(1) 影刻古本,保存原貌

孙星衍认为古本接近原貌,影刻最能存真。他在嘉庆二年(1797)所作《元和郡县图志序》中对近人刻书肆意删改的不良风气提出了批评:"近人刊《太平寰宇记》,或加删削,以为孔子不应列曲阜臧文仲后,而并去之;又以《竹书纪年》诸书不足信,而删其语。予尝惜之。"①在这篇《序》里,孙星衍明确表明了自己刊刻《元和郡县图志》"不移其卷,以存史阙文之义"②的做法。顾广圻为孙氏影刻元本《唐律疏议》,亦以存旧为原则:"今守前人慎下雌黄之戒,悉依旧文,弗敢轻加改易。"③存史阙文、保存古书原貌的思想突出地表现在孙星衍影刻诸书上。

清代重视宋元旧本,但在把重要的宋元旧本刊刻行世时是进行校改还是维持原貌的问题上意见不一,孙星衍最终采取了影刻存旧的方式。如他因当时通行的汲古阁本《说文解字》讹误太多,欲将自己收藏的宋小字本刊入《平津馆丛书》,延请顾广圻、严可均帮助校勘。严可均主张根据自己撰写的《说文校议》更改宋本,顾广圻坚决反对,二人为此发生抵牾。孙星衍鉴于毛氏初印本亦依宋大字本翻刻,后以徐锴《说文系传》刊补,反多纰缪,遂采纳了顾广圻的建议:"今刊宋本,依其旧式,即有讹字,不敢妄改,庶存阙

---

① 孙星衍《元和郡县图志序》,《丛书集成初编》第3084册2页。
② 同上。
③ 《顾千里集》卷九《重刻元本唐律疏义后序》,第146—147页。

疑之意。"① 正是这一抉择，才使孙刻影宋小字本《说文解字》取代了汲古阁本近百年珍若拱璧的地位，成为至今最受信赖的善本。他如嘉庆五年(1800)影宋刊《魏武帝注孙子》《吴子》《司马法》、嘉庆十二年(1807)影元刊《故唐律疏议》、嘉庆十四年(1809)影宋刊《古文苑》等都因践行了孙星衍存原貌、不妄改的思想而在各自的版本系统中占据了重要位置。

（2）延聘通人，精心校刻

《岱南阁丛书》与《平津馆丛书》的校勘、辑佚工作主要延聘顾广圻、严可均、洪颐煊、毕以田、庄述祖、庄逵吉等学有专长者承担。其影宋刻《古文苑》《魏武帝注孙子》《吴子》《司马法》、影元刻《故唐律疏议》等均由顾广圻手摹上版，请以书法扬名的许翰屏②写样。《洗冤集录》《尚书考异》《轩辕黄帝传》《魏三体石经遗字考》《物理论》《华氏中藏经》等则请金陵著名刻工刘文奎、刘文楷、刘文模兄弟镌刻。③ 邢澍、孙志祖、何元锡等亦

---

① 《说文解字·孙氏重刊说文解字序》，第2页。

② 按：叶德辉《书林清话》引徐康《前尘梦影录》表彰许翰屏对乾嘉刻书之贡献："徐康《前尘梦影录》云：乾嘉时，有许翰屏以书法擅名，当时刻书之家，均延其写样。如士礼居黄氏、享帚楼秦氏、(德辉按：秦为享帚精舍，不名楼也。此即石研斋。)平津馆孙氏、艺芸书舍汪氏以及张古余、吴山尊诸君，所刻影宋本秘籍，皆为翰屏手书。一技足以名世，洵然。录又云：嘉庆中，胡果泉方伯议刻《文选》，校书者为彭甘亭(兆荪)、顾千里(广圻)，影宋写样者为许翰屏，极一时之选。即近时所谓胡刻《文选》也。又云：享帚楼刻吕衡州、李翱等集，顾涧翁更觅得足本沈亚之等集七家，皆用昌皮纸，浼翰屏精写，不加装钉，但用夹板平铺，以便付样。余曾访涧翁文孙河之孝廉，曾一见之。今河之久殁，所居亦遭劫，书样无可访问矣。今孙、黄、秦、胡、张、吴诸家所刻书，均不署翰屏姓名。微徐录，将湮没不传矣。"《书林清话》卷九《国朝刻书多名手写录亦有自者》，第204页。

③ 按：刘氏兄弟以刻书精良享誉当时，尤以文奎、文楷最著，有"苏杭之盛，文楷兄弟"之称。卢文弨、鲍廷博、孙星衍、黄丕烈、张敦仁、(转下页)

为其辑刻古书出力不少。①孙星衍不惜重金、延聘高手校刻影写,体现了他追求精善、重视质量的刻书思想。

(3) 学为世用,不务虚名

孙星衍校刻古书以实用为本。他在《重刊故唐律疏议序》中说自己虽"年逾五十,智虑衰颓",仍"日从事寻章摘句之学,思刊有用之书,以贻同志"②。《唐律疏议》作为律书中的典范之作,至清仍有实用价值:"夫不读唐律,不能知先秦历代律令因革之宜,不

(接上页)秦恩复、顾广圻、阮元诸家校刻之书,多出其手。

① 《孙渊如先生年谱》记载:嘉庆五年(1800)八月,孙星衍返金陵省亲,嘱邢澍刻《寰宇访碑录》。何元锡当亦参与该书的校刻工作,此由孙星衍与邢澍、何元锡札大约可知。其与邢澍云:"弟则因江南友人聚集南京,而在家时不多得,欲往作晤。八月中秋后仍来浙,过吴门时,或将刻赀交与梦华,属其催办,刻工断不令其有悮"(《孙星衍遗文续补·与邢佺山书》,《书目季刊》第四十八卷第一期,2014年6月,第71页)。与何元锡札云:"前从庐郡归,接到手书,并邢明府所寄《访碑录》,大略尚好,中有复处,乞即改正,止可空黑。"(《孙星衍遗文再续补·与何梦华书一》,《中国典籍与文化论丛》第15辑,第265页)邢澍还参与了《六韬》佚文的搜集工作:"项秋子刻《六韬》,家诒谷正定之,其长君辑佚文,并执事所辑,编为一帙,刻附于后,并假尊名为重。《司马法》若集佚文,更妙也。发还各书收到。"(《孙星衍遗文续补·与邢佺山书》,《书目季刊》第四十八卷第一期,2014年6月,第71页)何元锡不仅参与了孙星衍组织的《北堂书钞》的校勘、孙撰《寰宇访碑录》的刊刻工作,而且按孙氏要求,为其购求、抄录古书:"弟所最要,如程公说《春秋分记》、刘恕《通鉴外纪》二种,乞为留意。"(《孙星衍遗文再续补·与何梦华书一》,《中国典籍与文化论丛》第15辑,第265页)"所属抄《舆地纪胜》,务即抄就,感难言喻,缘欲撰《水经疏》也。《瘗鹤铭》曾为表就否? 念念。此行到浙中,乞留心《唐会要》、东西汉《会要》;价值相当,不妨专人到金陵,易价而归。外此属觅各书,卷数过多者,如《毛诗稽古》、《春秋分记》,亦止可倩购写成之本,抄录力不支也。"(《孙星衍遗文再续补·与何梦华书二》,《中国典籍与文化论丛》第15辑,第265页)

② 孙星衍《重刊故唐律疏议序》,《丛书集成初编》第775册2页。

足彰圣朝立法之仁,折衷之当。"①"律令治体所关,岂得不知沿革?"②该书虽收入《四库全书》,但一般人难以读到,孙星衍据元刻付梓重刊后始"风行于世"③。孙星衍在《孙子兵法序》中说明了自己校刊该书的两个原因:一方面《孙子兵法》传本不多,又多错谬,校刊以存古籍;另一方面,国家令甲以《孙子》校士,遂刊一编以课武士。孙星衍刊刻《千金宝要》《华氏中藏经》等,是因"寻览方书,胸中常有活人之念"④;校刊《洗冤集录》,是因"狱事莫重于大辟,大辟莫重于初情,初情莫重于检验,盖死生出入之权舆,幽枉屈伸之机括,于是乎决"⑤。由此可见,刻书为读书、读书为致用的思想在孙星衍的校刊工作中占主导地位。

(4)传布流通,嘉惠学人

孙星衍校刊古书还有一个极为明确的目的,这就是:备亡佚,广流传;存文献,惠后学。如谯周《古史考》亡佚已久,章宗源辑出,孙星衍刊刻,旨在"俾考古者有所资焉"⑥。《黄帝五书》本是民间日用之书,六朝时犹盛行于世,唐宋以后传写始微,至清则主要存于《道藏》中了,孙星衍刊刻以备亡佚。《华氏中藏经》至孙星衍时仅有明吴勉学《医编》本传世,"每篇脱落舛误凡有数百字,其方药名件次序分量俱经后人改易,或有删去其方者"⑦。孙星衍因以自己所藏两个元赵孟頫手写本合为足本,并用写本一一校正明刊

---

① 孙星衍《重刻故唐律疏议序》,《丛书集成初编》第775册2页。
② 孙星衍《重刻故唐律疏议序》,《丛书集成初编》第775册1页。
③ 沈家本《寄簃文存》卷七《日本享保本明律跋》云:"孙渊如覆元本《唐律疏议》,风行于世,洵为独具深心者矣。"《续修四库全书》第1563册550页。
④ 孙星衍《重刻千金宝要序》,《平津馆丛书》第1511页。
⑤ 宋慈《宋提刑洗冤集录序》,《丛书集成初编》第1456册1页。
⑥ 孙星衍《古史考序》,《平津馆丛书》第1269页。
⑦ 孙星衍《重校华氏中藏经序》,《平津馆丛书》第1346页。

本的错误,刊刻行世。《渚宫旧事》一书多记楚中人物故实,本上起鬻熊下迄唐代,共有十卷,南宋时仅存五卷。乾隆时虽录入《四库全书》(增辑《补遗》一卷),但"外间不得尽睹其本"①,孙星衍以此书足备乡帮文献之用,校刻行世并对《补遗》做了进一步补充。

孙星衍进步的刻书思想、严谨的践行精神,使《岱南阁丛书》与《平津馆丛书》问世后,受到广泛好评。《清续文献通考》对《岱南阁丛书》的经世致用之功给予高度评价:

> 是编虽较《平津馆丛书》卷帙略少,然使朝野上下能读《孙子十家注》,则可以整军经武矣;能读《唐律疏义》及《宋提刑洗冤集录》,则可以明罚敕法矣。且读《仓颉篇》可以守国粹,读《括地志》可以保领土,其开卷首列《古文尚书马郑注》示圣经之无伪也。自近人《新学伪经考》行,不三十年遂酿成黜经废孔之大变,安得以《岱南阁》一编救正之?②

陈其荣称誉《平津馆丛书》在收书种类与校勘质量上超越《岱南阁丛书》,其《重刻平津馆丛书十集序》云:"先生所刻《平津馆丛书》,视《岱南阁》所辑种类较多,其中诸子杂史均据善本,校勘尤精。"③朱记荣云《平津馆丛书》集众人之才智,准以己之识力,再三审择而后成书,"叹鉴别之精、校订之确,洵能备三善而绝五弊,宜其高出诸家丛书之上而足为后世之规模已然"④。

---

① 孙星衍《校补渚宫旧事序》,《平津馆丛书》第 3143 页。
② 《皇朝续文献通考》卷二百七十《经籍考》十四,《续修四库全书》第 819 册 274 页。
③ 陈其荣《重刻平津馆丛书十集序》,清光绪十一年(1885)吴县朱氏槐庐家塾重刻《平津馆丛书》本。
④ 朱记荣《重刻平津馆丛书自序》云刻丛书有三善五弊:"近世丛书之刻亦多矣,莫不博采英华,殚精探讨,上以岁古人之秘,下以广学者之益,而己之心力亦附以不朽,诚一举而备三善也。然其间亦有弊焉。体例不严,抉择不审,陈陈相因,无所阐发,一也。好尚奇异,真赝杂陈,但炫耳目,(转下页)

两部丛书之所以享誉后世，根本原因是其体现了考据学的基本精神。考据学的精神是什么？简单说，就是精确地考证以澄清原貌，澄清事实，澄清真理。刻书要做到精确，就要选择好的底本，古本接近原貌，相对精确，影刻是存真的较好方式。如果没有古本，要设法恢复原貌，就要校勘文字上的错讹，这就需要校勘。已经亡佚的重要书籍，需要通过辑佚重新辑出。古书流传既久，文字意思不好理解了，就需要训诂、注释。而影刻、校勘、辑佚、注释都是考据学的范畴，体现的都是考据学的精神。可以说，以精校精注精刻著称的《岱南阁丛书》与《平津馆丛书》是乾嘉考据学精神在出版上的体现。

4.《岱南阁丛书》《平津馆丛书》的刊刻地点

两部丛书自问世以来一直以精善著称，但对其刊刻地点，学界尚缺乏明确认识，甚至存在错误记载，有必要做出进一步探究。

（1）《岱南阁丛书》的刊刻地点

"岱南阁"是孙星衍的书斋，因其做山东兖沂曹济兵备道时治所位于岱宗（泰山）之南而得名。

《岱南阁丛书》刊刻时间跨度较长，以乾隆五十年（1785）刊《仓颉篇》为最早，以嘉庆十四年（1809）影宋刻《古文苑》为最晚，历时二十五年才陆续完成。这段时间孙星衍并非都在山东，如仅因这部丛书以"岱南阁"名即断其刻于山东，就不符合实际了。

如按孙星衍的行迹考察，《岱南阁丛书》的刊刻涉及五个时段：毕沅幕府、为官京师、做山东兖沂曹济兵备道、丁母忧及为山东督粮道时。此分段略作考索。

（接上页）无裨学问，二也。依据俗本，鱼豕相仍，取盈卷帙，贻误后人，三也。卤莽从事，轻改古书，妄为增减，致失其本，四也。方药之书，取资实用，苟不详慎，为害无穷，五也。其弊有五而一不蹈袭，则亦谈何容易哉。"清光绪十一年（1885）吴县朱氏槐庐家塾重刻《平津馆丛书》本。

Ⅰ. 乾隆四十五年（1780）至乾隆五十二年（1787）在毕沅幕府时，刻入《岱南阁丛书》者仅《仓颉篇》一种三卷。

《仓颉篇》是孙星衍最早付梓刊刻之书，先后两刻均成于毕沅幕府。先于乾隆四十六年（1781）以篆文刊于西安节署，复于乾隆五十年（1785）刊于大梁节署。毕沅《孙氏仓颉篇序》云："孙明经以乾隆辛丑刊所集《仓颉篇》于西安节署，予为序而行之。阅五年，明经剌取书传，所得益多，又以曩刻篆文，不通于俗，遂复刊于大梁，仍属予序。"①《岱南阁丛书》本题"乾隆乙巳冬十月刊于大梁抚署绛华斋作"，则其刊刻时地极为清晰。

Ⅱ. 乾隆五十二年（1787）至乾隆六十年（1795）为官京师时，刻入《岱南阁丛书》者三种：《燕丹子》三卷、《问字堂集》六卷、《古文尚书马郑注》十卷《逸文》二卷。

《燕丹子》题"赐进士及第翰林院编修孙星衍撰"，未载刊刻地点。从官衔上推断，当为乾隆五十二年至五十四年为翰林院编修期间于京师所刻。

《问字堂集》题"乾隆甲寅岁六月刊"，甲寅为乾隆五十九年（1794）。孙星衍《平津馆文稿·自序》云："始官比部时，在都集十余年前旧作，刊为《问字堂稿》。"②知为乾隆五十九年官刑部时京师所刻。

《古文尚书马郑注序》题"赐进士及第刑部郎中前翰林院编修孙星衍撰"，《尚书逸文叙》署题同上，末署乾隆六十年（1795）撰于都门之孙公园寓邸，当为乾隆六十年官广东司郎中时京师所刻。

Ⅲ. 乾隆六十年（1795）至嘉庆三年（1798）为山东兖沂曹济黄河兵备道时，刻入《岱南阁丛书》者有《孙子十家注》十三卷附宋郑

---

① 毕沅《孙氏仓颉篇序》，《丛书集成初编》第1051册1页。
② 《孙渊如先生全集·平津馆文稿·自序》，《续修四库全书》第1477册508页。

友贤撰《遗说》一卷清毕以珣(即毕以田)撰《叙录》一卷、《元和郡县图志》四十卷(阙卷逸文附)、《括地志》八卷等。

《孙子十家注》《元和郡县图志》衔名、刊刻时地均同。前者题"赐进士及第署山东提刑按察使分巡兖沂曹济黄河兵备道孙星衍　赐进士出身署莱州府知府候补同知吴人骧同校",后者亦题"赐进士及第署山东提刑按察使分巡兖沂曹济黄河兵备道孙星衍校"。《孙子十家注》云"嘉庆二年以《道藏》本校刊于兖州观察署",《元和郡县图志》云"嘉庆二年冬刊于瑕邱巡使署中",瑕邱为兖州古名。知两书均于嘉庆二年(1797)刻于山东兖州孙星衍使署。

孙星衍所辑《括地志》云"嘉庆三年正月刊成",《序》云:"适刊《元和郡县图志》成,遂以此书相辅行世。"① 知《括地志》是继《元和郡县图志》之后刻于兖州使署的。

该时期所刻之书,除《孙子十家注》《元和郡县图志》明言刊于兖州使署外,《岱南阁丛书》巾箱本五种当亦刻于兖州。其中,《周易口诀义》题"嘉庆戊午刊于兖州"、《夏小正传》题"嘉庆戊午岁六月校刊于兖郡"、《急就章考异》题"嘉庆三年刊于兖郡",《周易集解》题"嘉庆三年夏刊于兖州"。《王无功集》及《补遗》虽未载刊刻时地,而与《急就章考异》同册,版式相同,亦为嘉庆三年(1798)刻于兖州无疑。

由上可见,孙星衍初仕山东期间,校辑诸书,勤于著述,并采取因地制宜的做法,于兖州使署中刊刻其学术成果。所刻既有普通本,又有巾箱本。

Ⅳ. 嘉庆三年(1798)至嘉庆八年(1803)丁母忧期间,刻入《岱南阁丛书》者有《五松园文稿》一卷、《济上停云集》一卷、《春秋释例》十五卷。

《孙渊如先生年谱》记载,嘉庆七年(1802)孙星衍居金陵,"三

---

① 孙星衍《括地志序》,《丛书集成初编》第3096册3页。

月归常州省墓,访友吴门。四月返金陵,刊近作为《五松园文稿》①。《重刊春秋释例序》题"嘉庆七年七月十二日孙星衍撰"。据此推断,两书当于嘉庆七年(1802)刻于金陵。

Ⅴ. 嘉庆九年(1804)至嘉庆十六年(1811)为山东督粮道时,刻入《岱南阁丛书》者有《故唐律疏议》三十卷、《宋提刑洗冤集录》五卷、《古文苑》九卷、《盐铁论》十卷附《考证》一卷等。

刊刻时地比较明确的是《故唐律疏议》和《宋提刑洗冤集录》。前者题"嘉庆丁卯山东督粮道孙星衍校刊　元和县学生员顾广圻覆校"、"嘉庆丁卯顾千里手摹上板"、"江宁刘文奎弟文楷文模镌"。后者题"嘉庆丁卯山东督粮道孙星衍依元本校刊　元和县学生员顾广圻覆校""金陵刘文奎镌"。顾广圻《重刻元本唐律疏议后序》云:"今年,渊如先生见属摹刊于江宁。"②末署"嘉庆丁卯八月"。其《重刻宋元检验三录后序》云向得元椠《洗冤集录》,"丁卯岁,为孙渊如观察摹刻于江宁,附《唐律疏议》后以行"③。于《新刻无冤录一卷》(明胡文焕刊本)中又云:"其《洗冤集录》,已昨为孙渊如观察影元版开雕于江宁矣。"④由此知两书均于嘉庆十二年(1807)刻于金陵。《古文苑》题"宋淳熙本重刊",由顾广圻手摹上版,顾氏《重刊宋九卷本古文苑序》末署"嘉庆十四年岁在己巳十月",则该书为嘉庆十四年(1809)金陵所刻。

《盐铁论》由顾广圻校勘、张敦仁撰《考证》,题"嘉庆丁卯六月用新淦涂氏本重彫""嘉庆十二年依明宏治翻宋嘉泰本刊行"。丁卯为嘉庆十二年(1807)。该年顾广圻仍在金陵为孙星衍经办刻

---

① 《孙渊如先生年谱》,《北京图书馆藏珍本年谱丛刊》第 119 册 488 页。
② 《顾千里集》,第 146 页。
③ 《顾千里集》,第 154 页。
④ 《顾千里集》,第 327 页。

书事宜,兼为张敦仁刻书,孙星衍曾致书顾广圻:"古余工调金陵,一切甚便,可与古余熟商之。"①"每岁与张古余各奉修金百数十两,计可安身"②。由此知《盐铁论》于嘉庆十二年(1807)刻于金陵。张敦仁校勘的《缉古算草细经》三卷、《求一算术》三卷,亦入《岱南阁丛书》。《求一算术》张敦仁序末署"嘉庆八年岁在癸亥三月十六日立夏节阳城张敦仁叙于苏州寓馆之艺学轩",知其成书早于《盐铁论》。二书未载刊刻时地,或与《盐铁论》同时由顾广圻经手刻于金陵。

《岱南阁集》收孙星衍自著文集六种,《问字堂集》刻于京师、《五松园文稿》刻于金陵,已如上述。《平津馆文稿》题"嘉庆十一年刊",未云刊刻地点。其他三种《岱南阁集》《嘉谷堂集》《济上停云集》均未载刊刻时地。就内容看,《岱南阁集》《嘉谷堂集》当为孙星衍于山东兖沂曹济黄河兵备道任上所作。《岱南阁集》中多有记年月者,如《元和郡县图志序》云"嘉庆元年正月朔校刊此书至五月五日毕工"《王大令诗集序》作于"嘉庆元年岁在丙辰十月四日"《咨请会奏置立伏郑博士稿》末署"嘉庆元年十二月初九日咨呈"《咨覆河南布政司伏羲陵稿》及《再咨浙江布政司议汤陵稿》皆为"嘉庆二年四月"事等。集中所收有年月可寻者以《伏羲陵祷雨文》最晚,末署"嘉庆二年五月初五日行"。排比诸文年月,知《岱南阁集》当成于嘉庆二年(1797)。《嘉谷堂文稿》较晚者为《题陆朗夫中丞家信册后》,末署"嘉庆三年夏五月书"。《济上停云集》包含了乾隆六十年孙星衍首次赴任山东、为山东兖沂曹济兵备

---

① 《孙星衍先生手牍》,《国家图书馆藏钞稿本乾嘉名人别集丛刊》第25册144页;又见《孙星衍遗文续补·与顾千里书二》,《书目季刊》第四十八卷第一期(2014年6月),第77页。

② 《孙星衍先生手牍》,《国家图书馆藏钞稿本乾嘉名人别集丛刊》第25册146页;又见《孙星衍遗文续补·与顾千里书三》,《书目季刊》第四十八卷第一期(2014年6月),第78页。

道及嘉庆五年以后主讲诂经精舍时的作品,此由《自历下之官兖州道中即事》《阮中丞五月十二日招同程易畴瑶田段懋堂玉裁第一楼雅集》等诗大约可推。嘉庆三年(1798)六月孙母去世,《嘉谷堂文稿》当不及刻于兖州。《济上停云集》成于孙氏丁忧期间,更非刻于山东。笔者认为这四种书刻于金陵的可能性最大。这样,孙氏六种文集,除《问字堂集》刻于京师外,其他五种当于金陵陆续刻成。

综上所述,《岱南阁丛书》所收之书始于乾隆五十年,终于嘉庆十四年,跨越二十五年,包含了孙星衍自毕沅大梁节署至为山东督粮道期间的刻书。这十九种书主要刻于河南大梁、京师、山东兖州、江苏金陵四地。以嘉庆十二年前后最为集中,质量最好。这与顾广圻的贡献密不可分。嘉庆十年,顾广圻受孙星衍委托,负责金陵刻书事宜,开辟了山东之外另一个更重要的刻书场所,解决了因山东刻书水平较低带来的制约,进入了孙星衍刻书的繁盛阶段,这在《平津馆丛书》的刊刻上体现得更为明显。

(2)《平津馆丛书》的刊刻地点

"平津馆"是孙星衍做山东督粮道时治所藏书处,在山东德州境内。汉公孙弘为丞相,封平津侯。封地在勃海郡高城县平津乡,即今河北沧州盐山县南,处于河北南部、山东北部。嘉庆九年(1804),孙星衍任山东督粮道,治所在德州,离公孙弘封地不远,故名其藏书处为"平津馆"。

孙星衍以"平津馆"名其丛书,这部丛书是否刻于山东呢?要弄清这个问题,首先要明确《平津馆丛书》的刊刻时间。今按乾隆嘉庆间兰陵孙氏家刻本计,《平津馆丛书》共有四十一种二百五十四卷,非一时刻成。其中以嘉庆五年(1800)刻影宋本《魏武帝注孙子》《吴子》《司马法》三种为最早,以嘉庆二十三年(1818)刻《芳茂山人诗录》和《长离阁集》为最晚,前后越十八年而刻成。孙星衍做山东督粮道的时间是嘉庆九年(1804)至嘉庆十六年(1811),则此前与此后所刻之书必不成于山东。今以嘉庆九年至嘉庆十六年为界,分丁母忧期间、为山东督粮道时、解职归田以后三个时间段对《平津馆丛书》的刊刻地点及相关问题略作考索。

Ⅰ.嘉庆三年至嘉庆八年(1798—1803),孙星衍因丁母忧侨居金陵。三年共刻入《平津馆丛书》中的书有四种:嘉庆五年(1800)影宋刻《魏武帝注孙子》《吴子》《司马法》和嘉庆七年(1802)刻《寰宇访碑录》。

其中,《魏武帝注孙子》《吴子》《司马法》三书,刻于苏州黄丕烈家。这三种书均由顾广圻影摹上版,底本为顾广圻从兄顾之逵(抱冲)小读书堆所藏宋本。此时顾广圻馆于黄丕烈家。嘉庆四年(1799),孙星衍曾到苏州,与黄丕烈、顾广圻等会晤,谈及欲刊三书之事。嘉庆五年(1800)三月,孙星衍嘱顾广圻影摹刊版。顾氏即于黄丕烈家开雕,刻成后据孙意转赠黄氏一部。《荛圃藏书题识续录》卷二覆宋刻本《魏武帝注孙子》三卷《吴子》二卷《司马法》三卷条下对此事有详细记载:"近孙渊如观察过苏,与抱冲从弟涧薲谈及是书,思以付梓。适余家命工翻雕影宋本《国语》毕,涧薲即影摹一本,就荛圃中开雕。工毕,涧薲承渊如意,转取赠余,余愿大慰,不啻获一宋本矣。"①这种由刻书人出资、借助他人刻书场所、校勘班子刻书之事在当时并不罕见。胡克家重刻元本《资治通鉴》即在孙星衍家祠开雕,其《重刊元本资治通鉴后序》言之甚明:"壬申之春,予承乏江宁藩使,适获元初旧刻,卷首有王磐一序,谨案钦定《天禄琳琅书目》,所谓元时官刻本也。于是龥使阿公厚庵暨诸相知,佐资鸠匠,设局于孙伯渊观察之家祠,延文学顾君广圻、彭君兆荪及族弟枢为校勘翻雕之,视元本

---

① 黄丕烈撰,王大隆辑《荛圃藏书题识续录》,北京图书馆出版社2002年版,《国家图书馆藏古籍题跋丛刊》第8册483页。

无异,加精美焉。"①这与孙星衍借黄丕烈场所刻书,性质完全相同,便于以更低的成本更快更好地刻书。

《寰宇访碑录》封面题"嘉庆壬戌雕",知其刻于嘉庆七年(1802)。《年谱》载该年孙星衍居金陵,嘱邢澍具体负责刻书事宜。因《寰宇访碑录》用邢澍所藏补其不足、删其重复,故每卷题孙、邢同撰。鉴于邢澍所做贡献,孙星衍请其负责刊刻,自是情理中事。故此书当由邢澍负责刻于金陵。

Ⅱ. 嘉庆八年至嘉庆十五年(1803—1810),孙星衍为山东督粮道。期间刻入《平津馆丛书》的书有三十种,是其刻书高峰。三十种书中明确标明刻于山东的只有两种:一是《建立伏博士始末》,题"嘉庆十一年冬刊于安德使署之平津馆";一是《尸子》,题"嘉庆丙寅夏五月,平津馆刊藏",《叙》云:"因属洪明经颐煊重编为二卷,再刊于济南。"②除这两种书外,《琴操》《燕丹子》《竹书纪年》《穆天子传》应该也刻于山东,理由如下:

首先,四书封面题式与《尸子》相近。如按时间排列,《琴操》题"嘉庆丙寅春二月,平津馆刊藏";《竹书纪年》题"嘉庆丙寅春三月,平津馆刊藏";《燕丹子》题"嘉庆丙寅夏四月,平津馆刊藏";《尸子》题"嘉庆丙寅夏五月,平津馆刊藏"。又《穆天子传》题"嘉庆丙寅年,平津馆刻",与上述四书大体一致。

其次,四书均为洪颐煊辑校。孙星衍做山东督粮道时所刻之书大多编辑于山东,在山东帮他校刊的主要是洪颐煊,这从各书序跋中可以看出。以上四书为洪氏个人成果,其他则多与孙星衍合作而成。既然洪氏重编之《尸子》刊于济南,则同为洪氏成果且刊刻时间相近、版式几同的其他四书应该也刊于济南。但即使这一

---

① 胡克家《重刊元本资治通鉴后序》,中华书局2009年版,《资治通鉴》第20册189页。

② 孙星衍《尸子集本叙》,《平津馆丛书》第251页。

推测成立,刊于山东的书也不过五六种,且部头都较小。究其原因,应该是山东的刻书力量较差,难以承担大部头、高质量的刻书任务。因此,更多的书是拿到金陵开雕的。

这一时期明确标明刻于金陵的书有九种:嘉庆十年(1805)刻《物理论》;十一年(1806)刻《牟子》《魏三体石经遗字考》;十二年(1807)刻《黄帝五书》;十三年(1808)刻《华氏中藏经》。① 其他虽未标明,大部分也应刻于金陵。如《汉官七种》均无刊刻年月,亦未标明刊刻地点。《年谱》将其系于嘉庆十二年下,云:"四月,君自通州回署,与洪君颐煊校刊《唐王无功集》《琴操》,辑《汉官旧仪》《汉官仪》,属王君保训集《京房易传》。"②知《汉官七种》的辑佚工作由孙星衍与洪颐煊在山东共同完成。李庆《顾千里研究》亦将此事系于是年,说这一年顾广圻一直在江宁帮孙氏刻书,收入《平津馆丛书》的《黄帝五书》和收入《岱南阁丛书》的《宋提刑洗冤集录》《故唐律疏议》等皆经顾氏之手刻于是年。入冬,顾广圻由江宁归乡吴中后,仍在吴中校《汉官七种》的清样,说明该书时已付梓。则《汉官七种》当亦由顾广圻主持校刊于金陵。

金陵悠久的刻书传统、优良的刻书质量,加上著名校勘学家顾广圻、名工刘文奎兄弟的加盟,使孙星衍对《平津馆丛书》颇为自负。其《平津馆丛书序》云:"自甲到癸,终始十集。最目具详,叙例咸备。聊署平津之馆,敢县咸阳之门。"③他的自负一方面源于

---

① 按:这九种书有刻于金陵的明确记载。《物理论》末题"金陵刘文奎家锓",《魏三体石经遗字考》末题"丙寅八月刊于江宁,刻字人刘文模",《牟子》、《华氏中藏经》《黄帝五书》均题"江宁刘文楷、模镌"。《黄帝五书》之《广黄帝本行记》又有顾广圻《序》:"今既一并校刊于江宁,独惜弗获述古藏本对勘耳。"(《平津馆丛书》第558—559页)

② 《孙渊如先生年谱》,《北京图书馆藏珍本年谱丛刊》第119册498页。

③ 孙星衍《平津馆丛书序》,《平津馆丛书》第4页。

对所刻之书的精校与精注，另一方面则源于精良的刊刻质量。该序作于嘉庆十七年（1812）正月，此时孙星衍刚刚因疾解职归田。从诸书刊刻时间看，此时刻出的应该即是上述提到的嘉庆十六年以前的三十四种书。可以推断，这三十四种书除少数刻于山东，《魏武帝注孙子》《吴子》《司马法》刻于苏州外，其他基本刻于金陵。只有这样，这部丛书的整体水平才足以炫人。

Ⅲ. 嘉庆十六年至嘉庆二十三年（1811—1818），孙星衍解职归田侨居金陵。这一时期刻书十种：嘉庆十六年刻《古刻丛钞》，嘉庆十七年刻《续古文苑》，十八年刻《抱朴子内篇》，十九年刻《渚宫旧事》《三辅黄图》《古文尚书考异》，二十年刻《尚书今古文注疏》《孔子集语》，二十三年刻《芳茂山人诗录》和《长离阁集》。其中有明确刻书时地的有：《抱朴子内篇》，云"癸酉年七月校刊于金陵道署"；《古文尚书考异》，题"金陵刘文（空——笔者）局锓"。顾广圻《校定尚书考异序》云："近孙伯渊先生蒐访善本，详加校正，将以刊布，固其宜哉！"①末署"嘉庆壬申年十月望前一日，时寓江宁之孙忠愍公祠"。由此可知以上两书当刻于金陵。

值得注意的是，金陵之外，苏州虎丘孙子祠堂也是孙星衍重要的刻书场所。前面在讲孙星衍与顾广圻的交游时，曾引国家图书馆所藏孙星衍致顾氏书札数通，其中所言在孙子祠堂刻书之事为我们了解孙星衍的刻书场所提供了宝贵信息。孙星衍曾致札委托顾广圻在孙子祠堂刻书并承诺了拟付报酬、确定了刻工："前有札奉寄，托足下在孙子祠办理刻书之事，每岁与张古余各奉修金百数十两，计可安身。刻工即交刘文楷经手，设局在祠内最便，足下亦可移居读书。"②由此可见，即使是名工刘文楷兄弟承刻之书亦未

---

① 《顾千里集》，第 127 页。
② 《孙星衍先生手牍》，《国家图书馆藏钞稿本乾嘉名人别集丛刊》第 25 册 146—147 页；又见《孙星衍遗文续补·与顾千里书三》，《书目（转下页）

必刻于金陵。嘉庆十三年(1808),孙星衍言其父由鲁归南必住孙子祠堂并携带刻资:"家君于廿六日南归,必至吴门,住孙子祠,刻赀带上,并竹友代垫薛祠项亦拟偿之。"①知此时的刻书活动仍在孙子祠堂进行。嘉庆十四年(1809)正月十八日,孙星衍又致广圻书,云:"《续古文苑》现在收拾,即觅便寄稿尊处,可在孙子祠开局刊刻,计需六百金;再以百廿金为兄校勘润笔,已与陶山先生等商量醵分,弟自当陆续垫付也。"②知《续古文苑》当刻于孙子祠堂。虽然难以确知孙子祠堂刻书数量,但孙子祠堂是孙星衍的重要刻书场所当无异议。

另需说明的是《抱朴子》内外篇、《芳茂山人诗录》、《长离阁集》的刊刻情况。

《抱朴子内篇》二十卷《外篇》五十卷,非同时刻成。《内篇》封面题"癸酉年七月校刊于金陵道署",书前有嘉庆十七年(1812)参校人方维甸序跋各一,又有嘉庆十八年(1813)孙星衍序,则《内篇》刻成于嘉庆十八年无疑。《外篇》封面题"己卯年五月校刊于冶城山馆"。己卯年为嘉庆二十四年(1819)。据《年谱》记载,孙星衍卒于嘉庆二十三年(1818)正月十二日,则《外篇》非孙氏生前

(接上页)季刊》第四十八卷第一期(2014年6月),第78页。

① 《孙星衍先生手牍》,《国家图书馆藏钞稿本乾嘉名人别集丛刊》第25册157页;又见《孙星衍遗文续补·与顾千里书五》,《书目季刊》第四十八卷第一期(2014年6月),第79页。由信中所言时间,知此信当写于嘉庆十三年正月。孙星衍又有致钱同人札,云:"弟欲重刊宋本《说文》,为之考证于后,引各书所引《说文》之词,订定其是,附载各卷。即求尊书刊版,想好古如足下,必乐成人之美也。写就寄到时,必奉润笔,以酬雅意,千万留意办理。"由札云"至弟夏间遭大母之丧,现拟送柩南归",知作于嘉庆十年(1804)。《孙星衍遗文续补》,《书目季刊》第四十八卷第一期(2014年6月),第81页。

② 《孙星衍先生手牍》,《国家图书馆藏钞稿本乾嘉名人别集丛刊》第25册141—143页;又见《孙星衍遗文续补·与顾千里书一》,《书目季刊》第四十八卷第一期(2014年6月),第77页。

校刊。又《外篇》与《平津馆丛书》的其他各书不同,无序跋,故无从查考其校刊情况。孙星衍《新校正抱朴子内篇序》只提及《抱朴子》内、外篇的分合,亦不及《外篇》的刊刻。孙《序》说《抱朴子》内、外篇本是分开的,隋唐史志中《内篇》属道家,《外篇》属儒家,"考稚川自序暨隋唐史志,俱分内外篇,一属道家,一属儒家,而卢本(明卢舜治本——笔者)兼刻,改并卷第,辄总题之为《抱朴子》,遂致诸家书目牵连入录,不能分晰,亦可病也。今所校正,欲使别行,以复旧观。"①又云:"今校刊《内篇》二十卷,不连《外篇》,以复葛氏之旧,兼正明人之误。"②知《内》《外》篇是分开校刊的,且《内篇》校刊在前。孙《序》又曰:"予及方制府、顾茂才校定是书,因先以《内篇》付梓人。"③知参加《内篇》校刊的有孙星衍、方维甸、顾广圻。三人中以顾广圻为主,严可均《代继莲龛叙抱朴子校勘记》云:"曩余刻《抱朴子内篇》,是孙观察星衍、方督部维甸校定,实则顾秀才广圻之力居多。"④但孙序及方氏序跋均未提及《外篇》的校刊情况。顾广圻《刻抱朴子外篇序》云:"往者孙伯渊、方葆岩两先生既合校《内篇》而刊之,嗣属不佞校此《外篇》,而两先生相继云亡,荏苒及今,尚思成此未竟,爰发箧出之,细校一过。"⑤此序未注写作年月,但据此序可知,孙星衍、方维甸只校刊了《内篇》便先后去世,《外篇》的校勘任务落到了顾广圻一人身上。顾氏为不负宿诺,"于是为之更正次第,勘定文句,补删改乙,凡及千条,合前所刊内篇存诸箧中"⑥,等待付梓。又《思适斋书跋》卷三平津馆刻本《抱朴子外篇》五十卷条有:"道光丙戌于扬州命工写样,覆校一

---

① 孙星衍《新校正抱朴子内篇序》,《平津馆丛书》第5727—5728页。
② 孙星衍《新校正抱朴子内篇序》,《平津馆丛书》第5731页。
③ 孙星衍《新校正抱朴子内篇序》,《平津馆丛书》第5728页。
④ 严可均《铁桥漫稿》卷六,《续修四库全书》第1489册17页。
⑤ 《顾千里集》,第165页。
⑥ 同上。

过,又改正数条如右。"①丙戌为道光六年(1826)。由顾氏此记知,《抱朴子外篇》当刊于道光六年(1826),此时孙氏已去世八年。《中国丛书综录》将《内》《外》篇并著录于嘉庆十八年(1813)条下不合历史事实;《外篇》封面所题的刊刻时间亦不足为据。

《芳茂山人诗录》《长离阁集》为孙星衍卒后,其弟孙星衡请严可均、龚庆、杨文荪等为之整理、编刻于金陵,非孙氏生前自刻。

综上所述,《平津馆丛书》因涵盖种类多,刊刻时间长,非刻成于一地。其中,《魏武帝注孙子》《吴子》《司马法》刻于苏州,《建立伏博士始末》、《尸子》刻于山东,《抱朴子外篇》刻于扬州,其他大部分刻于金陵,其中由金陵名工刘文奎兄弟承刻九种。《平津馆丛书》也并非全部由孙星衍自己策划刊刻,《抱朴子外篇》《芳茂山人诗录》《长离阁集》三种是在孙氏卒后,由他人帮助刻出的。孙星衍在山东的编校工作主要得力于洪颐煊,在苏州、扬州、金陵的校刊则以顾广圻为主。

5. 孙星衍的其他刻书

除了《岱南阁丛书》和《平津馆丛书》外,孙星衍还刻过几种单行本,如《景定建康志》《绍熙云间志》《华阳国志》《孙氏祠堂书目》等。

《景定建康志》刻于嘉庆六年(1801),孙星衍时居金陵丁母忧。据《孙渊如先生年谱》记载:孙星衍以金陵为六朝所都,而近代郡志为戚光率意更改,名迹无据,因求《景定建康志》,拟刊刻流传。适江南制府署中有康熙间敕赐宋刻本,当时费淳总制两江,因以书付星衍,星衍醵赀仿刻。费淳嘉其志,分俸钱以襄其事。

《华阳国志》刻于嘉庆十九年(1814),刊刻者或云孙星衍,或云廖寅,这是因为孙星衍是刊刻该书的发起人,而廖寅为最终出资

---

① 《思适斋书跋》,第 78 页。

者。孙星衍藏有季振宜旧藏的影宋钞本《华阳国志》,请顾广圻校勘行世。廖寅得知此事,欲出刻资,孙星衍便将此书让于廖氏,仍请顾广圻校刊督印。邓邦述《寒瘦山房鬻存善本书目》卷六顾广圻手校《华阳国志》条云:"涧蘋校此书,本为㧑如刻版之用,后题襟馆乃借刊耳。邻水廖氏为吾之祖母家,是书刻工亦金陵刘文奎兄弟。是时涧蘋以校雠闻天下,礼聘不绝,今《思适斋集》可按也。二刘刻书亦颇著,嘉庆间善本悉出其手,亦可谓之良工矣。廖氏以蜀人摹刻是书,故㧑如让之,直取涧蘋已校成者付诸廖氏,故册尾跋语云云,犹认孙为刻书之人,无一字及廖也。"①邓邦述进一步推测:"甚或刻将成而廖氏出资,加一跋语,亦未可定也。"②实则,卷首廖寅《校刊华阳国志序》亦为顾广圻代撰。叶景葵《卷盦书跋》指出"冯本顾跋云:'为孙观察校刊于江宁',盖谓代渊如校刊季氏影宋抄本也。廖氏系出赀人,涧蘋系一手包办"③,当得其实,即《华阳国志》从校勘到完成当皆由孙星衍委托顾广圻操办,廖寅仅为出资人而已。

另外,孙星衍还有一些拟刻而由于种种原因未能如愿的书。如《集韵》仅有康熙四十五年(1706)曹寅所刻毛晋家藏传钞本。相传扬州某家尚存北宋椠本,吴门又有影钞宋椠本,孙星衍、吴鼒希望寻到二本,刊刻行世,终未如愿。④缪荃孙《艺风藏书记》卷五有临宋写本《历代钟鼎彝器款识法帖》二十卷,说孙星衍欲将此书刻入《平津馆丛书》,已分别请严可均、蒋嗣曾手摹古篆,书写释

---

① 邓邦述撰,金晓东整理《寒瘦山房鬻存善本书目》,上海古籍出版社2014年版,《中国历代书目题跋丛书》(第四辑),第466页。
② 《寒瘦山房鬻存善本书目》,第466页。
③ 《卷盦书跋》,第33页。
④ 《顾千里集》卷八《补刊集韵序》云:"又吴门有影钞宋椠本,阳湖孙渊如观察、全椒吴山尊学士,每欲访借斯二者而别刊之,不更善之善者欤?"第133页。

文,甚至设计好了扉页,却不知因何未果。①

《太平御览》乾嘉时流行的为明人传刻本,讹错脱帙者不在少数,有志之士拟重新校刊,苦于难以校雠。张敦仁访得吴门有宋本,孙星衍多次致信王芑孙,希望张敦仁能够重刻此书,终因张敦仁未能购得宋本而作罢。②嘉庆十三年(1808),孙星衍听说鲍崇城拟刊宋本《御览》,致书鼓励:"芸台先生札来,言及吾兄欲刊宋本《太平御览》,此书若行世,嘉惠后学不浅。"③并表达了自己无力承办之遗憾:"弟初欲办理,以力绵中止。"④

孙星衍不仅自己努力刻书,还积极倡导他人刊刻。他为官京师时与陶正祥来往密切,正祥见到孙藏《孙子》魏武帝注,以为世无此本,刊入其《汉魏丛书》。又在孙星衍的鼓励下,刊葛氏永怀堂十三经注及《抱朴子》《太玄经》等行世。⑤

孙冯翼是孙星衍从子,善读古书,尤精雠校,辑录诸子较多。在孙星衍的教导下刊刻了《问经堂丛书》十八种三十一卷。⑥ 这部

---

① 《艺风藏书记》卷五《历代钟鼎彝器款识法帖》二十卷条,云:"临宋写本。孙渊如先生旧藏。严铁桥摹古篆,蒋嗣曾写释文。书面分书'钟鼎款识临宋写本廿卷'两行,旁书'嘉庆丁卯平津馆开雕'。是本欲刻入《平津馆丛书》,不知何事未果。"第97—98页。

② 王芑孙《书重印太平御览》记载此事云:"比岁,士大夫议欲醵资重刊《太平御览》,而谓其校之难也。吾友孙渊如累书贻余,属其成于扬州太守阳城张古余。古余访有宋本,在吴门,一再购之弗得,讫亦遂寝。"《渊雅堂集·惕甫未定稿》卷二十四,《续修四库全书》第1481册253页。

③ 《孙星衍遗文拾补·与鲍崇城书》,《书目季刊》第四十五卷第三期(2011年12月),第86页。

④ 同上。

⑤ 《孙渊如先生全集·五松园文稿·清故封修职郎两浙盐课大使陶君正祥墓碣铭》,《续修四库全书》第1477册495页。

⑥ 《郑堂读书记》卷五十九子部十一上著录孙冯翼《问经堂丛书》十八种,云:"凤卿虽寄籍沈阳而自少随宦江左,于阳湖孙渊如师为从子,(转下页)

丛书汇辑经子传注，校刊精良，中收孙星衍的学术成果如所撰《明堂考》所辑《尸子》《燕丹子》及与孙冯翼同校之《商子》、同辑之《神农本草经》等，凝聚了孙氏诸多心血，《丛书百部提要》云："是书之刻，冯翼尸其名，实则成于星衍之手"，"所收各书，卓然可传"①。

洪莹、洪梧在孙星衍的帮助下分别刊刻了《元和姓纂》《古今姓氏书辨证》。唐林宝撰《元和姓纂》约亡佚于元明之间，佚文存于《永乐大典》，散附千家姓之下。宋郑樵作《氏族略》、王应麟作《姓氏急就章》、谢枋得作《秘笈新书》，俱引其文，而多为《永乐大典》所遗。孙星衍因"晋室板荡，中原大族半皆南渡，谱牒亡失"②，"及宋南迁，士夫复多丧其谱牒；至明，太祖不能举曾、高之名"③，其后官无谱局，私撰家状者率皆未见古书，不能远考汉唐世数，故与笃爱此书的洪莹一起采辑诸书，条举件系，日得数十事，二旬增校而毕。依林氏原书例，先以当时皇族，余分四声，仍为十卷。其非《永乐大典》而见他书者，注明出处。嘉庆七年（1802），刊布传世。孙星衍云："自有此书出，而谱牒一家之学不至失守矣。"④《元和姓纂》当为洪莹出资，孙星衍筹刻，此由孙氏致颜崇槼札大约可知："《元和姓纂》刊成，版送扬州洪秉怀处，可向取一部。"⑤宋邓名

（接上页）亲承渊如师指授，善读古书，尤精雠校，辑录诸子最多，皆极谨严，不涉于滥。"《续修四库全书》第925册87页。

① 《丛书集成初编目录·丛书百部提要》，中华书局1983年版，第29页。

② 《孙星衍遗文再续补·校补元和姓纂辑本序》，《中国典籍与文化论丛》第15辑，第253页。

③ 《孙星衍遗文再续补·校补元和姓纂辑本序》，《中国典籍与文化论丛》第15辑，第254页。

④ 同上。

⑤ 《孙星衍遗文再续补·与颜运生书》，《中国典籍与文化论丛》第15辑，第265页。

世撰、子椿年续成之《古今姓氏书辨证》，南宋高宗绍兴时有刊本，久佚，其文存于《永乐大典》，亦散附千家姓之下，四库书馆臣写录成编，仍厘为四十卷，目录一卷，并附按语。在谱学古书亡佚尤多的情况下，该书诚为列代谱学绝续所寄，"自有此书，而百族之妄援著姓者，可以别黑白而定是非；名宗之自宋明以追汉唐远胄者，亦有世数可稽矣"①。《古今姓氏书》与《元和姓纂》一样，虽入《四库全书》，但皆中秘辑本，外间希见，孙星衍嘱洪梧校刊此本，以广其流传，使谱学不坠于地。②

庄炘所刊《一切经音义》亦因孙星衍敦请而完成。孙星衍于曾燠处见《尔雅音图》四卷，嘱姚之麟重摹刊板。③ 又曾敦请曾燠刊刻《文苑英华》。④ 因《南岳总胜集》向无善本，即以己藏宋本交付友人唐仲冕刊刻行世。即使向赵学辙推荐表妹夫陈树斋，为其谋求职位时，亦不忘恳请赵氏刊刻陈树斋著作，使之传远："陈君诗文稿外，有《三五类编》一书，有脾后学，如得赞襄付梓，尤属幸甚。"⑤

友朋看到合适的书也同样建议、敦促孙星衍刊刻。如黄丕烈藏有元本《棠阴比事》三卷，见孙星衍影刻了元本《唐律疏议》《洗

---

① 《孙星衍遗文再续补·刊古今姓氏书辨证序》，《中国典籍与文化论丛》第 15 辑，第 255 页。
② 《孙星衍遗文再续补·刊古今姓氏书辨证序》，《中国典籍与文化论丛》第 15 辑，第 254—255 页。
③ 《廉石居藏书记》，第 173—174 页。
④ 嘉庆十九年(1814)，孙星衍有致曾燠书，云："《文苑英华》所传止有活字板本，如蒙老前辈校刊，亦不朽之事。"《孙渊如遗文拾补·与曾宾谷书》，《书目季刊》第四十五卷第三期(2011 年 12 月)，第 85 页。
⑤ 《孙星衍遗文再续补·与赵季由书》，《中国典籍与文化论丛》第 15 辑，第 267 页。

冤集录》,曾拟怂恿孙氏并刻以传。① 黄丕烈曾得宋刻《三历撮要》,鉴于阴阳术数类书传世极少,希望孙星衍影写传世。② 正是这种互通有无、互相砥砺的良好风气促成了乾嘉时期刻书事业的兴盛。

　　孙星衍长期、大量购藏、刊刻书籍,经费来自哪里? 这是一个值得根究的问题。因所见材料有限,在此仅作初步推测。

　　孙星衍为官所得养廉银当为其藏书、刻书提供了主要的经费支持。清代自雍正年间开始推行养廉银制度,乾隆时期继续完善,直到清末这一制度因逐渐流于形式、无法发挥其基本职能而破产。因养廉银的数额大大超过本薪,因而成为官员的主要收入来源。养廉银制度的实施,也使吏治在一定程度上得以澄清。黄惠贤、陈锋著《中国俸禄制度史》中列举了清中期以后各省官员养廉银的数目,其中山东各级官吏每年的养廉银两为:巡抚15 000两,布政使8 000两,按察使6 059两,道员4 000两,知府3 000—4 000两,知州1 200—1 400两,知县1 000—2 000两,同知800—1 000两。《孙渊如先生年谱》记载嘉庆九年(1804)孙星衍补授山东督粮道,"山东粮道岁例支养廉四千两"③,这一记载印证了黄惠贤、陈锋的说法。孙星衍此前任职山东兖沂曹济兵备道,同为道员,养廉银当亦为每年四千两白银。包含养廉银在内的俸禄收入对孙星衍极为

---

　　① 黄丕烈《士礼居藏书题跋记》卷三"《棠阴比事》一卷"条,有嘉庆十三年黄氏识语,云:"顷阳湖孙伯渊观察山东,覆刻元版《唐律疏义》《洗冤录》二书行世,拟怂恿并刻之以传,岂不更快乎!"《续修四库全书》第923册739页。

　　② 按:宋刻本《三历撮要》一卷,今存国家图书馆,有钱大昕、孙星衍跋,瞿中溶题款。卷末孙星衍跋云:"荛圃得此本存宋已前古法,亟属影写传世。"

　　③ 《孙渊如先生年谱》,《北京图书馆藏珍本年谱丛刊》第119册491页。

重要,一旦失去,就会影响生活。嘉庆三年至八年(1798—1803)孙星衍丁母忧,期间只能靠主讲书院、纂修方志、为人撰写墓志及寿序等维持生计。其《与何兰士书》中曾言及当时拮据困顿之状:"弟家居金陵,无计度日,薄游吴门浙水,又以不善谋生,竟无所得,困不可言,兼废所业,甚愧对知己矣!"①故孙星衍虽性耽著述,不喜官场,却为缴纳河工赔款、维持生计不得不再次出仕。孙星衍购书、刻书的资费当多源于其比较可观的养廉银。

孙星衍刻书旨在保存文献,传承学术,而面向市场流通是传播的重要途径。由孙星衍致顾广圻札云"《唐律》俟弟归再筹刷印,大约需用百廿部"②,知孙氏所刻《唐律疏议》刷印一百二十部,除少数分赠友朋外,当以出售为主。沈家本曾盛赞孙刻《唐律疏议》影响之大:"孙渊如覆元本《唐律疏议》风行于世,洵为独具深心者矣。"③杨绍和云孙氏影刻宋小字本《说文》之功:"大徐本自汲古阁毛氏锓版后复经孙渊如、经约斋两先生据宋椠开雕,已可家置一编。"④《唐律疏议》"风行于世"《说文解字》"家置一编",说的都是孙刻诸书流行之广,市场需求之大。由此类信息可推,孙星衍刻书是面向市场的,他通过出版物推广、传播自己的学术思想的同时,客观上也应该能实现盈利的目的。孙星衍把盈利所得再用于购书、刻书,以此周转,有可能是他购、刻书籍又一重要的资金

---

① 《孙星衍遗文续补》,《书目季刊》第四十八卷第一期(2014年6月),第80页。

② 《孙星衍先生手牍》,《国家图书馆藏钞稿本乾嘉名人别集丛刊》第25册152页;又见《孙星衍遗文续补·与顾千里书四》,《书目季刊》第四十八卷第一期(2014年6月),第78—79页。

③ 沈家本《寄簃文存》卷七《日本享保本明律跋》,《续修四库全书》第1563册550页。

④ 杨绍和《楹书隅录》卷一经部"校本《说文解字系传》四十卷十册"条,《续修四库全书》第926册578页。

来源。

在刻书史上,孙星衍是一位以精善求胜的刻书家,他所刊刻的《岱南阁丛书》和《平津馆丛书》一直作为善本受到学界高度重视。孙氏所刻诸书享誉当时,影响后世。曾国藩在《与袁漱六》书中谈及"私板如国朝之汲古阁,近日之黄丕烈、孙星衍、秦恩复、胡克家、张敦仁诸影宋本,亦何尝不可奉为至宝"①。后人对孙星衍传播文献之功、对孙氏刻本的推许由此可窥一斑。

学术的发展总是随着研究条件的进步而不断推进,校书刻书也是如此。孙星衍刻书以精善著称,这是相对的。孙氏校刻诸书受到研究条件、学识能力等制约,亦难免讹谬,后人在他的基础上产出了一些更好的成果。如潘景郑《著砚楼书跋》记载:唐初王绩撰写的《东皋子集》三卷,世无善本,孙星衍以仿宋本刻入《岱南阁丛书》后,成为通行本。孙星衍所据乃余萧客影钞宋本,虽校勘一过,但讹脱校正未尽。光绪三十二年(1906),罗氏唐风楼据所藏旧刻巾箱本校勘孙本后重梓,是正甚多,作《校勘记》一卷。又于《文中子》内,检得《答陈尚书》一首,附诸卷末。相比之下,罗本后来居上,较孙刻精善。后涵芬楼影印明清常道人赵琦美手钞本,以之校正孙氏误字,多至百许。又以清常道人本校罗氏刊本,发现罗本亦有未合者。香雪草堂藏有王鸣盛家钞本《东皋子集》,黄丕烈以墨笔度吴梅庵校本,以朱笔校明刻本,比勘精审,所正误脱,亦有孙、罗二刻所未及者。潘景郑假友人邹百耐所得本,校读数日,以勘各本,互有是正,感慨颇深:"洵乎善本之难尽! 吾辈穷年累月,耗精疲神于几尘落叶中,徒亦自苦耳! 暇时罗列各本,疏其同异,汇为校记,附诸简末,聊备记诵之业。"②可以看到,古籍校勘的进步跟校勘者的学术水平固然密切,而是否有条件广集众本,是否有

---

① 曾国藩《曾文正公书札》卷四,《续修四库全书》第1538册84页。
② 《著砚楼书跋·东皋子集校本》,第226页。

条件利用善本亦直接关系到校勘质量。上例《东皋子集》的校刻充分说明后来居上、后出转精是学术发展的必然规律,而这一规律与学术研究条件息息相关,潘景郑"善本难尽"的感慨即由此而发。

五、孙星衍的目录与版本之学

孙星衍不仅家富藏书,而且为自己的藏书编写了三部书目——《孙氏祠堂书目》《平津馆鉴藏记书籍》和《廉石居藏书记》。这三部书目奠定了孙星衍在清代目录版本学领域的地位。

(一) 简约实用的《孙氏祠堂书目》

孙氏祠堂修建于嘉庆三年(1798)孙星衍丁母忧归居金陵时。为统计祠堂藏书的数量,也为便利宗族子弟循序诵习,孙星衍于嘉庆五年(1800)编成《孙氏祠堂书目》,并作《序》。嘉庆十五年(1810),他将这篇《序》稍作增删刻入《岱南阁丛书》,易名《孙忠愍侯祠堂藏书记》。

1.《孙氏祠堂书目》的著录体例

《孙氏祠堂书目》分为内外编,分别是内编卷一、外编卷一、内编卷二、外编卷二、内编卷三、外编卷三、内编卷四,末附《木犀轩丛书》本陶湑宣跋。内外编的分类及收藏数量如下:

卷 次	一级类目	二级类目及收书数量(种)	合计(种)
内编卷一	经学第一	易31、书19、诗14、礼48、乐10、春秋25、孝经4、论语8、尔雅9、孟子3、经义37	208
	小学第二	字书44、音学14	58
外编卷一	经学第一	易51、书26、诗24、礼27、乐9、春秋40、孝经4、论语4、尔雅5、孟子6、经义23	216
	小学第二	字书15、音学10	25

(续表)

卷次	一级类目	二级类目及收书数量(种)	合计(种)
内编卷二	诸子第三	儒家33、道家39、法家3、名家4、墨家1、纵横家1、杂家34、农家10、兵家14。	139
	天文第四	天部12、算法17、五行术数27	56
	地理第五	总论30、分编48	78
	医律第六	医学55、律学10	65
外编卷二	诸子第三	儒家6、道家16、杂家17、农家23、兵家6	68
	天文第四	算法13、五行术数33	46
	地理第五	总论6、分编45	51
	医律第六	医学11、律学7	18
内编卷三	史学第七	正史61、编年26、纪事6、杂史19、传记31、故事31、史论2、史钞20	196
	金石第八		65
	类书第九	事类29、姓类10、书目21	60
外编卷三	史学第七	编年5、纪事4、杂史8、传记26、故事9、史论9	61
	金石第八		33
	类书第九	事类12、姓类3、书目6	21
	词赋第十	总集34、别集19、词3、诗话8	64
	书画第十一		12
	说部第十二		60
内编卷四	词赋第十	总集54、别集334、词18、诗文评47	453
	书画第十一		47
	说部第十二		127

由上可见,《孙氏祠堂书目》内编一千五百五十二种,外编六百七十五种,另有同书异本三百八十六种,共两千二百二十七种两千六百十三个版本。

就著录体例而言,《孙氏祠堂书目》主要有两大特点:一是编分内外,二是类分十二。

《孙氏祠堂书目》的内外编犹如正目与附录,是从教课宗族子弟,使其循序诵习的角度进行编排的。编排顺序背后昭示的实际是孙星衍的学术倾向与治学路径。比如于"经学第一"中,他把经说分为古义和杂说,认为汉魏六朝唐人的经说渊源有自,信实可据,是为古义;宋明近代说经之书多参臆见,是为杂说:"汉魏人说经,出于七十子,谓之师传,亦曰家法。唐人疏义,守之不失。以及近代仿王氏应麟辑录古注,皆遗经佚说之仅存者。学有渊原,谓之古义。至宋明近代说经之书,各参臆见,不合训诂。多其游辞,少有要实。或又疑经,非议周汉先儒,谓之杂说,列于附存。"①孙星衍采取"先以古义,附以杂说"②的编排顺序,就为家族子弟习经指明了方向。其于"诸子第三"中指出"周秦述作之才,几于圣哲,或多古韵古字"③,故把周秦诸子之书视为"古书"。又认为"伪书后出",唐宋诸子"尤多游戏之作",故"附存于末,不惑后人"④。他采用"先以古书,附以伪本"⑤的编排顺序,旨在教给子弟读子书的门径。在"词赋第十"中先列总集,次以别集,重唐前而轻宋后:"汉魏六朝唐人之文,足资考古,多有旧章,美恶兼存。自宋以下,人自为集,取其优者,入于书目,余则略之。"⑥于"小说第十二"中亦以宋为界,尊前而抑后:"稗官野史,其传有自。宋以前所载,皆有本末,或寓难言之隐,或注所出之书。

---

① 《孙渊如先生全集·五松园文稿·孙忠愍侯祠堂藏书记》,《续修四库全书》第 1477 册 481 页。
② 同上。
③ 《孙渊如先生全集·五松园文稿·孙忠愍侯祠堂藏书记》,《续修四库全书》第 1477 册 482 页。
④ 同上。
⑤ 同上。
⑥ 同上。

今则矫诬鬼神,凭虚臆造,并失虞初志怪之意。择而取之,余同自郐焉。"①

由上可见,《孙氏祠堂书目》编分内外,内编为主、外编为辅,内编所收多为汉唐著述,外编所附多为宋明之说,这样的编排既是孙星衍伸汉抑宋思想的体现,也是他想在子弟身上延续自己的学术思想、治学路径的具体实践。

孙星衍把自己的藏书分为十二类,这在那个四部分类法已占统治地位的时代是很需要勇气的。笔者认为,孙星衍是从自己的藏书实际出发、本着实用的原则进行分类的。孙星衍的私人藏书数量有限,如果按四部分类,不少小类可能出现收书很少或根本无书的情况,类目便有虚设之嫌。孙星衍根据自己藏书的实际情况,将图书分为经学、小学、诸子、天文、地理、医律、史学、金石、类书、辞赋、书画、小说十二类,又在大类之下设置小类,实行二级分类法。这样的分类体系既基本符合孙星衍的藏书实际,又为教课宗族子弟提供了一个循序渐进的阅读顺序。

《孙氏祠堂书目》类目的设置彰显的仍然是孙星衍的学术思想。如他列天文为第四,先以垂象,次以算学,次以阴阳,推重其书古、其术亦古,有一定实用价值:"黄帝、巫咸、甘石之学,是分天部分野以占吉凶,出于保章左史,其书最古,谓之垂象。九章五曹之书,惟知转算,不必长于观象,谓之算法。遁甲六壬,其术亦古,不可中废。合以命书、算法,谓之阴阳。"②孙星衍认为三者虽俱属天文,但各有所受,不可合一。其列医律为第六,亦基于其实用价值:"医律二学,代有传书,并设博士。生人杀人,所关甚重。"③"此学

---

① 《孙渊如先生全集·五松园文稿·孙忠愍侯祠堂藏书记》,《续修四库全书》第 1477 册 482 页。
② 同上。
③ 同上。

古书未火于秦,历代流传尤不可绝。"①

乾嘉学术以正经考史为核心,这一理念在《孙氏祠堂书目》中也得以彰显。如孙星衍继承了训诂以通经的传统,以小学次经学,认为"训诂之学不明,则说经不能通贯,或旦望文生义"②。其列金石为第八,既折射出乾嘉时期金石学的兴盛局面,也是孙星衍富藏金石、深知金石具有考史价值的体现:"金石之学,始自宋代。其书日增,遂成一家之学。钟鼎碑刻,近代出土弥多,足考山川,有裨史事。古今兼列,无所删除。"③其列类书为第九,同样是看到了类书"羽仪经史"、保存亡佚古书的独特贡献。

《孙氏祠堂书目》类目的设置,体现了孙星衍作为一个目录学家的革新意识。郑鹤声高度评价这种分类:"实开目录学上未有之先例,而厘然有当于学术。"④许世瑛云孙氏分部十二,有理有据;著录诸书,取舍精审:"观此序所言,其所以分书籍为十二类者,理由颇为充足。而其著录诸书之取舍标准,亦甚精审。可知其非率尔操觚者所可比拟也。"⑤又云其分类不守四部,富有识见:"是书成于《四库全书总目》完成之后,竟不遵守四部成规,而分为十二,可谓有胆有识者矣。"

许世瑛指出孙氏医、律合一不够恰当:"唯误合医、律为一,大

---

① 《孙渊如先生全集·五松园文稿·孙忠愍侯祠堂藏书记》,《续修四库全书》第 1477 册 482 页。
② 《孙渊如先生全集·五松园文稿·孙忠愍侯祠堂藏书记》,《续修四库全书》第 1477 册 481 页。
③ 《孙渊如先生全集·五松园文稿·孙忠愍侯祠堂藏书记》,《续修四库全书》第 1477 册 482 页。
④ 郑鹤声《中国史部目录学》,商务印书馆 1930 年版,第 152 页。
⑤ 许世瑛《中国目录学史》,中国文化大学出版部 1982 年版,第 215 页。

失专门别类之理。"①笔者认为,孙星衍对此可能有他自己的考虑。可能的原因有二:其一是为达到"分部十二,以应岁周之数"的目的,以适应按日程教课宗族子弟的需要;其二可能是因为他所收藏的医书只有六十六种,律书只有十五种,如单列门类,与其他各类相比,不免有失重之感。但无论如何,孙星衍把医、律从子、史中独立出来,这与他"划小学于经学之外,出天文于诸子之中,析地理与史学为二,不强戴四部于各类之上"②的革新思想是相一致的。后来,缪荃孙的《艺风藏书记》所采用的十部分类法即直接脱胎于此,是对孙星衍目录学思想的认同与继承。

《孙氏祠堂书目》在一些具体书籍的分类上也"尚有分隶未当,及前后自紊其例,或一书复见者"③等问题,陶湘宣已经列举,可参阅。

2.《孙氏祠堂书目》的著录内容

就单书的著录来看,《孙氏祠堂书目》著录书名、卷数之外,主要关注以下内容:

(1) 仅著录作者,不涉其他。如《尚书考异》五卷,云:"明梅鷟撰";《书说》三十五卷,云"后十三卷,宋吕祖谦撰。前二十二卷,其门人时澜编";《孔子三朝记》七卷,云"洪颐煊注";《廿二史文钞》一百九卷,云"常安编";《文献通考钞》二十四卷、《续文献统考钞》三十卷,皆云"史以遇删节";《汉事会最》六册,云"惠栋录"等。

(2) 仅著录版本,不涉其他。有的仅有一个版本,如《仪礼》本文十七卷附《仪礼旁通图》一卷,云"宋刊本";《绛云楼书目》一册,云"写本";《天一阁书目》十册,云"刊本"。有的则收有两个以

---

① 《中国目录学史》,第 216 页。
② 同上。
③ 《孙氏祠堂书目》陶湘宣《跋》,第 710 页。

上版本,如《焦氏易林》四卷,云"一明毛晋刊本。一明周曰校刊本。一黄丕烈仿宋刊本"。也有数书同版的,如于《易纬稽览图》二卷云"以下六种俱聚珍板本",指该书与《易纬辨终备》一卷、《易纬通卦验》二卷、《易纬乾元序制记》一卷、《易纬是类谋》一卷、《易纬坤灵图》一卷均为聚珍本。

（3）并录作者、版本。如《琴史》十卷,云"宋朱长文撰。影宋写本"。《禹贡山川地理图》二卷,云"宋程大昌撰。写本"。《七经孟子考文补遗》二百六卷,云"日本山井鼎撰。阮元刊本"。《乐书要录》三卷,云"唐武后撰。日本国残本"。《庄子》十卷,云:"晋郭象注。一纂图互注宋巾箱本。又一宋巾箱本。一重刊巾箱本。一明世德堂刊本。一明重刊小字本。一明重刊大字毛扆校本。一明《中都四子》本。一明邹之峄刊本。"

（4）作者、版本之外著录其他内容者,如《周易虞氏义》九卷《虞氏消息》二卷,云:"张惠言撰。凡经文全备者列于前。"是对辑佚体例的说明;《王阳明集要》三编十六卷,云:"明王守仁撰。分理学、经济、文章三编,明施邦曜编。"是对内容的介绍;《广韵》五卷,云:"前有孙缅《广韵序》。明刊本。"《天文大象赋图注》一卷,云:"隋李播撰,宋苗为注,孙之騄补。附《周天星图》一卷、《地与躔度》一卷。"是对序跋、附录的说明;《尚书全解》四十卷,云:"宋林之奇撰。阙二十四卷。"是对版本全阙的说明;《小仓山房文集》二十四卷《诗集》二十二卷《外集》七卷,云:"袁枚撰。近人文集录其已下世者,现在诸公,稿尚未定,俱不入录。"是对入选标准的阐释等。

《孙氏祠堂书目》以著录作者、版本为主,简明扼要。二千二百二十七种书中,单纯著录撰、注、编、录者的有一千五百一十七种,单纯著录版本的有一百六十三种,并录作者、版本的四百三十五种。从作者角度看,以宋元明清之作居多,其中清人著述八百二十多种。从版本角度看,二千二百多种书仅有六百种著录了版本,其中宋本三十五种,元本二十八种,日本国本一种,影写日本国本三种,另有少数写本、影写本、外国刻本,其他多为明清刻本,体现了孙氏祠堂藏书古今并重、以通行本为主的收藏特点。

《孙氏祠堂书目》作为一部兼有导读性质的目录,涉及版本者采用的是同书之下著录不同版本的做法。这种做法,既便于了解同书有哪些不同版本,又便于宗族子弟读书时一目了然地做出选择。这种著录体式,直接影响了张之洞。其《书目答问》就是在继承这一做法的基础上形成的一部专门为青年人指导读书门径的目录学著作。

(二) 严谨规范的《平津馆鉴藏记书籍》

孙星衍的善本书目《平津馆鉴藏记书籍》作为清代版本目录学史上的名著,具有承前启后的重要作用。此仅就其概况、特点、成就及洪颐煊为该书做出的贡献略作论述。

1.《平津馆鉴藏记书籍》概况

平津馆所藏书籍绝大部分由金陵孙氏祠堂转运过来,数量几占孙氏藏书的一半,而《平津馆鉴藏记书籍》只著录了其中的三百三十八部,堪称孙氏藏书之精品。孙星衍之所以要把这些善本书挑选出来并为之编目,是受到阮元进呈四库遗书并纂成《四库未收书提要》的影响。孙星衍与阮元为乡试同年、挚友,阮元进呈四库遗书并受到皇帝嘉奖,孙星衍自然心向往之,于是产生了追步阮元、续进遗书的念头。虽然孙星衍后来并没有把这些书进呈朝廷,但他为此而编写的《平津馆鉴藏记书籍》却在清代版本目录学发展史上产生了深远影响。

该书每卷标目题"平津馆鉴藏记书籍",陈宗彝云:"则书籍盖鉴藏之一类。平津馆收藏碑版,宇内号称富有。《平津馆读碑记》,洪诒孙已有专书。至书画数跋,录《遗稿》中,意其时必欲次第编之而未逮也。"① 知孙星衍本拟将平生收藏书籍、金石、字画等陆续撰写成鉴藏记,书籍为其中一类,故名。《平津馆鉴藏记书籍》又称《平津馆鉴藏记书记》《平津馆鉴藏书籍记》,附《补遗》一卷《续编》一卷,非一时编成。孙氏《序》称:"《平津馆鉴藏记书记》三卷,洪明经颐煊助予写录成帙。"②"至此外家藏旧版尚有可观,俟归里后续记为后编。"③该《序》作于嘉庆十三年(1808),知此时仅完成前三卷的编写。道光二十年(1840)陈宗彝刊刻此书时,于跋语中进一步申述了孙氏观点:"叙言此书撰于参藩东省、驻节安德时,家园藏书才十之四五,为《记》以备考,则前三卷也。言此外家藏旧版,尚有可观,俟归里后续为《后编》,则后二卷也。"④由孙《序》陈《跋》知前三卷约编成于嘉庆十三年(1808),《补遗》《续编》则应是嘉庆十六年(1811)孙星衍引疾归田以后编定而成。这部书编成之后,未及刊刻,只存稿本。道光十六年(1836),陈宗彝从孙星衍的长子孙廷鏐处假归录存。道光二十年(1840),陈宗彝刊入《独抱庐丛刻》,这是《平津馆鉴藏记书籍》最早的刻本。此时,孙星衍辞世已二十二年。光绪十一年(1885),李盛铎复刊入《木犀轩丛书》。光绪中叶,章寿康又刻入《式训堂丛书二集》中。光绪三十年(1904),朱记荣《校经山房丛书》本即据《式训堂丛书》本刻印。1936年商务印书馆《丛书集成初编》又据《式训堂丛书》本排印,流传渐广。

2.《平津馆鉴藏记书籍》之特点

孙星衍之前,官修《天禄琳琅书目》著录版本最为规范。《天禄琳琅书目》按宋金元明刊版时代为次,每版之内复以经史子集四

---

① 《平津馆鉴藏记书籍》陈宗彝《跋》,第158页。
② 《平津馆鉴藏记书籍》孙星衍《序》,第3页。
③ 同上。
④ 《平津馆鉴藏记书籍》陈宗彝《跋》,第158页。

部编排。若一书而两刻皆工,则仿尤袤《遂初堂书目》之例,两刻并存。一版而两印皆精,则仿汉秘书储副之例,两本并存。每书著录书名、函数、册数、卷数,于首次出现时介绍、考证作者、注者、编者、校刊者、收藏者等,考订版刻时地,辨析版本源流,描述版本特色,评价学术价值,照录木记题识,节录序跋,描摹藏书印章,记载缺补情况等。《天禄琳琅书目》著录诸项,其全面、规范前所未有。可以说,《天禄琳琅书目》基本界定了版本目录著录的主要内容、风格特点,为此后公私版本目录的撰写提供了最重要的范本,规定了最基本的走向。尤其是借鉴书画(如《历代名画记》《铁网珊瑚》《清河画舫录》等)的鉴赏方法,将著录收藏家姓名、描摹收藏印章、记载阙补情况等纳入书籍鉴赏的范畴,是《天禄琳琅书目》的重要创获。

孙星衍的《平津馆鉴藏记书籍》在继承《天禄琳琅书目》优点的基础上后来居上,成为清代私家版本目录中极为重要的一个链环。

作为较早的私家版本目录,《平津馆鉴藏记书籍》的特点主要表现在以下方面:

(1)版本编次,条理井然,昭示思想

在编排次序上,《平津馆鉴藏记书籍》继承了《天禄琳琅书目》的做法,先按版本编排,每版内部基本按经史子集四部排列。其版本依次为宋版、元版、明版、旧影写本、影写本、旧写本、写本、外藩本。《补遗》《续编》一依其例(见下表)。从总体编序来看,先刻本,后写本,体现了刻本的主体地位。从数量分布上看,宋版三十三种,元版五十种,共八十八种,占总量的四分之一,彰显了该书志的善本性质,体现了孙星衍崇尚宋元旧本的版本学思想。我们知道,宋元旧本因刊刻早,流传稀,讹谬少,至清代倍受藏书家青睐。清初钱曾,已有"佞宋"之称。黄丕烈尤甚,号"佞宋主人",庋百部宋版书,名"百宋一廛"。稍后吴骞多藏元版,颜其藏书处曰"千元十驾",清末陆心源之"皕宋楼"则谓藏有宋版书二百部。与当时大部分藏书家一样,孙星衍也崇尚宋元旧本,曾影刻宋版《魏武帝注孙子》《吴子》《司马法》、宋小字本《说文解字》、元本《故唐律疏议》等。《平津馆鉴藏记书籍》从孙氏家藏典籍中精心挑选宋元本予以著录,不仅体现了孙星衍的精品意识,而且昭示了时代藏书之风尚。

《平津馆鉴藏记书籍》收录情况一览表

卷次	宋版	元版	明版	旧影写本	影写本	旧写本	写本	外藩本	合计
卷一	27	40							251
卷二			109						
卷三				39	28			8	
补遗	2	7	24			6	22	1	87
续编	4	3	8			3	7		
合计	33	50	141	39	28	9	29	9	338

(2) 版本著录,详细规范,严谨理性

在版本著录上,《平津馆鉴藏记书籍》明显受到《天禄琳琅书目》的影响,著录内容与《天禄琳琅书目》大同小异:"凡刊刻年代、人名、前后序跋、收藏图印悉具于册。"① 具体说来,《平津馆鉴藏记书籍》在版本著录上主要有以下特点:

Ⅰ. 注重原原本本、细致规范地描述版本。以卷一宋版三书为例:

《附释音毛诗注疏》二十卷 每卷又分卷数,首行大题下俱有小黑盖子。共七十卷。次行题"廊柏舟诂训传第四"。(凡标题俱据卷一。此本卷一、卷二俱补写,故据卷三题款。)第三行题"毛诗国风",空二字,题"郑氏笺",空二字,题"孔颖达疏"。

---

① 《平津馆鉴藏记书籍》,第3页。

每篇前俱载《诗谱》、《诗序》。凡诗俱连《诗序》写,不另提行。前有孔颖达《毛诗正义序》、《诗谱序》,系后人钞补。据岳珂《九经沿革例》云:"唐石本、晋铜版本、旧新监本、蜀诸本与他善本,止刊古注。建本、蜀中本,则附音于注文之下。"此本附释音,当出于南宋闽中所刻。每叶廿行,行十七字,小字行廿三字。有明正德补刻叶。收藏有"襄史"朱文方印。①

《纂图互注杨子法言》十卷 题"晋李轨、唐柳宗元注"。次行题"圣宋宋咸、吴秘、司马光重添注"。前有宋咸《重广注杨子法言序》,景祐四年宋咸《进法言表》,司马温公《注杨子序》、《浑仪图》、《五声十二律图》。重意、重言、互注俱用黑盖子别出。黑口版。每叶廿二行,行廿一字。宋咸序后有"本宅今将监本四子纂图互注附入重言重意,精加校正,并无讹谬,朌作大字刊行,务令学者得(下损)"木长印。②

《周易兼义》九卷 题"国子祭酒上护军曲阜县开国子臣孔颖达奉敕撰"。正义第三行题"王弼注"。《系辞》以下,题"韩康伯注"。"上经乾传第一"等字俱与大题相连。前有孔颖达《周易正义序》并八论,末附陆德明《周易音义》一卷,王弼《周易略例》一卷。审其纸版,当出于南宋闽中所刊。《比》"初六,有他吉",此本"他"作"它"。《大有》"九四《象》,明辨晢也",此本"晢"作"暂"。皆唯宋本为然。(洪颐煊曰:此本附释文,与卢氏《抱经堂》所见宋本异。《大有》"匪"音义:"徐音同",卢云:"宋本作俗音同",此本作"徐"。"贲"音义:"郑云变也",卢云:"宋本作有也",此本作"变"。"睽"音义:"《说文》云睽不相视也。"卢本"视"作"听",云据宋本正,此本作"视"。)黑口版。每叶廿行,行廿字。内有后人补刊叶。版心有"怀浙胡校林重校"等字。收

---

① 《平津馆鉴藏记书籍》,第19页。
② 《平津馆鉴藏记书籍》,第23页。

藏有"朱彝尊印"白文方印、"竹垞老人"朱文方印。①

由以上三例可以看出，孙星衍对书名、卷数、注疏者、前后序跋、刊刻年代、钞补情况、书口、行款、木印、藏印等均予细致描述。以上各项也是《平津馆鉴藏记书籍》著录的基本内容，客观、细致、规范因此成为《平津馆鉴藏记书籍》的主要特点。

孙星衍著录版本特别注重细节，在以下方面尤为突出：

（Ⅰ）较早关注并记载耳题。宋元版书在版框左栏线或右栏线外上有时刻有该书之篇名、卷数、页数等，像人的耳朵，称为"耳题"，在左称"左耳题"，在右称"右耳题"。对耳题的记载，《天禄琳琅书目》已经涉及，但为数很少，其于卷一《纂图互注南华真经》一函五册，云"惟每叶左方栏线外俱刊篇名、卷数、叶数于上，宋版往往有此"②。此"篇名、卷数、叶数"皆刊于栏线外上，当即耳题内容。

孙星衍继承了《天禄琳琅书目》的做法，进一步关注并重视对耳题的记载，如卷一宋版《刘子》十卷条中有"左栏线外上俱标篇名"③，同卷宋版《东莱先生校正南史详节》二十五卷云"栏线上有每事标题，又帝纪、列传，俱记其名于栏线之左"④。可以看出，在栏线外上标记篇名、卷数、页数，正如《天禄琳琅书目》总结的那样，确是宋版的重要标志，这一点通过孙氏《鉴藏记》的记载可以得到进一步确认并形成初步规律性认识。孙星衍虽然尚未明确提出"耳题"的概念，但已充分认识到其在版本目录学中的作用，遇有此类，即予著录，这一做法细化了版本目录学的著录内容。

---

① 《平津馆鉴藏记书籍》，第146页。
② 于敏中等著，徐德明标点《天禄琳琅书目》，上海古籍出版社2007年版，《中国历代书目题跋丛书》（第二辑），第48页。
③ 《平津馆鉴藏记书籍》，第25页。
④ 《平津馆鉴藏记书籍》，第26页。

（Ⅱ）广泛地记载版心。《天禄琳琅书目》对版心内容多有记载,孙星衍继承了这一做法,重视对版心内容的著录。如卷二明版《初学记》卅卷云"版心上有'宁寿堂'三字"①,同卷明版《周易兼义》九卷云"版心下有刻字人姓名"②,同版之《周礼注疏》四十二卷云"版心下刻字人姓名同前"③,卷二明版《蔡中郎集》十卷《外传》一卷中以小注形式引洪颐煊说"板心有'会通馆活字铜板'八字"④等,都是对版心内容的记载。综括孙氏著录的版心内容,有的记刻书人堂号,有的记书名简称,有的说明有刻工姓名,有的记载刻书时间等,不一而足,皆据书实录。

（Ⅲ）把行款的著录作为一项不可缺少的内容,明确提出了黑口的概念。如前面列举的《附释音毛诗注疏》二十卷,云"每叶廿行,行十七字,小字行廿三字"⑤,这是行款。《纂图互注杨子法言》十卷,云"黑口版。每叶廿二行,行廿一字"⑥;《周易兼义》九卷,云"黑口版。每叶廿行,行廿字"⑦,这是在行款之外著录书口。比较可见,在《天禄琳琅书目》中尚未出现对版口的描述,对行款的记载也仅于《后编》之《吕氏家塾读诗记》中出现一次:"亦宋巾箱本。前本每版十二行,每行二十二字,此本十四行,十九字,且注中引诸家姓氏皆用白文,确非一本。"⑧这说明《天禄琳琅书目》对行款的关注还是偶然的,尚未作为必不可少的著录义项纳于版本目录著

---

① 《平津馆鉴藏记书籍》,第76页。
② 《平津馆鉴藏记书籍》,第47页。
③ 《平津馆鉴藏记书籍》,第49页。
④ 《平津馆鉴藏记书籍》,第80页。
⑤ 《平津馆鉴藏记书籍》,第19页。
⑥ 《平津馆鉴藏记书籍》,第23页。
⑦ 《平津馆鉴藏记书籍》,第146—147页。
⑧ 彭元瑞等著,徐德明标点《天禄琳琅书目后编》,上海古籍出版社2007年版,《中国历代书目题跋丛书》(第二辑),第410页。

录的范畴之中。

孙星衍把行款的著录作为一项重要内容每书必录,予以规范;他较早使用黑口概念,以与白口相区别,在这两点上,具有创新、开拓之功。后来的版本目录皆将版口、行款作为不可或缺的著录项目,可以说是沿着孙星衍的路子走下来的。

(Ⅳ) 客观描述收藏印章。《天禄琳琅书目》著录藏印仿照《清河书画舫》之例,采用真书摹入的方法:"其印记,则仿《清河书画舫》之例,皆用真书摹入,以资考据。"① 孙星衍同样将收藏印章作为必录之项,力求通过藏印显示书籍之递藏有自。不同的是,他采取了客观描述而非真书摹入的方式,用"朱文长印"、"朱文方印"、"朱文小长方印"、"白文方印"、"白文长方印"、"白文小连珠印"等予以描述。这种做法使行文更简洁,风格更趋理性色彩。因此,后来的藏书目录就藏印的著录上更多地采用了孙星衍的做法。

总之,孙星衍能较早地利用一些常人不注意的细节来记载版本,使后人在见不到实物的情况下得以较清楚地了解古书的真实面貌,启发了后来的版本著录更加细密而规范,这是他对版本学发展做出的一大贡献。

Ⅱ. 对同书异本或同本异印均精工者一并收录。孙星衍继承《天禄琳琅书目》"同一书而两椠均工,同一刻而两印各妙者,俱从并收"②的做法,遇有同书异本或同本异印而皆精妙者,一并著录,通过记载细节之异突出各自之特色。如卷二明版中著录了三种《仪礼注疏》:

《仪礼注疏》十七卷 题"汉郑氏注,唐贾公彦疏"。前有贾公彦《仪礼注疏序》。结衔亦作"唐朝散大夫"。每叶十八

---

① 《天禄琳琅书目·凡例》,第11页。
② 《天禄琳琅书目·凡例》,第10页。

行,行廿一字。版心下刻字人姓名同前。①

《仪礼注疏》十七卷　此即前本而摹印稍在后。卷一脱"唐贾公彦"四字,卷七脱"唐贾公彦疏"五字,卷八脱"汉郑氏注唐贾公彦疏"九字,卷十一脱"唐贾"二字,卷十四脱"唐"字。②

《仪礼注疏》十七卷　题"汉郑玄注,唐贾公彦疏,后学庐陵陈凤梧编校"。前有贾公彦《仪礼注疏序》。结衔亦作"唐朝散大夫"。郑注、释文皆作小字,"疏"字用小圆圈别之。前本"恒"、"桓"等字,俱依宋本缺笔,此本不缺。黑口版。每叶廿行,行廿二字。收藏有"思日书斋"白文长印、"诸邦正印"白文方印、"贞叔诸氏收藏"朱文长印。③

以上三书中,前两种为同版刊刻而印刷先后不同,孙星衍特别指出后印本所脱诸字,以便与前印本加以区别。其中,"版心下刻字人姓名同前"指的是该《仪礼注疏》与《周易兼义》《毛诗注疏》《周礼注疏》系同时刊刻,刻工为同一批人,前于《周易兼义》条云"版心下有刻字人姓名"④,故此云"版心所列刻字人姓名同前"。关于贾公彦结衔,于《周礼注疏》中云"汲古阁本作'唐散骑大夫',此本作'唐朝散大夫',与宋本《五经正义表》合"⑤,故于此《仪礼注疏》中云"亦作'唐朝散大夫'",指与上《周礼注疏》结衔同。第三种《仪礼注疏》经陈凤梧编辑,孙星衍既指出了其与前两本相同之处:"前有贾公彦《仪礼注疏序》,结衔亦作'唐朝散大夫'",也说明了该本与前两本的差异,主要着眼于一些细微的特殊标志及避

---

① 《平津馆鉴藏记书籍》,第49页。
② 同上。
③ 同上。
④ 《平津馆鉴藏记书籍》,第47页。
⑤ 《平津馆鉴藏记书籍》,第48页。

讳、版口、行款等:"郑注、释文皆作小字,'疏'字用小圆圈别之。前本'恒'、'桓'等字,俱依宋本缺笔,此本不缺。黑口版,每叶廿行,行廿二字。"这些差异,意味着陈凤梧编本与前两本不是一个版本系统。可以看出,著录这些细微标志尤其是差异之处,可以使同书的不同版本及同一版刷印先后不同的本子得到比较准确的判断,这不仅是版本著录的科学方法,也是版本鉴定的有效途径。

Ⅲ. 注重与"天禄琳琅"、《四库全书》及其他版本或文献记载相比较。孙星衍精选己藏善本,目的是为进呈乙览。在对精选出的这些善本书如何进行价值认定上,他一般采取比较法,希望通过与官藏天禄琳琅之本、收入《四库全书》或流行的版本、重要的文献记载等进行比对,以裁断己藏之价值。如其于卷一宋版《中说》十卷条指出南宋坊刻之巾箱本为"六子",天禄琳琅所收纂图互注本仅《荀子》《南华真经》两种,孙氏所藏"六子"俱全,价值不言而喻:"自《老子》以下巾箱本《六子》,皆南宋坊间所刻。据《法言序》后木印,纂图互注监本大字,止有《四子》,后改巾箱本,又添入重言、重意暨《列子》、《中说》共为六子。天禄琳琅所藏纂图互注本,止有《荀子》、《南华真经》两种,而此册《六子》犹全。"①

孙星衍于卷二明版《梁昭明太子文集》五卷条指出《四库全书》所收乃明叶绍泰六卷本,"诗文参差互异,不及此本之古"②。同卷明版《唐刘随州诗集》十一卷条云:"《四库全书》所收本,有《外集》一卷,此本无之。"③天禄琳琅、《四库全书》是官方典藏、纂修之书,具有权威地位,孙星衍通过与己藏善本相比较,己藏之优劣得失不言自明。

---

① 《平津馆鉴藏记书籍》,第 24 页。
② 《平津馆鉴藏记书籍》,第 82 页。
③ 《平津馆鉴藏记书籍》,第 85 页。

除与《天禄琳琅书目》《四库全书》进行比较外,也有与其他版本或文献记载作比较者,如卷二明版《尔雅注疏》十一卷,"每卷俱有下卷标题而不别为卷,汲古阁本俱删"①,是与汲古阁本作比较;卷三影写本《春秋分记》九十卷,"扬州马曰璐家所藏影宋钞本作《春秋分纪》,此作《分记》,与《书录解题》本同"②,是与马曰璐家藏及陈振孙《直斋书录解题》之记载相比较;卷二明版《张说之文集》二十五卷,"《新唐书·艺文志》、晁氏《读书志》、陈氏《书录解题》集本三十卷,此本止廿五卷。《四库全书》搜辑《唐文粹》、《文苑英华》诸书所藏在此集之外者,得颂、箴、表、疏等六十一首,足证此本缺佚尚多"③。该条先与此前书目著录相比较,以证卷数之缺;复与《四库全书》本相比较,以证内容之佚。

《平津馆鉴藏记书籍》中也著录了一些各家书目未载之书,如卷三影写本《王翰林集注黄帝八十一难经》五卷云:"此本又明王九思所集,各家书目皆不载。"④《补遗》明版《新刊四明先生高明大字续资治通鉴节要》廿卷云:"此本因四明陈桱《通鉴续编》删节其要以别行,各家皆未著录。"⑤《续编》宋版《新刊名臣碑传琬琰集》云:"《宋·艺文志》、晁氏《读书志》、陈氏《书录解题》俱无此书。"⑥以上诸书,孙星衍通过查考,特别指出为诸家书目所不载,以体现其流传之少,传世之稀。

虽然《平津馆鉴藏记书籍》以客观描述版本为主,但也不乏文字上的雠对。如《续编》元版《图绘宝鉴》五卷《补遗》一卷条即运用异本进行校勘:"汲古阁本第一卷'谢㳟'讹作'谢恭',第二卷

---

① 《平津馆鉴藏记书籍》,第51页。
② 《平津馆鉴藏记书籍》,第107页。
③ 《平津馆鉴藏记书籍》,第83页。
④ 《平津馆鉴藏记书籍》,第119页。
⑤ 《平津馆鉴藏记书籍》,第130页。
⑥ 《平津馆鉴藏记书籍》,第148页。

'李枧'讹作'李枳'。又《补遗》与明芮巽斋《续补》并为一卷,又脱'寒沟渔人'一条,皆不及此本。"①这种做法体现了孙星衍提倡版本著录与文字校勘相结合的版本学思想。

由以上诸例可以看出,通过与《天禄琳琅》《四库全书》及其他版本或文献记载相比较,彰显己藏之优劣,突出己藏之价值,是《平津馆鉴藏记书籍》的又一特色。

Ⅳ. 有目的地节录序跋、题识及相关文献,而非全文录载。《平津馆鉴藏记书籍》中对序跋、题识、相关文献多有引用,但并非辑录式的全文录载,而是有目的地截取以为己用。孙星衍或引前人之说突出该书价值,如卷一元版《春秋啖赵二先生集传纂例》十卷,题陆淳纂。孙星衍引用孙承泽(退谷)墨迹题识"余求之十年,始见之",意在说明"其为前辈珍重如此"②;或借序跋判定版刻年代,如卷一元版《文选》六十卷,云前有廉访使余琏序,"据余序,此本为元池州学所刊"③;或借序跋说明书之由来、钞补情况,如卷三影写本《咸淳临安志》一百卷,云"末有朱彝尊、卢文弨两跋,称是书海盐胡氏、常熟毛氏所藏。宋椠本止八十卷,朱氏钞补十三卷,卢氏又钞补二卷,惟六十四、九十暨最末三卷阙焉。《四库全书》本九十三卷,即朱氏钞本也"④。

孙星衍引用的前人及时近人成果范围很广,除本书序跋、题识、木记外,前代像陈振孙的《直斋书录解题》、晁公武的《郡斋读书志》、马端临的《文献通考》及历代史志目录等无不涉及,时近者以《天禄琳琅书目》《四库全书总目》等官修书目及黄虞稷、朱彝尊、钱曾、卢文弨、钱大昕、阮元、黄丕烈、吴翌凤等人的成果利用较

---

① 《平津馆鉴藏记书籍》,第149页。
② 《平津馆鉴藏记书籍》,第29页。
③ 《平津馆鉴藏记书籍》,第43页。
④ 《平津馆鉴藏记书籍》,第110页。

多。孙星衍在乾嘉私人藏书多秘而不宣、流通不广、难以广泛经眼的年代，能够尽力旁征博引，努力体现时近人相关成果，是难能可贵的。

孙氏个人钞补、校刊成果在《平津馆鉴藏记书籍》中也有所体现。如卷三影写本《华氏中藏经》三卷，云"此本卷上第十篇'性急则服急'以下及下卷，为赵孟頫手书，张太史锦芳所藏。第十篇以上及中卷，余以明江澄中刻本补写成之"①。卷二明版《白虎通德论》二卷云"余又以元刻十卷本校勘其上，即《崇文总目》、晁氏《读书志》所见本也"②。

由上可见，孙星衍不论节录他人序跋、题识、相关记载，还是呈现自己的学术成果，其总体风格是言约意丰，严谨理性，几乎没有个性化的、长篇巨论式的自由抒发。

Ⅴ. 以版本鉴赏为主，较少关注内容评价。与《天禄琳琅书目》一样，《平津馆鉴藏记书籍》以鉴藏为主，其主要任务是从版本的角度记载各书，对内容的关注相对较少。《平津馆鉴藏记书籍》中也有着眼于书籍的学术价值、对其内容进行评价者，如《补遗》明版《辨正论》八卷，云释法琳撰，"晁氏《读书志》云：'宣和中，以其斥《老子》语，焚毁其第二、第四、第五、第六、第八凡五卷。序文亦有蠲弃者。'此本八卷俱完，其中征引古书最多，如郑康成《六艺论》之类，近时辑者皆未之见，尤足以资考证"③。此条征引晁公武《郡斋读书志》的记载，指出宋时该书曾因禁毁而残缺，此得全本，且具有重要的辑佚价值，弥足珍贵。他如卷一元版《新编事文类聚翰墨大全》，刘应李编，云："此书虽为时俗酬应而设，其中诸款式、

---

① 《平津馆鉴藏记书籍》，第 111 页。
② 《平津馆鉴藏记书籍》，第 51 页。
③ 《平津馆鉴藏记书籍》，第 129 页。

称谓、礼制,颇见一时风尚。纪元一代官制、舆地、科举条式尤详。"①卷三旧影写本《新刊监本大字册府元龟》一千卷,"所采各书,不载书名,不及《太平御览》之善。惟五代事迹颇足补欧、薛二史所未备,世亦以此重之"②。纵观全书,如以上数例着眼于内容评价的相对较少,注重版本价值是《平津馆鉴藏记书籍》的特色,也是善本书目的共同特点。

综上所述,孙星衍将当时最规范的官纂版本目录《天禄琳琅书目》的做法应用于私家版本目录之修撰,在继承优点的基础上,通过自己的实践,进一步完善、拓宽了版本目录的著录内容,摒弃了个性化的自由抒发,力求著录的忠实、细致、规范、理性。可以说,孙星衍在将私家版本目录向规范化推进的道路上做出了不可忽视的重要贡献。

(3)版本考订,方法多样,鉴定精审

孙星衍在著录版刻年代、版本、作者、藏印时,并非都能找到直接证据,做到轻而易举地准确著录,而是常常遇到有些书的刊刻年代、作者等难以确定甚至前人著录错误的情形,孙星衍对此精加考订,并将考订手段、结论呈现出来。因此,考订版刻年代、厘清版本源流、判断刷印先后、比较版刻优劣、纠正前人误说以及辨别作者、版本、藏印真伪等也是《平津馆鉴藏记书籍》的重要内容。如卷一元版《集千家注分类杜工部诗》廿五卷,云"据集注姓氏,韩愈、元稹,题唐贤。王禹锡至谢枋得,题宋贤。刘会孟,题时贤。则元时刻本也"③,是据称谓判定版刻年代;卷三旧影写本《广黄帝本行记》一卷,云"题'唐阆州晋安县主簿王瓘进'。《新唐书·艺文志》作'王瓘《广轩辕本纪》三卷',宋以后皆不著录。王瓘始末无考,

---

① 《平津馆鉴藏记书籍》,第42页。
② 《平津馆鉴藏记书籍》,第97页。
③ 《平津馆鉴藏记书籍》,第44页。

据书末云'自黄帝乙酉,至今大唐广明二年辛丑岁,计三千四百七十二年矣',当是僖宗时人"①,是据书中内容判定作者时代;卷二明版《三辅黄图》传世的版本不止一个,孙星衍指出:先有华容严公刻本,又有嘉靖刘景韶刻本,万历郭子章本系从刘本翻印,②是考镜版本源流,使之纲举目张。由上所见,孙氏考订的内容涉及诸多层面,其总体原则是对选入的三百三十八部善本在著录中遇到的问题尽量通过考订予以解决,个别无法解决者则存疑俟考。

综括孙氏考订版本的方法、手段,主要有以下几种:

Ⅰ.利用提行、避讳等封建社会特有的标志鉴定版刻年代。如在判断卷一元版《奇效良方》时,根据"书中诏、敕、上、命等字俱提行写"③的经验,断定该书为元时所刊。在考订元版《南史》时则根据元人不避宋讳的特点来判定该书的刊刻朝代。

Ⅱ.根据书之内容判断刊刻时间或作者年代。如卷一元版《群书备数》十二卷,即据"此书地名、官制俱至元止"④,判其为元时刻本。卷二明版《广舆图》一册,不题撰者朝代,据书中《漕运图》下所载岁运额数,起洪武三十年止嘉靖元年及《总图》"王府禄米"下云"以上系嘉靖卅二年十月前数"⑤,断定该书作者为明人。

Ⅲ.通过比较版框高低判定版本先后。如卷一宋版《纂图互注荀子》二十卷条在与巾箱本比较时云:"标题、行数、字数、序文、图说俱与前巾箱本无异。唯每版稍高一分,字画亦有减省之异,当是南宋中重刊别本。"⑥同卷著录两部宋版《增广注释音辩唐柳先生集》,其于后者云"题童宗说、张敦颐、潘纬,俱同前本",

---

① 《平津馆鉴藏记书籍》,第92页。
② 《平津馆鉴藏记书籍》,第63页。
③ 《平津馆鉴藏记书籍》,第35页。
④ 《平津馆鉴藏记书籍》,第42页。
⑤ 《平津馆鉴藏记书籍》,第64页。
⑥ 《平津馆鉴藏记书籍》,第24页。

"此本与前本行款毫发无异,惟前本目录后有别集、外集、附录、目录,此本虽有别集而无目录,亦无别刻之叶。细审之,版式与前本差减一分,间有字画减不减之异。又纸色颇不及前,故知其模刻当在后也"①。

Ⅳ. 通过校勘考订版本优劣。如卷二明版《管子》廿四卷,"题'唐司空房玄龄注'。前有刘向序。……据凡例:'此本悉从宋本刊定,不敢轻加更易',亦明刻之佳者。余又以黄荛圃孝廉所藏瞿源蔡潜道宅本校勘其上,与此本无大异,唯《幼官图》一篇,前后更易,稍为不同"②;同卷明版《山海经》十八卷,题郭氏传,"每卷俱大题前有郭璞《山海经序总目》。每篇下皆有本文及注字数。后有刘秀《山海经奏》。余以别本相校,唯此本与宋本相同"③。

Ⅴ. 通过纸色、字画等鉴定版本。如卷二明版《中华古今注》三卷,云"此本验其板样,当是明人所刊。余别有《百川学海》不完本,纸色、字画皆不及此本之善"④,这是通过比较纸色、字画判断两本优劣。同卷明版《北溪先生字义》二卷附录严陵讲义四篇,通过"验其摹印、纸色",推断出了刻书年代,认为"当出于明代,疑即《四库全书》所称弘治庚戌重刻本"⑤。

Ⅵ. 通过鉴别有无剜割等考订真伪。如卷一元版《经史证类大观本草》三十一卷,前有宋徽宗大观二年(1108)十月艾晟序,艾序后本有"大德壬寅孟春宗文书院刊行"木印,"大德"为元成宗年号,"壬寅"为大德六年(1302)。孙星衍指出该木印"为书贾剜去,以充宋刻"⑥。《补遗》旧写本《文苑英华》一千卷,中多阙卷,孙星

---

① 《平津馆鉴藏记书籍》,第29页。
② 《平津馆鉴藏记书籍》,第57页。
③ 《平津馆鉴藏记书籍》,第63页。
④ 《平津馆鉴藏记书籍》,第60页。
⑤ 《平津馆鉴藏记书籍》,第61页。
⑥ 《平津馆鉴藏记书籍》,第34页。

衍指出："书贾往往割一卷为两卷，以充全数。"①凡此种种，孙星衍都能从蛛丝马迹中辨其作伪手段，明其本来面貌。

　　孙星衍还根据文中内容与其他史料之牴牾辨别藏书印之伪。如卷二明版《五经图》六册，虽不著卷数并撰人名氏，但据《尚书尧历象图》下云"庆历甲申至大明万历壬子，共计五百四十九年"，知此刻当在明万历四十年壬子（1612）后。而收藏有"夏言之印"朱文方印，《明史》云夏言死于嘉靖廿七年（1548），则不可能收藏身后六十多年刻成之书，孙星衍因此断定该印伪造。书中又有"广运之宝"、"白松堂"、"明卿氏"白文方印、"两朝讲官陈仁锡"朱文方印、"春草阁鉴赏图书印"朱文长印、"季振宜印"朱文方印、"沧苇"白文方印等，孙氏指出皆书贾伪造。②

　　此外，在考订过程中，孙星衍对前人及时人著录的一些错误，往往根据序跋或相关文献记载予以纠正。如卷一元版《古今韵会举要》三十卷，旧题昭武黄公绍编。孙星衍据熊忠序称"同郡在轩先生黄公公绍作《古今韵会》。仆惜其编帙浩瀚，隐屏以来，因取《礼部韵略》，增以毛、刘二韵及经传当收未载之字，别为《韵会举要》一编"③，断定《举要》为熊忠所撰，纠正了前人因黄公绍作《古今韵会》，便把《举要》的著作权也归于黄氏之误。卷二明版《神僧传》九卷，云"自摩腾至元帝师瞻巴，凡二百八人，不题撰人名氏。前后亦无序跋"，孙星衍据"王圻《续文献通考》：'《神僧传》，永乐间命侍臣辑'"之记载，认为"其言当有所据"，则此书为明人编辑，进而指出钱大昕将此书载入《元史·艺文志》是错误的。④

---

① 《平津馆鉴藏记书籍》，第134页。
② 《平津馆鉴藏记书籍》，第52页。
③ 《平津馆鉴藏记书籍》，第30页。
④ 《平津馆鉴藏记书籍》，第58页。

孙星衍丰富的鉴别经验、精审的鉴别技术在当时已备受信赖，对后世影响深远。孙氏藏书身后为人诓骗，复经太平天国战乱，幸存下来的极少。这些幸存下来的孙氏旧藏一直被藏书家奉为秘籍，不仅证明了孙氏旧藏的文物价值，而且体现了孙星衍鉴定版本的能力和水平得到了后人广泛的信赖和推崇。

3.《平津馆鉴藏记书籍》之成就

孙星衍的《平津馆鉴藏记书籍》不仅是版本目录学史上的典范之作，而且成为后人了解孙藏善本最重要的凭借。

（1）在版本目录学史上承上启下

清初钱曾的《读书敏求记》可以说是第一部版本学著作，该书对图书的各类信息，如书名、作者、卷数、书籍内容、书林掌故等已广为涉及，对版本鉴定的诸多方法，如从书法、字体、纸张、墨迹等方面鉴定写本，利用序跋、校勘、图记等推断版刻年代等已粗有涉足，这些做法对后来的版本目录具有重要的启发意义。但《读书敏求记》记载诸书长短不一，内容无统一规定，行文较自由、个性，尚谈不上严谨、规范。

官修《天禄琳琅书目》将版本目录的著录内容进一步细化，并以《凡例》形式予以规范。《凡例》中提出的一些做法，如"宋、元、明版书各从其代，每代各以经、史、子、集为次"，"同一书而两椠均工，同一刻而两印各妙者，俱从并收，以重在鉴藏，不嫌博采也"，"卷中于每书首举篇目，次详考证，次订鉴藏，次胠阙补。至考证，于锓刻加详，与向来志书目者少异，则是编体例宜然尔"，"诸书中有经御制题识者，尤为艺林至宝，珍逾琬琰，敬登鉴藏之首。至旧人题跋，亦为附录。其印记，则仿《清河书画舫》之例，皆用真书摹入，以资考据"①等，不仅在《天禄琳琅书目》中得以贯彻落实，而且成为此后版本目录的基本内容。

---

① 《天禄琳琅书目·凡例》，第10—11页。

前已论及,《平津馆鉴藏记书籍》在很大程度上受到《天禄琳琅书目》的影响,这种影响不仅体现在编排顺序上,而且体现在版本的著录和考订上。孙星衍于每书之下著录书名、卷数、作者、前后序跋、缺补情况、收藏印章、牌记等都可看作是对《天禄琳琅书目》的继承,但他没有一味仿效《天禄琳琅书目》的做法,而是有所发现和创新,比如孙星衍格外关注不同版本的不同标记,更加重视记载耳题,把行款的著录作为一项不可缺少的内容,明确地提出了黑口的概念,注重通过比较版框高低鉴定版本等,不仅《天禄琳琅书目》尚未全部涉及,就是与孙星衍同时、以版本鉴赏著称的黄丕烈的书目题跋也仅对个别项目偶有记载,且远没有孙星衍做得自觉而规范。直至清末,这些细微的特点才引起了藏书家的普遍关注,并成为版本著录的重要内容。从清代诸家的藏书题跋来看,在版本著录方面,清末以前基本上只是沿袭了孙星衍的做法,没有获得突破性进展。陆心源的《皕宋楼藏书志》较早记载鱼尾,如卷八著录黄丕烈旧藏宋相台岳氏刊配明覆本《春秋经传集解》三十卷云:"左线外标某公几年,版心有字数及刊工姓。版心鱼尾全墨,上鱼尾之上,下鱼尾之下,有细墨线,即世所谓小黑口也。"[1]这种记载实质上仍未超出描述书口的范围,但它引起了后人对鱼尾特点的关注及版口大小的界定。此后,傅增湘的《藏园群书经眼录》中有了大黑口、小黑口、细黑口之分,有了四周、左右、上下单栏或双栏的详细著录,有了对刻工姓名、板框尺寸的具体记载等。可以说,这些记载使得版本著录更加丰富而具体。而张元济《宝礼堂宋本书录》则集诸家之大成,解题之外,将版式、宋讳、藏印分门别类,详细记载,使版本著录走上了更加规范化的道路。在这一发展过程中,后来诸家很明显是受到了孙星衍的影响和启发。

---

① 陆心源《皕宋楼藏书志》,《续修四库全书》第 928 册 86 页。

（2）留下了三百多种珍贵古籍的翔实记录

孙星衍藏书在其身后迅速散亡，通过对丁丙《善本书室藏书志》、李盛铎《木犀轩藏书题记及书录》、缪荃孙《艺风藏书记》、傅增湘《藏园群书经眼录》中著录的原载于《平津馆鉴藏记书籍》中的书粗略追踪，得到的信息令人慨叹。《善本书室藏书志》仅见著录明刊本《六书本义》《增补六臣注文选》两种；《木犀轩藏书题记及书录》著录了宋版《纂图互注荀子》《周易兼义》《孝经注疏》《梦溪笔谈》《增广注释音辨唐柳先生集》五种，元版《苍崖先生金石例》一种，明版《白虎通德论》一种，影写本《说文解字》《孔氏祖庭广记》《北堂书钞》三种，共计十种（按：李盛铎对版本的鉴定或与孙氏不同，此皆依孙说）；《艺风藏书记》仅存影写本《乾象通鉴》及《历代钟鼎彝器款识法帖》两种；《藏园群书经眼录》著录宋版《新刊名臣琬琰碑传之集》、旧影写本《沈下贤文集》、元版《茅山志》三种。可想而知，如果没有《平津馆鉴藏记书籍》的著录、记载，在孙氏藏书亡佚惨重的情况下，要想得知这三百三十八部善本书的面貌那是几乎不可能的。

4. 洪颐煊与《平津馆鉴藏记书籍》

作为孙星衍的得力助手，洪颐煊为《平津馆鉴藏记书籍》的完成做出了很大贡献。但对洪氏贡献，学界较少提及；其被湮没的成果，更未见有专门讨论者。此仅就洪颐煊对《平津馆鉴藏记书籍》之贡献及应如何看待其在孙氏幕府之成果等问题略作探究，并由此个案进而对乾嘉游幕学者成果的界定问题略加讨论。

（1）洪颐煊对《平津馆鉴藏记书籍》之贡献

孙星衍《序》称"《平津馆鉴藏记书记》三卷，洪明经颐煊助予写录成帙"①，明确指出这部著作权归属孙星衍的善本书目的前三

---

① 《平津馆鉴藏记书籍》，第3页。

卷是在洪颐煊的帮助下完成的。然仔细研读《鉴藏记》，文中明确标注的洪氏成果有二十七处，皆为双行小注，称"洪颐煊曰"。这些小注不仅出现在前三卷，而且出现在《补遗》《续编》中。可以断定，洪颐煊自始至终参与了这部书的编撰工作。更重要的是，洪颐煊为《平津馆鉴藏记书籍》所做贡献远远不止文中标注的二十七处小注，参考洪氏《读书丛录》，可以看到其贡献在《鉴藏记》中并未得到完全体现。

Ⅰ. 洪氏补注之价值。考查《鉴藏记》中二十七处明确标注洪颐煊成果的小注，可以看出洪氏主要做了以下工作：

（Ⅰ）辨别文字是非。如卷一宋版《西山先生真文忠公文章正宗》二十四卷《目录》一卷，小注云："洪颐煊曰：《三国志·诸葛亮传》裴注引亮《再出师表》云：'自臣到汉中，中间期年耳，然丧赵云、阳群、马玉、阎芝、丁立、白寿、刘郃、邓铜等。'学者疑赵云此时尚存，不应有此言。及观此书卷十一载亮《再出师表》，'丧'字实作'表'字，始悟俗本之讹。"①这是洪颐煊以宋本为依据指出了俗本《三国志》所引《再出师表》中存在的文字上的错误。

（Ⅱ）指明篇卷异同。如卷一宋版《新刊补注释文黄帝内经素问》十二卷，小注云："洪颐煊曰：晁氏《读书志》、陈氏《书录解题》此书廿四卷，《四库全书》本亦廿四卷，皆与此本异。"②此条指出了该本篇卷与晁、陈著录及《四库》本之异。又，《补遗》写本《汉武帝外传》一卷，洪氏小注指出此实《内传》之下卷："《后汉书·方术传》注引鲁女生，封君达、东郭延年、王真事，俱作《汉武内传》，此即《内传》之下卷，由编者不知而误题《外传》耳。"③

（Ⅲ）纠正前人误说。如《续编》旧写本《隶续》廿一卷，小注

---

① 《平津馆鉴藏记书籍》，第 27 页。
② 《平津馆鉴藏记书籍》，第 34 页。
③ 《平津馆鉴藏记书籍》，第 139 页。

云:"洪颐煊曰:据喻良能跋,此书止十九卷。然以家景伯《自记》考之,云《隶释》有续,前后廿一卷。乾道戊子始刻十卷于越,淳熙丁酉姑苏范至能增刻四卷于蜀,后二年雪山李秀叔又增五卷于越,明年锡山尤延之刻二卷于江东仓台,而辇其版合之越。喻良能作跋,仅得秀叔增刊本,题'淳熙六年',可证其时尚有二卷尤延之未刻。近人因喻跋卷数不合,因疑二卷是后人阑入,误矣。"①此条详细考查了该书续刻之历程,纠正了前人因不明刊刻过程而在卷数上产生的错误认识。

(Ⅳ)为正文补充证据。如《补遗》旧写本《文苑英华》一千卷,正文有:"每卷后有'登仕郎胡柯、乡贡进士彭叔夏校正'。"洪颐煊为补注胡柯、彭叔夏史料:"《欧阳文忠集》周益公序本,每卷后有校正,胡柯所作。末有题名云:'绍熙五年,郡人登仕郎胡柯字伯始。'彭叔夏亦庐陵人。皆周益公门下士。"②知校正者胡柯、彭叔夏皆为庐陵人,乃周必大门人。又如卷一元版《资治通鉴》二百九十四卷,正文云:"据黄溥《简籍遗闻》称'是书刊于临海。洪武初,取其版藏南京国学'。即此本也。"小注云:"洪颐煊曰:此本模印皆用明成化年间案牍废纸,其纸背有和州之印、应天府经历司印、江宁县印、当涂县印、建阳卫指挥使印、六安卫指挥使印,完全可辨,皆可为版藏南京国学之证。"③此乃为正文"版藏南京国学"之说进一步补充证据,以证正文结论信实有据。

(Ⅴ)提供刻书信息。如卷三旧影写本《王黄州小畜集》卅卷,小注云:"洪颐煊曰:末记'印书纸并副板四百四十八张,表褙碧纸一十一纸,大纸八张,共钱二百六文足。赁板楼墨钱五百文

---

① 《平津馆鉴藏记书籍》,第154页。
② 《平津馆鉴藏记书籍》,第134页。
③ 《平津馆鉴藏记书籍》,第37页。

足。装印工食钱四百三十文足。除印书纸外,共计钱一千一百三十六文足。见成出卖每部价五贯'文。可省宋时印书工价如此。"①此条详记印书纸张及工价,对了解、研究宋代刻书情况极有价值,是刻书史的重要资料。

由此可见,洪颐煊所做补注不仅丰富了孙氏《鉴藏记》的内容,而且有助于丰富版本鉴定的经验,它与正文相辅相成,作用不应小觑。

Ⅱ. 未做标注的洪氏成果。然则,洪颐煊为《鉴藏记》所做工作是否仅限以上二十七条补注呢? 答案是否定的。考查发现,《鉴藏记》中有相当一部分篇章是由洪氏起草且在洪氏手中几成定稿,这可以从洪著《读书丛录》的第二十四卷得到明确证实。该卷为洪颐煊经眼古书录,共著录洪氏经眼之书八十五种九十一部(《六子全书》一种六部;《汉武帝内传》(含《外传》),《丛录》作一种,《鉴藏记》分为《内传》《外传》两种。为统一,亦将《丛录》作两种计)。除《毛诗注疏》《周礼注疏》《伊川周易》《春秋集解》《左传句读直解》《礼书》《齐民要术》《千金要方》《妇人良方》《大象赋注》《神异经》《史记》《通鉴纪事本末》《赤城志》《陶渊明集》等十五部不见于《鉴藏记》外,其他七十六部为《鉴藏记》已著录之书。二者略作比较,便可看出其中明显的渊源关系。主要表现为以下几类:

(Ⅰ)《鉴藏记》与《丛录》著录的个别书籍内容几乎完全相同。如《类证增注伤寒百问歌》四卷条,《鉴藏记》卷一元版下云:

> 卷一为《伤寒解惑论》,前有乾道癸巳汤尹才序,《解惑论》即尹才所撰。末有淳熙壬寅韩玉跋。卷二以下为《伤寒百问》,题"建宁府通守钱闻礼撰"。前有至大己酉武夷詹清子敬序。此书为曹仲立取汤、钱两书合刻,詹氏序而行之。

---

① 《平津馆鉴藏记书籍》,第102页。

黑口版。巾箱本。每叶廿二行,行廿一字。①

在《读书丛录》中该书简称为《伤寒百问》,云:

  《类证增注伤寒百问歌》四卷,卷一为《伤寒解惑论》,前有乾道癸巳汤尹才序,《解惑论》即尹才所撰。末有淳熙壬寅韩玉跋。卷二以下为《伤寒百问》,题"建宁府通守钱闻礼撰"。前有至大己酉武夷詹清子子敬序,此书为曹仲立取汤、钱两家书合刻,詹氏序而行之。元刊。黑口。巾箱本。每叶廿二行,行廿一字。②

比较发现,该条《丛录》与《鉴藏记》仅有两处小异:一为《丛录》多"元刊"二字,二是《丛录》中的"黑口",《鉴藏记》称"黑口版"。通观全书,《鉴藏记》按版本编排,依次为宋版、元版、明版、旧影写本、影写本、旧写本、写本、外藩本、《补遗》《续编》一依其例。每版内部再按经、史、子、集四部分类,井然有序。该书在《鉴藏记》中置于卷一元版下,故著录时不再列举版本。《丛录》体例与《鉴藏记》不同,基本是按经、史、子、集四部分类,将同类的书排在一起,于每书下标注版本。换言之,二书标注版本的位置不同是由其体例不同而致。而《读书丛录》中的"黑口"(或"黑口本")"白口"在《鉴藏记》中多作"黑口版""白口版",此为二书用语习惯小异使然。因此,如非二书体例、用语之异,这两条记载就内容来说无任何差别(《鉴藏记》"此书为曹仲立取汤、钱两书合刻"之"两书",在《丛录》中作"两家书",不影响文义)。然此条在《鉴藏记》中以正文形式出现,未见任何有出自洪颐煊之手的标注。核对《丛录》,始知其为洪氏撰写。像这种《鉴藏记》与《丛录》几乎完全相同的条目很少,七十六部共同著录的书中仅此一种。

(Ⅱ)有些条目《鉴藏记》与《读书丛录》所记内容基本相同,

---

① 《平津馆鉴藏记书籍》,第35页。
② 洪颐煊《读书丛录》,《续修四库全书》第1157册776页。

偶有一两句互异之处。如卷一元版《战国策》十卷条：

《战国策》十卷 题"缙云鲍彪校注,东阳吴师道重校"。前有《战国策》刘向序、曾巩序,绍兴十七年鲍彪《国策校注序》、泰定二年吴师道序。至正十五年陈祖仁序称:"浙西掾刘瑛廷修刻梓学宫。"末卷尾有"平江路儒学正徐昭文校勘"十一字。黑口版。每叶廿二行,行廿字。①

《读书丛录》之《战国策》条云：

《战国策》十卷,题缙云鲍彪校注,东阳吴师道重校。前有《战国策》刘向序、曾巩序,绍兴十七年鲍彪序,泰定二年吴师道序,至正十五年陈祖仁序,后有李文叔等题跋。末卷尾有"平江路儒学正徐昭文校勘"十一字。黑口本。每叶廿二行,行廿字。②

按：以上对《战国策》的著录,《鉴藏记》与《读书丛录》在基本内容相同的基础上,略有互异。主要表现在：《鉴藏记》与《读书丛录》均云有"至正十五年陈祖仁序",《鉴藏记》对陈序内容有简略介绍,称"浙西掾刘瑛廷修刻梓学宫",是据陈序可知刻书人及刻书地点,而《丛录》无此句。《丛录》较《鉴藏记》多出"后有李文叔等题跋"一句,可补《鉴藏记》之不足。同样,此条在《鉴藏记》中无任何出自洪颐煊之手的标记,唯经核对,始知洪氏所为。诸如此类,《鉴藏记》与《读书丛录》在主要内容基本相同的情况下互有小异之处的也比较少,除上条外,另有《范文正公文集》《嵇康集》二种。

还有个别条目《鉴藏记》与《读书丛录》对同一项内容的记载不尽相同,如卷一元版《茅山志》十五卷中有："末卷后有'金华道

---

① 《平津馆鉴藏记书籍》,第 38 页。
② 《读书丛录》,《续修四库全书》第 1157 册 779 页。

士钱塘西湖隐真庵开山何道坚施梓'十八字。"①"钱塘",《丛录》作"钱唐";何道坚,《丛录》作"何道士"。《集千家注批点杜工部诗集》廿卷,《鉴藏记》云"每叶廿二行,行廿二字"②,《丛录》作"每叶廿二行,行廿三字"③。也偶有《丛录》用约数而《鉴藏记》用确数者,如《乐书》二百卷,《丛录》云:"每叶廿六行,行约廿一二字"④,《鉴藏记》则云:"每叶廿六行,行廿六字。"⑤就这几条来看,《鉴藏记》的记载更为确切。

(Ⅲ)个别条目《读书丛录》的内容详于《鉴藏记》。如《黄帝金匮玉衡经》一卷,《鉴藏记》云:

> 在《道藏》"姜"字号。前有序,皆作四字韵语。《金匮章》经十条,《玉衡章》十条,皆论天乙六壬发用。⑥

《读书丛录》于《金匮玉衡经》条云:

> 《黄帝金匮玉衡经》一卷,在《道藏》"姜"字号。影钞本。前有序,皆作四字韵语。《金匮经》十条,《玉衡经》十条,皆论天乙六壬发用。据《吴越春秋》,子胥曰:"窥观《金匮》第八,今年七月辛亥平旦大吉,为白虎而临辛,功曹为太常而临亥,大吉得辛为九丑。"与此《金匮》第八经同。范蠡曰:"事将有意,在《玉门》第一。今年十二月,戊寅之日,时加卯而贼戊,功曹为腾蛇而临戊,谋事利,在青龙,青龙在胜光而临酉,死气也;而克寅,是时克其日,用又助之。"与此《玉衡》第一经同。文种曰:"吾见王时,正犯《玉门》之第八也。辰克其日,上贼于下,是谓乱丑,必害其良。"与此《玉衡》第八经同,足证春秋

---

① 《平津馆鉴藏记书籍》,第33页。
② 《平津馆鉴藏记书籍》,第123页。
③ 《读书丛录》,《续修四库全书》第1157册782页。
④ 《读书丛录》,《续修四库全书》第1157册774页。
⑤ 《平津馆鉴藏记书籍》,第121页。
⑥ 《平津馆鉴藏记书籍》,第141页。

吴越时所用即是此书,《玉衡》序作玉房,与《玉门》义近。①
由上可见,《丛录》较《鉴藏记》多出"据《吴越春秋》子胥曰窃观《金匮》第八"云云以下文字。

又因《鉴藏记》按版本排列,每书之下不再单独著录版本,所以版本著录较为笼统,如《辨正论》八卷,《鉴藏记》入《补遗》明版中,而《丛录》云"明初刊本"②,较《鉴藏记》具体。

(Ⅳ)其他绝大多数条目都是《鉴藏记》的记载详于《读书丛录》。其中有稍微加详的,如元版《吕氏春秋》条:

《鉴藏记》云:"《吕氏春秋》二十六卷　前有遂昌郑元祐序,后有'嘉兴路儒学教授陈华至正(下有阙字)、吴兴谢盛之刊'一行,即所谓元嘉禾学宫本也。目录后有《镜湖遗老记》,称:'此本从太清楼本校定,故视他本为善。'每叶廿行,行廿字。"③

《读书丛录》云:"《吕氏春秋》二十六卷,前有遂昌郑元祐序,后有'嘉兴路儒学教授陈华至正□□吴兴谢盛之刊'一行,即所谓元嘉禾学宫本也。目录后有《镜湖遗老记》。每叶廿行,行廿字。"④

按:上条《鉴藏记》较《丛录》仅多"称:'此本从太清楼本校定,故视他本为善'"一句,旨在介绍本书底本及质量,其他完全相同。又如《本草衍义》条:

《鉴藏记》云:"《本草衍义》二十卷　题通直郎添差充收买药材所辨验药材寇宗奭编撰。前有政和六年十二月二十八日付寇宗奭劄,后题'宣和元年月本宅镂板印造,俟宣教郎知

---

① 《读书丛录》,《续修四库全书》第1157册778页。
② 同上。
③ 《平津馆鉴藏记书籍》,第31页。
④ 《读书丛录》,《续修四库全书》第1157册774页。

解州解县丞寇约校勘'。书本二十卷,目录作十七卷,未知其故。黑口版。每叶廿四行,行廿一字。"①

《丛录》云:"《本草衍义》二十卷,题通直郎添差充收买药材所辨验药材寇宗奭编撰。前有政和六年十二月二十八日付寇宗奭劄,后题'宣和元年月本宅镂板印造,侄宣教郎知解州解县丞寇约校勘'。黑口本。每叶廿四行,行廿一字。"②

《鉴藏记》较《丛录》多"书本二十卷,目录作十七卷,未知其故"一句。又如《曹子建集》:

《鉴藏记》云:"《曹子建集》十卷 题'魏陈思王曹植撰'。前有吴郡徐伯虬序,不署年月,称:'郭子万程雅好是集,刊布以传。'万程,闽清人。嘉靖己未进士,官刑部主事,见《明诗综》。末有《曹集疑字音释》二叶。即晁氏《读书志》所见本。每叶十八行,行十七字。收藏有'吴氏连星阁藏书'朱文长印。"③

《丛录》云:"《曹子建集》十卷,题'魏陈思王曹植撰'。前有吴郡徐伯虬序,不署年月,称'郭子万程雅好是集,刊布以传'。万程,闽清人,嘉靖己未进士,官刑部主事,见《明诗综》。末有《曹集疑字音释》二叶。即晁氏《读书志》所见本。每叶十八行,行十七字。"④

《鉴藏记》较《丛录》多出"收藏有'吴氏连星阁藏书'朱文长印"一句。

对《鉴藏记》与《丛录》共同著录的七十六部书一一比较后发现,如以上三例,《鉴藏记》较《丛录》略详一二、主体内容全同的也

---

① 《平津馆鉴藏记书籍》,第26页。
② 《读书丛录》,《续修四库全书》第1157册776页。
③ 《平津馆鉴藏记书籍》,第81页。
④ 《读书丛录》,《续修四库全书》第1157册781页。

是少数，更多的是《鉴藏记》内容多处加详，但二者之渊源仍显而易见。如《鉴藏记》中《书经集注》十卷条云：

    题"蔡沈集注"。前有嘉定己巳蔡沈序，末附《书序》。据沈自序，四代之书分为六卷。《宋·艺文志》、晁氏《读书志》、天一阁、天禄琳琅藏本，蔡沈《书集传》俱作六卷。此本改《集传》作《集注》，六卷作十卷，每句皆作小圈读法，或作连圈，钦、慎、偏、恤、中、止等字间作大圈标出，当是坊间重刻本。书中亦附邹近仁音释。黑口巾箱本。每叶十八行，行十七字。收藏有"晋府书画之印"朱文方印、"栎园赏鉴图书"朱文方印。①

《丛录》记《古文尚书撰异》录此条为："《书经集注》十卷，题'蔡沈集注'。前有嘉定己巳蔡沈序，末附《书序》。元刊。黑口。巾箱本。每叶十八行，行十七字。据晁氏《读书志》、天禄琳琅藏本，蔡沈《书集传》俱作六卷，此本改《集传》作《集注》，六卷作十卷，当是坊间重刻本。"②可以看出，二书描述版本的顺序、内容都不完全相同，但差异中又有明显的渊源关系：二者主体相同，《鉴藏记》较之《丛录》更加翔实，多出"据沈自序，四代之书分为六卷""《宋·艺文志》""天一阁""每句皆作小圈读法，或作连圈，钦、慎、偏、恤、中、止等字间作大圈标出""书中亦附邹近仁《音释》""收藏有'晋府书画之印'朱文方印、'栎园赏鉴图书'朱文方印"等内容。

  由以上比较，大约可以推断，《读书丛录》中保存的内容当是洪颐煊为孙氏写录之原稿，记载相对简略，《鉴藏记》当在此基础上又经加工，故相对翔实。

  前已言及，这七十六部书在《鉴藏记》中皆为正文，没有任何出自洪氏之手的标志。这说明《鉴藏记》中以双行小注形式标为

---

① 《平津馆鉴藏记书籍》，第 148 页。
② 《读书丛录》，《续修四库全书》第 1157 册 773 页。

"洪颐煊曰"的二十七条并非洪氏所做工作之全部,正文中有相当篇章当亦由洪氏写录而成,至少《读书丛录》中保存的这七十六部成于其手。

进一步考查《平津馆鉴藏记书籍》中明确标注洪氏注语的二十七处在《读书丛录》中的体现,可分三种情形:

Ⅰ.《鉴藏记》中有洪氏小注,《丛录》却未收者有十五条,分别是:卷一宋版《西山先生真文忠公文章正宗》二十四卷《目录》一卷、《新刊补注释文黄帝内经素问》十二卷、元版《新刊初学记》三十卷,卷二明版《六子全书》《太上黄庭内景玉经》一卷、《墨子》十五卷、《汉书》百卷、《后汉书》百三十卷、《班马异同》卅五卷、《陈伯玉文集》十卷《附录》一卷,旧影写本《司空表圣文集》十卷、旧写本《李元宾文集》六卷《补遗》一卷;续编宋版《周易兼义》九卷、旧写本《晏元献类要》卅七卷、旧写本《隶续》廿一卷。

Ⅱ.《鉴藏记》中有洪氏小注的条目,《丛录》也有著录,但注文内容并未体现在《读书丛录》中,此类共有七条,分别是:卷一元版《茅山志》十五卷、《资治通鉴》二百九十四卷、《骆宾王文集》十卷、《分类补注李太白诗》十八卷,卷二明版《蔡中郎集》十卷《外传》一卷,补遗元版《乐书》二百卷《目录》一卷、旧写本《文苑英华》一千卷。

Ⅲ.《鉴藏记》中有洪氏小注的条目,《丛录》也有著录,不仅小注内容以正文形式呈现在《丛录》中(《丛录》无小注),而且小注之外以孙氏口气完成的正文部分也在《丛录》中,这样的共有四条,分别是:卷三旧影写本《北堂书钞》一百六十卷、旧写本《会通馆印正文苑英华辨证》十卷,补遗写本《汉武帝外传》一卷、旧写本《大宋宝祐四年丙辰岁会天万年具注历》一册。

对以上三类情况的分析,可以说明以下问题:

Ⅰ.上述Ⅰ、Ⅱ中所列诸书洪氏小注内容未体现在《丛录》中,说明体现在《丛录》中的洪氏为《鉴藏记》所做工作并非其贡献的全部。尤其是第Ⅰ类，虽然我们无法断定《鉴藏记》全文与洪颐煊的关系，但至少其中的小注部分属于洪氏成果。

Ⅱ．上述第Ⅲ类体现在《鉴藏记》中的明确标注洪氏成果的只有小注部分，如不加核对，无法发现正文内容与洪氏的瓜葛。通过《丛录》，始知这些条目基本成于洪颐煊之手。

鉴于以上分析，去其重复，我们可以很确切地说保存于《读书丛录》中的七十六部书确经洪氏写录而成，而体现在《鉴藏记》中、不见于《丛录》的十五部有洪氏补注的书至少也经过了洪氏补充而最终完成。换言之，《鉴藏记》中明确标注的二十七处小注远远不能体现洪颐煊的贡献。这一点也可以从洪颐煊为《倦舫书目》所写序言中得到印证："予少年即好聚书，台州僻处海滨，闻见有限，后饥驱四方，馆孙渊如观察德州使署七年。观察富于藏书，属予撰《孙氏书目》，又取宋元版本并明刻之佳者，撰《平津书记》，于是尽窥书之藩篱。"据此可以推测，《平津馆鉴藏记书籍》的撰写主要得力于洪颐煊。《孙氏祠堂书目》也应该是洪颐煊一手完成。如果从《读书丛录》保存的底稿，我们尚可多少考见洪颐煊为《平津馆鉴藏记书籍》做出的一些不为人知的贡献，那么，因文献阙如，洪颐煊为《孙氏祠堂书目》等究竟做出了多少贡献就不得而知了。

综上所述，《读书丛录》仅著录洪氏经眼之书八十五种九十一部，其中七十六部为《鉴藏记》所著录，这个比重是相当高的。由此可以判断，《丛录》是洪颐煊为《鉴藏记》所写部分底稿，没有入录的十五部可能是被孙星衍遴选掉了。加上《丛录》中没有收录的十六种，《鉴藏记》中至少有九十一部书是经洪氏写录而最终完成。通过以上分析可以断定，《平津馆鉴藏记书籍》中有相当一部分书籍是经洪颐煊写录、补注而完成的，仅就明确标注的二十七条注语来判断洪氏贡献的做法是有失公正的。

(2) 由洪颐煊与《平津馆鉴藏记书籍》看乾嘉游幕学者成果之界定

由上论可见,洪颐煊为《平津馆鉴藏记书籍》所做的贡献在很大程度上是隐性的。之所以如此,基于孙、洪二人的特殊关系。洪颐煊受聘于孙星衍,受孙星衍委托撰写该书,虽然出力颇多,但体现的应该是孙星衍的学术思想。按当时风气,著作权当归属于孙。孙星衍作为一个有学术良知而又爱护、提携后进的学者,对幕僚所做工作相比于时人,已经给予了较多的彰显与肯定。孙星衍往往借助序跋、凡例、小注等多种方式尽量体现参与者的贡献,已属难能可贵。这个问题如放在当时的学术背景、学术风尚下稍作考查,我们的认识会更加明晰。

乾嘉时期学术发达,学风醇厚,不少学者身兼政务,历官中外,以个人的时间、精力很难实现自己的学术理想。延聘他人,借人之力来实现自己的学术理念、完成自己的学术追求,成了部分具有学术情怀的学者型官员的共同做法。这一做法同时也契合了另外一部分学人的现实需求:对有真才实学、尚未入仕的年轻人,或科考不顺、久困科场的学子,或无意入仕、身拥绝学的学者来说,依附幕主,不仅可以解决生计、增长学识、扩大交游、得到识拔,而且能够在学术实践中提升自己的学术水平,实现自己的学术思想,从而有机会使自己的学识得到肯定与认同。比如顾广圻号称乾嘉校勘第一人,科场失意,以游幕终其一生。辗转于胡克家、孙星衍、张敦仁、黄丕烈、秦恩复门下,为诸家校刊古籍,其成果以精审严谨著称,为艺林宝重。陈康祺《郎潜纪闻》云:"如胡果泉中丞之宋本《文选》、元本《通鉴》,孙渊如观察之宋本《说文》《唐律疏义》《抱朴子》《古文苑》,吴山尊学士之《晏子》《韩非子》,张古愚太守之抚州本《礼记》、严州本单疏《仪礼》《盐铁论》,黄荛圃孝廉之《周礼》《仪礼》《国策》,秦敦夫太史之《鬼谷子》《列子》《扬子法言》《奉天录》《隶韵考证》《碑目考证》诸书,骆宾王、李元宾、吕衡州诸集,皆精审不苟,有功艺林。"①可以想见,顾广圻一生潦倒,如不凭藉游幕,借助幕主的力量,其学术水平、思想可能很难得到体现,其成就、地位也就难以得到应有的评价。在自身无力的情况下,这也算是不幸之幸吧。

乾嘉时期学术幕府繁荣,游幕之风盛行。卢见曾、秦蕙田、朱筠、毕沅、张敦仁、秦恩复、阮元等任职期间皆曾罗致名士,惠栋、戴震、沈大成、钱坫、严长明、武亿、洪亮吉、孙星衍、陈鳣、凌廷堪、严可均、顾广圻、洪颐煊、臧庸等很多学者都有游幕经历。幕主与幕僚共同努力,产出了不少重要的学术成果。比如两淮盐运使卢见曾延聘惠栋、戴震、沈大成等校刊的《雅雨堂丛书》,毕沅任职陕西巡抚期间延聘钱坫、严长明、孙星衍、洪亮吉等校刊的《经训堂丛书》,阮元任浙江学政时延聘洪颐煊、臧庸、丁杰等编辑的《经籍籑诂》及任两广总督期间编纂的《皇清经解》等都是能够垂之久远的优秀成果。

孙星衍于乾隆五十二年(1787)考中进士前曾有八年时间(乾隆四十五年至乾隆五十二年,1780—1787)供职于毕沅幕府,这段经历对他产生了极为重要的影响:不仅引导了他一生的学术历程,而且圈定了他的治学范围,也因此奠定了他在乾嘉学术史上的地位。

孙星衍自外放为山东兖沂曹济兵备道始,即延聘顾广圻、严可均、洪颐煊、毕以田、李贻德等校刻群籍,切磋学问,撰写著作。从人生历程上看,孙星衍经历了由幕僚到幕主的角色转变。孙星衍早在毕沅幕府时即艳羡毕氏丰富的私人藏书,走上仕途后,多方购置,不但以家富藏书著称于时,而且为自己的藏书编写了三部书目——《孙氏祠堂书目》《平津馆鉴藏记书籍》《廉石居藏书记》;孙星衍在毕氏幕府时曾为其校刻古籍,参与《关中金石记》的撰写及

---

① 陈康祺《郎潜纪闻》卷八,《续修四库全书》第1182册241页。

《关中胜迹志》的编纂，纂修了《邠州志》《醴泉县志》等。独立走上学术道路后，与幕僚共同校刻了《岱南阁丛书》《平津馆丛书》，编成第一部全国范围的金石目录《寰宇访碑录》，撰成地方金石学著作《京畿金石考》《泰山石刻记》，纂修了《庐州府志》《松江府志》等。而他校刻惠栋《易汉学》与他后来补辑李鼎祚《周易集解》当不无关联。可以说，孙星衍学术的以上方面都是其早年在毕沅幕府学术经历、学术实践的延续与拓展。

幕府人才济济，既有身拥绝学的学者，如上面举到的惠栋、戴震、顾广圻、严可均等，也有正在成长的年轻人。年轻士子在幕府中尤其受益，不仅可以使自己的学术走向成熟，有的学者甚至因此奠定了自己一生的研究方向，产出了颇有影响的学术成果。如李贻德为践行孙星衍《十三经佚注》计划而撰写的《周礼剩义》《春秋左氏贾服注辑注》两书即成为他个人的代表作。洪颐煊在孙星衍幕府长达七年，其兴趣爱好、治学范围、治学方法、学术成果同样深受孙氏影响。与孙星衍一样，洪颐煊酷爱藏书，在孙氏幕府时虽无力购置，但亲睹孙氏藏书之富，并为之编写目录，后来自己多方购求，渐臻富有，晚年于临海建小停云山馆储书，并编成《倦舫书目》九卷《补遗》三卷，计藏书一千八百余种三万两千多卷。洪颐煊不仅据孙藏金石撰成名著《平津馆读碑记》，自己也收藏碑版两千余件，编成《倦舫碑目》及《续目》《倦舫书画金石目录》，撰有《台州金石略》。洪颐煊受孙星衍委托校勘《管子》，在吸纳孙星衍、王念孙、王引之成果的基础上撰成《管子义证》，是清代较早校勘、研究《管子》的学者。其文集《读书丛录》《筠轩文钞》中的不少成果也与其在孙氏幕府参加的学术活动密切相关。

作为幕僚参与的工作内容广泛，就以上所举卢见曾、毕沅、孙星衍、阮元数例来看，主要是校刊古籍、纂修方志、撰写著作等。而幕僚受聘于人的性质决定了其著作权难以归诸己有。因此，如果不曾留有底稿，或通过序跋等予以说明，幕僚们所付出的劳动、所做贡献的程度是很难为后人所了解的。而留有底稿的非常少,顾广圻《思适斋集》《思适斋书跋》等留存了一些为各家校刊所做的记录、所写的序跋,但这比起他所做全部的工作可谓九牛一毛。同样,洪颐煊为孙星衍服务七年,做了很多工作,但他的贡献除《读书丛录》留存的九十部善本书录可证明其与《平津馆鉴藏记书籍》的密切关系外,其他已很难具体界定了。①《读书丛录》的这部分内容因此显得更加珍贵,它是我们今天了解洪颐煊为孙星衍贡献的一个重要窗口。但《平津馆鉴藏记书籍》毕竟是在孙星衍的统一要求下编写出来的,它最终体现的是孙星衍的版本学思想。

(三)自由随性的《廉石居藏书记》

《廉石居藏书记》是孙星衍于嘉庆十六年(1811)引疾归田后居金陵孙氏祠堂,把未能收入《平津馆鉴藏记书籍》的善本重加挑选之后撰写的解题。可惜的是,孙星衍生前未能把这些解题编纂成书并刊刻行世。道光十六年(1836),陈宗彝才从孙星衍的长子孙廷鏐处访得稿本,仿《孙氏祠堂书目》的体例设置类目,分为内、

---

① 洪氏为孙星衍所做贡献,曾在一些序跋中言及,如《筠轩文钞》卷六《黄帝龙首经序》云:"孙渊如观察从《道藏》中录出,颐煊见而爱之,影钞此册,并为校勘一过。"(《续修四库全书》第 1489 册 609 页。)《筠轩文钞》卷六《牟子序》云:"吾师渊如观察爱其为汉魏旧帙,录出别行,属颐煊考校其事,因识其始末于卷首。"(《续修四库全书》第 1489 册 610—611 页。)《筠轩文钞》卷七《史记天官书补证》云:"渊如观察既撰《天官书考证》,复属臧君庸及颐煊是正其得失。"(《续修四库全书》第 1489 册 621 页。)孙星衍《平津馆文稿》卷下《洪筠轩文钞序》:"近馆于安德平津馆,与予商撰《尚书今古文义疏》及校订古书,将为《五经异义补证》。"(《孙渊如先生全集》,《续修四库全书》第 1477 册 539 页。)孙星衍《燕丹子叙》云:"及官安德,乃采唐宋传注所引此书之文,因故章孝廉旧稿,与洪明经颐煊校订讹舛,以篇为卷,复唐、宋志三卷之旧,重加刊刻云。"(《平津馆丛书》第 331 页。)从此类说明中,我们只能大概了解却无法考证洪颐煊为孙星衍所做的具体贡献。

外编各一卷。因孙氏祠堂内有五松园,五松园的匾额叫廉石居,陈宗彝故以《廉石居藏书记》命名。

《廉石居藏书记》与《平津馆鉴藏记书籍》一样是孙星衍的善本目录,汇集了孙星衍为自己的善本书撰写的解题一百三十五篇。这部目录没有明显的功利目的,在著录内容上便没有《平津馆鉴藏记书籍》做得严谨规范,因而显得个性突出,特色鲜明。

1.《廉石居藏书记》的著录内容

纵观《廉石居藏书记》,就著录内容来看,在统一著录书名、卷数的前提下,主要涉及以下方面:

(1) 著录考证作者、注者、编次者、校刊者、序跋者等

《廉石居藏书记》著录相关人物的方式主要有:

Ⅰ.直接著录,不作介绍。如《礼书》一百五十卷,云宋陈祥道撰;《管子》二十四卷,云明朱东光刊本,题房玄龄注,明刘绩补注;《左克明古乐府》十卷,题元豫章左克明编次;《高士传》三卷《列女传》八卷,云晋皇甫谧撰,明黄省曾颂并刊等。此类所涉撰、注、编、刊、序、跋等相关人物多为一般学者所熟悉,孙星衍因此直接著录,不作赘述。

Ⅱ.根据相关文献对相关人物予以简介。对某些一般读者不太了解的撰、注、序、编、刊者,孙星衍往往根据相关文献作简要介绍。如《虎钤经》廿卷,宋许洞撰。许洞,以文章著称于时,得欧阳修赏识,但《宋史》无传。孙星衍据《中吴纪闻》简介其生平:"按:龚明之《中吴纪闻》称许洞登咸平三年进士第。平生以文章自负,所著诗编甚多。欧阳文忠公尝称其为俊逸之士。真庙祠汾阴时,洞为均州参军。在路献文章,令召试中书。又记其父太子洗马仲容坟在城西,则吴有洞故居也。"①《韩诗外传》十卷,前有元惠宗至正十五年(1355)钱惟善序。孙星衍援引《明史》介绍钱氏,云:"惟

---

① 《廉石居藏书记》,第183—184页。

善,钱唐人。至正元年,以省试《罗刹江赋》得名。官副提举。张士诚据吴,遂不仕。盖元末人。"①又如《五朝名臣言行录前集》十卷《后集》十四卷《续集》八卷《别集》二十六卷《道学名臣言行录外集》十七卷,云前集后集朱文公撰,李衡校正。外集前有景定时赵崇硂序,孙星衍根据《江西志》及《宋史》的记载,对赵崇硂、李衡作了简单介绍:"崇硂为太宗长子汉王元佐九世孙,李安居《江西志》载为庐陵人,宝祐二年进士。李衡见《宋史》:江都人,官秘阁修撰,致仕,居昆山,聚书万卷,号乐庵。"②这些介绍虽然简要,但为我们了解撰、注、编、刊者的生活年代、仕履、好尚、成就等提供了重要信息。

Ⅲ. 对相关著录阙焉不详者予以补充。孙星衍在观照、查考相关提要所涉撰、注、序、编、刊者时,对此前文献记载的缺失也进行了补充。如《南岳总胜集》三卷,晁公武《郡斋读书志·地理类》云:"不详撰人。"《宋史·艺文志》也不载作者。孙星衍指出该书乃"山阴陈田夫撰",认为晁氏《读书志》及《宋史》未著录,"盖其疏漏"③。《事物纪原》十卷,有明正统年间南昌阎敬序,"称作者逸其姓氏"④。孙星衍据陈振孙《直斋书录解题》,云该书乃开封人高承撰编、双溪赵彬序,弥补了阎序之疏。

Ⅳ. 对此前错误的著录予以纠正。孙星衍本着严谨求是的态度查考撰、注、序、编、刊相关人物,指出并纠正了此前著录的一些错误。如《黄庭内景玉经》及《外景玉经》各一卷《五藏六腑图说》一卷,云梁邱子注。郑樵《通志·艺文略》两载《黄庭内景经》,一云梁邱子注,一云白履忠注。孙星衍根据《新唐志》著录有白履忠

---

① 《廉石居藏书记》,第170页。
② 《廉石居藏书记》,第200页。
③ 《廉石居藏书记》,第189页。
④ 《廉石居藏书记》,第182页。

注《黄庭内景经》《新唐书·隐逸传》云白履忠号梁邱子,认为梁邱子乃白履忠之号,郑樵将一人著录为二人,是错误的。孙星衍进一步分析了郑氏致误之由,认为郑氏"大率钞录书目家文,不见原书,不加考核,其疏甚矣"①。

(2)著录版刻年代,判断版本优劣

此为《廉石居藏书记》的重要内容。纵观全书,孙星衍主要做了以下工作:或直接著录版刻年代,或由序跋及相关文献予以判定,或纠正前人著录之误,或从不同角度鉴定版本等。

Ⅰ.对版刻年代比较确定的,直接著录。如《通鉴纪事本末》四十二卷,云大版宋椠本;《颜鲁公集》十五卷,云锡山安国刊本;《韩诗外传》十卷,云元板;《管子》二十四卷,云明朱东光刊本;《高常侍集》二十卷,云明刻本;《玉历通政经》三卷,云钞本;《南岳总胜集》三卷,云有序影宋钞本等。

Ⅱ.据序跋、题识、书目著录等判定、推断刊刻时间。如《十七史详节》四十册,宋吕祖谦撰,明刘弘毅校正。前有明正德李坚叙,称"刊于正德丙子"。后有刘弘毅跋,云"肇于本年癸酉,竣于今年丙子"②。孙星衍据前后序跋,确定该书刻于明正德十一年(1516)。《新编古今事文类聚》一书,孙星衍据其"外集目录后有木条",题"泰定丙寅庐陵武溪书院新刊"③(按:泰定丙寅为元泰定帝三年,公元1326年),断定该书"盖元刻本"④。《窦氏连珠集》一卷,毛晋校刊,孙星衍直接采用了钱曾的鉴定结论:"即《读书敏求记》所称影宋旧钞本也。"⑤《仪礼》十七卷,直接采用了《天禄琳

---

① 《廉石居藏书记》,第180页。
② 《廉石居藏书记》,第200页。
③ 《廉石居藏书记》,第203页。
④ 《廉石居藏书记》,第203页。
⑤ 《廉石居藏书记》,第218页。

琅书目》的判断:"《天禄琳琅书目》以为明刻规仿宋椠,纸版清白可爱也。"①

Ⅲ.纠正前人误说。孙星衍通过考订,发现并纠正了一些前人版本鉴定上的错误。如《颜鲁公集》十五卷,前有杨一清序,后有留元刚及都穆序。都穆序云《颜鲁公集》有留元刚及都穆两个版本,都穆本十五卷,留元刚本已经残缺,仅存十二卷。两本内容互有不同:留元刚本有公文补遗及年谱行状,都穆本无;都穆本有自《政和公主碑》至《颜夫人碑》十首,元刚本无。都穆序又有"今僭为编订"②句。孙星衍根据这篇序文,判定该本为都穆私定本,指出《四库全书》所收亦为此本,"疑脱都氏序,故疑为元刚本"③。

Ⅳ.多角度描述、判定版本优劣。孙星衍主要着眼于行款、墨色、版口、版式、字体、全阙等判定版本优劣。如《补注释文黄帝内经素问》云:"十三行,行廿三字。纸墨色甚旧。惜不及校,必有胜于今本者。"④是着眼于行款、纸墨。《元版兰台秘藏》云:"十行,每行十七字。黑口板。审是元本。"⑤是着眼于行款、版口。《尔雅》云:"小版,八行,行十五字。"⑥《通鉴纪事本末》云:"十一行,行十九字。大版宋椠本。"⑦是着眼于开版大小和行款。《李贺歌诗》四卷《集外诗》一卷,云:"此编为宋本旧式,可贵也。"⑧是着眼于版

---

① 《廉石居藏书记》,第170页。
② 《廉石居藏书记》,第213页。
③ 同上。
④ 《廉石居藏书记》,第191页。
⑤ 《廉石居藏书记》,第195页。
⑥ 《廉石居藏书记》,第173页。
⑦ 《廉石居藏书记》,第199页。
⑧ 《廉石居藏书记》,第216页。

式。《赵松雪集》云:"此书字体甚似松雪书,盖当时仿其书法所刻。"①是着眼于书法字体。旧钞本《虎钤经》廿卷云明刻十九卷本不刻末卷祭文,"不如此本之全"②,则是着眼于版本的全阙来判定其价值。

对一些此前尚不能判断版刻年代的书籍,孙星衍往往根据版本情况及文献记载谨慎地做出判断。如《群书备数》十二卷,云张九韶撰。张九韶是元末明初人,但该书究竟刻于元末还是明初,无直接证据。孙星衍根据此书"纸版亦似弘正已前"、书中木刻图印有"临江张氏"、"美和"、"林下一人"等版本依据,辅以明凌迪知《万姓统谱》云九韶以元时累举不第、明洪武初辟为国子助教、翰林编修等文献记载,判断"是书或九韶未第前所著","似称'林下'为未入官时也"③。孙星衍结合纸版、图印及生平经历对《群书备数》刊刻时间的判断大约可信。

孙星衍判断版本优劣,多与官修《天禄琳琅书目》及《四库全书》作比较。前者较少,后者较多。如《方舆胜览》云:"《天禄琳琅》有此书。"④《附释音春秋左传注疏》云:"《天禄琳琅》有之,以为元版本。"孙星衍特别指出己藏本更加精善,判断为宋本元印:"此本喜无缺叶,十行大字,每行十七字。注疏本宋本元印之最古者。"⑤

对自己收藏的《四库全书》未录之书,往往表达希望有朝一日能够进呈朝廷的愿望,如《王叔和脉经》十卷,"当开四库馆时,搜罗未得,未以入录。予得此,将汇以呈御"⑥。《岑嘉州集》八卷,

---

① 《廉石居藏书记》,第221页。
② 《廉石居藏书记》,第184页。
③ 《廉石居藏书记》,第205页。
④ 《廉石居藏书记》,第187页。
⑤ 《廉石居藏书记》,第172页。
⑥ 《廉石居藏书记》,第193页。

"四库馆未收,他时汇以呈进"①。对四库本残缺,己藏本齐全者,宝爱之情溢于言表,如《陈伯玉集》十卷,云:"四库馆所收七卷,缺文四首,以《文苑英华》补完。此本俱有之,足宝也。"②对与四库版本不同者,孙星衍认为也有并存价值,如《元次山集》,孙星衍所藏乃明湛若水校十卷本,《四库全书》所载为十二卷本,孙氏指出两本卷数不同并两存之。对与四库本相同者,孙星衍也予以著录并明确指出。如《颜鲁公集》十五卷,云"四库所收即此本"③。

（3）关注书之篇卷次第

孙星衍重视著录篇卷次第,力求通过卷次展示书之篇卷移易、内容全缺等情况,以便判断版本价值。如《皇朝编年备要》三十卷,孙星衍援引林㗊叙,介绍该书篇次内容一目了然:"第一卷自太祖建隆,迄二十五卷哲宗元符三年,为一集。自二十六卷徽宗建中靖国,至钦宗靖康三年,为一集。各分目录。"④《补注释文黄帝内经素问》十二卷,孙星衍据书后木刻印记知该书原为二十四卷,坊刻时重加订正为十二卷:"有木刻印记,称:'本堂今求到元丰孙校正家藏善本,重加订正,分为十二卷,以便检阅'云云。后又题'元本二十四卷,今并为一十二卷刊行'。是坊本已改古时篇第。"⑤司空图《一鸣集》有十卷、三十卷两个卷数不同的版本系统,孙星衍条分缕析,指出《唐志》《崇文总目》及晁公武《郡斋读书志》著录该书俱作三十卷;陈振孙《直斋书录解题》及此本,皆为十卷。

孙星衍也纠正了此前书目在篇卷分合上的一些错误认识,如

---

① 《廉石居藏书记》,第 214 页。
② 《廉石居藏书记》,第 210 页。
③ 《廉石居藏书记》,第 213 页。
④ 《廉石居藏书记》,第 198 页。
⑤ 《廉石居藏书记》,第 191 页。

《庄子》十卷，晁公武《郡斋读书志》云："书本五十二篇，晋向秀、郭象合为三十三篇。"①孙星衍据《隋书·经籍志》载向秀注本二十卷，郭象注三十卷，俱不作三十三篇，指出古者篇卷相同，晁说不确。

(4) 重视学术价值

《廉石居藏书记》非常重视对书籍内容进行评价，尤其着眼于学术价值。如宋刘应李编《新编事文类聚翰墨大全》十二卷，孙星衍云该书分二十五门，记载古今事实。后附尺牍文仪，多载近代人文。"中地理一门，始自大都路大兴府，称《圣朝混一方舆胜览》，多依元制"②。孙星衍特别强调该书价值："王象之《舆地纪胜》及欧阳忞《舆地广记》皆无中原西北诸路地里事实。此宋元时书，足补其缺。又在《元一统志》之先，亦可用也。"③又，《类编秘府图书画一元龟》二十册，孙星衍云该书分甲乙等集，是宋版不全本类书，其中"如古圣贤门周公、孔子，以经、史、子、集、典故依次编列。但所取子书不备，亦无僻书"，孙星衍从内容上判断该书"殊不及《太平御览》等类书也"④。

(5) 著录书籍来源

孙星衍一生拥有藏书三千余种，主要依靠钞、购及朋友赠送而得。《清史稿》因云"闻人家藏有善本，借钞无虚日"⑤。他自己也说："或友人远致古籍，酬以重值。"⑥这些说法在《廉石居藏书记》中可以得到较具体、明确的印证。

《廉石居藏书记》中数处记载了孙书之来源：有友朋赠送者，

---

① 《廉石居藏书记》，第177页。
② 《廉石居藏书记》，第204页。
③ 同上。
④ 《廉石居藏书记》，第206页。
⑤ 《清史稿·儒林二·孙星衍传》，第13225页。
⑥ 《平津馆鉴藏记书籍》孙星衍《序》，第3页。

如《玉历通政经》三卷,云"故友屈文学所赠"①;有托人录存者,如王象之《舆地纪胜》二百卷,为苏州陈氏所藏,当时未入四库馆。孙星衍托友人何元锡以四十万钱录存二十四册;有借钞者,如宋刻《方舆胜览》七十卷,《天禄琳琅书目》著录,门生洪莹购得后,孙星衍借钞存笈;有购得者,如《类编秘府图书画一元龟》二十册,为宋版不全本,购于吴门而得。还有些曾在师友处目见之书,孙星衍也有说明,如前面提到的宋版《胡曾咏史诗》三卷,云:"辛酉年九月十九日,江君藩购得此本于扬州书肆,以归秦太史恩复,予及见之。"②《尔雅音图》四卷,孙星衍曾在曾燠处目见,并嘱姚之麟重新刊刻。《李翰林别集》十卷,云"版藏吾友王国博苣孙家"③。也有孙星衍以己藏赠友人者,如其将乾隆九年(1744)中州彭家屏在南州所刊《人物志》补完,赠送臧庸;又将影宋钞本、合校钞本《唐律疏议》分别赠阮元、孙冯翼。

(6)著录校勘情况

孙星衍不仅喜爱藏书,而且能集藏、校、读、刊于一身。作为乾嘉时期重要校勘学家,孙星衍的校勘成果在《廉石居藏书记》中也有体现。如孙星衍藏有五种《骆宾王文集》的版本,分别为十卷、二卷、四卷、六卷、八卷本。经过校勘,认为诸本中以十卷本最古,但二卷本前有郗云卿序,十卷本没有,又缺少刊书人叙,孙星衍推断"或书贾所去也"④。因孙星衍对版本价值的判断多基于对异本之校勘,其结论因此信实可据。

除了记载自己的校勘成果,孙星衍也记载了一些自己了解的他人的校勘情况。如其于元版《韩诗外传》十卷条云:"吾友赵司

---

① 《廉石居藏书记》,第184页。
② 《廉石居藏书记》,第222页。
③ 《廉石居藏书记》,第212页。
④ 《廉石居藏书记》,第210页。

马怀玉偕卢学士文弨校刊一本,依据书传,颇多改正之处。附《补遗》五版于后,诚为善本,因并存之。"①于明赵用贤依宋本校《韩非子》二十卷条云:"曾属吾友毕以珣校勘。卷十一末有'有相与讼者子产离之而毋得使通辞'一条,共七十六字。余亦有文字异同。"②

2.《廉石居藏书记》的著录特点

与《平津馆鉴藏记书籍》挑选善本、进呈御览的目的不同,《廉石居藏书记》虽然也是孙星衍为善本书撰写的题跋,也在一些比较罕见的版本中表达了进呈朝廷的愿望,但总体来看,该书没有太强的功利目的,其基本特点是:篇幅长短不一,没有统一规定的著录义项;版本价值与学术价值并重;理性著录与个性阐发结合。

(1) 篇幅长短不齐,著录义项不一

从解题篇幅来看,《廉石居藏书记》长短不齐,悬殊较大。短者虽片言只语,但着眼点明确,往往数语之中,特色毕现。如:

《春秋穀梁注疏》云:"右《春秋穀梁注疏》二十卷。九行大字,每行二十一字。明本。胜于今汲古阁本。"③

《尔雅》云:"右《尔雅》上中下三卷。小版,八行,行十五字。每卷后有《音释》。"④

《稽古录》云:"右《稽古录》二十卷,明弘治时山西巡按杨璋刊本。前有国子司业余姚黄珣序。"⑤

《历代小史》云:"右《历代小史》一百五卷,明李栻辑。录《路史》而下,至明代诸家所纪,种各一卷,皆节其文者。"⑥

---

① 《廉石居藏书记》,第170页。
② 《廉石居藏书记》,第181页。
③ 《廉石居藏书记》,第172页。
④ 《廉石居藏书记》,第173页。
⑤ 《廉石居藏书记》,第197页。
⑥ 《廉石居藏书记》,第231页。

以上数例，有的着重说明书之行款、版本价值；有的著录版本、序跋；有的简介内容、特色等。虽然关注的角度不同，但短小精悍、言简意赅是其总体风格。

《廉石居藏书记》中更多的解题篇幅较长，如《北堂书钞》条：

> 右《北堂书钞》百六十卷，明人影宋钞本。虽文字讹舛，然是虞氏原书。校之陈禹谟本，有天渊之别。世南此书成于隋代，故《隋志》、《旧唐志》皆已著录，惟作一百七十三卷，与此不同。《玉海》引《中兴书目》云"分一百六十门"。卷数相符，知非后人刊落之本。《玉海》又称："二馆旧缺，唯赵安仁家有之。真宗命内侍取之，手诏褒美。"则自宋代已珍秘之。今陈禹谟刊本，亦据此刊板。故云："是书传写讹脱，几不可读。"禹谟以意增损，又以俗本经子之文改易原书，纰谬已极。此本得于吴门，前有"纫佩斋清赏图书"，是明人所钞。虞氏引《尚书经》，在天宝时未经改定之先，故"畯民用章"、"钦乃逌刀"、"敬尔繇狱"、"其克有勋"之属，借用古字。今陈禹谟本，悉依俗本《尚书》更正，赖此存古书梗概。海内藏书家不乏人，未知尚有此书佳本否。如无佳本，此即至宝。后有重刊者，倩通人少加校核，胜陈本倍蓰也。①

---

① 《廉石居藏书记》，第201—202页。按：《孙渊如外集》卷四《明钞本北堂书钞跋》也有对此书价值的记载："然是映写宋本，在明陈禹谟未经删改之前"，"然此本虽字画讹舛，所引经典在六朝以前，较胜孔、陆订定诸经之本。"指出该钞本的价值："不独异于开元所改文字，且为隋已前所传旧本"，"此皆足证古本书传与流俗本不同，实为至宝。至书中引《汉书》为薛莹、华峤、谢承之本，《晋书》为臧荣绪、王隐之本，非今范蔚宗、唐太宗所撰之汉、晋《书》。既无其本文，亦殊异陈氏，因其缺误，或以今本更易之，或引他书同事者补缀成文，如《笔部·荆笔》下一条王隐《晋书》，陈以《搜神记》补之之属甚多。虽注明补注、附注及续补，而改乱之处已不可别，赖有此映宋本，以存旧观。"第8—9页。

在这篇解题中,孙星衍着重著录了《北堂书钞》的书名、卷数、版本,隋、唐《志》的著录情况,自宋以来的珍秘程度,说明当时流行的明陈禹谟刻本之底本、弊端,介绍此本之来源、胜处等。相比之下,这篇题跋涉及内容多,叙述比较翔实。

由上面所举的例证可以看出,《廉石居藏书记》就全书来看,著录义项几乎囊括了版本目录的所有内容,涉及了书名、卷数、作者、编者、校刊者、序跋者、版刻年代、行款、版口、墨色、纸版、木记、图印、书籍内容、学术价值等诸多方面,但就一篇篇个体来看,并没有规定统一著录的体例、义项,著录内容往往随书而定,比较自由、灵活。总体来看,《廉石居藏书记》有的解题寥寥数语,简洁明白;有的挥洒自如,翔实有据。在篇幅上并不追求整齐划一,而是力求突出特色,彰显个性。

(2) 版本价值与学术价值并重

与《平津馆鉴藏记书籍》比较侧重各书的版本价值不同,《廉石居藏书记》有的注重版本价值,有的重视学术价值,更多的则兼顾了版本与学术两个方面,总体上体现出版本价值与学术价值并重的特点。

Ⅰ. 关注版本价值者,如《韩昌黎文集》四十卷,"此盖麻沙坊版,甚精致,不必以改朱晦庵《考异》旧例为嫌也"①。

Ⅱ. 关注学术价值者,如《晏子春秋》七卷,"儒家书此为第一,又是刘向手定,篇第完备,无讹缺,甚可宝也"②。

Ⅲ. 学术与版本价值并重者,如《天下名胜志》是明曹学佺以乐史《太平寰宇记》、祝穆《方舆胜览》、王象之《舆地纪胜》等书为基础,费十年之力,撰写而成。孙星衍指出该书价值有四:足补乐史、王象之书之残缺;多引地理古书,保存文献之功,尤为可取;体

---

① 《廉石居藏书记》,第214页。
② 《廉石居藏书记》,第175页。

例仿《元和郡县图志》《太平寰宇记》,最得古人地志之法,胜于《明一统志》;书版久已不存,流传较少,值得后人宝爱。鉴于该书学术、版本方面的双重价值,孙星衍赞其"明人著述善本,此为第一矣"①。对《武经总要》四十卷,孙星衍同样从该书"最为专家有用之学"与"刻本甚少"两个角度充分肯定了其价值:"兵家阵图、器具、占候及六壬、遁甲之法,惟存此书。在《太白阴经》之后,《虎钤经》之前,最为专家有用之学。刻本甚少,可宝也。"②而对宋王应麟撰钞本《四明文献集》五卷,孙星衍先从版本角度指出"是此书世无刊本,可宝也",复着眼于学术价值:"南宋以实学传者,惟厚斋、马端临数人。其文有书有识,当存。属好事友人刊行之。"③

由以上诸例可以看出,版本价值与学术价值并重是《廉石居藏书记》的鲜明特色。

(3) 理性著录与个性阐发并存

通观《廉石居藏书记》,孙星衍对作者、编者、版刻年代、行款、字数、纸版、序跋、校勘等内容的著录比较严谨、理性,涉及学术价值的评判时往往掺入一些个性因素,阐发自己的学术观点,表达主观的学术感慨,表现出比较明显的学术倾向。如于《商子》五卷中,孙星衍提出了一个重要观点:"诸子书由后人追辑,惟《墨子》、《商子》由其手定。其词反复详明,真三代以前古书,并非伪作。急宜校付剞劂云。"④这与他在《晏子春秋序》中提出的"凡称子书,多非自著,无足怪者"⑤及在《孙子略解序》中提出的"惟此是其手定,且在列、庄、孟、荀之前,真古书也"⑥的观点是一致的,体现了

---

① 《廉石居藏书记》,第 188 页。
② 《廉石居藏书记》,第 183 页。
③ 《廉石居藏书记》,第 220 页。
④ 《廉石居藏书记》,第 180 页。
⑤ 《问字堂集》卷三,第 77 页。
⑥ 《问字堂集》卷三,第 81 页。

孙星衍对先秦子书作者的思考与见解。

孙星衍一生奉儒学为正宗,力贬佛教,曾撰《三教论》辟佛尊儒:"考儒书有伏羲《易象》、尧舜典谟及《周礼》、《系辞》,皆先圣所自著。道家《内经本草》,或后人增益,至《道德经》、《庄子》,实由聃、周手定,具有微言。惟释氏后出,僻在西域,无文字,仅借翻译以传其教。摄摩腾、鸠摩罗什诸人又非中土名士,纵佛行高深,亦未必能得其旨要。世人妄尊其学,比于儒家道家之言,亦已过矣。"①在《廉石居藏书记》中,孙星衍一如既往地坚持自己辟佛的观点,如在明王圻撰《谥法通考》中,孙星衍从多个角度对该书做出了比较客观的评价:"圻此书,考古之学,亦不能精核。且不载各书出处,是明人之习。然亦颇详历代之制。惟后卷厕入释氏称谓,应加削除耳。"②孙氏于此特别指出后卷"厕入释氏称谓,应加削除",表达了其儒释界限分明、不相混杂的观点。

对神仙道术之虚妄,孙星衍亦持批评态度,如在《真诰》二十卷中借题发挥,通过举明代郑鄤之例,对"扶箕之弊"予以批评:

> 按:其书记神仙降形书写歌诗之属,似近世所谓扶箕降仙书者。道术小数,能致鬼物,亦或有之。所云仙人名目,皆寄托也。人,阳也,而接于阴,非致福之道。明郑鄤以家数世降仙扶箕,父母信奉之。其父以仙人责过其母,温体仁附致其罪,不得。遂以此事罪鄤以逼父杖母,罹于极刑,天下冤之。扶箕之弊如此,可不畏欤。③

在题名陶弘景撰的《周氏冥通记》中,孙星衍表达了类似的思想:"此书略似《真诰》,率皆纪梦及神怪之谈。云某日所受记书,

---

① 《问字堂集》卷二,第54—55页。
② 《廉石居藏书记》,第227页。
③ 《廉石居藏书记》,第179页。

盖如今俗扶箕致仙鬼书也。圣戒索隐行怪,传言矫诬鬼神。陶弘景学不纯而近名,乃有此等撰述。"①通过这些比较个性化的阐发,可以看出孙星衍不信佛教、力戒道术、不语乱力怪神的比较正统的儒家思想。

孙星衍非常崇尚元明两朝地方官好古敏求,到任后访求地方文献古迹,刊刻古书,致力于一方文教的有益做法。《廉石居藏书记》中著录的《昭明文选李善注》六十卷,为元奉政大夫同知池州路总管府事张伯颜刊本。孙星衍节录书前元大德时北海南道肃政廉访使余琏序,简介该书刊刻经过:"即池故处,吾归老焉。同知府事张正卿来,俾邑学吴梓校补遗谬。遂命金五十以自率,群属靡不从化。"孙星衍据此判定此书刊于池州,并由此引发了他对元明遗风的一段感慨:"元明当道到官后,每访求邑之文献古迹,兴废继绝,多刊古书,存贮公府。想见古人声名文物之盛。今无其比,并前人存板亦皆坠失不修,可慨也。"②

《廉石居藏书记》中个性的主观阐发与理性的客观著录相结合,不仅构成了该书的一大特色,而且多方面地体现了孙星衍的学术思想。

3.《廉石居藏书记》体现的乾嘉学术风尚

乾嘉时期,学风浓厚。书重宋元、伸汉抑宋、经世致用等是该时期学术风尚的突出特点,此在《廉石居藏书记》中也有比较鲜明的体现。

(1) 重宋元版,轻明版

乾嘉时期私人藏书兴盛,书重宋元成为一时风气,主要原因是宋元本讹误较少,即使有错,也多非校改所致,致误之由往往有迹可寻,顾广圻所谓"宋椠之误,由乎未尝校改,故误之迹

---

① 《廉石居藏书记》,第 223—224 页。
② 《廉石居藏书记》,第 206 页。

往往可寻也"①。明人刻书多主观臆改,变乱次第,故有"明人刻书而书亡"之说。重宋元、轻明版因此成为乾嘉时期的普遍风气,这种风尚在《廉石居藏书记》中有明确体现。孙星衍在《李贺歌诗》四卷《集外诗》一卷条云:"此编为宋本旧式,可贵也。"②于《甫里集》二十卷条云:"犹是宋人旧本,明人未曾改乱者。"③于《陆宣公集》二十二卷条云:"审是元本,可宝也。"④以上三书或因维持了宋本旧式,或因是宋元本而受到格外宝爱。

对明刻本存在的弊端,孙星衍也毫不留情地表达不满、批评。如在《华氏中藏经》二卷中记载自己在京城时曾经见到赵孟頫手抄本,用以校通行的明刻本,发现讹谬甚多:"内方药有改易分量、删落全条者"⑤,发出了"知明代刻书之不可恃矣"⑥的感慨。在《武经总要》四十卷中,孙星衍对明刻本随意改易卷次的做法颇有微词:"盖明人刻书,体例不画一如此。"⑦在《李卫公文集》二十卷《别集》十卷《外集》四卷中,明确指出"明人好改旧书次弟"⑧之弊端,对此本尚能保存宋本旧式感到欣慰:"此本虽加评点,刻不甚

---

① 《顾千里集》卷十《韩非子识误序》,第153页。
② 《廉石居藏书记》,第216页。
③ 《廉石居藏书记》,第217页。
④ 《廉石居藏书记》,第214页。
⑤ 《廉石居藏书记》,第192页。
⑥ 同上。
⑦ 《武经总要》四十卷云:"原书弟十六、十八卷,俱分上下两卷。此本分前集后集。前集廿卷,后集又起卷一。前集移卷十六下之'北蕃地理'诸条为弟廿二卷,以弟十八卷下为十九卷,改十九、二十两卷为廿、廿一卷,多出两卷。按之目录,仍廿卷,与旧书卷次不异。盖明人刻书,体例不画一如此。后集有绍定四年赵休国跋,称四十四卷。疑此书自宋时已改其卷弟也。"《廉石居藏书记》,第183页。
⑧ 《廉石居藏书记》,第216页。

精,然宋本旧式未改,亦可宝藏也。"①对明人刊刻时妄增的内容,希望恢复旧观。如《明律条疏议》三十卷,多引《唐律疏议》,孙星衍发现《职制律》中"奸党"一条,为明时增立,并非《唐律疏议》的内容,供职刑部时屡请司寇胡季堂奏删此条,没有实现,希望"以俟后之通达者徐徐议其事"②。

(2) 伸汉抑宋

伸汉抑宋是乾嘉学派的治学倾向,孙星衍一生坚守。其代表作《尚书今古文注疏》不取宋儒之说,无论正误,即是这一倾向的典型实践。在《廉石居藏书记》中,孙星衍多次表达了伸汉抑宋的学术主张,如在宋陈祥道撰《礼书》一百五十卷条中明确指出:"宋人考古之书,多参臆见,不能深悉许、郑制作原流,反以为谬,固不足取。"他谆谆告诫子孙:"吾子孙好学者,应求汉人传注及聂崇义书为主,勿为陈氏所误也。"③在明王圻撰《谥法通考》中,指出宋苏洵所撰《谥法》四卷,取刘熙等六家《谥法》,"以意删定,亦已妄矣。至谓《周书·谥法》以鄙野不传,可知宋人绝不读古书,其所著必无可观"④。对元赵汸撰《春秋师说》不能远引贾逵、服虔传注,只援近代俗师之言的做法,孙星衍概括为"宋元人结习如是"⑤。在《春秋比事》四卷条,孙星衍对"自科举之学兴,明以来通人名士所谓经学,皆不求声音、训诂、师传之学"⑥深表不满。

孙星衍虽然伸汉抑宋,但对宋元著作之可取者也给予了充分肯定,如云元赵汸撰《春秋属辞》十五卷:"书虽题属辞,实则兼比

---

① 《廉石居藏书记》,第 216 页。
② 《廉石居藏书记》,第 197 页。
③ 《廉石居藏书记》,第 170—171 页。
④ 《廉石居藏书记》,第 227 页。
⑤ 《廉石居藏书记》,第 228 页。
⑥ 《廉石居藏书记》,第 229 页。

事之义,刱为大凡。有元人一代经学,不可不存,亦尚非臆说。"①又在赵汸所撰《春秋左传补注》十卷中云:"其书兼取杜预、陈傅良之说。傅良《左传章旨》不可见,赖此存梗概云。"②孙星衍对聂崇义、王应麟、马端临等以实学见称者更是推崇,其于《皇祐新乐图记》三卷云:"宋人实学不诬,惟聂崇义之《礼图》及此。"③在宋王应麟撰《四明文献集》五卷中指出:"是此书世无刊本,可宝也。南宋以实学传者,惟厚斋、马端临数人。"④

(3) 经世致用

孙星衍通经、明史,精于刑律,治学具有明确的、强烈的治世目的。这一思想也体现在《廉石居藏书记》的相关解题中。如他认为宋吕祉《东南防守利便》之价值正如其序所云:"故自六朝建都以来,沿江戍守、城池、宫室、郊庙、河渠事迹,悉以类举。南北之事尽此矣。"⑤这部书曾被《景定建康志》征引,宋时已受到重视,孙星衍为时后人"不能用其言"感到惋惜。孙星衍在《唐律疏议》三十卷条,联系自己的断狱实践,表达了依古律断狱的致用思想:

> 自萧何、贾充、北齐、后周至唐,历代增损,以成是书。诚千古文献之征。汉臣多世传法律,唐时设律学博士。律令之学,渊源未绝,赖有此书。《疏议》于难断之狱,依经义折衷,尤得其平。近时有妄殴奴婢至死之狱,部臣以为律无明文,几不能决。其断法见此书,盖伤则减等,至死,以平人论。传云:"旧章不可忘也。"明时改移古律最甚。国朝损益得中,其衷

---

① 《廉石居藏书记》,第228页。
② 同上。
③ 《廉石居藏书记》,第171页。
④ 《廉石居藏书记》,第220页。
⑤ 《廉石居藏书记》,第188页。

矜明慎，以致刑措之风过于贞观之世远甚。存此以备旧章，折疑狱，亦律学之根柢也。①

综上所述，《廉石居藏书记》因未经孙星衍统一加工，故自由随性，真情毕现。孙星衍在客观的版本著录中抒发了一些主观的学术观点，表现了比较鲜明的学术倾向，既体现了他的版本目录学思想、水平，也彰显了他与乾嘉学派相一致的治学主张、理念，是我们了解其学术思想及时代风尚不可忽视的宝贵材料。

（四）与书籍著录相通的《平津馆鉴藏书画记》

孙星衍不仅富藏书籍、金石，而且是一位书画收藏、鉴赏专家，平津馆所藏书画以"既富且精"著称于时。因孙氏藏品在其身后亡散殆尽，他撰写的一些题记就成为我们今天了解孙氏藏品特色、鉴赏方法、鉴赏思想及水平的重要凭借。

孙星衍随收随记的这些单篇手迹，生前未及整理，身后由严可均把部分题记收入《冶城山馆遗稿》中。后来陈宗彝得到了孙星衍书画题记的手稿，整理为《平津馆鉴藏书画记》。该书共载书画九十九种，包含仅有存目没有孙星衍题记的三十四种及源自《冶城山馆遗稿》的孙氏题记三十种。为让后人了解孙星衍的藏品及鉴别之功，也为防止作伪者伪造孙氏藏品，陈宗彝约同杨文荪于道光二十一年（1841）校勘行世。此仅就《平津馆鉴藏书画记》的著录内容、特点、价值、贡献等略作讨论。

1.《平津馆鉴藏书画记》的著录内容

《平津馆鉴藏书画记》正文中夹杂小字注文。注文或校勘文字，如《列女传仁智图》许穆夫人颂"女因母曰"下注云："刻本'因'作'讽'。""后果遁乖"下注云："刻本'乖'作'逃'，不入韵。"②或标记

---

① 《廉石居藏书记》，第196页。
② 《平津馆鉴藏书画记》，第261页。

出处,如对来自《冶城山馆遗稿》的题记均用小字注出:"此记删《遗稿》补入""删《遗稿》补入"。或注画作材质,如《明蓝田叔山水》,注云:"纸本。"①《明沈石田山水》,注云:"纸本染色。"②《明董文敏临云林山水》,注云:"绫本淡墨。"③或考证人物,如《宋李公麟十四罗汉卷》中录明洪武十九年(1386)无愠跋一则,孙星衍据《列朝诗集小传》,以小注形式简介无愠事迹:"无愠,字恕中,临海人,姓陈,初居径山,两坐浙东名刹,投闲居太白山中。日本国王慕名奏请住持,召赴京师,年几七十,上留居天界,以病赐归天童故山,洪武丁丑岁卒。见《列朝诗小传》。"④更多的小注是为正文作阐释,如上举《列女传仁智图》,画中第二位列女是楚武邓曼,注云画面有二人:"女一邓曼,男一楚武王。"⑤《宋僧巨然治平寺图卷》云收藏图印有"从龙""匡庐漫客""补庵主人"三枚,小注云:"俱在虞跋后。"⑥《元僧温日观蒲桃》有贞祐二年(1214)二月二十日元僧温日题跋,注云:"贞祐,金宣宗年号。"⑦此类小注虽内容多样,但都比较简约,在《平津馆鉴藏书画记》中占的篇幅很少。

正文主要由三部分构成:前人题识、前人图印、孙星衍题记。

(1) 过录前人题识

前人题识对了解书画作者、绘画风格、辨别作品真伪、判断作品价值等具有重要参考价值,孙星衍因此非常重视过录前人题识。

---

① 《平津馆鉴藏书画记》,第 334 页。按:也有在正文中说明材质的,如《南唐周文矩王会图》《明文姬归汉图卷》均云"绢本"。孙星衍还使用临本、模本、刻本、画本、伪本等概念,对不同版本情况进行比较、区分。
② 《平津馆鉴藏书画记》,第 324 页。
③ 《平津馆鉴藏书画记》,第 333 页。
④ 《平津馆鉴藏书画记》,第 278 页。
⑤ 《平津馆鉴藏书画记》,第 261 页。
⑥ 《平津馆鉴藏书画记》,第 294 页。
⑦ 《平津馆鉴藏书画记》,第 305 页。

如《明陆包山水月梅花》一幅,无孙星衍题记,所录陆治题识对了解作画缘起、时间就至关重要了:"客有画,言笔随人老者。包山陆治曰:'吾兹八丙八辰矣,不可谓老耶? 固尝以生薄蹶命枯秃兔,以焦墨淡绿写山中所见梅枝,试之笔意之能老与否。吾不可必其象外之景,则有可观,遂为题句:'月悬梅上花,照见波中影。幻出影中兔,香随月华冷。'乃万历甲戌季冬闰月望后为乙亥立春日也。"①

《宋范宽雪景卷》通过所录李珩跋可以了解范宽为人、为画之风格:"余尝考《宋史》,华原人范宽中立,本当时不羁之士,最工山水,为北宋名手,好作雪景,用笔奇行,思致深远,故能尽丘壑之变。卷虽不盈握,展之竟日忘疲,岂谓丹青为末技哉? 息斋道人李衍书。"②

《元任仁发元侯图》有明永乐九年(1411)滕永亨题识一则,高度评价了任仁发(字子明)的绘画风格及水平:"子明画笔造微入妙,一时好事者访求遗墨,几与隋珠赵璧争价。谷阳老友家藏是图,因请示。仆观其体势灵动,气韵超脱,洵妙品也。其善藏之,无使通灵之物变化而去。永乐辛卯人日滕用亨题。"③

(2)描摹、叙述图印

孙星衍把描摹或叙述图印作为书画著录的重要内容。《平津馆鉴藏书画记》著录的图印既有作者印,又有题跋、收藏者印。描摹者如《南唐周文矩王会图》有项元汴印章两枚:一为葫芦形"子京",一为方印"项子京家珍藏"④,孙星衍采用图画描摹法以存真。叙述者如《明沈石田山水卷》"图印"项云:"前有

---

① 《平津馆鉴藏书画记》,第 326 页。
② 《平津馆鉴藏书画记》,第 272 页。
③ 《平津馆鉴藏书画记》,第 316 页。
④ 《平津馆鉴藏书画记》,第 271 页。

'石田翁'三字印。"①这是直接采用文字阐述,不再描摹印鉴形状、文字等。

著录图印是书画鉴藏著作的传统,孙星衍之前多采描摹法,这种做法也沿用到书籍印鉴的著录中,如《天禄琳琅书目》即用此法著录藏印。孙星衍推动了印鉴著录由描摹向叙述的发展:其《平津馆鉴藏书画记》以描摹为主的同时,兼用文字叙述;至《平津馆鉴藏记书籍》,文字叙述法得到了全面落实。经孙星衍改革、提倡,此后更为简明、实用的叙述法占据了主流,"朱文方印"、"朱文长印"、"白文方印"、"白文长方印"、"朱文大方印"、"朱文长圆印"等成为著录藏印的常用术语。在这一过程中,孙星衍的贡献不容忽视。

还要说明的是,《平津馆鉴藏书画记》中题识与图印并录的情况也有很多,如《明成化佳雀乾木图》题识云"成化庚子御笔戏写",图印为"广运之宝"②。《宋徽宗鹰画》题识云:"爰彼白鹰,劲翮奋武。昔人比之千城,良有以也。万几之暇,乃命文房写以赐学士蔡京。宣和殿御笔天下一人押。"图印为"华清宫之御宝"、"御前之印"、"樽乐堂印"③。《宋人观瀑图》题识云:"嘉靖庚戌仲冬,毗陵吴雪舫至都授荫见赠。朱纯卿识。"图印"有双螭图印、'御书之宝'一印、'董其昌'一印、'溪徐氏家藏'一印,两半印、一印不可辨。"④

孙星衍之所以著录前人题识、印鉴,是基于所藏书画多为名品,不少曾经前代收藏、赏鉴,前人的题识、印鉴既能体现书画自身的水平,又能彰显递藏之迹,对了解其价值、流传等具有重要作用。

---

① 《平津馆鉴藏书画记》,第 324 页。
② 《平津馆鉴藏书画记》,第 334 页。
③ 《平津馆鉴藏书画记》,第 293 页。
④ 同上。

(3) 自撰题记

《平津馆鉴藏书画记》中有孙星衍题记五十条,最能体现其鉴赏方法、水平,是《平津馆鉴藏书画记》的核心。题记主要涉及简介画面、考查人物、判断画作时间、说明收藏或获取途径、对画作进行鉴赏、评价及辨别各种作伪现象等内容。

Ⅰ.简介画面。孙星衍对部分画面做了简单介绍,以便他人了解。如《李安仁油叟观射图》引欧阳修所记描述画面故事:"陈康肃公善射,有卖油翁睨而微颔之。康肃问:'知射乎?'翁曰:'但手熟耳,以我酌油知之。'乃取葫芦置地,钱覆其上,以杓沥油,自钱孔入而不湿,康肃笑遣之。见欧阳永叔《归田录》。"①《宋临唐人捕鱼图》云:"画石壁古木屋内对坐二人,其下江流、芦荻、远山、洲屿,景物萧疏。凡有七舟:四舟每一人操篙载鱼鹰,一鹰自空飞下;二舟远泛,各坐一人;一舟拨棹而来。"②《宋人降帐授经图》云:"图马扶风事,帐前生徒,帐后女乐,俨然豪贵风景。无款。"③

Ⅱ.考查人物。考查人物是孙星衍著录书画的重要内容,所考有书画作者,有题识者,有钤印者,也有画中人物。

考查作者的,如《明谢庭循宣圣事迹图卷》云:"庭循名环,浙之永嘉人,有学问,能诗。永乐中召在禁近,宣宗好绘事,常侍左右,官锦衣千户,与戴文进齐名。"④

考查钤印者的,如《元人临马和之桧风图》钤有数印,其中有"顾鼎臣"方印一枚。孙星衍在《宋马和之卫风图》题记中,对顾鼎臣做出了考查:"顾鼎臣,昆山人,弘治乙丑第一人,授修撰,官至武

---

① 《平津馆鉴藏书画记》,第336页。
② 《平津馆鉴藏书画记》,第291页。
③ 《平津馆鉴藏书画记》,第304页。
④ 《平津馆鉴藏书画记》,第319页。

英殿大学士,赠太保,谥文康。"①

考查画中人物的,如在《宋时苗留犊图》中较详实地考证了主人公时苗的事迹,突出了其廉政爱民之风范:

《三国志·常林传》注引《魏略·清介传》:时苗,字德胄,钜鹿人也。少清白,为人疾恶。建安中,入为丞相府;出为寿春令,令行风靡。扬州治在其县,时蒋济为治中。苗以初至往谒济。济素嗜酒,适会其醉,不能见苗。苗恚恨还,刻木为人,署曰"酒徒蒋济",置之墙下,旦夕射之。州郡虽知其所为不恪,然以其操行过人,无若之何。又其始之官,乘薄軬(音饭),车黄牸牛,布被囊。居官岁余,牛生一犊。及其去,留其犊,谓主簿曰:"令来时本无此犊,是淮南所生有也。"群吏曰:"六畜不识父,自当随母。"苗不听。时人皆以为激,然由此名闻天下。还为大官令,领其郡中正,定九品,于叙人才不能宽,然纪人之短,虽在久远,衔之不置。如所忿蒋济者,仕进至太尉,济不以苗前毁己为嫌,苗亦不以济贵更屈意。为令数岁,不肃而治。迁典农中郎将。年七十余,以正始中病亡也。②

Ⅲ. 判断画作时间。有些书画创作年代难以判断,考证画作时间因此成为孙星衍的一项重要工作,这一工作也是其鉴别水平的体现。如《南唐驺虞图》无款识,图印亦不可辨,难以判断创作年代。孙星衍因画面"有兽如白虎,后绝壁飞流,下注溪涧,古树蟠崖,上有二白雀,未喻其意",即据白居易《长庆集》之《驺虞赞序》"元和元年夏有以《驺虞图》赠予者,予爱其外猛而威,内仁而信,又嗟旷代不觌,引笔赞之"的记载,认为"是唐时有此图"。又在友人吴思亭"以此图纸光如镜,断为唐画"的基础上,从所用纸张为唐代徽州所产澄心堂纸的角度,进一步判断为唐人所画。

---

① 《平津馆鉴藏书画记》,第308页。
② 《平津馆鉴藏书画记》,第276—277页。

Ⅳ. 著录收藏者、获取地点、途径等。孙星衍著录的是自己的藏品,通过他的记载可以了解一些书画的获取地点、时间及方式。如《宋马远山水画》云得于都门樱桃斜街,①《宋郭令公单骑降番图卷》为乾隆六十年(1795)得于都门。②《南唐李后主画》为嘉庆二十年(1815)长至月得于金陵市肆,③《青溪道人秋林闲泛图》亦得于金陵:"此幅中琔弟得于金陵,盖端伯流寓时即景所作,余亦结宅北山王麓台,珍藏之。"④。《明仇十洲青绿山水卷》得于安德使署:"仇画流传最多,真本极少,此本得于安德使署。"⑤《明文衡山临赵千里赤壁后赋图卷》得于东昌,⑥《元人临马和之桧风图》以重值得于历下,⑦《宋李成采猎人马图卷》亦于嘉庆十二年(1807)得于历下:"太仓士夫收藏,自王烟客传至毕封君泷,珍惜甚至。嘉庆丁卯岁九月得于历下,越月初八日题在平津馆。五松居士记。"⑧《明丁南羽瀛洲学士图卷》为吴脩赠送:"吴君脩赠予,子孙其宝之,勿忘良友之爱。"⑨《祝枝山书岑嘉州诗卷》为陈果堂所赠:"江西陈果堂舍人出示誉之,因以持赠。"⑩《西番布画罗汉像》得于扬州,为江藩所赠:"《西番布画罗汉像》,得于扬州,江郑堂藩所赠。"⑪《元赵文敏欢乐图卷》辗转数主,终归孙氏:"乾隆六十年(1795)十一月初

---

① 《平津馆鉴藏书画记》,第304页。
② 同上。
③ 《平津馆鉴藏书画记》,第270页。
④ 《平津馆鉴藏书画记》,第337页。
⑤ 《平津馆鉴藏书画记》,第334页。
⑥ 《平津馆鉴藏书画记》,第330页。
⑦ 《平津馆鉴藏书画记》,第312页。
⑧ 《平津馆鉴藏书画记》,第273页。
⑨ 《平津馆鉴藏书画记》,第331页。
⑩ 《平津馆鉴藏书画记》,第343页。
⑪ 《平津馆鉴藏书画记》,第286页。

六日，周同年为予购得于济宁，自姑苏人携来，不识旧藏谁氏。"①孙星衍此时兼署河道，在济宁曾与李铁桥审定。②后将此图携归金陵，赠予胡永焕。数年之后，胡氏卒于都门。陶涣悦又从市中购得，因孙星衍转粟至潞河，复以归孙。此时已为嘉庆十一年（1806）三月。

Ⅴ. 评价作品。孙星衍从笔墨、材质、画法、书法、神韵等多个角度对藏品进行的品评，既构成了其题记的主体，也体现了其鉴赏与考订能力。

着眼于笔墨、材质者，如《宋临唐人捕鱼图》，据"笔墨绢素"，得出"审是宋人旧画"③之结论。

着眼于书法者，如《祝枝山书岑嘉州诗卷》，据"笔墨挥洒如意而停顿波折无不合法"，认为"审是真迹"④。

着眼于笔法、画法之特色及人物、景物之韵致者，如评《明仇十洲青绿山水卷》即据其神情笔意非赝本能及而断为真迹："仇画流传最多，真本极少，此本得于安德使署。细玩溪山出没，亭台向背，人物瞻顾，皆有神情笔意，非专诸巷临摹赝本所能及，与摩诘、巨然几伯仲矣。"⑤《宋陈居中荷亭士女图卷》不载于谱录，据"所画士女窄袖稀纱衣，衣褶用重粉儭画则显漏纱，此古人妙法"⑥，"玩其神致"，认为"实为真本无疑"⑦。而对《明谢庭循宣圣事迹图卷》的赏鉴，精细中则包含着大胆的推断："此图写意不工而人物神采、衣褶钩勒俱见名画笔法。或当时奉敕为图，先具稿本者。纸质亦甚

---

① 《平津馆鉴藏书画记》，第314页。
② 同上。
③ 《平津馆鉴藏书画记》，第291页。
④ 《平津馆鉴藏书画记》，第343页。
⑤ 《平津馆鉴藏书画记》，第334—335页。
⑥ 《平津馆鉴藏书画记》，第290页。
⑦ 《平津馆鉴藏书画记》，第289页。

旧,胜得后人重摹赝本矣。"①

有些着眼于对作品风格的总体评价,如《国朝陈道山山水》云:"此幅疏秀闲冷,若不经意,而笔墨拔俗千丈矣。"②《王文成诗翰》云:"其诗有抑扬爽朗之致,可想见文成怀抱,字亦秀挺。"③

Ⅵ. 考辨伪迹。贾人作伪以售重值是书画作品的惯常做法,辨伪存真、揭示作伪手段因此成为书画鉴赏的重要任务。孙星衍的辨伪工作主要表现为辨伪印、伪跋、伪画及作伪方法等方面。

辨别伪跋、伪印者,如《宋僧巨然治平寺图卷》云:"伪跋:铁道人杨维桢、钱鼒、沈周、马文组、姚丞、浦应祥、杨循吉、陈淳。"④此条仅指出诸跋乃伪作,不录跋之内容。《宋陈居中荷亭士女图卷》过录虞集跋一则:"红藕花开满沼香,绿杨斜映水中央。佳人绣罢无余事,结伴徐来纳晚凉。黑白两联胜败分,攻围击刺事纷纭。女郎亦复留心此,应是前身娘子军。至正壬子三月上澣雍虞集。"⑤孙星衍于跋语后用小字标注其伪:"右跋八分书,伪迹。"⑥

《元赵文敏欢乐图卷》前幅经孙星衍审定为真迹:"赵文敏写人马,仅长寸许,各作逞伎之状,笔如铁线,前有楷书'观乐图'三字,极茂美,并赵寒山题笺,审皆真迹。"⑦后幅图印、题跋不真,断为他人临摹:"惟后幅子昂款及图印不真,题跋如出一手摹临。"孙星衍寻绎割痕,判定后幅图之真迹为贾人割去,而在原位置增以伪印、伪跋,乱人之目:"反复谛察,最后接纸未竟一幅,因后世巧贾割

---

① 《平津馆鉴藏书画记》,第 319 页。
② 《平津馆鉴藏书画记》,第 335 页。
③ 《平津馆鉴藏书画记》,第 343 页。
④ 《平津馆鉴藏书画记》,第 298 页。
⑤ 《平津馆鉴藏书画记》,第 287 页。
⑥ 同上。
⑦ 《平津馆鉴藏书画记》,第 313 页。

图之半,别售重价,又于此幅后添入款印,以乱俗目耳。"①

辨别伪画者,如明都穆《铁网珊瑚》载有赵孟𫖯《时苗留犊图》,称后书《时苗传》,模本略可观,画恶甚。孙星衍认为自己收藏的画面一车一牛一犊,凡十八人一童子,"人貌各不相似,衣褶设色均非后人所能为,信可宝也。林森题临本、镏如丝诗,字俱不伪",断"此图似赵文敏所为"。但已藏本后无《时苗传》,镏如丝所称欧学士题句亦不存,认为"盖市侩割《传》及题后以续伪画矣"。此"伪画"当即都穆之本:"都氏所见恶甚之本或即伪本欤?"②

孙星衍对书画的作伪方法虽无理论总结,但由其对某些字画的具体考辨可以了解、归纳其辨伪手段。他认为将一画割裂,掺入伪迹,分别出售,以获双利是书贾作伪的惯常手段。如《宋陈居中荷亭士女图卷》虽为陈氏真迹,但后附虞集伪跋,孙星衍认为虞集真迹当被人割去附于伪画之后另售,此真图原虞集跋语处只能以伪跋充当:"盖市侩割属伪图以诳人矣。"③

《宋李公麟十四罗汉卷》著录了题跋者、收藏者,重点是据文征明跋判断诸罗汉的位置、鉴别作伪方法及时间,考辨精详:

> 龙眠画罗汉,卷后有洪武时僧无愠及文嘉跋,又有万历时陈永年草书《心经》。为国朝顺治时赐宋相国权本,又藏龚翔麟所,后为袁观察鉴所得。予按之文休承跋,此图少十二坐石罗汉,又移第十三倚松罗汉、十四面壁罗汉于第四坐石持数珠罗汉之前,从坐仰倚视罗汉右女人群幅割断斜分,至抱狮胡人处接入,接痕补墨宛然,其巨蟒半条及尾,添画处深浅,色与旧画不匀,盖市贾割一罗汉及明人跋,别售重值。又移万历时陈永年跋于嘉靖时文休承跋之前,其割去当在万历以后。非予

---

① 《平津馆鉴藏书画记》,第313—314页。
② 《平津馆鉴藏书画记》,第275—276页。
③ 《平津馆鉴藏书画记》,第289页。

考古物,辨析秋毫,不能知其如此也。伯渊书。①

王世贞尔雅楼所藏有李龙眠画十六,应真卷,疑即此本,盖缺其二。

通过伪造题跋、图印,以赝品配真跋或以真跋配赝品,或将一幅画割成数幅出售等是书画作伪的主要手段。孙星衍对相关作品的考查,既澄清了这些字画的真伪,又指明了作伪方法,对书画辨伪具有重要的借鉴价值。

2.《平津馆鉴藏书画记》的著录特点

《平津馆鉴藏书画记》与《廉石居藏书记》相似,对著录内容、篇幅没有统一规定,在客观著录中有一些主观性较强的评价,比较自由随性。

(1) 篇幅长短不齐,著录义项不一

《平津馆鉴藏书画记》著录义项不同,内容长短不一,有的仅录前人题识、图印,无孙氏题记;有的仅有孙氏题记,无其他相关记载;有的则前人成果与孙氏题记并录。

仅录前人题跋、图印,没有孙氏题记者,如《刘訔放翁诗意图》仅有刘訔题识一则:"仿放翁'痴云不散常遮塔,野水无声夜入池'之句。睡猿刘訔。"②《明文征明春山雪霁图》并录题识与图印:"群山积雪满,径踏难行迹。试登高阁望,浩渺同一色。图印:征明。"③《明董文敏临云林山水》并录材质、题识及图印:"绫本淡墨。"题识:"平生最爱云林子,间写江南雨后山。元宰画。"④描摹"董氏元宰"方印一枚。

仅有孙星衍题记者,如《青溪道人秋林闲泛图》,仅有孙氏嘉

---

① 《平津馆鉴藏书画记》,第282—283页。
② 《平津馆鉴藏书画记》,第337页。
③ 《平津馆鉴藏书画记》,第333页。
④ 同上。

庆十一年丙寅(1806)所撰题记一则:"孝感程少司空,前明崇祯辛未科进士,字端明,入翰林,国朝由光禄卿擢至工部侍郎,善画,能于董文敏外自出机杼,多用秃笔写树石,粗劲处时得马夏家法。查梅壑称其得平正以追奇险。"①

并存前人题识及孙氏题记者,如《元王谦画马》,录王谦题识、图印、孙氏题记。王谦题识云:"竹批双耳气何雄,苜蓿花开古塞风。喜见太平无事日,须知神骏是真龙。王谦鸣吉。"②图印有"王谦"、"冰壶道人"方印各一。孙氏题记云:"画二古松,一人牵一马,垂首缓行,后题赵子昂款印及松雪斋图书,盖俗人见画马即题赵款,不知此即元人王谦所画,气韵或在赵松雪之上,不必假名为重也。"③

上面举的例子篇幅都比较短,也有较长者,如《宋僧巨然治平寺图卷》著录虞集《题巨然山寺图》跋、吴宽二诗及跋、邵宝诗一首、文征明诗二首、附《山寺图考》中录明张丑《清河画舫》及《补遗》、明汪珂《玉珊瑚网》、明何良俊《书画铭心录》、明朱存理《铁网珊瑚画品》、明董文敏《容台集》、明李日华《六研斋三笔》的相关内容并及诸家图印,末为孙星衍题记二则,共计一千六百余字。《列女传仁智图》简介画面内容,录赵孟頫跋、校勘文字异同,又有孙氏较长题记,共计一千八百余字。这些篇幅较长的著录为了解书画的流传、特色、价值等提供了更为详实的信息。

(2) 文献记载与主观评价相结合

孙星衍重视前人成果,往往把画面内容、文献记载与自己的主观评价相结合。《平津馆鉴藏书画记》中利用的相关记载有二十

---

① 《平津馆鉴藏书画记》,第337页。
② 《平津馆鉴藏书画记》,第315页。
③ 同上。

余种,含唐裴孝源的《贞观公私画史》、白居易的《长庆集》、张彦远的《历代名画记》,北宋官纂的《宣和画谱》、宋邓椿的《画继》、楼钥的《攻愧集》、《中兴馆阁续录》,宋末元初高似孙的《纬略》、元夏文彦的《图绘宝鉴》,元末明初陶宗仪的《书史会要》及《南村辍耕录》、明朱存理的《铁网珊瑚画品》、都穆的《寓意编》及《铁网珊瑚》、何良俊的《书画铭心录》、王世贞的《弇州山人续稿》、董其昌的《容台集》、李日华的《六研斋三笔》、张丑的《清河书画舫》及《补遗》、茅维的《南阳名画表》,明末清初蓝瑛、谢彬等的《图绘宝鉴续纂》、汪珂玉的《珊瑚网》、孙承泽的《庚子销夏录》、周亮工的《读画录》、清王士禛的《居易录》、高士奇的《江村书画销夏录》等。

  孙星衍往往把文献记载与自己的介绍、判断、评价结合在一起,或与己说互为补充,或为己说提供依据,如《明陈遑摹唐人花鸟小幅》先简介陈遑其人,再用《书史会要》评价其画:"陈遑字季昭,吴县人,弘治初年八十,赐冠带。《书史会要》称其临摹古人,真赝难辨。"①

  《明宋旭秋林独步画》引《图绘宝鉴续纂》简介宋旭的画风,并对此画做出自己的评价:"《图绘宝鉴续纂》称旭山头树木苍劲古拙,巨幅大障,颇有气势。此幅眉目秀雅,尤得宋人佳处。"②

  《宋范宽雪景卷》结合《攻愧集》的记载评价该雪景图:"《攻愧集》称范宽画不可摹,刻削穷丝发而行笔坚劲,有铁屋石人之喻。此图笔法细审之,实非后人所及,界画如铁线,人物俱生动有致,不似元以后人作山水,徒以气韵胜也。"③

  由上可见,利用前人相关记载鉴赏书画,有助于对画作做出更客观、准确的评价,对书画的认定具有重要的参照、参考价值。

---

① 《平津馆鉴藏书画记》,第332页。
② 同上。
③ 《平津馆鉴藏书画记》,第272—273页。

(3) 客观著录与主观性情并存

《平津馆鉴藏书画记》在客观著录中也体现了一些个人的经历、情感与观点。如他在嘉庆十四年(1809)所写的《西番布画罗汉像》题记中回忆自己初入毕沅幕府时不懂赏鉴，并为当时不能利用文献记载应对毕沅的疑问感到愧疚："曩在毕中丞幕府，见其以五百缗购布画进御，高宗皇帝题诗纪之，以为内府稀有，真唐人画也。时未能校书传以应中丞之问，以志一物不知愧云。"①在《明仇英摹清明上河图》中发出了同样的感慨："予入关时不为赏鉴之学，所见真迹亦未知其妙。"②由此可知，孙星衍接触书画鉴赏并最终以之名家，也与毕沅的熏陶、影响密不可分。

在《宋僧巨然治平寺图卷》中，孙星衍表达了自己挚爱宋画的原因："余所得古画，贫辄售去，惟宋画真本弆藏家祠，以为后人别真伪之圭臬。俗人笑为千里马骨，此其一也矣。"③

在嘉庆九年(1804)所写《宋陈居中荷亭士女图卷》题记中，因画中女子皆履舄，引发了孙星衍对缠足风俗的考辨并表达了对缠足陋习的不满："女皆履舄，可见俗传缠足起于李后主窅娘之妾。余见古画俱无弓足者，其流弊殆甚于明，宋时尚不然。习俗之难返如此。"④孙氏感慨激起了陈宗彝的共鸣，他在孙跋后进一步考查了缠足习俗的形成时间，以缠足为复古陋习："缠足之习，宋时已然。《甕牖闲评》载穿耳缠足，程子家无之，近人《癸巳类稿》考之甚详。盖明宫中至福王时尚不用缠足，其风殆甚于民间，至今沿之，愈趋愈甚。我朝宫中一遵古制，旗人女有缠足者禁，先睿皇帝

---

① 《平津馆鉴藏书画记》，第286页。
② 《平津馆鉴藏书画记》，第329页。
③ 《平津馆鉴藏书画记》，第302页。
④ 《平津馆鉴藏书画记》，第289页。

斥为汉人陋习。天语煌煌,安得世家大族为之转移复古耶?"①

孙星衍著录内容的客观性反映了鉴赏书画的一般做法,其考据之博、鉴别之精又体现了他的个体水平;孙星衍题记中发表见解的片段虽然零散、有限,却是我们认识孙星衍经历、思想的一手材料。

3.《平津馆鉴藏书画记》的主要贡献

《平津馆鉴藏书画记》收录的书画数量虽少,但多古画名品,有着很高的艺术与文物价值,这些书画孙星衍身后不断散佚,存者无几。《平津馆鉴藏书画记》因此成为我们了解孙氏旧藏情况最重要的依据。

由《平津馆鉴藏书画记》可以略窥孙星衍鉴赏字画的方法与水平。孙星衍鉴赏书画方法多样,既能从纸墨、画法、神韵等多个角度审察画面内容,又能尽量保存并用心研究前人题识、跋语及图印。作为一位以博通见长、善于考据的学者,孙星衍还非常注重通过相关文献为鉴定提供参照与依据,其鉴定以信实有据得到时后人肯定:"是先生收藏,虽过若云烟,而鉴别之学,犹得藉以传后。"②

《平津馆鉴藏书画记》一定程度地展示了孙星衍的辨伪方法,前已论及。长期的辨伪实践,使他对自己的鉴别能力颇为自信。陈宗彝云:"非平津考据之博,审定之精,不能服贾人狯狯作伪之心,其自负鉴别,固非虚语也。"③陈宗彝整理孙氏手稿,旨在将其鉴别方法公诸同好,防止作伪者将书画赝品署孙氏题印诳人,由此亦可见孙藏书画的价值及其鉴别方法所具有的普遍指导意义。

---

① 《平津馆鉴藏书画记》,第290页。
② 《平津馆鉴藏书画记》车持谦《跋》,第351页。
③ 《平津馆鉴藏书画记》陈宗彝识语,第349页。

六、孙星衍的校勘与辑佚之学

孙星衍是乾嘉时期著名校勘学家,所校博涉经史、诸子、本草、医方、星经、地记、字书等,成果主要集中在《平津馆丛书》与《岱南阁丛书》中。丁丙有"校勘之学至乾嘉而极精,出仁和卢抱经、吴县黄荛圃、阳湖孙渊如之手者尤雠校精审"①之叹。

孙星衍辑佚不以量多见长,而以精审著称,所辑《仓颉篇》《括地志》《汉官七种》等以辑文完备、体例合理、校雠精审在辑佚学史上影响深远。他所采用的取众本之长、合众人之力,以足本、善本为底本,通过扩大辑佚范围不断补充佚文、力求完备的做法在今天的辑佚工作中仍有重要借鉴意义。

(一)孙星衍的校勘学思想、方法及成就

孙星衍早年随父读书时即喜校勘,其于《孙氏祠堂书目·序》中回忆当年从事校勘的痴迷情景时说:"因按日读学舍官书《十三经注疏》及诸史,朱墨点勘凡数过,几废科举之业。"②毕沅幕府的校勘实践,使其受到很大锻炼:"毕公撰《关中胜迹志》、《山海经注校正》、《晏子春秋》,皆属君手定"③。此后乐此不疲,终生不辍。

孙星衍所校之书主要有:《夏小正传》二卷、《急就章考异》一

---

① 《善本书室藏书志》,《续修四库全书》第 927 册 688 页。
② 《孙氏祠堂书目》孙星衍《序》,第 235 页。
③ 《碑传集》,第 2515 页。

卷、《六韬》六卷、《燕丹子》三卷、《牟子》一卷、《黄帝五书》五种六卷、《琴操》二卷、《华氏中藏经》三卷、《千金宝要》六卷、《渚宫旧事》五卷、《抱朴子》内篇二十卷、《春秋释例》十五卷（与庄述祖合校）、《孙子十家注》十三卷（与吴人骥合校）、《三辅黄图》一卷（与庄逵吉合校）等。

需要特别指出的是，孙星衍往往将校勘贯穿于辑佚中，在所辑《古文尚书马郑注》《仓颉篇》《元和郡县图志》《括地志》《古文苑》《尸子》《汉官七种》《物理论》《神农本草经》《孔子集语》《续古文苑》等书中，同样大量体现了他的校勘成果。但与同时许多校勘名家一样，孙星衍没有留下自己的校勘学理论专著。其校勘学思想、方法、成就散见于校刻诸书序跋及其校勘实践中。

1. 孙星衍的校勘学思想

综括孙星衍的校勘学思想，主要表现为以下几点：

（1）存古书，广流传

鉴于唐前之书流传稀少而史料丰富，足以信古存真，孙星衍故视若珍宝，校勘以传。如其校勘《三辅黄图》正是看到"唐人所引三辅故事诸书亡矣，略见于此，不宜刊落"①，故校勘行世。

有些重要的书籍虽未亡佚，但流传极少，孙星衍尽己之力，刊刻流布。如《春秋释例》明以来藏于秘府，后虽收入《四库全书》，外间仍难得见，孙星衍因与庄述祖校雠刊刻，以广流布。《华氏中藏经》是一部重要的医书，旧题汉华佗撰，后世疑其伪托未予充分关注。孙星衍以"此书四库书既未录存，又两见赵写善本，急宜刊刻，以公同好"②。

由以上诸例可以看出，保存古书、流布文献是孙星衍从事校勘最基本的指导思想。

---

① 孙星衍《三辅黄图新校正序》，《平津馆丛书》第 3318 页。
② 孙星衍《重校华氏中藏经序》，《平津馆丛书》第 1347 页。

（2）证经史，伸汉学

证经考史是孙星衍校勘古书的重要目标。如《校补渚宫旧事序》中明其校勘之因："惟此是唐人撰述，引据多后人未见之书，可以证经考史，不独为一方掌故。"①于《元和郡县图志序》中强调该书是保存至今的最早的地理学著作，"古今地里书，赖有此以笺经注史"②。

伸汉抑宋是孙星衍的一贯主张，他在诸书序跋及文集中不仅再三申述对唐前古书的尊崇，而且毫不讳言对宋明学无根柢的轻视，如于《孙氏祠堂书目·序》中明言宋明经说之弊："至宋明近代说经之书，各参臆见。词有枝叶，不合训诂。或有疑经，非议周汉先儒，疑误后学"③，认为像梅鷟《尚书考异》那样有功于经学的著作，在宋明人那里是不多见的。伸张汉学的思想使孙星衍把校勘目光主要集中在唐前之书上，宋元明人著作《尚书考异》外，另涉及元陶宗仪《古刻丛钞》、宋宋慈《宋提刑洗冤集录》等少数几种。由此可见，通过校勘古书证经考史、伸张汉学是孙氏学术思想在校勘学领域的具体体现。

（3）经世用，惠来学

孙星衍校刊古籍具有明确的、强烈的经世目的。他校刊《孙子十家注》是因"国家令甲以孙子校士，所传本或多错谬，当用古本是正其文"④，"遂刊一编，以课武士"⑤。校刊《太白阴经》是因"兵法传于世，《六韬》之外，有孙、吴、司马法，而此为唐将行用秘本，规制悉备，尤切于实用"⑥。

---

① 孙星衍《校补渚宫旧事序》，《平津馆丛书》，第3143页。
② 孙星衍《元和郡县图志序》，《丛书集成初编》第3084册1页。
③ 《孙氏祠堂书目》孙星衍《序》，第236页。
④ 孙星衍《孙子兵法序》，《丛书集成初编》第935册2页。
⑤ 孙星衍《孙子兵法序》，《丛书集成初编》第935册2页。
⑥ 《孙渊如先生全集·平津馆文稿·太白阴经跋》，《续修四库全书》第1477册540页。

孙星衍校勘古书不仅着眼于一时之用,而且希望进呈朝廷,以得永藏:"近时所出书古本,或可增益中秘所未备,不敢任其失坠,故一一校录,俟他时汇呈乙览。"①他更希望所校之书能够泽被后人,传之久远。其于《校补渚宫旧事序》中明确指出:"唐人著作存世日少,近人刊《长短经》《建康实录》等皆有用之书,尚有《开元礼》《开元占经》《太白阴经》,所望好事者刊布,以惠来学,并为校补此书未备之处,则不负两太守雅怀矣。"②孙氏经世致用、嘉惠来学的校勘学思想于此昭昭可见。

2. 孙星衍的校勘学方法

校勘的主要目的是改正古书在流传过程中因种种原因出现的字句或篇章上的错误,使其恢复或接近古书原貌。在校勘过程中,除学者自身需要具备深厚的学养外,科学、合理的校勘方法对提高校勘质量也非常重要。综括孙氏所用校勘方法,主要有以下几点:

(1) 广搜众本,全备为上

孙星衍校书,总是极力搜集众本,力求全备。如《孙子十家注》传世版本稀少,孙氏早年在陕西毕沅幕府,于华阴岳庙《道藏》中读到此书,又在大兴朱氏处见到明人刻本,即用此二本校勘宋吉天保辑本。诸如此类流传较少的古籍,孙氏往往穷搜尽索,希望在尽可能得到所有传世版本的基础上进行校勘,以便得出更客观、可靠的结论。

对现存版本较多的古籍,孙星衍更是广泛搜集。如乾嘉时《抱

---

① 《孙渊如先生全集·平津馆文稿·太白阴经跋》,《续修四库全书》第 1477 册 540 页。按:孙校《太白阴经》后为宝山蒋敦复所得,莫友芝曾借校。莫友芝《宋元旧本书经眼录》卷三"《太白阴经》孙渊如手校本"记载此事:"宝山蒋剑人敦复所藏。乙丑闰五月朔日在上海借观,校今行丛书刻本,可补正者甚多。"《续修四库全书》第 926 册 509 页。

② 按:两太守指邱树棠与唐仲冕。孙星衍《校补渚宫旧事序》,《平津馆丛书》第 3144—3145 页。

朴子》以明卢舜治本世所通行,但讹谬甚多。孙星衍利用《道藏》本、自藏天一阁抄本、明嘉靖沈藩本、卢文弨手校本及顾广圻所藏叶林宗抄本合校,形成了一个当时最精善的本子。

孙星衍尤其重视善本的校勘价值,其于《续古文苑》凡例中强调:"其诸书皆据善本,如《华阳国志》《洛阳伽蓝记》《唐大诏令》《开元占经》《太平御览》等悉系旧钞,《北堂书钞》为陈禹谟未改以前所写,均于俗本大有订正。"①顾广圻在《校定尚书考异序》中也曾谈道:"近孙伯渊先生搜访善本,详加校正,将以刊布,固其宜哉。"②

有些书异本较少,孙星衍就利用相关材料进行校勘,如校《太白阴经》即以明毛元仪刻《武备志》及《通典》《太平御览》所引相关材料互加勘定:"唐李筌《太白阴经》八卷,旧存箧中,首阙《天无阴阳》《地无险阻》二篇,又无诸营陈图,文字亦多脱落。顷以明茅元仪所刻《武备志》中引李筌书校补,又检《通典》《太平御览》,互加勘定。"③

若同时具备异本与相关材料,诸本并用更利于提高校勘质量。如孙星衍校勘《夏小正传》,即用宋朱熹《仪礼集传》、宋王应麟《玉海》、元金履祥《通鉴前编》、明沈泰校《大戴礼记》、清秦蕙田《五礼通考》及卢见曾、毕沅、庄述祖等校本,"因合诸家异文,校刊此本,升经抵格,以传低行,不增不漏,参求其是,以贻学者焉"④。

(2)精选底本,择善而从

在使用多个版本校勘时,底本的选择便成为一个重要问题。

---

① 孙星衍《续古文苑凡例》,《平津馆丛书》第 4492 页。
② 顾广圻《校定尚书考异序》,《丛书集成初编》第 3614 册 1 页。
③ 莫友芝《宋元旧本书经眼录》卷三《太白阴经(孙渊如手校本)》,《续修四库全书》第 926 册 509 页。
④ 《夏小正传》孙星衍《序》,《丛书集成初编》第 1335 册 2—3 页。

只有精选底本,才能事半功倍。孙星衍力求以善本为底本,精校细勘。其校《抱朴子》《孙子十家注》时即选用了世人少见、讹谬较少的《道藏》本为底本。他又坚持唯善不唯古的原则,选择一些遗漏较少、体例较完备的通行本作为底本,如《急就章》,当时行世的有唐颜师古注本、北宋黄庭坚刻本、北宋绍圣三年帖本、南宋王应麟《玉海》本、清梁国治临本等,孙星衍便以当时通行的绍圣三年帖本为底本校各本文字异同,并辨别是非得失。

在求是、择善思想的指导下,孙星衍对所用版本能够一分为二,取是舍非。如他既指出了"今本"《三辅黄图》存在的错误,如"掖庭宫,在天子左右,如肘腋"一句,孙氏注云"掖庭宫"后"在天子左右,如肘腋"八字"今本作注非"[1];同时,也看到了《三辅黄图》古本不如"今本"的地方,如"有玉堂、增盘阁、宣室阁"条,孙氏指出宋王应麟《玉海》本不如"今本"。即使对讹误甚多的明卢舜治本《抱朴子》,孙星衍也不废其优胜之处,文中时有"今从卢本"字样。可见,精选底本、择众本之长校成善本乃至定本,是孙星衍校勘的最终目的。

(3)运用多种校法,勘正讹脱衍倒

孙星衍在校勘方法上并没有超出时人之处,他运用时人常用的对校、他校、本校、理校及综合考校法校勘群书,纠正了很多讹脱衍倒,取得了很大成就。此以《抱朴子内篇》和《孙子十家注》为主略举数例。

遇到不同版本文字不同处,孙星衍往往将异文标出。如《孙子十家注》卷一"将者,智信仁勇严也",孙氏指出《潜夫论》所引与此不同:"按:《潜夫论》引作'智仁敬信勇严',是汉时故书如此。"[2]

遇到证据确凿的错误,孙星衍予以纠正并注出校改依据。如

---

[1] 孙星衍、庄逵吉校定《三辅黄图》,《平津馆丛书》第 3340 页。
[2] 《孙子十家注》,《丛书集成初编》第 935 册 9 页。

《抱朴子内篇》卷九《道意》"汉之广陵,敬奉李颂"条,孙校云:"按:'颂'当作'须',事见《汉书·武五子传》。"①《孙子十家注》卷一"近而示之远,远而示之近"条,杜佑曰:"欲进而理去道也,言多宜设其近。"孙星衍指出:"原本作'欲近而设其远也,欲远而设其近也'。按:此后人改之,以牵合二句,辞义浅俚,又与下文不接,今从《御览》订正。"②

对于传抄过程中由于种种原因脱掉的文字,孙星衍往往根据其他版本、上下文、相关材料或类书所引予以补正。如《抱朴子内篇》卷十一《仙药》"良久,辄有一滴,有似雨后屋之余漏,时时一落耳。然蜜芝堕不息,而偃盖亦终不溢也。"孙星衍于"而偃"下出校云:"自'有一'至'而偃'二十四字各本皆脱去,《御览》引有,今据之补全。"③《孙子十家注》卷一"道者,令民与上同意也",孙星衍指出:"'令民'二字原本脱,今据《通典》《北堂书钞》《太平御览》补。又按:下文'主孰有道',张预注云:'所谓令民与上同意之道也。'"④

对于在传抄过程中由于种种原因多出来的文字,孙星衍予以删正。如《孙子十家注》卷二"故知兵之将,民之司命。"孙校云:"原本作'生民之司命',按:《潜夫论》《通典》《御览》皆无'生'字,今改正。"⑤《抱朴子内篇》卷十二《辨问》"可省读者七十二家",孙星衍于"可省读"下校云:"此下旧衍'书'字,今删正。"⑥

对于传写中出现的文字或体例上的错乱,孙星衍予以移正。如《孙子十家注》取曹操、孟氏、李筌、杜牧、陈皞、贾林、梅尧臣、王

---

① 《抱朴子内篇》,《平津馆丛书》第 5886 页。
② 《孙子十家注》,《丛书集成初编》第 935 册 16 页。
③ 《抱朴子内篇》,《平津馆丛书》第 5920 页。
④ 《孙子十家注》,《丛书集成初编》第 935 册 3 页。
⑤ 《孙子十家注》,《丛书集成初编》第 935 册 40 页。
⑥ 《抱朴子内篇》,《平津馆丛书》第 5950 页。

皙、何延锡、张预十家说，此前版本，存在经注不符、次第淆乱等现象，孙星衍将各家之注还原到相应位置下，并按时代先后对诸家注文做了调整，这是他的一大贡献。如卷一"凡此五者，将莫不闻；知之者胜，不知者不胜。曹公曰：'同闻五者，将知其变极即胜也'"，孙星衍于此条出注两处：一于"知之者胜"下指出"《御览》无'知'字，非"。二是将曹操注从"而索其情"下调至此处："原本误于'而索其情'下，今改正。"①卷三"全伍为上，破伍次之"条引"王皙曰：'国军卒伍，不问大小，全之则威德为优，破之则威德为劣。'"孙校云："按：此注《北堂书钞》引之，盖非王皙注也。"②

《抱朴子内篇》中有小注混入正文及两条连为一条者，孙星衍逐一指出。如于卷十一《仙药》"或云大蟹十枚投其中"之"或云大蟹"下校云："此四字当是小注，误入正文。"③又于同篇"或云龟和服之"之"或云龟"下校云："此三字当是小注，误入正文。"④也有不同条目之间误连者，如卷十六《黄白》"作丹砂水法"末，孙校云："按：自'金楼先生'以下当另起一条而误连。"⑤同篇"治作赤盐法"末，孙校云："按：自'角里先生'以下当另起一条而误连。"⑥又同篇"小儿作黄金法"末，孙校云："按：自'务成子法'以下当另起一条而误连。"⑦

孙星衍往往根据所得版本及占有的材料选择校法。如一书有不同单行本，各本文字不尽相同，他便以对校为主。如校《急就章考异》，即从多个存世版本中选择当时通行的绍圣三年帖本为底

---

① 《孙子十家注》，《丛书集成初编》第 935 册 10 页。
② 《孙子十家注》，《丛书集成初编》第 935 册 42 页。
③ 《抱朴子内篇》，《平津馆丛书》第 5934 页。
④ 《抱朴子内篇》，《平津馆丛书》第 5935 页。
⑤ 《抱朴子内篇》，《平津馆丛书》第 6035 页。
⑥ 《抱朴子内篇》，《平津馆丛书》第 6036 页。
⑦ 《抱朴子内篇》，《平津馆丛书》第 6041 页。

本,校各本文字异同,辨别是非得失。《夏小正传》除有单行本外,还存于诸类书及《月令》郑注、《文选》李善注等书中,这就决定了该书在进行对校的同时,还要进行他校。而对有些书来说,因前后文字多有互见,利用上下文进行本校也是一种极为有用的方法。如《抱朴子内篇》卷四《金丹》"其闻仙道而大笑之",孙星衍认为后面的《微旨》作"大而笑之"者,此处作"而大笑之"误倒。①

限于研究条件,孙星衍也常常使用理校法。他运用理校提出的一些说法经后人深入研究被确认为真知灼见,如今本《晏子春秋·景公饮酒不恤天灾能聚者晏子谏第五》中有"令柏巡泥",孙云"柏"即"柏据"。俞樾不同意这一说法,认为"柏"亦官名,与"伯"通,并引《管子·轻重篇》《文选·籍田赋注》《说文》等为证。后来苏舆进一步研究孙、俞二家之说,判孙说为是。

乾嘉小学的发达极大地提高了校勘质量,利用小学知识从事校勘因此受到乾嘉学者的广泛重视。孙星衍也利用小学知识校改了不少错谬,如《孙子十家注》卷五"兵之所加,如以碬",孙氏指出"碬"当为"碫",形近而讹:"按:碬当为碫,从段,唐以后多遐音者,以字之讹而作音也。至王晳又以治铁之锻当之,更谬。"②这是从字形上校谬。《抱朴子内篇》卷七《塞难》"芝糯之产于木石",孙氏认为:"糯当作栭,即《礼记》芝栭也。《广韵》'栭,木耳别名',可证'糯'即'栭'字矣。"③这是从训诂上溯源。同篇"夫弃交游,委妻子,谢荣名,损利禄",孙氏认为"利禄"当作"禄仕",才能与上文"子"及下文"耳"、"已"、"喜"、"耻"押韵,④这是据音韵校改。

为了做到言必有征、信实有据,孙星衍往往同时使用几种校

---

① 《抱朴子内篇》,《平津馆丛书》第 5788 页。
② 《孙子十家注》,《丛书集成初编》第 936 册 83 页。
③ 《抱朴子内篇》,《平津馆丛书》第 5853 页。
④ 《抱朴子内篇》,《平津馆丛书》第 5858 页。

法。如《抱朴子内篇》卷二"夫班、狄不能削瓦石为芒针",孙校"狄"字云:"《藏》本作'秋',非也,依《意林》引改。'狄''翟'同字,又见后《辨问篇》。"①这里的"班"指公输班,"狄"指墨翟,故云《道藏》本作"秋"误。孙星衍于此条用了他校与本校两种方法。

关于校勘改不改原文,历来就有争议。如同为校勘名家,钱大昕主张以"定立说之是非"为依据校改原文;顾广圻则奉行"以不校校之"的原则,力求维持古书原貌。孙星衍在自己的校勘实践中,采取了不同的处理方法:对宋元旧本,主张影写存旧,以校勘记的形式呈现校勘成果;对其他版本中认为确凿无疑的讹谬,或者不改原文,只在校语中指出;或者校改原文,在校语中说明依据。不改原文者如:

例1.《抱朴子内篇》卷五《至理》"又云河南密县有卜成者","盖各以其父祖及见卜成者成仙升天故耳,此则又有仙之一证也"。其中的"卜成",孙星衍认为当作"上成",为汉代方士之复姓:"按:'卜'当作'上'。《后汉书·方术传》云上成公,《广韵》以为'上成'复姓,疑'者'是'公'字之误耳。"②王明《抱朴子内篇校释》引用了孙说,并为补充证据:"按古有方士以上成为姓者,见《文选》十九宋玉《高唐赋》。"③此条孙星衍虽有理有据,但未改原文。

例2.《抱朴子内篇》卷十七"抱朴子曰:入山之大忌,正月午,二月亥,三月申,四月戌(当作'丑'),五月未(原注一作'戌'。当作'戌',一作最是),六月卯,七月甲(当衍)子,八月申子(二字当作'巳'),九月寅,十月辰(当衍)未,十一月巳丑(二字当作'辰'),十二月寅(当作'酉'。此以寅、午、戌逆行于正、五、九月,

---

① 《抱朴子内篇》,《平津馆丛书》第5744—5745页。
② 《抱朴子内篇》,《平津馆丛书》第5832页。
③ 王明《抱朴子内篇校释》,中华书局2002年版,第121页。

亥、卯、未顺行于二、六、十月，申、子、辰之于三、七、十一月亦逆行，巳、酉、丑之于四、八、十二月亦顺行而各忌之也。诸本皆讹错不可通，今订正）。"①这段文字，各本因不懂历法皆讹错不通，孙星衍凭借自己的天文知识一一订正，亦采取了在校语中说明、不改原文的做法。

直接改正原文的如：

例1.《抱朴子内篇》卷七《塞难》"礼乐者，儒之末也"，"礼乐"《藏》本作"澄药"，孙星衍据楼观本直接改正："《藏》本作'澄药'，惟楼观本作'礼乐'，今据之改正。"②

例2.《抱朴子内篇》卷七《塞难》"忠贞尽于事君"，孙星衍指出："'忠'，旧误作'志'，今校正。"③孙星衍于此并未说明校勘依据就直接改正了原本的错误。王明《校释》云："明案宋浙本作'忠'，《藏》本、鲁藩本、慎校本均误作'志'。"④可见当时的通行本均作"志"。

应该说明的是，校勘改不改原文只是处理校勘结果的方式不同，方式本身不能强分优劣。校勘水平的高下也不体现在处理方式上，而是取决于校勘者的学识及对待校勘结果的态度。孙星衍主张校勘原文，但最反对妄删臆改、率而为之的做法。他校勘古书，态度极为审慎。他所校改的文字，往往证据确凿。对证据不足者，只存异文而不妄下断语；对不能判断是非者，提出疑问，以俟后学。这就形成了孙星衍严谨的校勘体例。他主张随文出校，备列各本文字异同，如有校改，说明校改的理由和依据；他反对校勘不注出处的做法，曾因《四库》本《渚宫旧事》未注出处而遍拣群书为

---

① 《抱朴子内篇》，《平津馆丛书》第6047—6048页。
② 《抱朴子内篇》，《平津馆丛书》第5856页。
③ 《抱朴子内篇》，《平津馆丛书》第5859页。
④ 《抱朴子内篇校释》，第146页。

之补注。他的校语极为简练,反对因繁琐考据而割裂原文。尽管由于学识所限,孙星衍改讹补阙也不可能尽善尽美,但他的做法直到今天仍有借鉴意义。

3. 孙星衍的校勘学成就及不足

因孙星衍雠校精审,其成果多为时后人借鉴、吸收。如王念孙的《读管子杂志》中吸收孙说二十五条,今本《孙子校释》《晏子春秋集释》《抱朴子内篇校释》等更是大量采用孙氏成果而后来居上。

经孙星衍校过的本子有的被一再重刻,有的直到今天仍被作为底本或主校本。如孙校《抱朴子》有光绪间朱记荣重刻本,中华书局1983年出版的王明撰《抱朴子内篇校释》和1991年出版的杨明照撰《抱朴子外篇校笺》都是以孙氏平津馆刊本为底本,参校其他版本形成的校注本。

《孙子十家注》《晏子春秋》《燕丹子》等被收入多种子书汇编,《孙子十家注》的校勘在《孙子》学史上尤其具有里程碑意义。1991年军事科学出版社出版的《孙子校释·前言》中说:"清代以孙星衍校《孙子十家注》最可称道,在近世流传最广,影响最大。"①杨丙安校理《十一家注孙子校理》认为孙星衍的贡献主要表现以华阴《道藏》之《孙子》为底本,主要依据《通典》《御览》对十一家注在编排时代上的错乱现象做了订正,对十三篇经文也做了许多校改,并据《宋志》直题《孙子十家注》。由于他的努力,这一传本系统,经过数百年的沉寂,终于取代了《武经》本而跃居主导地位。此后,直到宋本十一家注影覆问世,整理研究《孙子》者,大都以他的校本为依据。

杨丙安认为孙校本与今天的中华书局本《十一家注孙子校理》是《孙子》流传史上的两座里程碑,其贡献和价值具有划时代

---

① 吴九龙主编《孙子校释》,军事科学出版社1991年版,第9页。

的意义,尤其孙星衍,校勘三百七十多处,很多校说,有很大学术价值,"他虽然没有见过宋本,但他的校本在近百年来流行最广、影响也最大"①。

有些具体问题,由于历史条件及个人学识的限制,孙星衍一时不能解决,但他通过校语提出了自己的看法,后人沿着他提供的线索,依据后出的版本及后续的研究,使问题最终得到解决。如《抱朴子内篇》卷三《对俗》"小记(孙校:疑作'既')有验。"②王明《校释》直接改"记"为"既",引孙校并加案语云:"'记'字于文义不合,敦煌、影古写本作'既',孙校是,今据改。"③又如《抱朴子内篇》卷九"昔汝南有人,于田中设绳,罝以捕獐",孙氏发现了脱文现象却苦于无法校补:"此下有脱文。《风俗通·怪神篇》鲍君神、李君神、石贤士神与以下三条事同而文异,难用相补,今姑阙之,以仍其旧"④。后来劳格据《太平广记》所引,认为下当有"而得者。其主未觉,有行人见之,因窥取獐"十六字。⑤ 孙人和作《抱朴子校补》时吸收了劳格的成果,使此句终得完善。

有些问题孙星衍提出了疑问,但当时没有条件解决,现在虽然条件改善了,但尚不足以圆满解决遗留问题,仍然有待于新材料的发现。如《抱朴子内篇》卷三《对俗》:"位可以不求而自致",孙星衍于"致"下校云:"疑此下有脱文。"⑥王明《校释》引孙校,并云:

---

① 孙武撰,曹操等注,杨丙安校理《十一家注孙子校理·宋本十一家注孙子及其流变(代序)》,中华书局2008年版,第18页。
② 《抱朴子内篇》,《平津馆丛书》第5777页。
③ 《抱朴子内篇校释》,第65页。
④ 《抱朴子内篇》,《平津馆丛书》第5893页。
⑤ 劳格《读书杂识》卷二"《抱朴子》缺文"条,《续修四库全书》第1163册207页。
⑥ 《抱朴子内篇》,《平津馆丛书》第5777页。

"案敦煌、影古写本作'位可以致脩文',疑仍有脱字。"①

孙星衍在校勘学领域虽然取得了很大成就,但也难免讹误。总体来看,这些错误主要源于研究条件与个人学识两方面的制约。

研究条件的进步必然推动学术的发展,这一规律同样体现在孙校诸书中。如孙星衍、顾广圻较早校勘《抱朴子》,可以用来校勘的资源非常有限,主要利用《道藏》本。相较之下,今人王明做《抱朴子内篇校释》能够借鉴的前人成果、可以利用的各种版本较孙氏有了很大进步:

> 孙诒让《札迻》、俞樾《曲园杂纂》(近人李天根辑为《诸子平议补录》)、罗振玉敦煌石室本《抱朴子残卷校记》(仅存《畅玄》、《论仙》、《对俗》三篇。见《永丰乡人杂著续编》、孙人和《抱朴子校补》等悉为集校之资料。道书中《神仙金汋经》、宋张君房《云笈七签》等所引,并为校雠之用。至于明正统《道藏》本、明卢舜治本、明鲁藩本以及其他类书等所引,孙校本《校勘记》及《校补》先后已据以校录。其须覆校者,将随文注明。其他如明刊慎懋官校本,明刊宝颜堂秘笈本(《广汉魏丛书》本、柏筠堂本同),采校者多,湖北崇文书局《子书百家》本间亦取以参校。②

其增订版中增加的新成果,亦得益于新版本的利用:

> 本书此次增订,在校勘方面,主要增校了两个本子:一个是宋绍兴壬申岁(二十二年)临安刊本《抱朴子内篇》,简称宋浙本;另一个是日本田中庆太郎藏的《古写本抱朴子》(《论仙篇》第二,《对俗》第三两篇),是大正十二年二月廿五日影印发行的,简称影古写本。③

---

① 《抱朴子内篇校释》,第66页。
② 《抱朴子内篇校释·凡例》,第20页。
③ 《抱朴子内篇校释·增订版后记》,第396页。

王明利用新版本、新材料取得了一些新的进展,如卷一《畅玄》"椅榭俯临乎云雨"条,孙氏未出校语,王明《校释》改"椅榭"为"绮榭",云:"'绮榭'原作'椅榭'。明案敦煌作'绮榭'。宋浙本同。'绮榭',华美之台榭,与下句'藻室'对语,作'绮榭'是,今据改。"①卷二《论仙》"李意期将两弟子"句,孙星衍仅删正了刻本之衍文:"刻本有'去,后人见之'五字,非。"②王明在引孙校的基础上又据敦煌本、古影写本增补脱文二十九字:"明案据敦煌、影古写本,孙本此下脱'去,皆托卒死,家殡埋之,积数年,而长房来归。又相识人见李意其将两弟子'二十九字,今增补"③。由以上两例可见,王明解决了孙星衍没有发现的问题,并非由于二人研究水平有差距,而是基于研究条件的不同:孙星衍的时代是无法见到敦煌本与古影写本的。

孙星衍虽然很重视底本的选择,但仍有个别因所据底本讹误导致校语亦误的情况。如《孙子十家注》卷九《行军篇》"视生处高"条,杨丙安注云:"此处佑注首句'高,阳也',显系以'阳'释'高'之义,而孙校则说原本误作'高扬也',从而改为'向阳也'。按:是孙校所据底本有误,且其校说亦误也。中华本即未改,是。"④

也有个别因孙星衍误刻导致的错误,如《抱朴子外篇》卷三《勖学》"则纯钩之劲不就",杨明照指出"钩"当作"钧",孙氏误刻:"又按:'纯钩'之'钩',陈汉章、孙人和谓当作'钧',极是。《藏》本、鲁藩本(王国维校'钩'为'钧')、吉藩本、慎本、卢本、《汇函》本、柏筠堂本、《丛书》本、崇文本并作'钧',《太平御览》六百

---

① 《抱朴子内篇校释》,第5页。
② 《抱朴子内篇》,《平津馆丛书》第5759页。
③ 《抱朴子内篇校释》,第38—39页。
④ 《十一家注孙子校理》,第205页。

七引同。此系《平津》本误刻,当据改。"①

另有因受自身学识限制产生的一些校勘错误,如《抱朴子内篇》卷十一《仙药》"移门子服五味子",孙星衍认为此"移门子"就是后《遐览篇》提到的"移门子",与"羡门子"为二人,故云《太平御览》作"羡"非:"《御览》九百九十引作'羡',非,后《遐览篇》有《移门子记》也。"②王明引孙人和《抱朴子校补》认为羡门子与移门子当为一人,字异实同,孙氏判断错误:

> 《校补》云:孙说非。古人言事于声音相近者随意用之,故前后同说一人一事,往往字异而实同。本书或作移门子,或作羡门子。陶弘景《真诰》作衍门子。移、羡、衍三字音近并通,实一人也。且《遐览篇》广载仙经,有《移门子记》而无羡门子记,其为一人,毫无可疑。又《御览》九百九十引《典术》云,羡门子服五味子十六年。此正作羡门子。孙氏欲分羡门子、移门子为二人,误矣。③

(二)孙星衍的辑佚学思想、方法及成就

乾隆四十五年(1780),④孙星衍在江宁瓦官寺阁读书时翻阅《释藏》,见唐释玄应《一切经音义》、唐释慧苑《华严经音义》中多引《仓颉》,便辑而刊行,这是孙星衍从事辑佚的开始。嘉庆三年

---

① 杨明照《抱朴子外篇校笺》,中华书局2007年版,第115—116页。
② 《抱朴子内篇》,《平津馆丛书》第5942页。
③ 《抱朴子内篇校释》,第221页。
④ 孙星衍《仓颉篇集本序》云:"星衍以戊辰之岁读书江宁瓦官寺阁。"《问字堂集》卷四,第104页。按:"戊辰"为乾隆十三年(1748),此时孙星衍尚未出世,疑笔误。《孙渊如先生年谱》于乾隆四十五年记载此事:"与方君正澍、顾君敏恒、储君润书,读书金陵城西古瓦官寺。君翻阅《释藏》全部,得《一切经音义》《华严经音义》多引《仓颉》《三仓》,因辑而刊行,始传于世。"(《北京图书馆藏珍本年谱丛刊》第119册456页)此据《年谱》改。

(1798),孙星衍刊所辑《括地志》八卷;嘉庆十二年(1807)又刊《汉官七种》。这三种书是孙氏辑佚方面的代表作,以佚文完备、雠校精审、便于实用奠定了其在辑佚学领域的地位。孙星衍另辑有《黄帝占经》《巫咸占经》《甘氏星经》《石氏星经》各一卷,并与严可均一起辑出《谥法》《三礼图》各三卷。孙星衍也为前人的辑佚做了许多补遗工作,像他补辑的《古文尚书马郑注》及其《逸文》《元和郡县图志逸文》《琴操补遗》《渚宫旧事补遗》《物理论》等就属此类。此外,孙星衍还曾交代王保训集《京房易传》,①又惜郑玄《六艺论》不传,"欲辑十七史志议礼之文及天文、地理异同之说,合之汉魏六朝人文之足证佐经学者为一集,题曰《六艺通论》"②。此仅就孙星衍的辑佚学思想、方法及成就略作论述。

1. 孙星衍的辑佚学思想

孙星衍的辑佚学思想主要表现在以下三方面:

(1) 着眼实用

孙星衍一生重经世致用之学,这一思想在他的辑佚工作中同样占据主导地位。如其辑《括地志》正因"其书称述经传,山川城冢,皆本古说,载六朝时地里书甚多,以此长于《元和郡县图志》而在其先"③,故用七年时间辑出,与《元和郡县图志》相辅刊行。《汉官七种》与班固《汉书·百官公卿表》、司马彪《续汉书·百官志》一样,"是研究秦汉官制仪式不可或缺的宝贵资料"④。但这七种书明清之际全部亡佚,孙星衍以前,曾有学者致力于《汉官》的辑佚工作(详见下文),但都挂一漏万,不能令人满意。基于对诸书

---

① 《孙渊如先生年谱》嘉庆十二年(1807)条有"属王君保训集《京房易传》",《北京图书馆藏珍本年谱丛刊》第119册498页。
② 《孙渊如先生全集·平津馆文稿·洪筠轩文钞序》,《续修四库全书》第1477册539页。
③ 孙星衍《括地志序》,《丛书集成初编》第3096册1页。
④ 《汉官六种·点校说明》,第4页。

史料价值的充分认识,孙星衍不畏艰难,将七种书辑出合编,为研究者提供了一个乾嘉时期最为完善的辑本。

另外,他所辑出的《甘氏星经》《石氏星经》是研究古代天文的重要资料;《仓颉篇》对研究文字训诂及《说文解字》有重要参考价值;《三礼图》《谥法》《黄帝占经》《巫咸占经》等也都有各自的文献功用。用历史的眼光来看,正是崇尚实用的辑佚学思想使孙辑诸书充满了生命力,这些辑本至今仍是研究者不可或缺的参考资料。

(2) 传承文献

古书在流传过程中由于种种原因不断亡佚,尤其是一些重要著作,后人难窥其面貌,无法利用其成果,尝致慨叹。辑佚古书、传承文献因此成为孙星衍辑佚的主导思想和根本动力。比如《仓颉篇》是秦汉时期幼学循诵的重要教材也是文字学方面的早期著作,该书亡佚已久,为使其重现于世,孙星衍早年在江宁瓦官寺阁读书时即留意该书佚文,又"博穷书传,自六经、子史、传注、类书、释道二《藏》,靡所不览"①,以数年之力搜集完备,刊刻行世。

孙星衍表彰他人所辑之书,同样着眼于其传承文献之功。如他在为孙冯翼所辑《世本》撰写的序言中说,自己做翰林院编修时曾拟采录《永乐大典》本而未及实现,该书先由钱大昭辑出,又经孙冯翼补辑,世人复得见之。孙星衍指出《世本》的辑佚与洪梧所刊《古今姓氏辨证书》及洪莹补校的《元和姓纂》"三书相辅而行,谱系之学,庶几坠绪复续"②,功莫大焉。

---

① 毕沅《孙氏仓颉篇序》,《丛书集成初编》第1051册1—2页。

② 《孙渊如外集》卷三有嘉庆七年(1802)孙星衍撰《重集世本序》,云:"《世本》者,古史官所记,为十五篇,见《艺文志》,以为记黄帝以来讫春秋时,盖周末史氏所为也……《世本》之亡,当在宋世。《崇文总目》载氏族类诸书,始自《姓苑》,《宋艺文》亦然,俱不载《世本》。则郑樵撰《氏族略》、王应麟撰《姓氏急就章》,所引《世本》,皆采获他处,不见原书,明矣。古书至(转下页)

（3）伸张汉学

我们知道，乾嘉考据学以宗汉为主，辑佚学兴起本身即是崇汉思想的产物。辑佚作为孙星衍学术活动的重要组成部分，同样是为了伸张其汉学思想。如他辑《周易》佚文，旨在传汉人师说，故诸注之中，以马（融）、郑（玄）为主。其《序》明言："蒙念学者病王弼之玄虚，慨古学之废绝，因以李氏《易解》合于王注，又采集书传所载马融、郑康成诸人之注，及《易口诀义》中古注，附于其后。凡《说文》《释文》所引经文，异字异音，附见本文，命曰《周易集解》。庶几商瞿所传、汉人师说，不坠于地，俾学者观其所聚，循览易明。"①

（4）证经考史

亡佚之书，因成书年代较早，征引文献讹误较少，故有证经考史之作用。孙星衍于《尸子集本叙》谓"第其书出周秦之间，虽全书已亡，遗文佚说时足证左经传"②，该书义有长于《尔雅》者，有可订伪古文《尚书》之误者，有足证孔、孟之言有本者，皆可与经传相发明："其引《尔雅》'天帝后皇'之属十有余名，可证叔孙通、梁文增补之诂。其《仁义篇》以青阳、朱明、白藏、元英为玉烛之名，以

（接上页）南宋，亡佚最多。况氏族之书，尤为下品，寒门所嫉妒，若今《风俗通》，独阙《氏族》一篇。《姓苑》《姓纂》诸书，皆无完本，此其明验。《永乐大典》为姚广孝诸臣奉敕撰集，所录古书，皆金人俘获北宋内府图籍，疑尚有《世本》遗文。曩官翰林，曾见其书，未及采录。吾友钱征士大昭，尝据书传所引，集为《作篇》《居篇》《姓氏篇》《王侯大夫谱篇》，共四篇，服其勤博。何文学元锡手录示予，携归金陵。适家郎中冯翼，笃嗜古书，亦为此学。既得钱本，复据诸书补其未备，校订付刊。时歙人洪部曹莹亦补校《元和姓纂》，洪太守梧先刊《古今姓氏辨证书》，三书相辅而行，谱系之学庶几坠绪复续，更望来者之补其缺略云尔。"第1—2页。

① 孙星衍《周易集解序并注》，第12页。
② 孙星衍《尸子集本叙》，《平津馆丛书》第248页。

发生、长赢、方盛、安静为风名,'四时和'下多'正光照'三字,'甘雨时降,万物以嘉'下多'高者不少,下者不多'八字,义俱长于《尔雅》。盖玉烛言四时日光,永风言四时祥风,醴泉言甘雨也,引舜云'从道吉凶,如景如响',可证伪《尚书》以为禹言之误。引孔子曰'诎寸而信尺,小柱而大直,吾勿为也',可证孟子辩'枉尺直寻'之有本。"①孙星衍指出:"《尸子》虽杂家之学,既与经传相发明,好古者何得不见其书?"②清梁章钜亦着眼于《尸子》全书内容,强调孙氏辑本"可与经传相发明":"《尸子》原书二十篇,《汉志》列之杂家,所谓十九篇陈道德仁义之纪,一篇言九州险阻、水泉所起也。今书久佚,孙渊如有辑本二卷,谓可与经传相发明。"③仅由《尸子》一例,知借助逸文证经考史是孙氏辑佚的重要思想。

2. 孙星衍的辑佚学方法及成就

综括孙氏所辑诸书,其辑佚方法及成就可以概括为以下几点:

(1) 方法多样,力求完备

辑佚是一项艰苦细致的工作。从现存诸书及类书中辑出残篇断句并不困难,力求全备却绝非易事。这一方面由于历史原因,受所见材料的限制;另一方面受辑佚者学识的制约。为使所辑之书尽量完备,孙氏主要采取了以下方法:

Ⅰ. 不断补充佚文以求完备。早在乾隆四十六年(1781),孙星衍即将所辑《仓颉篇》刊于西安毕沅节署。但他并未因该书已刊而将其搁置一边,而是在此后读书时更加留心《仓颉》佚文,日积月累,所得益多,于乾隆五十年(1785)再次付梓于毕氏大梁节署。光绪中叶,日本所存古佚书如顾野王《玉篇》原本、杜台卿《玉烛宝典》及慧琳、希麟《一切经音义》传入中国,陶方琦、曹元忠等

---

① 孙星衍《尸子集本叙》,《平津馆丛书》第248—249页。
② 孙星衍《尸子集本叙》,《平津馆丛书》第250页。
③ 梁章钜《退庵随笔》卷十七,《续修四库全书》第1197册391页。

得以利用新材料补辑孙本,顾震福则据补任大椿、马国翰二本。光绪末年,王国维又把敦煌塞上所出汉残简及《急就章》所用《仓颉》正字一并补入,别为两卷。至此,《仓颉篇》经历了自孙氏首辑至王国维集大成的日趋完善的过程。这一事例进一步证明:辑佚求全备是一个历史的概念,脱离历史因素考查学者成就的做法是不科学的。从这一点来衡量,孙辑《仓颉篇》在他那个时代已堪称详备了。由此例可见,不断补充佚文以求完备是孙氏辑佚的重要方法。

Ⅱ.以足本、善本为底本以辑得更多佚文。辑佚是从现存诸书中辑出佚文,选择底本极为重要。以讹误残缺甚多的本子作底本求佚文之完备,无疑是缘木求鱼。有鉴于此,孙星衍总是设法选择足本、善本为底本。他早年在毕沅幕府,已开始搜辑《括地志》佚文。因所用底本未尽如人意,故"搜订成帙,存书麓中"①。嘉庆二年(1797),孙星衍署山东按察使,又以《史记》足注本嘱杨元锡重加补缀,前后用去七年时间,可谓精心之作。虽然孙氏《序》谓"犹有疏漏,俟来者续成之"。事实上,后人能做的补辑工作已经很少。光绪中,朱记荣将孙辑八卷《括地志》重刻入《槐庐丛书》时,陈其荣为之补辑五条;稍后,曹元忠收入《南菁札记》时又补入四十五条;今中华书局出版的贺次君撰《括地志辑校》较孙本也不过多出几十条而已,且亦得益于辑佚用全本、善本的方法:"惟现传本《史记》的《正义》不全,我们从日本《史记会注考证》引古本《史记正义》补辑了一些。"②

Ⅲ.取众本之长、合众人之力以求佚文之完备。辑佚的最终目的是要使所辑之书尽量恢复或接近原貌。孙星衍深知要实现这一目标决非一人、一时之力所能完成,仅仅依靠一个版本更不可能辑

---

① 孙星衍《括地志序》,《丛书集成初编》第3096册2—3页。
② 《括地志辑校·前言》,第5页。

出完备的佚文。为求佚文之完备，孙星衍常常取众本之长、合众人之力。如他补辑《古文尚书马郑注》时即凝聚了多人之力："予校订《尚书》马、郑注，盖本王氏应麟之书，证以阎、惠两君之说，参之王光禄鸣盛、江处士声之著述，又质疑于王侍御念孙，复有张太史燮、章孝廉宗源助予讨论。"①此方法在《汉官七种》的辑佚中表现得尤为突出。

关于《汉官七种》的辑佚情况，孙氏之前，传世的有元陶宗仪所辑应劭《汉官仪》一种，只辑得佚文十五条，不注出处。孙星衍补辑为上下两卷，上卷三百零六条，下卷一百零四条，远较陶辑丰富。清四库馆臣辑有卫宏《汉旧仪》二卷《补遗》一卷，体例比较严谨，辑文也比较丰富，但仅据《永乐大典》，未能遍及史注及其他类书，疏漏尚多。其中《补遗》仅得二十八条，孙星衍补辑为一百三十四条。其他五种，孙星衍无所凭依，独立完成。《汉礼器制度》一卷共辑得九条，《汉官》一卷共辑得九十五条，《汉官解诂》一卷辑得一百一十八条，《汉官典职仪式选用》一卷辑得佚文七十三条，《汉仪》一卷辑得佚文十三条。

孙氏之后，王仁俊为《汉旧仪》与《汉官仪》各补辑一条；黄奭《汉学堂丛书》本所收则全本孙辑，不但无所发明，而且多处讹脱。因此，诸辑本中以孙本最称详备。中华书局《汉官六种·点校说明》云："诸辑中最称详备的当推孙辑。其优点有四：一为辑书全，二为辑文多，三曰出处详，四乃考辩较为精当。"②如果要探究孙本成就非凡的原因，不难发现，除孙氏本人功底深厚外，孙星衍还延请了当时的辑佚大家严可均参加，并吸收了章宗源及其他辑本的某些成果，"是时汉魏晋佚书辑本及章凤枝佚书辑本，汇聚渊如所

---

① 孙星衍《尚书逸文叙》，《丛书集成初编》第3620册4页。
② 《汉官六种·点校说明》，第5页。

者,不下七八百种"①。可见,取众本之长,合众人之力不仅是《汉官七种》至今能够雄居诸辑本之首的奥妙所在,更是孙氏从事辑佚工作的得力方法之一。

Ⅳ. 扩大取材范围以辑得更多佚文。在孙星衍所用辑佚方法中,此条最重要,也最有效。孙星衍在《孔子集语表》中表达了自己细大不捐的辑佚思想:"识大识小,一话一言,靡不综其异同,征其典据。撞钟以莛,冀有余音;集腋成裘,多存粹白。"②孙星衍正是用这种集腋成裘的思想指导自己的辑佚实践,并取得了一些突破性进展。如陶宗仪所辑《汉官仪》仅十五条,均出《北堂书钞》《艺文类聚》《初学记》《太平御览》等类书。孙星衍增辑为上下两卷五百条,唐宋类书之外还广搜汉唐古注如《水经注》《文选注》《史记索隐》《汉书注》《后汉书注》《续汉志补注》,相关文献如《唐六典》《白帖》《锦绣万花谷》《左氏正义》《宋书·礼志》《隋书·礼仪志》《太平寰宇记》《通典》,佛教文献如《广弘明集》《一切经音义》,同时吸纳了时人的最新成果如严可均的《说文系传》等,并逐条标记了出处,进行了校勘。可见,孙辑本内容的丰富主要源于其辑佚视野的扩大。

孙星衍辑佚力求完备的原则不仅体现在自己所辑佚书中,而且体现在为他人所做的补遗工作中。孙星衍以校勘名家,在校书过程中,因比勘众本,有时也会发现一些新的佚文,便一一辑出,附

---

① 《铁桥漫稿》卷八《书北堂书钞原本后》,《续修四库全书》第 1489 册 48 页。关于孙星衍对严可均、章宗源成果的利用,王重民于《清代两大辑佚家传》中指出:"今《平津馆丛书》有《汉官》一卷,《汉官解诂》一卷,《汉旧仪》二卷附《补遗》二卷,《汉官仪》二卷,《汉官典职仪式选用》一卷,《汉仪》一卷,疑并为逢之(章宗源字)原稿,而孙氏校补较多,故遂不出先生名也。又按平津馆本《汉官仪》(此应指卷上)与严氏《全后汉文》卷三四所辑全同,则孙氏殆延严可均校辑,因是不题逢之名也。"《汉官六种·点校说明》,第 5 页。

② 孙星衍《孔子集语表》,《平津馆丛书》第 3394 页。

于书后,名曰《补遗》。《元和郡县图志补遗》《琴操补遗》等即属此类。《补遗》条目虽然不多,对研究者却有重要的参考、使用价值。有的书前人已有《补遗》,但不够完备,孙星衍复为之补。如《汉旧仪补遗》是四库馆臣从《汉书》《后汉书》《补汉兵志》《艺文类聚》《北堂书钞》五种书中辑出的,共得佚文二十八条。孙星衍增辑为一百三十四条,除以上诸书,又广搜《初学记》《太平御览》《文选注》《史记索隐》《史记正义》《汉书》如淳注、晋灼注、应劭注、《续汉志补注》《唐会要》《唐六典》《白帖》《三辅黄图》《太平寰宇记》《通典》等书,搜辑范围的扩大,不仅使辑文数量大增,而且较库本更为精善。

(2) 体例合理,昭示思想

辑佚的最终目的是要使所辑之书恢复或接近原貌。但原书久佚,体例不可得知,所辑出的佚文往往东鳞西爪,不相连续。这就要求辑佚者考其体例,合理编排。因此,体例是否合理是衡量辑佚质量的重要标志之一。笔者认为孙星衍对体例合理的要求至少包含以下两方面:

I. 篇章编序要有依据。孙星衍在《孔子集语篇目》后记中对该书的编排顺序有这样的说明:"乃取刘向编列《说苑》《新序》之例,各为篇目,以类相从。又以庄、列小说近于依托之词,别为《杂事》《遗谶》《寓言》,附于末卷。"①知孙星衍在编排顺序上既有前人依据,又有自己的原则。他采取以类相从、分类名篇的办法,将所辑条目分为十四篇十七卷:《劝学》第一,《孝本》第二,《五性》第三,《六艺》第四,《主德》第五,《臣术》第六,《交道》第七,《论人》第八,《论政》第九,《博物》第十,《事谱》第十一,《杂事》第十二,《遗谶》第十三,《寓言》第十四。其中《六艺》《事谱》《寓言》三篇内容较多,各分上下两卷。又以《劝学》至《博物》十篇反映了孔

---

① 《孔子集语》,《平津馆丛书》第 3399 页。

子的基本思想，材料较为可靠，作为内篇。《事谱》至《寓言》四篇为孔子生平事迹及各类故事，近小说家言，可信度不高，置之于后，作为外篇，体现了孙星衍醇疵不混的编排思想。这样的编排体例，既可清楚地揭示每篇的主题，又能体现辑者的辨伪意识。

　　孙星衍在时人基础上所做的补遗，一般沿用原有体例。如他补辑的《尚书逸文》体例上即沿用了江声首辑时的做法："其有篇名可按，列于前；无篇名而称虞书若夏商周书者，次之；但称《尚书》者，又次之；不称《尚书》，而注义疑为逸《书》与文似《尚书》者，附焉。"① 这样的编排既具有合理性，又表达了对江声创例的充分尊重。

　　因原书久佚，要把辑出的残章断句重新编排，尽量恢复原书旧观并非易事，这是对辑佚者学术水平的巨大挑战。孙辑诸书向以辑文详备、编排合理著称，但个别疏漏也在所难免。

　　Ⅱ. 内容编排要能体现辑者思想。孙星衍非常注重通过对佚文内容的编排来体现自己的辑佚主张，仅以《周易集解》为例。就全书数量分配来看，在五十三家佚注中以马融、郑玄注居多，知孙氏《集解》与李氏《集解》宗荀爽、虞翻注不同，孙氏主马、郑。这一方面与诸书所存马、郑注的数量较多有关，另一方面体现了辑者的学术选择。从孙氏《集解》内容来看，训释字词、名物、礼制，串释大义占绝大部分，正是东汉学者治学风貌的典型体现。

　　Ⅲ. 篇内编排条理井然。孙星衍在体例编排上，不但要求篇章结构合理，整体内容能反映辑者思想，而且每篇内部编排亦井然有序。其《周易集解》内部按注者时代先后编排，极为清楚。如卷四"复"卦"初九，不远复，无只悔，元吉"条，孙星衍从《经典释文》《义海撮要》中辑出五说，编排如下："马融曰：只，辞也〔《释文》〕；郑康成曰：只，病也；陆绩曰：禔，安也；韩康伯曰：只，大也〔并

---

① 孙星衍《尚书逸文叙》，《丛书集成初编》第3620册3页。

同〕;陆希声曰:只,适也〔《撮要》〕。"①仅由此条,孙星衍按时代顺序标举五人之说,且不加主观评论的编排体例可见一斑。

另外,孙星衍辑佚注重标明出处,他在自己的辑佚实践中,于每条佚文之后都标举出处,堪称典范。今中华书局《汉官六种前言》、齐鲁书社《孔子集语校补序》等都对孙氏这一做法予以充分肯定。

(3) 补正讹脱,校雠精审

佚文往往从多书摘出,各本文字不尽相同。有些佚文,甚至还有讹误衍夺,非经校勘不能卒读。孙星衍以校勘学家从事辑佚,往往能把二者自觉结合。下面仅从《汉旧仪》中选择三例说明孙氏校勘的内容及特色。

例1. 卷上"武帝时,御使中丞督司隶,司隶督司直,司直督刺史二千石以下至墨绶"。孙氏在"武帝时"三字后加案语曰:"案:三字从《北堂书钞·设官部》引补";又在"刺史"二字后加案语曰:"案:'刺史'二字从《太平御览·职官部》引补";孙星衍在该段末又说明了《北堂书钞》文与此异:"御史中丞督司隶,司隶督丞相,丞相督司直,司直督刺史,刺史督二千石下至墨绶。"②

例2. 卷下"青帻,与百官从事从入殿中。省中待使令者,皆官婢,择年八岁以上衣绿,曰宦人"。孙氏加案语曰"宦人"当作"宫人"。为了说明校改理由,孙星衍又用《外戚传》注引"宫人者,省中侍使官婢,名曰宫人,非天子掖庭中也"进行训释,并进一步提出自己的看法:"疑此注文。"③

例3. 卷下"县户口满万,置六百石令"条,末小注云"府,河南府也。邓展曰:旧洛阳有两狱",孙氏指出小注所引邓展说不应作

---

① 《周易集解》,第217页。
② 《汉旧仪》,《平津馆丛书》第684页。
③ 《汉旧仪》,《平津馆丛书》第693页。

本文文字:"案:注引邓展,非本文。"①

由以上三例可以看出,孙氏校勘不仅仅局限于订正文字、标举异文,更有对典章制度的考证及对前人误辑的说明。因此,校雠精审不仅大大提高了孙辑本的质量,而且形成了孙辑本的鲜明特色。在这一点上,同时的严可均《全上古三代秦汉三国六朝文》就远不如孙星衍做得精细。

孙星衍在所辑佚文中还通过校语表达了一些重要的学术观点,如其在《尚书逸文》中数次指出伪孔传曾对《尚书》文字进行过删改,阐述虽然简约,却值得重视:

1. 卷上"予乘四载,水行乘舟,陆行乘车,山行乘樏,泽行乘辆",孙星衍云此条佚文出"《说文》木部引《虞书》曰",指出今本"予乘四载"下无"水行乘舟,陆行乘车,山行乘樏,泽行乘辆"十六字,疑此十六字为伪孔所删:"按:今'予乘四载'下无此文,古人不应虚言四载,疑伪孔删之,故以示异于真古文。"②

2. 卷上《盘庚》"恶之易也,如火之燎于原,不可乡迩,其犹可扑灭",孙星衍先明出处:"隐六年《左传》引《商书》曰。庄十四年引同。"又进一步指出:"今脱上句,疑伪孔删之。"③

3. 卷下《周书》"遘以记之",孙星衍云出"《说文·手部》引《周书》曰",又注云:"许叔重曰挞,《乡饮酒》'罚不敬,挞其背',古文作'遘'。"指出:"此在《皋陶谟》,而《说文》以为《周书》,所解字义亦用《乡饮酒》之礼,则疑是伪孔窜入《皋陶谟》矣。"又举"《史记》以'诸众馋嬖臣,君德诚施皆清矣',为庶顽谗说。下云禹曰'然。帝即不时,布同善恶则毋功',即'敷同日奏罔功'之文,自'侯以明之'至'车服以庸'云云皆无之。《公羊疏》亦称《尚书》

---

① 《汉旧仪》,《平津馆丛书》第 698 页。
② 《尚书逸文》,《丛书集成初编》第 3620 册 1 页。
③ 《尚书逸文》,《丛书集成初编》第 3620 册 8 页。

'赋内以言'为逸《书》,当是旧注",提出了"然则廿九篇之文,亦有为伪孔所乱者矣"①的观点。

3. 孙星衍辑佚不足之原因

孙辑诸书虽然取得了很大成就,但也存在一些不足。究其原因,大致可以归纳为:

(1) 受客观历史条件之制约

孙星衍在当时的历史条件下要想最大限度地网罗相关佚文,只能依靠个人识见与人工钩稽,想一网打尽几乎是不可能的。而有些含有较多佚文的后出古籍更是孙星衍无法见到的,也就没有条件利用。如孙辑《周易集解》以搜罗宏富、抉择精审为人称道,但魏徵《群书治要》等所引《易》注则为其所遗,原因在于《群书治要》"盖后出之书,孙氏不及见,非其采集之疏也"②。《孔子集语》虽远迈前侪,在当时最为完备,但限于条件,亦难免缺失。后来王仁俊的《孔子集语补遗》增补七十七条,李滋然的《孔子集语补遗商正》再补八十九条。今人郭沂将孙、王、李三书进行了校点整理,并补入《论语》《孔子家语》《孔丛子》以外诸家未收录的材料以及新出土的马王堆帛书《易传》和八角廊竹简《儒家者言》等,佚文更加丰富。孙辑《汉官七种》时,所用《北堂书钞》为明陈禹谟刻本,讹误甚多,孙氏辑文也就多沿其误。中华书局出版的《汉官六种》用孔广陶本《北堂书钞》订正了孙星衍辑自陈本的许多错误。

(2) 受个人精力、学识之限制

孙星衍治学以广博著称,但精力有限,博、精难兼,千虑一失在所难免,孙氏辑本同样不是尽善尽美。有重出者,如"公府掾试博士者,拜郎中也"条,既入《汉官仪》,又误入《汉旧仪补遗》(孔广陶本《北堂书钞》卷五六引作《汉官仪》文)。有误辑者,如杨泉《物理

---

① 《尚书逸文》,《丛书集成初编》第 3620 册 24 页。
② 《续修四库全书总目提要(稿本)》,第 35 册 442 页。

论》二卷，主要辑自唐代马总的《意林》，而《意林》所载《傅子》《物理论》互有错简，致使孙星衍误辑数十条《傅子》入了《物理论》。① 至于偶有脱注出处、出处错误、考据未审者等，均不足为怪。我们认为，限于当时的历史条件与辑者的学识精力，孙辑本存在一些问题是完全可以理解的。我们更应该看到的是孙辑诸书为我们从事相关研究、进行进一步校释、补辑、整理做出的贡献。随着新版本、新材料的发现，对孙辑本做出完善与补充，是学术推进之必然。如今天的《孙子十家注校理》《抱朴子内篇校释》《抱朴子外篇校笺》《括地志辑校》等都是在利用孙氏成果的基础上，依靠新材料取得了新突破。我们惟有借鉴孙氏成果、方法做进一步研究，而不应脱离了历史条件去苛求古人。

4. 附：孙星衍是如何补辑李鼎祚《周易集解》的

孙星衍的《周易集解》既体现了其辑佚思想，在辑佚方法上又具有典型性，故附录于此，略述如下。

孙辑《周易集解》正文由三部分构成，先为李鼎祚《周易集

---

① 姚振宗《三国艺文志》卷三子部"杨子《物理论》十六卷"，云杨泉撰，中有："钱保塘辑本序曰：'周氏广业、严氏可均谓《意林》所载《傅子》《物理论》互有错简，因取孙氏辑本校之，去其误收《傅子》数十条，以《齐民要术》《五行大义》《天中记》所引略加补正，而以《意林》错简入《傅子》者八条录附焉。'第周氏言《物理论》见引他书，搜辑遗文，去其重复，得文段完整者百数十条四千余字而诸赋不与焉，此卷只得三千余字，知尚有遗佚，惜未得周氏辑本一勘之也。"中华书局1991年版《二十五史补编》，第3254页。又清姚振宗《隋书经籍志考证》卷二十四《梁有杨子物理论十六卷》条引平津馆辑本马瑞辰序云："杨子《物理论》不见《宋艺文志》，则其书自宋已佚之矣。章逢之孝廉曾有辑本，今渊如观察重加校正，补所未备，其中引《傅子》为尤多，其不言《傅子》者亦多出于《傅子》。"下有注云："案：今本《意林》所载《物理论》只前十二条是本文，其下六十八条皆是《傅子》。严氏可均尝校而正之，此所辑犹沿其误，故马序以为引《傅子》尤多，钱氏辑本已厘剔删正矣。"《二十五史补编》，第5457—5458页。

解》,简称【解】;次为王弼、韩康伯注,简称【注】;最后为孙氏所辑诸家佚文,称为【集解】。另有采自陆德明《经典释文》的【释文】及以校勘文字为主的【按】语。

孙星衍补辑李氏《集解》,做法可以有两种:既可在包含李注的基础上进一步扩充,也可以不采李注,只呈现自己的新成果。孙星衍采取了前者。他将【解】【注】【集解】并列,有意识地将自己的成果附于李鼎祚、王弼之后,这样做,既对各自的成果作了明确切分,体现了他不掠前人之美的老老实实的治学态度,又隐含了己辑是在李鼎祚之后,对其未备者予以补充的性质。同时,并列李氏所辑和王、韩之注及己之所补,兼存象数、义理,既比较全面地呈现了唐前旧说,又彰显了孙星衍伸汉抑宋的鲜明倾向。

(1)【解】

【解】呈现的是李鼎祚《周易集解》的内容。孙星衍并未原原本本地复制李氏之说,而是本着注文与经传对应、含有数家旧注的同一条经传各家按时代排序的原则对李氏《集解》做了一些调整,同时在遵循李鼎祚析句系统的前提下,按照经传文本身的内在逻辑对其做了一些分合。

Ⅰ.遵循将相关注文置于首次出现的经传文之下的原则,对不同条目之间一些注解的位置做了适当移置。如《蒙》:"初六:发蒙,利用刑人,用说桎梏,以往吝。"李鼎祚《集解》云:

> 虞翻曰:发蒙之正。初为蒙始而失其位,发蒙之正以成兑,兑为"刑人",坤为"用",故曰"利用刑人"矣。坎为穿木,震足艮手,互与坎连,故称"桎梏"。初发成兑,兑为"说",坎象毁坏,故曰"用说桎梏"。之应历险,故"以往吝"。吝,小疵也。①

---

① 李鼎祚著,张文智导读《周易集解导读》,齐鲁书社2005年版,第124页。

下"《象》曰:'利用刑人,以正法也。'"李鼎祚《集解》云:

> 虞翻曰:坎为"法",初发之正,故"正法也"。干宝曰:初六戊寅,平明之时,天光始照,故曰"发蒙"。此成王始觉周公至诚之象也。坎为法律,寅为贞廉,以贞用刑,故"利用刑人"矣。此成王将正四国之象也。说,解也。正四国之罪,宜释周公之党,故曰"用说桎梏"。既感《金縢》之文,追恨昭德之晚,故曰"以往吝"。初二失位,吝之由也。①

以上李氏于《蒙》"初六"经文仅引虞翻说,孙氏则于虞翻后增干宝说,是将"《象》曰利用刑人"条之干宝说前置于经文下。孙氏之所以将干宝说前置,是看到了干说乃针对"初六"条逐句做出的阐释,前置后干氏原意与经文更加契合,孙星衍的调整因此更具合理性。调整之后,"《象曰》"中就只剩下虞翻说一条旧注了。

Ⅱ. 对一条经传文引用旧说两家以上者,按时代先后对各家次序进行了一些调整。如《乾》"九三:君子终日乾乾,夕惕若厉,无咎",李鼎祚《集解》引郑玄、虞翻、荀爽、干宝四家之说:

> 郑玄曰:三于三才为人道。有乾德而在人道,"君子"之象。虞翻曰:谓阳息至三,二变成离。离为"日",坤为"夕"。荀爽曰:"日"以喻君,谓三居下体之终,而为之君。承乾行乾,故曰"乾乾"。"夕惕"以喻臣。谓三臣于("于",孙作"乎")五,则疾修柔顺,危去惕行,故曰"无咎"。干宝曰:爻以气表,繇以龙兴,嫌其不关人事,故著"君子"焉。阳在九三,正月之时,自泰来也。阳气始出地上而接动物,人为灵,故以人事成天地之功者(孙本无"者"),在于此爻焉。故君子以之忧深思远,乾夕匪懈。仰忧嘉会之不序,俯惧义和之不逮,反复天道,谋始反终,故曰"终日乾乾"。此盖文王反国,大厘其政之日也。凡无咎者,忧中之喜,善(孙本无"善")补过者

---

① 《周易集解导读》,第124—125页。

也。文恨早耀文明之德,以蒙大难,增修柔顺,以怀多福,故曰"无咎"矣。①

孙星衍【解】中将诸说顺序调整为荀爽、郑康成、虞翻、干宝,除个别文字小异(见括注)外,内容不变。孙星衍之所以调整顺序,应该是想按时代先后排列诸家之说,使其秩序井然。考各家生卒年,郑玄(127—200)、荀爽(128—190)、虞翻(164—232)、干宝(?—336),则郑玄虽晚生于荀爽一年,但后卒于荀氏十年,这可能是孙氏将荀爽列于郑玄之前的原因。孙氏【解】中虽然也有因注者年代不详或兼顾不周而出现的前后颠倒现象,但那仅仅是个别情况。总体来看,调整之后,排列更加有序,也更易于发现诸说之间的继承与发展关系。

Ⅲ. 在基本遵循李鼎祚析句系统的基础上对经传文条目做了一些分合。诠释者出于注解需要,会对经传文章句做出划分。不同注家对经传文的理解不完全相同,章句划分也就不完全一样。具体到《周易》,李鼎祚《周易集解》与孔颖达《周易正义》的析句系统就差别很大。孙星衍基本采用了李本的析句系统,但也有与李本不尽一致处,台湾学者王学祥先生将二本之异归结为"析一为多"与"合多为一",大约得当。

首先是"析一为多"。孙星衍析一为多一般因经传文对应两条以上注解,析分后,每个独立的条目拥有各自的注释。如《师》"初六:师出以律,否臧凶。《象》曰:'师出以律,失律凶也。'"李氏《集解》云:"案:初六以阴居阳,履失其位,位既匪正,虽令不从。以斯行师,失律者也。凡首率师,出必以律,若不以律,虽臧亦凶。故曰'师出以律,失律凶也'。《九家易》曰:坎为法律也。"②孙星衍将此条析分为"初六:师出以律,否臧凶"与"《象》曰:师出以

---

① 《周易集解导读》,第89页。
② 《周易集解导读》,第136页。

律,失律凶也"两条,前者用《九家易》,后者跟李氏案语,析分后每条皆有注文,且与《周易正义》析句一致。

也有因析一为多而将一条旧注划分两处的,如《贲》"九三:贲如濡如,永贞吉。《象》曰:'永贞之吉,终莫之陵也。'"李氏《集解》:"卢氏曰:有离之文以自饰,故曰'贲如'也。有坎之水以自润,故曰'濡如'也。体刚履正,故'永贞吉'。与二同德,故'终莫之陵'也。"①孙星衍将经文与《象》辞分为二条,将卢氏说以"故'永贞吉'"为界分为两部分,前者置于经文下,后者置于《象》辞中。孙星衍之所以划为两条,因经文下有王弼注,孙氏增入【注】中;又因卢氏说在李本中虽为一条,但确实包含了对经文与《象》辞两部分内容的阐释,分开层次更清晰,且与《正义》析句一致。

其次是"合多为一"。上举《蒙》"初六"例比较单纯,只是将相关旧注调整到相应位置,经传文条目的划分不受影响。有些则因注文的移置导致了经传文条目的分合,如《蒙》经文:"匪我求童蒙,童蒙求我。"李氏《集解》云:"虞翻曰:'童蒙'谓五,艮为'童蒙','我'谓二也。震为动起,嫌求之五,故曰'匪我求童蒙'。五阴求阳,故'童蒙求我,志应也'。艮为求,二体'师'象,坎为经。谓礼有来学无往教。"②其于《象》"匪我求童蒙"条云:"陆绩曰:六五阴爻在蒙暗,蒙又体艮少男,故曰'童蒙'。"③又于"童蒙求我,志应也"条云:"荀爽曰:二与五志相应也。"④孙氏于经文"虞翻曰"后引进了李本《象》中之陆绩说。孙氏之所以前置陆说,是因为其说阐释"童蒙"之义,而"童蒙"首次出现于经文而不是《象》中,这种调整似更合理。但李本《象》"匪我求童蒙""童蒙求我,志应也"

---

① 《周易集解导读》,第191页。
② 《周易集解导读》,第123页。
③ 同上。
④ 同上。

原作两句,前句引陆绩说,后句引荀爽说。孙星衍将陆绩说前调后,"匪我求童蒙"条不再有注,孙氏便把两句合一,即注文的调整带来了经传文条目的合并。

也有些条目,孙星衍将李氏《集解》中原为多条的合并为一条,但其合并与注文无关。如《乾》"时乘六龙",李鼎祚云:"《九家易》曰:谓时之元气,以王而行。履涉众爻,是'乘六龙'也。"①下"以御天也",李鼎祚云:"荀爽曰:御者,行也。阳升阴降,天道行也。"②孙星衍合"时乘六龙,以御天也"为一句,先《九家易》后荀爽说,注文顺序、内容与李无异,但这类合并似乎没有明显的依据与优长。

Ⅳ. 对李氏《集解》中的一些旧注进行了删削与改造。王学祥指出,孙星衍删减李本旧解共二十一处:"总计删去孔颖达16条经解、《乾凿度》1条经解、虞翻2条经解、陆绩1条经解、孔安国1条经解。"③其中,王先生列举的《萃》之《彖》辞"'王假有庙',致孝享也"条,认为孙星衍删去了陆绩说并不确切。李鼎祚《集解》于经文"亨,王假有庙"下云:"虞翻曰:观上之四也。观乾为王。假,至也。艮为庙,体观享祀,故通。上之四,故'假有庙,致孝享'矣。"④于下《象》"王假有庙"中引陆说:"陆绩曰:王,五;庙,上也。王者聚百物以祭其先,诸侯助祭于庙中。假,大也,言五亲奉上矣。"⑤陆说在李本《象》之"王假有庙"下,孙星衍将其前置于经文下,未删。其他二十条则确为孙星衍所删。

王学祥另统计孙星衍引用对象与李鼎祚不同者十四条,其中

---

① 《周易集解导读》,第103页。
② 同上。
③ 王学祥《孙星衍及其易学研究》,台湾1997年博士学位论文,第97页。
④ 《周易集解导读》,第274页。
⑤ 《周易集解导读》,第275页。

《噬嗑》"六二：噬肤灭鼻，无咎"条统计有误。李本："虞翻曰：噬，食也。艮为'肤'，为'鼻'。鼻没水坎中，隐藏不见，故'噬肤灭鼻'。'乘刚'，又得正'多誉'，故'无咎'。"①王学祥云李本无注者、孙星衍作虞翻，实则李、孙均作虞翻。其他十三条，王学祥通过与清孙堂《汉魏二十一家注》比较，指出有两条属于孙星衍改正了李本之误，而另外六条则易是成非。

综上所述，孙星衍对李鼎祚《集解》在尽力全面呈现的基础上做了一些调整、删减工作。首先，他将王弼、韩康伯注全部抽出，置于"注"中（见下）；其次，他对不同条目下的一些旧说一般以系于首次出现的经传文下的原则进行了移置；再次，他对一条经传文中并引数家之说者按时代先后调整了顺序；复次，他直接删削了某些注解并对有些注解的作者给出了新说。就前三项来看，孙星衍的调整以可取者居多，而最后一项则似乎没有足够的删改依据，因而导致了一些新的错误。

（2）【注】

孙星衍在【解】下列举了王弼、韩康伯注，仍标为【注】，共计一千一百二十条。李鼎祚《周易集解》中原有王注五十八条，韩注六十条，约为全部王、韩注的十分之一。调查发现，李鼎祚援引的王、韩注都在当时通行的《周易正义》范围之内，仅仅做了个别位置、文字上的变更，而没有条目上的增辑。孙星衍正是看到了这一现象，为避免重复，他将李氏《集解》中的王、韩注全部抽出，将其还原到【注】中。如《需》"初九：需于郊，利用恒，无咎"，王弼注云："居需之时，最远于难，能抑其进以远险待时，虽不应几，可以保常也。"②李鼎祚将王注后移于《象》辞"《象》曰：'需于郊，不犯难行

---

① 《周易集解导读》，第 187 页。
② 《周易正义》，中华书局 1980 年版《十三经注疏》附《校勘记》，第 23 页。

也。利用恒无咎,未失常也。'"下。① 孙星衍不仅将其从【解】中抽出,置于【注】中,而且将其恢复到经文下,与《周易正义》保持了一致。比较而言,当以《正义》、孙本更为恰当。

(3)【集解】

孙星衍的贡献主要体现在【集解】中。【集解】是对李说之补充,广采诸书、尤重马(融)郑(玄)、众说并存、合理编排、精择《释文》、不做主观评价等是其突出特点。

Ⅰ.广采诸书,标注出处。因为李鼎祚已经吸纳了旧注中的精华,存下来的佚文佚说数量极少,哪怕只词片语,孙星衍皆恐其坠失,视野所及,全部搜辑。即使这样,李氏之外的佚文也很有限。穷搜尽索,仅得五百十二条,采书五十余种,主要涉及《易》类专书:如《易大传》《淮南九师训》《九家易》《周易正义》《周易口诀义》《元包经传注》《汉上易传》《汉上易卦图》《汉上易丛说》《周易古占法》《筮宗》《周易辑闻》等;经部他书,如《尚书疏》《诗疏》《礼记疏》《周礼疏》《仪礼疏》《春秋左传正义》《公羊疏》《穀梁疏》等;小学类,如《说文解字》《经典释文》等;类书类,如《北堂书钞》《初学记》《太平御览》等;古注类,如《史记索隐》《史记集解》《汉书注》《后汉书注》《文选注》《唐律疏议注》《路史注》等;其他汉魏隋唐古书,如《晋书》《隋书》《旧唐书》《唐会要》《宋史》《玉海》《湘山野录》《广川书跋》《麈史》《大衍历》等。就采集范围看,孙氏达到了同时代的领先水平。他又继承了惠栋、余萧客的做法重视标注出处,于每条佚文后标明来源,既可让读者了解孙氏搜辑材料之途径,又便于在使用过程中按图索骥对材料作出进一步核对。这一做法较李鼎祚、王应麟不标出处是巨大进步。

Ⅱ.穷搜旧注,尤重马郑。孙氏补辑,既有李鼎祚所引诸家未及辑出的佚文,也有李鼎祚未曾关注的其他注家。就所涉注家来

---

① 《周易集解导读》,第 127 页。

看,范围得到了极大拓展。王学祥在《孙星衍及其易学研究》中曾经做过统计,云"较之李鼎祚所引35家,除未取焦延寿、崔憬、沈驎士、孔颖达、姚规、朱仰之、蔡景君等7家之说,其余28家多有补充"①。孙星衍除补充李氏所引诸家未备之外,另辑有李氏未及之说五十三家,分别是:易大传、贾谊、淮南九师训、费直、施雠、刘向、郑众、应劭、服虔、薛虞、皇甫谧、董遇、孙炎、张晏、九家易、邹湛、张轨、黄颖、徐氏、杨乂、桓玄、顾欢、刘贞简、梁武帝、周弘正、张氏、褚氏、卫元嵩、陆德明、傅氏、后汉书、何氏、魏徵、史徵、李翱、陆希声、一行、东乡助、张辕、正义、公羊疏、周简子、王传、杨方、甘容、庄氏、刘氏、周氏、李氏、薛氏、诸儒、先儒、旧说等。诸家之中,孙氏共辑得马融、郑玄说合计四百余条,占补辑全部条目的五分之四。也就是说,李氏《集解》以虞翻、荀爽说为主,孙氏则以马融、郑玄为重。合观两家之说,汉代象数易学之精髓可得大概。

Ⅲ. 众说并存,合理编次。孙氏补辑佚文五百十二条,分布不均。很多经传条目已无佚文流传,只能阙如;有些条目只辑得一条旧注,也有些能够网罗到的古注有数家之多。对于留存佚文两条以上的,孙星衍对诸家之说亦按时代先后编排,如《大畜》"上九,何天之衢,亨",有马融注一条,郑玄注两条,孙氏按年代先马后郑,两条郑注的排列则先释象后通释:

【集解】马融曰:四达谓之衢。【释文】郑康成曰:艮为手,手上肩也。乾为首,首肩之间荷物处。乾为天,艮为径路,天衢象也【后汉书注】。又曰:人君在上位,负荷天之大道【文

---

① 《孙星衍及其易学研究》,第104页。按:李鼎祚本所辑四十一家,非三十五家:子夏、孟喜、焦赣、京房、马融、荀爽、郑玄、刘表、何晏、宋衷、虞翻、陆绩、干宝、王肃、王弼、姚信、王廙、张璠、向秀、王凯冲、侯果、蜀才、翟玄、韩康伯、刘巘、何妥、崔憬、沈驎士、卢氏、崔觐、伏曼容、孔颖达、姚轨、朱仰之、蔡景君、孔安国、延叔坚、《易轨》《九家易》《乾凿度》及李鼎祚本人的案语。

选注】。①

由上例可见,孙星衍对网罗到的旧注,不加严格别择,众说并存;对补辑诸说不作主观评价,更不加以阐释,他践行着《序》言所说"蒙为此书,无所发明,窃比于信而好古,网罗天下放失旧闻云尔"②,"如其疏释,以待能者"③的原则,只从文献入手,客观网罗旧注,因此该书具有鲜明的辑佚性质。

(4)【释文】与【按】语

孙星衍所辑《周易集解》于经传文条目及【集解】下列陆德明《经典释文》部分内容,简称【释文】,阐释读音,标注异文、异读或句读;有时用【按】(也有作【案】者)引进《说文解字》、石经等校勘文字,以便阅读。【释文】【按】语并非每条经传文皆附,附着的条目或仅有【释文】,或仅有【按】语,或二者并存。与【解】【注】【集解】三个各自起行并列的主体部分不同,【释文】【按】置于经传文或【集解】下,与之相接,不另起行与主体并列,这样编排显得主次分明,一目了然。

Ⅰ.合理处置《释文》。孙星衍《周易集解》引陆德明《经典释文》八百余条,分置于经传及【集解】下。孙星衍援引《释文》主要有以下几个特点:

(Ⅰ)精心选择援引条目。孙星衍并非将《经典释文》所有内容原封不动地全部照搬,而是慎重地择取有关条目。如《乾》卦,《经典释文》共阐释了八十一个字词,孙星衍仅选择了十九个,其中于经文下出现的有"无"、"复"、"造"、"体仁"、"利物"、"不成名"、"上下"、"就燥"、"作"、"挥"、"辨"、"圣人"十二个,于【集解】中出现的有"大人"、"惕"、"亢"、"资"、"统"、"文言"、"确"七

---

① 《周易集解》,第235页。
② 孙星衍《周易集解序并注》,第15页。
③ 同上。

个。【集解】中重出"造"、"作"、"挥"三字,是将《经典释文》的阐释析分为二,释音部分置于经文下,释义者置于【集解】中。由《乾》卦孙星衍从陆氏《释文》八十一个字词中仅呈现了十九个看,显然是经过遴选之后做出的选择。

进一步分析发现,孙氏筛选掉的往往是音义比较简单的条目。挑选出来的十九例或标注异文、异读,或为阐释较难理解的字词,或提示句读包含标举不同句读,或纠正错误等。如:

《乾》"君子体仁,足以长人",孙氏【释文】:"京房、荀爽、董遇本作'体信'。"①

《乾》"飞龙在天,大人造也",对"大人造也"的阐释,孙氏于经文中引【释文】:"造,郑徂早反。王肃七到反。刘歆父子作聚。"②又于【集解】中引之:"郑康成曰:造,为也。王肃曰:造,就也,至也。"③

《乾》"确乎其不可拔,潜龙也",孙氏于【集解】中引【释文】:"郑康成曰:'确,坚高之貌。拔,移也。'"④

《大畜》《象》曰:大畜刚健,笃实辉光,日新其德",孙氏【释文】云:"大畜刚健绝句。辉音辉,光绝句。日新其德,郑以日新绝句,其德连下句。"⑤

《无妄》"六二,不耕获",孙氏【释文】云:"不耕获,或依注作不耕而获,非。"⑥

孙星衍之所以没有全部呈现《释文》条目,应该基于《周易》是必读经典,一般的音义是当时的读书人所熟悉的,没有必要逐一标

---

① 《周易集解》,第 15 页。
② 《周易集解》,第 13 页。
③ 同上。
④ 《周易集解》,第 18 页。
⑤ 《周易集解》,第 229 页。
⑥ 《周易集解》,第 225 页。

注。他只遴选出那些有异文异读、句读方式不一、较难理解的条目,以达到既便于理解经传之义又不辞费的目的。

(Ⅱ)根据音义分离原则对援引条目予以析分并置于不同位置。由以上诸例可以看出,孙星衍援引《释文》位置并不固定,或置于经传文下,或放在己辑之【集解】中,或于经传、【集解】中皆引。考查发现,其于经传下与【集解】中征引《释文》的目的也不相同,经传下引《释文》,主要用来解释字音、标举句读及异文,如上举第一、四、五例;【集解】中征引则主要用来阐释字义,如例三。这一析分原则在例二中最明显。该条《经典释文》原文为:"大人造,郑徂早反,为也。王肃七到反,就也,至也。刘歆父子作聚。"①比较可知,孙星衍将该条析分为二,音读、异文置于经文下,字义则被抽出入了【集解】,这一做法是其处理《释文》的通例。

(Ⅲ)对部分援引条目做了文字上的删减。孙星衍援引《经典释文》不仅做了条目上的筛选,并按音义分离的原则对部分条目做了析分,而且还对一些征引条目做了文字上的删减、改动,主要表现为在经传中引《释文》者多节选,而非全引。如《乾》"六爻发挥,旁通情也",陆氏《释文》作"挥,音辉。《广雅》云:动也。王肃云:散也。本亦作辉,义取光辉。"②孙星衍采用时隐去了"挥,音辉。《广雅》云:动也"部分,仅保留了王肃说,又将王肃说音义分开,置于经文、【集解】两处。其于经文云:"挥,本亦作辉,义取光辉。"③未标王肃说,或疏忽所致。于【集解】云:"王肃曰:挥,散也。"④

总之,孙氏【释文】从便于阅读出发,精心选择了陆氏原文中

---

① 《经典释文汇校》,第33页。
② 《经典释文汇校》,第34页。
③ 《周易集解》,第33页。
④ 同上。

部分音义较难理解的条目,并以音义分离、明朗简约为目的对一些条目进行了析分、删节与改造。总体来看,陆氏以注家为单位呈现旧说,孙氏则按内容对旧说进行了切割,主要原则是将读音、句读、异文等系入经传下,而将释义部分系入【集解】中。由陆氏《释文》可以比较完整地体现一家之言,而孙氏有意识的切分似更符合阅读习惯。孙星衍的析分也偶有执行不严、疏忽致误等问题,总体来看,还是比较严谨细密的。

Ⅱ.客观呈现己之【按】语。李鼎祚《集解》原有案语一百十一条,皆以"案"字别之。其案语是在所辑诸家之外阐发自己对相关经传文的见解兼有驳正诸家阐释之误者。孙氏按语与李氏内容不同,标举异文为其主体,很少涉及孙氏个人对经传之义的诠释。

孙氏按语的位置与李氏有明显区别。李氏案语均在【解】中,孙氏按语则在经传文下,【释文】、【注】及己辑之【集解】中,以直接系于经传文下及置于【释文】后者居多。

孙氏按语的标记与李氏也不相同。孙氏用字"按"、"案"兼有,计用"按"者六十七处,作"案"者十二处,共七十九处。作"案"或"按"似无规律,但不管使用何字,在《岱南阁丛书》本及成都古籍书店本中格式与【释文】【解】【注】【集解】及各家出处一样,都做了特别标记。李氏案语皆用"案"字,位置固定在【解】中,且"案"字无任何标志。因此,孙氏并没有湮没李氏贡献,他通过特别标记明确将自己的按语与李氏予以区别。

明确了孙星衍的以上做法,对王学祥的疏忽就会做出客观评价。王学祥认为孙氏按语"有101条附在'解'者,其中高达100条乃袭自李鼎祚《周易集解》的案语,唯在《咸》卦'《象》曰咸其辅颊舌,滕口说也'一条,孙星衍引《释文》补充虞翻之解"[①]。又云:"孙星衍沿用李鼎祚的案语,却无标明出自出处,而同样以'案曰'

[①] 《孙星衍及其易学研究》,第106页。

二字作起头，恐易造成混淆读者的情形，甚至有掠人之美的嫌疑。"①很显然，王先生因没有充分领会孙氏体例而出现了认识上的偏颇。实则，【解】中的一百条案语都是李鼎祚的意见，孙星衍并未混淆不标，而《咸》卦上六《象》辞"咸其辅颊舌，滕口说也"后孙氏援引《释文》一条："【释文】滕，九家作乘，虞作媵。口说，如字，徐音脱，又始锐反。"②该条并未以案语形式出现，与他处一样，孙氏引之仅为阐释异文、读音而已。就全书体例来看，孙星衍之所以明确标注【解】【注】【集解】【释文】【按】，其出发点正是为了清晰地界定出自己跟前人的成果，这是他的高明、严谨之处，即使同样选择用"案语"表达自己的思想，以孙星衍在本书的做派是绝不会在"按语"上掠人之美的。

孙氏【按】语多据《说文》、晁氏所引郑本、唐宋石经、李鼎祚本、史徵本等标举异文，如：

《乾》"上九，亢龙有悔"，孙氏【按】："《说文》'亢'作'忼'。"③

《乾》"闲邪存其诚。"孙氏【按】："晁氏云：郑本作'闲邪以存其诚'。"④

《需》九二"《象》曰：需于泥，灾在外也。"孙氏【案】："宋石经'灾'作'灾'。"⑤

《履》"履虎尾，不咥人，亨"，孙氏【按】："李氏本'亨'下有'利贞'。"⑥

---

① 《孙星衍及其易学研究》，第107页。
② 《周易集解》，第274页。
③ 《周易集解》，第6页。
④ 《周易集解》，第19页。
⑤ 《周易集解》，第84页。
⑥ 《周易集解》，第118页。

《渐》九三"利御寇",孙氏【案】:"史徵本利有用字。"①

除注异文外,【按】语中另有一条标举句读之异:《系辞》"系辞焉而明吉凶",孙氏:"【释文】虞本更有'悔吝'二字。【按】李鼎祚以'圣人设卦'绝句,'观象系辞焉'绝句。"②

孙氏【按】语也偶有对异文是非优劣予以判别,对致误之由进行分析者。如:

《兑》"上六,振恒凶",孙氏:"【释文】'振恒',张作'震'。【按】《说文》引作'榰恒',其义为长也。"③

《系辞》"古者庖犧氏之王天下也",孙本:"【释文】'包',本又作'庖',孟、京作'伏犧',字又作'羲'孟、京作'戏'。【按】《说文》两引作'虙義氏',其《说文叙》又引作'庖犧'者,后人改之。"④

由以上诸例可以看出,孙氏按语以标举异文而非以阐发个人见解为主,一般不作主观判断,体现了孙星衍重视版本校勘、存真存异的谨慎态度。

(5) 孙星衍《周易集解》于《易》学辑佚史之价值

孙氏《周易集解》主要属于辑佚,辑出的条目是否全备,编排是否合理,是重要的学术活动。孙星衍在体例的编排上颇具匠心,他将全文分为【解】【注】【集解】三部分,力求比较全面地呈现汉魏旧说,并明晰地界定他人与自己的成果。他对李鼎祚《集解》有些条目中旧注的位置做了一些调整,以符合其按时代排列的原则。他将王弼、韩康伯注从【解】中抽出,还原到【注】中,以避免重复。又鉴于留存下来的旧注已经很少,他对自己补辑的条目采取了不

---

① 《周易集解》,第 443 页。
② 《周易集解》,第 539 页。
③ 《周易集解》,第 283 页。
④ 《周易集解》,第 620 页。

加严格选择、不作是非判断的办法,尽量全面呈现补辑内容,以供学习、研究者参考、使用。又通过【释文】【按】语提示读音、异文、句读,便于阅读。这些都体现了他的《易》学思想与编纂水平。孙星衍的编排方法上文已作阐述。此仅通过与孙星衍之后以辑佚著称的马国翰所辑《周易》旧注略作比较,以窥孙氏补辑之完备程度,并由此界定其在《周易》辑佚学史上的地位。

马国翰采取的是单家辑佚的方法,仅就《周易》而言,他辑得的佚文多不出孙氏范围,甚至多家不如孙氏完备,超出孙氏视野的寥寥无几。如《玉函山房辑佚书》的《周易傅氏注》辑傅氏说三条,《周易系辞荀氏注》辑荀柔之说三条,《周易系辞桓氏注》辑桓玄说三条,《周易系辞明氏注》辑明僧绍说三条,均出《释文》,与孙辑全同。更多的是马国翰所辑反不如孙星衍全备,如马氏所辑《周易侯氏注》仅用李鼎祚《集解》,孙星衍另从《周易口诀义》中辑得《渐》卦一条,马氏未采:《渐》"《象》曰:山上有水,渐。君子以居贤德善俗。"孙星衍引《口诀义》:"侯果曰:贤者德成之名,德是资贤之实也。"①如果说惠栋、余萧客不采《口诀义》,盖因其时尚未全面认识《口诀义》之价值,那么,马国翰生活的嘉道时期,《口诀义》经四库馆臣宣扬,经孙星衍刊布已经广为流传,且为马国翰利用,该条未辑,只能归于马氏疏漏。即使所采李氏《周易集解》之侯果注,也有未备者,如《豫》:"九四:由豫,大有得,勿疑朋盍簪。"《家人》:"九三:家人嗃嗃悔厉,吉。妇子嘻嘻,终吝。"《旅》:"《象》曰:山上有火,旅。"《系辞》"旁行而不流","是故履,德之基也","象事知器,占事知来"六条,李氏《集解》中之侯注为马国翰遗漏。

马国翰所辑《周易庄氏义》一卷,仅据《周易正义》取材,不如孙氏完备。孙氏较之多辑两条,一出孔疏,一出《口诀义》。出孔疏者乃《乾》"本乎地者亲下"条"庄氏曰:天地絪缊,和合二气,共

---

① 《周易集解》,第440页。

生万物,然万物之体"①云云。出《口诀义》者乃《习坎》"《象》曰:水洊至,习坎。君子以常德行,习教事"条"庄氏曰:虽处危难之时,道教岂可忘哉"②。马国翰又辑得《周易何氏讲疏》四十五条,出李氏《集解》者三十八条,出《周易正义》者七条。其中出《集解》者与李本、孙本同,无漏辑,而出《正义》者孙本较马氏多辑出三条,孙氏另有辑自《口诀义》者三条,即后来之马国翰较孙氏所辑少六条,不具录。

相比之下,马国翰多出孙本的条目则很少。如《周易薛氏记》一卷,马氏所辑共十一条,其中十条见于孙氏【集解】,唯《颐》"颠颐拂经"及"拂符弗反违也"③条孙本无。又孙未辑孙盛注,马有《易象妙于见形论》两条,一出刘孝标《世说新语》注,一出孔颖达《周易正义序》。马氏有《蔡氏易说》一卷,共辑得汉蔡景君说三条。其中,出李鼎祚《集解》一条:"剥上来之三";出朱震《汉上易丛说》两条,一为"说卦曰天地定位"云云,一为《讼》"象曰",后两条孙氏未采。诸如此类,马氏后来居上者极少。因此,我们说,孙星衍在继承李鼎祚、王应麟、惠栋、余萧客的基础上,最大限度地搜辑了《周易》古注。所辑之完备,即使后来以辑佚著称的马国翰也难望其项背。

综上所述,《周易》旧注经李鼎祚、惠栋、余萧客、孙星衍努力,才网罗得比较齐备,孙星衍于诸家之后拾遗补阙,集其大成,无论体例还是内容都后来居上,后出转精,因此其工作绝非可有可无,而是不可不做,具有拓宽、补遗的重要意义。

---

① 《周易集解》,第26页。
② 《周易集解》,第254页。
③ 马国翰《玉函山房辑佚书》,广陵书社2005年版,第52页。

七、孙星衍的金石学成就

清代以降，地不爱宝，金石迭出，清人利用金石资料证经考史，取得了不少新突破。乾嘉学者对金石价值的认识更加深刻，钱大昕在《关中金石记序》中强调了金石可与经史互证、所记之事出于当时、能够保持原貌、信而有征之价值："金石之学与经史相表里……盖以竹帛之文，久而易坏，手钞板刻，展转失真。独金石铭勒，出于千百载以前，犹见古人真面目，其文其事，信而有征，故可宝也。"①洪颐煊认为金石不仅具有重要的史料价值，而且是研究文字、文体的重要材料："夫世之所贵乎金石者，以其足取证经史也。圣贤经传，微言奥义，典籍散亡，往往得自学士之摘词，家状之缵述。至国家易代修史，或采自传闻，或成于众手，残舛讹阙，势不能免，尤不若金石之出于当时为可据。其他如六书之通转、文体之宗尚，皆可于是窥其厓略，此其学所以日积而日昌也。"②孙星衍则看到了金石作为一方文献可稽古征今、有益政事之作用："夫金石实一方文献，可以考证都邑、陵墓、河渠、关隘古今兴废之迹，大有裨于政事，不独奇文妙墨，足垂永久。"③

基于对金石价值的充分肯定，乾嘉学者热衷搜集、摩拓、购藏、互赠金石碑刻，著录、诠释、研究蔚然成风，涌现出不少金石学家。据李遇孙《金石学录》记载，从清初到嘉庆有金石学家二百余人，

---

① 钱大昕《关中金石记序》，《续修四库全书》第 908 册 191—192 页。
② 《平津馆读碑记》洪颐煊《序》，《续修四库全书》第 905 册 2 页。
③ 孙星衍《京畿金石考序》，《续修四库全书》第 906 册 187—188 页。

产出了很多高水平的金石学著作。乾嘉时期的金石学著作以毕沅的《关中金石记》《中州金石记》、阮元的《山左金石志》《两浙金石志》、翁方纲的《粤东金石略》、钱大昕的《潜研堂金石文跋尾》、翁方纲的《两汉金石记》、王昶的《金石萃编》、武亿的《授堂金石跋》、孙星衍的《寰宇访碑录》《京畿金石考》、严可均的《平津馆金石萃编》等尤为海内尊向。

在乾嘉众多金石学家中,孙星衍的成就不容埋没。他在金石收藏与研究领域,为清代金石学的发展做出了重要贡献,此略作论述。

(一) 孙星衍的金石收藏

乾隆四十四年(1779),孙星衍与恩师钱大昕同登茅山,搜讨碑碣,收获颇丰:"因同游茅山玉晨观郁冈,搜讨碑碣,手录华阳洞口宋人题名甚多,皆志乘未载。"①钱大昕是乾嘉时期著名金石学家,其对金石的重视、搜集、鉴别、利用必然影响着年轻的孙星衍的学术取向。孙星衍与毕沅、王昶、翁方纲、阮元等关系密切,诸人宦迹所至因地访碑、编纂地方金石志的做法必对其产生影响。孙星衍又与长于金石的武亿、黄易、瞿中溶、赵魏、程敦等多有交往,互通有无,切磋共进。时风激励与个人爱好最终成就了孙星衍在清代金石学上的地位。

1. 孙藏金石之途径

孙星衍收藏的金石碑刻主要靠亲自拓访、友朋赠送、适当购置而得。

孙氏足迹所至,探访、摩拓无虚日。其《寰宇访碑录序》云:"盖尝西游河华,北集神京,东揽三齐,南穷越纽,所至山川、城邑、

---

① 《孙渊如先生年谱》,《北京图书馆藏珍本年谱丛刊》第 119 册 452 页。

古陵、废庙，或有残碑断碣，无不怀墨握管，拓本看题，录入兹编，岁有加益。"①据此可知，孙藏金石多由其亲拓而得。

孙藏金石也有友朋赠送者，如《赠歙州刺史叶慧明碑》为嘉庆十二年(1807)孙星衍权藩历下时赵葆舒持赠；②《通判赵崇隽圹志》由瞿中溶录寄；③《盟吐蕃题柱文》为言朝标寄赠(见下)等。阮元亦时常与之互通有无，其于《阅问字堂集赠言》中即向孙星衍通报自己考察山左金石之近况，问孙星衍是否需要新得之魏贾使君碑、北齐造像记等。④

孙藏金石也有购置而得者，如孙星衍曾花十千钱购得山东滋阳隆兴寺造象五躯。⑤ 因《泰山刻石》毁于火，旧拓本至难得，孙星衍曾购得二本，云"以一金易一字"⑥。又不惜十万钱购得清初孙承泽家藏之《汉熹平石经》残字，考定为越州石氏本，作长跋附后，置坐卧小室中，见者皆诧为铭心绝品。⑦

孙星衍也时常把自己新得的金石拓本告知同好，赠送友朋。如他在陕西得周高克尊，禀告翁方纲。翁氏《复初斋文集》卷十九《跋周伯克尊》即为此作。又寄赠《嵩山画象》，翁方纲以之与黄易

---

① 孙星衍《寰宇访碑录序》，《续修四库全书》第904册399页。
② 《平津馆金石萃编》云："右碑石未知存佚，嘉庆丁卯夏中，权藩历下，赵校官葆舒得此持赠。"《续修四库全书》第893册110页。
③ 《思适斋书跋·思适斋序跋补遗·跋通判赵崇隽圹志》云："此志载孙渊翁《寰宇访碑录》，亦出自瞿木夫录寄。"第231页。
④ 《问字堂集·阅问字堂集赠言》，第11页。
⑤ 严观《江宁金石记》卷二《造象记》载："右《造象记》，正书，向在山东滋阳隆兴寺壁间，中凿为龛，刻象五躯，四周题字。孙渊如观察以俸钱十千购得，今存江宁孙忠愍公祠内。"《续修四库全书》第910册258页。
⑥ 《孙星衍遗文拾补·泰山刻石残字跋》，《书目季刊》第四十五卷第三期，第82页。
⑦ 《顾千里集》卷十五《跋新刻汉石经残字》，第227页。

所贻《肥城画象》、洪亮吉所贻《射阳画象》同装,自题其室曰"三汉画斋"。① 阮元《山左金石志》所载《栖霞寺造象钟经碑》《栖霞寺讲堂佛钟经碑》《析子觚》等皆为孙氏藏品,《楚良臣余义钟》则由孙星衍拓铭文并考释寄赠阮元。嘉庆十三年(1808),孙星衍于金陵得严长明所藏明拓秦泰山石刻旧本,次年赠予严可均,留下一段佳话。许瀚记此事云:"又闻俞理初先生云:孙渊如先生有整幅,甚宝爱,张诸壁。严铁桥先生欲之,孙云'一字一叩首,当以相觊'。严肃衣冠,如数拜讫,径持去,孙不能难也。附识于此,以资嗜古者之一笑。"②

2. 孙藏金石之价值

经过几十年辛苦经营,孙藏碑刻既富且精。洪颐煊云:"渊如师喜金石文字,生平游历所至,搜访无虚日。德州平津馆所藏碑,自周秦至唐末五代,凡廿余匦。"③许宗彦云"吾友渊如观察尤好是学,收藏最多",其一家之藏,号称"海内流传碑刻略备"④。

孙藏诸碑证经考史、订讹补缺,有功学术,其价值由《平津馆读碑记》《平津馆金石萃编》等可窥一斑。

洪颐煊长期追随孙星衍,深受器重,"始得尽见海内所有之碑"⑤,为撰《平津馆读碑记》八卷:"庚午冬,颐煊始取而读之。见诸君题跋未尽,间有所获,辄录于左方,积成八卷,题曰《平津读碑记》,示所从得也。"⑥《平津馆读碑记》又有《续记》一卷《再续记》

---

① 翁方纲《复初斋诗集》卷三十三《武梁祠堂画象》诗末注,《续修四库全书》第1454册667页。
② 许瀚《攀古小庐杂著》卷十一《秦泰山刻石并明人题字跋》,《续修四库全书》第1160册781页。
③ 《平津馆读碑记》洪颐煊序,《续修四库全书》第905册2页。
④ 《平津馆读碑记》许宗彦序,《续修四库全书》第905册2页。
⑤ 同上。
⑥ 《平津馆读碑记》洪颐煊序,《续修四库全书》第905册2页。

二卷,主要为颐煊所得、出星衍藏品之外者。因此,前八卷著录的周至五代碑刻五百六十余种,最能体现孙藏之数量、特色及价值。

严可均据孙氏藏品撰成《平津馆金石萃编》二十卷,收录自三代至宋辽金碑刻八百八十八种,其中王昶《金石萃编》未收录或不及孙本之善者四百余种,孙藏可补其不足。

《平津馆读碑记》与《平津馆金石萃编》体例不同。前者为洪颐煊个人的考证成果,"考经证史,赡博简覈,拾遗补鐍,无少疏漏"①;后者采用辑录体,碑文之下辑录各家跋语,末为孙氏按语。二书能够成为垂名青史的金石学名著,其价值是以孙氏藏品为前提实现的。

(1) 考经证史

金石的主要价值是证经考史,孙藏金石于经学之功,主要表现为:

有些保存了经书古读,如《田义起石浮图颂》:"碑用'孝乎惟孝',与杨珣碑同,亦《论语》古读之一证。"②

有些为经学史提供了新证,如陆德明《经典释文序录》称《齐诗》久亡,《鲁诗》不过江东,《韩诗》虽在,人无传者。《隋书·经籍志》亦云《齐诗》魏代已亡,《鲁诗》亡于西晋,《韩诗》虽存,无传之者。而《易州刺史田琬德政碑》云:"公弱冠游太学,寻师授《韩诗》《曲礼》。"③知唐时《韩诗》尚有传人。

有些保存了经书佚文,如上举《易州刺史田琬德政碑》云:"《毛诗·云汉篇》'如惔如焚',此碑作如焌如焚,其即《韩诗》欤?"④

---

① 《平津馆读碑记》许宗彦序,《续修四库全书》第905册2页。
② 《平津馆读碑记》,《续修四库全书》第905册58页。
③ 《平津馆读碑记》,《续修四库全书》第905册69页。
④ 同上。

有些为了解经书篇目原貌提供了依据,如《受禅碑》云:"'□唐典之明宪,遵大麓之遗训',亦可为《舜典》合于《尧典》一篇之证。"①

相比于证经,金石考史之功尤大。翁方纲云:"夫金石之足证经史,其实证经者二十之一耳,证史则处处有之。"②孙藏碑刻于史学之功,主要表现在为:

有足补史传人物之阙者,如《鲁郡太守张猛龙清颂碑并阴》《营州刺史高贞碑》所记碑主张猛龙、高贞,《魏书》均无传。《睦州刺史张琮碑》所载碑主张琮,两《唐书》无传,其曾祖谊、祖嵓、父辩及祖母李氏为景皇帝之女、母窦氏为隋文帝之甥、夫人为长孙文德皇后之姊等,均不见于史。《同州西河县丞赵叡冲碑》所载赵叡冲与二子良器、良弼,两《唐书》皆无传……此类史传不载的人物,碑文所记尤为可贵。

有些人物史书虽有传,碑文所书有出其外者,如《后汉书》李贤注引孔融家传云融兄弟七人,融排第六,唯有兄褒见融传,不载孔谦,孙藏《孔谦碑》可补其阙。《北齐书》有敬显俊传,但所书仕魏官阶不及《敬使君显俊碑并阴》翔实。《华阳三洞景昭法师碑》为陆长源撰,结衔称"检校国子司业吴县开国男",为两《唐书》本传不载。

有些职官碑刻所记为史志不载,如《续汉志》云每郡有五部督邮,《中部督邮残碑阴》碑阴所书有中部督邮、南部督邮、北部督邮,可证《续汉志》所言不虚。碑又有中贼曹、左贼曹、右贼曹、左户曹、右户曹、左决曹、右决曹及不分左中右的奏曹、辞曹等,则为《续汉志》不书。《魏书·官氏志》云有皇子典祠令、无王国典祠令,《冯翊王国典祠令李和之造像记》所书李和之官衔可补其阙。

---

① 《平津馆读碑记》,《续修四库全书》第905册16页。
② 《平津馆读碑记》翁方纲序,《续修四库全书》第905册1页。

《佛顶尊胜陁罗尼经幢》所载勾司、衙司、差科司、司功司、司士司、司户司、司法司等名,亦多不见于史。

有些碑文可纠史传之讹,如《泰山都尉孔宙碑并阴》云孔宙年六十一,延熹六年正月己未卒,时融年十一,可证《后汉书》孔融传作"十三丧父"者误。《新唐书·宰相世系表》云狄知逊为越州刺史,《邛州刺史狄知逊碑》作越州郏县令,未尝为刺史。《表》又云孝绪三子知俭、知本、知逊,碑云知逊为第五子,可证史误。《郑州等慈寺碑》云"秘书监颜师古为碑铭,并贞观四年五月建造毕,碑末结衔称'通议大夫行秘书少监轻车都尉琅邪县开国子'"①,《旧唐书·颜师古传》云太宗践阼,擢拜中书侍郎,封琅邪县男,贞观七年(633)拜秘书少监,十一年进爵为子。以碑结衔证之,知史误。

碑文所记地理区划亦可与史志互证,如《新唐书·地理志》云博陵郡领县十,《旧唐书》作领县十一,《北岳恒山封安天王铭并阴》碑阴列博陵郡属县令,亦止十县,无安险县,与《元和郡县志》同,可证《旧唐书》误。《旧唐书·李勣传》云诏授黎阳总管上柱国莱国公,《太尉英贞武公李勣碑》作黎州总管,《元和郡县志》云大业二年(606)省黎州,武德二年(619)重置黎州,贞观十七年(643)黎州废。李勣降唐在武德二年闰二月,知《旧唐书》本传作"黎阳"误。

(2)校勘存世文本

古书传写,讹谬续增。早期碑刻,错误较少,因受珍视。如景龙二年(708)正月所刻《老子道德经》碑本有与通行王弼注本不同者,如王本"道冲而用之"至"象帝之先"为三章,"天地不仁"至"不如守中"为四章,"谷神不死"至"用之不勤"为六章,碑本皆并为一。"故有之以为利,无之以为用",王本属十二章,碑本无"故"字二句,属下章之首。"重为轻根,静为躁君",王本为二十七章,

---

① 《平津馆读碑记》,《续修四库全书》第905册41页。

碑本属上章之末。① 孙星衍就此发出唐代碑刻早于宋代雕版、价值应该引起足够重视的感慨："右唐景龙年所刻《道德经》在易州，渐即漫漶，其绝胜今本之处，钱少詹《潜研堂金石文跋尾》已言之。今人得宋刻书，流连赏玩，出值数十百金，此唐刻在开元本之前，更当何如珍重，未可与贵耳贱目者道也。"②

平津馆收藏碑文有可与传世刊本互证、足纠传世本之误者，如《文苑英华》中有《少保豆卢恩碑》《庆唐观金箓斋颂》《司徒鄂国公尉迟恭碑》等，以碑考之，刊本多误。元结撰《阳华岩铭》，收入文集，然"结集中有此，文字多讹舛，当以碑为正"③。

（3）品鉴书法

平津馆所藏碑刻有以书法取胜者，如《小铁山摩崖匡喆刻经颂》云"隶书，超逸可爱"④，《朝请大夫雷府君墓志》云"楷法绝工"⑤，《重刻扶风夫子庙记》称"宗元书法遒逸"，"张遵精于勒石"⑥。此类具有书法鉴赏、研究价值。

（4）补他人著录之阙漏

平津馆所藏碑刻有为时近人新发现而未经前人著录者，如《东武侯王基碑》《方道显造像记》《古井记》等均为新访得之碑，《重立天宝铭记》《善兴寺塔铭》《为陈使君造像记》等都是以前的金石学

---

① 《平津馆读碑记》，《续修四库全书》第905册57页。
② 《平津馆金石萃编》，《续修四库全书》第893册98—99页。
③ 《平津馆读碑记》，《续修四库全书》第905册78页。
④ 《平津馆金石萃编》，《续修四库全书》第893册71页。
⑤ 《平津馆金石萃编》，《续修四库全书》第893册89页。
⑥ 《重刻扶风夫子庙记》为宋庆历二年（1042）知县王宗元立，由碑后题识知由王宗元亲自书丹而刻石者为张遵。孙星衍云："宗元书法遒逸，在褚遂良、殷元祚之间……张遵精于勒石，此碑及《唯识记》而外，加《普通塔记》《法门寺九子母记》《封太白山神济民侯敕》，皆其铁笔。极一时之能事。"《平津馆金石萃编》，《续修四库全书》第893册253页。

著作未经著录之本,价值不言而喻。

孙星衍拓藏的碑刻较前人、时人多有胜处,如《盟吐蕃题柱文》"以道远故前代诸家未入录",且已藏言朝标(皋云)赠本较石韫玉本为善。①《千佛山失名造象记》云《千佛山造象题名》,孙氏拓得十一种,而阮元《山左金石志》仅载四种,②优于阮本。《驼山尹思贞等造像十五种》,《山左金石志》载十五种,孙氏亦拓得十五种,"《志》有而余无者六种,余有而《志》无者亦六种,然则古刻之不能尽搜者正多也"③,则孙氏拓藏可与《山左金石志》相补充。王昶《金石萃编》虽然著录了《赠邛州刺史狄知逊碑》,但仅存上半截,孙星衍则拓得全本,较王本多出三百许字,④价值高出王本。《兰陵长公主碑》,王氏《萃编》亦入录,但缺误二百二十七字,孙星衍得善拓,多识一百十六字,⑤可补《金石萃编》之缺误。《钱唐县丞殷履直夫人颜氏碑》《薛国公阿史那忠碑》《右虞侯副率乙速孤神庆碑》《顺陵碑》《右武卫将军乙速孤行俨碑》《莒国公唐俭碑》《成德军节度使李宝臣纪功颂》等都较王昶《金石萃编》优胜,孙星衍逐一指出,录载全文,并云"其诸家跋语王氏已录,不赘"。个别孙氏藏本不如他人者,也在跋语中做了明确说明,如《赠歙州刺史叶慧明碑》为赵葆舒持赠,较阮元《山左金石志》所载全本阙三百

---

① 《平津馆金石萃编》云:"右《盟吐蕃题柱文》,长庆二年所立,在今喇萨,以道远故前代诸家未入录。曾见石琢堂臬使有割表本,泐缺颇多,前为誓文,后为蕃汉诸臣署名。翁覃溪学士书跋册尾,余未及录出。此本乃言皋云同年所寄赠,未经割表,凡六行,仅泐卅六字,视琢堂本殊胜,惟诸臣及蕃字署名失拓,为可惜。"《续修四库全书》第893册162页。
② 《平津馆金石萃编》,《续修四库全书》第893册75页。
③ 《平津馆金石萃编》,《续修四库全书》第893册92页。
④ 《平津馆金石萃编》,《续修四库全书》第893册103页。
⑤ 《平津馆金石萃编》,《续修四库全书》第893册339页。

册许字,因据阮书注补。①

综上所述,平津馆所藏金石不仅数量丰富,而且多有前贤时彦未经著录或更为优胜之本,所收金石具有证经考史、订讹补阙、书法鉴赏与研究等多方面的价值。

(二)孙星衍金石学著作之特点

孙撰《泰山石刻记》《京畿金石考》《寰宇访碑录》三书以著录全备、考证精审著称,此仅就其特点、成就略述如下。

1. 存佚并收,力求全备

无论是地方金石目录还是全国碑刻总目,孙星衍为求全备,采取存佚并收、文献记载与实地考察并重的做法。

孙星衍为官京师时拓碑访石,不辞辛劳:

> 予自史官改授尚书郎,居长安者六年,退食之暇,往往寻求古迹。今年以法曹扈从西巡,往还畿甸,渡易水,循恒山,出龙兑之麓,经行二千里,虽飞书草奏,日不暇给,犹复怀墨舐笔,驰马荒郊古刹之间,冀获遗文故物,恨行笈无书,不能按图索记,仅见正定府开元寺石柱唐人题名及摩娑隆兴寺诸碑而返,心有歉焉。②

他据已藏直隶石刻及宋人金石著作的著录编纂成《京畿金石考》。

孙星衍编《泰山石刻记》,也是通过对宋赵明诚《金石录》、明查志隆《岱史》、清顾炎武《金石文字记》、清萧公黼《泰山小史》、清佚名《岱帖录》及县志等材料的爬梳,力求对已经亡佚、漫漶、残缺的泰山石刻做出比较全面而可靠的著录。

在全面网罗前人著录的基础上,孙星衍于嘉庆二年(1797)前后,数次登临泰山,进行实地考察:"我官圣人乡,观礼至孔林。泰

---

① 《平津馆金石萃编》,《续修四库全书》第 893 册 110 页。
② 《京畿金石考序》,《续修四库全书》第 906 册 187 页。

山亦三上,古迹亲搜寻。"①通过考察,孙星衍对前人著录的石刻现状做出了说明,如北齐的《大般若经》,孙星衍据《岱帖录》著录为"王子椿书",实地勘察的结果是:"字多剜剥,惟'冠军将军梁父县令王子椿'及'武平元年正月'数字尚可辨,左有四佛名,在徂徕山光化寺东南巨石上。"②《岱帖录》著录"朝觐碑"在云峰下,唐乾封元年(666)诏立,李安期受诏为文,孙星衍勘察的结果是"劘毁"③。

孙星衍通过实地考察,补充了前人未曾著录的大量石刻。《泰山石刻记》中直接援引前人著录者数量极少,主要用于已经亡佚的碑刻,如全书引用最多的《岱帖录》也不过二十四处,引用《岱史》《泰山小史》各数处,其他数百种石刻多为孙氏勘察、增补而得,尤其是前人未曾涉足的明清石刻,多是孙星衍艰苦调查的直接收获。

仅凭一己之力拓访的碑刻毕竟有限,为求全备,孙星衍还力求最大限度地利用时人的访查成果。如《寰宇访碑录》即著录了毕沅、张燕昌、陈豫钟、赵坦、何元锡及汪中、华瑞潢、毕以田、钮树玉、张廷济等人发现的石刻砖文。毕沅发现的有《内侍高福墓志》《内常侍孙思廉墓志》《折冲都尉张希古墓志》《美原县尉张昕墓志铭》等。张燕昌发现的有《泰始二年砖文》《太康瓦文》《永兴瓦文》《杨吉瓦文》四种。陈豫钟发现的有《元康砖文》《虞天元砖文》《建兴砖文》《俞龙瞱砖文》《太宁砖文》《义熙瓦文》六种。赵坦发现的有《吴太平砖文》《永安砖文》《元康砖文》《建兴砖文》《兴宁砖文》《杜氏砖文》《升平砖文》等。何元锡发现的有《官墼文》《贞女罗凤墓石》《大兴砖文》《咸和砖文》《泰和砖文》《宁泰砖文》《太元砖文》《惠因院贤首教藏记》《顾渚山明月峡赵□等题名》《广都

---

① 《芳茂山人诗录·冶城緊养集·题吴君(文征)所画东方三大图(泰山、东海、孔林也)》,《丛书集成初编》第 2319 册 87 页。
② 《泰山石刻记》,第 3 页。
③ 《泰山石刻记》,第 6 页。

公乘伯乔残题名》等。另有汪中所得《射阳石门画像》华瑞潢所得《石门山郭密之诗》、毕以田所得《□照礼造象》、钮树玉所得《太康砖文》、张廷济所得《淳于□砖文》等。

但完备只是相对而言,孙星衍以个人力量首次著录历代全国碑刻,疏漏错讹难以避免。时后人在利用该成果的过程中或补其缺,或订其误,不断完善对全国碑刻成果的著录。赵之谦的《补寰宇访碑录》、罗振玉的《再续寰宇访碑录》、刘声木的《续补寰宇访碑录》《寰宇访碑录校勘记》《补寰宇访碑录校勘记》《再续寰宇访碑录校勘记》、李宗颢的《寰宇访碑录校勘记》《补寰宇访碑录校勘记》、杨守敬的《寰宇贞石图》《三续寰宇访碑录》、缪荃孙的《云自在龛金石分地编》等,均为拾遗补阙、光昭前业之作。

2. 著录简明,考证精审

《泰山石刻记》《京畿金石考》《寰宇访碑录》均以著录为主,兼具考证。

(1) 著录言约意丰

因石刻本身情况不同,各碑著录的内容也就详略不同,义项不一。如《泰山石刻记》有的仅录石刻文字,如"'竹溪佳境'四大字";有的兼明书体,如"'贫乐岩'三大字",云"篆书";有的兼记撰者,如"'与天地参'四大字",云"山阴徐肇祖题";有的兼标藏处,如"'天门长啸'四大字",云在"石壁峪";有的兼注存佚,如"'呼吸帝座'四大字",云"今毁";有的对碑刻内容做出了说明,如"程瑞祊登岱诗",云含"古今体十三首";《米万钟诗》,云含"登岱、水帝、暴石经"三首等。有的同时著录了书石时间、撰书人、石刻状况、存放位置、移置地点等,如《新补塑释迦佛旧像记》,云"泰和六年四月十四日党怀英撰并隶书篆额,断缺,在冥福寺,今移县署土地祠"①。

---

① 《泰山石刻记》,第12页。

《京畿金石考》作为较早、较完备的地方金石目录,对研究京畿地区乃至全国元代以前的金石文献具有重要价值。该书按郡县分为上、下两卷。每县按石刻年代排列,每石之下统一著录碑名,其他内容根据碑刻情况,无统一著录项目,主要关注碑名、书体、撰者、书者、立石时间、存放地点、相关文献记载等,言约义丰,信实有据。有的仅录一项,如《元大普庆寺碑铭》,云赵孟頫书;《金团城寺碑》,云明昌六年(1195)立;《金章宗诗碑》,云在府西八十里仰山栖禅寺等。有的并录数项,如《汉祀三公山碑》,云篆书,永初四年(110)立,乾隆间出。这是著录了书体、立石时间及出土时间。《唐游泥禅寺心经》,云正书,宫官张功谨敬德监造,贞观二十二年(648)三月刻石,在内城西隅鹫峰寺,见《金石文字记》。这是著录了书体、监造者、刻碑年月、位置、出处。

从篇幅来看,《京畿金石考》著录碑刻大都比较简约,如上诸例。少数相对翔实,如《晋王密立魏征北将军建成乡景侯刘靖碑》,对刻石年月、文献出处、存放位置的考察等比较细致:

元康四年九月刻石,见《水经注》。云:"湿水迳蓟县故城南大城东门内道,左有魏征北将军刘靖碑,晋祠隶校尉王密表靖功加于民,宜在祀典,以元康四年九月二十日刊石建碑。"按:其碑当在阜城门外,今未见。①

《唐再修归义寺碑》节录方志等文献介绍立石原委、位置等,也较翔实:

张冉撰,大中十年九月立,在旧城时和坊,见方志,云:"大唐再修归义寺碑,幽州节度掌书记荣禄大夫检校太子洗马兼侍御史上柱国张冉撰。其略曰:归义金刹,肇自天宝。迫以安氏乱,金陵史氏归顺,特诏封归义郡王,兼总幽燕节制,始置此寺,诏以归义为额。大中十年庚子九月立石。"方志又云寺

---

① 《京畿金石考》,《续修四库全书》第 906 册 188 页。

在善果寺西半里菜圃，又有辽碑，又云记二篇，今置善果寺内。①

《辽太子右卫率御史府率上柱国李内贞墓志》对发掘情况、人物生平、存放地点等做了比较详细的介绍：

> 保宁十八年八月立，见方志，云乾隆三十九年窑厂取土，掘得墓石，以古墓，复封识，存其旧。志云："辽故银青荣禄大夫检校司空行太子左卫率府率御史上柱国陇西李公讳内贞，字吉美，汭沩人，保宁十年六月一日薨于卢龙私第，享年八十。其年八月八日葬于京东燕下乡海王村。"按：墓在琉璃厂东。②

《寰宇访碑录》著录体例与《京畿金石考》相近而更规范，一般著录碑名、撰人、书体、碑刻年代、存地等，言简意赅。比较普遍的著录格式如《国子祭酒孔颖达碑》，云："于志宁撰，正书，贞观二十二年，陕西醴泉。"③又如《琅邪台刻石》，云："李斯篆书，二世元年，山东诸城。"④因碑刻内容不同，存佚漫漶程度不一，故难以对著录义项做出统一要求。《寰宇访碑录》在以上述义项为基本著录内容的基础上，还根据碑刻实际情况著录各碑，略举数例。

有的强调版本情况，如《羽阳宫瓦》，云篆书，重摹本，浙江仁和赵氏家藏。

有的著录了俗名，如《重修定晋禅院千佛邑碑》，云僧宗仁撰，正书，天成四年(929)九月，俗名透影碑，河南武安。

有的描绘了画面内容，如《汤阴山画像》，云无题字，作诸人乘马牵兽等状，无年月，山东嘉祥。

---

① 《京畿金石考》，《续修四库全书》第906册189页。
② 《京畿金石考》，《续修四库全书》第906册191页。
③ 《寰宇访碑录》，《续修四库全书》第904册425页。
④ 《寰宇访碑录》，《续修四库全书》第904册400页。

有的说明了本碑之外的其他藏地,如《周顺陵残碑》,云武三思撰,相王旦正书,长安二年(702)正月,今存三石,一在县治,一在儒学,一在县民窦氏,陕西咸阳。

有的著录了字体大小,如《长生未央瓦文》,云篆书,字迳六寸,下作花纹,江苏嘉定钱氏家藏。

有的著录了经幢高宽、行数、字数等,如《南山尊胜陀罗尼经幢》,云正书,无年月,高二尺,阔几二寸而各三行,行十八字,末有记五行,陕西长安。

有的对碑刻内容做了著录,如《修孔子庙诏表》,云高祖、高宗诏各一,祭文一,太子弘表一,八分书,仪凤二年(677)七月,山东曲阜。

有的对碑刻漫漶程度做了说明,如《侍中杨公阙》,云八分书,无年月,侧有正书漫灭,浙江仁和赵氏藏本。

由《泰山石刻记》《京畿金石考》《寰宇访碑录》三书的著录情况可以看出,作为金石目录,孙星衍主要关注碑名、书体、撰者、书者、立石时间、存放地点、相关记载等,言约义丰,信实有据。因石刻本身情况不同,各碑著录的内容也就详略不同,义项不一。孙星衍本着远近并重、存亡并收、尽力辨别、如实记载的原则予以著录,这就使三书表现出力求全面著录相关石刻、补前人之未备、详前人之所略的卓越识见。

(2) 考证信实可据

寓考证于著录之中是孙星衍金石学著作的特点之一。经其考证,此前的一些错误得以澄清。如《泰山石刻记》"快活山",吴同春《续游泰山记》云俗呼"快活三",解者曰"三"当为"山"误,改镌"快活山"于岩。孙星衍通过实地勘探,发现"此平处三里,其下又复嶔畸",认为俗呼"快活三"为是。①

《泰山石刻记》卷末附录了五十九处泰山遗迹,以考证翔实为

---

① 《泰山石刻记》,第18页。

人称道。如其对齐长城建筑时代、长度、作用、位置等的考辨具有极高的史料价值：

> 长城钜防，即泰山冈阜以古长城所经，名长城岭。按：《方舆纪要》管子云："长城之阴，鲁也；长城之阳，齐也。"则春秋时已有长城矣。《战国策》苏代说燕曰："齐有长城钜防。"《齐记》"宣王乘山巅之上，筑长城，东至海，西至济州，千余里，以备楚"。《括地志》"长城西北起济州平阴县，缘河，历泰山北冈上，经济州、淄州，即西南兖州博城县县北，东至密州琅琊台入海，今泰州西北凡岭铺俱名长城，云遗址犹存。"①

《京畿金石考》通过考证，纠正了此前著录的一些错误，如：

Ⅰ.《辽地宫舍利石函记》，云："僧善制撰，门人义中正书，大安十年闰四月立，在闵忠寺壁。《帝京景物略》以为金代刻，误。"②该条纠正了《帝京景物略》对碑刻时代的错误判断。

Ⅱ.《唐心经》，云："赵偃正书，广德二年八月立，在内城西南隅石镫庵，见《金石文字记》。方志作广顺二年，误。"③该条纠正了"广德"方志作"广顺"之误。

Ⅲ.《宋冀州钟识》，云："题云'朝请郎知冀州劝农兵马监云骑尉'，是宋时官制，朱彝尊《日下旧闻》以为唐钟，误。"④该条据碑文所涉官制纠正了朱彝尊误以宋钟为唐钟之误。

Ⅳ.《隋高阳郡隆圣道场碑》，云："虞世基撰并书，大业元年十二月立。"⑤该条据《宝刻丛编》引《集古录目》，纠正了《天下金石

---

① 《泰山石刻记》，第26页。
② 《京畿金石考》，《续修四库全书》第906册192页。
③ 《京畿金石考》，《续修四库全书》第906册189页。
④ 《京畿金石考》，《续修四库全书》第905册196页。
⑤ 《京畿金石考》，《续修四库全书》第906册221页。

志》撰人作虞世南之误。

Ⅴ.《汉北岳恒山碑》,云:"见《天下金石志》,云文字磨灭,惟'光和四年'等字隐隐可见。"①该条据光和四年为汉灵帝在位的公元181年,断为"汉碑无疑",不当为唐代书法家蔡有邻手书。

Ⅵ.《唐尊胜经幢》,云:"僧不空撰,刘诏书,开元中立,在州西北昭圣寺。《帝京景物略》以为贞观中玄奘书,误。"②该条纠正了《帝京景物略》对书写时间及书者的错误判断。

Ⅶ.《贾岛墓碑》,据《长江集》中苏绛撰《贾岛墓铭》云"葬安岳县移风乡"③,判断贾岛墓在楚中,指出方志记载明弘治中得石楼村辟地所植之断碑非墓碑。

Ⅷ.《赵武灵王墓铭》,"见方志引《寰宇记》云:'州城东南隅先有古墓,高二丈,唐贞元十三年增筑外城掘得。铭云是六国时赵武灵王墓,遂置祠云。'按:应邵云赵武灵王葬代郡灵邱,则墓不当在此。"④该条据应劭说否定了方志及《太平寰宇记》关于赵武灵王墓地位置的记载。

Ⅸ.《汉上谷太守议郎张平仲》,云:"光和中立,见《水经注》,云滱水东南迳庐奴城南,又东北,川渠之左有张氏墓及此碑。《宝刻丛编》引《绍碑录》云在安喜县东六里。《天下金石志》作张谷,云在枣强。"⑤该条列《水经注》《宝刻丛编》所引《绍碑录》及《天下金石志》并存了张平仲墓碑位置的不同记载,也指出了《天下金石志》"上谷"作"张谷"之异。

除以上直接纠误的条目外,孙星衍还对有些文献记载的可靠

---

① 《京畿金石考》,《续修四库全书》第906册223页。
② 《京畿金石考》,《续修四库全书》第906册198页。
③ 《京畿金石考》,《续修四库全书》第906册201页。
④ 《京畿金石考》,《续修四库全书》第906册209页。
⑤ 《京畿金石考》,《续修四库全书》第906册220页。

性提出了质疑,如:

Ⅰ.《汉坚镡墓碑》,云:"见方志,云县北二十里鄗城西南有碑仆地,字剥落难辨。按:《汉书》坚镡乃颍川襄城人,不知何以在此。"①该条是据《汉书》所记坚镡籍贯质疑方志所载墓碑位置。

Ⅱ.《晋修尹孔翊清德颂》,云:"《水经注》云清河迳邸阁城东,晋修县治,有县长鲁国孔明碑。《寰宇记》作孔翊,《天下金石志》作孔翊,疑误。"②该条对《太平寰宇记》《天下金石志》传主名字作"孔翊",与《水经注》作"孔明"不合,提出了质疑。

Ⅲ.《金感化寺番字碑》,云:"大统四年立,碑阴译以汉字,在蓟州北二十里,见《天下金石志》。按:金无'大统'年号,恐是'乾统'之误"③。该条据历史纪年质疑《天下金石志》作"大统"之说。

Ⅳ.《古鼎》,云县治内古鼎为明弘治间土人凿井得之,重五百斤,圆腹弇口,四足有铭文,"或以为商器,或释'窯'字为'宋',谓是宣和时物",孙星衍认为均不确,"疑此北魏所造"④。

Ⅴ.《汉韩延寿碑》,在府西南罕山,剥落不可识,见《天下金石志》。孙星衍云:"按:此疑非汉碑,故附于后。"⑤是对此碑时代提出质疑。

合计《京畿金石考》纠误、疑误例有以上十四条,主要纠正的是《太平寰宇记》《天下金石志》《帝京景物略》《金石文字记》《日下旧闻》及方志著录的错误,此类纠误、质疑的条目在《京畿金石考》中虽然不多,却体现了孙星衍不轻信前人成说、力求通过考订得出确论的治学精神。

---

① 《京畿金石考》,《续修四库全书》第906册219页。
② 《京畿金石考》,《续修四库全书》第906册209页。
③ 《京畿金石考》,《续修四库全书》第906册202页。
④ 《京畿金石考》,《续修四库全书》第906册203页。
⑤ 《京畿金石考》,《续修四库全书》第906册195页。

孙星衍在《寰宇访碑录》中更多地呈现了自己的鉴别、考证之功,他解决的问题主要集中在碑刻年代的判断上,方法丰富,结论多信实可据。

Ⅰ. 根据书体鉴别石刻年代及其真伪,如《龙门山造象》及《郭巨石室题名》,均无年月可考,孙星衍通过"玩其笔致","俱似魏人"①,判断出石刻的大致年代。

Ⅱ. 通过辨析碑文内容判断石刻年代,如藏于陕西西安的《慈恩寺大悲心陀罗尼经幢》,云正书,年月泐。孙星衍仔细辨别碑文,发现"隐隐有'玖月甲子朔京兆府'等字,末二行书体不类,称"大朝丙午",认定"此为元人磨去旧刻而书之也"②。《右监门将军内侍王君碑》,正书,年月泐。孙星衍据"碑文云贞观间出使吐蕃",断为"盖与李卫公同征吐谷浑者",故附其后;《房史君题记》,正书,无年月,孙星衍以文内有"天宝"字,附于天宝之末。

Ⅲ. 根据一些特殊时期产生的特殊文字判断石刻年代,如《金刚经并心经》云"中有武后制字",《开元寺唐梵二体陀罗尼经幢》云"薩字不从產,唐梵者唐人梵书也,当属唐刻无疑"。

Ⅳ. 根据相关人物判断石刻年代,如藏于山东巨野的《秌芳亭三字》,正书,无年月,县志载"秌芳"二字,妓女谢天香所书,王维翰续书"亭"字,如出一手,王、谢遂为夫妇。孙星衍据"维翰举大定间进士,故列大定之前"。

Ⅴ. 根据寺观等的建造时间确定碑刻年代,如藏于山东临朐的《紫微观碑阴》,正书,无年月。孙云:"观建于中统间,故附中统末。"

Ⅵ. 以年代较明确的石刻作为参照判断不载年代或年代缺泐者,如存于安徽亳州的北宋《尊胜经幢》,黄麟衡记,王环正书,云

---

① 《寰宇访碑录》,《续修四库全书》第 904 册 413 页。
② 《寰宇访碑录》,《续修四库全书》第 904 册 461 页。

乾德元年(963)三月建。孙星衍云："又有一幢与此对植,无年月,殆同时建也。"

《寰宇访碑录》对一些碑刻的真伪也提出了质疑,如阳湖赵氏拓藏的元初五年(118)三月篆书刻《直元氏李昭碑》及中平二年(185)篆书刻《王君残碑》,孙星衍均云"疑是伪作";而存于江苏宜兴,云元和六年十一月刻,题陆机撰、王羲之书的《晋平西将军周孝侯碑》,孙星衍明确指出"盖唐人伪托也"。以上三例孙星衍虽然没有呈现考证过程、判断之因,但其结论必非无据臆说。

孙星衍精于鉴别,其成果多被时人援引。如《金石萃编》卷一百十八著录《吴承泌墓志》,云"书者不见其姓名"①,《寰宇访碑录》谓是阎湘书,王昶直接引用,并云孙氏判断"当必有据也"②。卷一百三十八《东坡集归去来辞诗》,不言立于何所,王昶沿用了《寰宇访碑录》云在陕西长安的说法,认为孙说"想有据也"③。

但作为一部囊括全国的金石目录,涉及的金石量大地广时长,孙星衍的鉴别也难免失误。如他以《禹陵窆石题字》为三国时孙皓所刻:"星衍按:《太平寰宇记》会稽县引《舆地记》云:'禹庙侧有石船,长一丈,云禹所乘也。孙皓刻其背以述功焉,后人以皓无功可记,乃覆船刻它字,其船中折。'据此为三国孙氏刻审矣。"④嘉庆五年(1800),孙星衍主讲浙东蕺山书院时亲自探访禹陵并游历吼山名胜,曾亲见禹陵窆石并作诗纪之:"游人不识孙皓碑,误向石船呼窆石。"⑤孙星衍的观点为阮元《两浙金石志》取用,但为许瀚否定。许翰的证据是清初张希良曾拓得该碑二十九字,内容为汉

---

① 《金石萃编》,《续修四库全书》第890册6页。
② 同上。
③ 《金石萃编》,《续修四库全书》第890册426页。
④ 《寰宇访碑录》,《续修四库全书》第904册406页。
⑤ 《芳茂山人诗录·冶城絜养集·禹穴探奇》,《丛书集成初编》第2320册103页。

代展祭之文,据此可断石船非孙皓刻:"瀚谨案:孙刻石船或别是一石。国初黄冈张氏(希良)视学两浙拓读得廿九字,犹能识为汉代展祭之文,则非孙刻石船明甚。"①道光十二年(1832)四月,许瀚曾亲诣窆亭,摩挲此石,"石体员而上锐,近上有穿,去穿二尺许中断,固以灰漆,无以验其为折船也"②。

3. 延伸时限,拓展内容

延伸著录时限与拓宽著录内容,是孙星衍金石学著作的一大贡献。

(1)著录时限之延伸

元明清碑刻虽存者较多,但因时代较近,未能引起乾嘉学者的充分关注。如被视为清代金石学集大成之作的王昶的《金石萃编》即以金为断,不收元后碑刻。阮元的《山左金石志》将收录范围扩大到元末、翁方纲的《粤东金石略》兼收明碑,在著录范围上做出了拓展。

《寰宇访碑录》以数量丰富的元代碑刻弥补了前人著录之阙。孙星衍搜访元碑难度之大、著录元碑数量之多,即使后来的叶昌炽也难相匹:"余访求石刻二十余年,所得唐以前碑,视孙、赵几十有八九,新出土者不与焉。五季以下,不逮其半(辽、金碑,以在畿辅久,所得较多),其难易不较然哉?"③

《泰山石刻记》记历朝石刻自秦《始皇二世颂德文》起,至清乾隆二十八年(1763)《重建泰山书院记》止,其突出贡献之一是并录明清石刻,扩大了著录时限。《泰山石刻记》不但网罗明代泰山石刻三百七十二种,而且收清刻一百二十一种,明清两代共四百九十

---

① 《攀古小庐杂著》卷十《禹陵窆石汉刻残字考释》,《续修四库全书》第 1160 册 766 页。
② 同上。
③ 叶昌炽《语石》卷二,《续修四库全书》第 905 册 179 页。

三种,是明前历代碑刻存佚并计一百三十六种的四倍。孙星衍的做法体现了古今并重的金石学思想,超越了时近人贵古贱今的一般倾向。《续修四库全书总目提要》云:"自来记载历代金石古刻者,率以元为限,其明以后石刻多从删削,虽相沿成例,而据以为考史之资者,终嫌其详于远而略于近,习所未备。是《记》独变其例,广至明清,于向之人所略者,而独为之加详,所见殊超乎诸家著录之上。"①

应该说,著录时限只是衡量金石学著作水平的一个方面,因为衡量著录时限需要考虑著录范围与著录方式。一部著作要想兼顾范围广、时限长、内容详是很难的。《金石萃编》作为一部全国性金石学著作,著录体例较完善,内容较翔实,每刻之下著录碑文、释文、辑录前人成果、附以王昶考证,在元明清碑刻已有成果较少的情况下要想全面网罗、著录、考证是极为困难的。而《山左金石志》《粤东金石略》等仅著录一方石刻,范围的缩小为时限的扩大提供了可能。《寰宇访碑录》属于全国性碑刻目录,著录义项简约,功在网罗,较少考证,扩大时限也相对容易。《泰山石刻记》仅著录泰山文献,范围更小,这也是孙星衍能够进一步扩充著录时限的客观条件。

(2)著录内容之拓展

碑刻存地有其地域性特点,京畿、关中、河南为新旧帝王之都,皆古碑渊薮;山东为孔孟之乡,泰山为历代封禅之地,碑刻丰富;蜀吴文化发达,碑刻亦多。而闽粤诸省地处荒僻,隋以前碑刻极少,明代贵州始建行省,更无古刻可言。叶昌炽《语石》因专立"总论各省石刻一则"②,明其因缘,得出"故欲访唐碑当入秦,欲访先秦

---

① 《续修四库全书总目提要(稿本)》,第 2 册 252—253 页。
② 《语石》卷二,《续修四库全书》第 905 册 179 页。

汉魏诸碑,当游齐鲁"①之结论。虽地不爱宝,必有人提倡、摹拓,远近碑刻方能重见天日。毕沅、翁方纲、阮元、孙星衍等均于仕宦之地搜访金石,石以人显、人以石著。

有些地域,足迹罕至,碑刻稀少,著录为难,详南略北为前人著录金石之通病,辽金元碑尤不为世重。叶昌炽认为北方自晋以后或为异族统治,或为割据所控,碑刻无气象,书法无足观,故乾嘉以前不被尊尚:"燕为辽宅京之地,金为中都,元为大都路,亦唐以后神皋奥区也,然自晋以后沦为左衽,唐之中叶又为安史窃据,辽金递嬗,下逮元初,文物衣冠远谢南服,其碑文字多猥鄙,书法亦无士气,乾嘉以前世未尊尚北书。"②"辽碑文字皆出自释子及村学究,绝无佳迹。"③辽金早期开疆拓土,未遑制作,碑刻较少:"辽碑著录始于会同,天显以前无有也。金碑著录始于天会,天辅以前无有也。"④受幅员限制,辽金碑刻有其地域性特点:"至辽碑皆在畿辅,奉天间有两三通,女真则秦晋兖豫齐鲁之郊皆有其石刻。"⑤乾嘉时期,辽金墓碣渐被发现,孙星衍认为"不加收辑,后来者愈有望远之疑"⑥,其《京畿金石考》因此尤重前人罕及之辽金碑刻,著录辽刻四十四种、⑦金

---

① 《语石》卷二,《续修四库全书》第905册181页。
② 《语石》卷二,《续修四库全书》第905册180页。
③ 《语石》卷一,《续修四库全书》第905册175页。
④ 同上。
⑤ 同上。
⑥ 《京畿金石考序》,《续修四库全书》第906册187页。
⑦ 《京畿金石考》收录的辽刻有:辽尊胜经幢、辽舍利佛牙石匣记、辽荐福大师造尊胜经幢记、辽太子右卫率御史府率上柱国李内贞墓志、辽尊胜经钟、辽施食幢、辽法宝寺幢、辽闵忠寺石幢、辽天宁寺尊胜经幢、辽奏福寺石幢记、辽戒坛碑、辽护国院石幢、辽弥勒邑特建起路碑并阴、辽大觉寺碑、辽尊胜经幢、又幢、辽万寿寺戒坛碑、辽地宫舍利石函记、辽慈智大德师经幢记、辽崇孝寺碑、辽尊胜经幢、辽报国寺尊胜经幢、辽驻跸寺沙门奉航幢(转下页)

刻六十八种，①成为当时著录两朝碑刻最丰富的一家。

孙星衍著录四十四种辽碑在当时极为不易。叶昌炽云光绪间重修《顺天府志》时李云从足迹遍及京畿诸邑，历尽艰辛，所得辽碑视孙星衍、赵之谦仅倍蓰过之，叶昌炽个人也不过著录了五十余通：

> 同治以前出土尚少，孙氏《访碑录》不及五十种，赵㧑叔所续，皆朝鲜碑系辽纪年者，中国惟咸雍四年清水院藏经记一

(接上页)记、辽内兴寺石幢记、辽金鹊庙石幢、辽香炉石基题字、辽钟、辽杨哲墓碑、辽广济寺佛殿记、辽广济寺碑、辽燕山云居寺碑、辽重修云居寺记、辽云居寺续镌石经记、辽云居寺续秘藏石经塔记、辽感化寺碑、辽修独乐寺观音阁碑、辽祐唐寺讲堂碑、辽感化寺澄方遗行塔铭、辽安德州建灵岩寺碑、碑阴记、辽兴国寺太子诞圣邑碑、辽玉石观音像唱和诗、辽兴中府灵感寺塔铭、辽西望山舍利碑等四十四种。

① 《京畿金石考》收录的金代碑刻有金太祖平辽碑、金尊胜经幢、金募化大悲禅院碑、金尊胜经幢、金万寿寺戒坛碑（韩昉撰）、金万寿寺戒坛碑（施宜生撰）、金昊萸寺碑、金潭柘寺碑、金礼部令史题名记、金香山寺碑、金秘书省碑、金檀柘寺碑、金庆寿寺碑、金章宗诗碑、金章宗飞渡桥飞虹桥六字石刻、金大兴隆寺碑、金延寿寺记、金重修玉虚观三清殿记、金紫虚观碑、金僧行臻塔幢记、金赠儒林郎张君墓志、金飞骑尉兼管常平仓李成彦碑记、金延寿寺石幢、金龙泉寺碑记、金尊胜经幢、金南辛淄大寺石幢、金曹瑛建宁国寺碑、金古营寺碑、金团城寺碑、金飞骑尉兼管常平仓李成彦碑记、金舍利塔铭、金楼云啸台字、金隐峰寺诗、金重修文宣王庙碑记、金重修蜀先主庙记、金六聘山天开寺忏悔上人坟塔记、金重修庙学记、金鱼阳重修宣圣庙学碑、金陀头大师灵塔实行碑、金重修白岩寺碑、金甘泉寺行通塔记、金日照寺圆霞塔记、金圆新和尚窣堵坡记、金庆寿提点裕公塔铭、金感化寺番字碑、金节度使巨构墓碑、金明威将军李磐神道碑、金韩天企墓碑、金冀国公主元日留题骞山溪词、金石塔、金淮东道卢珪碑、兰马台刻石、金兴中府改建三学记、金重修会应神庙记、金南堂洼古碑、金潞州涉县特令骑都尉上谷县男寇公墓碑、金真定府署记、金云岩院染公塔铭、金行唐县学记、金元氏县学记、金试剑石颂、金无极县署记、金整暇堂记、金杨伯雄墓志、金焦旭墓碑、金开元寺修圆照塔记、金万华堂镌石、金大云禅院记等六十八种。

刻。光绪四、五年间重修《顺天府志》，碑估李云从承当事之命，裹粮襆被，狂走京畿诸邑，荒村古刹，足迹殆遍。所得辽碑，视孙、赵倍蓗过之。余著录辽幢五十余通，皆其时拓本也。①

叶昌炽指出正是钱大昕、孙星衍对辽金元石刻的广泛搜集，才使其在乾嘉时期受到重视，成为后代金石学著作的重要内容："乾嘉以前，世未尊尚北书，辽金元碑亦未尽出，至钱竹汀、孙渊如，搜罗始广，沈西邕、赵撝叔递相著录。"②

《寰宇访碑录》碑刻之外并录砖瓦，同样拓宽了金石学的著录、研究范围。孙星衍对秦汉瓦当的重视，也与他早年在陕西幕府的经历相关。毕沅于乾隆四十六年（1781）完成的《关中金石记》卷一已载有瓦当文字十五种。王昶《金石萃编》卷二十二所录瓦当文字三十三种，当为乾隆四十八年（1783）毕沅、王昶、赵魏、申兆定、钱坫、俞肇修、程敦、孙星衍等极意搜求之结果。当时赵魏获瓦二十余、钱坫以重值购得三十余、俞肇修获四十余、张埙获"长毋相忘"瓦、宋葆醇获十二字瓦等。程敦以诸人聚藏不易，久恐散亡，便考《史》《汉》志传，疏其出处，并汇己藏为《秦汉瓦当文字》一书，于乾隆五十二年（1787）刻出。其述瓦当之文字学价值云：

> 敦为此书，附诸小学之末，窃谓非他金石文字所能比数，盖秦汉篆文留于今者绝少，许氏《说文解字序》所列秦书八体有小篆、摹印、隶佐而外，其他不可得闻。今兹所存，虽不知为何人作，要是署书之遗，亦颇有鸟虫之属，得瞻八体大略。又《说文》所录，但取正文，斯则一字之变，多至数十，是为宫阙所施，不同乡里伪造，已参错若此，殊非古书同文之旨，此马文渊所以上书、许叔重所以论定也。然存此于今，足以觇一代风

---

① 《语石》卷一，《续修四库全书》第905册175页。
② 《语石》卷二，《续修四库全书》第905册180页。

尚所趋,而于说字解经,不无裨助。①

孙星衍曾于《汉宫访古》序中追述了长安访古经历,强调瓦当"文字奇古"②之价值。其于《寰宇访碑录》卷一录秦瓦三种汉瓦五十五种汉砖两种,以赵魏、钱坫、俞肇修、程敦、申兆定、张埙庋藏为主,孙星衍收藏的仅汉"长生无极瓦"一种。其述著录之因云:"瓦当文尽出关中,其始载于宋人著录如王辟之、李好文皆以罕见为喜,然尚未及秦瓦也。兹编录秦汉瓦文数十种,皆江浙好古者所得,携归故里,虽不尽属一人,聊举其一,以示欲得拓本者之助云。"③

由上可知,王昶、毕沅、程敦、孙星衍等较早认识到了秦汉瓦当的价值,并努力从事搜访、著录、研究工作。他们的努力,很大程度地弥补了前人著录之不足,拓宽了金石学的著录、研究范围。

以上主要讨论了《泰山石刻记》《京畿金石考》《寰宇访碑录》三书的特点及价值,除此之外,孙星衍在地方志金石目的设置及对金石文献的开发、利用上也做出了很大贡献。

孙星衍重视地方金石文献,尝言如官御史拟请旨著地方官吏保护天下碑刻。④ 他在《京畿金石考序》中强调地方金石作为一方

---

① 《湖海文传》卷四十六《致孙编修渊如书》,《续修四库全书》第1669册59页。

② 《芳茂山人诗录》,《丛书集成初编》第2320册98页。

③ 《寰宇访碑录》卷一《秦十二字瓦》,《续修四库全书》第904册400—401页。

④ 钱泳云:"金石文字,虽小学之一门,而有裨于文献者不少,如山川、城郭、宫室、陵墓、学校、寺观、祠庙,以及古迹、名胜、第宅、园林、舆图、考索,全赖以传,为功甚巨。而每见修志秉笔者,往往视为土苴而弃之,真不可解也。王兰泉司寇为《金石萃编》一书,有与诸史互异,辄以证之,此深于金石者也。孙渊如观察尝言:'吾如官御史,拟请旨著地方官吏保护天下碑刻。'此癖于金石者也。"《履园丛话》卷六,《续修四库全书》第1139册343页。

文献的重要作用,前已引及。在为费淳代写的《重刻〈景定建康志〉序》中对康熙《江宁府志》删落唐宋碑碣的做法表示不满:"今《江宁府志》为康熙六年知府陈开虞撰,考证疏陋,删落唐宋碑碣尤多,似未见《建康志》而为之者。"①在《重刊〈云间志〉序》中希望把文献所载一方金石未见著录者补入方志:"考《舆地纪胜》尚有宝云寺碑,在华亭县南卅五里。又有大唐苏州华亭县顾亭林市新创清云禅院记,大中十四年(860)岁在庚辰吴兴沈瑊述并书。又有亭林法云寺感梦伽蓝神记,庆历六年(1046)记。碑文皆不见《云间志》,恐今石亦并亡矣。顾茂才又检《古刻丛钞》,有华亭唐故陆氏庐江郡何夫人、唐故陆氏刘夫人二墓志铭及戴府君墓志,俱可补为云间故迹者。"②在《重刊〈景定建康志〉后序》中主张将搜访到的旧志未载的碑刻补入方志:"金陵自明太祖建都城,尽毁六朝碑碣,古物比他郡尤少。频年搜访,惟得古砖,有钱文为大泉五百四字,知是吴后苑城砖。又见摄山千佛岭龛中,有宋王雱、胡恢等题名,及昔在句容,所见吴衡阳太守《葛府君碑》、梁天监《井铭》,皆方志所缺载。吾友严文学观尝考金陵石刻,所得亦多古人未见者,他时当附入新志。"③

孙星衍在编纂地方志时设立金石目著录金石碑刻,则更多地体现了创新的一面。《醴泉县志·金石录》《松江府志·金石》就是他在方志中设立金石目的具体实践。在此之前,方志中设立金石目者还不多见。如雍正十三年(1735)修成的《浙江通志》虽有"碑碣"一门,但尚未以之立目。乾隆年间纂修的《潮州府志》将

---

① 《重刻〈景定建康志〉序》,四川大学出版社2007年版《宋元珍稀地方志丛刊·甲编》,第2130页。
② 《重刊〈云间志〉序》,中华书局1990年版《宋元方志丛刊》,第1册4页。
③ 《重刊〈景定建康志〉后序》,《宋元珍稀地方志丛刊·甲编》第2131页。

文、碑、铭、传、颂、赞、跋等合在一起统属艺文之下,金石亦未独立设类。孙星衍在《醴泉县志》中设立金石录、在《松江府志》中将金石另立门类附于艺文之后是这方面较早的实践者。孙星衍纂修《偃师县志》时请金石学家武亿撰成《金石志》,更是当时县志中著录金石的典范。后来,随着金石学的兴盛,金石终于从艺文中独立出来并获得了与艺文并列的地位。

孙星衍在所修方志中注重利用金石文献考辨史实,也取得了一些超越前人的进展,如《松江府志》记载开元府之兴废,云:"乾符四年僖宗幸蜀,为海寇王腾所据,钱镠遣顾全武攻拔之,地属吴越,以苏州为中吴军,置开元府于嘉兴,以华亭隶之,后罢开元府,华亭隶中吴。"①《方舆纪要》因新旧《五代史》不载开元府,认为清郭廷弼所纂康熙《松江府志》记载错误:"按:新旧《五代史》俱无开元府之名,故《方舆纪要》云唐《志》非京尹不得称府,镠不敢置府于杭州,何由置府于嘉兴,以为开元乃军府之名,《志》之误也。"②孙星衍根据碑刻文献参以史书,认为郭志非无据臆说:"然在《至元志》碑碣门载《吴越将朱行先墓志铭》云:'宝大元年甲申,厝于开元府海盐县德政乡。'又《海盐图经》载《屠环智墓志铭》亦云:'葬于开元府海盐县德政乡。'又《十国春秋·吴越武肃王世家》云:'宝大元年,王于嘉兴置开元府,割华亭、海盐二县属焉。'又《吴越文穆王世家》云:'长兴三年,罢开元府。'是郭《志》所记非无据也。惟《表》内但称后唐而不载年号,考吴越宝大元年为后唐庄宗同光二年,罢开元府为后唐明宗长兴三年。"③

---

① 宋如林修,孙星衍、莫晋纂《松江府志》,《续修四库全书》第 687 册 152 页。
② 《松江府志》,《续修四库全书》第 687 册 152 页。
③ 《松江府志》,《续修四库全书》第 687 册 152 页。

孙星衍选钟鼎碑文编入《续古文苑》。《续古文苑》是孙星衍为续唐人《古文苑》而编，所选之文皆别集未载、他书未见者。其中碑志铭文约计一百五十篇，约占全书的三分之一。这些入选的碑文一方面展示了碑志保存文献的重要作用，另一方面也体现了孙星衍在金石文字学上的高深造诣。所选之文或纠正《隶释》《金薤琳琅》《两汉金石记》《金石萃编》《山左金石志》等权威之作的错误，或补出其未释之文，或加以详细考证。如果说《平津馆金石萃编》中以严氏的考证成果居多的话，那么孙星衍的考证水平从《续古文苑》中可以略窥。如他考出《魏故怀令李君墓志铭》中"越六年正月丙午朔十六日辛酉"指的是"正光六年"，以此纠正王昶《金石萃编》列为永安二年的错误，即是一例。

另外，《魏三体石经遗字考》及与从弟孙星海合撰的《拟篆字石经稿》也是孙星衍研究、利用金石文献的成果，上文相关部分已作介绍，不赘述。

（三）孙星衍与《平津馆金石萃编》

《平津馆金石萃编》据孙星衍藏品撰写而成，那么，孙星衍是否参与了撰写工作、对该书有无贡献？这个问题此前尚未厘清。此通过与严可均《铁桥漫稿》所收相关题跋的比较，拟对此做出初步回答。

1.《平津馆金石萃编》之作者

关于《平津馆金石萃编》的作者，或著录为严可均，或著录为孙星衍，或为二人合撰，未有定论。王重民《中国善本书提要补编》以孙星衍是物主，严可均为撰主，认为应属孙、严合作。他依据收入《铁桥漫稿》中的严氏跋语有的包含了原在《平津馆金石萃编》中语气上属孙的部分，从而否定了孙星衍在该书编撰中的贡献，笔者认为这一说法似有不妥。要弄清这个问题，需要先了解

《平津馆金石萃编》的体例。

此据《续修四库全书》影印上海图书馆藏民国间吴兴刘氏嘉业堂钞本《平津馆金石萃编》看一下该书之体例。《平津馆金石萃编》的编撰目的在为弥补王昶《金石萃编》存在的不足,因此体例一仿王书。遇王书已经著录而又无出其右者,只录碑名并附注"已见王氏萃编"字样。王书未经著录者则在碑名下记高广、行款、存地,然后顶格录碑文,低一格录诸家跋语,低二格录孙氏按语。严氏跋语俱低一格且标有"四录堂类集"或"严可均跋"字样,这样从格式上可把孙、严跋语分开。据此,笔者将《平津馆金石萃编》中标明"四录堂类集"及"严可均跋"者与收入《铁桥漫稿·铁桥金石跋》中的严跋一一校对,结果如下:

(1)《铁桥漫稿》所收严跋有些不见于《平津馆金石萃编》,当为严氏所藏,非据孙藏。

(2)《平津馆金石萃编》中标注出自《四录堂类集》的《大兴造塔题字》《德渊刻唐明皇御制老子赞并书唵字赞》《为陈使君造像记》等均不见于《铁桥漫稿》,知《漫稿》所收非严跋全部。

(3)《平津馆金石萃编》中标注《四录堂类集》、严可均跋者大部分文字与《漫稿》全同,也有小异者,其中个别《平津馆金石萃编》详于《漫稿》,多数《漫稿》后出转精;偶有二书内容完全不同者。

(4)《平津馆金石萃编》中孙跋有四条见于《漫稿》(见下),当出严手而在《平津馆金石萃编》中格式上归孙,大部分孙跋不见于《漫稿》。

(5)所据《续修四库全书》本《平津馆金石萃编》卷十五至十七系用钞本补配,末跋未标严、孙,难以确定作者,不做考查。

此先对《铁桥漫稿》中四条在《平津馆金石萃编》中格式上属于孙星衍说的跋语略作讨论,以明二者之关系。

(1)《成君信墓志》云:"右碑益都新出土,'兄弟'字作'苐',

独见于此。"①此条在《平津馆金石萃编》中格式上属孙跋,而一字不异地著录于《铁桥漫稿》,当出严可均之手。

（2）《方道显造释迦象记》,《平津馆金石萃编》中有出自《四录堂类集》的严跋:"右碑各家未著录,嘉庆庚午夏新访得之,凡题名七列,其第四列有马神靁字从飝为仅见,第五列有才令马为希姓。《四录堂类集》"②下又有格式上属孙星衍的跋语一段:"右刻在范县义城寺,寺相近有左伯桃墓,县令唐晟因访墓得碑,属其拓寄,前此俱未及见。《山左金石志》亦未载。"③

《铁桥漫稿》云:"右碑在范县义城寺,各家未著录,寺相近有左伯桃墓,嘉庆庚午夏县令唐晟因访墓得碑,凡题名七列,其第四列有马神靁字从飝为仅见,第五列有才令马为希姓。"④

两相比较可以发现,《铁桥漫稿》大约包含了《平津馆金石萃编》中的严跋与孙跋部分。

（3）《安成康王萧秀碑》,《平津馆金石萃编》孙跋云:

按:萧秀碑有阴,余未获拓本,但获一额,据严子进所见,甘家巷有二碑,屹立田中,其一全泐,一额云"梁赠侍中司空安成王之碑",其文有"孝绰"数字可辨,则余所获乃全泐之碑之额,非即孝绰所撰碑之额也。《南史·梁宗室传》安成康王秀卒游王门者,东海王僧孺、吴郡陆倕、彭城刘孝绰、河东裴子野,各制其文,咸称实录,遂录四碑并建此额。即王、陆、裴之一,王氏《萃编》采《复斋碑录》及《南史》语缀于《萧憺碑》后,误。⑤

---

① 《铁桥漫稿》,《续修四库全书》第 1489 册 77 页;《平津馆金石萃编》,《续修四库全书》第 893 册 188 页。
② 《平津馆金石萃编》,《续修四库全书》第 893 册 333 页。
③ 同上。
④ 《铁桥漫稿》,《续修四库全书》第 1489 册 60 页。
⑤ 《平津馆金石萃编》,《续修四库全书》第 893 册 50 页。

《铁桥漫稿》云：

> 右萧秀碑有额有阴，其碑文全泐。余但获一额，隶书，五行，行三字，云梁故散骑常侍司空安成康王之碑。据严子进《江宁金石记》所见，甘家巷有二碑屹立田中，其一全泐，一额云"梁赠侍中司空安成王之碑"，其文有"孝绰"数字可辨，则余所获乃全泐之碑之额，非即孝绰所撰碑之额也。《南史·梁宗室传》安成康王秀卒游王门者，东海王僧孺、吴郡陆倕、彭城刘孝绰、河东裴子野，各制其文，咸称实录，遂录四碑并建此额，即王、陆、裴之一，王氏《萃编》采《复斋碑录》及《南史》语缀于《萧憺碑》后，误。①

比较可知，二文"据严子进所见甘家巷有二碑屹立田中"一句"所见"以下内容全同，"所见"以上内容小异，《平津馆金石萃编》格式上属孙而收入《铁桥漫稿》，当出严手。

(4)《赠营州刺史高贞碑》，《平津馆金石萃编》云：

> 右高贞碑，金石家未著于录，孙伯渊观察始得之卫河第三屯，迻树德州学宫。文颇完善，仅蚀十五字，就中"载卡"之"卡"同頍之頍，同辈未识，余谓"载卡"即《小雅》"载弁"，《魏孝文吊比干墓碑》"执垂益而谈卡兮"，与此碑同。《玉篇》哗作啐，偏旁从此。《魏刘洛真造象记》"少者益竿"，《论语·八佾篇》释文又作竿，彼偏旁卡、下皆卡之省也。頍与頍同，借为规，俗规从矢。碑末铭词"载飞载矫"，字作"矯"可互证。《北齐天柱山铭》"礼义以成頍矩"，偏旁小异，即规矩也。《魏书》无高贞名，以祖父官爵考之，当是高颺之孙，偃之子，德州田氏有高植碑，即贞从父昆弟（《四录堂类集》）②。

格式上属于孙星衍的跋语云：

---

① 《铁桥漫稿》，《续修四库全书》第1489册59页。
② 《平津馆金石萃编》，《续修四库全书》第893册54页。

碑云：祖左光禄大夫勃海敬公式诞文昭皇太后，是为世宗武皇帝之外祖。按：《魏书·外戚传》高肇父飏，飏女是为文昭皇后，生世宗，景明初赠左光禄大夫，赐爵渤海公，谥曰敬则。贞祖即飏也。碑又云：考安东将军青州刺史庄公即文昭皇太后之第二兄也。按：《传》有琨弟偃，字仲游，太和十年卒。正始中，赠安东将军、都督、青州刺史，谥曰庄侯。琨为高肇长兄，是贞即偃子也。碑又云：君姊有神表淑问，拜为皇后。按：《皇后传》宣武皇后高氏，文昭皇后弟偃之女也，亦见《偃传》。贞早卒，故史无其名。《传》言："肇自云本渤海蓨人，五世祖顾，晋永嘉中避乱入高丽。又言肇出自夷土，时望轻之。"似不信其为名族。碑则以为齐高子之后，或有所考。德州又出土有高植墓志。植，肇子，见《肇传》。高氏墓族葬在今景德之间。此碑以嘉庆九年六月九日拓得，其明年移树德州学宫，作歌刻碑阴，云：碑浮卫水兮，移之学官。墓崩陁兮，其人传。惟贵戚之尚德兮，曷藉功名之烂然。我无建树于兹土兮，独好古以穷年，媿岘首之羊公兮，庶后人之宁想乎碑前。①

《铁桥漫稿》云：

右高贞碑，金石家未著于录，孙伯渊观察始得之卫河第三屯，迻树德州学宫。《魏书》无高贞名，《通典》八十二"延昌三年七月司徒平原郡公高肇兄子太子洗马贞卒"，今《魏书·礼志四》"贞卒"二字作"员外亡"三字，传写之误也。碑云：祖左光禄大夫勃海敬公式诞文昭皇太后，是为世宗武皇帝之外祖。按：《魏书·外戚传》高肇父飏，飏女是为文昭皇后，生世宗。景明初赠左光禄大夫，赐爵勃海公，谥曰敬则。贞祖即飏也。碑又云：考安东将军青州刺史庄公即文昭皇太后之第二

---

① 《平津馆金石萃编》，《续修四库全书》第 893 册 54 页。

兄也。按：《传》有琨弟偘,字仲游,太和十年卒。正始中,赠安东将军、都督、青州刺史,谥曰庄侯。琨为高肇长兄,偘为次兄,故字仲游,偘即《通典》所云高肇兄而贞即偘子也。碑又云：君姊有神表淑问,拜为皇后。按：《皇后传》宣武皇后高氏,文昭皇后弟偘之女也,亦见《偘传》。碑言贞以四月廿六日卒,而《礼志》及《通典》作七月,亦传写之误。碑文完善,仅蚀十五字,就中载卡之卡,同頍之頍,同辈未识。余谓"载卡"即《小雅》"载弄",《魏孝文吊比干墓碑》"执垂益而谈卡兮",与此碑同。《玉篇》哹作咔,偏旁从此。《魏刘洛真造象记》"少者益笁",《论语·八佾篇》释文又作笁,彼偏旁卡、下皆卡之省也。頍与頍同,借为规,俗规从矢。碑末铭词"载飞载矫",字作穚,可互证。《北齐天柱山铭》"礼义以成頍矩",偏旁小异,即规矩也。德州新出土有高氏三碑,此其一,高植墓志为田氏所藏,植即贞之从父昆弟,惠政有声,见于史。高湛墓志为封氏所藏,湛不见于史。①

比较可知,《漫稿》篇幅长,包含了《平津馆金石萃编》之《四录堂类集》与孙跋的主体内容,但语序不一致,内容也有不同,凡同处文字亦同。《平津馆金石萃编》"高氏墓葬"以下不见于《铁桥漫稿》,当为星衍有感而发。此条或由严可均撰写后拆分,入《漫稿》时又经修改而成。

那么,是否可以就这四处在《平津馆金石萃编》中格式属孙的部分来判定全书所有孙氏跋语皆出严可均之手呢？笔者认为这种做法过于武断。就《铁桥漫稿》收录的严可均跋语来看,即使在《平津馆金石萃编》中很简短的跋语也被收录到《铁桥金石跋》中,如《重书李白半月台诗》云："碑在单县,各家未入录,以太白集校

---

① 《铁桥漫稿》,《续修四库全书》第1489册59—60页。

之,同。"①《千佛山吴□造像记》云:"按:是年庚戌而云癸丑,则'十三年也'必误,或漏刻三字。"②《阳华岩铭》云:"瞿令问篆迹谬恶,以慈为尤,以浆为逸,大错。欧公援及颜子,儗不以伦,则宋人习气也。"③此类跋语严可均收录无遗,说明他对自己的成果高度重视,不肯轻易赋予他人,据此推断严氏会比较严格地界定自己与孙星衍的成果。他辑佚《全上古三代秦汉三国六朝文》由与孙星衍等合作到自己单干并在"凡例"中特别注明"一手校雠,不假众力",正可与此印证。

从另一个角度看,《平津馆金石萃编》中有些孙跋写得极为翔实,如《伏羲陵考》《急就章考异》《重刻瓦城王朱轸庙碑》等。这是因为孙星衍对这些碑刻做过实地考察,对相关文献作过专门研究。如嘉庆二年(1797),孙星衍做山东兖沂曹济兵备道时访得鱼台县有伏羲陵,并得见宋熙宁十年(1077)所立《重修伏羲皇帝庙三门记》碑。于是他遍考经史,断定伏羲陵当在山东鱼台,不应祠于河南陈州,"是熙宁已前祀陵皆于鱼台,至政和三年定礼享太昊于陈州,前明沿之,未经厘政"④。为此他专门致书河南布政使司,"查陈州太昊陵是否有古书传碑碣可据"⑤,撰成《咨河南布政司伏羲陵稿》并附有翔实的考证材料,收入《岱南阁集》。

山东昌邑西北瓦城古庙中有一残碑,元于钦《齐乘》以为孙

---

① 《铁桥漫稿》,《续修四库全书》第1489册85页;《平津馆金石萃编》,《续修四库全书》第893册290页。
② 《铁桥漫稿》,《续修四库全书》第1489册61页;《平津馆金石萃编》,《续修四库全书》第893册74页。
③ 《铁桥漫稿》,《续修四库全书》第1489册70页;《平津馆金石萃编》,《续修四库全书》,第893册141页。
④ 《平津馆金石萃编·伏羲庙三门记》,《续修四库全书》第893册283页。
⑤ 同上。

武庙,《明一统志》以为庙祀孙膑。嘉庆十二年(1807),孙星衍做山东督粮道,派县令沈士煌搜访古迹,得宋熙宁四年(1071)残碑,据碑文始知此庙本为祭汉瓦城王朱鲔而立,"后人误以为孙子庙,以碑文有'大抉铃韬之要'及'减灶'等词定人,碑又未出朱鲔姓名,讹以传讹,遂不可辨"①。正因为孙星衍对这些碑刻进行过详细考证,所以收入《平津馆金石萃编》中的这些跋语极为详尽。这进一步证明《平津馆金石萃编》中贯穿了孙星衍的学术成就。

由以上分析可以看出,《平津馆金石萃编》事实上是孙星衍与严可均合作而成,我们不能埋没严可均的贡献,也不能无视孙星衍的成绩。从二人关系看,孙为主,严为客;从本书体例看,孙星衍并没有把严可均的成果掩为己有,而是明确独立出来,表现了他的学术良心,是值得我们尊敬的。② 笔者认为,今影印入《续修四库全书》的《平津馆金石萃编》除卷十五至十七缺由钞本补配,严、孙成果难以界定及以上四条格式上属孙的成果当出严可均之手外,其他格式上属于孙的部分为孙氏撰写的可能性较大。

2.《平津馆金石萃编》孙跋之价值

单就《平津馆金石萃编》中格式上属孙的跋语来看,其价值主

---

① 《平津馆金石萃编·重刻瓦城王朱鲔庙碑》,《续修四库全书》第893册281页。

② 孙星衍对严可均成果的尊重从《之罘刻石跋》中亦可稍窥。孙氏不但明言该跋由严氏手摹,且不遗余力地称赞其描摹水平高超:"秦之罘刻石在山东福山县海岛,后人凿石,移置登州郡斋,遂失其石。欧、赵所录皆二十一字;都元敬得宋莒公赐书堂本,少'于'字;《汝帖》所摹,少'于为御史大夫臣'七字。此铁桥先生从《汝帖》手摹,又依秦刻补足二十一字,以复宋时旧观。君通六书,又工篆,故用笔、结体向背有情,极茂美之致,以视徐铉、申屠駉过无不及。"《孙星衍遗文拾补》,《书目季刊》第四十五卷第三期(2011年12月),第82页。

要表现在以下方面：

（1）阐释碑刻文字，如《幽州刺史朱龟碑》云"此碑有'永昌太守曹鸾上绖'"云云，《隶释》缺'绖'字，《玉篇》'绖，所除、所去二切'，亦'疏'字。据此知即'上疏'异文，又证顾野王之有本。①

（2）判断碑刻年月，如《崇明寺陁罗尼经幢》云："崇明寺二幢：一漫漶不可拓，一泐建立年月，姑据下方有重修建题字，系之大中年，亦无关考证也。"②这是据碑文重建题字判断年月。《刘继元等题名》云："是刻无年月，《高绅题名》有宾幕刘继元同游，即其人也，因附其后。"③这是据相关碑刻系附年代。

（3）考证碑中人物事迹，此类较多，如《千佛崖题名四种》考题名所涉王钦若、吕大防、李先、石辂、晁无咎等事迹，《石亭里石氏墓表》介绍石介生平，《孟庙傅尧等题名》引郭若虚《图画见闻志》介绍许道宁，《唐明皇帝加号先圣文宣王诏》中对《金石萃编》云"未详其里贯"的王荀龙有详考，又介绍了窦渊事迹等。

（4）考辨地理沿革，如《承天观碑》考证宁州西魏至隋唐之沿革，翔实清晰：

> 按：碑在甘肃庆阳府正宁县。罗水在县南西南，由宁州界入泾水，隋曰罗川县，属北地郡，唐属宁州，天宝初获玉真人像，改曰真宁县，见《地理志》。西魏废帝二年，改豳州曰宁州。隋大业初复曰豳州，寻改为北地郡。唐武德初复曰宁州，天宝初改彭原郡，乾元初复曰宁州，《元丰九域志》"宁州，彭原郡军事，治定安县、真宁县，州东南七十里有子午山、罗川水"，碑所谓"罗川上游彭原属邑"是也。④

---

① 《平津馆金石萃编》，《续修四库全书》第 893 册 323—324 页。
② 《平津馆金石萃编》，《续修四库全书》第 893 册 177 页。
③ 《平津馆金石萃编》，《续修四库全书》第 893 册 220 页。
④ 《平津馆金石萃编》，《续修四库全书》第 893 册 238 页。

（5）考证职官兴废，如《周湛等题名》，碑文有"提点刑狱周湛、同提点刑狱钱聿、知郡事包拯同至。庆历二年三月初九日题"，孙星衍云："按：《宋史·职官志》提点刑狱公事，淳化二年置，以朝臣充，后罢归转运司。景德中复置，增武臣为副，以阁门只候以上充。是刻称'同提点刑狱'，岂即史所谓副耶？周湛字文渊，登州穰人，《宋史》有传，不载'提点刑狱'。"①这是对提点刑狱职事的废立予以考证，指出此碑所纪周湛官职可补《宋史》本传之缺。

（6）纠正错谬，有的着眼于纠正他书著录之误，如据《唐故翊麾副（下缺）置（下缺）同（下缺）骑都尉薛君塔铭》碑文云"来年闰二月"，指出《金石文字记》《关中金石记》皆作闰四月是错误的。② 于《张珂造陁罗尼经幢》中指出"《山左金石志》未见拓本，仅据朱朗斋及李南涧语，故不免首尾倒置也"③。

有的注重纠正释读之误，如于《唐顾铭》中指出："旧读多误，《次山集》又无此铭，因属严孝廉别定释文，录之于右。"④

有的据碑刻订正史传记载之误，如《宋重修资州法华院记》云："右碑在资州，叙裴晋公五子次序与本传合，与《世系表》异，当是表误，当据碑改正。碑叙晋公诸孙名，可补《世系表》之缺，《记》中所云永庆寺在资州城内东北隅重龙山上。"⑤

另外，孙跋还关注碑刻的书法价值，如《小铁山摩崖匡喆刻经颂》云"隶书，超逸可爱"⑥，《朝请大夫雷府君墓志》云"楷法绝

---

① 《平津馆金石萃编》，《续修四库全书》第 893 册 252 页。
② 《平津馆金石萃编》，《续修四库全书》第 893 册 127 页。
③ 《平津馆金石萃编》，《续修四库全书》第 893 册 183 页。
④ 《平津馆金石萃编》，《续修四库全书》第 893 册 143 页。
⑤ 《平津馆金石萃编》，《续修四库全书》第 893 册 241 页。
⑥ 《平津馆金石萃编》，《续修四库全书》第 893 册 71 页。

工"①等。重视碑刻的版本价值,如于《龙兴观道德经》中指出唐代碑刻早于宋代雕版之意义。着眼于拓本之优劣完否,数数强调己藏碑刻之优胜等。此类前文已及,不赘述。

综上所述,《平津馆金石萃编》不仅昭示了孙星衍的鉴藏之功,也一定程度地展示了其考辨之力。在孙氏藏品散佚殆尽的今天,该书与《平津馆读碑记》一起成为我们了解、研究孙藏金石的重要资料。

(四)对孙星衍金石学成就的几点认识

由以上对孙星衍金石学成就的论述,大约可以形成以下认识:

1. 时代学尚促成了孙星衍在金石学领域的造诣

乾嘉时期金石学兴盛,名家辈出,著作宏富。孙星衍自入毕沅幕府,即助其编纂《关中金石记》,又与同时以金石名家者如钱大昕、翁方纲、王昶、武亿、黄易、阮元、赵魏等交往密切,作为一位关注时代学术风向、站在时代学术前沿上的学者,孙星衍在耳濡目染、切磋实践中培养了自己对金石学的兴趣。他不但勤于搜访,家富典藏,而且精心结撰,以著述求不朽。

2. 因地制宜是孙星衍搜访、研究金石的有效做法

金石具有较明显的地域性分布特征,搜访、摹拓极为艰辛,以一人之力无法拓尽天下金石。主客观条件的制约,促使学者必须做出选择:或做断代研究,或做地域性探讨,或以编目为主,或以考证为重。无论采取何种样式,因地制宜是学者们行之有效的共同经验。孙星衍多年仕宦,虽公务繁忙,身不由己,但能因地制宜,力求学术收获的最大化。体现在金石学上,为官京师时著《京畿金石考》、出仕山东时编《泰山石刻记》即为突出表现。

---

① 《平津馆金石萃编》,《续修四库全书》第893册89页。

3. 多种金石学著作奠定了孙星衍在该领域的学术地位

孙星衍的金石学著作,既有地方性金石著述,也有全国性碑刻目录,既有继承,又有创新。如果说《京畿金石考》《泰山石刻记》更多地体现了对前人的继承、与时人的趋同的话,那么,在《醴泉县志》《松江府志》中设立金石目则更富有创新意义。

孙星衍对金石学的贡献与其他领域一样,并非体现在研究方法的革新上。我们看到,孙星衍收集、拓藏金石的途径,研究、利用金石的方法与宋朝人的路子大致相同,单从方法上看,孙星衍乃至整个清代的金石学并未超越宋朝。其贡献主要表现在对研究时限、内容的拓展上。比如,欧阳修、赵明诚著录金石止于五代,王昶止于金,孙星衍的《寰宇访碑录》延伸到元,《泰山石刻记》扩展到清乾隆二十八年(1763),时限的延伸必然带来著录数量的增加,而材料厚度的增长是认识上取得进展的前提之一。孙星衍也拓宽了金石学研究的内容,如其对前人著录较少的秦汉瓦当及京畿地区辽金碑刻的重视,不仅极大地弥补了前人的不足,而且为相关研究提供了资料上的支撑。而孙星衍对碑刻年代、文字释读、人物生平、地理沿革、职官变迁等方面所做的具体考辨,解决了一些前人未能解决的问题,纠正了一些前人的错误,得出了诸多信实可靠的结论。总体来看,孙星衍在金石学领域的搜集、编纂之功远超考辨之力。他的努力,为当时和后世提供了研究基础,后来者从事相关研究,孙星衍的成果无法绕过。

八、孙星衍的方志学特色及成就

孙星衍生活在修志极盛的乾嘉时期，一生主持、参与纂修方志近十种，主要有《关中胜迹志》《长安县志》《咸宁县志》《邠州志》《三水县志》《醴泉县志》《偃师县志》《庐州府志》《松江府志》等。孙氏主修的这些方志多被《中国稀见地方志提要》列为上乘。孙修方志呈现出文献丰富、考据精审，重视地理沿革、注重实地考察，体例有据、适当变通，经世致用、议论斐然的鲜明特点，是清代方志考据派的代表。

（一）文献丰富，考据精审

孙星衍重视文献记载，不取传闻未信、方册难凭之史料。对诸志涉及的古迹提出了"按古书正之"①、"同出一书必取最先之说"②的别择原则。为免杜撰之嫌，于每条下标注出处："志中引用事实均载原书名于本条之下，盖昭代右文，书籍繁富，每多前志所未载者，著之所以免杜撰之疑也。"③

孙星衍重视文献记载但绝不盲目遵从，力求通过严谨考辨正讹补阙。他在《邠州志序》中明确表达了这一理念："邠州多古迹，可与经史相证左。旧志荒略，所载故实，不著原书，今悉正其讹谬。

---

① 张祥云修，孙星衍纂《庐州府志》，《续修四库全书》第709册300页。
② 《庐州府志》，《续修四库全书》第709册339页。
③ 《松江府志》，《续修四库全书》，第687册90页。

又以考辨地里数事,揭于篇。"①在《松江府志凡例》中规定:"志书本条有未详尽者,有疑似者,有讹舛者,均作案语系于本条之后,盖前人之说未便从删,又不可以仍疑袭误,因以案语订证之,以俟后之博雅君子采择焉。"②

孙星衍提出的"方志以考据存文献"③的主张在其修志实践中得到了很好的贯彻落实。他批评备受前人称誉的《朝邑志》与《武功志》过于简约,"皆非著述之体,徒以文笔简要为长"④,明确表示自己纂修方志不会沿袭这一做法:"予不敢袭其弊也。"⑤

基于以上认识,孙纂方志呈现出文献宏富、详实有据的鲜明特点。如三水县地处僻芜,几无故实,旧志疏略尤甚。孙星衍早年纂修《三水县志》各条目直接用文献系连,如介绍柳谷与后谷仅用明《邠州志》的记载:"明《邠州志》:柳谷在县南三十里。"⑥"明《邠州志》:后谷在县北十里。"⑦介绍马岭山用乐史《太平寰宇记》、郑樵《通志》:"《太平寰宇记》:三水县马岭山俗名箭括岭,抵庆州界有马岭水出焉。《通志》:在县西北六十里。"⑧由以上三例可以看出,孙修方志立足文献,语语征实,无空言泛说。而记载的详略,取决于所存文献的多寡,非出主观臆见。

孙星衍并非仅对前人文献简单系连,而是精心爬梳、分析、整合、考辨,皆用按语发表见解,仅以《庐州府志》为例。孙氏按语有

---

① 《问字堂集》卷四《邠州志序》,第94页。
② 《松江府志》,《续修四库全书》第687册90页。
③ 《问字堂集》卷四《邠州志序》,第96页。
④ 同上。
⑤ 同上。
⑥ 葛德新、朱廷模修,孙星衍纂《三水县志》,《续修四库全书》第693册12页。
⑦ 《三水县志》,《续修四库全书》第693册12页。
⑧ 《三水县志》,《续修四库全书》第693册11页。

的用来注释正文,如记刺史山、韩综山两条仅列山名,无文献佐证,孙星衍于其末加按语说明出处、位置、现状:"按:二山见《水经注》,在巢县,今失考。"①有的用来补充正文,如记"捧檄桥":"康熙《志》:未详其地。临仙桥改建时掘地得碑,书此三字。"末加按语,对康熙《志》"未详其地"做出考察并予补充说明:"按:今在庐江城东门外半里,跨河水为桥,旁有大碑,题曰捧檄桥。"②有的用来存异,如记仙女峰:"《明隆庆志》:在县西一百里。按:县志作仙人峰。"③有的用来存疑,如记蓝家山,提出康熙《志》所记郎官山或即《隋书·地理志》蓝家山之说:"《隋·地理志》:庐江县有蓝家山。今考县治无此山名。康熙《志》云郎官山,俗呼蓝关山,疑即《隋志》蓝家山,未知是否?郎官山在县东南五十里。"④

孙星衍在利用文献的过程中也会发现各种各样的错误。考辨、纠正旧说之误因此成为孙氏按语的主要内容,仅举《庐州府志》一例。《太平寰宇记》将梅山置于庐州,孙星衍据《左传》及杜预注,认为梅山当在郑地,指出《太平寰宇记》不足为据,认为明隆庆《志》以此山为曹操率兵望梅止渴之山更属荒唐。在辨证了此前误说的基础上肯定县志对山名的记载较为可信:

> 按:《寰宇记》谓楚师伐郑右回梅山,即此山。考《左传》右回梅山侵郑,东北则梅山,当在郑东北界上。又上文次鱼陵城上棘、次颍、涉滆,然皆在今河南汝州及开封境内,不应右师独相距若是之远。杜注以为在荥阳密县者,本不误也。《寰宇记》不足据。至明隆庆《志》以此山为即曹公率兵望梅止渴

---

① 《庐州府志》,《续修四库全书》第 709 册 320 页。
② 《庐州府志》,《续修四库全书》第 709 册 357 页。
③ 《庐州府志》,《续修四库全书》第 709 册 307 页。
④ 《庐州府志》,《续修四库全书》第 709 册 310 页。

处,尤属荒唐。惟县志云其山多梅,故名,差为可信耳。山在县东三十里。①

孙星衍不仅在正文中大量征引文献,还以附录形式保存了丰富的原始资料。这些文献均附于相关条目下,诗文辞赋各体皆有,具有多方面的史料价值。如《庐州府志》卷二《山川志上》大蜀山条末附明黄道日《游蜀山》诗、明张瀚游蜀山同孙节推诗、明龚志益《蜀山》诗、明黄道年《陪何别驾登蜀山》诗、龚士正《蜀山即事》诗、李天馥《九日登蜀山远眺》诗和《九日游蜀山》诗以及时任郡守张祥云的《蜀山》诗等,这些诗句有助于了解大蜀山的优美景观。《三水县志》卷七《兵防十》在介绍了蚌川府、槁邱堡、铺路及相关人物后,于卷末附明文翔凤《阃防议》、林逢泰《答两宪咨询利弊议》、林逢泰《请防御议》《再请防御议》《三请防御议》《四请防御议》《五请防御议》,又《请禁兵马入城议》,又《请免乡勇丁徭及改运粮草议》等,是了解三水地区地理险要、防御措施的重要文献。《松江府志》全书八十四卷,一百八十余万字,以翔实著称,所附原始文献更是宏富,如卷六《疆域志》"物产"中"木棉花"条记载棉花的引进、种植、加工,对了解松江地区棉纺织业的发展历史极为宝贵;卷四十四至四十八《选举表》是研究松江地区科举史的重要资料;卷七十九《名迹志》冢墓部分保存了很多墓志文,是研究相关人物生平事迹的重要资料;卷三十三《武备志》附录大量文献讲述了明代倭寇的入侵、官民的抵御、种种御倭船只、武器及防范措施等,是了解明代倭寇入侵东南沿海及当地官民抗倭史实的可靠史料。

孙修方志翔实有据的特点基于其对相关文献的广征博引。张祥云在《重修庐州府志叙》中指出孙修新志是以存世的明隆庆《志》、崇祯《志》及清康熙《志》为基础,参互考订,各取所长,并广

---

① 《庐州府志》,《续修四库全书》第 709 册 309 页。

搜其他典籍而成。三志之外，张祥云进一步列举了各类志主要材料来源，以彰显其言必有征之特色：

> 其志沿革，则取之各史地里、郡国、州郡、地形、职方诸书。志山川古迹，则取之魏郦道元、唐李吉甫、宋乐史、祝穆、欧阳忞、王象之诸人水道地记诸书。志人物名宦，则取之廿四史列传，旁搜子书杂史。志大事，则取之编年正史。志佚事，则取之传记百家。其田赋、兵防、水利各类，皆援据古书，折衷今制，以为一代文献。庙寺、冢墓、金石搜罗遗佚，碑碣遍览说部，增于旧志几十之五。人物志之出于近世者，则得于都人士舆论，稽诸公牍，庶几质核而不诬。合以图表，共为五十四卷，俾百余年来典章文物吏治民风厘然毕具，非敢自诩博雅，亦庶免不醇不备之憾云。①

由张祥云《叙》大约可窥孙氏文献的主要来源。而体现在孙修方志中的资料实远胜于此。如《松江府志》卷三十五《武备志》"兵事"部分记载了历代重要军事事件，史书之外引用张起鹏杂志、郭《志》、金山卫刘《志》、《金山县志》、顾成天《南汇志》《明史·日本传》《华亭志》、陈《志》、上海张《志》、《华亭县志》、张鼐《倭变志》、徐阶《请发兵疏》等，附录列了明张鹗翼《守城记》《筹海图编》《倭事征信录》、徐阶《请以兵事责有司疏》《徐御史宗鲁论倭变始末》《工部李昭祥上张半渊总制书》《徐献忠与方郡侯论备倭书》《又与右辖胡柏泉书》《又与总督胡梅林书》《方伯莫忠与彭督府蔡操院论倭寇》、茅坤等议二十余种文献，为明成祖永乐十三年(1415)倭寇从海上突入金山卫后整个明代倭寇入侵始末提供了翔实、可靠的史料，是研究明代倭寇问题的重要依据。

面对众多文献，孙星衍或单取某书记载，或综合旧说，择善而从。以详备著称的《松江府志》对文献的综合利用也最突出，仅以

---

① 《庐州府志》，《续修四库全书》第 709 册 270 页。

卷四十《名宦传一》为例。该卷记载元代名宦或用顾《志》、郭《志》、《宋史》、《元史》、《元文类》、《山东通志》、《嘉兴府志》、杨弥昌《记》的记载，或云顾《志》参郭《志》、郭《志》参《南畿志》、顾《志》参《上海志》、郭《志》参《元史》、陈《志》参《江西通志》、顾《志》参《通志》、陈《志》参《峨术集》、陈《志》参修《南昌志》、郭《志》参《娄志》、郭《志》参《上海志》、《元史》参《浙江通志》等。仅由此卷征引文献之特点可略见孙纂方志融汇诸书、择善而从的一般做法。

材料范围的拓展，诸书之间的互相补充，有利于最大限度地获取相对最完备的信息，使新志在全面、综合利用已有成果的基础上集其大成并超越前人。如《松江府志》卷四十五《选举表》松江洪武二十年（1387）增张彝、吴宪二人，云：“以上二人前志不载，见《南国贤书》。”①上海县学永乐十八年（1420）增陆遂一人，云：“县丞，湖州人，诸书不载，见《乙癸题名便览》。”②

孙星衍对材料穷搜尽索，材料的汇集易于在比较中发现问题，进而带来认识上的进步。如《松江府志》卷三十一《学校志》华亭县"忠义孝弟祠"条有孙氏按语：“按：谢启昆刻《胜朝殉节诸臣录》有包鸿策，华亭人，官知县，而陆秉笏《予谥诸臣赞》失之。莫是骅，华亭人，而谢氏误刊他籍，《娄志》均未载入，允宜增祀以慰忠魂。”③是据《胜朝殉节诸臣录》可补《予谥诸臣赞》之失及《娄志》之阙，而据他书又可纠正《胜朝殉节诸臣录》的错误。这样互相参照，精心比勘，补缺纠谬，新志必后来居上，后出转精。

综上所述，孙星衍网罗文献宏富，几于巨细不遗，又能对材料进行分析、考辨，故所纂之志以文献丰富、考证详确著称于世。《续修四库全书总目提要》因赞[乾隆]《邠州志》"其书搜讨周备，考

---

① 《松江府志》，《续修四库全书》第688册349页。
② 《松江府志》，《续修四库全书》第688册351页。
③ 《松江府志》，《续修四库全书》第688册92页。

证精详"①,称[乾隆]《三水县志》"几于言皆可据"②。

(二)重视地理沿革,注重实地考察

以戴震、洪亮吉、孙星衍为代表的考据派最重地理沿革。戴震强调明晰地理沿革是方志纂修之核心:"古今沿革,作志首以为重。"③指出对沿革的记载与考证关系全书的水平与质量:"沿革苟误,是通部之书皆误矣。"④认为沿革既明,志书即成:"夫志以考地理,但悉心于地理沿革,则志事已竟。"⑤洪亮吉也强调方志的主要任务是志地理:"况地志者,志九州之土也。"⑥记沿革因此最为重要:"一方之志,沿革最要。"⑦

孙星衍持论与戴、洪同,他深知"论地志者以辨沿革为最要,而辨之最难"⑧。孙修方志极重沿革,叙述沿革是其志书不可或缺的重要内容。如在《三水县志》卷一《县谱一》中,孙星衍考镜三水沿革自汉栒邑起,历曹魏、晋、北魏、西魏、隋、唐、宋、金、元、明,以朝代为纲,以文献为据,辅以考证,逐朝追溯,文简事丰,脉络清晰。《庐州府志》卷一为《沿革志》,记庐州府起源自《禹贡》属扬州之域、殷周为南巢及巢国始,历春秋、战国、两汉、三国、晋、宋齐、梁、

---

① 《续修四库全书总目提要(稿本)》,第19册572页。
② 《续修四库全书总目提要(稿本)》,第19册575页。
③ 戴震《戴东原集·应州续志序》,《续修四库全书》第1434册496页。
④ 章学诚著,叶瑛校注《文史通义校注·记与戴东原论修志》,中华书局2005年版,第869页。
⑤ 《文史通义校注·记与戴东原论修志》,第869页。
⑥ 《卷施阁集》文甲集卷八《与章进士学诚书》,《续修四库全书》第1467册321页。
⑦ 《更生斋集》文甲集卷三《跋新修庐州府志后一寄张太守祥云》,《续修四库全书》第1468册32页。
⑧ 《庐州府志》,《续修四库全书》第709册287页。

隋、唐、五代、宋、元、明、国朝,方法同《三水县志》。综述庐州府历代沿革之后,分别叙述所属合肥县、舒城县、庐江县、巢县历代沿革简况,援引文献,补遗正讹,既现稽古之长,又见考核之精。如记舒城县之沿革,云:"春秋群舒国,汉置舒县,属庐江郡,后汉晋因之,唐开元二十三年析合肥、庐江二县地置舒城县,属庐州,五代、宋因之,元属庐州路,明属庐州府。本朝因之。"①下考《江南通志》志沿革之确,对旧志以舒城为龙舒提出质疑:"按:《江南通志·沿革表》以谓汉舒县隋并入庐江,唐析合肥、庐江置舒城,复得汉舒县地,此说甚确。若汉龙舒,据《左传》杜注,则似在今桐城,旧志以舒城为龙舒,似非是。"②

孙星衍记载山川皆详其方位,可考可寻。前已举《三水县志》柳谷、后谷、马岭山数例,不再赘列。舆图是疆域的重要组成部分,可以更直观地展示属地建置、山川名胜,孙星衍因此高度重视。其于《松江府志凡例》中特别强调:"府境形胜绣错,建置罗列,非图绘不能详。"③所纂《庐州府志》前有《庐州府志图》,计庐州府境总图、府治合肥县境图、府治合肥县城图、府署图、府学图、舒城县境图、舒城县城图、庐江县境图、庐江县城图、无为州境图、府属无为州境江图、无为州城图、巢县境图、巢县城图十四副图,既有一州总图,又有各属县图,其中重要建置、山水清晰可见,直观明了。《松江府志》列峰泖图十、府县境图九、城池图八、官署学校图四、水利图四、乡保图一、海塘图一,并于诸图后均附说解,水利乡保等图并略用开方法,展卷易知。

孙星衍重视稽古,充分利用文献记载,力求言必有据,他同时也很关注古今变迁,往往通过实地考察明确变迁情况。如《庐州府

---

① 《庐州府志》,《续修四库全书》第 709 册 291—292 页。
② 《庐州府志》,《续修四库全书》第 709 册 292 页。
③ 《松江府志》,《续修四库全书》第 687 册 90 页。

志》考察了礼义峰的方位与明隆庆《志》记载不同,孙星衍用按语指出,并记其别名俗称:"明隆庆《志》:在县西南九十里。今考在县西南六十里,亦称礼义尖,土人讹为鲤鱼尖。"①九卿山原属庐江,孙星衍考察后认为当属无为:"今考九卿山在无为州,与庐江接界,在县东南七十里,当属之无为。"②对《天下名胜志》记载的庐江境内的钟鮾山,考察的结果是"县境无此山"③。《松江府志·疆域志》记奉贤县疆域,其东西南北四至距离与县境全图无一相合,孙星衍没有简单沿袭前说,而是"今采县境全图,参考市镇各门及邑中耆献互证而补之"④,从而得出了超越前人的最准确的数据。

孙志记载疆域、山川、地理,向以考订精详、信实可据为人称道。《中国地方志总目提要》称誉[乾隆]《三水县志》:"尤其对三水地理沿革考证精审,记载详细。"⑤《续修四库全书总目提要》评[乾隆]《醴泉县志》:"旧志疆域不分,故寔杂厕,是编悉为考订,先明沿革疆域,然后故寔有征,无所附会。"⑥又特别指出[乾隆]《邠州志》"而其最足餍人意者,厥为州县山水各篇,于州治之沿革、地理方位、山川脉络、考订备极详审,其于稽古尤有所长"⑦。孙星衍在地理沿革上能够取得如此成就,基于其精审的文献考证与严谨的实地调查,二者缺一不可。

---

① 《庐州府志》,《续修四库全书》第709册307页。
② 《庐州府志》,《续修四库全书》第709册310页。
③ 《庐州府志》,《续修四库全书》第709册311页。
④ 《松江府志》,《续修四库全书》第687册164页。
⑤ 金恩辉、胡述兆主编《中国地方志总目提要》,台湾汉美图书公司1996年版,第25册25页。
⑥ 《续修四库全书总目提要(稿本)》,第20册4页。
⑦ 《续修四库全书总目提要(稿本)》,第19册573页。

(三) 体例有据,适当变通

方志体例贵因不贵创,此为考据派之共识。孙星衍在嘉庆六年(1801)所撰《重刊〈景定建康志〉后序》中提出新志当在宋元旧志的体例上续增,不应更改旧例:"蒙谓一方修志,如有宋元旧本,自宜刊刻原书在前,依例增续,或辨证古人得失,别为一卷。近时作志,动更旧例,删落古人碑版,引书出处,增以流俗传闻、芜秽诗什,甚为不典。"①在此后的《重刊〈云间志〉序》中又重申了这一观点:"余病今世修志,无著作好手,不如刻古志于前,以后来事迹续之。或山川古迹,旧有遗漏舛误者,不妨别为考证一卷。"②

孙星衍纂修的方志立目谨严,简而有法,仅以《松江府志》为例。《松江府志》成于嘉庆二十二年(1817),为孙星衍晚年纂修。该志体例谨严,内容丰富,资料翔实,考订精审,代表了孙修方志的最高成就,也显示了孙修方志的突出特色。仅就类目来看,八十四卷中有总纲,有子目,既有横向同类类目的并存,也有纵向时代顺序的演进,宏大精细,纲举目张。其目为:卷首纪巡幸宸翰;卷一至六《疆域志》,其目十三,曰星野、沿革、道里、形胜、乡保、镇市、坊表、衢巷、桥梁、津渡、风俗、方言、物产;卷七至十二《山川志》,其目四,曰山、水、水利、海塘;卷十三至十九《建置志》,其目九,曰城池、古城、官署、古署、公建、坛庙、仓廪、馆驿、铺递;卷二十至二十九《田赋志》,其目十三,曰田赋、科则、田亩、漕运、解支、赈恤、役法、户口、杂税、芦课、积贮、关榷、盐法;卷三十至三十二《学校志》,其目七,曰松江府儒学、华亭娄县儒学、奉贤儒学、金山儒学、上海儒学、南汇儒学、青浦儒学;卷三十三至三十五《武备志》,其

---

① 《重刊〈景定建康志〉后序》,《宋元珍稀地方志丛刊·甲编》第2130—2131页。
② 《重刊〈云间志〉序》,《宋元方志丛刊》第1册4页。

目三，曰历代兵制、兵制兵事；卷三十六至三十九曰《职官表》，其目七，曰元监秩表、元明府秩表、武职表、国朝监司表、府秩表、县秩表；卷四十至四十三曰《名宦传》，其目四，曰自吴至元传、明洪武至嘉靖传、嘉靖至崇祯传、国朝名宦传；卷四十四至四十八曰《选举表》，其目十七，曰汉以来辟荐表、唐科目表、宋科目表、元进士乡贡合表、明举人表、明进士表、明贡生表、明武科表、明辟荐表、国朝举人表、进士表、贡生表、国朝武科表、辟荐表、历代封爵表、封赠表、录荫表；卷四十九至六十曰《古今人传》，其目八，曰自汉至隋传，自唐至元传、明洪武至天顺传、明成化至嘉靖传、明嘉靖至隆庆传、明隆庆至万历传、明万历至崇祯传、国朝传；卷六十一《艺术传》；卷六十二《寓贤传》；卷六十三《方外传》；卷六十四至七十一《列女传》，其目八：历代以来完节传、国朝华亭奉贤二县列女完节传、国朝娄县金山二县列女完节传、国朝上海县列女完节传、国朝南汇县列女完节传、国朝青浦县列女完节传、历代以来义烈传、历代以来贞孝贤淑才女传；卷七十二至七十三《艺文志》，其目二：曰经史子集目录、金石；卷七十四至七十九《名迹志》，其目五，曰古迹、寺观、第宅、园林、冢墓；卷八十《祥异志》；卷八十一至八十四《拾遗志》。陈桂生称其"立体严，稽事核"①，"征文求献，博而实约，大而实精"②。《续修四库全书总目提要》誉其"纲举而目张，事繁而言简"③。

　　孙纂诸志不仅类目设置谨严有法，而且力求有前人依据，这在凡例及各篇类序中多有说明。如《松江府志凡例》云该志鉴于"志与史相表里"④的性质，仿史例分为十类：疆域、山川、建置、田赋、

---

① 《松江府志》，《续修四库全书》第 687 册 85 页。
② 同上。
③ 《续修四库全书总目提要（稿本）》，第 9 册 793 页。
④ 《松江府志》，《续修四库全书》第 687 册 90 页。

学校、武备、名迹、艺文、祥异、拾遗,同时设置职官、选举二表,名宦、人物二传。对郡中人物,"如分隶各门,品题恐有未当。兹遵《大清一统志》例合为《古今人传》"①,不再分类。《列女传》则用《江南通志》之法,分完节、义烈、贞孝、贤淑、才女五门,以县为次第,以年份定后先。《庐州府志·大事志》仿司马迁《史记》大事年表、司马光《资治通鉴》之体设置;《文籍志》据周应合《建康志》之例,以庐郡金石及府县名人撰述合为一卷;《杂文志》则仿范成大《吴郡志》,以赋咏无所附丽者萃为杂咏一帙而稍变其例,文后附诗。《邠州志》记地理古迹,仿宋乐史的《太平寰宇记》及宋敏求的《长安志》,记人物则仿宋高似孙的《郯录》。由上诸例可以看出,孙星衍设置类目是以继承前人为主的。

孙星衍虽然主张方志体例贵因不贵创,但他并未一味因袭,而是针对前志类目之弊进行了适当的变通与改革。如在《松江府志》末卷,孙星衍一改前人立遗事一门录画品诗评、齐谐诺皋等以资谈助的做法,编载各门疏漏条目不及补入者,按正门类目分类补充,改为《拾遗志》,表现了其轻传闻、重史料的思想,也体现了其对前志体例的变革:"前志之例,于末卷各立遗事一门,画品诗评颇资谈助,齐谐诺皋未免阑入,律以掌故,似不当详。兹编所载,皆前门未经附入,及成书后别有来辑者,略依门目,汇为拾遗。其中典章制度而外,嘉言懿行,人物为多,用前志之例而稍别之者,恐书之不胜其书也。志拾遗。"②

孙星衍针对此前艺文志多录题咏碑记、颇为尘冗的弊端,在《三水县志》《松江府志》中进行了变通。《续修四库全书总目提要》称誉《三水县志》:"其书不列艺文一目,或有诗文,皆以类相

---

① 《松江府志》,《续修四库全书》第 687 册 90 页。
② 《松江府志》,《续修四库全书》第 689 册 563 页。

从,附之各志之下,亦较他志之滥收诗文者为有体。"①魏元煜对《松江府志》人物传不分类别、列女传立为五门、金石著述入文籍不入杂文的做法表示了充分肯定,认为"审慎精严,独具手眼",有裨实用:"至于志人物,则不强判标题而统名为传;志列女,则不雷同肤泛而区分五门;志书籍碑刻,则初不杂入艺文而别为簿录。凡此皆审慎精严,独具手眼,足以匡文体、翊史裁,裨实用,垂久远。"②

孙星衍对前人重视的星野之说,基于其几无实用价值的特点做了简化处理。其《三水县志》《庐州府志》都删去了分星,分野篇也极为简约,受到后人称誉。《续修四库全书总目提要》称赞《乾隆三水县志》"分星之说,为志乘之通病,是编悉从删略,尤具卓识"③。[同治]《三水县志》继承了康熙《志》的做法,重新补入星野部分,舆图也沿袭康熙《志》,没有采用乾隆《志》的开方比例,《续修四库全书总目提要》认为这种做法实际是志书的倒退:"惟志载星野,识者所病。乾隆葛志,摒而不录,颇具卓识。是编复据康熙林志补入,殊为无谓。舆图为志地者之所重,是编乃仍袭旧图,不知比例开方之法,未免率陋。"④

综上所述,孙星衍重视方志类目设置,所设类目在继承前人的基础上有变通,有发展,呈现出谨严有序、纲举目张、更富实用的总体特点,其做法为后来者提供了有益借鉴,受到后人的认同与赞扬。

(四)经世致用,议论斐然

方志作为一方之史,关涉民生利病、风俗奢俭、教化兴衰,稽古

---

① 《续修四库全书总目提要(稿本)》,第 19 册 575 页。
② 《松江府志》,《续修四库全书》第 687 册 81 页。
③ 《续修四库全书总目提要(稿本)》,第 19 册 575 页。
④ 《续修四库全书总目提要(稿本)》,第 19 册 576 页。

证今、寓志于治因此成为方志纂修者的重要使命。孙星衍明确提出了"地理之学，通于政事"①的观点，希望通过修志，达到考究利病、经世致用的目的。其于《松江府志凡例》中特别列出水利一条，认为："松郡襟海负江，为东南泽国，讲求水利，是所先务，故《山川志》略依《水经注》体，经纬南北，源流东西，大浦支湖，脉络分晰，而前人疏治之成法，并详载于中。考究其利病而图治之，倘亦后日之一助也。"②由此可见，其重水利不惟着眼于记载水道脉络，更重视保存前人有价值的治水之法，旨在"究利病而图治之"。其于《重刊〈景定建康志〉后序》中表彰该志体例完善、纪年隶事翔实可据："《建康志》体例最佳，各《表》纪年隶事，备一方掌故，山川古迹，加之考证，俱载出处。"③更进一步指出该志有助于地方兴利除弊、经世致用："其于地方诸大政，兴利革弊，尤有深意存焉。"④

孙纂方志在疆域、山川、古迹等自然地理部分往往客观记载、考证，以求真求是为原则，很少主观阐发，而在水利、田赋、军事、武备等人文地理方面，则往往在按语中表达自己的主观见解，其鉴古知今、经世致用的思想斑斑可见。如其于《松江府志》卷十二《山川志》"雍正十一年巡抚乔世臣题准凡翻筑土塘"条，注中介绍筑堤之法，末云："凡此诸条，皆筑土堤良法。海潮吞吐，一遇飓风，力盛于河堤，修筑者不可不知此法，故附记之。"⑤与水灾抗争一直是古人抗灾的重点之一，孙星衍曾为山东兖沂曹济兵备道，多次参与指挥抗洪，深知水灾的危害及防护的重要，因此在《松江府志》水利部分保存了很多原始文献，对卓有成效的抗洪方法尤其重视，上

---

① 孙星衍《元和郡县图志序》，《丛书集成初编》第3084册2页。
② 《松江府志》，《续修四库全书》第687册90页。
③ 《重刊〈景定建康志〉后序》，《宋元珍稀地方志丛刊·甲编》第2131页。
④ 同上。
⑤ 《松江府志》，《续修四库全书》第687册376页。

例即为典型之一。

倭寇入侵是明代重大事件。倭寇登陆自柘林,孙星衍在《松江府志·建置志》正文与小注中两次分析了倭寇选择柘林登陆的原因,旨在引起为政者警惕。其于"柘林城"条注云:

> 案:倭之据柘林,其故有三:一各处登岸,多滩涂搁浅,柘林独否,来易登岸,去易开舻;一海滨至内地,必由小港出浦。若非潮至,则水涩难行。柘林之西,独有上横泾、欢娱庵深阔,可纵行舟。片帆出浦,自叶谢十八里即抵郡城;一地方素闻富饶,多蓄积,盛宫室,屯聚有资,楼止可容,备倭者当知永鉴矣。①

松江地区田赋偏重,孙星衍深知其弊。其于《松江府志》卷二十《田赋志》"(崇祯)十二年五月,兵部尚书大学士杨嗣昌督师剿寇议"条,指出松郡加赋始于嘉靖甲寅(1554)之倭乱,万历中因兵饷不敷,又每亩加编,事平之后,独以治海,地方征敛如故,末年踵而行之。及嗣昌议加赋税,民心背离,盗贼滋多,国势日衰:"其后嗣昌治兵无效而死,怀宗深知其害,旋行蠲免,而民心已离,盗贼滋多,江南幸未及乱,然岌岌有不终日之势,谋之不臧,可为殷鉴也。"②

由以上数例可以看出,孙修方志不惟以搜罗宏富、考订精审著称,而且鉴古知今,议论斐然。《续修四库全书总目提要》评价孙修《醴泉县志》:"其书搜罗之宏富、考订之精审自不待言,而考其书叙论斐然,几于言皆有据,其所征引,皆一一标其出典,寔深合著述之法。"③麟祥称赞《松江府志》体例完备、文献丰富、记事翔实、便于实用:

---

① 《松江府志》,《续修四库全书》第 687 册 385 页。
② 《松江府志》,《续修四库全书》第 687 册 499 页。
③ 《续修四库全书总目提要(稿本)》,第 20 册 4 页。

是书略仿史例,有提纲,有子目,有考证,列传则有分叙,有合叙,有类叙,以年代分先后,而孝义、隐逸之类,亦以次附焉,补前志所遗忠节数十人。其所征引,自正史外,凡通志以及文集说部有关松郡掌故者又不下百十余种,而于疆域、山川、建置、田赋、学校、武备,莫不稽古证今,规画时势,有图有说,具可施之实用,可云善已。①

综上所述,孙星衍纂修的地方志文献丰富,考据精审,讲究体例,注重致用,具有很高的史料价值和学术价值,不仅为综合研究当地历史沿革、风俗习惯、人物文化、山川胜迹提供了宝贵资料,而且是从事民俗、科举、赋税、军事、文学、渔业、漕运等专门史研究不可缺少的资料来源。各志的内容选择、纂修方法、编排体例、修志思想等都为后来者提供了直接、有益的借鉴,孙星衍也以所纂优秀方志奠定了其在清代乃至整个方志学史上的重要地位。

---

① 《松江府志》,《续修四库全书》第687册88页。

九、孙星衍的诸子学成就

孙星衍对子学的贡献主要表现在三个领域：

一是诸子的辨伪、辑佚与校刻，主要涉及《管子》《晏子春秋》《墨子》《孔子集语》《孙子十家注》《孙子略解》《魏武帝注孙子》《吴子》《司马法》《文子》《商子》《尸子》《燕丹子》《六韬》《抱朴子内外篇》等，此为本部分之重点，容下文详述。

二是医书的辑校刊刻，孙星衍辑校了《神农本草经》《华氏中藏经》《千金宝要》《素女方》《秘授清宁丸方》《服盐药法》等。孙氏寻览、校刻医书，既为广流传，又为经世用。如《素女方》称黄帝与素女高阳负问答，述交接之禁忌，叙四时之药物，以为房中却病之术，其书自宋不传，孙星衍说"予既刊黄帝古书，又刊此以备亡佚。古书之一种，不独后之志艺文者可增其目，亦足资养生之助云"[1]。于《制大黄丸方序》中，孙星衍云所刻医方古书就效果来看，以大黄丸方为最，其父尝亲试之："内府传有十五制大黄丸方，家大人每岁如法制成，以施病者。不论何疾，一服辄愈。"[2]大黄丸方的制法虽自都下通行，但因俗医遏抑，流传不广，[3]孙星衍不但叙其效验，且因"适刊《素女方》，因附于后，以广其传"[4]。宋郭思

---

[1] 孙星衍《素女方序》，《平津馆丛书》第1490页。

[2] 孙星衍《制大黄丸方序》，《平津馆丛书》第1503页。

[3] 孙星衍《制大黄丸方序》云："海内但俗医恶其速效，遏抑之，率称不可服，因为考古叙其证验。"《平津馆丛书》第1505页。

[4] 孙星衍《制大黄丸方序》，《平津馆丛书》第1503页。

择孙思邈《千金方》之要编成《千金宝要》,于宣和六年(1124)刻石华州公署。明景泰六年(1455),杨胜贤始易木版梓行。至隆庆六年(1572),秦王守中复刊石耀州真人祠。该书《四库全书》未收,孙星衍游关中得宣和拓本,因书中多载救人之方,"尤为济人之仁术"①,刊刻以公同志。

三是辑刻、研究古天文学,孙星衍辑出了《黄帝占经》《巫咸占经》《甘石星经》,撰写了《史记天官书补目》,与臧庸合辑《史记天官书考证》,与俞正燮合撰《古天文说》,文集中还有不少讨论天文的专文如《太岁岁星行二十八宿表》《太岁岁星左右周天图》《月太岁旬中太岁考》《天文辨惑论》《斗建辨》《古日缠异同表》《日缠考》《答江处士声书论中星古今不异》《答钱少詹师书论上元本星度》《再答钱少詹书》《甘氏岁星经序》《斗建中星论》《斗建中星表》等。

孙星衍辑校研究天文学,一方面是要保存、传播、弘扬古代天文学成果,另一方面欲以古籍所载中国历法与西学抗衡,维系国粹。这一义旨孙星衍曾多次明确表达。如在《杨光先传》中指出"西法误会《大戴礼》四角不揜之言,而创地圆之说;误会诸子九天及楚词圜则九重之言,而创宗动天之说;误会岁差之言,而疑恒星有古今之差"等,"皆非先王之法言,圣人所不论"②。在《答江处士声书》中极力维护中法,对江声接受西学表示不满:"世人动言西法较密于古,试问古之葭灰验节气术及张衡所作候风地动仪,西人能为之乎?足下尚为所惑,独奈何责之浅学之士哉?"③在给凌廷堪的信中对江永、戴震、江藩、凌廷堪等相信西法亦有微词:"而江

---

① 孙星衍《重刻千金宝要序》,《平津馆丛书》第1510页。
② 《孙渊如先生全集·五松园文稿》,《续修四库全书》第1477册486页。
③ 《孙渊如外集》卷五,第5页。

慎修、戴东原笃信之,江郑堂及吾兄亦颇助其张目。"①

联系孙星衍矢志不渝的伸汉抑宋思想及其绝对维护中法、全盘否定西学的态度,我们看到,孙星衍是一位恪守传统、谨遵家法的学者,鲜明的治学倾向一方面会使他的学术研究比较纯粹,另一方面也会导致他很难以开阔的胸襟、宏通的视野看待学术发展的多元化,在对一些问题的认识上会因其思想的保守制约他做出实事求是的客观评价。

四是校刊术数类著作,孙星衍校勘了今传六壬占卜书中年代最早的《黄帝金匮玉衡经》《黄帝龙首经》《黄帝授三子玄女经》三书,这三种书与传记类的《广黄帝本行记》《轩辕黄帝传》合称《黄帝五书》,刊入《平津馆丛书》。撰有《汉魏六朝帝王灾异考》,作《开元占经跋》《乾象通鉴跋》《三历撮要跋》,文集中又有《相宅书叙》《葬说》《先天卦位辨》《河图洛书考》等。

孙星衍重视术数,主要基于以下原因:

首先是这类书有一定的实用价值,他在为江津县蹇孝廉所做《相宅书叙》中云:"予览其书而善之。……用其法游都下,断验如神。"②

其次是早期术数书中保存了一些有价值的佚书内容,如《开元占经》"不独黄帝、巫咸、甘石俱存卷中,神农占及董仲舒、京房阴阳之学存一二亦足以解经"③。《乾象通鉴》成书在北宋时,所载古书甚多,"是书明抄本,备具历代占验之学,所载黄帝、巫咸、甘石、京房、郗萌等古书甚多,并有在《开元占

---

① 《孙星衍遗文拾补·与凌次仲书》,《书目季刊》第四十五卷第三期(2011年12月),第85页。

② 《问字堂集》卷一,第38页。

③ 《孙渊如文补遗·开元占经跋》,《清代诗文集汇编》第436册424页。

经》已外者"①。孙星衍自云不省占验,"徒以中引古书,可用为解经证据,补注疏未备云"②。该书见《系年要录》及《玉海》,钱曾《读书敏求记》亦载其目,《四库全书》未入录,孙星衍自吴门得旧钞本,由孙冯翼录存,"存之以俟知者"③。

再次是以此类书对抗西法,这与孙星衍辑刻古天文学著作的思想是一致的。他在《乾象通鉴跋》中一如既往地表达了排斥西法、流传古书之意愿:"近之习西法者率不事仰观,转斥占验为不可信,至说日月食推测可知,不为灾异"④,"近时西法,亦因予言改更其术,故曰旧章不可亡也"⑤。由上可见,孙星衍重视天文、术数,既有存古之心,更兼排外之念,代表了当时一部分比较保守的学者对西学的态度。

特别需要说明的是孙星衍重视术数,既有历史原因,又是时风所致,不能简单地以今天多视此类书为迷信的观点来看待古人。术数即阴阳五行生克制化的数理,西汉已高度发展,董仲舒、公孙弘、扬雄、刘向、刘歆等皆精此学,《七略》中的术数略,分天文、历谱、五行、蓍龟、杂占、形法六类,共一百九十家二千五百二十八卷,即是西汉此学发达的重要标志。古人相信政权更替、五德更始,在政治活动中往往杂有术数,意欲根据自然现象推断人事吉凶灾祥,为君主施政提供参考。因此,术数属于官学,有专门的执掌人员,《汉书·艺文志》云:"数术者,皆明堂、羲和、史、卜之职也。"

术数一门自秦汉以来长期发展,至清久盛不衰。清代术数类

---

① 《孙渊如先生全集·平津馆文稿·乾象通鉴跋》,《续修四库全书》第1477册541页。

② 同上。

③ 《孙渊如外集》卷四,第6页。

④ 《孙渊如先生全集·平津馆文稿·乾象通鉴跋》,《续修四库全书》第1477册541页。

⑤ 同上。

著作极多，其中不乏帝王、官方之作与著名学者的撰述。如《御定六壬直指》及《析义》《御定六壬金口合占》《御定星历考原》《钦定选择历书》《钦定协纪辨方书》《钦定修造吉方立成》《钦定诹吉便览》《御定卜筮精蕴》等，均为官修。张尔岐有《风角书》，薛凤祚有《甲遁真授秘籍》，江永有《河洛精蕴》《风占》，汪绂有《六壬论》，袁枚有《阳宅》，秦蕙田有《天玉解义》，吴鼒有《阳宅撮要》，姚文田有《阳宅辟谬》，焦循有《相宅新编》《九阳录》，章攀桂有《括协纪辨方精要为》《选择正宗》，董士锡有《遁甲因是录》《遁甲通变录》《形气正宗》，纪大奎有《考订河洛理数便览》《纪慎斋求雨全书》《六壬类聚》，牟庭有《风星正原》（郝懿行增补牟庭《增补风星正源》无卷数）《农圃星占》《校郭璞葬书》，汪宗沂有《云气占候》《龙经校注》，程廷祚《占法订误》，金榜《周易考占》、戚学标《字易》，赵执信有《葬经改注》《千金歌注》，刘逢禄有《甘石星经疏证》，俞樾有《五行占》等，以上学者、文人皆有名于清，虽然他们术业皆有专攻，但长于术数是其共同特点，由此可窥这门学问在清代的兴盛局面。孙星衍是一个始终站在时代主流学术思潮中的学者，他辑校、研究、刊刻术数类著作，同样意味着这门学问至清仍属官学内容。

孙星衍为诸子学的复兴做出了多方面的贡献，此就其对先秦子书的作者、真伪、学术渊源及历代整理情况所做的探讨等略作阐述。

（一）认为先秦子书多非自著

孙星衍认为先秦子书多非自著，而是身没之后由宾客、门人记录其行事而成，《管子》《晏子春秋》《燕丹子》《吕氏春秋》等皆属此类。其于《晏子春秋序》云："晏子书成在战国之世，凡称子书，多非自著，无足怪者。"[①]于《孙子略解序》云："诸子之文，皆由没世

---

① 《问字堂集》卷三《晏子春秋序》，第77页。

之后门人小子撰述成书。"①于《燕丹子叙》云:"古之爱士者,率有传书,由身没之后,宾客纪录遗事,报其知遇。如《管》《晏》《吕氏春秋》,皆不必其人自著"②,认为《燕丹子》"当由六国游士哀太子之志,综其事迹,加之缘饰"③而成。

同时的严可均、章学诚、清末的孙诒让等皆与孙星衍持论相同。严可均在《鹖子叙》《书管子后》中也提出了古书"不必手著"的观点。《鹖子叙》云:"古书不必手著。《鹖子》盖康王、昭王后,周史臣所录,或鹖子子孙记述先世嘉言,为楚国之令典。"④《书管子后》云:"先秦诸子,皆门弟子或宾客或子孙撰定,不必手著。"⑤章学诚针对《管子》的作者问题,指出:"记管子之言行,则习管氏法者所缀辑,而非管仲所著述也。""古人并无私自著书之事,皆是后人缀辑。"⑥孙诒让认为《墨子》亦多弟子所述,非自著:"《墨子》书今存五十三篇,盖多门弟子所述,不必其自著也。"⑦

余嘉锡在《古书通例》卷四《古书不皆手著》中梳理了以上清代学者的观点,并做了进一步阐发:"后人习读汉以后书,又因《隋志》于古书皆题某人撰,妄求其人以实之,遂谓古人著书,亦如后世作文,必皆本人手著。于其中杂入后人之词者,辄指为伪作,(真伪之分,当别求证据,不得仅执此为断。)而秦、汉以上无完书矣。不知古人著述之体,正不如是也。"⑧洪湛侯《中国文献学新编》专立《先秦

---

① 《问字堂集》卷三《孙子略解序》,第81页。
② 孙星衍《燕丹子叙》,《平津馆丛书》第332页。
③ 孙星衍《燕丹子叙》,嘉庆七年(1802)刻《问经堂丛书》,第1页。
④ 《铁桥漫稿》卷五《鹖子叙》,《续修四库全书》第1489册8页。
⑤ 《铁桥漫稿》卷八,《续修四库全书》第1489册47页。
⑥ 《文史通义校注·诗教上》,第62—63页。
⑦ 孙诒让撰,孙启治点校《墨子间诂》后附《墨子传略》,中华书局2001年版,第691页。
⑧ 余嘉锡《古书通例》卷四,上海古籍出版社1985年版,第119页。

子书不皆出于手著》一节,亦引孙星衍说立论。可见孙星衍在这个问题的认识上代表了乾嘉学派的最高水平,影响至今。

但孙星衍并没有把对该问题的认识绝对化,他也指出先秦诸子自著之书并非没有,只是数量极少而已。他认为《孙子兵法》即为孙武自撰:"惟此是其手定,且在列、庄、孟、荀之前,真古书也。"①此说也得到了普遍认同。

虽然孙星衍对先秦子书多非自著的看法富于真知灼见,但在一些具体问题的认识上尚存偏颇,如他因《墨子》中的《亲士》《修身》《经》上下及《经说》上下六篇,文中无"子墨子云""子墨子曰",故定为"皆翟自著"。这一观点虽得毕沅认同(毕校《墨子》,实出孙星衍手,故毕说即孙说),实非确论。孙诒让认为:"此书文多阙失,或称'子墨子曰',或否,疑多非古本之旧,未可据以定为墨子所自著之书也。"②指出《经说》四篇皆名家言,与墨家学说不符,断其非翟自著:"以下四篇皆名家言,又有算术及光学、重学之说,精眇简奥,未易宣究。其坚白异同之辩,则与公孙龙书及《庄子·天下篇》所述惠施之言相出入。"③并指出"毕谓翟所自著,考之未审"④。

由上可见,孙星衍对先秦子书著作权的认识既有代表了时代水平的卓越见解,也有因受时代及个人学识制约导致的偏颇。相比于后者,他的贡献是突出的。

(二)考辨先秦子书之真伪

古书在流传过程中,由于种种原因,滋生了很多伪书。辨别真

---

① 《问字堂集》卷三《孙子略解序》,第81页。
② 《墨子间诂》卷一,第1页。
③ 《墨子间诂》卷十,第308页。
④ 《墨子间诂》卷十,第308页。

伪、去伪存真因此成为学术研究的第一步。孙星衍在先秦子书真伪的考辨上做过不少工作,略述如下。

1. 考辨《晏子春秋》

自唐柳宗元提出《晏子春秋》"吾疑其墨子之徒有齐人者为之"①的看法以后,一直因其真假难辨未能引起后人的足够重视。孙星衍认为该书成于"战国之世","实是刘向校本,非伪书也"。为证明这一观点,他在《晏子春秋序》中进行了多角度的阐发、论证。

首先,孙星衍指出《晏子春秋》相关内容与《管子》《韩非子》《韩诗外传》《新序》《说苑》等周秦汉人之书所述不同,认为:"若是伪书,必采录诸家,何得有异?"②

其次,孙星衍指出唐宋以来的类书、古注如《艺文类聚》《太平御览》《意林》《文选》注、《后汉书》注等多引《晏子》,而文字颇多不同,认为"若是伪书,必采录传注,何得有异?"③

再次,孙星衍列举《晏子春秋》与《诗经》《左传》《史记》等经史记载不同者数事,认为《晏子春秋》的记载更合乎史实,也更具有文本价值:"皆足补益经义,是以服虔、郑康成、郭璞注书多引之。"④。

至于《晏子春秋》与《管》《列》《墨》《荀》《孟》《韩非》《吕览》《淮南》《孔丛》《盐铁论》《韩诗外传》《说苑》《新序》《列女传》《风俗通》诸书文辞互异,孙星衍认为"足资参订者甚多"⑤。

---

① 《柳河东集》卷四《辨晏子春秋》,上海人民出版社1974年版,第71页。
② 《问字堂集》卷三《晏子春秋序》,第76页。
③ 《问字堂集》卷三《晏子春秋序》,第76—77页。
④ 《问字堂集》卷三《晏子春秋序》,第77页。
⑤ 同上。

以上孙星衍着眼于"《晏子》文最古质"①,通过比较秦汉诸书及唐宋类书、古注援引异同,通过考辨经史诸子与《晏子春秋》所载事实、文辞之出入,对《晏子春秋》成书当在"战国之世"并非伪书的考辨信实有据,其论断不但为今人接受,而且为地下出土物证实。

2. 考辨《文子》

《文子》也是一部充满争议的古书。历代聚讼主要集中在三个问题上:一是全书以"平王问""文子曰"的格式行文,此"平王"究竟为谁;二是文子为何人;三是今本《文子》与《淮南子》文字多同,二者是什么关系。孙星衍在继承前人的基础上对这些问题进行了比较深入的探讨,其结论作为一家之言,影响较大。

班固《汉书·艺文志》著录《文子》十二卷,解"平王"为周平王(约前781—前720),云文子为老子弟子,与孔子(前551—前479)同时。班固因文子与周平王时代不同,不可能有事实上的对话,故云"似依托者也"。宋人解"似依托"为《文子》一书乃后人伪托,故将其打入伪书行列。孙星衍阐释"似依托"为假托二人问答,"非谓其书由后人伪托"②。1973年在河北定州八角廊出土了竹简《文子》,证明其书不伪。

孙星衍认为《文子》中仅称平王,并无"周"字。他提出平王或为楚平王(?—前516),因文子师老子,而老子为楚人,故文子或游于楚,与楚平王同时,六国时犹在。这一观点在简本《文子》出土后影响很大,赵逵夫指出:"自1973年河北省定州八角廊出土了《文子》残简,不少学者倾向于这个看法,以为书中平王为楚平王。"③李学勤

---

① 《问字堂集》卷三《晏子春秋序》,第77页。
② 《问字堂集》卷四《文子序》,第88页。
③ 葛刚岩《〈文子〉成书及其思想》赵逵夫《序》,巴蜀书社2005年版,第3页。

亦认同这一观点："'平王'前人已考定当为楚平王,故文子的活动年代和范蠡相近。"①

文子曾受业于老子的观点并非孙星衍首创,北魏李暹已经提出文子"姓辛氏,葵丘濮上人,号曰计然,范蠡师事之。本受业于老子"②,孙星衍据此做了进一步推阐:

> 《范子》称文子为辛计然之字,而为其师,当可引据。范蠡之学,出于道家,其所教越,以亡取存,以卑取尊,以退取先之术也。又自齐遗大夫种书曰:"蜚鸟尽,良弓藏,狡兔死,走狗烹。"亦出《文子》。是文子即计然无疑。李善、徐灵府亦谓为是。宋人又疑之,特以《唐志》农家自有计然,不知此由范蠡取师名以号其书,自非一人也。③

> 计然者,名倪,亦名钘然,倪、钘音相近,字之异也。④

南宋陈振孙已对李暹说提出质疑:"至以文子为计然之字,尤不可考信。"⑤《四库全书总目》云"因《史记·货殖传》有范蠡师计然语,又因裴骃《集解》有'计然姓辛,字文子,其先晋国公子'语",北魏李暹作《文子》注时遂以《史记》范蠡之师计然(字文子)与此《文子》一书中的文子合为一人,认为"暹移甲为乙,谬之甚矣"⑥。文子是否就是计然,迄今难有定论。

关于今本《文子》抄袭了《淮南子》还是相反,同样是学术史上的一段公案,长期以来纷争不断,各有依据。孙星衍认为《文

---

① 李学勤《简帛佚籍与学术史》,江苏教育出版社2001年版,第22页。
② 晁公武撰,孙猛校证《郡斋读书志》卷十一"李暹《文子注》十二卷",上海古籍出版社2005年版,第474页。
③ 《问字堂集》卷四《文子序》,第88—89页。
④ 《问字堂集》卷四《文子序》,第90页。
⑤ 陈振孙著,徐小蛮、顾美华点校《直斋书录解题》卷九,上海古籍出版社2006年版,第289页。
⑥ 《四库全书总目》卷一百四十六"《文子》十二卷",第1247页。

子》与《淮南子》文字上有出入是因为淮南王受诏著书,宾客仓促为之,不及修辞达意,以致谬误迭出。两相比较,《文子》胜于《淮南》:

> 淮南王受诏著书,成于食时,多引《文子》,增损其词,谬误叠出。今案《文子》云"神将来舍,德将为女居,容与舍居比,则言容受",《淮南》作"德将来附若美",是误读"容"为容色。《文子》云"妄为要中,功成不足以塞责,事败足以灭身"。《淮南》作"功之成也不足以更责,事之败也不足以灭身",增"不"字而失其深戒之旨。《文子》云"羽翼美者伤其骸骨,枝叶茂者害其根荄","荄",读如"核",与"骨"为韵。《淮南》作"根茎",则韵不合。《文子》云"天地无私也,故无夺也;无德也,故无怨也"。《淮南》作"日月无德也,故无怨也",取日月以俪天地,而殊无义。《文子》云"下之任,(句。)惧不可胜理,故君失一则乱甚于无君也。"《淮南》作"下之径衢",直误读其句而改其字。《文子》云:"䌷之为绵也,或为冠,或为袜。"《淮南》作"钧之镐也",直认"䌷"为"钧",其义浅劣。《文子》云"譬若山林而可以为材,材不及山林,山林不及云雨",言有材不及生材之地,生材之地不及生物之天,其生愈广。《淮南》作"譬若林木无材而可以为材,材不及林,林不及雨",其义不赡。《文子》云"以禁苛为主",《淮南》作"以奈何为主",则形近而误。若此之属,不能悉数。则知《文子》胜于《淮南》。此十二篇,必是汉人依据之本,由当时宾客迫于成书,不及修辞达意。或有非贤,厕于其列,杂出所见,聊用献酬群心。又怪其时汉之阙庭无能刺其龃龉,古今好学之士,久已稀睹也。赖今《文子》具存,可得援证。柳宗元疑此驳书,所谓以不狂为狂者与?①

---

① 《问字堂集》卷四《文子序》,第89页。

由上可见,孙星衍受到信而好古的学术理念及当时研究条件的制约,仅依靠传世文本,着眼于文字异同、用韵协否、词义优劣等来判断《文子》与《淮南子》的因袭关系,认为《文子》优于《淮南》,进而得出后者抄袭前者的结论,似难服人。虽然竹简《文子》的出土未能结束二书关系的纷争,但随着研究的深入,该问题逐渐得到澄清。张丰乾的《出土文献与文子公案》一书,对传世本与竹简本《文子》之异同、二本《文子》与《淮南子》的关系等做出了比较细致、深入的清理与探究,力主今本《文子》抄袭《淮南子》说,似更符合历史事实。

由上可见,历代《文子》研究中聚讼纷争的问题都纳入了孙星衍的视野之内,他在继承前人的基础上继续推进着该研究的进展,其说虽不足以形成定论,但也得到了一些后来者的支持与认同,成为《文子》研究中有代表、有分量的一家之言。

3. 考辨《六韬》

孙星衍认为宋人晁公武、刘恕、陈振孙、王应麟等疑《六韬》为伪书,①乃无识之见。他从内容、文风、古书征引上指出《六韬》为"真古书""非后人所能伪托"②,不能因其词义明白而疑非古书,"今虞夏书明白于《周书·盘庚》《大诰》,《左传》比之《史记》《汉书》易读,不得谓古人之文必应如韩愈所云诘屈聱牙也"③,认为:"兵书自汉以来,名将论次手写,列代传述有本,如医律之在官守,不能作伪。"④

---

① 孙星衍《六韬序》云:"晁公武则言《艺文志》无此书,误以为权谋之言。刘恕《通鉴外纪》直斥其言鄙俚烦杂,疑《艺文志》无此书。陈振孙亦言其词鄙俚,世俗依托。《玉海》引唐氏谓春秋以前,中国未有骑战。《六韬》言骑战,当出于孙、吴之后谋臣所托。"《平津馆丛书》第18页。
② 孙星衍《六韬序》,《平津馆丛书》第18页。
③ 孙星衍《六韬序》,《平津馆丛书》第18—19页。
④ 孙星衍《六韬序》,《平津馆丛书》第19页。

《六韬》确为先秦古书，非后人伪造，已为地下出土物证实。在这一点上孙星衍的判断是正确的。但孙星衍据书中全记周文王、武王与太公问答之辞，即认定书成于周初，否定了王应麟等认为"春秋以前中国未有骑战"①"《六韬》言骑战，当出于孙、吴之后谋臣所托"②的论断则失之偏颇。其以"《礼记》云'前有车骑'，《文子》云'善骑者坠'，《说文》'骑，跨马也'"③为据，认为古人"既已服牛乘马，岂不能效为骑战？刘炫说《左传》'师展将以公乘马而归'，谓为单骑，亦或然也"④。孙星衍征引的《左传》《礼记》《说文》等，只能说明上古已有车骑、骑术，尚不能据此推断已有骑兵、骑战。

　　唐书文认为，骑兵出现于战国时期："《六韬》屡次提到骑兵，《龙韬》以后，凡谈到具体军事部署，都车骑并称。而骑兵，是在战国时期才开始出现的。"⑤他根据《左传》及《孙子兵法》均未提到骑兵，而《孙膑兵法》却对骑兵有了精辟论述，得出"骑兵出现的上限不会早于战国"⑥之结论。根据这一结论，《六韬》的成书当晚于孙星衍推断的周初达七八百年之久。

　　总之，孙星衍仅据书中记载周文王与太公之问答、全书文词古质、前人多有称引、目录亦有著录等判其为周初之书，尚停留在外证上。相比之下，书中内容与历史事实是否吻合当更具说服力。孙星衍恰恰因为没有充分考查书中记载的历史事实而做出了偏颇的判断。另外，他因一味好古而在《六韬序》中引发了一番鄙薄宋人的感慨，体现了他一贯的门户观念，不足取："宋人为语录，真如

---

① 孙星衍《六韬序》，《平津馆丛书》第 18 页。
② 同上。
③ 孙星衍《六韬序》，《平津馆丛书》第 19 页。
④ 同上。
⑤ 唐书文《六韬·三略译注·前言》，上海古籍出版社 2006 年版，第 3 页。
⑥ 《六韬·三略译注·前言》，第 3 页。

刘恕所云鄙俚烦杂者,前人不加非议,反訾古书,使后世束而不观,儒者委为兵家言,介胄之士不知好谋慎战,轻丧其师,宋代之荒经蔑古。贻祸甚烈,不独和议误国矣。"①

4. 考辨《燕丹子》

《燕丹子》最早见于《隋书·经籍志》小说家类,不著撰人姓名,注云:"丹,燕王喜太子。"《旧唐书·经籍志》著录为三卷,题燕太子丹撰。因《汉书·艺文志》未载,《燕丹子》一直被怀疑非先秦古书。孙星衍指出该书见于刘向《别录》、刘歆《七略》,"不可以《艺文志》不载而疑其后出"②,又"核之《史记索隐》、唐宋人类书所载,其词略同",因此得出"审非伪本"③之结论。《燕丹子》虽题燕太子丹撰,孙星衍认为实乃身没之后宾客记载而成,亦不能因此疑其伪书。又从文风及学术渊源上肯定其为先秦古书,处于纵横、小说家之间:

> 其书长于叙事,娴于词令,审是先秦古书,亦略与《左氏》《国策》相似,学在纵横、小说两家之间,且多古字古义……足证此书作在史迁、刘向之前。或以为后人割裂诸书,杂缀成之,未必然矣。④

孙星衍对《燕丹子》真伪、作者、分类的看法,也得到了后世的普遍认同。

在《李子法经序》中,孙星衍指出"李悝《法经》六篇,存唐律中,即《汉艺文志》之《李子》三十二篇在法家者,后人援其书入律令,故隋已后志经籍诸家不载"⑤,认为此书为法家流传至今的最

---

① 孙星衍《六韬序》,《平津馆丛书》第 19 页。
② 孙星衍《燕丹子叙》,《平津馆丛书》第 331 页。
③ 孙星衍《燕丹子叙》,嘉庆七年(1802)刻《问经堂丛书》,第 1 页。
④ 孙星衍《燕丹子叙》,《平津馆丛书》第 332—333 页。
⑤ 《孙渊如先生全集·嘉谷堂集·李子法经序》,《续修四库全书》第 1477 册 503 页。

古之书,虽然后世增加了一些释道内容,篇数亦不能恢复《汉志》之旧,但不能因此否定其为真书之地位:

> 法家之学,自周穆王作《吕刑》后,有春秋时刑书竹刑及诸国刑典,未见传书,惟此经为最古,汉律则散见于《说文》《汉书》注而全篇已亡,虽此六篇内有'天尊''佛像''道士''女冠''僧尼'诸文,为后世加增,如《神农本经》之有郡县名,其篇数经累代分合,亦不能复循《汉志》二十二篇之旧,然信为三代古书,未火于秦,足资经证,不可诬也。①

梁启超曾经提出过一个观点:"辨伪书的风气,清初很盛,清末也很盛,独乾嘉全盛时代,做这种工作的人较少。乾嘉诸老好古甚笃,不肯轻易怀疑。"②孙星衍在古书真伪的考辨上的确显示了不轻信其伪的倾向。而他认为非伪书的《孙子兵法》《孙膑兵法》《尉缭子》《六韬》《晏子春秋》《墨子》等都在1972年山东银雀山汉墓出土,证明了其推断之确。《燕丹子》《文子》等经其考辨,恢复了先秦古书的地位,价值被重新审视。孙星衍对先秦诸子真伪的探究一定程度地激发了时后人的研究兴趣,促进了诸子学的复兴与发展,贡献不容忽视。

(三) 探究先秦子书的学术渊源

孙星衍在先秦子书的学术渊源上也提出了一些自己的见解,以对《墨子》《六韬》《晏子春秋》《文子》源头的探讨影响较大。

关于墨子学派的源头,淮南王刘安已经提出墨学出于夏礼的主张,孙星衍认为是有识之见:

---

① 《孙渊如先生全集·嘉谷堂集·李子法经序》,《续修四库全书》第1477册503页。

② 《中国近三百年学术史》"十四 清代学者整理旧学之总成绩(二)",第229页。

《墨子》与孔异者,其学出于夏礼。司马迁称其善守御为节用,班固称其贵俭、兼爱、上贤、右鬼、非命、上同,此其所长,而皆不知墨学之所出。淮南王知之,其作《要略训》云:"墨子学儒者之业,受孔子之术,以为其礼烦扰而不说,厚葬靡财而贫民,服伤生而害事,故背周道而用夏政。"其识过于迁、固。①孙星衍继承刘安说,从节用、明鬼、兼爱、节葬等篇反映的思想倾向上阐述了墨子学派与夏禹之间密切的渊源关系:

古人不虚作,诸子之教,或本夏,或本殷,故韩非著书亦载弃灰之法。《墨子》有节用,节用,禹之教也。孔子曰,禹菲饮食,恶衣服,卑宫室,吾无间然。又曰:"礼,与其奢,宁俭。"又曰,道千乘之国节用。是孔子未尝非之。又有《明鬼》,是致孝鬼神之义,《兼爱》是尽力沟洫之义。《孟子》称墨子:"摩顶放踵,利天下,为之。"而《庄子》称:"禹亲自操橐耜,而杂天下之川。腓无胈,胫无毛。沐甚风,栉甚雨。"《列子》称:"禹身体偏枯,手足胼胝。"吕不韦称:"禹忧其黔首颜色黎墨,窍藏不通,步不相过。"皆与书传所云"予弗子,惟荒度土功","三过其门而不入","思天下有溺者犹己溺之"同。其节葬亦禹法也。《尸子》称:"禹之丧法,死于陵者葬于陵,死于泽者葬于泽。桐棺三寸,制丧三月。"见《后汉书注》。《淮南子要略》称:"禹之时,天下大水,死陵者葬陵,死泽者葬泽,故节财薄葬,闲服生焉。"又《齐俗》称:"三月之服,是绝哀而迫切之性也。"高诱注云:"三月之服,是夏后氏之礼。"《韩非子·显学》称:"墨者之葬也,冬日冬服,夏日夏服。桐棺三寸,服丧三月。"而此书《公孟篇》墨子谓公孟曰:"子法周而未法夏也。子之古非古也。"又公孟谓子墨子曰"子以三年之丧为非,子之三月之丧亦非也"云云。然则三月之丧,夏有是制,墨始法

---

① 《问字堂集》卷三《墨子后序》,第78页。

之矣。孔子则曰吾说夏礼,杞不足征;吾学周礼,今用之,吾从周。又曰:"周监于二代,郁郁乎文哉! 吾从周。"周之礼尚文,又贵贱有法,其事具《周官》《仪礼》《春秋传》,则与墨书节用、兼爱、节葬之旨甚异。①

孙星衍指出墨学出夏制,与孔、孟之宗周不同,儒家非墨,乃势使然:"孔子生于周,故尊周礼而不用夏制。孟子亦周人,而宗孔,故于墨非之,势则然焉。"②孙星衍的这一观点发前人所未发,在当时是极为大胆的新见,汪中因称"其论伟矣"。

《汉书·艺文志》列《周史六弢》于儒家。班固自注:"惠、襄之间,或曰显王时,或曰孔子问焉。"③未明言书之内容、作者。梁阮孝绪《七录》云《六韬》为姜望撰。唐颜师古据此将班固列入儒家的《周史六弢》视为言军旅之事的《六韬》:"即今之《六韬》也,盖言取天下及军旅之事。弢字与韬同也。"④孔颖达在认同二者为一书的基础上提出此乃周朝史官所记太公之言,力求为该书班固列入儒家而内容多言军事做出合理阐释。

在作者问题上,孙星衍肯定了班固、孔颖达的观点,认为该书为显王时周史所记,非姜望撰:"阮孝绪不察《艺文志》周史为显王时人,妄题姜望撰,以滋后人疑惑,尤谬之甚者。孔颖达以为后人所托,非实事,指谓周史传述太公之言,非文王时书事之书耳,经生言终不背于义。"⑤

在学派归属上,孙星衍因"《六韬》先以仁义道德取天下",认为"班史列之儒家,至当"⑥,"其专言权谋、形势、阴阳、技巧之事,

---

① 《问字堂集》卷三《墨子后序》,第78—79页。
② 《问字堂集》卷三《墨子后序》,第79页。
③ 《汉书·艺文志》引颜师古注,第1725页。
④ 《汉书·艺文志》引颜师古注,第1728页。
⑤ 孙星衍《六韬序》,《平津馆丛书》第17—18页。
⑥ 孙星衍《六韬序》,《平津馆丛书》第17页。

别列为兵家"①,而"《隋志》改《六韬》入兵家,谬矣"②,是对班固说的继承与维护。

章学诚在《文史通义》中提出"儒家部《周史六弢》六篇,兵家之书也","书当求其名实,不以人名分部次也"③,坚持《周史六弢》应入兵家,其说较班固、孙星衍等更客观,也更符合书籍分类的原则。沈涛进一步研究发现,《汉书·艺文志》儒家类之《周史六弢》与今传言兵事之《六韬》并非一书,"六,乃大字之误。《古今人表》有周史大弢。古字书无'弢'字,《篇》《韵》始有之,当为'弢'字之误",即认为《周史六弢》之"六弢"当为周之史官"大弢",《庄子·则阳篇》载"仲尼问于太史大弢",班固故有"孔子问焉"之说,至颜师古始误为太公《六韬》。④ 其说可备一家之言。

刘向以《晏子春秋》之《内篇》六篇"皆忠谏其君,文章可观,义理可法,皆合六经之义",入儒家,班固《汉书·艺文志》因之。柳宗元《辩〈晏子春秋〉》认为该书为墨子信徒里的齐人所著,宋晁公武、元马端临等绍承其说。

孙星衍认为晏子尚俭、居父丧尽礼等皆合儒家之道,当依刘向、班固之说,不能因其外篇驳杂而否定该书的儒家属性:

> 善乎刘向之言:"其书六篇,皆忠谏其君,文章可观,义理可法,皆合六经之义。"是以前代入之儒家。柳宗元文人无学,谓墨氏之徒为之,《郡斋读书志》、《文献通考》承其误,可谓无识。晏子尚俭,《礼》所谓"国奢则示之以俭",其居晏桓子之丧尽礼,亦与墨子短丧之法异。《孔丛》云:"察传记晏子之所行,未有以异于儒焉。"儒之道甚大,孔子言"儒行有过失可微

---

① 孙星衍《六韬序》,《平津馆丛书》第17页。
② 同上。
③ 《文史通义校注·校雠通义》"《汉志》诸子第十四",第1035页。
④ 沈涛《铜熨斗斋随笔》卷四,《续修四库全书》第1158册648页。

> 辨而不可面数",故公伯寮愬子路而同列圣门,晏子尼溪之阻,何害为儒?且古人书"外篇",半由依托,又刘向所谓"疑后世辨士所为"者,恶得以此病晏子![1]

在《晏子春秋》的学派归属上虽长期持有争论,但如孙星衍一样坚持列入儒家的观点一直占据主流。

孙星衍追溯《文子》之源,认为"《文子》书既称黄帝之言、神农之教,则其学有本"[2],西汉据《文子》以治世,当时诸臣皆能称道其说,故其书最显。唐天宝尊老氏而不用其言,儒者始束而不观。然诸子散佚,独《文子》有完本存《道藏》中,其传得以不绝。

综上所述,孙星衍对先秦诸子源头的探讨在诸子学重新被重视的乾嘉时期具有重要启发意义。他对《墨子》出于夏禹的认识富有创见,对《晏子春秋》属于儒家的辨析是对柳宗元等认为出墨学之徒说的拨乱反正,其对《文子》的认识也是有得之见。

孙星衍对诸子源头的探究也有其局限,比如其恪守儒学,认为儒家兼诸子之长,诸子各得儒家仁义礼智之一端:"夫儒家通天、地、人,法阴阳五行,守五帝三王之道,固已兼诸子所贵矣。道家清虚卑弱,得儒之智;法家信赏必罚,得儒之义;名家名正言顺,得儒之礼;墨家贵俭兼爱,得儒之仁。"[3]这一观点将诸子强统于儒家之下,显示出强烈的儒家独尊意识。正是在这一意识的指导下,孙星衍坚守《六韬》《晏子春秋》应归儒家,表现了他尊崇儒家、信奉汉说、不轻易标新立异的比较传统的学术做派。

(四)校辑、刊刻先秦子书

孙星衍在先秦子书的校勘、辑佚、刊刻方面,做出了很大贡献。

---

[1] 《问字堂集》卷三《晏子春秋序》,第78页。
[2] 《问字堂集》卷三《文子序》,第90页。
[3] 孙星衍《尸子集本叙》,《平津馆丛书》第247—248页。

如他对《晏子春秋》的校勘有发轫之功。其于乾隆五十二年（1787）所作《晏子春秋序》云："儒书莫先于《晏子》,今《荀子》有杨倞注,《孟子》有赵岐注,唯《晏子》古无注本。"①有鉴于此,孙星衍便用当时较为完善的明沈启南本为底本,兼用吴怀保本、黄之寀本,首先对是书进行了校勘,并撰成《音义》二卷,远胜俗本："既得诸本,是正文字,又为《音义》于后,明有依据。定为八篇,以从《汉志》,为七卷,以从《七略》,虽不能复旧观,以为胜俗本远矣。"②

后来卢文弨《群书拾补》中的《晏子》即据孙本及吴勉学、李从先本等引申触类,颇得增益。嘉庆十九年（1814）,孙星衍得影元抄本,赠吴蔚作六十寿礼,吴蔚嘱顾广圻校刻于扬州。吴本出,顾广圻赠王念孙,王念孙不顾自己八十岁高龄,复合诸本,进一步订正了孙、卢二人的错误,使《晏子春秋》的校勘更为精善,其成果收入《读书杂志》。经孙星衍、卢文弨、王念孙等人努力,《晏子春秋》的校勘、研究工作进入了繁盛阶段。

战国时儒、墨同称显学,汉后墨学渐废,至乾嘉时废黜已二千余年。其间作注者惟《晋书·隐逸传》载鲁胜注《墨辩》《通志·艺文略》载乐台注,二家注皆久佚不传。在先秦子书中,《墨子》因旧无校本,致脱误不可读,尤其是《亲士》《修身》《经》上下、《经说》上下等六篇,"又怪汉、唐以来,通人硕儒,博贯诸子,独此数篇莫能引其字句,以至于今传写讹错,益难句读"③。乾隆四十一、二年间,汪中始治此学,有《墨子》校本及《表微》一卷,不传。同时治《墨子》者又有卢文弨、孙星衍、毕沅、王念孙诸家。毕沅集卢、孙之说成《墨子注》十六卷,④于乾隆四十八年（1783）刻入《经训堂

---

① 《问字堂集》卷三《晏子春秋序》,第77页。
② 《问字堂集》卷三《晏子春秋序》,第78页。
③ 《问字堂集》卷三《墨子后序》,第79—80页。
④ 毕沅《墨子叙》云:"先是仁和卢学士文弨、阳湖孙明经星（转下页）

丛书》。王念孙在卢、孙、毕三家的基础上进一步研究,成《读书杂志》之《墨子杂志》。后俞樾《诸子平议》有《墨子平议》三卷,苏时学有《墨子刊误》若干卷,孙诒让有《墨子间诂》十四卷。梁启超总结了诸家注《墨》之法,云其前后继承关系,置孙氏于链条之中,功不可没:"大抵毕注仅据善本雠正,(即吾所谓第一种校勘法)略释古训;苏氏始大胆刊正错简;仲容则诸法并用,识胆两皆绝伦,故能成此不朽之作。然非承卢、毕、孙、王、苏、俞之后,恐亦未易得此也。"①

《管子》原有八十六篇,现存七十六篇,文义奥衍,多古字古音,难以读通,又流传既久,讹误弥甚。旧有唐尹知章注(题房玄龄),据讹误之本强为解释,注语浅陋,抵牾甚多。明刘绩虽有纠正,"惜其古训未闲,雠校犹略"②。孙星衍曾得钱曾所藏明成化年间朱东光刊本,末有康熙五年(1666)陆贻典识语,云毛晋曾从锡山华氏重价购得宋本,即以朱东光本赠与陆贻典,陆氏尽十日之力校勘一过,颇多是正。③ 陆贻典是清人中较早校勘《管子》的学者。乾嘉时期,因"此书宋元本绝少,而传注所引本文又有不见于本书者"④,校

(接上页)衍,互校此书,略有端绪。沅始集其成,因遍览唐宋类书、古今传注所引,正其讹谬,又以知闻疏通其惑。自乾隆壬寅八月至癸卯十月,逾一岁而书成。"墨翟撰,毕沅校注《墨子》附《篇目考》,《丛书集成初编》第 576 册 1 页。

① 《中国近三百年学术史》"十四 清代学者整理旧学之总成绩(二)",第 209 页。

② 《读书杂志·管子杂志序》,第 411 页。

③ 《善本书室藏书志》卷十六子部五《管子》二十四卷"条,云:"末有康熙五年四月常熟陆贻典识云:'毛斧季以善价购得锡山华氏家藏宋本,钱遵王贻余此本,竭十日之力,校勘一过,颇多是正。'"《续修四库全书》第 927 册 340 页。

④ 《善本书室藏书志》卷十六子部五《管子》二十四卷"条,《续修四库全书》第 927 册 340 页。

勘起来极为困难。嘉庆初年，孙星衍雠校《管子》，但未成专书，其稿交付洪颐煊，成果体现在洪氏《管子义证》中。王念孙续校此书，采孙、洪之说，①于嘉庆二十四年（1819）成《读管子杂志》二十四卷。同光间戴望撰《管子校正》二十六卷，俞樾撰《管子平议》六卷，先后成书。这几部书是清代《管子》校释方面的代表性成果。经过清人努力，我们今天才能读通《管子》了。

孙星衍还校勘了《文子》《牟子》，与吴人骥同校《孙子十家注》，与孙冯翼同校《商君书》等。西晋葛洪的《抱朴子》，乾隆以前无善本，自孙星衍与顾广圻据《道藏》本校勘，刻入《平津馆丛书》，"自是此书可读"②。

孙星衍还辑出了《尸子》二卷、《燕丹子》三卷、《孔子集语》十七卷，影刊了宋本《魏武帝注孙子》三卷、《吴子》二卷、《司马法》三卷，撰写了《晏子春秋音义》二卷、《文子篇目考》一卷等。

综上所述，孙星衍致力于先秦诸子的校勘、辑佚、刊刻、研究，为诸子的传播、复兴做出了贡献，他的努力为后来者提供了可资研究的善本，深化了对相关问题的认识，引导了此后的研究方向，在清代诸子学研究领域是一位不可忽视的人物。

虽然与其他领域一样，孙星衍在诸子学上仍以校勘的精审、占

---

① 按：叶景葵《卷盦书跋》中有《管子校本》，记其所见王念孙校本："石臞乔梓字体，不易分别。兹逐条细读，凡加'谨案'或'引之案'者，皆文简所书。凡石臞采用其子之说，则加'引之曰'，其余征引群书，校勘宋本各本，及采录孙洪二家之说，皆石臞亲笔，或亦有文简代书及加校者，不敢臆定也。惟黏签字体不同，当系倩人从札记录出者。宋氏谓即择要商渊如之原本，《杂志》所溢，为后来所增，未知信否。黏签修改之处，则皆石臞笔也。前附臧氏一札，采入《杂志》者，二条。当时就正诸儒，不止孙洪二氏，此本为石臞精力所萃，洵足重矣！丁亥莫春，景葵重读一过。"第85页。

② 《中国近三百年学术史》"十四 清代学者整理旧学之总成绩（二）"，第219页。

有资料的全备、考索的细致见长,独立见解相对不多,但他所处的时代,诸子学久废待兴,整理乃当务之急,孙星衍充分发挥了自己的专长,并做出了多方面的贡献,成绩不容埋没。

十、孙星衍的诗歌创作

孙星衍少以诗名，中年以后转向治经与考据，虽然公务、著述之余仍有诗歌创作，但内容、风格与前期迥然不同。这一不同反映了时代学术风尚与个人治学重点的转移对孙星衍诗歌创作产生的影响。本文拟对《芳茂山人诗录》的版本及编订、《芳茂山人诗录》的主要内容、《芳茂山人诗录》的风格变化、《芳茂山人诗录》中的学问诗、《芳茂山人诗录》的史料价值等问题略作探讨。

（一）《芳茂山人诗录》的版本及编订

孙星衍的诗歌主要存于《芳茂山人诗录》中。《芳茂山人诗录》有两个版本：

一为嘉庆原刻入《平津馆丛书》中的九卷本，这九卷是：《澄清堂稿》卷上（赋二首诗二十四首）、《澄清堂稿》卷下（诗三十四首）、《澄清堂续稿》一卷（诗一百二首）、《济上停云集》一卷（诗五十三首附诗十四首）、《租船咏史集》一卷（诗九十五首）、《冶城絜养集》卷上（诗九十六首）、《冶城絜养集》卷下（诗三十二首）、《冶城遗集》一卷（诗一百二十三首）、《冶城集补遗》一卷（赋一首诗五十七首）。

一为光绪朱记荣重刻的十卷本。十卷本在原刻《冶城集补遗》一卷的基础上增为二卷，新增卷共收诗四十一首，分别为《芍药本事诗》一组三十二首、《路村旅次郭喜见过口占八首》、《次朱竹垞题□□图原韵》一首。

就各卷内容来看，《澄清堂稿》上、下两卷以孙星衍未出仕前的诗作为主。《澄清堂续稿》收集的主要是乾隆四十一年（1776）至乾隆五十二年（1787）出仕之前及乾隆五十二年至乾隆六十年（1895）为官京师期间的诗作。①《济上停云集》包含了孙星衍为山东兖沂曹济兵备道及丁母忧期间的作品，以友朋唱和居多。因其曾将赴任东鲁之初的诗作名为《济上停云集》，故仍以为名。称"停云集"，以纪胜会。《租船咏史集》收集的主要是孙星衍为山东督粮道期间的诗作："先生于嘉庆癸亥岁起补山东督粮道，历甲子迄辛未，其间乞假南归者一，督运北上者八，每于潞河舟次拥书数千卷，公余时有著作，兼会集名流，多觞咏之乐，故自题行舫曰运租咏史之船。"②《冶城絜养集》所收为嘉庆十六年（1811）引疾归田以后的诗作。《冶城遗集》为前七卷之补遗："自七卷已上，乃检箧中零星稿纸，编次成帙。此第八卷，为《冶城遗集》，凡古今诗一百二十三首，又七卷中搜罗未尽者也。"③《冶城集补遗》为王周南手录、裴鐄庋藏的乾隆四十一年（1776）以前孙星衍的诗作，以与洪亮吉唱酬居多，选前集未有者编成："适句曲裴竹朧茂才，寄示藏本一帙，皆丙申以前少作，中与稚存先生酬倡者居多。"④《冶城集补遗》第二卷搜罗的是前九卷未收之作。

《芳茂山人诗录》九卷原刻本，孙星衍生前亲自编订的只有卷一、卷二的《澄清堂稿》及卷六、卷七的《冶城絜养集》，其他则是在孙星衍去世后，其弟孙星衡委托女婿龚庆编纂而成。在编订过程中，龚庆与严可均多所商订，孙星衍的门人杨文荪也参与了校勘工作。龚庆、杨文荪对各自的贡献有明确交代。龚庆云：

---

① 龚庆云："兹将丙申以后丁未以前及居京师时所作者，编《澄清堂续稿》，为第三卷。"《芳茂山人诗录》，《丛书集成初编》第2319册45页。
② 《芳茂山人诗录》，《丛书集成初编》第2319册77页。
③ 《芳茂山人诗录》，《丛书集成初编》第2320册133页。
④ 《芳茂山人诗录》杨文荪识语，《丛书集成初编》第2320册151页。

伯舅渊如先生诗稿，凡八卷，曰《冶城絜养集》，为卷六、卷七，乃辛未岁解组后居金陵所作也，已手编付刊。曰《澄清堂稿》为卷一、卷二，亦先生手订本，有圈点，悉仍其旧，以赋冠卷首，乃馆课所仅存者。①

　　其三、四、五、八凡四卷，则外舅南麓先生属庆编次，并与严孝廉可均共相商订。②

杨文荪与伯兄杨思敬曾跟随孙星衍学习十余年，为受业弟子。文荪受孙星衡之托，担任诗集的校勘工作："兹难弟南麓先生，属龚子少山编次遗集，命荪以校雠之役。"③"龚子少山，编次吾师遗诗，合之手定诸集，共得八卷。荪既为校字，付之剞劂矣。"④杨文荪应该还参与了《冶城集补遗》的编纂，此由"南麓先生因属亟为校录前稿所未载者，共得古今体诗二十四篇，悉以附入斯编，并授之梓"⑤之语可以推知。

　　应该指出的是，现存于《芳茂山人诗录》中的六百余首诗远非孙星衍作品的全部。孙星衍潜研经史，不欲以诗名，所作诗句不轻易示人。晚年亲自遴选出的诗作只有《澄清堂稿》及《冶城絜养集》各二卷，唐仲冕叹其"精严若此"⑥。

　　孙星衍以刻书著名，诗歌却不在刊刻之列。好友石韫玉屡劝付梓，终未得允："先生著书甚多，其有关于经术小学者，皆已付梓行世。惟所为诗，秘而不宣，予屡劝之出而未许也。"⑦

---

① 《芳茂山人诗录》，《丛书集成初编》第2319册45页。
② 同上。
③ 《芳茂山人诗录》，《丛书集成初编》第2319册62页。
④ 《芳茂山人诗录》，《丛书集成初编》第2320册151页。
⑤ 同上。
⑥ 《芳茂山人诗录》唐仲冕《芳茂山人诗录序》，《丛书集成初编》第2319册1页。
⑦ 《芳茂山人诗录》石韫玉《序》，《丛书集成初编》第2319册（转下页）

孙星衍将诗歌视为学问余事的思想及秘不示人、不加刊刻的做法,导致其诗在他生前已出现严重散亡,现存于《芳茂山人诗录》中的只是其作品的一部分。孙氏尝云:"余少与里中士洪稚存、黄仲则、杨西河、赵亿生为诗歌,弱冠时持谒袁简斋太史,颇蒙赏叹,已而潜心经史,涉猎百家,检视旧稿,嫌其浅薄。时时酬接,亦有所作,辄不存稿。兹录简斋、兰泉两先生选入诗编者,并零星稿纸,得赋诗若干首,律诗未能编帙,犹俟搜辑散失焉。"①"检视旧稿,嫌其浅薄"的心态及酬接之作"辄不存稿"的做法,使他的诗作多不留存,以至于自编诗集时只能从袁枚、王昶曾经选入的作品中录出,另增以少数自存的"零星稿纸"。龚庆云孙星衍自编的《澄清堂稿》两卷乃其为生徒时馆课之仅存者,"其余为王给谏麟书携去"②,由此可略窥其早年诗作之去向。

因孙星衍各时期诗作均有散亡,一些曾经传诵一时的诗句也随之亡佚,龚庆搜辑、编订孙氏诗集时对此深表惋惜:

先生诗多不存稿,九岁作《落花诗》,有句云"明月照空池"。少与同里知名士游,为毗陵七才子之冠。复以伉俪能诗,尝摹宫体,有《妇病》句云"眉痕偏觉瘦来浓,指爪都从病后长",一时传诵。③

客长安节署,与友人一夕赌作销寒各体数十首,逾时而成,文不点缀,惜已散佚,仅存《东坡生日诗》一首耳。暮年酬

(接上页)1页。按:孙星衍诗歌曾经刊刻的唯有《济上停云集》。龚庆于《济上停云集》卷末识语云:"先生于乾隆乙卯岁任兖沂曹济兵备道,适阮督部元视学山左,诸名士会萃一方,多文讌唱酬之作,曾刊《济上停云集》,板存黄司马易家,未及携归。甲戌岁,从蒋明府因培索得一本,兹将集中先生诗录出,并录和作。"《芳茂山人诗录》,《丛书集成初编》第2319册61页。

① 《芳茂山人诗录》自序,《丛书集成初编》第2319册1页。
② 《芳茂山人诗录》,《丛书集成初编》第2319册45页。
③ 《芳茂山人诗录》,《丛书集成初编》第2320册133页。

倡之作,气息醇茂,尤得风人温柔敦厚之旨,其余题咏尚多,散在四方,他日搜辑,再刊补遗。①

(二)《芳茂山人诗录》的风格变化

孙星衍的诗歌大约以其入陕西毕沅幕府为界,分为前后两期。前期主要活动于吴门及父亲孙勋任职的句容,以与同里洪亮吉、黄景仁、杨伦、杨芳灿等人的唱和居多。阳湖武进的文学传统、青春年少的豪情壮志激发了孙星衍的创作热情,促使其狂放不羁地抒写自己的见闻与感受,想象丰富,俊逸峭拔,表现了其个性张扬、注重性情的一面。

乾隆四十五年(1780),孙星衍受陕西巡抚毕沅之邀,入西安。与以学术见长的钱坫、严长明、吴泰来、邵晋涵等朝夕相处,其间奉毕氏命参纂方志,搜集金石,校刻古籍。这一时期,孙星衍逐渐实现了由诗歌而学问、由性情而考据、由诗人而学者的蜕变。这一蜕变自然影响了他诗歌创作的内容与风格。探访金石碑刻、题写图画拓本、抒发学术见解成为其后期诗歌的主要内容。与先前的重性情相比,这类诗的突出特点是尚学问。下面通过举例对其前后诗风略作比较。

1. 前期诗歌之狂放哀艳

孙星衍早年的记游诗用语幽峭,描摹逼真,以奇逸胜人,表现

---

① 《芳茂山人诗录》,《丛书集成初编》第2320册133页。与孙星衍以诗唱和者颇多,其诗在唱和者处当有保存,然经太平天国等战乱,这些零散的诗歌也多遭毁灭。清金武祥《粟香随笔》卷一"孙渊如观察(星衍)"中云:"太夫人金氏为先曾祖玠堂先生堂姊。观察宦山左,延先曾祖于兖州官署,《客窗笔记》即在其署内所成也。观察谊重外家,与先曾祖及先祖父往来诗文甚夥。余幼时犹见盈帙,乱后悉毁。今《冶城遗集》只载其题金月湄舅氏《解铃图》,云:'短衣长铗碧山隅,手弄金铃捋虎须。自系不妨还自解,目中原未有于菟。诗豪酒侠见天真,翻笑城南射虎人。我愧巡方无善政,披图空想兽能驯。'"《续修四库全书》第1183册239页。

了其不羁人格与狂放情怀。如《澄清堂稿》卷上《游茅山偕洪大（礼吉）作四首》之一《上大茅峰》，抒写了清晨与洪亮吉一起登临大茅山的所见所历所感，使人如临其境：

> 晨策登危峰，峰危屏鞍骑。岩阿气候变，仆从神色异。目流衣边云，足滑崖上翠。陷知仙踪深，断若鬼斧利。回峦隐泉响，暗谷聚风势。蚁行信威夷，猿升亦凌厉。倒视白日悬，仰千黄云蔽。寒空四垂光，积气浮厚地。惟闻天鸡鸣，不见井蛙沸。静怀鸿荒始，远觉身世细。谁能逐轻尘，扰扰此中寄。①

《与洪大（礼吉）醉卧古冢明日戏作》受《庄子·至乐》骷髅不愿复生故事的影响，写与挚友洪亮吉因醉卧睡古冢间引发的诸多奇想，笔力奔放，颇能显示孙星衍早期诗歌的一般风貌：

> 两生宵来醉眠处，却往经过不能去。原头乃有大卧人，一簀斗起殊嶙峋。道旁农人为余语，此墓多年近耕坞。天寒出窟狐作群，林空无人鸟呼侣。怅然为忆昨日游，快意一失成千秋。试呼墓中人，汝亦能饮不？醉魂飘飘出幽穴，知汝见麴涎应流。山头土干夜寂寞，知汝哀歌动吟魄。得非古豪英，列屋罗娇姬。琼杯绮食伐天性，坐使蝼蚁相凌欺。不然朝行碌碌厕官尹，似吏非吏隐非隐。黄金买誉立作碑，摩灭不博行人悯。清风朗月去不回，知汝至乐无如归。百年大窘信豪举，回视身世真劫灰。吾侪不饮亦黄土，夷跖尘埃各千古。一抔榛棘死何灵？莫听酒人头上舞。②

《小除日毗陵市中别洪大（礼吉）杨三（伦）醉作》写小除日孙星衍在毗陵市中与洪亮吉、杨伦分别时醉饮的情态。围绕着一个"狂"字，写出了三位狂人不同凡俗的举动：挚友以酒钱别，无需华丽辞藻，喜怒随性，相见拍肩。酒醉之后，不拘礼节，欲在闹市中藉

---

① 《芳茂山人诗录》，《丛书集成初编》第 2319 册 5 页。
② 《芳茂山人诗录》，《丛书集成初编》第 2319 册 21 页。

糟邱而眠:"千杯酬我上北邙,不及容我生前狂。千言相思寄行路,不及逢君得君怒。君来巷南笑拍肩,入市欲藉糟邱眠。"街市热闹非凡,三人酒兴又发,再次酌酒,招呼乞人共饮。衣衫褴褛的乞者闻听呼叫,犹疑不定地走上前来:"官街隆隆塞宾从,酌酒还呼乞人共。乞人鹄面悬鹑衣,呼之惊顾行逶迤。"孙星衍不顾闹市人多,兴起而舞:"市桥来看立重足,更脱缨裾舞鹡鸰。"酒后真言,孙星衍抒发了自己虽志大才疏,好臧否人物,却能与洪亮吉、杨伦情投意合的无比欣慰:"我生志大不自量,非薄曩哲如秕糠。小儒不答风射耳,爱我如君合心死。屈魂鲍鬼不可呼,我识二子今应无。"孙星衍自信凭借自己的才华能够承传绝业,赢得身后令名:"眼中绝业合有传,身后荣名苦无主。"这首诗把孙星衍年轻时的狂放不羁、傲世独立描绘得惟妙惟肖,张维屏称其有"太白神气"。①

  孙星衍早年另有一类小诗哀婉凄艳,别具特色。洪亮吉云:"小诗亦凄艳绝伦,如《夜坐咏月》云:'一度落如人小别,片时圆比梦难成。'《广陵客感》云:'红烛照颜年少去,碧山回首昔游非。'读之皆令人惘惘。"②袁枚举其整首《登废寺千佛楼作》及《妻病》"眉痕只觉瘦来浓,指爪都从病后长"两句,云:"抑何哀艳。"③孙星衍描述与王采薇伉俪深情的作品比较典型地体现了这一特点。现存于《芳茂山人诗录》中的关于王采薇的诗作多写于采薇病后,如《澄清堂稿》卷上的《对月答室人作》,卷下的《九月十四日泊舟京江道中偕妇步月作》《愁夜》,《澄清堂续稿》的《正月一日》《夜起步月偕妇王采薇》《复与王采薇步看月》等,缠绵悱恻,动人心魄。这几首诗再三抒发了希望与王采薇永结同心的强烈愿望:"与子金

---

  ① 张维屏《国朝诗人征略》卷四十八"孙星衍"条,《续修四库全书》1713册72页。
  ② 《北江诗话》卷一,《续修四库全书》第1705册5页。
  ③ 《随园诗话》卷七,《续修四库全书》第1701册347页。

石心,相期托烟萝"①(《对月答室人作》)"山寒入骨清欲愁,与子更化双浮鸥"②(《九月十四日泊舟京江道中偕妇步月作》)"何时入名山,共子著书毕"③(《夜起步月偕妇王采薇》)。王采薇身体孱弱,产后致疾,健康每况愈下,孙星衍幻想爱妻能得嫦娥妙手回春:"我愿凌苍苍,携子招常娥。灵药捣果成,一饮生春和。"④(《对月答室人作》)事实却让他忧心忡忡,手足无措:"与子非一身,牵连抱微疴。"⑤(《对月答室人作》)"君疴遂侵肺,我愁自沦骨。"⑥(《夜起步月偕妇王采薇》)"宿愁如丝酒肠冷,病妇对床知夕永。"⑦(《愁夜》)"病妻呻吟药烟袅,取冷披衣起颠倒。"⑧(《正月一日》)"舟中少妇病不眠,交手起踏前溪烟。"⑨(《九月十四日泊舟京江道中偕妇步月作》)眼看着王采薇病痛日重,白头偕老的愿望几无可能,孙星衍对眼前的欢愉无比珍惜,也极为伤感:"幽欢君莫忘,昨日是生前。"⑩(《复与王采薇看月》)王采薇二十四岁抱病身亡,孙星衍悲痛欲绝,誓不再娶。这几首情深意切的小诗不仅是其夫妇情笃的见证,而且体现了孙星衍早期诗歌的另一种风貌。

2. 后期诗作之质实凝重

与少作之才情焕发、奔放不羁、想象奇诡相比,中晚年时期,孙星衍的诗歌多摹写现实,凝重雅饬、平正敦厚。这一转变大约始于

---

① 《芳茂山人诗录》,《续修四库全书》第2319册10页。
② 《芳茂山人诗录》,《续修四库全书》第2319册15页。
③ 《芳茂山人诗录》,《续修四库全书》第2319册30页。
④ 《芳茂山人诗录》,《续修四库全书》第2319册9页。
⑤ 同上。
⑥ 《芳茂山人诗录》,《续修四库全书》第2319册29页。
⑦ 《芳茂山人诗录》,《续修四库全书》第2319册16页。
⑧ 《芳茂山人诗录》,《续修四库全书》第2319册29页。
⑨ 《芳茂山人诗录》,《续修四库全书》第2319册15页。
⑩ 《芳茂山人诗录》,《续修四库全书》第2319册30页。

其入西安毕沅幕府之时,考中进士以后更趋成熟。如孙星衍曾在西安得古印一枚,上书"孙喜"二字,星衍小名"喜",因赋《长安得古印文曰孙喜与予小名同口占一律》:

> 土花斑驳掩真朱,不在秦残亦汉余。一代识君非冥莫,千秋得我是相如。随身便抵腰悬绶,压卷新排手订书。莫笑百年身似客,后来人爱倘因予。①

这首诗判断古印年代,表达人、印之缘,发表主观感慨,就诗风来看,已经比较严谨、肃穆,不似少作之卓荦不羁、个性张扬,显示了其诗歌风格的悄然演变。其《次韵寄答洪翰林(亮吉)》,质实凝重之风更与少作迥然不同:

> 咫尺乡园共结庐,中年作客比严徐。庐前我愧无双士,帝后君留第七车。糁绿场中弹指过,软红尘里闭门居。名山各有书千卷,莫畏人嗤博士驴。②

孙星衍后期诗歌的主要特点是尚学问,其内容、特点在下面"《芳茂山人诗录》中的学问诗"部分还有比较详细的阐述,此不再举例。

3. 对孙氏前后期诗歌的评价

对孙星衍少时诗作,时人有比较一致的看法,认为风格接近李贺、李白、李商隐。袁枚称孙星衍"诗近昌谷"③,张维屏称"颇有太白神气",列其"千杯酬我上北邙,不及容我生前狂。千言相思寄

---

① 《芳茂山人诗录》,《丛书集成初编》第 2319 册 37 页。按:孙星衍曾先后得到与己同名之古印两枚,一曰"孙喜",周世绍赠,不久丢失。一曰"孙熹",毕以田赠。其《岱南阁集》中《汉牺叔士孙熹印考》专记此事。

② 《芳茂山人诗录》,《续修四库全书》第 2319 册 42 页。

③ 袁枚曾概括当时常州文人各自的特点:"近日文人,常州为盛。赵怀玉字映川,能八家之文。黄景仁字仲则,诗近太白。孙星衍字渊如,诗近昌谷。洪君礼吉字稚存,诗学韩、杜。俱秀出班行。"《随园诗话》卷七,《续修四库全书》第 1701 册 346 页。

行路,不及逢君得君怒"及"兽炉红深三寸灰,那信急雪凌春来。停歌出户一惊顾,醉影忽落琼瑶台"①为典型代表。程晋芳称孙星衍七古诗如太白再生:"苍凉沈郁,自有七古以来,此种未满十首,真太白再生,杜、韩则无复为之,何况余子。"②石韫玉认为星衍少作接近李白、李贺:"先生诗初效青莲、昌谷,以奇逸胜人。"③蒋和宁称星衍少作"气清才奇笔超,非吸风饮露者不能也"④,洪亮吉观点相似:"孙兵备星衍少日诗,如飞天仙人,足不履地。"⑤杨文荪云孙星衍未登第以前所作诗,近李贺、李商隐:"大抵原本六朝,而出入昌谷、玉溪之间,七古纵横,跌宕一时,与洪稚存、黄仲则两先生并称巨手。"⑥时人之所以认同孙星衍早期诗风接近李白、李贺、李商隐,主要因其与三李有想象奇异、跌宕起伏、苍凉沉郁之共性。

今人沈其光认为孙星衍早期诗作融多家之长而独具风格:"五言古大率规摹二谢,参以韩孟,幽秀刻削,自成一家。""七古多效长吉",五律"信堪上躐郊岛,下铄四灵"⑦。

中年以后,孙星衍转向治经与考据,诗风也随之发生变化。石韫玉认为孙氏晚年风格接近白居易:"晚年冲和静穆,乃近香山老

---

① 张维屏《国朝诗人征略》卷四十八"孙星衍"条,《续修四库全书》第1713册72页。
② 《芳茂山人诗录·冶城遗集跋》,《丛书集成初编》第2320册133页。唐仲冕称孙星衍诗"直追曹刘鲍谢,次者亦不失为昌黎、昌谷"(《丛书集成初编》第2319册1页),亦着眼于其苍凉沉郁的风格特征。
③ 《芳茂山人诗录》石韫玉《序》,《丛书集成初编》第2319册1页。
④ 《芳茂山人诗录》,《丛书集成初编》第2320册133页。
⑤ 《北江诗话》卷一,《续修四库全书》第1705册4页。
⑥ 《芳茂山人诗录》,《丛书集成初编》第2319册62页。
⑦ 《瓶粟斋诗话三编》,青浦印刷所1951年铅印本。

人。"①龚庆云其晚年酬唱之作"气息醇茂,尤得风人温柔敦厚之旨"②。二人道出了孙星衍晚年诗风的基本特点。

对孙星衍前后诗风的变化,时后人有不同评价。袁枚认为其后期诗歌为考据系累,成就不如前期:"余向读孙渊如诗,叹为奇才。后见近作,锋铓小颓,询其故,缘逃入考据之学故也。"③洪亮吉云其少日诗超迈同侪,各种诗体皆不乏佳作,后期诗作少且与少作不可同日而语:"孙兵备星衍,少日诗才为同辈中第一。如集中'千杯酬我上北邙'等十数篇,求之古人中,亦不多得。小诗亦凄艳绝伦,如《夜坐咏月》云:'一度落如人小别,片时圆比梦难成。'《广陵客感》云:'红烛照颜年少去,碧山回首昔游非。'读之皆令人悯悯。中年以后,专研六书训诂之学,遂不复作诗。即间有一二篇,亦与少日所作如出两手矣。"④朱庭珍、梁绍壬等持论相同。朱庭珍《筱园诗话》云:"孙渊如早年诗笔颇悍,造语亦多峭拔。惜中年改攻经学考据家业,不作诗矣。"⑤梁绍壬《两般秋雨盦随笔》云:"洪稚存太史作诗评,共一百余人。每人系以八字。中惟孙渊如先生独加'少日'二字,曰:'孙观察星衍少日诗,如天仙化人,足不履地。'岂以晚年癖耽金石,有伤风雅耶?"⑥

与袁枚、洪亮吉等人意见相反,唐仲冕称誉孙氏晚年之作:"此真合考订、词章为一家而各造其极者也。"⑦石韫玉评价:"视黄仲

---

① 《芳茂山人诗录》石韫玉《序》,《丛书集成初编》第2319册1页。
② 《芳茂山人诗录》,《丛书集成初编》第2320册133页。
③ 《随园诗话》卷十六,《续修四库全书》第1701册494页。
④ 《北江诗话》卷一,《续修四库全书》第1705册5页。
⑤ 《筱园诗话》,《续修四库全书》第1708册30页。
⑥ 梁绍壬撰,庄葳校点《两般秋雨盦随笔》卷八"诗评",上海古籍出版社2012年版,第319页。
⑦ 唐仲冕《芳茂山人诗录序》,《丛书集成初编》第2319册1页。

则、洪稚存有过之无不及也。"① 杨文荪认为孙氏晚年之作不输少时:"不知先生之诗之工,犹夫少日也。"② 马积高指出孙星衍少作虽才情焕发,想象丰富,但内容比较单薄,思理不够深刻,后期作品"诗境趋向质实,用意转深,小诗尤时见精警":

> 然今读渊如在西安所作诸诗,实未见其颠。袁枚不喜考据,盖有意相讽,与其劝黄景仁勿治经同(事见《小仓山房尺牍》)。但渊如诗大致以其中进士为界,前后有所不同,到山东作地方官后变化尤较显露。在此前之诗,才情焕发,极富想象,但内容较单薄,思理不深。袁枚所激赏的《登千鹤楼》(集作《登废寺千佛楼作》)及《对月答室人作》《偕杨三伦洪大礼吉黄二景仁放舟看荷至平山堂》等可作代表。袁枚说他的诗似李贺(见《诗话》),石韫玉说他"初效青莲、昌谷"(《芳茂山人诗录序》),都是有见地的。洪亮吉用"飞天仙人"形容,亦近似。后期的诗境趋向质实,而用意转深,小诗尤时见精警。③

客观而论,孙星衍少时之作固然狂放俊逸,想象丰富,但受阅历局限,以记游、赠答、怀人为多,诗味隽永而思想单薄。后期虽受考据影响,诗风平实凝重,艺术风格不如前期鲜明,但题材有了极大拓展,更真实地反映了乾嘉学者的生活状态、精神风貌、学术追求、经世情怀,内容更加丰富厚重,思想更富有时代特色和社会责任感。

(三)《芳茂山人诗录》中的学问诗

《芳茂山人诗录》收诗七百余首,最突出的特点是把乾嘉时期

---

① 《芳茂山人诗录》石韫玉《序》,《丛书集成初编》第2319册1页。
② 《芳茂山人诗录》,《丛书集成初编》第2319册62页。
③ 马积高《清代学术思想的变迁与文学》,湖南人民出版社2002年版,第191页。

学术生活的主要内容、学者的精神风貌、学术研究的途径、信息、方法、成果等一定程度地呈现在了诗歌中,以学问入诗因此成为孙星衍诗歌的突出特色。孙星衍究竟以哪些学问入诗?他采取了怎样的方法克服了以学问入诗难以摆脱的堆砌、枯燥、教条、刻板,使其成为艺术品,从而具有了审美功能?此仅就这两个问题略作探讨。

1. 以何学问入诗

乾嘉时期,学者之间交往密切,互相切磋,求真求是,蔚然成风,学术氛围空前浓厚;学者们凭借不懈努力,不仅推进了传统学术的进步,而且极大地拓展了学术研究的新领域。探访历史古迹,发掘金石碑版、井栏瓦当,并利用其证经考史,成为乾嘉学派学术生活的重要内容;伸汉抑宋的学术思想,严谨求是的学术精神,信实有据的考证方法,构成了乾嘉学派的学术特质。这些都进入了孙星衍吟咏的范畴。以学者入诗、以学术生活入诗、以学术思想入诗构成了孙星衍以学问入诗的主体内容。

(1) 以学者入诗

《芳茂山人诗录》所涉重要学者、文人有洪亮吉、邵晋涵、钱大昕、庄逵吉、庄炘、黄景仁、吕星垣、朱珪、胡虔、阮元、毕沅、杨伦、翁方纲、王复、朱文翰、张问陶、黄易、马履泰、魏成宪、程瑶田、段玉裁、钮树玉、曾燠、孙曰秉、袁廷梼、秦小岘、邢澍、唐仲冕、吴蔚、严可均、方维甸、蒋因培、姚鼐、石韫玉、袁枚、程晋芳、王赓言、赵怀玉等数十人。孙星衍或以鸿篇巨制对某一学者进行比较全面的抒写,或选取某一角度,对某一学者的某一事件予以凝练、概括的记录。无论篇幅长短,角度如何,样式如何,这些诗歌都真实地记载了相关人物的学术好尚、学术贡献、生平要事、性情品格以及与孙星衍的学术交往等,下举两例示之。

乾隆五十年(1785),毕沅调任河南巡抚后,邀请邵晋涵入中州节署佐其纂修《续资治通鉴》。乾隆五十一年(1786)事成,邵晋涵离豫入都,孙星衍以《中州送邵太史(晋涵)入都》长诗相送。诗开篇写钱大昕与邵晋涵是自己平生最倾慕的两位学者:"平生慕两贤,非友而若师。束修好经籍,往往梦见之。"①孙星衍早年在钟山书院学习时即得主讲钱大昕契赏,钱大昕将其比作戴震再生,期许甚高。孙星衍对钱氏追源溯流、信实有据的治学方法推崇备至:"其一钱少詹,识我弱冠时。注书抉渊原,辨字求据依。前贤谬称许,谓云戴可追(辛眉先生初致札星衍,有东原替人之语)。东原真天人,我闻恶且疑。"②以下用较长篇幅抒写邵晋涵的学术成就、治学方法及与孙星衍的交往。诗中强调了邵晋涵纂修《四库全书》《续三通》之贡献:"一为校理君,时征入天扉。点窜四部书,校录三通碑(君著《舆地金石碑目》)。"③突出了邵晋涵历时二十年注疏《尔雅》之艰辛:"蹉跎未终成,行役以自携。侧闻校理君,著此二十稘。"④表彰了邵晋涵《尔雅正义》"经经自相勘""征信汉魏儒"⑤、多闻阙疑的注疏方法,认为其贡献远在陆佃、郑樵之上,其书足与邢昺《尔雅义疏》并列学官:"君书列学官,邢昺不敢睎。眇然当世间,所待言者谁。"⑥诗中追忆了乾隆四十八年(1783)二人于京师相见时志趣相投之情状:"前年走京阙,谒君叩门篱。握手喜欲狂,礼意不及施。千言累匈臆,有若丝不治。又若大泽云,四起无端倪。徐徐辨涯涘,渐渐如醇醨。"⑦表达了分别在即、以学术互勉的惜别之情:"同术而同方,天涯若堂闱。努力研遗经,暇即长相思。"⑧

---

① 《芳茂山人诗录》,《丛书集成初编》第 2319 册 6 页。
② 同上。
③ 同上。
④ 同上。
⑤ 同上。
⑥ 《芳茂山人诗录》,《丛书集成初编》第 2319 册 7 页。
⑦ 《芳茂山人诗录》,《丛书集成初编》第 2319 册 6 页。
⑧ 《芳茂山人诗录》,《丛书集成初编》第 2319 册 7 页。

《中州送邵太史(晋涵)入都》正文长达七十三句七百三十字(含注九百八十五字),比较全面地抒写了邵晋涵的学术追求、学术贡献、治学特点及与孙星衍的学术交往,平实质朴,信实有据,类似传记,具有以学为诗、以文为诗的鲜明特点。

相比之下,《芳茂山人诗录》中记载其他学者就都没有上诗那么翔实了。如《赠钮大(树玉)》记载了与钮树玉相识、相交的经过,表达了对钮树玉精研《说文》、不附流俗的赞赏,也申述了自己喜爱篆籀、立志作《三体石经考》的学术追求:

> 钮生士而贾,游历齐鲁间。手持江子书,访我逾数年。我时往河浒,备兵曹濮边(时督兵防曹单交界)。发书意想望,会合非徒然。揭来吴东门,把臂开心颜。赠我中都志,祖德在旧编(仆家本凤阳)。遇我于里门,醉我客舫联。出观所著书,指斥新附篇。说经何硁硁,腹笥殊便便。二徐赵宦光,茫如隔雾烟。我先穷篆籀,同志段与钱(段懋堂玉裁、钱献之坫)。思作石经稿,追仿三代前。秦邈徒隶书,附正体变迁(仆尝作石经稿,列篆隶正三体,古俗互证,必求依据)。少温笔虽工,六义多乖愆。何以饷后儒,鸿都写千言。勤拳钮生意,箴砭俗识偏。说文非僻书,大哉帝命宣(时有请禁《说文》,不宜用之制义者,上因有《说文》非僻书之谕)。下士有贾心,挟册思夤缘。贤郎皆贾人,贿赂通上官。谁能贡奇士,撰述朝章传。长揖莫厘峰,焚却范蠡船。①

由诗可推,钮树玉慕名寻访孙星衍,当在嘉庆初年。此时孙星衍为山东兖沂曹济兵备道,正与按察使康基田一起治理曹南河患,钮树玉则贾于齐鲁之间。钮树玉对孙星衍早怀崇敬,数年寻访,终于在此相见。其后星衍丁母忧,居金陵,与树玉相见更频。树玉出己撰《说文新附考》,得星衍叹赏:"出观所著书,指斥新附篇。说

---

① 《芳茂山人诗录》,《丛书集成初编》第2319册56页。

经何硁硁,腹笥殊便便。二徐赵宦光,茫如隔雾烟。"当时段玉裁的《说文解字注》初行于世,段氏多以己说强傅古义,树玉撰《段氏说文注订》八卷以纠其失,孙星衍对钮树玉的学术勇气、求是精神非常赞赏:"勤拳钮生意,箴硁俗识偏。"希望有朝一日能够把钮树玉这样的人才举荐给朝廷,使人尽其才:"谁能贡奇士,撰述朝章传。"

孙星衍一生虽交游广泛,但没有集中的文献记载,在《孙渊如先生全集》《平津馆丛书》《岱南阁丛书》各书序跋及《平津馆鉴藏记书籍》《廉石居藏书记》《孙渊如先生年谱》等书中有零散体现。全面钩稽这些材料,辅以相关人物的传记、别集,其交游情况可得大概。其中,《芳茂山人诗录》中记载的这些学者是了解、研究孙星衍学术交游不可或缺的重要资料。

(2)以学术生活入诗

孙星衍入毕沅幕府后,诗歌多关学术生活,考古、访碑、题画成为主体内容。下举两例。

前已言及,自乾隆三十四年至五十二年(1769—1787),孙星衍省亲多至句容,他在句容因此结交了一些朋友,常与朋友们一起从事学术活动。[光绪]《续纂句容县志》记载乾隆四十九年(1784),孙星衍在句容访得梁武帝天监十五年井栏题字,发掘、清理并拓数本赠予同好。[光绪]《续纂句容县志·人物志》载:"梁井埋于断壁,葛碑仆于荒榛,(孙星衍)胥访得之,拓数百本,远饷同好,一时韵士骚人来游来歌,称盛事焉。"

孙星衍在《偕句容朱文学(镛)及王公子出游得梁井阑字作》中,详细记载了发掘梁天监年间井栏题字的过程,对题字的时间、背景做了介绍,将考古与咏史相结合,对梁武帝佞佛而致民不聊生,虽行小惠却难挽狂澜深致感慨,抒发了久被埋没的井栏重见天日之庆幸:

出门一锸随一丁,错认乘醉埋刘伶。井床古字待我发,城根徒步来玲辫。诛鉏草土辨摹刻,如读怪牒搜仙经。文云天监丙申岁,作亭与井因书铭。萧梁天子初佞佛,冀以方便延千龄。是年淮堰起复坏,饥鸿四野哀飘零。岂知皇帝愍渴乏,欲借一勺诒生灵。周田八家共一井,汉制十里置一亭。济人兴废有司事,何用天语烦丁宁。黄河之润泰山雨,泽及天下由朝廷。杨枝甘露讵足恃,金仙入梦呼不醒。异时临渴更谁愍,荷荷口苦无人听。悲歌吊古亦多事,但爱照影波清泠。千年万口汲不竭,知有地脉通沧溟。摩挲苔藓剔圭角,急印墨本置中庭。此文埋没分终古,日近汲绠堆长瓶。其前牧马肆蹴踏,行客纵至谁留停。欻然遇我自天幸,若获知己双眸青。王郎朱子好风调(予见是井文,以王荫可言。见葛府君碑,以朱筠谷言),告我如试终军䰆。归途把臂又欲醉,便恐一别如晨星。①

关于女娲陵,文献记载不一,众说纷纭。《太平寰宇记》引《城冢记》云女娲墓有五,分别在风陵、赵城、济源、平利、任城五地。孙星衍结合文献记载与嘉庆元年(1796)三月地方官的访查,认为女娲陵在任城承匡山,其他四处求之书传皆无实证。他又践行"地方古迹当以最古传述之言为征信"的原则,对伏羲陵遗迹详加考证,认为"伏羲陵在今鱼台县东北七十里凫山之麓","鱼台之陵既有刻石书传,明白可考",分析后世误在陈州之由:"后代犹致迷误者,或以山阳高平古郡名,俗人不省何地;或以鱼台、邹县、济宁州,三邑境界交错,志乘彼此传疑。南宋时国势蹙而古籍尽亡,诸儒孤陋,既不能亲至东鲁,寻求碑碣,又不博稽晋唐地志,遂使鱼台之陵不列祀典,后且误在陈州矣。"说明陈州伏羲陵既无文献记载,又无文物古迹,故不可信:"据此是唐碑、宋志俱不言陈州有伏羲陵也……往年亲至陈州访,无宋元碑碣,亦别无古书可据,其与东平

---

① 《芳茂山人诗录》,《丛书集成初编》第2319册22—23页。

州尧陵,固属前代传讹之迹,实无疑义。"①孙星衍不但写下了《济上三陵考》(伏羲陵、女娲陵、殷汤陵)、《咨覆河南布政司伏羲陵稿》《伏羲陵考》等文,而且亲到邹县实地考察,作《邹县山程访女娲遗迹》诗,进一步申述了女娲遗迹在承筐、伏羲陵在凫山的观点。

  这首诗以考据的方法对邹县的历史遗迹做出了考察,开篇即写在邹县发现一山,据《元和郡县图志》记载疑为承筐山:"一山如匡叠石方,按古图籍疑承筐。"小注云:"《元和志》任城有承筐山,即邹县此山也。"孙星衍认为女娲遗迹在邹县,并至遗庙拜谒。指出女娲遗迹历史上曾隶属三县:"唐隶任城,今邹县凫山,兼隶鱼台。"孙星衍由对女娲遗迹的调查引申到考证伏羲陵所在,其据晋皇甫谧说及唐李吉甫《十道志》的记载,认为伏羲陵当在鱼台凫山,明代误以太昊陵在陈州,于古无据。最后抒写了自己访古的感受——置身其中,忘乎俗世:

    一山如匡叠石方,按古图籍疑承筐(《元和志》,任城有承筐山,即邹县此山也)。女娲欲出混沌死,剩有巧骨支天荒。披榛三里得遗庙,结构盘郁松青苍。延缘石级剔碑版,瞻拜庙貌登堂皇。俪皮昔日始嫁娶,民俗传说呼爹娘。此邦风姓接风后,任国不祀颛史亡。千秋祭赛足香火,三县交错迷圻疆(女娲遗迹,唐隶任城。今隶邹县凫山,兼隶鱼台)。一抔究竟落何许,道士指点依前冈。山阳旧是伏羲葬,郁郁陵冢遥相望(晋皇甫谧云:"伏羲陵在山阳。"唐李吉甫《十道志》云在兖州,皆即今鱼台县凫山。明代误以太昊陵在陈州,于古无据)。我来访古契太始,翻愧识字充中肠。长天不了日斜出,四山回合身中央。心空万里见虚白,眼过百事如秕糠。居人淳朴聚三五,口说上世遗陶唐。匆匆不及饱鸡黍,却笑旌旆前飞扬。出山恍

---

① 本段所引皆出《孙渊如外集》卷一《济上三陵考·伏羲陵》,第7—8页。

怱问甲子,岁除已逼何奔忙。①

由上可见,该诗结合文献记载和实地考察,考证女娲陵和伏羲陵,是以文为诗、寓考据于诗歌的典型。

东汉《熹平石经》是历史上刊刻最早的一部石经,因流传过程中毁坏严重,故宋代以来虽偶见残石,但传拓极少。孙星衍不惜十万钱购得拓本,极为宝爱,请翁方纲题诗并把这段佳话写入《题熹平石经拓本次翁阁学(方纲)韵》中。诗中以翁方纲比孙承泽、张华,极赞其学识渊博:"北平阁学今退谷,研经闭户穷遗编。搜奇快睹古汲冢,博物不数张茂先。"②说自己已经完成了《魏三体石经遗字考》,不知谁能重镌《熹平石经》:"邯郸淳书已细释(去冬曾为《三体石经考》),蔡中郎笔谁重镌。"③又说自己曾到西安、洛阳搜访石刻,见到了《开成石经》、秦之猎鼓,唯独《熹平石经》难以得见:"关中洛下昔亲到,询访古迹怀丹铅。开成尚见碣排比,鸿都空想车喧填。"《熹平石经》中有些文字与传世文献不同,如《尚书·盘庚》"盘",石经作"般";同篇"不其或稽","稽"石经作"迪";《论语·为政》"《书》云'孝乎惟孝,友于兄弟'","乎"石经作"于"。孙星衍举出这些具体例证,旨在说明残本《熹平石经》与传世文本文字相异者虽然不多,但比勘传世文献的作用却无以替代:"般庚今文鲁论句,箴砭俗学讹相沿。不其或迪孝于孝,片语可抵经文全。洛阳碑石傥复出,鲁王壁简应重诠。"④这首诗二百五十二字,句句关涉学问,质实厚重。

由以上数例可见,孙星衍的学问诗可以一定程度地再现乾嘉时期学术生活的主要内容及主体方式,真实地呈现学者之间的交

---

① 《芳茂山人诗录》,《丛书集成初编》第 2319 册 24—25 页。
② 《芳茂山人诗录》,《丛书集成初编》第 2319 册 25 页。
③ 同上。
④ 同上。

流切磋及学术好尚,是透视乾嘉学术风尚的重要窗口。

(3) 以学术思想入诗

《芳茂山人诗录》不仅如实地记录了孙星衍的学术交游、学术生活,而且坦荡地阐发了其学术思想。如于《题胡孝廉(虔)说经图》中明确表达了对宋儒以臆说解经的批评及对汉儒学有渊源的推崇:"宋儒逞臆说,章句繁言词。汉儒各专门,学必宗其师。"①于《邹平立祀》中阐发了元明经义犹沿王安石说、清代立宋元明儒为博士却不立汉儒的不满:"元明耳食未闻道,经义犹循安石造(南宋诸儒,注经多用王安石新义)。濂洛关闽博士多,汉儒未食传经报。"②于《题余秋农(旻)丹阳道中踏雪联吟图》中批评理学家空谈性理不研经之弊端:"莫似程门虚立雪,空谈理学不谈经。"③这些鲜明的尊汉抑宋主张与他在文集、序跋及师友信札中表达的意见完全一致。

孙星衍不信佛教,曾撰《三教论》辟佛,于《章宗源传》中对章氏因佞佛而不遇的一生深表惋惜。在《古诗》中,孙星衍表达了自己一如既往的排佛主张:"浮屠出东汉,妖梦孰稽考。六朝暨唐人,滥觞饰浮藻。循环报恩怨,惑众使祈祷。岂知真天人,高识空八表。责己怨自稀,无求物宁扰。"④

孙星衍对神仙道术之虚妄亦持批评态度,其《游仙诗》云:"何曾符箓究真诠,不管沧桑有变迁。闻道昆仑多视肉,吸风饮露便登仙。"⑤此与《廉石居藏书记》之《真诰》《周氏冥通记》等解题中表达的观点完全一致。

---

① 《芳茂山人诗录》,《丛书集成初编》第 2319 册 11 页。
② 《芳茂山人诗录》,《丛书集成初编》第 2320 册 108 页。
③ 《芳茂山人诗录》,《丛书集成初编》第 2319 册 70 页。
④ 《芳茂山人诗录》,《丛书集成初编》第 2319 册 80 页。
⑤ 《芳茂山人诗录》,《丛书集成初编》第 2319 册 88 页。

孙星衍开明的收藏思想在诗歌中也有体现,其于《李斯泰山石刻题后》写道:"人身不及纸,完好无百年。楚人得失弓,达者忘其人。题名倘留世,何必归子孙。"①自古私家收藏聚散无常,孙星衍认为只要"题名留世"就可以了,未必子孙世有,代代相传。这种思想在那个私家收藏多秘不示人的时代显然是豁达、进步的。

乾嘉学派往往把学术研究的内容纳入诗歌创作,注重征实,不关性情,翁方纲、钱大昕、王昶、阮元等人都有这一特点,以翁方纲最具代表性。翁氏之作,"论者谓能以学为诗"②。陆廷枢《复初斋诗集序》云:"而覃溪自诸经传疏以及史传之考订,金石文字之爬梳,皆贯彻洋溢于其诗。"③缪荃孙《重印复初斋诗集序》云:"阁学性耽吟咏,随地有诗,随时有诗,所见法书、名画、吉金、乐石亦皆有诗,以考据并议论,遂有'最喜客谈金石例,略嫌公少性情诗'以讥之者。"④孙星衍自入毕沅幕府,诗歌逐渐远离了性情,转向了对学术生活、学术研究、学术思想的抒写与阐发,其后期诗歌因此与翁方纲、阮元一起成为乾嘉学派诗歌的典型代表:"有清乾嘉间考据之学大盛时,则如翁、阮诸公,广搜金石拓本,引经证史,群骋淹博,一时成为风会。而江左孙渊如(星衍)《智鼎歌》《熹平石经拓本》诸诗,视仪征之《晋砖》、大兴之《五凤五年砖》《汉石经残字歌》等作,殊无多让。诗则聱牙诘屈,往往累数十百言不尽。近人如陈石遗衍、李墨巢(宣龚)诸老,犹喜沿其体,然非诗书膏吻,纠蚬(入声)蟠胸,不易为也。"⑤

---

① 《芳茂山人诗录》,《丛书集成初编》第2319册8页。
② 《清史稿·文苑二·翁方纲传》,第13395页。
③ 《复初斋诗集序》,《续修四库全书》第1454册361页。
④ 钱仲联《清诗纪事·乾隆朝卷》,江苏古籍出版社1989年版,第5455页。按:"最喜客谈金石例,略嫌公少性情诗",见洪亮吉《北江诗话》卷一。
⑤ 《瓶粟斋诗话三编》,青浦印刷所1951年铅印本。

2. 如何以学问入诗

乾嘉时期,诗歌题材得到了极大拓展,目录版本之鉴赏、图画拓本之题诗、金石古迹之探访,事事可入诗,时时可作诗。黄丕烈《百宋一廛赋》是以目录版本入诗之典型,翁方纲、朱筠、阮元、孙星衍等均以学问入诗为长。以学问入诗往往因堆砌、枯燥而失去诗之韵味,为人诟病,如朱庭珍在《筱园诗话》中所评:"翁以考据为诗,饾饤书卷,死气满纸,了无性情,最为可厌。"① 由此可见,如何使学问诗成为艺术品,具有审美功能,非常重要。笔者认为孙星衍在这一方面是做出了很大努力的。他通过援引学术典故、历史史实、诗前加小序、诗中增小注等方式努力摆脱以学问入诗的枯燥,尽量使诗歌质实之中不乏性灵。

(1) 熟稔学术掌故

用典可以使诗歌更加凝练、含蓄,富有韵味。孙星衍以其丰厚的学养娴熟地使用学术掌故,力求提高学问诗的审美功能。如《次韵赠张船山》诗云:

避俗君能戒独清,浮家我亦学逃名。
但令人爱陶元亮,未必途穷阮步兵。
中酒好忘经世志,著书聊遣暮年情。
长安令仆多才俊,不用牛衣问仲卿。②

嘉庆十五年(1810)七月,张问陶出任山东莱州知府。清正廉洁,深得民心。因莱州遭遇严重水灾,问陶建议减免赋税,发放积谷,赈济饥民,忤上官意,于嘉庆十七年(1812)三月乞病辞官,行前将历年积蓄捐谷七百石赈灾,嘉庆十九年(1814)三月病卒。由上"中酒好忘经世志,著书聊遣暮年情"句,可推此诗当作于张问陶从莱州知府卸任之后,心忧黎民,志不得伸,只好借酒浇愁,以著

---

① 《筱园诗话》卷二,《续修四库全书》第 1708 册 29 页。
② 《芳茂山人诗录》,《丛书集成初编》第 2320 册 125 页。

述打发暮年之寂寥时光。

这首诗的颔联"但命人爱陶元亮,未必途穷阮步兵",是借陶渊明与阮籍赞扬张问陶人格高洁,不同流俗,用的是两个比较常见的典故。尾联"不用牛衣问仲卿",典出《汉书·王章传》:"初,章为诸生学长安,独与妻居。章疾病,无被,卧牛衣中,与妻诀,涕泣。其妻喝怒之曰:'仲卿!京师尊贵在朝廷人谁逾仲卿者?今疾病困厄,不自激昂,乃反涕泣,何鄙也!'"此处反用王章妻激励其逆境图强表示相信张问陶不需要妻子的劝勉与鞭策,必能走出低谷,发愤作为。该诗使用陶渊明、阮籍、王章数典,含蓄蕴藉,耐人寻味。尤其是王章一典,既抒写了张问陶致仕之后的心境、状态,也表达了对正直之士仕途多舛的愤懑不平。

又有《题家颐谷侍御深柳勘书图》三首之一:

疏通经义证康成,作赋宁矜掷地声。
天与吾家难王肃,叔然死后替人生。①

这首诗中的"家颐谷侍御"指孙星衍的友人孙志祖。孙志祖(1737—1801),字贻谷,或作颐谷,号约斋,浙江仁和人。乾隆三十一年(1766)进士,曾为江南道监察御史,晚掌教紫阳书院。著有《家语疏证》六卷、《文选考异》四卷、《读书脞录》七卷,辑有《风俗通佚文》一卷,又有补正姚之骃《后汉书》五卷等。

这首诗开篇云"疏通经义证康成,作赋宁矜掷地声",是针对孙志祖所撰《家语疏证》而发。志祖治学以稽古宗郑为主,其《家语疏证》为疏通证明王肃难郑而作,意在为郑学拨乱反正。"作赋宁矜掷地声",出自《晋书·孙绰传》:"尝作《天台山赋》,辞致甚工,初成,以示友人范荣期,云:'卿试掷地,当作金石声也。'"②孙星衍以此表彰孙志祖的赋写得好。"天与吾家难王肃,叔然死后替人生",是把

---

① 《芳茂山人诗录》,《丛书集成初编》第 2320 册 124 页。
② 《晋书·孙绰传》,第 1544 页。

孙志祖比作维护郑学的著名学者、郑玄弟子孙炎再生,赞其发扬郑学之功。借助这些学术典故,可以了解孙志祖的治学态度、治学倾向、学术贡献。通过用典,使本来枯燥、单调的学术内容变得韵味隽永,富有底蕴且易于理解。孙星衍选择的典故与诗中所吟事件、人物极为契合,看似顺手拈来,实际显示的是其学养之深、选择之精、运用之巧。

(2) 引入相关史事

孙星衍常常联系史事,将学术事件置于宏观背景下考查其价值、意义,对史事的熟稔,增加了孙诗的历史厚重感,也避免了就事论事的乏味与浅薄。比如《李斯泰山石刻题后》:

> 穆书失政和(世传周穆王吉日癸巳书原本,以政和取入内府,乱后失之,今惟有宋人摹本),猎鼓疑宇文(近时审定石鼓,为宇文周时物。惟江卡泛布衣及予,信之最坚)。继周数石刻,惟有斯篆存。峄山会稽书,摹勒非其真。兹碑立榛莽,缺画鬼所扪。迩来碧霞宫,复遭野火燔。岂其坑儒魂,来报焚书冤。阿房三月灰,余焰犹复然。我言嬴秦罪,在废籀古文。改篆而篆亡,毁经而经尊。几令周孔字,禁抑不得传。非有叔重功,六义无渊原。堂堂李丞相,独著仓颉篇。奉诏写石旁,下笔整不偏。斥弃徒隶文,程邈讵敢干。法家尚刻削,此迹何真淳。试读逐客书,后愚而前贤。观其遘时屯,变本亦可怜。眇然访遗本,落落区宇间。爱此匪悃私,持赠友意殷。人身不及纸,完好无百年。楚人得失弓,达者忘其人。题名倘留世,何必归子孙。①

这首诗将李斯泰山石刻置于石刻发展史中,突出了其为迄今最早的存世石刻的特殊价值。在对历史的追溯中,将相关事件(如秦始皇焚书之罪)、相关人物(如许慎、李斯保存古文字之功)串联起

---

① 《芳茂山人诗录》,《丛书集成初编》第 2319 册 7—8 页。

来,不仅比较完整地呈现了历史真相,而且发表了自己的感慨与评价,弱化了单纯的考证成分,增加了咏史的意味,一定程度地避免了学问诗常见的晦涩难懂之病。

(3) 利用小序与自注

以学问入诗,必然涉及对相关学术背景的阐述及对此前聚讼问题的考辨,为把问题阐述清楚,并使诗歌的韵律、美感免受破坏,孙星衍采取诗前加小序、诗中作小注的方式尽量使诗歌的审美功能不受影响。如嘉庆五年(1800),孙星衍丁忧期间曾主讲浙东蕺山书院,有机会探访当地名胜,实现了登临禹陵、探访禹穴的夙愿。晚年回忆这段经历,写下了《禹穴探奇》一诗。诗前小序云:

> 岁庚申,予主讲浙东之蕺山,恭谒禹陵,并游吼山诸名胜。考张晏注《汉书》,称禹陵上有孔穴,则即今阳明洞,后人误以庙为陵,明嘉靖间,闽人郑善夫妄指向西之陇为立碣题识,不经之甚。予既据《太平寰宇记》,知窆石为孙吴刻,拟作记辨正之。①

这段小序说明了探访禹穴的时间、缘由。禹穴所在及其用途,文献记载不一,或云在浙江会稽,为禹之葬地;或云在会稽宛委山,为禹得黄帝之书并复藏之之所;或云禹决汉水时的住处,在今陕西省旬阳县东。其中,以地处会稽、禹之葬地说,文献记载最早。司马迁《史记·太史公自序》中说自己二十岁时曾上会稽、探禹穴:"二十而南游江、淮,上会稽,探禹穴。"②裴骃《史记集解》引张晏说:"禹巡狩至会稽而崩,因葬焉。上有孔穴,民间云禹入此穴。"③孙星衍认为禹穴在会稽山上,他利用张晏《汉书注》、乐史《太平寰宇记》等文献对禹穴遗址、孙皓碑刻进行了考证,指出禹穴在禹陵上即阳

---

① 《芳茂山人诗录》,《丛书集成初编》第 2320 册 103 页。
② 《史记》,第 3293 页。
③ 《史记》,第 3294 页。

明洞中,窆石为三国孙皓所刻,否定了明郑善夫及后人的一些误说。这是一首记游诗,因所记历史遗存有争议,不加考辨难得其真,但如将考辨以诗歌的形式入正文,必篇幅冗长,枯燥无味,孙星衍因将考辨原因、材料来源、所得结论写在小序中。

对孙皓碑刻的辩证,孙星衍通过在正文中加小注的方式巧妙地呈现,尽量不影响正文的韵味:"游人不识孙皓碑,误向石船呼窆石(今所传窆石文字如天发神谶碑,据《太平寰宇记》考为孙吴时刻)。"①至于明代闽人郑善夫妄指向西之陇为立碣题识的错误因在小序中已作说明,故诗云"闽人题碣最诬罔,青乌之说迂古坟"②,不需要加注即可看懂。诗末孙星衍表达了欲上南岳题名的壮志:"君不见,虞巡那得至衡山,我欲题名上南霍(唐虞时南岳霍山在今安徽省,《尚书大传》诸书皆云然,今以衡山当之,太远)。"③这里,孙星衍以《尚书大传》为据,指出唐虞巡狩的南岳是安徽霍山而非湖南衡山。关于南岳究竟是衡山还是霍山,一直争论不休,形成了新旧两说。旧五岳说起于汉文帝令诸博士作《王制》之后,以汉天子的封禅名山为泰、衡、华、恒、嵩当之,《史记·封禅书》据此附会舜所巡狩的五岳名山。新五岳说认为南岳是霍山,专指天柱山。此说因汉武帝元封五年礼天柱山而得。两种说法皆出汉人,孙星衍通过小注明确表达了自己认同新南岳说的观点。

由上例可见,正是小序与自注承担起了阐释、补充与考辨的作用,因而保证了全诗整体的流畅、圆转。序、注与诗结合来读,既有诗之韵味,又了解了写作背景,辨析了模糊甚至错误的认识,丰富了文史知识。

但孙星衍诗歌中的考据与其单纯的考据文风格不同。单纯的

---

① 《芳茂山人诗录》,《丛书集成初编》第 2320 册 103 页。
② 同上。
③ 同上。

考据文往往全面呈现证据,反复论证,力求翔实可信。诗歌中的考据无论正文、小序还是注文,一般只呈现最重要的证据,这样既有利于保持诗之韵味,又尽可能体现立论有据、无征不信之特点。

是否需要序、注,孙星衍往往根据诗歌内容而定。不需要阐释考辨的没有序、注,如分量较大的题画诗多无注。有的有序无注,如《卫水浮碑》小序对作诗时间、卫河古碑的发现情况、孙星衍对文字的考辨、对碑的安置及相关碑文的书法水平等做了简要介绍:

> 既官安德之明年,有告卫河第三屯出有古碑,往视,为北魏营州刺史高贞碑,中有"载卡"字不可识,予审"卡"即"弄"字,因为移置州学。高氏族葬在此,先出有高湛、高植两碑,湛碑楷法工致,藏安德封氏。①

诗云:

> 高家兄弟椒房戚,大冢难防水冲击。冯夷知我好古碑,夜半浮出长河湄。眮眠见此惊告我,往视如获瑶琼瑰。碑中奇字颇难识,赖我能通六书说。文初变楷带分隶,石幸埋沙未刓缺。千夫邪许移入城,横舍立处高峥嵘。流传墨本遍寰宇,考史共记高贞名。八年济北燕南住,善政应惭颂来暮。后人或比岘山碑,忆我摩挲不能去。②

可以看出,这首诗朴实自然,明白如话,结合小序,无需注解即可读懂,故未加注。

有的不加注解难以理解,就随诗注解,注解长短视内容而定。如前面提到的《中州送邵太史(晋涵)入都》《禹穴探奇》等注解都比较简短,用简洁的注说明问题,尽量不因注文太长割裂诗文与诗意是孙星衍的一般做法。只有极少数诗中偶有长注,如《得分中(羲仲省文)所作己白(纪伯省文)钟次苏文忠石鼓歌韵作诗纪之》"或疑

---

① 《芳茂山人诗录》,《丛书集成初编》第 2320 册 109 页。
② 同上。

己白即纪侯,大去国心存孝友(《春秋繁露·玉英第四》"齐将复仇,纪侯自知力不加而志距之,故谓其弟曰:'我宗庙之主,不可以不死也,汝以邴往,服罪于齐,请以立五庙,使我先君岁时有所依归。'率一国之众,以卫九世之主,襄公逐之不去,求之弗予,上下同心,而俱死之,故谓之大去。")①该注引《春秋繁露》释"大去"之意,共一百二十四字。此类极少。

综上所述,以学问入诗是孙星衍后期诗歌的突出特色。他把自己广泛的学术交往、丰富的学术生活以及鲜明的学术思想都纳入诗歌吟咏的范畴,达到了诗、文相辅相成,诗歌创作与学术研究的一体化。孙星衍早期诗作以语言幽峭、意境奇异闻名诗坛,因此应该深知诗歌创作的艺术技巧。为避免以学问入诗的枯燥乏味,他在典故的使用、史事的选择、形式的处理上都是下了功夫的。孙星衍的学问诗无论内容还是技巧走的都是乾嘉学派的共同路子,从这个意义上说,孙星衍的学问诗是乾嘉学派诗歌的典型。

(四)《芳茂山人诗录》的史料价值

纪实性与纪事性是乾嘉学派诗歌的突出特点,这一特点也突出地表现在孙星衍的诗作中,其诗因此具有重要的史料价值。

纵观孙诗,不管风格如何变化,就其内容来看,均具实录性质。如组诗《题罗山人(聘)为予写昔梦图十帧》《题吴君(文征)为予画江湖负米图六帧》《题吴君(文征)为予画海岱搴帷图十帧》《题吴君(文征)为予画历下旬宣图四帧》,为孙星衍晚年自叙生平之作,每诗之前都有小序,诗中又有小注,这些诗以纪事为主,对了解、研究孙星衍的生平非常重要。

《题罗山人(聘)为予写昔梦图十帧》包含了孙星衍追昔之诗十首,分别为《含饴夜课》《山夕酬诗》《地肺寻碑》《采石同舟》《汉宫

---

① 《芳茂山人诗录》,《丛书集成初编》第 2320 册 112 页。

访古》《龙门题壁》《蓬岛游仙》《五台省谒》《书堂问字》《孔林观礼》。这些诗记载儿时在祖母、母亲督护下用功课读(《含饴夜课》);乾隆四十年(1775)与夫人王采薇在父亲任职的句曲官署赋诗成谶(《山夕酬诗》);乾隆三十九年(1774)与钱大昕同游茅山,访求古碣(《地肺寻碑》);乾隆四十二年(1777)与洪亮吉客安徽刘权之幕中登黄山白岳,上天都峰(《采石同舟》);在陕西毕沅幕府期间与诸名士出游曲江乐游原,访汉长安古城(《汉宫访古》);乾隆四十八年(1783)乡试下第,在由京城返回西安节署途中携弟星衡登龙门并题壁(《龙门题壁》);乾隆五十二年(1787)考中进士后为翰林院编修,散馆改官比部,为答张问陶诗"十二琼楼无定所,神仙何必住蓬莱"①而作《蓬岛游仙》;乾隆五十七年(1792)扈从乾隆西巡,于清凉山麓得以拜谒阔别五载的父亲孙勋(《五台省谒》);每岁朝鲜使臣至,必款门投刺,朴齐家为书"问字堂"额(《书堂问字》);乾隆六十年(1795)六月初到山东任职充沂曹济兵备道时展谒孔林(《孔林观礼》)。由这十首诗及其小注,大体可以了解孙星衍在乾隆六十年任职山东之前的主要经历。

第二组《题吴君(文征)为予画江湖负米图六帧》包含《万卷归装》《巫门访墓》《青溪卜宅》《禹穴探奇》《延陵话旧》《湖楼诂经》六首诗,写的是自嘉庆三年(1798)孙星衍丁母忧至嘉庆六年(1801)主讲杭州诂经精舍时的重要事件。其中记载了嘉庆三年(1798)自山东归金陵,河上遇风,书遭沉湿之灾(《万卷归装》);嘉庆五年(1800)于巫门访得孙武之墓(《巫门访墓》);丁忧回籍期间侨居金陵旧吴王府(《青溪卜宅》);嘉庆五年(1800)主讲蕺山书院时至禹穴探奇(《禹穴探奇》);同年主讲诂经精舍在杭州第一楼祀郑玄、许慎事(《湖楼诂经》)。除《延陵话旧》作于嘉庆十三年(1808)孙星衍从山东督粮道任上请假归金陵,与洪亮吉、赵翼等

---

① 《芳茂山人诗录》,《丛书集成初编》第2320册99页。

畅游，触发了对平生挚友之追思外，其他较集中地记载了孙星衍丁忧归籍期间的主要经历。

第三组《题吴君（文征）为予画海岱搴帷图十帧》与第四组《题吴君（文征）为予画历下旬宣图四帧》均记两次为官山东的所作所为。《题吴君（文征）为予画海岱搴帷图十帧》包含到金乡、嘉祥、肥城等地探访汉画像石而写的《东缙访古》，在节署为族妹与吴肅成亲而写的《南楼却扇》，记嘉庆元年（1796）曹南大水与康基田抗洪救灾的《单父塞河》，记嘉庆二年（1797）到泰山祈雪得雪的《泰山祈雪》，考汤陵在曹县不在荣河并为立碑的《曹南树碑》，叙建立伏、郑博士始末的《邹平立祀》，记嘉庆八年（1803）再任东鲁、奉檄补赈曹南的《濮阳茇舍》以及记载访古经历的《临河访古》《卫水浮碑》《潞河访庙》等。

第四组《题吴君（文征）为予画历下旬宣图四帧》有记嘉庆元年（1796）六月权臬历下、与石韫玉交接时偕周世锦、周俊、蒋因培在大明湖给石韫玉饯别的《明湖饯别》；有到历城龙洞游历的《龙洞探奇》；有因自己提出的重浚恩县四女祀支河的建议得以实施从而杜绝了水患而欣喜写下的《安德行河》；有为嘉庆十二年（1807）丁卯科毕以田中乡试而作的《宾兴得士》四诗。

这四组诗明确的纪实纪事性可以帮助我们比较真切地了解孙星衍各时期的生平经历、为政情怀、个人好尚、师友交往等。《澄清堂续稿》中的《别长安诗》也是组诗，共十七首，简洁地概括了孙星衍在西安节署的生活、交游等，同样具有实录性质。

不惟这些组诗具有极强的纪实纪事性，单篇诗作在这一点上也很突出。孙星衍早年诗作大量抒写了与朋友一起或对月豪饮、追古惜今；或登高临远、探奇寻异的不羁生活。如《澄清堂稿》卷上的《游茅山携洪大（礼吉）作》《晓偕庄公子（逵吉）舍弟（星衡）至鳌屋仙游寺观玉女房值庄明府炘自烂柴坪回记游》《润州舟次携黄二（景仁）作》；卷下的《偕杨三（伦）洪大（礼吉）黄二景仁放舟看荷至平山堂》《黄二(景仁)游黄山归索赠长句》《答洪大醉后之作兼怀黄仲则》《与洪大(礼吉)醉卧古冢明日戏作》《与洪大(礼吉)醉卧古冢明日戏作》《偕庄明府(炘)同游楼观作歌》;《澄清堂续稿》中的《大风歌登栖霞峰偕洪大》《与洪大王七携酒至城上夜饮同作即以别洪大》等都是这方面的代表作。由这类诗歌可以了解青年孙星衍的经历、个性、交游、心态等。虽然早年跌宕的诗风与后期的冲和肃穆对比鲜明,但其纪实纪事的性质却无二致。

即使比较纯粹的送别、宴饮、唱和之作,也是孙星衍如实记录的结果。如《答马秋药同年(履泰)比部(时主讲泺源书院,将入都补官)》《次韵答船山翰林见慰堕车之作》《次韵答阮芸台学使同年(元)柬招即往历下之什》《魏比部(成宪)奉使江南过境不晤作诗见怀次韵答》《阮中丞五月十二日招同程易畴(瑶田)段懋堂(玉裁)第一楼雅集》《仓场玉侍郎(宁)戴侍郎(均元)招同洪殿撰(莹)燕集尚书馆(仓场署题额)即席赋呈》《德州偕吴学士(鼐)严孝廉(可均)周刺史(履端)放舟卫河小饮次韵》等诗,由题目即知写作对象、主要内容、时间、地点等。如能联系相关人物的诗文、年谱等逐一考查,孙诗对再现、了解、研究孙星衍个人及相关人物乃至乾嘉学派的生活、学尚都有重要价值。

由上所述,孙星衍以生活入诗,以学问入诗,以文为诗,严谨的纪实纪事性使其诗具有了信史的性质。他的诗歌纠正了一些后人相关记载的不确甚至错误,弥补了相关记载的一些不足。比如《孙渊如先生年谱》上下两卷,自一岁至五十九岁由孙星衍的表弟张绍南辑出,六十岁至六十六岁由王德福续辑。张、王二位都是与孙星衍同时代的人,对孙氏较为熟悉,《年谱》所记也就比较可信。因而,孙星衍诗歌中的不少内容在《年谱》中也有记载。但对照发现,对同一事件的记载二者也有失合之处。如《冶城絜养集》卷下《题罗山人(聘)为予写昔梦图十帧》中的《采石同舟》序云:"岁丁酉,予与洪君(亮吉)客安徽学使幕中,登黄山白岳,上天都峰,熟游青山白纻之间,酾酒太白楼前而返。"①这段小序交代得很清楚:登游黄山发生在乾隆四十二年(1777)丁酉岁。但张绍南《孙渊如先生年谱》却将此事系入乾隆四十三年(1778)戊戌岁三月,较丁酉晚一年。检《洪北江先生年谱》,在丁酉岁下有这样的记载:"十一月,座师刘公权之试学安徽,遣人相延。先生亦以营葬乏资,遂于长至前由陆程赴太平,并约孙君星衍偕行,刘公相待有加。……又因先生誉孙君学行,因并款留,以助衡校。自是先生与孙君助学使校文外,共为'三礼'训诂之学,留太平度岁。"②而在乾隆四十三年戊戌岁条下,洪《谱》说洪亮吉二月随试太平、徽州、宁国、池州四府,五月中始返太平,偕孙君至句容度夏。从洪《谱》提供的资料来看,孙星衍是乾隆四十二年与洪亮吉一起进入安徽刘权之幕府并居住下来为之校书的。乾隆四十三年二月至五月上旬,洪亮吉跟随刘权之到安徽各地试学,未提及星衍随行,也就不会发生二人同登黄山一事。因此,据洪《谱》推断,孙星衍诗歌的记载应更合实际。

有些事件,孙星衍诗歌的记载较《年谱》更为翔实,可以弥补《年谱》的缺失。如《澄清堂稿》卷上有一首诗叫《乙亥岁正月十日病中撰〈尚书今古文注疏〉成因题元戴淳伏生受经图》,单由标题上就可看出该诗的主题、作诗时间及当时作者的境况。而在《孙渊如先生年谱》中对此事的记载却极为简括:是年,《孔子集语》《尚书今古文注疏》刻成。这样笼统的一句话显然不足以体现《尚书今古文注疏》是孙星衍的呕心沥血之作这一重要内容。他如《租船咏史集·六月三十日抵栖霞口占时乞假南旋》《济上停云集·阮中丞五月十二日招同程易畴(瑶田)段茂堂(玉裁)第一楼雅集》等

---

① 《芳茂山人诗录》,《丛书集成初编》第 2320 册 98 页。
② 《洪北江先生年谱》,《北京图书馆藏珍本年谱丛刊》第 116 册 381—382 页。

很多诗都记载了具体时间,完全可以系入《年谱》,使《年谱》记事更明确、资料更翔实。另外,诗中所记孙星衍与洪亮吉、黄景仁、袁廷梼等人的交往,《年谱》体现得很少或根本没有体现出来,只看《年谱》也不足以全面了解孙星衍的交游,诗歌可补其缺。

借助孙诗提供的史料,可以帮助我们更清楚地了解文献记载有分歧的相关人物及相关事件。如对四库馆臣程晋芳晚年的记载,《清史列传·文苑传》说:"晚岁家赀尽,官京师,至无以举火。四十九年,乞假游西安。将谋诸毕沅,为归老计。抵关中,一月,卒,年六十七。"①从这段记载来看,程晋芳是因穷老而归诸毕沅幕府并死在陕西的。翁方纲《翰林院编修程君晋芳墓志铭》说程晋芳乾隆末年请假至毕沅处,是因为有山水之思。徐书受所作《翰林院编修程鱼门先生墓表》的说法又有不同:"以积逋避而之陕。"②即程晋芳到陕西是为逃债计。这三种说法到底哪一种更接近现实呢?孙星衍有一首诗就叫《程鱼门太史》,诗中写道:"来是单车去一棺,秦关西望恨漫漫。遗书避债台中著,敛骨翘材馆里看。"③乾隆四十九年(1784),孙星衍也在毕沅幕府,对程晋芳西归的原因应该比较清楚。再联系程晋芳的个性来看,程氏乐善好施,从一个豪富子弟至无以举火,再至债台高筑,是符合他的性格发展的。因此,孙星衍诗歌与《墓表》的记载无疑更接近现实。这首小诗为确定程晋芳晚年游陕的原因提供了一份极为宝贵的资料。

清中叶,中朝交往甚密,很多朝鲜诗人以使者的身份出使中国,为中朝文化交流做出了很大贡献,著名的有柳得恭、朴齐家、洪良浩、金正喜等。孙星衍与柳、朴两位都有交往。柳得恭的《燕台

---

① 《清史列传》,第5885页。
② 《碑传集》,第1421页。
③ 《芳茂山人诗录·冶城遗集·六哀诗》,《丛书集成初编》第2320册116页。

再游录》列举了与他交往的中国文人,其中就有孙星衍。孙星衍居京官时,爱才好客,京中寓邸为师友欢聚之所,朝鲜使者朴齐家以其多识古文奇字,署其斋名"问字堂":"问字堂者,朝鲜使人朴齐家谓予多识古文奇字,因为题署。都下名公卿及海内好古之士常造门借书籍,治酒具以为欢,好事者或写为图。"①孙星衍的《冶城繁养集》卷下的《书堂问字》,写的就是他与朝鲜使臣朴齐家的交往,诗前小序云:"每岁朝鲜使臣至,必款门投刺,朴卿(齐家)为予书'问字堂'额,又大书崔儦语云:'不读五千卷书,毋得入此室。'"②由这段小序可以想见当时中朝文人之间的密切交往。孙星衍的这首《书堂问字》诗也就成为清中叶中朝文学交流盛况的历史见证。

正因孙诗纪实,所以他的诗往往被作为信史,直接为后人取资,比如李庆著《顾千里研究》即有两处用孙诗系年,其一为嘉庆五年(1800)庚申岁条下云:"十一月,孙渊如欲返金陵,千里与段茂堂、钮树玉、黄丕烈等饯别渊如于虎丘一榭园。"③后面注出依据:"孙星衍《芳茂山人诗录》卷五载《庚申冬日,同人集一榭园,阅十年矣。偶属吴山尊学士疈题册,有感旧游,率赋二律,即用唐陶山刺使仲冕元韵,并寄之。时己巳年七月五日》诗。"④其二为嘉庆六年(1801)辛酉岁条下云:"五月,段玉裁已抵杭州,主《十三经》校勘之役。"⑤注文曰:"孙星衍《芳茂山人诗录·济上停云集》中,

---

① 《岱南阁集》卷二《王大令复诗集序》,第202页。
② 《芳茂山人诗录》,《丛书集成初编》第2320册100页。又《国朝先正事略》卷三十五《孙渊如先生事略》亦云:"先生扫室焚香,为诸名士燕集之所。高丽使臣朴齐家入贡,见先生所校古书,特谒先生,书'问字堂'额,赋诗以赠。"《续修四库全书》第539册29页。
③ 李庆《顾千里研究》,上海古籍出版社1989年版,第75页。
④ 《顾千里研究》,第80页。
⑤ 《顾千里研究》,第83页。

载有《阮中丞五月十二日招同程易畴瑶田、段茂堂玉裁第一楼雅集》诗,则可知段氏已抵杭州,且渊如等已在杭矣。"①

综上所述,孙星衍诗歌的主要特色是纪实纪事和以学问入诗,其价值也主要表现在这两个方面,而这两点正是乾嘉学派诗歌的共同特征。从这个意义上讲,孙星衍的诗是乾嘉时期学者诗的典型之一。

---

① 《顾千里研究》,第85页。

十一、孙星衍的骈文成就

清中叶骈文复兴,以洪亮吉、顾敏恒、孙星衍、恽敬、张惠言、李兆洛等为代表的常州派是乾嘉骈文的重要一支,屠寄曾赞常州骈文之盛云:"乾隆嘉庆之际,吾郡盛为文章,稚存、伯厞齐金羁于前,彦闻、方立驰玉軏于后,皋文特善词赋,申耆尤长碑铭。诸附丽之者,亦各抽心呈貌,流芬散条,亹亹乎文有其质焉。于时海内属翰之士,敦说其义,至乃指目阳湖以为宗派。自时厥后,清风盛藻,尝稍替矣。"①屠寄于此强调了洪亮吉、孙星衍对常州骈文的引领作用。吴鼒把袁枚、邵齐焘、刘星炜、孔广森、吴锡麒、曾燠、孙星衍、洪亮吉八家之作汇为《国朝八家四六文钞》,法式善称"骈丽家应奉为圭臬"②。由屠寄之论、吴鼒之选,知孙星衍骈文深得时誉。

孙星衍早年以骈文名,朱筠以之与丽词早成的庾信相匹。汪中也很欣赏孙星衍的骈文,曾在吴鼒面前称誉:"容甫称今之人能为汉魏六朝唐人之诗者,武进黄仲则也;能为东汉魏晋宋齐梁陈之文者,曲阜孔㧑轩、阳湖孙渊如也。"③吴鼒历数自古以来经学、词章并兼之人,云汉有刘向、刘歆、扬雄、马融诸人,自己的师友中以邵晋涵、洪亮吉、孙星衍、汪中四人最著:"古经生多不工为词,工者

---

① 屠寄《国朝常州骈体文录》卷三十一《叙录》,《续修四库全书》第1693册711页。
② 《陶庐杂录》,《续修四库全书》第1177册652页。
③ 吴鼒辑,陈衍注《八家四六文注·原刻问字堂外集题词》,光绪十八年(1892)上海图书集成印书局印,第3页。

刘子政父子、扬子云、马季长数人耳。余平生死友之间得四人焉：余姚邵先生二云、阳湖洪稚存太史、孙渊如观察、江都汪容甫明经。"①阮元在《阅问字堂集赠言》中曾力劝孙星衍刊出所作骈文，以便后人了解其经、文兼擅之成绩："以元鄙见，兄所作骈丽文并当刊入，勿使后人谓贾、许无文章，庾、徐无实学也。"②

孙星衍中年以后转向治经，诗文创作锐减，加少作多毁，③故相比于其他领域，其骈文成绩几被湮没。近年随着骈文研究的兴起，孙氏成就渐被关注，张仁青的《中国骈文发展史》、于景祥的《中国骈文通史》、莫道才的《骈文通论》等都将孙星衍与洪亮吉等量齐观，视为常州骈文派代表作家。但相比于袁枚、洪亮吉、汪中、曾燠等，目前对孙星衍骈文的研究还很薄弱。本文仅对其现存骈文的主要内容、特色及成因略作分析。

（一）孙星衍骈文的主要风格

综合吴鼒《国朝八家四六文钞》、曾燠《国朝骈体正宗》、屠寄《国朝常州骈体文录》、王重民《孙渊如外集》，去其重复，孙星衍现存骈文十一篇，分别是：《洪节母诔》《国子监生赵君妻金氏诔》《国子监生洪先生妻蒋氏合葬圹志》《祭钱大令文》《大清防护昭陵之碑》《仓颉篇初辑本序》《三国疆域志后序》《关中金石记跋》《续古文苑序》《平津馆丛书序》《上孔子集语表》。这十一篇文章最早的写于乾隆四十一年（《洪节母诔》《国子监生洪先生妻蒋氏合葬圹志》），最晚的成于嘉庆二十年（《上孔子集语表》），前后跨越三十年，较好地体现了孙星衍因治学重点的转移带来的骈文内容与

---

① 《八家四六文注·原刻卷菰阁文乙集题词》，第 4 页。
② 《问字堂集·阅问字堂集赠言》，第 9—10 页。
③ 《八家四六文注·原刻卷菰阁文乙集题词》云："渊如早工四六之文，既壮，笃志经义，乃取少作弃之。"第 4 页。

风格的演变,彰显了其为文与为学、其骈文主张与创作实践、其骈文长短与学术长短的一致性。鉴于十一篇文章内容、风格多有不同,此分四类略加阐述。

1. 情感真挚,宕逸生姿

《洪节母诔》《国子监生赵君妻金氏诔》是乾隆四十一年(1776)十月孙星衍为洪亮吉母蒋氏及赵怀玉妻金氏所写诔文。孙星衍与洪、赵为挚友,对洪母、赵妻必多了解;而同在此月,孙星衍经历了王采薇病逝的沉重打击,痛苦心境不亚于洪、赵,故二文饱蘸情感,长歌当哭,较好地践行了诔文"累其德行,旌之不朽"①的文体功用。

《洪节母诔》抒写了洪母蒋氏含辛茹苦的一生。蒋氏品性高洁,二十一岁嫁至洪家,于贫苦拮据中全力支持丈夫洪翘(字午峰)专心治学,夫妇同心,情深意笃:

> 孺人玉华早映,觚奇幼操。动合经曲,言成轨则。年二十一归午峰先生,家遭递衣之贫,室无赁庑之贻。布裳而前,簪饰既斥。先生射矢有志,断机非箴。高文通坐视流麦,谢彦贞倾身结交。怀哉君子,二人同心矣。②

午峰先生不幸早逝,蒋氏独撑寒门二十五年,经营生计,教导子女,艰辛备至:

> 昊天不忱,漂摇其室。既雁烹雌之别,遽觏在巳之灾。私谥阖棺,邪衾入殡。剪颜亡生,则𢃼总莫恃;对影忽绝,而孤婴既藐。实乃伐蕙于背,树荼于心。岁华端忧,室有不黔之突;廊成烬落,隔亡不恤之纬。既而市居数易,士垅遂成。窆棺要离之旁,属子李杜之后。盖二十五年于兹,寒泉不

---

① 周振甫《文心雕龙今译·诔碑》:"诔者,累也;累其德行,旌之不朽也。"中华书局1998年版,第109页。
② 《八家四六文注》卷一,第11页。

流,悲谷谢景。①

《礼记·曾子问》云:"贱不诔贵,幼不诔长,礼也。"作为后辈的孙星衍诔祭洪母,既缘于与洪亮吉有"拜母之知"的笃厚情谊,又感于洪母对他的关怀器重,故"不辞诔长之僭"②,撰为哀感之文。

乾隆四十三年(1778)十二月五日,洪亮吉奉母蒋氏与父合葬,孙星衍又为撰《国子监生洪先生暨妻蒋氏合葬圹志》。文中表彰洪氏夫妇的高德懿行,仍以蒋氏为主。文写蒋氏于夫亡之后守节持家,亲教子女,德才双馨:"勉卷施之不死,泣飞蓬而无颜。砺门子之陵华,却遗金于绳荜。能通丧礼,便守孺悲。亲授《汉书》,独师孟博。至夫髢鬓修容,乾穮示惠,三德七戒之篇,秋菊春椒之诵,固以昭此大节,后彼余行。"③蒋氏终以自己的品性与心血相夫成义,翼子成名。

《国子监生赵君妻金氏诔》是为好友赵怀玉妻金学南所作诔文。文云金氏惠心纨质,勤勉能干:"生而渊令,长而丽则"④,"闻虫弄机,斗华学绣。"⑤不仅以慈爱之心在姻党中享有令誉:"玉致照于中闺,蕙风盈于姻党"⑥,而且持家勤俭、恭顺明理:"食不兼膳,衣不重縠。孺人亲率操作,无斁洴澼。雾宵霜晨,厥灾由蘖。匪惟听从,殆亦天性。又其明识,足抗前徽。"⑦赵怀玉与金学南相濡以沫,伉俪情深。乾隆四十一年(1776)十月,金氏不幸离世,刚入而立之年的赵怀玉悲恸欲绝,对金氏的思念魂牵梦绕:"犹复并

---

① 《八家四六文注》卷一,第11页。
② 《洪节母诔》云:"星衍既辱拜母之知,不辞诔长之僭云尔。"《八家四六文注》卷一,第11页。
③ 《八家四六文注》卷一,第6页。
④ 《八家四六文注》卷一,第8页。
⑤ 同上。
⑥ 同上。
⑦ 同上。

椁怀卫之水,寻医望齐之亭。梦妖则琼瑰不收,肌冷而潜英已逝。燕曾远送,雉竟孤飞。《葛覃》之家生还,蒺藜之室丧反。"①孙星衍也于此月痛失王采薇,闻听消息,"仆心如雁惊,岂竢闻弦。月值鹑奔,同伤不腊(原注:先妻亦以是月卒)"②。孙星衍与赵怀玉都对发妻生爱之笃,死痛之切,心心相通,惺惺相惜,无奈阴阳两隔,只能"含笔陨涕,诔之云尔"③。姚燮评此文"凄楚之音,不堪卒读"④。

由上可见,孙星衍的诔祭文句式参差,宕逸生姿,真挚深沉,动人心魄。

2. 情词斐美,音韵铿锵

《祭钱大令文》为哀悼亡友钱汝器而撰。祭文的一般写法是"情主于痛伤,而辞穷乎爱惜"⑤,"必使情往会悲,文来引泣"⑥。《祭钱大令文》却一反常调,张寿荣评为"情词斐美,音韵铿锵,寓规讽于俳谐,祭文中别自一体"⑦。

钱汝器,嘉兴人,太傅钱陈群第七子,《四库全书》《三通》馆副总裁钱汝诚(1722—1779)之弟。乾隆三十年(1765),钱汝器被钦赐为举人,乾隆四十六年(1781)为陕西武功县令,到任即纂《武功县志》,数月后卒于任。钱氏为人倜傥好义,著有《丹甒居士诗钞》及《诗余》一卷。

钱汝器曾自言死后当为汾河神,孙星衍路过汾州,为文以祭。该文大约写于乾隆四十八年(1783)孙星衍进京应试路过山西时。

---

① 《八家四六文柱》卷一,第 9 页。
② 同上。
③ 同上。
④ 曾燠辑,姚燮评《国朝骈体正宗评本》,光绪十年(1884)花雨楼朱墨套印本。
⑤ 《文心雕龙今译·哀吊》,第 118 页。
⑥ 《文心雕龙今译·哀吊》,第 119 页。
⑦ 《国朝骈体正宗评本》,光绪十年(1884)花雨楼朱墨套印本。

《孙渊如先生年谱》记载,该年孙星衍"以贽为贡生,入都应京兆试。乃自蒲州至运城,谒沈观察业富,观盐池。仲弟星衡亦自句容应科举至京。八月试罢,乃挈仲弟西行,陟井陉,至晋省,迁道河津,观龙门,渡河之韩城,访傅大令。之邰阳,观曹全碑。入关。"①

《祭钱大令文》以诙谐、调侃的笔调写钱汝器生前纵酒好色、贪财谄媚:"曩以燕游,妨君小节。围花作县,倾穴移金。桃分子瑕之筵,手进襄成之袖。"②想像其死后成神享乐依旧、威风不减:"云旗昼接,凫舄宵分。彼汾一曲,如玉娱戏之方;姑射藐然,神人翔泊之所。"③倾诉二人之谊如范式与张劭、向秀与嵇康:"昔者巨卿死友,厩有素车之驰……无何越人大去,凄凉山木之心;向生重来,泪堕山阳之笛。"④自己远道来祭,遐想钱氏显灵与己对饮,抒发了对亡友的深切思念:"仆后车日载,五岳游来。渡妒妇之津,过台骀之庙。所思予美,忽藉君灵。邂逅壶觞,徘徊祠宇。方冀灵衣羽葆,损尔尊严;散髾斜簪,助予跌宕。呜呼,参差谁思,犹扬楚江之灵;弦歌赴节,尚涌舒姑之浪。我怀如梦,君岂忘心?倚玉何时,模金宛在。况复愁加歧路,悲甚生离。蘼芜感再逢之难,桃梗被漂流之笑。罔两问景,惭先后之无期;丹朱冯身,庶欢娱之有托。浇君垒魄,保此婵媛。知我幽冥,庶其歆飨。"⑤

该文一反祭文哭诉悲情的写法,以恣肆之笔刻画了钱汝器的放荡不羁,于诙谐之中倾诉着肺腑真情。这种别具一格、自成特色的写法与孙星衍早期狂放率性的诗风极为相近,这类文风在他转向治经、考据之后就很难再看到了。

---

① 《孙渊如先生年谱》,《北京图书馆藏珍本年谱丛刊》第119册457—458页。
② 《八家四六文注》卷一,第7页。
③ 同上。
④ 同上。
⑤ 《八家四六文注》卷一,第7—8页。

3. 结构紧致,气体高华

《大清防护昭陵之碑》写于乾隆四十八年(1783)。《文心雕龙·诔碑》认为撰写碑文,要有史才,应以标立死者的盛德鸿勋为主要内容:"夫属碑之体,资乎史才,其序则传,其文则铭。标序盛德,必见清风之华;昭纪鸿懿,必见峻伟之烈:此碑之制也。"①以此衡量《大清防护昭陵之碑》,可谓佳作。

该文叙写了唐太宗平定天下、消弭内乱的丰功伟绩,凸显了他的依山建陵、力行薄葬之俭,仁爱待臣、心系百姓之仁,四海归附、天下一家之大,营葬俭约、身后归土之智,陟降在天、遏寇御贼之灵,描述了昭陵的损坏情状,表彰了毕沅的防护之功。借碑颂人,识高气盛,辞藻丰赡,思理缜密。

其写唐太宗平定天下、拱让帝位、肃清内乱之功,言约意丰,气势恢宏:

> 帝提剑乘天,握图出震。驱除吞噬,弹压殷齐。白鱼赤帝之祥,阪泉丹水之迹。让黼扆而肃五日之礼,寓斧戉而正二叔之辜。浮龟不足效其文,断鳌不足媲其武。帝系之所传,史牒之所颂。尽美又善,无得而称焉。②

其写唐太宗的俭约、仁厚、智慧,采用对比手法,于比照中彰显其卓越识见。如写太宗营葬之俭,与秦始皇、汉武帝相比。秦始皇"故以七十余万骊山穿治之徒"营造陵墓,兴师动众,规模宏大;汉武茂陵为西汉帝陵之最,陪葬奢华,汉武曾遣"一万六千茂陵大徒之户"守护陵园。唐太宗则效仿禹、尧"似委宛之桐棺,拟谷林之通树"③的做法,践行长孙皇后"请因山而葬,不需起坟"之遗志,依

---

① 《文心雕龙今译》,第114页。
② 《八家四六文注》卷一,第2页。
③ 同上。《墨子》云:"禹葬会稽,桐棺三寸。"《吕氏春秋》载:"尧葬于谷林,通树之。"

山建陵,为帝王俭约薄葬树立了典范:"克终后志,遂下王言,侍卫减于常仪,瓦木止于形具。此则帝之俭也。"①

其写唐太宗对待大臣之仁,与越王勾践之放范蠡、吴王夫差之杀子胥、汉高祖刘邦之醢彭越相比,赞扬太宗对大臣推心置腹的仁爱之心:

> 藏弓烹狗,志士因而捫心。长颈鸟喙,哲人于焉长往。子胥抉目于吴阙,彭越覆醢于淮南。未尝不掩浸润之明,损谮达之度。帝则我言妩媚,推心置腹之诚;袒见疮痍,丈夫意气之语。暨乎鼎湖髯去,闵坠地之空号;栾水和存,想张朝而再见。金枝玉叶,左武右文。前部鼓吹,东园秘器。祈连之塚,亘驰道以如山。赑屃之文,蔽元宫而似垒。此又帝之仁也。②

其写唐太宗营葬俭约之智,与汉武帝、吴王阖闾做了对比。汉武陵因牧儿持火寻找亡羊烧毁棺椁,阖闾塚因违礼厚葬为越人发掘:"亡羊之牧,欻误入于三泉。踞虎之邱,骤见伤于敌国。"③太宗仅以钟繇、王羲之法帖及《尧典》作为陪葬,显示了其俭省营葬以息盗心的超凡智慧:"帝则流连翰墨,眷惜钟、王,以《尧典》之同棺,当佳城之铭椁。卒令沙邱之字,势怵于登堂。宝鼎之埏,力穷于发弩。嗟尔后世,似有先知,倒我衣裳,诒之茧纸。此又帝之智也。"④

文中简要追溯了宋明两朝于此置庙设祀、频加守护之概况,着力描述了乾隆时期昭陵所遭自然及人为双重破坏之情状:"而风高壤裂,石室摧基;地阻荆生,阴堂绝栈。樵苏上下,曾无百步之防;

---

① 《八家四六文注》卷一,第2页。
② 《八家四六文注》卷一,第3页。
③ 《八家四六文注》卷一,第4页。
④ 同上。

铧臿侵陵，或至诸臣之冢。穹碑半剥，翁仲全倾。"①记载了乾隆四十二年（1777）毕沅抚陕期间的保护措施："橄筑围墙，三十余丈。大书瓦屑，邕分邈隶之奇；列植松楸，芰舍甘棠之敬。"②突出了乾隆四十五年（1780）毕沅再为陕西巡抚时与醴泉县令蒋骐昌一起修复寺宇、复立碑铭、保护昭陵文物之功："沅再之官，又逾五稔。兼营寺宇，特用陵租。知县蒋君，能平其政，实任厥劳。恐古墓之为田，考陪陵于往牍。纪其名位，复立贞珉。仰体皇谟，光昭来者。将与会稽窆石，共磨灭于苗山。"③

由上可见，《大清防护昭陵之碑》分两部分：第一部分歌颂唐太宗的鸿勋伟烈、远见卓识，第二部分叙述毕沅对昭陵碑的防护之功。前者为全文重点，既综括了唐太宗一生的卓著功勋，又凸显了其俭、仁、大、智、灵五大品性，点面结合，重点突出，体现了孙星衍对史实的合理裁剪与宏观把握。全文层次分明，结构紧凑，气体高华，渊雅明净。姚燮评为："尽善尽美，无得而称焉。"④

4. 以学济文，博雅凝重

乾嘉时期学术发达，以学入诗、援学入文成为该时期文学创作的突出特色。这一走向极大地拓展了诗歌、骈文的题材，凡能用散文描摹的内容均可形诸骈体、歌诗。孙星衍阐发学术见解的骈文同样具有以学济文、博雅凝重的鲜明特点。

孙星衍现存阐发学术见解的六篇骈文，写作时间跨度较长，《关中金石记跋》《三国疆域志后序》《仓颉篇初辑本序》作于乾隆四十六年（1781），此时孙星衍正处于由文人向学者的转型阶

---

① 《八家四六文注》卷一，第5页。
② 同上。
③ 同上。
④ 《国朝骈体正宗评本》，光绪十年（1884）花雨楼朱墨套印本。

段;《续古文苑序》作于嘉庆十二年(1807)、《平津馆丛书序》作于嘉庆十七年(1812)、《上孔子集语表》作于嘉庆二十年(1815),这一时期的孙星衍已是一位成熟的考据学家。六文写作时间虽跨二十余年,但就文风来看,前后变化较小。与前期诔祭、诔碑文浓烈的感情、鲜明的个性、繁密的用典、丰赡的辞藻相比,此类骈文较少追求典故、辞藻等外在形式,更注重以骈体形式阐发学术思想。此仅以前期的《关中金石记跋》与后期的《平津馆丛书序》为例略作分析。

《关中金石记跋》开篇即明关中为历代金石荟萃之所,然后选取典例,极为扼要地叙述了先秦两汉时期该地金石集结概况:

> 雍凉之域,实曰神皋,吉金乐石之所萃也。尔乃竹书纪异,昆仑树王母之眉;韩非著书,华岳勒天神之字。休与茂哉,其详轶矣。若其列侯尸祀,铭业乎奇器;汉将扬武,纪威乎绝域。西京崇秩望之仪,蜀魏重开凿之迹,固亦有焉。是以岐阳石鼓,厥贡于上京;裴岑纪功,扬光于昭代。

接下来说唐代长安为帝都,宫室陵寝,集于此地;碑碣之富,超越前代。宋元时期,勒铭仍盛:

> 暨乎唐叶,作都渭阳。宫室陵寝,此焉是集。移山寿迹,压岫标奇。嚚嚚负文而疑神,蝌蚪挟篆而欿走。亦越宋元,弥工题唱。镌铭百仞之翠,沉字九回之渊。莫不比重昆琼,方珍华玉。①

此后关中金石损毁严重,与此前盛况相比不啻天壤:

> 自是厥后,废兴忽然。颓坻昼落,则伟颔潜理;野燎宵飞,则贞趺涣碎。承平以来,廛居愈阜。削员珉而代甍,卧方阙以治繇。或乃因文昌之小辞,剐皇象之逸制。嗜古之士,盖其闵

---

① 《八家四六文注》卷一,第12页。

矣。隐显之候,岂其恒欤。①

毕沅抚陕期间,足迹所至,探访不辍,日积月累,所得渐多:

> 今陕西巡抚毕公,江左之望,蔚矣儒风。汉庭之才,褎然举首。逮乎为政,其学益敦。开府乎咸林,摄节乎凉肃。外传有云:"夕而序业,周公之美。读书百篇,公其体之。斯为大矣!"时则郑白之沃,互有泛塞。公厮渠所及,则有隋便子谷造象,得于长安;唐尔朱逵墓碣,得于郃阳;朱孝诚碑,得于三原。临洮之原,亘以河朔。公按部所次,则有唐姜行本勒石,得于塞外。梁折刺史嗣祚碑,得于府谷;宝室寺钟铭,得于鄜州;汉郙君开道石刻、魏李苞题名,得于褒城。公又奏修岳祀,而华阴庙题名及唐华山铭始出焉。公释奠学校,而《开成石经》及儒学碑林复立焉。自余创见,多后哲之未窥,前贤之未录。公受之以藏,是云敦素;获之有道,乃惟贤劳。其知者曰:"可以观政矣。"②

毕沅不仅勤于搜访,而且以渊雅宏通之学、超越前修之识整理考证,校录成书,嘉惠后学:

> 重光之岁,月移且相。武橐有缄,嘉禾告瑞。公始从容晨暮,校理旧文。考厥异同,编诸韦册。且夫欧、赵之书,徒订其条目;洪、都之著,第详其年代。
>
> 公证古之学,淹有征南;博闻之才,通知荀勖。此之造述,力越前修。谈经则马、郑之微,辨字则杨、杜之正。论史则知几之邃,察地则道元之神。旁及九章,渊通内典。承天谱系之学,神珙字母之传,固已夺安石之碎金,惊君苗以焚砚。君子多乎?于公未也。公既理其打本,藏诸名山。刊其嘉言,诒之来学。谬承校录,略悉源流。若公惠政之列,国勋之章,方与

---

① 《八家四六文注》卷一,第12页。
② 《八家四六文注》卷一,第12—13页。

往刻,共不朽焉,非所及也。①

总体来看,此文追溯关中金石之聚散,高屋建瓴。叙述毕沅搜访之勤、收获之富,处处著实。赞扬毕沅学识之博、惠人之心,发自肺腑。全文层次井然,凝重明朗,姚燮评其"不佻不砌"②。

《平津馆丛书序》不用典故,不尚辞藻,平白如话中不乏典雅厚重之气。该文追溯了丛书之缘起,肯定了丛书汇集、保存文献之功:

> 丛书之兴,其来久矣。左古鄩肇其规模,陶南村拓其体制。自斯以降,踵事日繁。观夫通四部之区畛,贯九流之出入,收如聚族,得比连茹。③

孙星衍不但深知丛书具有"有便访求,无虞散失"之价值,也深谙刊刻丛书鉴别内容及选择版本之不易:

> 然而苞罗既富,鉴别斯难。或真赝互陈,雅俗并列。武夫杂乎瑜瑾,庄语溷于俳优。或未逢善本,偶据误书,篇卷不完,文句多舛。凡彼数端,良非一概。夫利病者事,神明者人,岂云汇刊必逊单行也。④

孙星衍家富藏书,乐为刊布:

> 仆家守传书,身窥秘籍。少耽研涉,长历宦游。恒购买于贾人,每假钞于好事。见闻颇奢,录略粗周,加以耻说收藏,乐为流布,时从铅椠之间,辄有枣梨之役。其巨编问世,自作部居;而小帙贻人,更图收拾。遂沿故事,别汇新书。就中大较,可得而言已。⑤

---

① 《八家四六文注》卷一,第13页。
② 《国朝骈体正宗评本》姚燮评语,光绪十年(1884)花雨楼朱墨套印本。
③ 《平津馆丛书序》,《平津馆丛书》第3页。
④ 同上。
⑤ 《平津馆丛书序》,《平津馆丛书》第3—4页。

孙星衍对刻书范围有明确限定：一为世间罕见之本："若其宋椠孤留，名钞仅见，道宫探阆，洋舶征奇，乃几佚而复存，庶经幽而弥显。"①二为精心校补之书："亦有讹替相仍，残余莫悟，乍多方以补全，迨累勘而订正，于焉汗简，奚啻积薪。"②三为辑佚之作："又若汉代师传，隋朝著录，赖援引于前贤，俾钩稽于今日，条举件系，掇拾缀连，便等碎金，何嫌屑玉，事有殊科，理无异致。"③明确表示不刻无用之说、不急之辨："一经一史，亦墨亦儒，至于无用之说，不急之辨，均归淘汰，靡使厕羼。"④这篇序文，体现了孙星衍对丛书价值的认识及其丛书编纂、刊刻思想。

由以上两例可以看出，孙星衍的学术骈文已经不再致力于造奇恃博，而是以达意明事为主，呈现出典雅凝重、平淡自然的风格特点，后期之作尤其如此。

（二）对孙星衍骈文的总体评价

孙星衍的骈文在当时已经得到较高评价，汪中以"风骨遒上，思至理合"⑤概括其总体风貌。张仁青在其《中国骈文发展史》中总结孙氏名篇之特色云："《问字堂集》中，名篇佳构，偻指难数，有极高华者，如《大清防护昭陵之碑》；有极古奥者，如《国子监生洪先生妻蒋氏合葬圹志》；有极诙谐者，如《祭钱大令文》；有极凄婉者，如《国子监生赵君妻金氏诔》；有极沉哀者，如《洪节母诔》；有极疏宕者，如《关中金石记跋》等，均不愧一代高文。"⑥可以看到，

---

① 《平津馆丛书序》，《平津馆丛书》第4页。
② 同上。
③ 同上。
④ 同上。
⑤ 吴鼒《原刻问字堂集题词》云："容甫乃出示其骈体文，风骨遒上，思至理合。余与存南先生交叹其美。"《八家四六文注》卷一，第3页。
⑥ 张仁青《中国骈文发展史》，浙江大学出版社2009年版，第486页。

张仁青所评主要着眼于孙氏早期文学性较强的作品,较少涉及后期的学术骈文。笔者认为,仅看到孙氏前期骈文的特点及成就,尚不能全面概括其骈文内容的多元性,亦无法展现、探究其骈文风格的演变及其原因。

现存十一篇骈文虽然不是孙星衍创作的全部,但值得庆幸的是这些作品分布在其学术初期、转型、成熟的几个关键阶段,能够一定程度地展现孙氏的学术转向对其文学创作产生的具体影响。

1. 孙星衍骈文的内容、风格与其治学方向是一致的

从时间上看,现存孙氏骈文最早的是乾隆四十一年(1776)撰写的《洪节母诔》与《国子监生赵君妻金氏诔》,其次是乾隆四十三年(1778)撰写的《国子监生洪先生妻蒋氏合葬圹志》。这段时间孙星衍居常州,年少气盛,桀骜不驯,以诗文著称,所为骈文重情感,尚辞藻,崇典故,具有比较浓厚的文学色彩,更多地彰显了其作为文人的才情与性情。

乾隆四十五年(1780),孙星衍进入毕沅幕府,开始了由文人向学者的转变。伴随着这一转变,阐发学术见解成了他此后骈文的核心:与前期的情感化、个性化、才情化相比,转型之后的骈文趋于典雅凝重,温柔敦厚。

现存《祭钱大令文》《大清防护昭陵之碑》及六篇阐述学术观点为主的骈体序跋都是入幕之后的产物。除《祭钱大令文》更多延续了前期风格外,其他虽然都有以学济文的总体特点,但因写作时段不同,风格也不完全一致。处于转型初期的《大清防护昭陵之碑》《关中金石记跋》《三国疆域志后序》《仓颉篇初辑本序》尚一定程度地使用掌故,讲究藻饰,力求在骈体形式下阐发学术见解,而嘉庆十二年(1807)以后撰写的《续古文苑序》《平津馆丛书序》《上孔子集语表》几乎不再追求骈体形式,阐发学术观点成了唯一目标,呈现出孙星衍作为一个典型的考据学家的骈文风格。换言之,孙星衍骈文内容与风格的变化与其治学方向的转变是一致的。

2. 孙星衍的骈文主张与其创作实践是一致的

孙星衍很少专门论及骈文,由其为孔广森所写《仪郑堂遗文序》及吴鼒的《问字堂外集题辞》大约可以推见其骈文思想。

在骈文宗尚上,孙星衍以六朝为极则。其于《仪郑堂遗文序》中表达了对六朝骈文的推许,认为清代能够炳蔚六朝遗风者只有邵齐焘、袁枚、孔广森三人:"今代为文有六朝风格者,惟邵叔山、袁简斋两君"①,"巽轩尤致力于此。"②他赞同孔广森主张骈文当宗六朝任昉、徐摛、庾信及初唐四杰的观点,认为晚唐以后无足尚者:"又任、徐、庾三家必须熟读,此外四杰即当择取,须避其平实之弊,至于玉溪已不可宗尚。"③

在创作实践中,孙星衍力主以"达意明事为主"④,反对单纯追求对偶辞藻、险字僻义等外在形式,认为"夫排比对偶易伤于词"⑤,"后生末学,入古不深,求工章句"⑥只能流于"浅薄佻巧"⑦,导致华缛空疏乃至"体制遂卑"⑧。他强调"不可用经典奥衍之词,又不可杂制举文柔滑之句"⑨,认为简练明净才能突出名

---

① 《孙渊如外集》卷四《仪郑堂遗文序》,第1—2页。
② 《孙渊如外集》卷四《仪郑堂遗文序》,第2页。
③ 同上。
④ 孙星衍在《仪郑堂遗文序》中引用孔广森给外甥朱文翰的书信,高度认同孔氏对骈文宗旨的阐发:"骈体文以达意明事为主。不尔,则用之婚启,不可用之书札;用之铭诔,不可用之论辩,直为无用之物。"《孙渊如外集》卷四,第2页。
⑤ 《八家四六文注》卷一吴鼒《原刻问字堂外集题词》,第3页。
⑥ 同上。
⑦ 同上。
⑧ 同上。
⑨ 《八家四六文注》卷一孙星衍《原刻仪郑堂遗稿原叙》,第2页。

业志行,华而不缛方可使骈体得到尊重并传之久远:"惟叙次明净,锻炼精纯,俾名业志行不掩于填缀,读者激发性情,与雅颂同至,于揽物寄兴,似赠如答,风云月露,华而不缛,然后其体尊,其艺传。"①

在骈散关系上,孙星衍认为不必严格划界,主张骈散一体:"六朝文无非骈体,但纵横开阖,一与散体文同也。"②

孙星衍不仅推崇六朝骈文,而且在创作中绍承遗风,自觉学习,汪中称其与孔广森为"能为东汉魏晋宋齐梁陈之文者",正是看到了二人宗尚、风格之一致。张仁青指出孙星衍的骈文可直追徐摛、庾信、江淹、鲍照之流,亦可知其理论主张与创作实践的高度一致。③

3. 孙星衍骈文的长短与其治学的长短是一致的

萧统以"事出于沉思,义归乎翰藻"作为衡量优秀骈文的标准,强调骈文佳作既要有外在的形式美,又要有深刻的思想与情感。绳之孙作,前期更多地追求形式,虽然感情真挚,但尚难具备深刻的思想。后期侧重阐发学术见解,却忽视了骈文的外在形式,可以说是形式上的失败。从这个角度看,孙星衍未能很好地实现骈文形式与内容的统一。虽然当时和今天的评论、研究者都把孙星衍作为常州派骈文的代表,笔者认为,孙星衍的骈文既没有汪中、洪亮吉的情文并茂,也达不到刘䴬、章学诚的议论宏通,这当因孙氏长于经学而短于文学、长于叙事而拙于议论所致。孙星衍博学多识,通晓音韵,这是他及同时代的学者从事骈文创作的基本条件,但不是全部条件。孙星衍长于叙事,其文集中的墓志水平很

---

① 《八家四六文注》卷一吴鼒《原刻问字堂外集题词》,第3页。
② 《八家四六文注》卷一孙星衍《原刻仪郑堂遗稿原叙》,第2页。
③ 张仁青云:"盖已直抉徐、庾之藩,而摩江、鲍之垒者矣。"《中国骈文发展史》,第485页。

高,深受时人器重,但他无论在学术的哪个领域都拙于发表议论,独立见解不多,在骈文创作上同样如此。因此,孙星衍骈文的长短与其治学的长短是一致的,这就决定了他在清代为数不多的骈文家中堪称一家,但在文学史上就很难占有一席之地了。

结语：孙星衍——乾嘉学派的典型

清代朴学以乾嘉学派为代表。乾嘉学派是清代最具影响力、标志清代最高学术成就的一个学派。孙星衍是乾嘉学派重要学者，少以诗名，后转向考据，其学术取向的确立，体现着时代主流学术精神。他从学术游幕到学术幕主的双重经历，为我们了解乾嘉时期学术幕府的活动及贡献提供了范例。孙星衍身上体现了乾嘉学派锲而不舍、经世致用的学术精神，其研究方法也是典型的乾嘉学派的路数。孙星衍治学以博通见长，治学范围几乎涉及了乾嘉学派的各个领域，且在各领域均产出了可以代表乾嘉学派水平的重要成果。这样的学者是认识乾嘉学派的重要窗口，具有典型的学术史意义。

（一）由诗歌而考据：孙星衍学术取向的典型性

孙星衍少以诗名，得袁枚赏识。但在卢文弨与钱大昕的引导下，在其诗名最盛之时，却转向了治经与考据。如将孙星衍的学术转向置于时代背景下稍作考察，就会发现其转变绝非偶然，而是求实反虚时代风尚推动下的必然选择。

清代学术经清初顾炎武、胡渭、阎若璩等对明末空疏学风的矫正，求实、求是之风逐渐兴起。乾隆皇帝稽古右文，推崇实学。经其提倡，考据学由民间走向朝廷，取得了官方的认同与支持。但乾隆以前地方士子习经仍沿清初以来只读四子书、宋儒章句的做法，不读汉唐经疏。为贯彻、践行崇实反虚、实事求是的学术理念，一些具有学术情怀的学者型官吏及学有专长的学者通过督学地方、主持科考、讲学书院、家学师承、个人努力等多种方式倡导、落实，考据学逐渐成为时代主流学术思潮。比如朱筠于乾隆三十六年（1771）为安徽学政，乾隆五十年（1785）为福建学政。所到之处，皆以昌明经学、劝导朴学为己任，所作所为，引领风尚："于时皖、闽之士闻绪言余论，始知讲求根底之学。"①乾隆三十九年（1774），钱大昕任广东学政，亲至书院命题阅卷，督查诸生到课情况。当时士风孤陋，学子多不能读经。钱大昕命经题务必避开士子熟悉的题目，对沿袭前期学尚，一味模仿《四书》，艺虽可观而经义违失者痛加指斥，并张榜公示因荒经不读而被黜落的试卷。经其提倡，广东诸郡童子从此知读全经，崇经尚实，蔚为风气。乾隆五十七年（1792），洪亮吉为贵州学政，不但以古学课士，且因黔省僻远，无书籍，为购经、史、《通典》《文选》等散置各府书院。不数年，所拔高才生多擢高第，官台阁。而曾任广东乡试正考官、湖南学政等职的卢文弨于乾隆三十四年（1769）乞养归里后，在江浙各书院主讲经义二十余年。钱大昕于乾隆四十年（1775）居丧归里后，引疾不仕，潜心于课徒与著述，历主钟山、娄东、紫阳书院讲席，出其门下之士多至二千人。他们"以经术导士，江、浙士子多信从之，学术为之一变"②。该时期以吴、皖两派为代表的师承、家学的绵延不绝更是造就了很多好古穷经之士，推动了乾嘉考据学的繁荣兴盛。

在帝王倡导、官方与民间多种合力的共同推动下，反对空言高论、注重求实、求是的朴学精神成为时代学术发展的主流。乾隆时期，像孙星衍一样由诗歌走向考据者并非少数。如王鸣盛幼从沈德潜受诗，后从惠栋问经义，遂通汉学。钱大昕始以辞章名，沈德潜《吴中七子诗选》，大昕居一，"既乃研精经、史，于经义之聚讼难

---

① 《孙渊如外集》卷五《笥河先生行状》，第17页。
② 《清史稿·儒林二·卢文弨传》，第13192页。

决者,皆能剖析源流。文字、音韵、训诂、天算、地理、氏族、金石以及古人爵里、事实、年齿,瞭如指掌"①。严长明"为诗文用思周密,和易而当于情"②,又著有《毛诗地理疏证》《五经算术补正》《三经三史答问》《石经考异》《汉金石例》《献征余录》等。汪中为清中叶重要文学家,亦"颛意经术,与高邮王念孙、宝应刘台拱为友,共讨论之。其治《尚书》,有《尚书考异》。治礼,有《仪礼》校本、《大戴礼记》校本。治《春秋》,有《春秋述义》。治小学,有《尔雅》校本,及《小学说文求端》。"③,又有《述学》《经义知新记》《大戴礼正误》等。洪亮吉是乾嘉时期著名诗人,兼治经史,著有《春秋左传诂》《补三国疆域志》等。即使桐城派领军姚鼐也有《九经说》《三传补注》等经学著作。仅由以上诸例可窥考据学兴起之际强劲的发展势头及在学人中产生的巨大感召。正是这种力量吸引了许多年轻士子积极地靠拢并较快地融入到时代主流学术思潮中,孙星衍只是其中之一。其学术取向、价值尺度的确立,体现着时代主流学术精神,具有典型意义。

(二) 从游幕到幕主:孙星衍学术经历的典型性

乾嘉时期学术幕府兴盛,幕主与幕僚通力合作,有利于更快地产出更多、更好的成果,这对提高幕主的学术声誉、扩大幕主的学术影响、促进幕僚的个人发展进而带动整个社会的学术进步均有裨益。因此,做过幕僚、曾切身受益的学子走上仕途后,如有条件,又会作为幕主延请幕僚一起规划、完成新的学术成果。

孙星衍供职于毕沅幕府的八年,为他日后的学术发展奠定了重要基础。此后他在藏书、刻书、校勘、辑佚、古籍注释、金石、

---

① 《清史稿·儒林二·钱大昕传》,第 13194 页。
② 《清史稿·文苑二·严长明传》,第 13393 页。
③ 《清史稿·儒林二·汪中传》,第 13214 页。

方志诸领域取得的长足发展，皆得益于入幕时期的学术训练。而自外放为山东兖沂曹济兵备道始，孙星衍即延聘牛钧及子廉夫、周俊、钱镛、毕以田、顾广圻、严可均、洪颐煊、邵秉华、管同、俞正燮、李贻德等校刻群籍，撰写著作，直至去世。他们共同努力，不仅完成了以精善著称的《岱南阁丛书》与《平津馆丛书》，成就了孙氏幕府之盛名，而且扩大了顾广圻、严可均的学术影响，并把后起之秀洪颐煊、毕以田、李贻德等培养成了优秀学者。由孙星衍从学术游幕到学术幕主的双重经历，可稍窥乾嘉时期盛极一时的学术幕府的运作模式、从事的主要活动及为学术发展和人才培养做出的重要贡献，这也是孙星衍在乾嘉学派中典型意义之体现。

（三）立足经学，发掘材料，言必有征：孙星衍治学方法的典型性

以经学为根基，通过发掘材料寻求突破与创获，立说有据，注重归纳，这是孙星衍的治学方法，也是乾嘉学派的普遍做法。

孙星衍诠释《尚书》，采用的主要是网罗旧说、选择旧说、突破旧说、重组旧说的方法，体现的主要是他的搜集、别择、考索、融贯之功。孙星衍在其他领域的成就一如《尚书今古文注疏》，多以辑佚的全备、考索的细致见长，显示了他开阔的学术视野与深厚的文献功力。

全面深入地发掘材料是开展研究、取得突破的前提与基础。孙星衍充分利用古注、类书、小学类书、其他汉魏六朝隋唐古书，并极力开发宋元版书，在广事搜罗的基础上，缜密稽考，合理排纂，通过归纳得出结论，力求博赡贯通，信实可靠，体现了重客观轻主观、尊归纳贱演绎的研究方法。清末民国以来的学者依靠新材料尤其是出土文献、敦煌文献等取得了一些研究上的新进展，就方法而言，是对乾嘉学派的直接继承。

(四)广涉博通,成果卓著:孙星衍治学范围与成就的典型性

孙星衍在乾嘉学派中属于兼通型人才,又在各领域均有建树,故从他身上可以看到该学派从事的研究及达到的水平,具有典型意义。

孙星衍的《尚书今古文注疏》不但是他个人的代表作,也是乾嘉学派《尚书》学研究方面的最好成果,被列入"十三经清人注疏"中。《周易集解》是继惠栋《易汉学》、张惠言《周易荀氏九家义》《周易虞氏义》之后出现的一部《周易》研究方面独辟蹊径的力作,是乾嘉学派在《周易》辑佚及研究方面的重要成果。

孙星衍影刻的宋小字本《说文解字》,取代了汲古阁本近百年珍若拱璧的地位,二百年来广为流传,影响尤大。

孙星衍是乾嘉时期著名藏书家,一生拥有藏书三千余种,主要由抄、购而得。他的藏书古今并重、宋元秘籍与通行本兼收,体现了兼容并蓄的藏书原则。他把自己的藏书置于家祠,作为孙氏一族的共同财产,不再固守狭隘的子孙永保的传统观念;他把自己的藏书用作教课宗族子弟的教材,使其不致徒填蠹腹。这种藏书为读书、致用的观念具有进步意义。孙星衍的金石、字画收藏在当时也负有盛誉。

孙星衍是清代私人刻书家中刻书以精善著称的为数不多的几位(他如卢文弨《抱经堂丛书》、毕沅《经训堂丛书》、鲍廷博《知不足斋丛书》等亦以精善著称)之一,在清代刻书史上地位显著。其成果主要体现在《岱南阁丛书》与《平津馆丛书》中。两部丛书是孙星衍一生学术成果的集中反映,无论刊刻规模还是刊刻质量,均堪称善本,影响当时,泽被后世。

清代的目录学主要沿两个方向发展:一是继承了刘向以来的目录学继续推进,一是开辟了版本学研究的新领域。孙星衍在这

两个方面均有创获。其据自己的藏书编写的三部书目——《孙氏祠堂书目》《廉石居藏书记》《平津馆鉴藏记书籍》在清代目录版本学史上占有重要地位。

孙星衍精通校勘之学,一生校注古籍三十多种,博及经史子集四部,以精审著称。所校《孙子十家注》《晏子春秋》等自问世来被一刻再刻,所校《抱朴子》等直到今天仍被作为底本或主校本。

孙星衍长于辑佚,所辑《括地志》《汉官七种》《仓颉篇》《孔子集语》等以佚文完备、雠校精审、便于实用著称,至今仍是研究者不可或缺的重要资料。

孙星衍编写了地方金石目录《京畿金石考》《泰山石刻记》,这两部书的主要特点是古今并重、存佚并收,注重文献记载与实地考察,不轻信成说,考证精审。《京畿金石考》以对辽金碑刻的搜访、著录贡献尤大,可补此前之阙。《泰山石刻记》著录了不为时人所重的明清泰山石刻,对彰显明清泰山石刻的价值具有重要意义。他又编成了第一部全国碑刻总目——《寰宇访碑录》,该书依时代著录周秦至元代石刻近八千种,包括部分瓦当铭文,每件石刻一般著录碑名、撰者、书者、书体、年代、存地等,原石已经亡佚的则注明所录拓本之收藏者,简明扼要,被誉为嘉庆以前碑刻目录之最详备者。

孙星衍在史学尤其是方志学上建树颇丰,提出了"方志以考据存文献"①、"论地志者以辨沿革为最要"②、"地理之学,通于政事"③等观点,反对动更旧例,主张依例增续。所纂《直隶邠州志》《三水县志》《醴泉县志》《偃师县志》《庐州府志》《松江府志》等,以文献丰富、详实有据、重视地理沿革、注重实地考察,经世致用、

---

① 《问字堂集》卷四《邠州志序》,第96页。
② 《庐州府志》,《续修四库全书》第709册287页。
③ 孙星衍《元和郡县图志序》,《丛书集成初编》第3084册2页。

议论斐然、体例有法、纲举目张著称于世。孙星衍与戴震、洪亮吉等同为当时方志考据派的代表。

孙星衍在诸子的整理、校勘、流布、研究等方面也做出了很大贡献。他是清代较早校勘《晏子春秋》《燕丹子》《墨子》《管子》《文子》《尉缭子》《商子》《抱朴子》的学者。其成果为卢文弨《群书拾补》、洪颐煊《管子义证》、王念孙《读书杂志》等多所吸纳。孙星衍还影刻了宋本《孙子》《吴子》《司马法》，提出了墨学出于夏、为禹之教及"凡称子书，多非自著"①等观点，得到了时后人的认同。

孙星衍的诗歌、骈文约以入陕西毕沅幕府为界，分为前后两期。两期的思想内容、艺术风格表现出并不完全一致的倾向。就诗歌而言，前期以与同里诸子游历、唱和为主，语多幽峭俊拔，以奇逸胜人。后期受考据学风影响，多摩写现实，风格冲和肃穆，平正敦厚，具有以学问入诗的突出特点。孙诗的纪实、纪事性不仅为研究孙氏本人及相关人物的生平事迹提供了一些鲜为人知的宝贵资料，而且反映了乾嘉时期的学术风尚，具有很高的史料价值。

就孙星衍现存十一篇骈文的内容来看，主要是诔祭和序跋。其诔祭文，如《洪节母诔》《国子监生赵君妻金氏诔》《国子监生洪先生妻蒋氏合葬圹志》《祭钱大令文》等，重情感，尚辞藻，崇典故，展现了比较浓厚的文学色彩与个性特点，是其早期骈文的典型代表。其骈体序跋，如《仓颉篇初辑本序》《三国疆域志后序》《关中金石记跋》《续古文苑序》《平津馆丛书序》《上孔子集语表》等，以阐发学术见解为核心，呈现出典雅凝重、温柔敦厚的总体风貌。

孙星衍诗歌、骈文内容与风格的变化体现了其为文与为学、其诗文主张与创作实践、其诗文长短与学术长短的一致性。其学问诗与阐发学术观点的骈体序跋更能突出乾嘉学派的学养与诗文

---

① 《问字堂集》卷三《晏子春秋序》，第77页。

特点。

通过比较全面的研究,我们发现,孙星衍是一个自觉与时代主流学术精神保持一致并努力以自己的成果加固、强化主流学术地位的学者。如将孙星衍的成果做整体考查,不难看到,他不但涉足了乾嘉学派的几乎所有领域,而且在各领域的贡献又不是单一、孤立的,而是具有较强的内在关联性。为昭示其成果的序列性特点,此不惜辞费,复列如下。经学方面,孙星衍努力的重点是《尚书》和《周易》,除代表作《尚书今古文注疏》和《周易集解》外,他还辑佚了《古文尚书马郑注》、刊刻了梅鷟的《尚书考异》,校刊了唐代史徵的《周易口诀义》;小学方面,辑出了《仓颉篇》,刊刻了《急就章》,影刊了《说文解字》;金石学上,编撰了《京畿金石考》《泰山石刻记》《寰宇访碑录》等;方志领域,辑出了《括地志》、刊刻了《元和郡县图志》、校勘了《三辅黄图》、纂修了《三水县志》《醴泉县志》《偃师县志》《庐州府志》《松江府志》等;医书方面,辑校了《神农本草经》《华氏中藏经》《千金宝要》《素女方》《秘授清宁丸方》《服盐药法》等;律书上,刊刻了《唐律疏议》《洗冤集录》等;子书上,影刊了《孙子》《吴子》《司马法》,校勘了《管子》《晏子春秋》《孙子十家注》《墨子》《燕丹子》《抱朴子》等;总集上,影刊了《古文苑》,编纂、刊刻了《续古文苑》。以上成果,是崇尚汉学、学以致用的时代思想在孙星衍身上的具体体现。孙星衍以博及多领域的序列性成果,为乾嘉学派的繁荣兴盛做出了建设性贡献,而其成果思想的统一、内容的丰富、体式的多样体现的是他学术理念的纯粹、坚定,学术视野的高远、开阔,治学方法的融贯、宏通。

(五)锲而不舍,经世致用:孙星衍治学精神的典型性

乾嘉两朝不足百年,学术上取得了前所未有的巨大成就,乾嘉学者锲而不舍、视学术为生命的精神尤其值得彰显。

孙星衍青年丧妻、夭女,曾居毕沅幕府八年,复为京官九年,又两次任职山东,引疾归田后主讲钟山书院,一生之中,无论境遇如何,向学之心从未改变。他在与江声的信中说自己抱病研经:"两日抱病,又读《皋陶谟》,得数十条,质之足下,并望教其纰缪。"①即使公务在身,亦惜时校书,比如嘉庆八年(1803)七月奉旨发山东以道员用,在出都南下的船上,校荀悦《汉纪》。② 嘉庆十二年(1807)二月,督运北上,舟中著《尚书古今文义疏》,成《皋陶谟》等。四月自通州回署,又与洪颐煊校刊唐《王无功集》《琴操》,辑《汉官旧仪》《汉官仪》等。③ 对尤为倾心的《尚书今古文注疏》,更是无间寒暑,废寝忘食,集二十二年之力而成之。虽勤苦如此,却仍担心人寿不永,学无所成:"仆趋事西曹,从退食后,整理旧业,杂以人事,恒苦景短,恐学无所就。"④"既有厥逆之疾,不能夕食,恐寿命之不长,亟以数十年中条记《书》义,编纂成书。"⑤这种锲而不舍的精神成就了孙星衍,而无数位如孙星衍一样安贫乐道、勤勉不息、视学术为生命的学者共同成就了乾嘉学派。比如钱大昕自乾隆二十六年(1761)三十四岁时,就因心血耗烦而得不寐之疾。乾隆四十八年(1783),衰疾日臻,两目昏眊。四十九年(1784),忽得风痹,目力益衰,入夜不能见物。钱大昕在疾病缠身、目力极衰的情况下仍如老骥伏枥,著述不辍。段玉裁为四川富顺及南溪县知县时,恰逢大兵征金川,挽输络绎,每公务处分完毕,即于灯下著述,其《六书音韵表》即成于此时。四十六岁引疾归田,闭门读书,

---

① 《问字堂集》卷四《答江处士(声)书论中星古今不异》,第101页。
② 《孙渊如先生年谱》,《北京图书馆藏珍本年谱丛刊》第119册490页。
③ 《孙渊如先生年谱》,《北京图书馆藏珍本年谱丛刊》第119册498页。
④ 《问字堂集》卷四《与段太令(若膺)书》,第97页。
⑤ 《尚书今古文注疏序》,第3页。

此后三十余年不问世事。洪亮吉六岁而孤,寄居外家,境遇窘迫。母率诸女以女工自给,而令亮吉就外家塾受经。亮吉勤勉异常,每夜四鼓就寝,终以文学经术兼擅著名于时。汪中七岁父卒,家无寸田尺宅,三族无人过问,孤儿寡母相依为命。因无力就塾读书,母口授塾中诸书教之。后汪中从书贾处借阅群经,好学深思,以才学赢得时誉。

乾嘉学派的学者们在很大程度上摒弃了世俗的浮躁与喧嚣,不务虚名,沉潜学术。他们往往矻矻穷年,以数十年甚至毕生之力完成一部学术著作。如邵晋涵《尔雅正义》,殚思十年而成。段玉裁积数十年精力,著《说文解字注》三十卷。王念孙晚年撰《广雅疏证》,"日三字为程,阅十年而书成"①。严可均以个人之力辑上古三代秦汉三国六朝文、凌廷堪著《礼经释例》,皆不辍寒暑二十余年。乾嘉学派的学者们凭借着对学术的热爱与执着,凭借着惊人的恒心与毅力,无论在朝还是在野,无论通达还是困窘,皆殚精竭虑,孜孜以求。可以说,乾嘉学派不仅是一个时代学术成就的标志,更是学术精神的象征。

以往论者多认为乾嘉学派埋头古纸,不关世事。实际上,自顾炎武以来开启的经世致用精神在乾嘉学者身上有明显体现。孙星衍尤重经世之学,其官刑部时,为法宽恕,遇有疑狱,辄依古义平议,平反全活甚众。嘉庆元年(1796)七月,与按察使康基田治理曹县水患,为国家节省数百万金币。权山东按察使虽仅七月,平反数十百条,活死罪诬服者十余狱。

孙星衍对十几年来地方平籴之事不复举行,仓廪空虚,无积蓄以备灾荒表示忧虑,不仅在考课山东诸生时以此命题,②而且致书

---

① 《清史稿·儒林二·王念孙传》,第 13212 页。
② 《孙渊如先生全集·平津馆文稿》卷上《课题》,《续修四库全书》第 1477 册 520 页。其《课题》云:"问:积谷所以备荒歉,自古行之。有(转下页)

安徽巡抚初彭龄,希望在其为政期间能体恤民生,广积仓谷,一旦发生灾荒,可保亿万百姓。①丁母忧时看到江南米贵异常,又致札阮元,希望推行平籴之法,以利国利民。② 由此可见,孙星衍不但自己关心民生,而且在师友同僚中宣扬经世精神,希望各级官吏身体力行,改革弊政。

经世致用不仅体现在孙星衍的为政中,更体现在他的学术追

(接上页)常平仓及义仓、社仓之制,常平发官钱以籴,义、社仓取民谷以充,虽有偏灾,民无流离之患,岂非善政与? 古之常平以谷贱时增价而籴,今国家籴谷之法,始则以丰年劝民出谷,后则定为市价,载于《会典》,是旧制亦有取于闾阎者,或义、社仓之法合于常平,与今之例价石七钱即昔之市价,及时价既倍,或应陈请增价,或以例价取之田多有谷之家,势无中立,孰为良法乎? 采之邻境,则运费无资;采之市集,则行市不闻。籴谷议者之说,或未可行与? 采买而用平价,不与和籴之名相混与? 以例价责州县籴谷,禁其勿取闾阎,必至亏帑以赔偿,岂非恤民而困吏、困吏而病国与? 因州县亏帑创为存价,于上之法存价而虚仓廪,猝有荒歉,饥不可食,亏谷之害不大于亏帑,与买补之令不行而平籴之事废,州县积贮则粒腐,豪右封殖以居奇,终无谷贱之日,得非恤富民而累贫民乎? 义仓、社仓之设,取之于民而不为累者,藏于民以备灾也。常平则有例价而以为累民,何荐绅之无远谋乎? 今防胥吏之弊,废采买平籴之事,是为因噎而废食,岂得谓之知政体与? 诸生读书稽古,必应讲求经世之学,其悉所闻以对。"《孙渊如先生全集·平津馆文稿》卷上,《续修四库全书》第1477册520页。

① 《孙渊如先生全集·平津馆文稿》卷上《呈安徽初抚部书》,《续修四库全书》第1477册518页。

② 孙星衍与阮元书云:"江南米贵异常,价至三两六七钱一石。或云湖襄一带价昂米少之故;或疑有出洋之事。窃以为前人设仓籴粜,其存七粜三之制,原为米贵时设,有平粜则米价立平,官收其利,存价以备买补而有余,实利国利民之要著;否则陈陈相因,粒臭可虞。而阻其事者,辄云'存以待荒',不知荒则宜尽出之,又不止存七粜三也。或又恐州县滋事,此因噎废食之说。此等事宜速行则行之,商之数月不决,则米价又落,官不能取赢余以益国家矣,阁下试酌之。"《孙星衍遗文再续补·与阮云台书》,《中国典籍与文化论丛》第15辑262页。

求中。他崇尚古代大臣通达治体、以经义决疑狱的做法,鉴于当时牧令以举业起家、不懂法律、冤民无所控告的情状,在其权臬山东时曾拟奏请试士增加律议一篇,却因罢任未能如愿。① 他在为金素中《泰山志》撰写的序言中表达了考古与知今、为学与勤政之间的密切关联:"世之为政者,莫不以理积案、整顿地方为己任,而视文学为不急之务。夫不知书亦必不视案牍,案牍积则事多丛脞;不考古则不更事,不更事则不能通今。将谓之不学无术,尚得托名勤政耶?"② 他刊刻宋本《魏武帝注孙子》《吴子》《司马法》,旨在为当时国家考课武士提供教材;他校勘《太白阴经》,鉴于此书乃《孙子》《吴子》《司马法》之外为唐将行用秘本,规制悉备,尤切于实用。③

不惟孙星衍具有强烈的经世致用情怀,同时大部分学者都拥有这种精神,并身体力行。王念孙于嘉庆四年(1799)川、楚教匪猖獗之时,上疏陈剿贼六事;他最先发起弹劾大学士和珅之议,又精熟水利书,官工部时,著《导河议》上下篇,奉旨纂《河源纪略》,并多年奉命治理河道,任直隶永定河道、山东运河道等职。

乾隆五十六年(1791),武亿为山东博山县知县。博山山多土瘠,民不务农。地产石炭、石矾,烧作玻璃器皿,商贾辐辏。武亿问

---

① 孙星衍《李子法经序》云:"古大臣之通达治体者,皆倚儒生以经义决疑狱","近时则内自比部,外而牧令,以举业起家,目不睹律令之文,到官后非为吏所侮,即牵制于幕下士,冤民几无所控告","予权臬使时,欲奏请试士增律议一篇,适以罢任未果。既而,执政诸公以予善法律闻于朝,益不敢不循古书通世务,以为引经断狱之助,将以此书为律学之权舆矣。"皆见《孙渊如先生全集·嘉谷堂集》,《续修四库全书》第1477册503页。

② 《孙渊如文补遗》,《清代诗文集汇编》第436册422页。

③ 《孙渊如先生全集·平津馆文稿·太白阴经跋》:"《六韬》之外,有《孙》《吴》《司马法》,而此为唐将行用秘本,规制悉备,尤切于实用。"《续修四库全书》第1477册540页。

土俗利病,免玻璃入贡,革煤炭供馈、里马草豆不以累民,创范泉书院,以敦伦理、务实学劝导士子。

徐大榕为莱州知府时,"劝课农桑,兴理学校,以儒术饰吏治,士民向化"①。

汪中不仕科举,未曾为宦,但私淑顾炎武,重经世致用。乾隆三十七年(1772),汪中与朱武曹书云:"有志于用世而耻为无用之学,故于古今制度沿革、民生利病之事,皆博问而切究之。"②与毕沅书云:"某少日问学,寔私淑顾宁人处士,故尝推六经之旨,以合于世用。"③

仅由以上数例,可窥乾嘉学派经世致用精神之一斑。而从孙星衍身上可以看到时代精神之缩影。

通过以上对孙星衍及乾嘉学派关系的考查,可以得到以下两点启示:

(一)孙星衍是乾嘉学派的重要一员

乾嘉学派固然是乾嘉时期影响最大、成就最高的学术流派,但并非生活在乾嘉时期的学者都是乾嘉学派的一员,更非乾嘉学派的任何一个成员都能够在这个名家云集的学派中占据一定地位。比如袁枚以诗名世,反对考据;姚鼐主张汉宋兼宗而更多地被目为宋学的代表,他们与乾嘉学派的学术理念格格不入,其研究领域、研究方法与乾嘉学派有着本质的不同。因此,乾嘉学派虽然是乾嘉时期的学术主流,但并非一派独尊。而像孙星衍的族子孙冯翼,固然在孙星衍的指导下从事辑佚、校勘等工作,并刻出了《问经堂丛书》,走的也是乾嘉学派的治学路子,但其成就、影响显然无法在

---

① 《孙渊如先生全集·平津馆文稿·候补部郎山东济南府知府徐君大榕传》,《续修四库全书》第1477册559页。
② 《容甫先生年谱》,《北京图书馆藏珍本年谱丛刊》第111册35页。
③ 《容甫先生年谱》,《北京图书馆藏珍本年谱丛刊》第111册87页。

乾嘉学派中独占一席,充其量也只能作为孙星衍的追随者载入史册。孙星衍与他们不同:他生活在乾嘉时期,自年轻时即自觉地向乾嘉学派的重要人物卢文弨、钱大昕等人靠拢;他努力践行乾嘉学派的学术理念、研究方法,在乾嘉学派的研究领域内辛勤耕耘,并以自己多方面的学术成果成为乾嘉学派的重要一员。

(二)孙星衍的治学领域、研究成果体现了乾嘉学派的特色

总体考察孙星衍的学术成就,我们看到,无论哪个领域,孙星衍在研究方法上并没有创新性贡献,他运用的都是前人及同时代的人惯常使用的方法,杜师泽逊先生云:"把方法的革新作为学术创新主线的认识是错误的,对考据学尤其错误。"孙星衍与同时代的很多学者往来密切,交流切磋,水平相当,达到了那个时代的考据学家应该达到的水平。在方法上不存在革新、学术水平相当的前提下,成果的体量就在很大程度上成为衡量同一时代学者贡献的重要尺度。其根本原因是人的生命有限,奋斗的时间与精力有限,在有限的时间里产出的成果多少不一,贡献就不一样。如果同等水平的著作有人产出多,有人产出少,那么,产出多的贡献自然就大。因为具备一定的体量才能产生足够的影响。假如一位考据学家手段很高明,却没有产出很多成果,他的影响必然是有限的。

厘清了以上问题,也就可以更清晰地评价孙星衍的学术贡献:孙星衍不仅治学范围广,涉及了乾嘉学派几乎所有领域,而且产出了两套丛书、三部书目及金石、方志等方面的卓有影响的丰硕成果,相比之下,很多同时代的人只达到了孙星衍的一个方面(或专攻目录版本,或专事校勘、辑佚、刻书等),而其一方面成果的水平也只能与孙星衍在相应领域取得的成就相当。笔者认为,孙星衍的学术成果以其巨大的体量和精审的质量为乾嘉学派奠定了文献的厚度与广度,提供了极为重要的研究基础。

正因孙星衍博涉各领域,产出的成果多且具有代表性,用的方法是乾嘉学派的共同路子,我们才能把他作为认识乾嘉学派的窗

口。可以说,有了孙星衍,乾嘉学派的特色得以突出。至于说孙星衍的音韵学水平偏低、伸汉抑宋太过、学力超过识力,以致往往以材料取胜,在个性创见上尚未达到一定的高度,我们认为,学术工作需要一代又一代的学者各就所长,各取其好,共同推进,想在有限的生命里在多方面既博又精,义理、词章、考据俱优恐怕是很难的。孙星衍在他六十六年的生命历程中,在出仕的同时,又能在学术上释放了这么多能量,已经令人无比钦敬,我们不能对他有更多的苛求。

附目三种

本部分附有三个目录——孙星衍著述目录、刻书目录及批校题跋本目录。通过这三个附目,欲使读者对孙星衍一生的学术成就有一个总体把握。因受所见材料的限制,搜罗不免遗漏,俟来日续之。

(一) 孙星衍著述目录

1.《周易集解》十卷,[清]孙星衍撰,《岱南阁丛书》巾箱本、《丛书集成初编》本、《国学基本丛书》本等。

2.《周易口诀义》六卷,[唐]史徵撰,[清]孙星衍校,《岱南阁丛书》巾箱本、《古经解汇函》本、《丛书集成初编》本。

3.《古文尚书》十卷《逸文》二卷,[汉]马融、郑玄注,[宋]王应麟撰集,[清]孙星衍补集,《逸文》[清]江声辑,孙星衍补订,《岱南阁丛书》本、《丛书集成初编》本、光绪六年(1880)四川绵竹墨池书舍校刻本(作《古文尚书马郑注》十卷《逸文》二卷《篇目表》一卷)、唐文治辑《十三经读本》本(作《尚书读本》十卷《逸文》二卷)。

4.《尚书今古文注疏》三十卷,[清]孙星衍撰,《平津馆丛书》本、《丛书集成初编》本、《四部备要》本、《国学基本丛书》本、中华书局点校《十三经清人注疏》本等。

5.《尚书考异》六卷,[明]梅鷟撰,[清]孙星衍、顾广圻、钮树玉校订,《平津馆丛书》本、《丛书集成初编》本。

6.《夏小正传》二卷,[汉]戴德撰,[清]孙星衍校,《岱南阁丛书》巾箱本、《翠琅玕馆丛书》本、《丛书集成初编》本。

7.《三礼图》三卷，[清] 孙星衍集，见《孙氏祠堂书目》。《铁桥漫稿》《清史稿·艺文志》题孙星衍、严可均同辑（同撰），《书目答问》云未刊。

8.《明堂考》三卷，[清] 孙星衍撰，《问经堂丛书》本、《丛书集成初编》本。

9.《春秋释例》十五卷，[晋] 杜预撰，[清] 庄述祖、孙星衍校，《岱南阁丛书》本、《古经解汇函》本。

10.《集马昭孙叔然难王申郑之书》无卷数，[清] 孙星衍辑，见《清史列传》本传、《江苏艺文志·常州卷》"孙星衍"条。

11.《魏三体石经遗字考》一卷，[清] 孙星衍撰，《平津馆丛书》本、《石经汇函》本、《丛书集成初编》本。

12.《拟篆字石经稿》若干卷，[清] 孙星衍、孙星海合撰，见《顾千里集》。

13.《清石经补考》十二卷，[清] 孙星衍撰，刻本，见《金石书目》附《补遗》《清史稿艺文志拾遗》。

14.《十三经佚注》，[清] 孙星衍辑，见《清史列传》本传、《江苏艺文志·常州卷》"孙星衍"条。

15.《仓颉篇》三卷，[清] 孙星衍辑，《岱南阁丛书》本、《丛书集成初编》本、道光十年（1830）毕裕曾抄本（国家图书馆）。

16.《尔广雅诂训韵编》五卷，[清] 孙星衍撰，见《孙氏祠堂书目》《清史稿》本传、《江苏艺文志·常州卷》"孙星衍"条。

17.《急就章考异》一卷，[清] 孙星衍撰，《岱南阁丛书》巾箱本、《丛书集成初编》本、《续修四库全书》影印《岱南阁丛书》本。

18.《新刻释名》八卷，[汉] 刘熙撰，[清] 孙星衍校，此校《格致丛书》本藏南京图书馆，见《中国古籍善本书目》。

19.《考注春秋别典》十五卷，[明] 薛虞畿撰，[清] 孙星衍补注出典，《墨海金壶》本、《岭南遗书》本、《守山阁丛书》本。

20.《春秋分纪》九十卷(十七册),[宋]程公说撰,[清]孙星衍、严可均各手校并题记,清阳湖孙氏平津馆钞本,见(台湾)《"国立中央"图书馆善本书目》《江苏艺文志·常州卷》"孙星衍"条。

21.《春秋集证》(一名《春秋长编》)二十九册,[清]孙星衍撰,稿本,藏湖北省图书馆,《清代毗陵书目》《江苏艺文志·常州卷》"孙星衍"条。

22.《汉纪校释》存一至四卷,[清]孙星衍撰,平津馆稿本,见《藏园群书经眼录》。

23.《汉纪》三十卷,[清]孙星衍校,平津馆稿本,见《清代毗陵书目》《江苏艺文志·常州卷》"孙星衍"条。《藏园群书经眼录》作《汉纪校记》。

24.《广黄帝本行记》一卷,[唐]王瓘撰,[清]孙星衍校,《平津馆丛书》本。

25.《轩辕皇帝传》一卷,[清]孙星衍校,《平津馆丛书》本。

26.《建立伏博士始末》二卷,[清]孙星衍撰,《平津馆丛书》本《丛书集成初编》本。

27.《汉武帝事》不分卷,[清]孙星衍辑,平津馆稿本,见《藏园群书经眼录》。

28.《郑司农(玄)年谱》一卷,[清]孙星衍撰,[清]阮元补订,[清]黄奭案。清阮元琅嬛仙馆刻本、《汉学堂丛书》本《黄氏逸书考》本。

29.《孙氏谱记》九卷,[清]孙星衍纂修,清嘉庆十五年(1810)金陵五松祠刻本。

30.《历代帝王姓氏录》一卷,[清]孙星衍编,钞本,藏上海图书馆。

31.《元和姓纂》十卷,唐林宝撰,[清]孙星衍、洪莹同补,嘉庆七年(1802)洪氏刻本、光绪六年(1880)金陵书局刻本。

32.《谥法》三卷,[清]孙星衍集,见《孙氏祠堂书目》。《铁桥漫稿》《清代毗陵书目》云孙星衍、严可均同辑。

33.《汉礼器制度》一卷,[汉]叔孙通撰,[清]孙星衍辑,《平津馆丛书》本、《后知不足斋丛书》本、《知服斋丛书》本、《丛书集成初编》本等。

34.《汉官》一卷,未详撰人,[清]孙星衍辑,《平津馆丛书》本、《后知不足斋丛书》本、《知服斋丛书》本、《丛书集成初编》本、《四部备要》本等。

35.《汉官解诂》一卷,[汉]王隆撰,[汉]胡广注,[清]孙星衍辑,《平津馆丛书》本、《后知不足斋丛书》本、《知服斋丛书》本、《丛书集成初编》本、《四部备要》本。

36.《汉旧仪》二卷《补遗》二卷,[汉]卫宏撰,[清]孙星衍校并辑补遗,《平津馆丛书》本、《后知不足斋丛书》本、《知服斋丛书》本、《丛书集成初编》本、《四部备要》本。

37.《汉官仪》二卷,[汉]应劭撰,[清]孙星衍辑,《平津馆丛书》本、《后知不足斋丛书》本、《知服斋丛书》本、《丛书集成初编》本、《四部备要》本。

38.《汉官典职仪式选用》一卷,[汉]蔡质撰,[清]孙星衍辑,《平津馆丛书》本、《后知不足斋丛书》本、《知服斋丛书》本、《丛书集成初编》本、《四部备要》本等。

39.《汉仪》一卷,[三国吴]丁孚撰,[清]孙星衍辑,《平津馆丛书》本、《后知不足斋丛书》本、《知服斋丛书》本、《丛书集成初编》本、《四部备要》本等。

40.《朝会仪记》一卷,[汉]蔡质撰,[清]孙星衍校,此校《说郛》宛委山堂刻本,见《江苏省国学图书馆总目》《江苏艺文志·常州卷》"孙星衍"条。

41.《三辅黄图》一卷,[汉]佚名撰,[清]孙星衍、庄逵吉校,《平津馆丛书》本、《丛书集成初编》本。

42.《水经注》四十卷,[北魏]郦道元撰,[清]孙星衍校注并跋,[清]顾广圻跋,此校清乾隆十八年(1753)黄晟槐荫草堂刻本,藏国家图书馆,见《中国古籍善本书目》。

43.《括地志》八卷,[唐]李泰等撰,[清]孙星衍辑,《岱南阁丛书》本、《正觉楼丛刻》本、《槐庐丛书初编》本(附《补遗》一卷)。

44.《元和郡县图志》四十卷《阙卷逸文》一卷,[唐]李吉甫撰,《逸文》[清]孙星衍辑,《岱南阁丛书》本、《畿辅丛书》本、《丛书集成初编》本。

45.《渚宫旧事》五卷《补遗》一卷,[唐]余知古撰,[清]孙星衍校并辑补遗,《平津馆丛书》本、《丛书集成初编》本。

46.《直隶邠州志》二十五卷,[清]王朝爵、王灼修,[清]孙星衍纂,清乾隆四十九年(1784)刻本、民国三十三年(1944)石印本。

47.《澄城县志》二十卷,[清]戴治修,[清]洪亮吉、孙星衍纂,清乾隆四十九年(1784)刻本。

48.《醴泉县志》十四卷《图》一卷,[清]蒋骐昌修,[清]孙星衍纂,清乾隆四十九年(1784)刻本。

49.《三水县志》十一卷,[清]朱廷模、葛德新修,[清]孙星衍纂,清乾隆五十年(1785)刻本。

50.《咸宁县志》若干卷,[清]孙星衍纂,见《孙渊如先生年谱》《清代毗陵书目》。

51.《偃师县志》三十卷,[清]汤毓倬修,[清]孙星衍、武亿纂,清乾隆五十四年(1789)刻本。

52.《长安县志》若干卷,[清]孙星衍纂,见《孙渊如先生年谱》《清代毗陵书目》。

53.《庐州府志》五十四卷《图》一卷,[清]张祥云修,[清]孙星衍纂,清嘉庆八年(1803)庐州府学刻本。

54.《松江府志》八十四《卷首》二卷《图》一卷,[清]宋如林修,[清]孙星衍、莫晋纂,清嘉庆二十三年(1818)松江府学明伦堂刻本。

55.《孙氏祠堂书目内编》四卷《外编》三卷,[清]孙星衍撰,清钞本(藏国家图书馆)、清嘉庆十五年(1810)孙氏金陵祠屋刻本、《木犀轩丛书》本、《丛书集成初编》本。

56.《平津馆鉴藏书籍记》三卷《补遗》一卷《续编》一卷,[清]孙星衍撰,《式训堂丛书》本、《独抱庐丛刻》本、《校经山房丛书》本、《木犀轩丛书》本、《丛书集成初编》本。

57.《廉石居藏书记》二卷,[清]孙星衍撰,《式训堂丛书》本、《独抱庐丛刻》本、《校经山房丛书》本、《木犀轩丛书》本、《丛书集成初编》本。

58.《古刻丛钞》一卷,[元]陶宗仪撰,[清]孙星衍重编,《平津馆丛书》本、《学古斋金石丛书》本、《丛书集成初编》本。

59.《寰宇访碑录》十二卷,[清]孙星衍、邢澍撰,《平津馆丛书》本、《行素草堂金石丛书》本、《丛书集成初编》本、《国学基本丛书》本等。

60.《京畿金石考》二卷,[清]孙星衍撰,清乾隆五十七年(1782)问字堂木活字本、《惜阴轩丛书》本、《滂喜斋丛书》本、《行素草堂金石丛书》本、《槐庐丛书》本、《丛书集成初编》本等。

61.《泰山石刻记》一卷,[清]孙星衍撰,《古学汇刊》本。

62.《济南金石记》一卷,[清]孙星衍撰,见《增订四库简明目录标注》《江苏艺文志·常州卷》"孙星衍"条。

63.《福建金石志》三十卷,[清]孙星衍辑,清末刻本,藏大连图书馆、东北师大图书馆,见《东北地区古籍线装书联合目录》。

64.《平津馆金石萃编》二十卷,[清]孙星衍、严可均撰,《万洁斋丛刊》本、清嘉业堂钞本(附《补编》不分卷),《续修四库全书》影印嘉业堂钞本。

65.《秦汉瓦当文字》一卷,[清]孙星衍撰,[清]吴骞钞本

（吴骞批校），藏南京图书馆，见《中国古籍善本书目》《清史稿艺文志拾遗》。

66.《怡静斋辑录稿》一卷，[清]孙星衍、邢澍撰，清钞本（清王懿荣、王兰溪批校），见《中国古籍善本书目》（稿本）、《清史稿艺文志拾遗》。

67.《金石家题跋录存》二卷，[清]孙星衍等撰，见《诸城王氏金石丛书提要》《清史稿艺文志拾遗》。

68.《孔子集语》十七卷，[清]孙星衍辑，《平津馆丛书》本、《二十二子》本、《二十五子汇函》本、《子书二十二种》本等。

69.《晏子春秋》七卷附《音义》二卷，[清]孙星衍校并撰音义，《经训堂丛书》本、《丛书集成初编》本、《二十二子》本、《二十五子汇函》本、《子书二十二种》本等。

70.《商子》五卷，[周]商鞅撰，[清]孙星衍、孙冯翼校，《问经堂丛书》本。

71.《墨子》十五卷，[周]墨翟撰，[清]毕沅校注、孙星衍手校，旧钞本，台北"中央"图书馆，见《台湾公藏善本书目人名索引》。

72.《尸子》二卷，[周]尸佼撰，[清]孙星衍辑，《问经堂丛书》本、《平津馆丛书》本、《子书百家》本、《四部备要》本等。

73.《山海经音义》无卷数，[清]孙星衍撰，见《清代毗陵书目》《江苏艺文志·常州卷》"孙星衍"条。

74.《燕丹子》三卷，[清]孙星衍校辑，《问经堂丛书》本、《岱南阁丛书》本、《平津馆丛书》本、《子书百家》本、《丛书集成初编》本、《四部备要》本等。

75.《六韬》六卷《逸文》一卷，[周]吕望撰，[清]孙星衍校，《逸文》[清]孙同元辑，《平津馆丛书》本、《长恩书室丛书》本、《半亩园丛书》本、《兵书七种》本。

76.《孙子十家注》十三卷附《叙录》一卷《遗说》一卷，[宋]吉天保辑，[清]孙星衍、吴人骥校，《叙录》[清]毕以珣撰，《遗说》[宋]郑友贤撰，《岱南阁丛书》本、《二十二子》本、《二十五子汇函》本、《子书二十二种》本、《诸子集成》本、《丛书集成初编》本、《四部备要》本等。

77.《孙子注》三卷，[清]孙星衍手批改，原稿本，见《藏园群书经眼录》《江苏艺文志·常州卷》"孙星衍"条。

78.《李悝法经》一卷，[周]李悝撰，[清]孙星衍辑，见《孙氏祠堂书目》。

79.《文子篇目考》一卷，[清]孙星衍撰，稿本，藏国家图书馆，见《中国古籍善本书目》《清史稿艺文志拾遗》。

80.《华氏中藏经》三卷，[汉]华佗撰，[清]孙星衍校，《平津馆丛书》本、《丛书集成初编》本。

81.《神农本草经》三卷，[魏]吴普等述，[清]孙星衍、孙冯翼辑，《问经堂丛书》本、光绪三十二年（1906）善成堂刻本、《中国医学大成》本、《丛书集成初编》本等。

82.《服盐药法》一卷，[清]孙星衍录，《丛书集成初编》本。

83.《千金宝要》六卷，[唐]孙思邈撰，[宋]郭思辑，[清]孙星衍校，《平津馆丛书》本、《丛书集成初编》本。

84.《秘授青宁丸方》一卷，[清]孙星衍辑，《平津馆丛书》本、《丛书集成初编》本（题《秘制大黄青宁丸方》）。

85.《史记天官书补目》一卷，[清]孙星衍撰，《昭代丛书》本、《广雅书局丛书》本、《史学丛书》本、《丛书集成初编》本、《二十五史补编》本等。

86.《史记天官书考证》十卷，[清]孙星衍辑，臧庸续辑，见《清史稿》本传、《清代毗陵书目》《江苏艺文志·常州卷》"孙星衍"条。

87.《古天文说》无卷数，[清]孙星衍、俞正燮撰，见《孙渊如先生年谱》《清代毗陵书目》《江苏艺文志·常州卷》"孙星衍"条。

88.《黄帝占经》一卷,[清]孙星衍辑,见《孙氏祠堂书目》。

89.《巫咸占经》一卷,[清]孙星衍辑,见《孙氏祠堂书目》。

90.《甘氏星经》一卷,[清]孙星衍辑,见《孙氏祠堂书目》。

91.《石氏星经》一卷,[清]孙星衍辑,见《孙氏祠堂书目》。

92.《黄帝金匮玉衡经》一卷,[清]孙星衍校,《平津馆丛书》本。

93.《黄帝龙首经》一卷,[清]孙星衍校,《平津馆丛书》本。

94.《黄帝授三子玄女经》一卷,[清]孙星衍校,《平津馆丛书》本。

95.《汉魏六朝帝王灾异考》无卷数,[清]孙星衍撰,清钞本,藏国家图书馆。

96.《平津馆鉴藏书画记》一卷,[清]孙星衍撰,《独抱庐丛刻》本、民国铅印本、《中国历代书画艺术论著丛编》本。

97.《琴操》二卷附《补遗》一卷,[汉]蔡邕撰,[清]孙星衍校并辑《补遗》,《平津馆丛书》本、《琴学丛书》本、《丛书集成初编》本。

98.《物理论》一卷,[晋]杨泉撰,[清]孙星衍集校,《平津馆丛书》本、《龙溪精舍丛书》本、《丛书集成初编》本。

99.《牟子》一卷,[汉]牟融撰,[清]孙星衍校,《平津馆丛书》本。

100.《一切经音义》二十五卷,[唐]玄应撰,[清]庄炘、钱坫、孙星衍等同校,清乾隆五十一年(1786)庄炘刻本、《海山仙馆丛书》本、《丛书集成初编》本等。

101.《华严经音义》,[唐]慧苑撰,[清]孙星衍辑,见《孙渊如先生年谱》《江苏艺文志·常州卷》"孙星衍"条。

102.《孙氏七林》不分卷(四册),[清]孙星衍辑,钞本,藏中国科学院图书馆。

103.《雨粟楼诗》一卷,[清]孙星衍撰,[清]毕沅辑,《吴会英才集》本。

104.《问字堂集》六卷,[清]孙星衍撰,《岱南阁丛书》本、《孙渊如先生全集》本、《丛书集成初编》本。

105.《岱南阁集》二卷,[清]孙星衍撰,《岱南阁丛书》本、《孙渊如先生全集》本、《丛书集成初编》本。

106.《嘉谷堂集》一卷,[清]孙星衍撰,《岱南阁丛书》本、《孙渊如先生全集》本、《丛书集成初编》本。

107.《五松园文稿》一卷,[清]孙星衍撰,《岱南阁丛书》本、《孙渊如先生全集》本、《丛书集成初编》本。

108.《平津馆文稿》二卷,[清]孙星衍撰,《岱南阁丛书》本、《孙渊如先生全集》本、《丛书集成初编》本。

109.《芳茂山人诗录》九卷,[清]孙星衍撰,《平津馆丛书》本(光绪重刻本十卷)、《丛书集成初编》本(十卷)。

110.《孙渊如先生全集》二十一卷,[清]孙星衍撰,光绪二十年(1894)长沙王先豫思贤讲舍刻本、《国学基本丛书》本、《四部丛刊》本(作《孙渊如诗文集》二十一卷附王采薇撰《长离阁集》一卷)。

111.《孙渊如集外诗稿》不分卷,[清]孙星衍撰,钞本,藏上海图书馆,见《清人别集总目》。

112.《孙渊如先生书札》一卷,[清]孙星衍撰,稿本藏国家图书馆,《国家图书馆藏钞稿本乾嘉名人别集丛刊》影印本。

113.《问字堂外集》一卷,[清]孙星衍撰,《国朝八家四六文钞》本。

114.《孙渊如外集》五卷附《骈文》一卷,[清]孙星衍撰,王重民辑,民国二十一年(1932)国立北平图书馆铅印本。

115.《孙渊如先生文补遗》一卷,[清]孙星衍撰,王欣夫辑,《戊寅丛编》本。

116.《孙星衍遗文拾补》,[清]孙星衍撰,陈鸿森辑,《书目季刊》第四十五卷第三期(2011年12月)。

117.《孙星衍遗文续补》,[清]孙星衍撰,陈鸿森辑,《书目季刊》第四十八卷第一期(2014年6月)。

118.《孙星衍遗文再续补》,[清]孙星衍撰,陈鸿森辑,凤凰古籍出版社《中国典籍与文化论丛》第15辑(2013年)。

119.《秋水亭文略》八卷,[清]王祖昌撰,[清]孙星衍订定,[清]王赓言编次,[清]李士其、刘寄庵等批校,嘉庆间稿本,藏中国社会科学院历史研究所图书馆,见武新运《明清稀见史籍叙录》《江苏艺文志·常州卷》"孙星衍"条。

120.《芝泉集概》八卷,[清]凌霄撰,[清]孙星衍选,约道光间其侄鸣鹤刻本,见《贩书偶记》《清史稿艺文志拾遗》《江苏艺文志·常州卷》"孙星衍"条。

121.《历代词钞》一卷,[清]孙星衍辑,清钞本,藏山东省图书馆。

122.《续古文苑》二十卷,[清]孙星衍辑,《平津馆丛书》本、光绪九年(1883)江苏书局刻本、《丛书集成初编》本。

(二)孙星衍刻书目录

《岱南阁丛书》(清乾隆嘉庆间兰陵孙氏刊本、民国十三年[1924]上海博古斋据清孙氏刊本影印)

1.《古文尚书马郑注》(一名《古文尚书》)十卷《逸文》二卷,[汉]马融、郑玄注,[宋]王应麟撰集,[清]孙星衍补集,《逸文》[清]江声辑、[清]孙星衍补订,清乾隆六十年(1795)刊。

2.《春秋释例》十五卷,[晋]杜预撰,[清]庄述祖、孙星衍校,清嘉庆七年(1802)刊。

3.《仓颉篇》三卷,[清]孙星衍辑,清乾隆五十年(1785)刊。

4.《燕丹子》三卷,[清]孙星衍辑,约清乾隆五十二(1787)至五十四年(1789)间刊。

5.《盐铁论》十卷附《考证》一卷,[汉]桓宽撰,[清]顾广圻校,《考证》[清]张敦仁撰,清嘉庆十二年(1807)刊。

6.《孙子十家注》十三卷附《叙录》一卷《遗说》一卷,[宋]吉天保辑,[清]孙星衍、吴人骥同校,《叙录》[清]毕以珣撰,《遗说》[宋]郑友贤撰,清嘉庆二年(1797)刊。

7.《元和郡县图志》四十卷(《阙卷逸文》附),[唐]李吉甫撰,[清]孙星衍校并辑《逸文》,清嘉庆二年(1797)刊。

8.《括地志》八卷,[唐]李泰等撰,[清]孙星衍辑,清嘉庆二年(1797)刊。

9.《故唐律疏议》三十卷,[唐]长孙无忌等撰,清嘉庆十二年(1807)据元至正余氏勤有堂本景刊,清顾广圻手摹上板。

10.《宋提刑洗冤集录》五卷,[宋]宋慈编,[清]孙星衍校、顾广圻覆校,清嘉庆十二年(1807)刊。

11.《缉古细草算经》三卷,[清]张敦仁校。

12.《古文苑》九卷,[宋]□□辑,清嘉庆十四年(1809)据宋淳熙本影刊,清顾广圻手摹上板。

13.《求一算术》三卷,[清]张敦仁校。

14.《问字堂集》六卷,[清]孙星衍撰,乾隆五十九年(1794)刊。

15.《岱南阁集》二卷,[清]孙星衍撰,清嘉庆三年(1798)刊。

16.《平津馆文稿》二卷,[清]孙星衍撰,清嘉庆十一年(1806)刊。

17.《五松园文稿》一卷,[清]孙星衍撰,清嘉庆五年(1800)刊。

18.《嘉谷堂文稿》一卷,[清]孙星衍撰,约刊于清嘉庆二年(1797)至嘉庆三年(1798)刊。

19.《济上停云集》一卷,[清]孙星衍撰。

《岱南阁丛书》巾箱本（清嘉庆三年[1798]兰陵孙氏兖州刊本）

1.《周易集解》十卷，[清] 孙星衍辑。

2.《周易口诀义》六卷，[唐] 史徵撰，[清] 孙星衍校。

3.《急就章考异》一卷，[清] 孙星衍撰。

4.《夏小正传》二卷，[汉] 戴德撰，[清] 孙星衍校。

5.《王无功集》三卷《补遗》二卷，[唐] 王绩撰，[清] 孙星衍校。

《平津馆丛书》（清嘉庆中兰陵孙氏刊本、清光绪十一年[1885]吴县朱氏槐庐家塾刊本）

甲　集

1.《周书六韬》六卷附《逸文》一卷，[周] 吕望撰，[清] 孙星衍校，《逸文》[清] 孙同元辑，清嘉庆十年（1805）刊。

2.《魏武帝注孙子》三卷，[魏] 曹操撰，清嘉庆五年（1800）据宋本影刊。

3.《吴子》二卷，[周] 吴起撰，清嘉庆五年（1800）据宋本影刊。

4.《司马法》三卷，[周] 司马穰苴撰，清嘉庆五年（1800）据宋本影刊。

5.《尸子》二卷，[周] 尸佼撰，[清] 孙星衍辑，清嘉庆十一年（1806）刊。

6.《燕丹子》三卷，[清] 孙星衍校，清嘉庆十一年（1806）刊。

7.《牟子》一卷，[汉] 牟融撰，[清] 孙星衍校，清嘉庆十一年（1806）刊。

8.《黄帝龙首经》二卷，[清] 孙星衍校，清嘉庆十二年（1807）刊。

9.《黄帝金匮玉衡经》一卷，[清] 孙星衍校，清嘉庆十二年

(1807)刊。

10.《黄帝授三子玄女经》一卷,[清]孙星衍校,清嘉庆十二年(1807)刊。

11.《广黄帝本行记》一卷,[唐]王瓘撰,[清]孙星衍校,清嘉庆十二年(1807)刊。

12.《轩辕黄帝传》一卷,[清]孙星衍校,清嘉庆十二年(1807)刊。

13.《汉礼器制度》一卷,[汉]叔孙通撰,[清]孙星衍辑,嘉庆十一年(1806)刊。

14.《汉官》一卷,不题撰人姓名,[清]孙星衍辑,清嘉庆十一年(1806)刊。

15.《汉官解诂》一卷,[汉]王隆撰,[汉]胡广注,[清]孙星衍辑,清嘉庆十一年(1806)刊。

16.《汉旧仪》二卷附《补遗》二卷,[汉]卫宏撰,[清]孙星衍校并辑《补遗》,清嘉庆十一年(1806)刊。

17.《汉官仪》二卷,[汉]应劭撰,[清]孙星衍辑,清嘉庆十一年(1806)刊。

18.《汉官典职仪式选用》一卷,[汉]蔡质撰,[清]孙星衍辑,清嘉庆十一年(1806)刊。

19.《汉仪》一卷,[汉]丁孚撰,[清]孙星衍辑,清嘉庆十一年(1806)刊。

20.《魏三体石经遗字考》一卷,[清]孙星衍撰,清嘉庆十一年(1806)刊。

21.《琴操》二卷附《补遗》一卷,[汉]蔡邕撰,[清]孙星衍校并辑《补遗》,清嘉庆十一年(1806)刊。

乙　集

1.《穆天子传》六卷《附录》一卷,[晋]郭璞注,[清]洪颐煊校,清嘉庆十一年(1806)刊。

2.《竹书纪年》二卷,[宋]沈约注,[清]洪颐煊校,清嘉庆十一年(1806)刊。

3.《物理论》一卷,[晋]杨泉撰,[清]孙星衍辑,清嘉庆十年(1805)刊。

4.《古史考》一卷,[蜀]谯周撰,[清]章宗源辑,清嘉庆十一年(1806)刊。

5.《建立伏博士始末》二卷,[清]孙星衍撰,清嘉庆十一年(1806)刊。

6.《华氏中藏经》三卷,[汉]华佗撰,[清]孙星衍校,清嘉庆十三年(1808)刊。

7.《素女方》一卷,[清]孙星衍辑,嘉庆十五年(1810)刊。

8.《千金宝要》六卷,[唐]孙思邈撰,[宋]郭思节辑,[清]孙星衍校,清嘉庆十二年(1807)刊。

9.《秘授青宁丸方》一卷,[清]孙星衍辑,清嘉庆十二年(1807)刊。

丙　集

1.《寰宇访碑录》十二卷,[清]孙星衍、刑澍合撰,清嘉庆七年(1802)刊(光绪本附《刊谬》一卷,民国罗振玉辑)。

丁　集

1.《说文解字》十五卷,[汉]许慎撰,[宋]徐铉等校定,[清]顾广圻手摹上板,清嘉庆九年(1804)影宋刊。

2.《渚宫旧事》五卷《补遗》一卷,[唐]余知古撰,[清]孙星衍校并辑《补遗》,清嘉庆十九年(1814)刊。

戊　集

1.《三辅黄图》一卷,不题撰人姓名,[清]孙星衍、庄逵吉校,清嘉庆十九年(1814)刊。

2.《孔子集语》十七卷,[清]孙星衍辑,清嘉庆二十年(1815)刊。

己　集

1.《尚书考异》六卷，[明]梅鷟撰，[清]顾广圻校，清嘉庆十九年(1814)刊。

2.《古刻丛钞》一卷，[元]陶宗仪撰，[清]孙星衍重编，清嘉庆十六年(1811)刊。

庚　集

《续古文苑》二十卷，[清]孙星衍辑，清嘉庆十七年(1812)刊。

辛　集

《抱朴子内篇》二十卷《外篇》五十卷，[晋]葛洪撰，[清]孙星衍、方维甸、顾广圻等校，清嘉庆十八年(1813)刊《内篇》，道光六年(1826)刊《外篇》，光绪本有《附篇》十卷。

壬　集

《尚书今古文注疏》三十卷，[清]孙星衍撰，清嘉庆二十年(1815)刊。

癸　集

《芳茂山人诗录》九卷，[清]孙星衍撰，清嘉庆二十三年(1818)刊(光绪本十卷)。

《长离阁集》一卷，[清]王采薇撰，清嘉庆二十三年(1818)刊。

其他刻本

1.《补三国疆域志》二卷，[清]洪亮吉撰，清乾隆四十六年(1781)孙星衍刻本，[清]朱为弼批校，藏平湖图书馆。

2.《景定建康志》五十卷，[宋]马光祖修，[宋]周应合纂，清嘉庆六年(1801)金陵孙氏祠堂刻本。

3.《绍熙云间志》三卷，[宋]杨潜纂，清嘉庆十九年(1814)沈彩云与孙星衍同刻于金陵。

4.《孙氏祠堂书目内编》四卷《外编》三卷,[清]孙星衍撰,清嘉庆十五年(1810)金陵祠屋刻本。

(三)孙星衍批校、题跋本目录

经　部

1.《司马氏书仪》十卷,[宋]司马光撰,清雍正元年(1723)汪亮采刊本,清孙星衍据残宋本《三家冠婚丧祭礼》以朱笔校过,自卷第五"丧礼大敛殡"起至卷第九"居丧杂仪"止,见《藏园群书经眼录》卷一"经部一"。

2.《吕氏家塾读诗记》三十二卷,[宋]吕祖谦撰,明嘉靖辛卯(十年)傅应台南昌刊本,[清]孙星衍手书题记,(台湾)《"国立中央"图书馆善本书目》"诗类"。

3.《春秋经传集解考正》七卷,[清]陈树华撰,清抄本,佚名录[清]孙星衍、洪亮吉校,王欣夫跋,藏复旦大学图书馆,见《中国古籍善本书目》卷三"春秋类"。

4.《春秋分纪》九十卷(十七册),[宋]程公说撰,清阳湖孙氏平津馆钞本,[清]孙星衍、严可均各手校并题记,又近人邓邦述手书题记,(台湾)《"国立中央"图书馆善本书目》"春秋类"。

5.《新刻急就篇》四卷,[汉]史游撰,[唐]颜师古注,[宋]王应麟音释,明胡文焕刻《格致丛书》本,[清]孙星衍校,[清]沈树镛跋,藏上海图书馆,见《中国古籍善本书目》卷四"小学类"。

6.《说文解字》十五卷,[汉]许慎撰,清嘉庆十三年(1808)孙氏平津馆影宋抄本,[清]孙星衍跋,藏上海图书馆,见《中国古籍善本书目》卷四"小学类"。

7.《说文解字》十五卷,[汉]许慎撰,清初毛氏汲古阁刻本,[清]孙星衍、顾广圻校并跋,藏国家图书馆,见《中国古籍善本书目》卷四"小学类"。

8.《说文解字》十五卷,[汉]许慎撰,清初毛氏汲古阁刻本,

[清]孙星衍校并跋,[清]顾广圻、洪颐煊校,藏南京图书馆,见《中国古籍善本书目》卷四"小学类"。

9.《新刻释名》八卷,[汉]刘熙撰,明胡文焕刻《格致丛书》本,[清]孙星衍校,藏南京图书馆,见《中国古籍善本书目》卷四"小学类"。

10.《汉石经异文释》一卷,[清]冯登府撰,稿本,[清]孙星衍、钱泳题款,藏南京图书馆,见《中国古籍善本书目》卷三"群经总义类"。

11.《经典释文》三十卷,[唐]陆德明撰,清刻本,佚名录清潘锡爵传录何煌、惠栋、段玉裁、孙星衍、黄丕烈、臧庸堂、顾广圻等校跋,藏国家图书馆,见《中国古籍善本书目》卷三"群经总义类"。

12.《五经文字》三卷,[唐]张参撰,《九经字样》一卷、《五经文字疑》一卷、《九经字样疑》一卷,[唐]唐玄度撰,[清]孙星衍校,清孔氏红榈书屋刊本,见《藏园群书经眼录》卷二"经部二"。

13.《六书正讹》五卷,[元]周伯琦撰,明嘉靖元年(1522)于鏊刻本,[清]孙星衍、丁丙跋,藏南京图书馆,见《中国古籍善本书目》卷四"小学类"。

史　　部

1.《续资治通鉴长编》,[宋]李焘撰,[清]孙星衍手跋,日本静嘉堂文库,《静嘉堂秘籍志》卷十七。

2.《古列女传》七卷,[汉]刘向撰,《续》一卷、《考证》一卷,[清]顾广圻撰,清嘉庆元年(1796)顾之逵小读书堆刻本,[清]孙星衍校,[清]莫棠跋,藏南京图书馆,见《中国古籍善本书目》卷八"传记类一"。

3.《皇朝名臣续碑传琬琰录》十六卷,[宋]杜大圭编,宋刊本(疑元翻本),[清]鲍廷博跋,并录清孙星衍跋,又徐渭仁跋,见《藏园群书经眼录》卷四"史部二"。

4.《历代两浙人物志》十六卷,[清]沈廷芳撰,稿本,[清]孙星衍、陈文述、朱稻孙、鲁忠、章钰跋,藏上海图书馆,见《中国古籍善本书目》卷八"传记类一"。

5.《孔氏祖庭广记》十二卷,[金]孔元措撰,蒙古刊本,[清]钱大昕、黄丕烈、邵渊耀、瞿中溶、孙星衍、吴翌凤跋及观款,见《藏园群书经眼录》卷四"史部二"。

6.《范文正公遗迹》□卷,元刊本,[清]孙星衍跋、黄丕烈三跋,见《前尘梦影录》卷下。

7.《蒋业晋自订行状》,[清]孙星衍跋,[同治]《苏州府志》卷一百三十七"艺文二·长洲县"。

8.《水经注》四十卷,[北魏]郦道元撰,清乾隆十八年(1753)黄晟槐荫草堂刻本,[清]孙星衍校注并跋,[清]顾广圻跋,藏国家图书馆,见《中国古籍善本书目》卷十一"地理类二"。

9.《元和郡县图志》四十卷,[唐]李吉甫纂修,缺卷十九、二十、二十三、二十四、三十五、三十六计六卷,存三十四卷,旧写本,[清]陈鳣校,[清]黄丕烈、孙星衍跋,见《藏园群书经眼录》卷五"地理类"。

10.《茅山志》十五卷,[元]刘大彬撰,元刊本,[清]孙星衍跋,见《藏园群书经眼录》卷五"史部三"。

11.《历代钟鼎彝器款识法帖》二十卷(四册),[宋]薛尚功撰,清嘉庆间乌程严可均手写本,[清]孙星衍及近人曹元忠各手书题记,见(台湾)《"国立中央"图书馆善本书目》卷二"金石类"。

12.《小蓬莱阁金石目》不分卷,[清]黄易藏并撰,稿本,[清]孙星衍题款,藏国家图书馆,见《中国古籍善本书目》卷十四"金石类"。

子　部

1.《新序》十卷,[汉]刘向撰,明刻本,[清]黄丕烈校并跋,[清]陆损之校,[清]孙星衍跋,藏国家图书馆,见《中国古籍善本书目》卷十五"儒家类"。

2.《孙子注》三卷,原稿本,[清]孙星衍手批改,见《藏园群书经眼录》卷七"子部一"。

3.《神机制敌太白阴经》十卷,[唐]李筌撰,明抄本,[清]孙星衍校并跋,藏北京大学图书馆,见《中国古籍善本书目》卷十五"兵家类"。

4.《武经总要前集》二十二卷《后集》二十一卷,[宋]曾公亮、丁度等撰,附《武经总要行军须知》,明正统四年(1439)李元凯刻本,[清]孙星衍跋、叶德辉跋,藏上海图书馆,《中国古籍善本书目》卷十五"兵家类"。

5.《管子》二十四卷,[唐]房玄龄注,明万历十年(1582)赵用贤刻《管韩合刻》本,[清]戴望校跋并录孙星衍、洪颐煊、王念孙、王引之、丁士涵、俞樾校,藏上海图书馆,见《中国古籍善本书目》卷十五"法家类"。

6.《商君书》五卷附考一卷,[清]严万里辑,清光绪二年(1876)浙江书局刻《二十二子》本,[清]孙诒让录孙星衍、严可均、钱雪枝批校,藏杭州大学图书馆,见《中国古籍善本书目》卷十五"法家类"。

7.《千金翼方》三十卷,[唐]孙思邈撰,明万历三十三年(1605)王肯堂刻本,[清]孙星衍跋,藏四川省图书馆,见《中国古籍善本书目》卷十五"医家类"。

8.《张衡大象赋》一卷,[隋]李播撰,[唐]苗为注,清嘉庆孙星衍家抄本,[清]孙星衍、顾广圻校并跋,[清]丁丙跋,藏南京图书馆,见《中国古籍善本书目》卷十六"天文算法类"。

9.《三历撮要》一卷,不题撰人,宋刻本,[清]钱大昕、孙星衍跋,瞿中溶题款,藏国家图书馆,见《中国古籍善本书目》卷十七"术数类"。

10.《乾象通鉴》一百卷,题[宋]李季撰,清抄本,[清]蕉林逸史校，[清]孙星衍跋，藏复旦大学图书馆，见《中国古籍善本书目》卷十七"术数类"。

11.《梅花喜神谱》二卷，[宋]宋伯仁绘并辑，宋景定二年（1261）刻本，[清]黄丕烈跋并题诗，[清]钱大昕、孙星衍、洪亮吉等跋，藏上海博物馆，见《中国古籍善本书目》卷十七"艺术类"。

12.《墨子》十五卷（二册），旧题[周]墨翟撰，旧钞本，[清]孙星衍手校，近人沈曾植等手跋，见（台湾）《"国立中央"图书馆善本书目》卷三"杂家类"。

13.《鹖冠子》三卷，[宋]陆佃撰，清乾隆武英殿活字印聚珍版丛书本，[清]孙星衍校并跋，藏国家图书馆，见《中国古籍善本书目》卷十八"杂家类"。

14.《白虎通德论》二卷，[汉]班固撰，明嘉靖元年（1522）傅钥刻本，[清]孙星衍校并跋，藏上海图书馆，见《中国古籍善本书目》卷十八"杂家类"。

15.《刘子》十卷，[北齐]刘昼撰，[唐]袁孝政注，宋刻本（卷一至二配明刻本），[清]孙星衍、黄丕烈跋，藏上海图书馆，见《中国古籍善本书目》卷十八"杂家类"。

16.《颜氏家训》七卷，[北齐]颜之推撰，附《考证》一卷，[宋]沈揆撰，元刻本，[清]何焯、钱大昕、孙星衍、黄丕烈跋，藏上海图书馆，见《中国古籍善本书目》卷十八"杂家类"。

17.《松崖笔记》三卷《九曜斋笔记》三卷（一册），[清]惠栋撰，旧钞本，[清]孙星衍手书题记，（台湾）《"国立中央"图书馆善本书目》卷三"杂家类"。

18.《潜研堂答问》十二卷，[清]钱大昕撰，清嘉庆刻本，[清]孙星衍批，莫棠批并跋，藏上海图书馆，见《中国古籍善本书目》卷十八"杂家类"。

19.《山海经》十八卷，[晋]郭璞传，[清]毕沅校正《古今本篇目考》一卷，清乾隆四十六年（1780）毕沅灵岩山馆刻《经训堂丛书》本，[清]孙星衍校，蒋知让跋，藏国家图书馆，见《中国古籍善本书目》卷十九"小说类"。

20.《北堂书钞》一百六十卷，[唐]虞世南辑，明抄本，[清]孙星衍、严可均、周星诒校并跋，藏国家图书馆，见《中国古籍善本书目》卷十九"类书类"。

21.《事类赋注》三十卷，[宋]吴淑撰，明嘉靖十三年(1534)开封刊本，[清]孙星衍跋，《藏园群书经眼录》卷十七"子部四"。

22.《高僧传》十四卷，[梁]释慧皎撰，清抄本，[清]孙星衍、丁丙跋，藏国家图书馆，见《中国古籍善本书目》卷二十"释家类"。

23.《法苑珠林》一百二十卷，[唐]释道世撰，明万历十九年(1591)清凉山妙德禅院刻径山藏本，[清]孙星衍跋，藏河南省图书馆，见《中国古籍善本书目》卷二十"释家类"。

24.《纂图互注南华真经》十卷，[晋]郭象注，[唐]陆德明音义，元刻明修本，[清]孙星衍跋，藏北京大学图书馆，见《中国古籍善本书目》卷二十"道家类"。

集　部

1.《蔡中郎文集》十卷《外传》一卷，[汉]蔡邕撰，明影刻兰雪堂铜活字印本，[清]孙星衍跋，上海图书馆，《中国古籍善本书目》卷二十二"汉魏六朝别集类"。

2.《乐府古题要解》二卷，[唐]吴兢撰，明抄本，[清]孙星衍手跋，藏日本静嘉堂文库，见《皕宋楼藏书志》卷一百十二"总集类"。

3.《颜鲁公文集》十五卷《补遗》一卷，[唐]颜真卿撰，《年谱》一卷，[宋]留元刚撰，《附录》一卷，清嘉庆七年(1802)颜崇槼刻本，[清]孙星衍校，藏中国社会科学院历史研究所，见《中国古籍善本书目》卷二十三"唐五代别集类"。

4.《欧阳行周文集》十卷《补遗》一卷，[唐]欧阳詹撰，清乾隆五十年(1785)秦恩复抄本,[清]秦恩复、顾广圻校并跋,[清]孙星衍、蒋凤藻跋,藏国家图书馆,见《中国古籍善本书目》卷二十三"唐五代别集类"。

5.《增广注释音辩唐柳先生集》四十三卷《别集》二卷,[唐]柳宗元撰,[宋]童宗说注释,[宋]张敦颐音辩,[宋]潘纬音义,明初刻本,[清]孙星衍跋,藏北京大学图书馆,见《中国古籍善本书目》卷二十三"唐五代别集类"。

6.《花间集》十卷,[蜀]赵崇祚集,明覆宋本,[清]孙星衍手跋,藏日本静嘉堂文库,见《皕宋楼藏书志》卷一百二十"词曲类"。

7.《古廉李先生诗集》十一卷,[明]李时勉撰,明景泰七年(1456)姚堂刻本,[清]孙星衍、叶志诜跋,藏湖南省图书馆,见《中国古籍善本书目》卷二十六"明别集类"。

8.《玉琴斋词》不分卷,[清]余怀撰,稿本,[清]吴伟业、尤侗题辞,[清]顾广圻、孙星衍、魏锡曾、许增、丁丙跋,藏南京图书馆,见《中国古籍善本书目》卷三十"词类"。

9.《瓯北集》二十七卷,[清]赵翼撰,清乾隆刻本,[清]孙星衍批,藏上海图书馆,见《中国古籍善本书目》卷二十七"清别集类"。

10.《碧梧红豆草堂诗》不分卷,[清]李廷芳撰,稿本,[清]孙星衍、吴鼒批校并跋,藏山东省图书馆,见《中国古籍善本书目》卷二十七"清别集类"。

主要参考文献

《十三经注疏》附《校勘记》，[清]阮元校刊，1980年中华书局影印阮刻本。

《周易集解》，[清]孙星衍撰，成都古籍书店1988年影印民国商务印书馆排印《国学基本丛书》本。

《孙氏周易集解》，[清]孙星衍撰，2002年上海古籍出版社《续修四库全书》影印湖北省图书馆藏清咸丰五年(1855)南海伍氏刻《粤雅堂丛书》本。

《东坡书传》，[宋]苏轼撰，1987年上海古籍出版社《四库全书》本。

《尚书说》，[宋]黄度撰，1987年上海古籍出版社《四库全书》本。

《尚书全解》，[宋]林之奇撰，1987年上海古籍出版社《四库全书》本。

《尚书详解》，[宋]陈经撰，1987年上海古籍出版社《四库全书》本。

《书经集传》，[宋]蔡沈撰，1987年上海古籍出版社《四库全书》本。

《尚书详解》，[宋]胡士行撰，1987年上海古籍出版社《四库全书》本。

《尚书表注》，[宋]金履祥撰，1987年上海古籍出版社《四库全书》本。

《书纂言》，[元]吴澄撰，1987年上海古籍出版社《四库全书》本。

《尚书通考》，[元]黄镇成撰，1987年上海古籍出版社《四库全书》本。

《尚书考异》，[明]梅鷟撰，1935年上海商务印书馆《丛书集成初编》本。

《尚书疑义》，[明]马明衡撰，1987年上海古籍出版社《四库全书》本。

《尚书集注音疏》，[清]江声撰，2005年凤凰出版社《清经解·清经解续编》本。

《尚书后案》，[清]王鸣盛撰，2002年上海古籍出版社《续修四库全书》影印华东师范大学图书馆藏清乾隆四十五年（1780）礼堂刻本。

《尚书义考》，[清]戴震撰，2002年上海古籍出版社《续修四库全书》影印上海辞书出版社图书馆藏清光绪间贵池刘氏刻《聚学轩丛书》本。

《古文尚书撰异》，[清]段玉裁撰，2002年上海古籍出版社《续修四库全书》影印华东师范大学图书馆藏清乾隆道光间段氏刻《经韵楼丛书》本。

《尚书今古文注疏》，[清]孙星衍撰，陈抗、盛冬铃点校，1998年中华书局排印本。

《尚书补疏》，[清]焦循撰，2002年上海古籍出版社《续修四库全书》影印复旦大学图书馆藏清道光六年（1826）半九书塾刻《焦氏丛书》本。

《尚书大传辑校》，[清]陈寿祺撰，2005年凤凰出版社《清经解·清经解续编》本。

《尚书今古文集解》，[清]刘逢禄撰，2002年上海古籍出版社《续修四库全书》影印清光绪十四年（1888）南菁书院刻《皇清经解续编》本。

《尚书启蒙》，[清]黄式三撰，2002年上海古籍出版社《续修四库全书》影印湖北省图书馆藏清光绪十四年(1888)黄氏家塾刻本。

《今文尚书考证》，[清]皮锡瑞撰，盛冬铃、陈抗点校，1998年中华书局排印标点本。

《尚书集注述疏》附《读书堂答问》，[清]简朝亮撰，2002年上海古籍出版社《续修四库全书》影印复旦大学图书馆藏清光绪三十三年(1907)读书堂刻本。

《尚书通论》，陈梦家撰，1985年中华书局排印本。

《尚书综述》，蒋善国撰，1988年上海古籍出版社排印本。

《尚书学史》，刘起釪撰，1996年中华书局排印本。

《尚书校释译论》，顾颉刚、刘起釪撰，2005年中华书局排印本。

《孙星衍〈尚书今古文注疏〉研究》，吴国宏撰，2006年花木兰文化出版社《古典文献研究辑刊》(三编)本。

《程氏经说》，[宋]程颐撰，不注编辑者，1987年上海古籍出版社《四库全书》本。

《经义述闻》，[清]王引之撰，2002年上海古籍出版社《续修四库全书》影印华东师范大学图书馆藏清道光七年(1827)王氏京师刻本。

《经学通论》，皮锡瑞撰，2008年中华书局排印本。

《经学历史》，[清]皮锡瑞撰，周予同校释，2004年中华书局排印本。

《说文解字注》，[汉]许慎撰[清]段玉裁注，1984年上海古籍出版社排印本。

《广雅疏证》，[清]王念孙撰，1983年上海古籍出版社排印本。

《史记》，[汉]司马迁撰，1997年中华书局排印校点《二十四史》本。

《汉书》,[汉]班固撰,1997年中华书局排印校点《二十四史》本。

《后汉书》,[刘宋]范晔撰,1997年中华书局排印校点《二十四史》本。

《三国志》,[晋]陈寿撰,1997年中华书局排印校点《二十四史》本。

《明史》,[清]张廷玉等撰,1997年中华书局排印校点《二十四史》本。

《清史稿》,赵尔巽等撰,1998年中华书局排印校点本。

《清史列传》,佚名撰,王钟翰点校,2005年中华书局排印本。

《中国近三百年学术史》,梁启超撰,2006年上海三联书店排印本。

《清代学术概论》,梁启超著,朱维铮校注,2010年中华书局排印本。

《乾嘉考据学研究》,漆永祥撰,1998年中国社会科学出版社排印本。

《瓯北先生年谱》,[清]佚名编,1999年北京图书馆出版社《北京图书馆藏珍本年谱丛刊》影印清光绪三年(1877)重刻本。

《钱辛楣先生年谱》,[清]钱大昕编,钱庆曾校注并续编,1999年北京图书馆出版社《北京图书馆藏珍本年谱丛刊》影印清咸丰间刻本。

《朱笥河先生年谱》,罗继祖编,1999年北京图书馆出版社《北京图书馆藏珍本年谱丛刊》影印民国二十年(1931)铅印本。

《朱笥河先生年谱》,王兰荫编,1999年北京图书馆出版社《北京图书馆藏珍本年谱丛刊》影印民国二十二年(1933)铅印本。

《弇山毕公年谱》,[清]史善长编,1999年北京图书馆出版社《北京图书馆藏珍本年谱丛刊》影印清同治十一年(1872)刻本。

《南厓府君年谱》,[清]朱锡经编,1999年北京图书馆出版社《北京图书馆藏珍本年谱丛刊》影印清嘉庆间刻本。

《姚惜抱先生年谱》,[清]郑福照编,1999年北京图书馆出版社《北京图书馆藏珍本年谱丛刊》清同治七年(1868)刻本。

《述庵先生年谱》,[清]严荣编,1999年北京图书馆出版社《北京图书馆藏珍本年谱丛刊》影印清嘉庆道光间刻本。

《段玉裁先生年谱》,刘盼遂编,1999年北京图书馆出版社《北京图书馆藏珍本年谱丛刊》影印民国二十五年(1936)铅印本。

《段懋堂先生年谱》,罗继祖编,1999年北京图书馆出版社《北京图书馆藏珍本年谱丛刊》影印民国二十三年(1934)铅印本。

《邵二云先生年谱》,黄云眉编,1999年北京图书馆出版社《北京图书馆藏珍本年谱丛刊》影印民国二十二年(1933)铅印本。

《王石臞先生年谱》,闽尔昌编,1999年北京图书馆出版社《北京图书馆藏珍本年谱丛刊》影印民国间刻本。

《容甫先生年谱》,[清]汪喜孙编,1999年北京图书馆出版社《北京图书馆藏珍本年谱丛刊》影印民国十四年(1925)影印本。

《洪北江先生年谱》,[清]吕培等编,1999年北京图书馆出版社《北京图书馆藏珍本年谱丛刊》影印清光绪三年(1877)刻本。

《黄仲则先生年谱》,[清]毛庆善、季锡畴编,1999年北京图书馆出版社《北京图书馆藏珍本年谱丛刊》影印清咸丰八年(1858)刻本。

《梧门先生年谱》,[清]阮元编,1999年北京图书馆出版社《北京图书馆藏珍本年谱丛刊》影印清嘉庆二十一年(1816)刻本。

《孙渊如先生年谱》,[清]张绍南编、王德福续编,1999年北京图书馆出版社《北京图书馆藏珍本年谱丛刊》影印清抄本。

《杨蓉裳先生年谱》,[清]杨芳灿编、余一鳌续编,1999年北京图书馆出版社《北京图书馆藏珍本年谱丛刊》影印清光绪五年(1879)刻本。

《收庵居士自叙年谱略》,[清]赵怀玉编,1999年北京图书馆出版社《北京图书馆藏珍本年谱丛刊》影印清道光间刻本。

《凌次仲先生年谱》,[清]张其锦编,1999年北京图书馆出版社《北京图书馆藏珍本年谱丛刊》影印民国间影印本。

《王伯申先生年谱》,闵尔昌编,1999年北京图书馆出版社《北京图书馆藏珍本年谱丛刊》影印民国间刻本。

《顾千里先生年谱》,[日]神田喜一郎编,孙世伟译,1999年北京图书馆出版社《北京图书馆藏珍本年谱丛刊》影印民国十五年(1926)铅印本。

《顾千里先生年谱》,赵诒深编,1999年北京图书馆出版社《北京图书馆藏珍本年谱丛刊》影印民国间刻本。

《俞理初先生年谱》,王立中编,蔡元培补订,1999年北京图书馆出版社《北京图书馆藏珍本年谱丛刊》影印民国间铅印本。

《孙星衍评传》,江庆柏等著,2010年江苏人民出版社排印本。

《国朝汉学师承记》附《国朝经师经义目录》《国朝宋学渊源记》,[清]江藩撰,1998年中华书局排印本。

《三十三种清代人物传记资料汇编》,天津图书馆历史文献部编,2009年齐鲁书社影印本。

《渚宫旧事》附《补遗》,[唐]余知古撰,[清]孙星衍校并辑补遗,1935年上海商务印书馆《丛书集成初编》本。

《汉官六种》,[清]孙星衍等辑,周天游点校,2008年中华书局排印本。

《括地志辑校》,[唐]李泰等撰,贺次君辑校,2005年中华书局排印本。

《元和郡县图志》,[唐]李吉甫撰,[清]孙星衍校并辑逸文,1935年上海商务印书馆《丛书集成初编》本。

《四库全书总目》,[清]永瑢等撰,1987年中华书局排印本。

《续修四库全书总目提要·经部》,中国科学院图书馆整理,

1993年中华书局排印本。

《续修四库全书总目提要(稿本)》,齐鲁书社1996年版。

《平津馆鉴藏记书籍》,[清]孙星衍撰,焦桂美标点,杜泽逊审定,2008年上海古籍出版社《中国历代书目题跋丛书》(第三辑)本。

《廉石居藏书记》,[清]孙星衍撰,[清]陈宗彝编,沙莎标点,杜泽逊审定,2008年上海古籍出版社《中国历代书目题跋丛书》(第三辑)本。

《孙氏祠堂书目》,[清]孙星衍撰,焦桂美标点,杜泽逊审定,2008年上海古籍出版社《中国历代书目题跋丛书》(第三辑)本。

《郑堂读书记》,[清]周中孚撰,2002年上海古籍出版社《续修四库全书》影印上海辞书出版社图书馆藏民国十年(1921)刻《吴兴丛书》本。

《著砚楼书跋》,潘景郑撰,2006年上海古籍出版社《中国历代书目题跋丛书》(第二辑)本。

《孙子十家注》,[宋]吉天保辑,[清]孙星衍、吴人骥校,1935年上海商务印书馆《丛书集成初编》本。

《孙子校释》,[周]孙武撰,吴九龙主编,1991年军事科学出版社排印本。

《孔子集语校补》,[清]孙星衍等辑,郭沂校补,1998年齐鲁书社排印本。

《墨子间诂》,[清]孙诒让撰,孙以楷点校,1986年中华书局《新编诸子集成》本。

《庄子集解》,[清]王先谦撰,沈啸寰点校,1987年中华书局排印本。

《吕氏春秋集释》,许维遹撰,1985年中国书店排印本。

《说苑疏证》,[汉]刘向撰,赵善诒疏证,1985年华东师范大学出版社排印本。

《论衡》,[汉]王充撰,1974年上海人民出版社排印本。

《白虎通疏证》,[清]陈立撰,2005年凤凰出版社《清经解·清经解续编》本。

《履园丛话》,[清]钱泳撰,2002年上海古籍出版社《续修四库全书》影印华东师范大学图书馆藏清道光十八年(1838)述德堂刻本。

《群书拾补》,[清]卢文弨撰,2002年上海古籍出版社《续修四库全书》影印清《抱经堂丛书》本。

《十驾斋养新录》附《余录》,[清]钱大昕撰,2002年上海古籍出版社《续修四库全书》影印复旦大学图书馆藏清嘉庆间刻本。

《读书杂志》,[清]王念孙撰,中华书局1991年排印本。

《读书丛录》,[清]洪颐煊撰,2002年上海古籍出版社《续修四库全书》影印国家图书馆藏清道光二年(1822)富文斋刻本。

《拜经日记》,[清]臧庸撰,2002年上海古籍出版社《续修四库全书》影印北京大学图书馆藏清清嘉庆二十四年(1819)武进臧氏拜经堂刻本。

《陶庐杂录》,[清]法式善撰,2002年上海古籍出版社《续修四库全书》影印国家图书馆藏清嘉庆二十二年(1817)陈预刻本。

《癸巳类稿》,[清]俞正燮撰,2002年上海古籍出版社《续修四库全书》影印国家图书馆藏清道光十三年(1833)求日益斋刻本。

《癸巳存稿》,[清]俞正燮撰,2002年上海古籍出版社《续修四库全书》影印上海辞书出版社图书馆藏清道光二十八年(1848)灵石杨氏刻《连筠簃丛书》本。

《籀庼述林》,[清]孙诒让撰,2002年上海古籍出版社《续修四库全书》影印华东师范大学图书馆藏民国五年(1916)刻本。

《无邪堂答问》,[清]朱一新撰,2002年上海古籍出版社《续修四库全书》影印湖北省图书馆藏清光绪二十一年(1895)广雅书局刻本。

《纯常子枝语》，[清]文廷式撰，2002年上海古籍出版社《续修四库全书》影印民国三十二年（1943）刻本。

《郎潜纪闻》，[清]陈康祺撰，2002年上海古籍出版社《续修四库全书》影印清光绪间刻本。

《前尘梦影录》，[清]徐康撰，2002年上海古籍出版社《续修四库全书》影印南京图书馆藏清光绪二十三年（1897）江标刻本。

《平津馆鉴藏书画记》，[清]孙星衍撰，中国大百科全书出版社1997年版《中国历代书画艺术论著丛编》本。

《松崖文钞》，[清]惠栋撰，2002年上海古籍出版社《续修四库全书》影印清光绪间贵池刘氏刻《聚学轩丛书》本。

《戴东原集》，[清]戴震撰，2002年上海古籍出版社《续修四库全书》影印上海辞书出版社图书馆藏清乾隆五十七年（1792）段玉裁刻本。

《春融堂集》，[清]王昶撰，2002年上海古籍出版社《续修四库全书》影印上海辞书出版社图书馆藏清嘉庆十二年（1807）塾南书舍刻本。

《复初斋诗集》，[清]翁方纲撰，2002年上海古籍出版社《续修四库全书》影印清刻本。

《潜研堂文集》《诗集》《续集》，2002年上海古籍出版社《续修四库全书》影印清嘉庆十一年（1806）刻本。

《经韵楼集》，[清]段玉裁撰，2002年上海古籍出版社《续修四库全书》影印清嘉庆十九年（1814）刻本。

《卷施阁集》，[清]洪亮吉撰，2002年上海古籍出版社《续修四库全书》影印清光绪三年（1877）洪氏授经堂刻《洪北江全集》增修本。

《更生斋集》，[清]洪亮吉撰，2002年上海古籍出版社《续修四库全书》影印清光绪三年（1877）授经堂刻增修本。

《汪中集》，[清]汪中著，王清信、叶纯芳点校，2000年（台湾)"中央"研究院中国文哲研究所筹备处印行。

《新编汪中集》,[清]汪中撰,田汉云点校,2005年广陵书社排印本。

《孙渊如先生全集》,[清]孙星衍撰,2002年上海古籍出版社《续修四库全书》影印民国八年(1819)商务印书馆(《四部丛刊》)影印清嘉庆间刻本。

《问字堂集岱南阁集》,[清]孙星衍撰,骈宇骞点校,1996年中华书局排印本。

《陶山文录》,[清]唐仲冕撰,2002年上海古籍出版社《续修四库全书》影印浙江图书馆藏清道光二年(1822)刻本。

《揅经室集》,[清]阮元撰,2002年上海古籍出版社《续修四库全书》影印上海图书馆藏清道光间阮氏文选楼刻本。

《揅经室集》,[清]阮元撰,邓经元点校,1983年中华书局排印本。

《校礼堂诗集》,[清]凌廷堪撰,2002年上海古籍出版社《续修四库全书》影印复旦大学图书馆藏清道光六年(1826)张其锦刻本。

《校礼堂文集》,[清]凌廷堪撰,2002年上海古籍出版社《续修四库全书》影印复旦大学图书馆藏清嘉庆十八年(1813)张其锦刻本。

《船山诗草》附《补遗》,[清]张问陶撰,2002年上海古籍出版社《续修四库全书》影印浙江图书馆藏清嘉庆二十年(1815)刻道光二十九年(1849)增修本。

《铁桥漫稿》,[清]严可均撰,2002年上海古籍出版社《续修四库全书》影印浙江图书馆藏清道光十八年(1838)四录堂刻本。

《筠轩文钞》,[清]洪颐煊撰,2002年上海古籍出版社《续修四库全书》影印上海辞书出版社图书馆藏民国二十三年(1934)《邃雅斋丛书》本。

《拜经堂文集》，［清］臧庸撰，2002年上海古籍出版社《续修四库全书》影印湖北省图书馆藏民国十九年（1930）宗氏石印本。

《思适斋集》，［清］顾广圻撰，2002年上海古籍出版社《续修四库全书》影印复旦大学图书馆藏清道光二十九年（1849）徐渭仁刻本。

《顾千里集》，［清］顾广圻撰，王欣夫辑，2007年中华书局排印本。

《通义堂文集》，［清］刘毓崧撰，2002年上海古籍出版社《续修四库全书》影印民国间吴兴刘氏刻《求恕斋丛书》本。

《敬孚类稿》，［清］萧穆撰，2002年上海古籍出版社《续修四库全书》影印清光绪三十三年（1907）刻本。

《国朝骈体正宗》，［清］曾燠辑，2002年上海古籍出版社《续修四库全书》影印湖北省图书馆藏清嘉庆十一年（1806）赏雨茆屋刻本。

《国朝常州骈体文录》附《结一宧骈体文》，［清］屠寄辑，2002年上海古籍出版社《续修四库全书》影印复旦大学图书馆藏清光绪十六年（1890）广东刻本。

《北江诗话》，［清］洪亮吉撰，2002年上海古籍出版社《续修四库全书》影印清光绪三年（1877）授经堂刻《洪北江全集》本。

《筱园诗话》，［清］朱庭珍撰，2002年上海古籍出版社《续修四库全书》影印浙江图书馆藏清光绪十年（1884）刻本。

《岱南阁丛书》，［清］孙星衍辑，乾隆嘉庆间兰陵孙氏刊大字本。

《岱南阁丛书》（巾箱本），［清］孙星衍辑，嘉庆三年（1798）兖州刻本。

《平津馆丛书》，［清］孙星衍辑，乾隆嘉庆间家刻本。

后　记

对乾嘉学者孙星衍,我一直怀着一份深厚而特殊的也将是持久的深情:在我刚刚步入学术殿堂之时,我研读的是孙星衍的学术著作,感受的是孙星衍的治学精神,体味的是孙星衍的治学方法。十几年后的今天,我在学术之路上多少有些成绩与进步,也得益于对这位先贤学习与研究的拓展与深入。而让我与孙星衍结缘的是我的导师杜泽逊先生。

1997年9月,我从高密一个乡镇中学考到山东大学古籍所,跟从杜泽逊先生攻读硕士学位,有幸成为杜老师的第一个研究生。因为我爱人大学毕业后分配到原山东工程学院工作,两地分居,调动困难,考研的初衷仅仅是为了团圆。那时的我,根本不懂学术是什么、学问为何物。入学之初,杜老师就跟我谈暑期为我精心选择的学位论文题目:《孙星衍研究》。杜老师说:清代是中国学术史的高峰,清代学术以乾嘉学派最负盛名,考据是其突出特点。要想了解乾嘉学派及其治学方法需要从典型个案入手。孙星衍就是乾嘉学派的典型代表。杜老师于是给我讲孙星衍的治学领域、治学方法、学术贡献,虽然懵懂,但对这位先贤的敬仰之情油然而生。

从此,所有课余时间我几乎都到图书馆古籍部看《岱南阁丛书》与《平津馆丛书》,陆续做成八本笔记,至今保存。那时杜老师还在北京做《四库全书存目丛书》的扫尾工作,一般一个月回一趟山大。每次回来,百忙之中,必然约见,垂询读书心得,指导读书方法,解决疑难问题。1997年底,《存目丛书》最终完成之后,上课之外,杜老师和程老师几乎每周都请我到家里吃饭,开口闭口都是学林掌故、学术研究。杜老师对学术的执着、挚爱,深深地感染、影响着我。驽钝的我在杜老师的耳濡目染、潜移默化中对专业逐渐爱之、乐之。

待到两部丛书基本看完,杜老师就指导我如何把心得形诸文字。从杜老师身上,我真正感受到了什么是悉心教导。杜老师说:论文就是调查报告。你调查了什么?得出了什么样的结论?哪些证据可以支撑你的结论?呈现出来就是论文。又说:学术研究一要弄清是什么,二要探讨为什么。针对具体内容,杜老师还要进一步告诉我根据材料可以分几部分来写,分别阐述什么,如何阐述。每篇论文交给杜老师后,杜老师都是不厌其烦地修改,大到布局谋篇,小到标点符号,丹黄满纸,处处充溢着真知灼见。每每往返四五稿,才算满意。我从杜老师的谆谆教诲与大修细改中逐渐悟出了学术论文的基本路数。

杜老师曾在山大校报上发表过一篇文章,题目是《从师和治学》。其中写道:"老师的作用绝不止于'传道、授业、解惑',甚至更为重要的是传授治学的'门道',也就是交给你一把钥匙。这种传授,有时候甚至像大人教小孩走路,一步一步地扶着、领着,又如教小孩写字,手把手地教。"杜老师把这种让我们终身受益的教导与熏染称之为"低级"的东西,当然,他在"低级"两个字上加了引号:"这些'低级'的东西,在书本上往往没有,或者即使有也不详细,甚至无论如何详细,你也不可能完全领会。"读这段文字,倍感亲切,杜老师当年直到今天,一直都是这样手把手地教导我、我所有的师弟妹和尼山学堂的学弟学妹们。我也用这样的方法对待我们的本科生尤其是研究生,感觉非此不能尽心,非此不能心安。

2000年6月,我提交了六万余字的学位论文《孙星衍研究》,粗涉孙星衍的藏书、刻书、目录、版本、校勘、辑佚、金石、诗歌诸方面,自知所做仅为初步梳理。涉猎越广,越为乾嘉学者视学术为生命的精神所震撼。他们中不乏科第不遂、生活拮据、辗转谋生者,却在有限的生命里产出了足以不朽的著作。他们的精神、境界潜移默化地给了我太深刻的影响，以至于这些东西在不知不觉间已经根植于我的内心深处……

2003年至2006年，我在徐传武先生门下攻读博士学位。在撰写博士学位论文《南北朝经学史》的过程中，时常参阅乾嘉诸老的学术成果，对乾嘉学派的学术贡献更为仰慕，对孙星衍的学术成就有了更加深入的认识。2007年，因杜师之介，有幸师从王学典先生做博士后研究。王师邀请杜师共同指导笔者的博士后研究工作。两位先生和我商量的结果是，希望继续从事孙星衍研究这一课题。课题得到中国博士后基金和山东省博士后基金项目的资助。

2006年6月至2009年8月，我因参加杜老师主持的国家清史纂修重大工程《清人著述总目》的编纂工作，孙星衍研究暂时搁置。这三年多和杜老师朝夕相处，更深切地感受到了老师的艰辛、胸怀和境界。杜老师的贡献有目共睹，但其中辛苦，非亲历不能体味。老师每天早八点到编辑部，晚十一点离开，一天早饭之外，午饭、晚饭均在食堂就餐。无间风雨寒暑，今已十年有余。在完成了《清人著述总目》《山东文献集成》后，又投入到《十三经注疏汇校》中。

杜老师在当院领导、成为长江学者之前，没有单独的办公室，中午想休息会儿，只能在编辑部。他的常态是：斜坐在一把椅子上，两脚搭到另一把椅子上，在师弟妹查阅书目的脚步声中打个盹儿来支撑下午、晚上忙碌又繁重的工作。在编辑部做项目时，已经习惯了杜老师这样的状态。后来我退出项目组，一次回去，推开编辑部的门，一眼看到小憩中的杜老师，禁不住泪流满面……从杜老师身上，我深刻理解了"一分耕耘、一分收获"这个朴素的道理，也真正感受到：非凡的成就背后必然是超额的付出，此外没有任何捷径。杜老师给2016届毕业生的寄语"凡人间卓绝之业，必待卓绝之人艰苦奋斗而后可成",正是自己的真实写照。

为了挤出更多时间帮杜老师做项目,程老师从齐鲁师范学院教务处副处长的位置上回归到教学一线。程老师不仅始终参与项目,而且是项目组的大内总管。因为工程浩大,旷日持久,经费异常紧张。项目组即使节省到每张纸都要正反面使用,仍然经常青黄不接。每到这时,程老师就自己垫付昂贵的古籍复制费、学生们微薄的劳务费以及维持日常运转的其他费用。程老师对大家母亲般无微不至的呵护、关爱与照顾,让编辑部紧张有序又其乐融融。

2009年8月底,我从项目组退出,着手做博士后出站报告。作为一个以理工见长的普通高校,山东理工大学文科资料非常有限。所幸图书馆五楼特藏书库有《四库全书》《续修四库全书》《四库全书存目丛书》《四部丛刊》《丛书集成初编》《北京图书馆藏珍本年谱丛刊》《山东文献集成》这几部大书,可以满足基本的资料需求。条件有限,只能因地制宜,从常见书中爬梳材料,抽绎观点。这部《孙星衍研究》征引的文献,主要以这几部丛书为支撑。2011年6月虽然顺利通过了出站答辩,但我总觉得无论在资料的占有上还是认识的阐发上,还无法令自己满意。2013年下半年至2014年上半年,我在北京大学做访问学者期间,把经眼的《国家图书馆藏钞稿本乾嘉名人别集丛刊》中的《孙星衍先生手牍》,《清代诗文集汇编》中的相关材料及国家图书馆收藏的刘履芬誊录本孙校《水经注》《北堂书钞》《钞本汉魏六朝帝王灾异考》等,补充到书稿中。2015年忙于教育部项目结项,孙星衍研究又搁置了一年多。近来抓紧修改、补充,虽算基本完成,但还是有很多不满:存于南京图书馆、上海图书馆、湖北省图书馆的几种书尚未寓目,对与孙星衍相关的学术交游尚未全面呈现出来,对孙星衍的研究虽然涉及面较广,但在认识的深度和高度上还有很大差距。希望将来能够做进一步订补。

1996年,我报考山东大学古籍所时,因政治低于国家线二分而受限。身为古籍所所长的刘晓东先生怜惜我比较优异的专业课成绩,亲自与研究生处交涉,希望破格录取。事虽未成,师恩铭心。刘师宅心仁厚,学问精深。二十年来,每聆教诲,如沐春风。此书甫就,呈师批评。师逐字审阅,指正讹谬,发抒高见,为小书增色生辉。北大访学期间,承蒙导师漆永祥先生垂爱,学习请教,获益良多。漆师于百忙之中审读书稿,提出中肯意见,指引修改方向。上海古籍出版社张千卫编辑审稿过程中,提供修改意见,也酌情纳入文中。师妹王晓静,学生赵琼、王丹、张扬、徐珊珊、邹遵皓、艾雪岩、田一凡、房敏、裴雪琦、朱梦筱、陶凤凤、陈艳姿、鞠雪、钱瑶瑶、杨珊珊帮我做了校对工作。对他们为本书的付出,在此深致谢忱。

自2000年到山东理工大学工作,得到校领导栾贻信书记、王志民校长、张宇声书记、王学真校长及社科处、文学院历任领导和诸同仁一如既往的支持、帮助、谬奖、鼓励,一直生活在感动、感谢与感恩中。

父母爱孩子,乃人之常情。但像我的父母这样爱我们的大概不多。父亲忠厚善良,坚韧乐观,勤劳异常,他以自己数倍于常人的付出让我们姐妹即使在物质匮乏时期也过着衣食无忧的生活。在那个重男轻女的年代,只有四个女儿的父亲珍重我们超过儿子,对爱念书的我更是宠爱有加。母亲是典型的贤妻良母。她至今宠溺着我们一如儿时,让我们依然享受着衣来伸手、饭来张口的生活。母亲虽然是个普通的农村妇女,但她豁达明理,讷言敏行,她眼里看到的、心里装着的都是别人的好,从没听她说过别人的不是。母亲每日做的都是平凡小事,琐碎的细节中显现着她丰富、细密的内心和质朴、仁爱的情怀。父母跟我生活在一起,不但为我承担了所有家务,更以他们的言传身教温暖着我,感动着我。他们全身心的奉献让我心里充满了感激。我爱人简单纯粹,与人为善,与世无争。受他的影响,我的心态也越来越平和恬淡。这么多年,我几乎把所有的时间都用在了读书和工作上,我爱人全力支持,从无半句怨言。他无条件的呵护、包容、关爱、理解,是我一路前行的重要动力。感谢我的父母,我的爱人,我的亲人们,愿全家老少安康,福乐绵长!

焦桂美
2017 年 10 月 18 日

图书在版编目(CIP)数据

孙星衍研究／焦桂美著. —上海：上海古籍出版社，2017.12
ISBN 978-7-5325-8649-3

Ⅰ.①孙… Ⅱ.①焦… Ⅲ.①孙星衍(1753-1818)—人物研究 Ⅳ.①K825.42

中国版本图书馆 CIP 数据核字(2017)第 263251 号

孙星衍研究

焦桂美 著

上海古籍出版社出版、发行
(上海瑞金二路 272 号 邮政编码 200020)
（1）网址：www.guji.com.cn
（2）E-mail：gujil@guji.com.cn
（3）易文网网址：www.ewen.co
上海惠敦印务科技有限公司印刷
开本 890×1240 1/32 印张 21.375 插页 2 字数 537,000
2017 年 12 月第 1 版 2017 年 12 月第 1 次印刷
印数：1—1,300
ISBN 978-7-5325-8649-3
K·2397 定价：88.00 元
如有质量问题，请与承印公司联系